재 활 상 담

한국장애인재활상담사협회 편
조성열, 김정임, 조경은 공저

정민사

머리말

우리나라 장애인복지법에서 '장애인은 인간으로서의 존엄과 가치를 존중받고 이에 상응하는 처우를 받아야 하며, 또한 정치, 경제, 사회, 문화, 기타 모든 활동에 참여할 권리가 있다'(제4조)라고 선언하고 있다. 이것은 장애를 가진 사람도 장애를 갖지 않은 사람과 마찬가지로 그 인격이 존중되어야 하고, 우리 사회의 모든 분야에 동등하게 참여하여 활동할 수 있어야 한다는 말이다. 그러나 우리의 현실을 둘러볼 때, 장애인들은 신체적, 정신적 제한으로 인하여 의료, 교육, 훈련, 취업, 주거, 문화 등 우리 사회의 여러 분야에서 많은 어려움을 당하고 있는 것이 사실이다. 이러한 장애인들의 열악한 처지를 개선시키기 위해서는 법과 제도를 통한 재활서비스의 제공이 필요한데, 이러한 서비스를 제공하는 인력이 바로 (장애인)재활상담사를 비롯한 재활전문가들이다. 재활전문 인력의 중심으로서 재활상담사들의 지식과 기술, 태도가 장애인들에게 제공되는 서비스의 질을 결정하기 때문에 재활상담사의 전문성 개발은 그 무엇보다 중요하며, 이 책은 그 일환으로 시도되었다.

보건복지부에서는 2017년부터 장애인복지법에 의거 장애인이 직업을 통해 자립할 수 있도록 상담, 직업능력 평가, 직업계획 수립, 취업, 사후지도 등을 지원하는 전문인력의 필요성으로 인해 장애인재활상담사 자격제도를 시행하게 되었다. 기존에는 직업재활사와 사회복지사 등이 관련 업무들을 수행해 왔지만 미국이나 일본의 경우와 같이 더욱 전문적인 자격을 가진 이들이 이러한 역할을 수행할 수 있도록 하기 위하여 장애인재활상담사 자격 국가시험을 도입하게 되었다. 아직은 제도 도입 초기이기 때문에 재활상담사 자격의 정착까지 어느 정도 시간이 필요하며 따라서 약간의 시행착오는 어느 정도 예상할 수 있다.

장애인재활상담사 국가시험을 관장하고 있는 한국보건의료인국가시험원(국시원)에서는 수험생들이 재활상담사 국가시험 준비를 하는데 도움을 주기 위하여 출제범위(key words)를 제시하였다. 재활상담 과목의 출제 범위는 초기면접, 진단평가, 재활프로그램 제공 등을 포함하는 재활상담과정과 장애상담, 직업상담, 역량강화상담, IPE 적용 및 슈퍼비전 등을 포함하는 재활상담실천으로 이루어져 있다. 이 책에서는 별도의 과목으로 준비되는 직업상담을 제외한 재활상담 출제범위를 모두 다루고자 하였다.

이 책은 전체 3부 13장으로 구성되었다.

1부는 재활상담에 관한 전반적인 개관으로서 재활환경의 변화, 재활상담사의 역할과 기능, 장애영역별 재활상담을 다루고 있다.

1장은 재활상담 개관(조성열)으로 재활환경의 변화, 재활상담의 개념 및 원리, 재활상담의 과정과 상담전략, 재활상담의 기초기술, 상담관계의 기본원칙 등을 소개하고 있다. 2장은 재활상담사의 역할과 기능(조성열)으로 재활상담사의 역할과 기능, 우리나라 재활전문인력의 유형, 미국의 재활상담사 양성과정, 재활상담사 윤리강령과 윤리적 의사결정 등을 다루고 있다. 3장은 장애 영역별 재활상담(조경은)으로 장애인복지법상 제시된 15개 장애 유형 중 대표적인 장애인 지체장애인과 정신장애인, 발달장애인의 재활상담 전략을 소개하고 있다.

2부는 재활상담을 제공하기 위한 기초상담이론으로 정신분석상담, 행동주의 상담, 인본주의 상담, 인지행동상담, 절충주의 상담 등 5개 이론을 다루고 있다.

4장은 정신분석상담(김정임)으로 정신분석이론의 대표자 4인인 프로이드의 정신분석상담, 아들러의 개인심리학, 융의 분석심리학, 에릭슨의 자아심리학 등을 소개하고 있다. 5장은 행동주의 상담(조경은)으로 파블로프의 고전적 조건화, 스키너의 조작적 조건화, 반두라의 사회학습이론을 다루고 있다. 6장은 인본주의 상담(김정임)으로 로저스의 인간중심 상담, 매슬로우의 욕구위계론, 펄스의 게슈탈트상담, 글래서의 현실치료 등을 소개하고 있다, 7장은 인지행동상담(김정임)으로 인지적 관점, 합리적 정서행동치료, 벡의 인지치료, 비고츠키의 인지발달 등을 다루고 있다, 8장은 절충주의 상담(조경은)으로 라자러스(Lazarus)의 절충주의 상담, 하워드(Howard)와 헤이스(Hays)의 이론, 환경적 · 집단적 해결 중심적 단기치료, 재활상담 적용 등을 다루고 있다.

3부는 재활상담의 실제적 관점으로서 2부에서 제시한 상담이론을 재활 현장에 적용시킬 수 있는 내용으로 집단상담, 가족상담, 동료상담, 역량강화상담, 재활상담과 슈퍼비전을 다루고 있다.

9장은 집단상담(김정임)으로 집단상담의 개요, 집단상담자의 역할, 집단상담의 과정, 집단상담의 실제 등을 다루고 있다. 10장은 장애와 가족상담(김정임)으로 가족의 개요, 장애가족의 기능, 장애가족의 적응 및 기능강화, 가족상담의 적용 등을 다루고 있다. 11장은 동료상담(조성열)으로서 동료상담의 개념 및 특징, 동료상담의 목표와 유형, 동료상담의 내용, 동료상담의 실제 등을 소개하고 있다. 12장은 역량강화상담(조성열)으로 역량강화상담의 개념 및 특성, 역량강화 모형의 주요개념, 역량강화상담 실천방법, 역량강화 모형의 실천과정 등을 다루고 있다. 13장은 재활상담과 슈퍼비전(조경은)으로 슈퍼비전의 개요, 슈퍼비전의 모형, 슈퍼비전의 실제, 슈퍼바이저의 양성 등을 다루고 있다.

부록으로 재활상담에서 많이 사용하는 재활상담 관련 용어집을 원어와 한글로 소개했는데 우리나라 재활 현장에서 사용하는 용어들이 상이하여 이를 정리하고자 하는 마음에서 시도되었다. 물론 이러한 번역이 완벽한 것은 아니며 향후 학계와 현장 전문가 및 독자 여러분의 의견을 수렴하여 보완해 나갈 예정이다. 또한 재활전문가 윤리강령으로는 가장 잘 정리되어 있는 미국재활상담사 윤리강령 내용을 제시하여 우리나라 재활상담사 윤리강령을 제정하는 데 도움이 되도록 하였다.

마지막으로 이 책이 출간될 수 있도록 물심양면으로 지원해준 한국장애인재활상담사협회 박경순 회장을 비롯한 직원 여러분의 노고에 감사를 드리며, 꼼꼼한 편집과 교정으로 책의 완성도를 높여 주신 정민사 박세원 대표와 편집부 직원 여러분들에게도 감사의 마음을 전한다.

2020년 1월

장애가 더 이상 장애가 되지 않는 세상을 꿈꾸며

저자 일동

차 례

PART Ⅰ 개관적 측면 / 11

제1장 재활상담 개관 13
제1절 재활환경의 변화 14
1. 장애인복지(정책)발전 5개년계획의 수립과 이행 14
2. 장애 범주의 확대 16
3. 장애 관련 법률의 개정 및 제정 17
4. 자립생활 이념의 도입과 자립생활센터의 확산 18
5. 장애인 자조단체의 성장 19
제2절 재활상담의 개념 및 원리 20
1. 재활상담의 개념 20
2. 재활상담의 기본원리 22
3. 상담자의 책임과 비밀보장 27
제3절 재활상담의 과정과 상담전략 29
1. 상담 초기 30
2. 상담 중기: 상담진행 37
3. 상담 후기: 평가 및 종결 39
제4절 재활상담의 기초기술 40
1. 경청 40
2. 구조화 41
3. 질문 42
4. 반영 42
5. 직면 43
6. 명료화 43
7. 수용 44
8. 요약 44
9. 해석 45
제5절 상담관계의 기본원칙 45
1. 개별화 46
2. 의도적인 감정표현 47
3. 통제된 정서적 관여 48
4. 수용 48
5. 비심판적 태도 49
6. 내담자 자기결정 49
7. 비밀보장 50

제2장 재활상담사의 역할과 기능 53
제1절 서론 54
제2절 재활상담사의 역할 및 기능 56
1. 재활상담사의 역할 56
2. 재활상담사의 기능 58
제3절 우리나라 재활전문인력의 유형 67
1. 재활상담사 67
2. 직업재활사 73
3. 장애인 직업생활상담원 74

제4절 미국의 재활상담사 양성과정 76
1. 재활상담사 양성과정 76
2. 재활상담사 자격증 및 면허제도 78
3. 재활상담 관련 단체 79
제5절 재활상담사 윤리강령과 윤리적 의사결정 82
1. 재활상담과 윤리원칙 82
2. 재활상담사 윤리강령 87
3. 윤리적 딜레마와 윤리적 의사결정 90
제3장 장애 영역별 재활상담 99
제1절 지체장애인의 재활상담 100
1. 지체장애의 이해 100
2. 지체장애인을 위한 직업적 관점 102
3. 지체장애인의 재활상담 적용 104
제2절 정신장애인의 재활상담 106
1. 정신장애의 이해 106
2. 정신장애인을 위한 직업적 관점 108
3. 정신장애인의 재활상담 적용 113
제3절 발달장애인의 재활상담 116
1. 발달장애인의 이해 116
2. 발달장애인의 직업적 관점 118
3. 발달장애인의 재활상담 적용 122

PART Ⅱ 기초상담이론 / 127

제4장 정신분석상담 129
제1절 프로이드의 정신분석상담 130
1. 개요 130
2. 주요개념 131
3. 연속적 체계: 심리성적 발달 단계 141
4. 재활상담 적용 145
제2절 아들러의 개인심리학 147
1. 개요 147
2. 주요개념 148
3. 재활상담 적용 158
제3절 융의 분석심리학 159
1. 개요 159
2. 주요개념 160
3. 재활상담 적용 167
제4절 에릭슨의 자아심리학 170
1. 개요 170
2. 주요개념 171
3. 재활상담 적용 180

차례

제5장 행동주의 상담 183

제1절 파블로프의 고전적 조건화 184
1. 개요 184
2. 특성 185
3. 주요개념 188

제2절 스키너의 조작적 조건화 190
1. 개요 190
2. 아동을 대상으로 한 조작적 조건 형성 190
3. 주요개념 191

제3절 반두라의 사회학습이론 196
1. 특성 196
2. 주요개념 197

제4절 재활상담에의 적용 199
1. 기본방향 199
2. 장애유형별 적용사례 206

제6장 인본주의 상담 213

제1절 로저스의 인간중심 상담 214
1. 개요 214
2. 주요개념 216
3. 재활상담 적용 219

제2절 매슬로우의 욕구위계론 221
1. 개요 221
2. 주요개념 222
3. 재활상담 적용 224

제3절 펄스의 게슈탈트상담 226
1. 개요 226
2. 주요개념 226
3. 재활상담 적용 231

제4절 글래서의 현실치료 233
1. 개요 233
2. 주요개념 233
3. 재활상담 적용 237

제7장 인지행동상담 241

제1절 인지적 관점 242
1. 도식 242
2. 사회적 도식 242
3. 자기도식 243
4. 귀인 243

제2절 합리적 정서행동치료 244
1. 개요 245
2. 주요개념 245
3. 재활상담 적용 248

제3절 벡의 인지치료 251
1. 개요 251
2. 주요개념 253
3. 재활상담 적용 256
제4절 비고츠키의 인지발달 258
1. 개요 258
2. 주요개념 259
3. 재활상담 적용 268

제8장 절충주의 상담 271
제1절 특성 272
제2절 주요개념 274
1. Lazarus 절충주의 상담 274
2. Howard 이론 275
3. Hays 이론 276
4. 환경적 · 집단적 · 해결 중심적 단기치료 277
제3절 재활상담 적용 279
1. 목표 및 기법 279
2. 재활상담에서의 적용 280
3. 재활상담사의 역할 281
4. 상담기법 282

PART Ⅲ 실제적 관점 / 285

제9장 집단상담 287
제1절 집단상담의 개요 288
1. 집단상담의 특징 288
2. 집단상담의 목적 289
3. 집단의 유형 290
4. 집단상담의 구성 292
제2절 집단상담자의 역할 295
1. 집단상담자의 자세 296
2. 전문가로서의 집단상담자 296
제3절 집단상담의 과정 297
1. 시작 단계 297
2. 형성 단계 299
3. 작업 단계 301
4. 종결 단계 302
제4절 집단상담의 실제 303
1. 초기 상담과정 진행 303
2. 집단상담기법 304
3. 사례 예시 310

차 례

제10장 장애와 가족상담 315

제1절 가족의 개요 316
1. 가족의 의미 316
2. 가족의 특성 317
3. 가족체계이론 321
4. 가족상담(치료)의 실용성 324

제2절 장애가족의 기능 326
1. 장애가족기능 326
2. 장애가족의 생애주기 331
3. 장애가족의 스트레스 336

제3절 장애가족의 적응 및 기능강화 339
1. 장애자녀의 수용과정 339
2. 장애가족 관련 서비스 346
3. 지역사회의 역할 349

제4절 가족상담의 적용 352
1. 구조적 상담 352
2. 가족상담기법의 이해 355

제11장 동료상담 359

제1절 동료상담의 개념 및 특징 360
1. 개관 360
2. 동료상담의 탄생 361
3. 동료상담의 특징 362

제2절 동료상담의 목표와 유형 363
1. 동료상담의 목표 363
2. 동료상담의 유형 364
3. 장애 유형별 동료상담 365
4. 동료상담의 자세 368

제3절 동료상담의 내용 369
1. 동료상담에 있어서 인간관계 370
2. 감정의 해방 370
3. 행동패턴 371
4. 가족과의 관계 형성 372
5. 다양한 억압에서의 해방 372
6. 정부의 지원제도 및 권익옹호 373
7. 활동지원서비스 관리 373
8. 지원그룹 374
9. 자기주장훈련 374

제4절 동료상담의 실제 375
1. 동료상담 실제 375
2. 동료상담과정 375

제12장 역량강화상담 383
제1절 역량강화상담의 개념 및 특성 384
1. 역량강화의 정의 384
2. 역량강화 모형 실천의 기본가정 386
3. 역량강화 모형의 실천원칙 387
제2절 역량강화 모형의 주요개념 387
1. 역량강화의 차원 387
2. 역량강화 모형 389
3. 전문적 관계에 대한 시각: 협력과 파트너십 391
4. 클라이언트에 대한 시각: 소비자 391
5. 능력 392
제3절 역량강화상담 실천방법 392
1. 미시적 실천 392
2. 거시적 실천 394
3. 강점 관점 실천 395
제4절 역량강화 모형의 실천과정 399
1. 대화 단계 400
2. 발견 단계 400
3. 개발 단계 401
4. 클라이언트의 역량을 증강시키는 재활상담사의 역할 402
5. 역량강화상담의 활용성과 한계성 403
제13장 재활상담과 슈퍼비전 405
제1절 슈퍼비전의 개요 406
1. 임상 슈퍼비전의 정의 406
2. 임상 슈퍼비전의 목적 408
3. 슈퍼바이지 발달 수준 410
제2절 슈퍼비전의 모형 412
1. 슈퍼비전의 유형 412
2. 슈퍼비전의 유형 및 장단점 413
제3절 슈퍼비전의 실제 419
◎ 임상기술 개발 지원방법의 평가 420
제4절 슈퍼바이저의 양성 426
1. 재활상담사 양성훈련과정 426
2. 기관 내 연수를 통한 슈퍼바이지 교육 428
3. 재활상담사의 임상 슈퍼비전의 중요성 429
참고문헌 431
부록1 재활상담 관련 전문용어 목록 453
부록2 미국재활상담사협회 윤리강령 455
찾아보기 515

재활상담

I

PART

개관적 측면

제1장 재활상담 개관

제2장 재활상담사의 역할과 기능

제3장 장애 영역별 재활상담

CHAPTER 01

재활상담 개관

길라잡이

1. 최근 20년 내 장애인재활 분야에서 나타난 재활환경의 주요변화에는 어떤 것들이 있는가?
2. 장애인과 그 가족을 대상으로 진행되는 재활상담이란 무엇이며 어떤 원리에 따라 수행되는가?
3. 재활상담과정에서 재활상담사가 지는 책임은 무엇이며 어떤 윤리적인 결정과 관련되어 있는가?
4. 상담진행 일정에 따라 상담 초기와 상담 중기, 상담 후기에 필요한 재활상담전략에는 어떤 것들이 있는가?
5. 재활상담을 원활히 수행하기 위한 상담의 기초기술에는 어떤 것들이 있는가?

제1절 재활환경의 변화

현대 사회의 재활환경은 장애 인구의 변화(개별화, 중증화, 중복화, 고령화), 장애 패러다임의 변화(수동적 → 능동적), 법 · 제도적 변화, 물리적 환경 변화 등 시대적 요구에 따라 다양한 변화에 직면해 있다. 또한, 4차 산업혁명 시대의 도래는 장애인재활 분야의 의료, 재활, 교육, 직업, 문화 등에서 급격한 패러다임의 변화를 이끌어 올 것으로 보인다. 이에 따라 장애인재활 분야의 전문가로서 '(장애인)재활상담사'[1]는 상담, 교육, 훈련, 권익옹호 등 활동 영역과 역할이 크게 확대될 것으로 예상된다. 향후 공공기관(한국장애인고용공단, 근로복지공단, 한국장애인개발원 등), 장애인복지시설, 직업재활시설, 교육기관(특수학교, 특수학급), 장애인단체, 발달장애인지원센터, 기타 재활 관련 기관 등에서 장애인재활 전문인력의 수요가 크게 증가할 것으로 추정된다(한국보건의료인국가시험원).

우리나라 재활환경의 변화를 알아보기 위하여 장애인재활 분야의 최근 동향을 살펴볼 필요가 있다. 1999년 이후의 우리나라 장애인복지를 도약의 시기로 규정하고 다양한 쟁점과 현안들로 많은 과제를 제시하는 시기로 설정하였는데, 중요한 내용은 다음과 같다(임종호, 이영미, 이은미, 2016).

1. 장애인복지(정책)발전 5개년계획의 수립과 이행

우리나라에서는 OECD 회원국에 해당하는 장애인재활 및 복지 수준을 달성하기 위하여 1998년부터 정부 관련 부처 주도로 중장기 장애인복지발전 5개년계획을 수립하고 장애인의 재활과 자립을 위한 사업을 추진하고 있다. 우리나라에서 장애인복지발전에 관한 종합적이고 장기적인 정책이 수립되기 시작한 것은 1988년 '장애인복지대책위원회'를 구성하여 장애인종합대학을 수립하면서부터이다. 장애인정책 5개년계획은 1996년 국무총리를 위원장으로 하는 '장애인복지대책위원회'에서 '제

1) 장애인복지법상 재활전문가를 지칭하는 용어는 "장애인재활상담사"이나 본 책에서는 미국에서 사용하는 용어이며(rehabilitation counselor) 재활현장에서 통용되는 "재활상담사"라는 용어도 함께 사용하고자 한다.

1차 장애인복지발전 5개년계획'이 확정되면서 출발하였다. 현재는「장애인복지법」 제11조 규정에 따라 국무총리 산하에 장애인정책조정위원회를 두고 장애인복지정책의 기본방향 설정 등을 심의하고 있으며, 5년마다 장애인정책종합계획을 수립하여 추진하고 있다.

제1차 장애인복지발전 5개년계획(1998~2002)에서는 보건복지부, 교육부, 노동부 3개 부처가 중심이 되어 "장애인의 완전한 사회참여와 평등보장"을 목표로 장애인복지 확대, 특수교육 강화, 고용촉진 등 3대 사업을 추진한 반면, 제2차 장애인복지발전 5개년계획(2003~2007)에서는 국무총리 산하 국무조정실을 중심으로 보건복지부, 교육인적자원부, 노동부, 정보통신부, 건설교통부 등 5개 부처에서 장애인복지 향상, 특수교육 강화, 고용 확대, 정보화 증진, 이용편의 확충, 사회적 인식 개선 등 6대 사업을 추진하였다. 제3차 장애인복지발전 5개년계획(2008~2012)에서는 보건복지부, 교육부, 노동부, 정보통신부, 건설교통부 등 10개 부처가 중심이 되어 '장애인의 권리에 기반한 참여 확대와 통합사회의 실현'을 목표로 장애인복지서비스의 선진화 구현, 생애주기별 교육지원체계 구축 및 문화활동 확대, 장애인이 일할 수 있는 사회 실현, 장애인 사회참여의 확대와 권익증진 등 4대 사업, 58개 과제들을 추진한 반면, 제4차 장애인정책발전 5개년계획(2013~2017)에서는 국무총리 산하 국무조정실을 중심으로 보건복지부, 교육인적자원부, 노동부, 정보통신부, 건설교통부 등 12개 부처에서 장애인복지 · 건강서비스 확대, 장애인생애주기별 교육 강화 및 문화 · 체육 향유 확대, 장애인 경제 자립기반 강화, 장애인의 사회참여 및 권익증진 4대 사업 19개 과제를 추진하였다(관계부처 합동, 2012). 제5차 장애인정책발전 5개년계획(2018~2022)에서는 국무총리 산하 국무조정실을 중심으로 보건복지부, 교육인적자원부, 노동부, 정보통신부, 건설교통부 등 12개 부처에서 "장애인의 자립생활이 이루어지는 포용사회 건설"을 목표로 복지-건강 지원체계 개편, 교육-문화-체육 기회보장, 경제적 자립기반 강화, 권익 및 안전 강화, 사회참여 활성화 등 5대 사업 58개 과제를 추진하고 있다(관계부처 합동, 2017). 지금까지 총 5차의 장애인복지(정책)발전 5개년계획이 추진되었는데, 그 주요내용은 다음과 같다.

표 1-1 장애인복지(정책)발전 5개년계획 추진 내용

발전계획	기간	목표	주요내용	비고
제1차 장애인복지발전 5개년계획	1998~2002	장애인의 완전한 사회참여와 평등 보장	• 장애인복지 확대 • 특수교육 강화 • 고용촉진	3개 부처 3대 사업
제2차 장애인복지발전 5개년계획	2003~2007	장애인이 대등한 시민으로 통합적 사회 실현	• 장애인복지 향상 • 특수교육 강화 • 고용 확대 • 정보화 증진 • 이동편의 확충 • 사회적 인식 개선	6개 부처 6대 사업
제3차 장애인정책발전 5개년계획	2008~2012	장애인의 권리에 기반한 참여 확대와 통합사회 실현	• 장애인복지서비스의 선진화 구현 • 생애주기별 교육 지원체계 구축 및 문화활동 확대 • 장애인이 일할 수 있는 사회 실현 • 장애인 사회참여 확대와 권익증진	10개 부처 4대 사업 58개 과제
제4차 장애인정책 종합계획	2013~2017	장애인과 비장애인이 더불어 행복한 사회 실현	• 장애인복지 · 건강서비스 확대 • 장애인 생애주기별 교육 강화 및 문화 · 체육 향유 확대 • 장애인 경제 자립기반 강화 • 장애인의 사회참여 및 권익증진	12개 부처 4대 사업 19개 과제
제5차 장애인정책 종합계획	2018~2022	장애인의 자립생활이 이루어지는 포용사회 건설	• 복지-건강 지원체계 개편 • 교육-문화-체육 기회보장 • 경제적 자립기반 강화 • 권익 및 안전 강화 • 사회참여 활성화	12개 부처 5대 사업 22개 과제

2. 장애 범주의 확대

우리나라에서는 1981년 심신장애자복지법이 제정되면서 지체장애, 시각장애, 청각장애, 언어장애, 정신지체(지적장애) 5개 장애 유형을 제시한 이래 지금까지 총 2차에 걸쳐 장애 영역을 확대하였다. 제1단계 확대는 1999년에 「장애인복지법」을 개정하면서 실시되었는데 기존의 5개 장애 영역에다 뇌병변장애, 신장장애, 심장장애, 정신장애, 발달장애 등 5개 영역을 추가하여 총 10개의 장애 영역을 제시하였다.

제2단계 확대는 2003년에 「장애인복지법」을 개정하면서 있었는데 기존의 10개 장애 영역에 더하여 안면장애, 호흡기장애, 간장애, 장루장애, 간질장애(뇌전증) 등 5개 장애 영역을 추가하여 현재는 총 15개 장애 영역을 지니게 되었다. 우리나라의 장애 범주는 선진국에 비하여 협소하게 규정되어 있어 향후 확대될 가능성이 있는데, 확대 가능한 장애 범주로는 피부질환장애, 소화기장애, 비뇨기장애, 혈우병, AIDS, 기타 내부장애, 알코올·약물 중독, 치매, 기질성 뇌증후군, 기타 정신장애, 기타 발달장애 등이 있다(한국보건사회연구원, 2006).

표 1-2 장애 범주의 확대 내용

단계별 확대	연도	장애 영역	비 고
심신장애자복지법	1981	지체, 시각, 청각, 언어, 정신지체(지적장애)	5개 범주
1단계 확대	1999	뇌병변, 신장, 심장, 정신, 발달장애	5개 영역 추가 총 10개 범주
2단계 확대	2003	안면, 호흡기, 간, 장루요루, 간질(뇌전증)장애	5개 영역 추가 총 15개 범주
3단계 확대 (예정)	예정	피부질환장애, 소화기장애, 비뇨기장애, 혈우병, AIDS, 기타 내부장애, 알코올·약물 중독, 치매, 기질성 뇌증후군, 기타 정신장애, 기타 발달장애	-

3. 장애 관련 법률의 개정 및 제정

이 시기에 제정되었거나 개정된 중요한 장애인재활 및 복지 관련 법률들은 다음과 같다.

- 1999 국민기초생활 보장법
- 2000 장애인 고용촉진 및 직업재활법
- 2005 교통약자의 이동편의 증진법 / 장애인 기업활동 촉진법
- 2006 UN 장애인권리협약
- 2007 장애인차별금지 및 권리구제 등에 관한 법률 / 장애인 등에 대한 특수교육법
- 2008 중증장애인 생산품 우선구매 특별법

- 2010 장애인연금법 / 장애인활동 지원에 관한 법률
- 2011 장애아동 복지지원법
- 2013 장애인 · 고령자 등 주거약자 지원에 관한 법률
- 2014 발달장애인 권리보장 및 지원에 관한 법률
- 2016 장애인 · 노인 등을 위한 보조기기 지원 및 활용 촉진법
- 2016 한국수화언어법
- 2018 장애인 건강권 및 의료접근성 보장에 관한 법률

4. 자립생활 이념의 도입과 자립생활센터의 확산

자립생활(Independent Living)이란 장애인이 자신과 관련된 의사결정이나 일상생활에 있어서 타인에의 의존을 최소화하고 스스로의 선택으로 자신의 생활을 결정하는 것을 말한다(Rubin & Roessler, 2008). 이것은 장애인이 일상생활의 수행과 결정과정에서 타인에 대한 의존을 최소화하고 스스로 자신의 삶을 관리하는 것이다. 자립생활운동(Independent Living Movement)은 권리가 부정되어 왔던 중증장애인의 정치적 · 시민으로서의 권리를 되찾기 위한 운동이다(권선진, 2007). 1960년대 일어난 시민권운동은 불이익을 받아 왔던 장애인들이 자신들의 권리에 대해서 인식하는 계기를 제공하였고, 그들의 권리가 어떻게 거부되고 있는지를 깨닫게 해 주었다. 처음 이 운동은 소득 및 의료 보조 급여, 교육 급여 및 다른 급여에 대한 권리를 포함한 수혜권(benefit rights)을 반대하고 투표권과 민선 관직에 재직할 권리와 동료 배심원에 의해 심판받을 권리를 포함하여 한 사회에 시민으로서의 역할을 담당할 수 있는 시민권(civil rights)을 요구했다. 시민권운동에서 발전한 흑인운동도 장애인의 자립생활운동에 영향을 미쳤다.

자립생활운동은 장애인의 시민권(civil rights)과 수혜권(benefit rights) 모두에 관심을 두며, 이 운동은 1973년 재활법 Title V와 1990년 미국 장애인법(ADA)에 의해 명시된 동등한 의료적 처치나 교육, 사회적 서비스, 이동, 주거뿐만 아니라 고용에 접근할 수 있는 동등한 권리를 확보하기 위해 노력하였다(Parker & Szymanski, 2008). 또한 보건 · 교육 · 복지성에 의해 정착된 재활법 504에서는 정부 지원금을 받고 있는 어떤 프로

그램이나 활동에 있어서 장애인을 차별하는 것을 금지하며 적절한 편의 제공을 권장하고 있다. 장애인 당사자의 결정권과 선택권을 강조하며 1970년대 초 미국에서 시작된 자립생활운동은 1980년대에 일본에 전파되었고, 우리나라에는 1990년대 초반에 전해져 2000년대 이후에 장애인재활 및 복지 분야에서 활발히 적용되고 있다.

5. 장애인 자조단체의 성장

자조모임(self-help organization)은 공통적인 문제를 가진 사람들이 모여 공통의 목적을 위하여 자발적인 비전문적 활동을 함으로써 집단 성원 개개인이 도움을 얻는 모임을 말하며, 전문적 관계에서 잘 표출되지 않는 욕구를 충족시키는 수단이 된다. 자조모임 구성원들은 동료애를 발휘하여 사회적 고립이나 낙인에 의한 은둔을 방지할 수 있고 주거, 보건, 고용 기회 면에서도 도움을 받을 수 있다.

자조집단의 역사를 살펴보면 일반인들에게 잘 알려진 자조집단으로 알코올중독자 금주모임(Alcoholics Anonymous, A.A.)이 1935년에 처음 출발하여 오늘날까지 지속적으로 활동하고 있으며, 60년대와 70년대 흑인과 여성, 90년대 동성연애자들의 권익운동과 함께 사회에 확대되었다(Chan, Berven, & Thomas, 2004). 그리고 1970년대 중반 이후에는 정신보건을 비롯한 의료 서비스 영역에서 정신질환자 및 장애인, 만성 질환자들에 의해 전문가와 사회에 대한 자유 선언의 의미로 자조모임이 등장하고 확대되었다. 우리나라에서도 알코올중독자 금주모임 이외에도 퇴원 환자들을 위한 모임, 다양한 질병 관련 환자 및 보호자 모임, 장애인 가족모임에 이르기까지 다양한 자조모임이 형성·운영되고 있다(심리학 용어사전, 2014).

이 시기에 장애인 당사자들 위주로 구성된 자조단체가 급격하게 성장하여 장애인 관련 정책 결정에 중요한 정치세력으로 등장하게 되었다. 1998년에 장애인단체 연대를 목적으로 한국장애인단체총연맹(장총)이 설립되었으나, 2002년에 일부 단체가 독립하여 한국장애인단체총연맹(장총련)을 설립함으로 우리나라 장애인단체는 양대 단체를 중심으로 활동을 이어오고 있다. 또한 장애인이동권연대, 장애인자립생활센터연합회, 뇌성마비장애인연합회 등 제3의 단체들도 빠르게 성장하고 있다(임종호, 이영미, 이은미, 2016).

제2절 재활상담의 개념 및 원리

1. 재활상담의 개념

재활상담사를 전문가로 볼 수 있는가에 대하여는 학자들 사이에 논란의 여지가 있다. 재활 관련 분야에서는 대다수가 재활상담사를 전문인력으로 인정하고 있지만 의사나 변호사와 같은 일반적인 전문가와 비교해 보면 아직 미진한 부분이 있는 것은 사실이다. 일반적으로 전문인력이라 함은 어떤 기본적인 철학과 보편적인 지식을 가지고 조직화되고 구조화된 사람을 의미하며 공식적인 단체에 의해 규정되고 자격을 증명하는 직업(occupational)을 갖는다(나운환, 2016; Wright, 1980). 또한 전문인력은 자격제도와 훈련과정과 같은 목표적 성격도 중요하지만 전문 영역에서 요구하는 사회적 욕구에 부합해야 하고 독특한 서비스를 제공해야 하며 계속적으로 연구활동을 수행하여야 한다. 즉, 전문가는 어떤 특수한 욕구에 서비스하는 사람으로서 대체로 다음과 같은 유사한 특징을 가진다.

첫째, 철저한 훈련을 통해 전문 영역을 확립한다.

둘째, 전문기술은 그것을 필요로 하는 사회적 서비스에 활용된다.

셋째, 전문가로서 실제에 참여하고 역할을 수행하기 위해서는 반드시 공식적인 승인과정이나 자격부여체계가 있어야 한다.

넷째, 전문가는 상당한 자율성을 가지고 있지만 실천에서는 반드시 기준의 설정, 교육적 요구, 과정의 선택, 윤리원칙, 철저한 훈련, 전문적 윤리와 기준을 위배하는 자에 대한 재훈련체계 등의 책임성이 필요하다.

또한 어떠한 분야가 전문화되기 위해서는 첫째, 전일제 직업의 태동, 둘째, 양성기관 및 프로그램의 설치, 셋째, 전문가단체의 조직, 넷째, 윤리강령의 채택, 다섯째, 전문능력의 정의, 여섯째, 직업적 위엄을 지키기 위한 노력이 있어야 한다(Wilensky, 1975).

미국재활상담사자격위원회(Certified Rehabilitation Counselors Council: CRCC, 2016)의 재활상

담 정의를 살펴보면, 재활상담은 "신체적 · 정신적 · 발달적 · 인지적 그리고 정서상의 장애를 가진 사람들에게 상담과정의 지원을 통해 가능한 한 가장 통합된 환경에서 그들의 개인, 진로 그리고 자립생활 목표들을 성취할 수 있도록 원조하는 체계적인 과정"이며, 상담과정은 의사소통, 목표설정 그리고 자기옹호, 심리적이고 직업적이고 사회적이고 체계적 개입을 통한 유익한 성장 혹은 변화를 포함한다. CRCC(2016)에 따르면 재활상담사의 역할은 ① 장애인의 욕구를 사정하고 ② 확인된 욕구에 맞는 프로그램을 기획하고 ③ 직무배치 및 사후관리가 포함되는 재활서비스를 제공하거나 배치하는 역할을 수행하는 전문가로서, 재활상담 과정 내에 다음과 같은 기능을 수행하여야 한다.

① 사정과 평가
② 진단과 처치계획
③ 진로상담
④ 장애에 대한 의료적 · 심리사회적인 영향에 초점을 맞춘 개인상담과 집단상담
⑤ 사례관리, 의뢰, 그리고 서비스 조정
⑥ 프로그램 평가와 연구
⑦ 환경, 고용, 태도의 장벽을 제거하기 위한 개입
⑧ 다양한 기관들 사이의 자문서비스와 규제 시스템
⑨ 고용과 직무적응을 지원하는 것을 포함하는 직무분석, 직무개발 및 배치서비스들
⑩ 자문 관련 서비스와 재활공학에 대한 접근

재활상담자가 갖추어야 할 지식 영역은 다음과 같다.

① 상담의 이론, 원리 및 실제
② 전문적 활동(윤리, 의무, 전문가 간 협동작업, 전문적 성장을 위한 노력)
③ 현장작업(감독하에 이루어지는)
④ 발달, 이상, 성격 심리학 이론과 성격에 미치는 장애의 효과를 포함하는 심리학적 정보
⑤ 심리검사의 원리와 실제

⑥ 직업 관련 정보
⑦ 사례연구의 원리와 방법
⑧ 재활의 역사, 철학, 관리 측면의 이해
⑨ 사회적 자원에 관한 정보
⑩ 의학적 정보(특히 신체적 회복을 위한)
⑪ 재활연구방법론

또한 재활상담사가 내담자와의 올바른 상담관계를 수립하기 위하여 가져야 할 자세는 다음과 같다

① 내담자가 좋은 의도를 가지고 행동한다고 가정한다. 사람들은 근본적으로 선하고 정직하다-적어도 그들이 그렇게 행동하리라고 기대되는 경우에는 그럴 가능성이 더 크다.
② 내담자의 독특성을 인정한다. 사람들은 모두 다르기 때문에 개별성을 존중해야 한다. 자신이 가지고 있는 개인적 가치나 문화적 가치를 다른 사람도 그대로 가지고 있을 것으로 기대하는 것은 옳지 않다.
③ 불완전성과 오류를 참아낸다. 사람들은 더 좋은 방향으로 변화하는 내적 능력이 있으며, 이 성장은 때때로 오류를 경험하는 기회로부터 온다.
④ 목표와 역할을 분명히 한다. 상담자와 내담자가 담당하는 역할을 분명히 하고 구체적인 목표를 세워 이를 단계별로 검토하는 자세가 필요하다.
⑤ 변화의 최종 책임은 내담자에게 있음을 이해한다. 상담자가 내담자의 생활에서 차지하는 위치는 어디까지나 조력적 관계이어야 한다. 결정을 대신해 주거나 어떤 행동을 강요하는 것은 내담자를 오히려 무기력하게 만들 수 있다.

2. 재활상담의 기본원리

Rogers는 좋은 상담관계란 상담자와 내담자가 경험을 공유하는 관계라고 보았으며 그러기 위해서는 공감적 이해, 긍정적 존중 및 진솔성(혹은 일치성)이 필요하다고 하였다. 대부분의 전문가들은 이 세 요소가 상담관계를 촉진시키는 데 매우 중요하다

는 점을 인식하고 있다(이장호, 정남운, 조성호, 2006; Chan, Berven, & Thomas, 2004; Parker, Szymanski, & Patterson, 2005).

효과적인 상담자의 태도는 다음과 같다.

- 상담을 하기 전에 갖는 태도나 타인에게 받는 평가는 상담에 있어서 반드시 좋은 결과만을 초래하지는 않는다. 타인에게 도움을 주려하거나 좋은 평가를 받고자 하는 욕구, 타인에게 영향을 끼치고 지배하고자 하는 욕구가 너무 강할 경우 내담자의 마음을 제대로 이해하지 못하거나 적절한 반응을 보이지 못할 수도 있다.
- 상담자의 과거 경험, 지식을 토대로 내담자의 감정과 문제를 판단하려 해서는 안 된다. 이는 상담자가 내담자의 행동이나 특징을 잘못 판단하여 상담의 결과에 악영향을 끼칠 수 있기 때문이다.
- 상담에서의 대화가 지나치게 친숙해서는 안 된다. 내담자에게는 상담자의 한마디 한마디가 중요한 작용을 하기에 약간의 농담조차도 부정적 영향을 미칠 수 있고, 간단한 충고도 상담 목적에 꼭 부합된다고 볼 수 없다.
- 상담자는 상담을 하는 데 항상 여유를 가져야 한다. 상담자는 상담을 하면서 상당한 긴장과 불안(상담자로서의 불충분한 역할, 내담자의 문제를 파악하지 못했다는 불안, 내담자에게 드러나는 인상에 대한 불안, 느린 상담의 효과에 대한 불안, 내담자의 기대에 부흥을 못한 것 같은 불안 등)을 느껴 특히나 상담 초심자들은 의젓한 모습을 보이려 애쓰거나 필요 이상의 인간적인 모습을 보이려 애쓰는 양상을 보이기도 한다. 초심자들이라면 능숙하지 못한 것은 당연한 것이고 완벽한 사람은 없기에 무언가에 만족하지 못한다면 여유를 가지고 부족한 것을 차근차근 찾아가며 상담에 임해야 한다. 또한 이전에 선임 상담자를 통해 상담의 슈퍼비전을 체계적으로 받아야 한다.

1) 무조건적 존중(unconditional positive regards)

상담자가 진정으로 내담자를 상담하려면 무조건적이고 긍정적인 태도를 유지하여야 한다. 그러기 위해서는 상담자는 외형적으로든 내면적으로든 내담자를 판단하거나 내담자의 행동, 태도에 대하여 찬성 혹은 반대하지 않으며, 따듯한 수용을 해

주어야 한다. 우리가 누군가를 도우려고 할 때, 자신의 문제를 스스로 해결할 수 있는 그 사람의 능력을 믿지 못한다면 그 사람을 도울 수 없다. 상담자는 내담자의 독특한 개성과 자질을 이해함에 따라 내담자에 대한 존중감을 품게 되고, 삶의 여러 측면에서 노력하고 있는 모습을 보면서 존중감은 증가한다. 상담자는 내담자의 노력을 격려해 줌으로써 그들에 대한 존중을 표현할 수 있다. 즉, 상담자로서 내담자를 개별 인격체로 존중하고 그 사람의 가능성을 인정하며 이를 내담자에게 전달하는 것이야말로 장애인상담의 요체라는 것이다.

한편, 무조건적 존중이 내담자의 모든 의견에 동의하라는 의미는 아니다. 거부나 이의는 수용적 행동이 아니라는 생각에서 내담자의 말을 맹목적으로 받아들여서는 안 된다. 다만 반대 의견을 전달할 경우 부드러운 음성이나 적절한 단어로 내담자를 인격적으로 대우하고 있다는 느낌을 심어줄 수 있는 노력을 기울여야 한다. 요컨대 상담자가 반대 의견을 표현했을 때 내담자가 그것을 위협이나 불안으로 받아들이도록 해서는 안 된다는 것이다.

2) 공감적 이해(empathetic understanding)

상담자는 내담자를 이해하기 위하여 내담자의 현상세계에 초점을 맞추어야 한다. 내담자가 표현한 말뿐만 아니라 그 밑에 깔려있는 중요한 감정, 태도, 신념 및 가치기준을 포착하여야 하며, 이를 내담자와 의사소통하여야 한다. 이러한 의사소통을 통하여 아직 개념화되지 않은 의미가 자각되며, 내담자는 자신에 대한 이해의 폭을 넓히고, 자기의 유기체적 경험의 좀 더 많은 부분을 자각하게 된다. 공감적 이해란 자신이 직접 경험하지 않고도 다른 사람의 감정을 거의 같은 내용과 수준으로 이해하고 느끼는 상태를 의미한다. 상담자와 내담자가 유사한 경험을 가지고 있다고 할지라도, 개인이 겪는 경제적 · 사회적 문제의 종류와 수준은 천차만별이다. 정서적 · 심리적 경험 역시 각자 다를 수밖에 없다. 상담자는 이러한 개인차를 인정하되 최대한 내담자의 입장을 수용하고 공감하려는 노력을 기울여야 한다.

상담자가 내담자와 공감하고 이해한다는 것을 전달할 능력을 보유하고 있다면 내담자는 자신이 이해받고 있다는 느낌을 받게 될 것이고, 이는 상담자에 대한 신뢰 수준 향상으로 이어져 내담자로 하여금 자신을 깊이 드러내 보이는 태도를 가지도록 유도한다. 즉, 공감적 이해 자체만으로도 내담자에게 강력한 심리적 지지를 제공할 수 있다는 말이다. 내담자를 공감적으로 이해하기 위해서는 먼저 그들의 현실적 문제, 불안, 좌절, 환경적 장벽 등에 관해 내담자의 입장에서 느끼려고 노력해야 한다. 이때 내담자가 전달한 내용을 인지적으로 아는 것만으로는 충분치 않다. 상담자가 듣고 추론하여 느낀 바를 내담자에게 전달하는 것이 보다 중요하고 효과적이기 때문이다. 다음은 부적절한 공감의 예이다.

(1) 무반응

우리나라 정서에서 아무 말도 하지 않는 것은 상대방이 이야기를 잘 듣고 있다는 표현으로 받아들여지곤 한다. 하지만 무반응은 내담자로 하여금 상담자가 자신의 호소나 말을 무시한다고 느끼게 만들 수 있을 뿐 아니라, 자신은 전혀 이해받지 못한다는 느낌을 가지게 할 수 있다.

(2) 주의를 분산시키는 질문

상담자가 내담자의 말을 무시하고 단지 정보를 얻기 위한 목적으로 질문을 던지는 행위가 여기에 해당한다. 내담자의 장황한 언어행태가 지니는 피상적 측면에 주목하기보다는 그 말 속에 들어 있는 정서상태를 파악하는 것이 필요함에도 불구하고, 장애진단의 경위나 산업재해보험의 처리 등의 부수적 내용에만 관심을 기울인다면 내담자는 자신이 취조를 받고 있다고 느낄 수 있다.

(3) 상투적 어투

상투적 어투는 내담자에게 상담자를 지시만을 내릴 뿐 자신의 문제에는 별다른 관심을 가지고 있지 않다는 인상을 심어줄 수 있다. 내담자가 지닌 경험이 대다수의 장애인들이 이미 겪었던 정서상태와 흡사해 보일지라도 그 자신에게는 인생에서 절체절명의 순간이라는 점을 이해하지 않고, '다들 그런 경험을 합니다.', '다른 사람도 사는데 왜 이렇게 호들갑이죠?' 등과 같은 반응을 보인다면 내담자는 자신이 상담자로부터 이해받지 못하고 있다고 생각하며, 상담시간을 지루하고 무의미하다고 여길 것이다.

(4) 잘못된 해석

잘못된 해석은 장애인 내담자가 전달하려는 내용을 왜곡시킬 수 있다. 여기서 해석이란 표면적인 언어에 대한 이해를 뜻한다. 따라서 상담자는 조서를 쓰듯이 사건의 경위를 해석하려는 태도를 경계해야 한다. 감정을 정리하는 것은 장애인 내담자 자신이며, 상담자의 역할은 그것을 격려하고 촉진하는 것임을 유념해야 한다.

3) 진솔성(genuineness)

상담자는 내담자와의 관계에서 순간순간에 느끼는 경험에 '진실되고 솔직'해야 하며, 그 진솔성이 이해와 긍정적 지각의 태도에 스며들고 이것이 언어적 표현으로 나타날 수 있어야 한다. 그 이유는 내담자가 이를 근거로 상담자가 개방적이며 정직하고 신뢰할만한 사람인지의 여부를 판단하기 때문이다. 그렇다고 일관적 진실성을 가진다는 것이 상담자가 자신의 감정이나 생각을 모두 표현해야 한다는 의미는 아니다. 다만 상담자는 자신의 말과 행동이 진실하고 일관성이 있음을 보여주는 것이 중요하다. 즉, 여기에서 말하는 진솔성이란 적어도 거짓말을 하지 않고 꾸미지 않으며 수시로 언행을 바꾸지 않는 등의 태도를 의미한다. 이러한 일관적 성실성을 실천하는 상담자는 자신의 감정상태를 드러내기에 앞서 스스로의 감정이 어떠한지를 정확히 파악하고 점검하는 자각적 노력을 기울여야 한다. 예를 들어 일관적 성실성을 지키기 위해 내담자에게 "당신 이야기는 지겨운데요."라고 말하기보다는 스스로에게 '지금 지겨운데, 왜 지겨울까?'라는 질문을 던져 감정상태를 점검한 다음 "당신이 무덤덤하게 사건만을 진술하니까 얘기가 좀 지루한 것 같군요."라고 솔직히 토로하는 것이 바람직한데, 이는 긍정적인 상담효과를 가져올 수 있다.

3. 상담자의 책임과 비밀보장

1) 상담자의 책임

① 기본적인 상담원칙의 하나로서 재활상담사는 자신의 개인적이고 전문적인 면에서의 능력의 한계를 인식하여야 한다. 상담자 스스로 자신의 능력부족을 인식했을 때 동료나 지도 전문가, 선임 상담자의 자문과 조언을 구하든지 내담자를 다른 상담자에게 의뢰하여야 한다. 또한 자신의 한계 극복을 위한 재교육과 현직교육은 상담자가 공식적 과정에 참가하거나 전문적인 워크숍에 참가하고 자신에게 자극이 될 전문적 모임 등에 참가해 이루어야 한다.

② 재활상담사는 상담에 관한 기록을 충분히 해두어야 한다. 상담의 효과적인 진행과 슈퍼비전을 받을 때의 자료, 내담자를 다른 상담자에게 의뢰하는 경우, 법적 문제의 발생을 대비하기 위해 체계적이고 성실한 기록이 반드시 필요하다.

2) 비밀보장

① 내담자의 인격에 손상되는 내용, 사적인 이야기, 가족 이야기, 자신이 행한 행동의 이야기 등 내담자와 상담자 사이에 있었던 모든 정보는 일반적으로 철저히 비밀이 보장되어야 한다.

② 아동상담의 경우 대부분 부모의 동의가 요구되나 출산통제, 유산, 약물남용, 아동학대 등 위기상담의 경우는 예외가 인정된다. 아동이 아닌 내담자의 경우에도 내담자가 자신이나 타인에게 위해를 가할 가능성이 높을 때도 예외이다.

③ 상담을 공부하는 과정에서는 모든 면접 시 녹음을 해야 한다. 녹음 시작 전 내담자에게 반드시 양해를 구하여 동의를 얻어야 하며 내담자가 원치 않을 시에는 녹음을 그만두어야 한다.

④ 개별상담이나 집단상담에서 비밀보장은 처음부터 도입되고 진행과정에서도 논의되어야 한다. 집단상담자는 모든 집단구성원에게 상담기간 동안 개인의 비밀보장에 대해 주의를 주어야 한다.

3) 비효과적인 상담자 행동들

(1) 너무 이른 조언

조언은 보통 사람들은 효과적이라고 생각하지만, 상담에서는 별로 도움이 되지 못하는 대화법이다.

① 상담 초기에 상담자는 내담자의 특성과 내담자가 가진 문제의 배경에 대해 충분히 알지 못하기 때문에, 이때의 조언은 적합한 것이 되기 어렵다.

② 상담자는 아직 내담자에게 영향을 줄 정도로 심리적인 힘을 가지고 있지 못하다.

③ 대체로 상담 초기에 제시하는 상담자의 대안들은 대부분 내담자가 한두 번씩은 생각해 본 경우가 많고, 나름대로 제시한 대안을 실행할 수 없는 이유들도 가지고 있는 경우가 많다.

④ 조언을 너무 빨리, 그리고 많이 줄 경우 내담자의 의존성을 강화할 수 있다.

⑤ 상담자가 제시하는 조언이 내담자의 생각과 너무 동떨어진 것이거나 내담자가 이해할 수 없는 것일 때 내담자는 그러한 조언을 받아들이지 않는다.

(2) 가르치기

가르치기는 또 다른 형태의 조언이다. 그러나 조언에서와 같이 내담자는 상담자가 가르치기 시작하는 순간, 자신에 대한 이야기를 더 이상 하지 않거나, 상담자에게 지나치게 의존하는 경향을 보이게 된다. 특히 권위적인 위치에 있는 사람과 갈등을 경험한 내담자는 가르치는 상담자에 대해 방어적이 되는 경향이 있음을 기억해야 한다.

(3) 지나친 질문

상담자의 질문은 내담자를 탐색하기 위한 필수조건이라 할 수 있지만, 가능한 한 질문은 줄이도록 하는 것이 좋다. 질문은 내담자로 하여금 수동적인 위치에 있게 할 수 있으며, 상담자로 하여금 내담자에 대한 공감이나 이해를 하는 반응을 하기 어렵게 되기 때문이다. 따라서 반드시 필요한 질문에 대해서는 짤막한 대답인 '예, 아니오'로 대답할 수 있는 폐쇄적인 질문보다는 개방형 질문이 효과적이다. 또한 침묵을 하는 내담자에게는 침묵을 깨는 질문보다는 "저와 편안한 마음으로 이야기하기가 어려운 것 같습니다."라고 이야기하는 것이 도움이 된다. 또한 "왜"라는 말 대신 "어떻게" 또는 "어떤 이유로"라는 말을 쓰는 것이 내담자의 방어를 방지하는 데 도움이 된다.

(4) 상담자 경험의 진술

상담자가 "제가 그와 같은 경험을 가지고 있기 때문에 저는 당신을 잘 이해할 수 있습니다."라는 식으로 자신의 경험을 이야기해 주는 경우가 있다. 하지만 이것은 몇 가지 점에서 문제가 있다. ① 내담자는 상담자가 자신과 똑같은 경험을 했으리라고 믿기 어렵고, ② 실제로 상담자가 내담자와 아주 똑같은 경험을 하고 똑같은 감정을 느끼며 똑같은 상황을 경험하기는 거의 불가능하다. ③ 일반적으로 자신의 이야기를 하는 것은 표면적인 의도와는 달리 상담자가 자신의 불안을 감추기 위한 방법으로 사용될 때가 많다. ④ 상담자가 내담자에게 자신의 이야기를 하는 것이 내담자를 자신의 이야기에 감탄하는 청중으로 이용하는 것이 될 수 있다.

제3절 재활상담의 과정과 상담전략

재활상담이 이루어지는 상담과정은 학자에 따라 다양하게 제시하고 있으나(노안영, 2018; 이장호, 정남운, 조성호, 2006; 천성문, 이영순, 박명숙, 이동훈, 함경애, 2018; 최국환, 2018), 여기서는 상담진행 일정에 따라 상담 초기(상담관계 형성, 내담자 사정, 상담목표 설정), 상담 중기(상담진행), 상담 후기(평가 및 종결)로 나누어 살펴보고자 한다.

1. 상담 초기

1) 상담목표 설정

상담의 목표를 설정하는 작업은 향후 상담의 진행방향과 상담기술을 선택하는 데 큰 영향을 미친다. 상담목표를 설정하는 일은 상담과정에 대한 동기적 기능, 교육적 기능, 평가적 기능, 그리고 향후 상담효과에 대한 전반적 평가기능을 수행하는 의미 있는 활동이다. 따라서 목표설정 단계의 이점은 상담자가 내담자와 상담의 목표를 공동으로 설정함으로써 상담진행에 대한 동기를 부여해 줄 수 있고, 상담과정에서 통찰을 얻을 수 있도록 내담자를 도와줄 수 있다는 점이다. 또한 상담진행상황을 평가해 볼 수 있는 근거를 마련해 줄 수 있고, 전반적인 상담진행과 개입에 대한 동료평가의 기회를 제공해 줄 수 있다.

상담의 목표를 설정하는 데는 현실적인 상담목표를 수립하는 작업이 필요하다. 상담의 목표를 수립할 때는 행동의 변화가 일어날 수 있는 내담자의 행동 범주를 설정해야 하고, 어떤 상황에서 행동 변화가 일어날 수 있는지, 그리고 현실적인 수준에서 어느 정도의 변화를 성공기준으로 삼을 것인지를 고려해야 한다. 이 목록들은 실제 효과적인 상담목표를 설정하는 데 필요한 구성요소들이라 할 수 있다.

2) 내담자 사정

내담자 사정이란 클라이언트의 주위 환경을 포함한 그의 상황을 이해하는 집중적이고도 체계적인 과정이다. 문제평가 단계에서 클라이언트의 강점을 인식하는 것은 평등하고 협조적인 원조관계를 촉진하게 된다. 강점에 초점을 둔 사정은 클라이언트가 가족과 지역사회 환경 안에서 낙인찍히는 것으로부터 자유롭게 한다. Moxley (1995)는 재활과 복지 분야에서 사용되는 사정의 내용을 다음과 같이 4가지로 구분하였다.

내담자의 욕구와 기능에 관한 사정 - 내담자의 욕구, 내담자의 기능

- 내담자욕구: 1. 소득, 2. 주택, 3. 고용 · 직업, 4. 건강, 5. 정신건강, 6. 사회활동, 7. 여가활동, 8. 일상활동, 9. 이동수단, 10. 법률, 11. 교육, 12. 기타

- 내담자기능: 1. 신체적 기능, 2. 인지적 기능, 3. 정서적 기능, 4. 행동적 기능
- 내담자를 원조하기 위한 자원에 관한 사정 - 공식적 지역사회 자원체계, 비공식적 사회적 관계망 및 지지
- 공식적 지역사회 자원체계: 1. 자원목록, 2. 유용성, 3. 적당성, 4. 적절성, 5. 수용성, 6. 접근성
- 비공식적 사회적 관계망 및 지지: 1. 사회적 관계망의 구조, 2. 사회적 관계망의 상호작용, 3. 정서적 수단, 4. 수단적 지원, 5. 물질적 지원

내담자 사정 단계에서 재활상담사의 주요역할은 내담자가 지니고 있는 문제점들을 파악하고 분류하는 일이다. 이 단계에서는 상담의 구체적인 목표들을 설정하고, 이 목표들을 토대로 문제해결을 위한 상담을 진행할 수 있도록 하는 것이 작업의 핵심이다. 물론 평가 단계도 상담관계 형성의 연장선이라고 할 수 있고, 상담관계를 더욱 촉진시켜 주는 역할을 제공한다. 이때 상담 초기에 활용했던 기초적 상담기술들을 이 단계에서도 활용할 수 있다.

표 1-3 내담자 사정의 영역과 내용

사정 영역	사정 내용	구체적 내용	
내담자의 욕구와 기능 사정	내담자욕구	1. 소득 3. 고용·직업 5. 정신건강 7. 여가활동 9. 이동수단 11. 교육	2. 주택 4. 건강 6. 사회활동 8. 일상활동 10. 법률 12. 기타
	내담자기능	1. 신체적 기능 3. 정서적 기능	2. 인지적 기능 4. 행동적 기능
내담자를 원조하기 위한 자원 사정	공식적 지역사회 자원체계	1. 자원목록 3. 적당성 5. 수용성	2. 유용성 4. 적절성 6. 접근성
	비공식적 사회적 관계망 및 지지	1. 사회적 관계망의 구조 3. 정서적 수단 5. 물질적 지원	2. 사회적 관계망의 상호작용 4. 수단적 지원

평가가 진행되는 과정은 일반적으로 내담자에 대한 정보습득, 문제에 대한 규정 그리고 내담자에 대한 임상적 평가 순으로 진행된다. 내담자에 대한 정보는 구조화된 초기면접지 또는 비구조화된 양식들을 모두 활용할 수 있다. 초기면접지에 포함되는 주요내용들로는 내담자에 관한 인적사항, 가족사항, 주요문제점, 기타 문제상황 등이 열거될 수 있다. 이때는 내담자의 문제를 규정하는 데 있어서 보다 구체적이고 포괄적인 진단기준이 요구될 수도 있다.

3) 상담관계 형성

상담을 하는 데 있어 상담 초기에 상담자와 내담자가 어떤 관계를 형성하는지는 상담의 성공에 매우 중요한 요소이다. 상담관계는 상담의 성공을 촉진할 수도 있고 방해할 수도 있기 때문에 상담자는 상담 초기에 촉진적 상담관계 형성의 중요성을 이해하고 실행해 옮길 수 있어야 한다(양옥경, 김정진, 서미경, 김미옥, 김소희, 2016). 일반적으로는 내담자 중심적인 태도, 수용하고 존중하는 허용적인 자세, 진솔하고 투명한 태도, 도와주고자 하는 조력적 자세 등이 촉진적 상담관계를 형성하는 데 필요한 자세와 태도들이다.

재활상담은 상담자인 재활상담사가 장애인 내담자를 처음 만나는 초기면접에서부터 시작된다. 재활상담자와 장애인과의 첫 만남은 상담자와 내담자가 서로 소통할 수 있는 분위기를 형성해 가면서 상호 신뢰를 구축해 가는 중요한 과정이며(최국환, 2018), 상담과정 속에서 상담자가 활용하는 상담기술들은 상담진행에 필요한 도구가 된다. 상담의 기초적 기술들은 학습이 가능하다. 물론 상담자의 기본적 인성도 중요하지만, 상담의 이론을 통해 필요한 지식체계를 습득하고, 질적인 훈련과정을 거치면 초보 상담자도 숙련된 상담자가 될 수 있다. 상담관계 형성 단계에서 수행하여야 할 주요과제는 첫째, 내담자 정보 수집, 둘째, 기관의 서비스 안내, 셋째, 적절한 라포 형성 등이다(이장호, 정남운, 조성호, 2006; 최국환, 2018; Roessler & Rubin, 1998).

(1) 내담자 정보 수집

내담자를 진단하는 데 필요한 이해를 얻기 위하여 재활상담사는 내담자로부터 많은 정보를 수집하여야 하는데, 이러한 작업은 초기면접을 통해서 이루어진다. 상담사는 내담자의 사회적·직업적 과거 이력을 파악할 수 있으며 이러한 정보는 향후 상담을 진행하는 데 많은 도움이 된다. 초기면접 동안 내담자로부터 수집해야 할 정보에는 신체적 요인, 심리사회적 요인, 교육적·직업적 요인, 경제적 요인 등이 있다(Roessler & Rubin, 1998).

(2) 기관의 서비스 안내

초기면접을 수행하는 동안 상담자는 내담자에게 기관의 목적과 서비스, 재활상담사의 역할, 내담자의 권리와 책임 등에 대하여 자세히 안내하여야 한다. 재활상담사는 기관의 목적과 제공 가능한 서비스를 소개하는 데 있어서 서비스를 필요로 하는 내담자에게 도움이 되는 내용을 명확하게 전달하여야 한다. 이때 재활상담사는 서비스의 직접적인 제공자, 내담자를 위한 서비스 조정자, 내담자 권리 옹호자로서의 역할을 명확히 안내하여야 한다.

(3) 적절한 라포 형성

재활상담사는 내담자와 첫 만남이 서로에게 호의적이고 긍정적인 경험이 될 수 있도록 노력해야 하는데 이를 위해서는 상담관계인 라포(rapport)의 형성이 중요하다. 여기서 라포라 함은 상담에 도움이 되는 상담사와 내담자 간의 긍정적인 상호 관계를 의미한다. 라포 형성이 성공적이면 이를 통해 앞으로 내담자가 서비스 제공과정에 보다 적극적으로 참여하도록 유도할 수 있다. 상담자와 내담자가 맺는 상담관계가 올바르게 형성되어 있지 않으면 상담의 효율적 진행은 어려워진다(이장호, 정남운, 조성호, 2006). 상담관계에는 질적인 측면과 형식인 측면이 있는데, 질적인 측면은 상담관계가 질적으로 어떠한 특성을 지니고 있는지에 관한 것이고, 형식적 측면은 상담자와 내담자가 관계를 맺는 방식에 관한 것이다. 상담관계가 우호적이고 신뢰적이며, 상호 존중적이고 이해적인 특성을 나타낼 때 이것은 긍정적인 내담자 변화에 도움이 되므로 촉진적 또는 치료적 상담관계라 부른다.

4) 초기면접(intake interview)

재활상담사는 초기면접에서 클라이언트에 대한 기본적인 정보를 수집하고 서비스욕구를 파악하며 서비스 제공의 적합성 여부를 판단한다. 이 과정에서는 '초기면접지' 작성이 이루어지는데, 장애인복지관 직업재활사업에서 주로 사용되는 초기면접지 양식의 주요내용은 다음과 같다(박희찬 외, 2010).

① 상담일시, 의뢰요청기관, 의뢰일자
② 인적사항: 이름, 성별, 주민등록번호, 주소, 연락처
③ 욕구 및 기대: 내담자, 보호자
④ 장애력: 장애 유형 및 등급
⑤ 현재 건강상태: 약복용, 이용 의료기관, 보장구 사용, 시각 · 언어 · 청각문제, 지환 등
⑥ 가정환경: 가족구성원의 성명, 생년월일, 직업, 동거 여부, 장애 여부, 지지 정도, 주거환경, 수입 현황
⑦ 교육 및 훈련사항: 학교명/기관명, 기간, 교육/훈련 내용, 적응 수준, 기타
⑧ 직업경력: 사업체명, 근무기간, 담당직무 내용, 급여, 퇴직사유 등
⑨ 기초학습능력: 시간 개념, 형태변별, 수 개념, 비교/위치, 색 개념, 쓰기/읽기/이해 등
⑩ 생활적응능력: 외모/청결상태, 일상생활, 이동능력(교통), 의사소통, 대인관계, 자격 및 면허, 기타 등
⑪ 취업욕구: 희망직종, 고용형태, 취업조건(근무지역, 희망임금, 근무시간), 취업 시 고려사항 등
⑫ 종합소견
⑬ 평가계획: 직업평가 필요성, 직업평가 실시방법, 직업평가 영역 등
⑭ 상담자 및 내담자 성명 및 서명

상담 초기과정에서 초기면접을 담당하는 재활상담사는 아래의 표에 제시된 신체적, 심리적, 교육-직업적, 경제적 요소들을 반드시 확인해야 한다(Roessler & Rubin, 1998).

표 1-4 초기면접에서 요구되는 질문들

항목	내 용
신체적 요소	1. 현재 가지고 있는 장애에 대해 구체적으로 말해 주세요. 2. 장애의 발생원인은 무엇인가? 3. 장애 발생시기 4. 장애와 관련하여 과거에 받은 치료들(물리치료, 수술, 작업치료, 보조기 등) 5. 과거보다 장애의 정도가 심해졌는가? 6. 장애와 관련하여 현재 치료를 받고 있는가(수술, 물리치료, 작업치료 등)? 7. 현재 약물을 복용하고 있는가? 있다면 그 약물로 인한 부작용을 경험하고 있지는 않는가? 8. 최근 검진 결과를 통해 본인의 장애 정도와 상태를 명확히 알고 있는가? 9. 장애로 인해 일상생활에 어느 정도의 불편을 겪고 있는가?
심리적 요소	1. 개인적 적응
	• 최근에 받은 심리검사 결과가 장애적응과 관련하여 가지고 있는 염려와 고민을 적절하게 반영했다고 생각하는가? • 재활기관 혹은 심리치료 전문가로부터 심리상담서비스를 받고 있는가? • 장애에 대한 심리적 적응문제로 전문적인 상담치료를 받은 적이 있는가? • 현재 진정제와 수면제를 복용하고 있는가? • 장애 발생 이후 일이나 다른 사람들과의 만남을 기피하는 경향을 보이는가?
	2. 가족과 교우관계
	• 내담자의 결혼 여부 및 상태는? • 내담자가 가족과 함께 거주하는가? • 내담자에게 부양해야 할 아동(어린 자녀)이 있는가? • 배우자/가족구성원들은 내담자의 재활계획에 지지적(호의적)인 태도를 보이는가? • 내담자는 자신의 가정환경에 대해 어떻게 생각하는가? • 내담자와 가족 간의 관계는 어떠한가? • 내담자에게 친한 친구가 있는가? • 자신의 사회생활(사교적 생활)에 만족하고 있는가? • 하루를 어떻게 보내는가? • 내담자의 새로운 직장이 다른 지역일 경우 가족은 내담자를 위해 직장과 가까운 곳으로 이사할 용의가 있는가?
교육-직업적 요소	1. 학력 사항
	• 내담자의 최종학력은? • 학교 재학 중 내담자는 어떤 과목들을 좋아하거나 싫어하였는가? • 내담자가 학업을 중도에 포기한 이유는 무엇인가(졸업한 경우는 제외함)? • 내담자가 고등학교를 중퇴한 경우 검정고시를 통해 고등학교 졸업학력을 인정받았는가? • 내담자는 직업을 획득하고 유지하기 위해 충분한 직업훈련을 받았는가?

항목	내 용
	2. 직업력
	• 내담자는 최근에 어떤 직종에 종사하였는가? (3가지 이내) • 내담자가 종사했던 각각의 직업에 대해 아래의 항목을 파악하라. (1) 임금 수준 (2) 근무기간(내담자가 숙련된 기술을 연마할 만큼 충분히 오랫동안 그 일에 종사하였는가?) 예 - 미장이는 6개월, 일용직 벽돌 100개 이상 쌓기 (3) 실직기간(실직기간이 너무 길어 내담자의 기술들을 잃어버렸을 가능성이 있는가?) (4) 내담자의 육체적 · 심리적 · 정신적 손상 정도는 장애 이전 내담자가 종사하던 직무수행에 어느 정도까지 영향을 미치는가? (5) 직무수행과정에서 내담자는 어떤 측면에서 강점/약점을 보이는가? (6) 내담자가 자신의 직무 중 어떤 것을 선호하였으며, 어떤 것을 꺼려하였는가? (7) 직장을 그만둔 이유 • 장애발생 이전 내담자의 직무수행을 어렵게 만든 요인이 존재하였는가? 있다면 그 이유는 무엇인가? • 내담자는 현재 실직상태인가? 그렇다면 그 기간은 어느 정도인가?
경제적 요소	1. 내담자의 주요소득원은 무엇인가? 2. 그 외에 다른 경제적 소득이 있는가? 3. 내담자는 현재 상환하지 못한 부채가 있는가? 있다면 그 규모는? 4. 불가피한 고정지출(약값, 의료비 등)은 어느 정도이며, 그 종류는 무엇인가? 5. 내담자의 장애등급은 무엇인가? 6. 내담자는 현재 산업재해연금이나 기초생활수급, 의료보호 등의 사회보장서비스를 받고 있거나 서비스 자격심사를 신청하였는가? 7. 내담자는 건강보험 외에 다른 유형의 사보험에 가입해 있는가? 8. 내담자는 현재 자신의 경제상황에 대해 어느 정도 우려하고 있는가? 9. 내담자는 취업했을 경우 생계유지를 위해 자신이 어느 정도의 임금을 받아야 한다고 생각하는가?

한편, 초기면접을 담당하는 재활상담사가 반드시 파악해야 할 정보들로는 아래 표와 같이 내담자의 주된 호소사항과 욕구, 신체적 상황과 생활적응 정도, 가족상황과 경제적 상황, 사회 · 심리적 상황, 지원계획과 목표 등 5가지 정도가 있다.

표 1-5 초기면접 시 확인해야 할 정보 유형

유형	종류	
내담자의 주된 호소사항과 욕구	1) 의료적 욕구 3) 경제적 욕구 5) 직업적 욕구 7) 기타	2) 사회 · 심리적 욕구 4) 교육적 욕구(정보습득) 6) 여가 · 문화생활욕구
신체적 상황과 생활 적응 정도	1) 진단명 3) 과거력 5) 약물 복용 7) 현재 신체상태 9) 생활 · 사회적응능력 11) 신체상황 인식(수용) 정도 13) 장 · 단기 목표	2) 발병시기 및 원인 4) 가족력 6) 과거 · 현재 치료경험 8) 기능적 상태 10) 감각 및 반사 12) 보장구 14) 계획
가족상황과 경제적 상황	1) 가족상황 및 관계 형성 3) 수입 · 지출 현황	2) 경제적인 지원 현황 4) 기타
사회 · 심리적 상황	1) 과거력(치료 및 지원받은 경험 등) 3) 장애수용 정도	2) 대인관계(이웃, 친구, 동료) 형성
지원계획과 목표	1) 의료적 지원 3) 경제적 지원 5) 직업적 지원 7) 기타	2) 사회 · 심리적 지원 4) 교육적 지원(정보습득) 6) 여가 · 문화생활 지원 8) 내담자의 팀 장단기 목표

2. 상담 중기: 상담진행

상담의 목표가 설정되었다면, 다음은 해당 목표의 우선순위를 결정하여 상담개입이 이루어질 수 있다. 상담자는 상담진행에 필요한 상담기술들을 상담이 진행되는 전 과정 속에서 활용할 수 있을 것이다. 그러나 각 상담기술의 사용빈도는 상담이 진행되는 단계에 따라 차이가 날 수 있다. 재활상담사가 장애인 내담자와 상담을 진행하는 중에 내담자 측에서 변화에 대한 반대를 나타내는 저항(resistance)이 발생하는 경우도 있다. 이러한 저항은 변화의 걸림돌로 작용하기 때문에 상담과정에서 원만하게 해결하지 않으면 안 된다(이장호, 정남운, 조성호, 2006). 일반적으로 상담진행에 필요한 기초적 상담기술들은 개방형/폐쇄형 질문하기, 명료화하기, 반응하기, 확증적 진술, 의역하기, 침묵하기, 직면하기, 언어적 행동과 비언어적 행동 등이 있다.

중기 단계는 이전 단계에서 수립한 서비스계획을 실행하는 단계이다. 상호 합의에 의해 설정한 목표를 달성하기 위한 방법 내지는 수단을 개입 혹은 실행이라고 한다. 재활상담이 본격적으로 수행되는 단계라고 할 수 있는데 재활상담사가 개입계획을 실행하기 위해서는 직접적인 실천기술과 간접적인 실천기술을 필요로 한다. 장애인의 서비스에 대한 접근성과 역량을 강화하기 위한 직접적 개입에는 교육, 지지 및 격려, 위기개입, 동기화 등이 있으며, 자원체계의 연계·중개와 옹호하는 것 등이 개입 단계에서 이루어지는 활동이다. 재활상담사는 장애인이 스스로 자기효능감을 가질 수 있도록 지속적인 지지와 격려를 해야 하고 어떤 역할을 어떻게 수행해 나갈 것인지를 계획하고 자신을 둘러싼 환경의 다양한 사회망과 전문가망을 이용할 수 있도록 역량강화하고 그들의 환경이 자원으로서 기능할 수 있도록 개발하고 연계하는 간접적 기능을 수행하게 된다. 사례관리자는 장애인과 사회적 네트워크, 혹은 대인서비스 제공자의 업무 혹은 서비스 수행방법에 변화를 가져오기 위해 계획된 개입 실천을 한다.

1) 직접실천의 기술(한국사례관리학회, 2015)

표 1-6 재활상담사의 직접실천 기술

목표	기술	기대 효과
욕구해결을 위한 서비스 자원 획득	• 위기 개입	• 긴급욕구의 신속한 해결 • 클라이언트의 안정된 상태 마련
욕구해결을 위한 클라이언트 역량강화	• 협조 • 교육, 훈련 • 상담, 치료 • 정보 제공 • 자기옹호활동 지원	• 자원과의 접근성 증가 - 내적 장애물 제거 - 자원에 대한 새로운 정보 획득 • 자원과의 상호작용 증가 - 자원과의 상호작용 장애물 제거 • 자원의 이용성 증가 - 자원의 이용자격 획득 - 성공 경험으로 긍정적 자기존중감 강화

2) 간접실천의 기술(한국사례관리학회, 2015)

표 1-7 재활상담사의 간접실천 기술

목표	기술	기대 효과
욕구해결을 위한 서비스 자원 획득	• 중개 • 의뢰	• 최선의 공식적 서비스 획득
욕구에 대응하는 서비스와 자원의 능력에 영향을 미침	• 옹호 • 조정 • 점검 • 자원 개발 및 자원망 지원활동	• 서비스 이용성과 접근성 증가 • 서비스 제공자들의 팀워크 증진 • 자원 출처의 증가 • 지속성 유지 • 지원망으로서의 반응적 역량강화

3. 상담 후기: 평가 및 종결

종결은 재활상담과정을 통하여 상담의 목표가 달성되었거나, 서비스가 이미 클라이언트의 복지를 위해 필요하지 않거나, 클라이언트의 중대한 변화로 인하여 재활상담과정을 계속 수행할 수 없을 경우에 서비스의 제공을 중단하는 과정이다. 상담의 종결은 상담자와 내담자가 상담목표로 설정했던 모든 문제점들이 만족할 만한 수준으로 회복되었거나 긍정적인 성장을 견인했다는 평가가 나올 때, 다가오는 상담의 마지막 시점을 의미한다. 상담에서 종결은 학습과 변화가 종결되었다는 의미가 아니라 새로운 학습을 위한 동기의 시발점, 변화 유지 및 개인적 성장의 시간을 의미한다고 보아야 한다.

상담의 목표가 달성되었다는 판단이 서면, 상담종결 시점을 찾는 것이 상담자의 중요한 과제이다. 왜냐하면 이른 종결은 내담자가 상담과정 속에서 얻은 통찰을 잃어버리게 될 수도 있고, 종결시점을 너무 길게 잡으면 상담자에게 너무 의존적 행동을 취하게 될 수도 있기 때문이다. 물론 종결의 시점은 내담자의 부적응의 정도에 따라 달라질 수 있지만, 상담 초기에 설정해 놓았던 상담목표들이 객관적으로 달성되었다면 상담을 종결해도 무방하다.

TIPS! 종결을 위한 점검표(정순둘, 2005)

- 종결을 위한 명확한 기준이 있는가? 그리고 장애인은 이를 알고 있는가?
- 사례관리자의 경험은 종결을 위한 기준이 필요하다고 느끼는지 또는 변경되어야 한다고 생각하는지를 제시할 수 있는가?
- 종결을 위해 사례관리자는 어떤 절차를 장애인을 위해 준비해야 하는가?
- 장애인 또는 사례관리자에 의해 종결이 요구되었다면, 사례관리자는 장애인에게 개인적으로 이것이 무엇을 의미하는지 탐색해 보았는가? 그리고 서비스에 대한 접근과 장애인의 기능에 대한 종결의 영향력에 대해 고려해 보았는가?
- 종결이 요청되었을 때 서비스기관은 종결에 대해 모니터링하고 종결에 대해 재심사할 수 있는 절차가 마련되어 있는가?

제4절 재활상담의 기초기술

1. 경청(attention)

상담자가 내담자의 이야기에 관심을 기울이고 귀 기울여 듣는 경청은 상담의 기본기술 중 하나이다(노안영, 2018; 이장호, 정남운, 조성호, 2006; 천성문 외, 2018). 이것은 상대의 말을 수동적으로 듣기만 하는 것이 아니라, 상대방이 전달하고자 하는 말의 내용은 물론, 그 내면에 깔려있는 동기나 정서에 귀를 기울여 듣고 이해된 바를 적극적으로 상대방에게 피드백(feedback)하여 주는 것을 말한다. 따라서 재활상담을 하면서 내담자의 이야기에 집중하면서 따라가는 경청기술은 매우 중요하며, 이 기술을 효과적으로 적용하기 위해서는 눈 맞추기(eye contact), 비언어적 행동(집중하고 있다는 행동) 그리고 적절한 언어로 반응하기 등이 필요하다. 상담자의 경청을 통해서 내담자는 자유로운 자기표현이 가능해지고 정서적인 해방이 촉진되어 효과적인 상담관계가 만들어진다. 경청과정에서 상담자가 흔히 범하는 실수는 다음과 같다(이장호, 정남운, 조성호, 2006; 천성문 외, 2018).

- 선심을 쓰는 체하거나 겸손한 체하는 방식으로 상호작용하는 것

- 빠르고 끊어지는 듯한 방식으로 질문함으로써 면담을 한다기보다 심문하는 것처럼 느끼게 되는 것
- 클라이언트의 경험을 주로 일차원적으로만 응대하는 것
- 코멘트나 질문을 해 이야기를 중단시키는 것
- 경청을 하는 것 같으나 실제로는 경청을 하지 않는 것
- 클라이언트의 이름을 사용하지 않거나 잘못 발음하는 것.
- 적극적 경청으로 클라이언트를 이해하고 있다는 점을 보여주지 못하는 것
- 절대적 의미를 시사하는 용어를 사용하여 말하는 것(예 항상, 결코, 모든 등).

2. 구조화(structuration)

구조화란 상담을 전체적으로 소개하는 오리엔테이션과 같은 것으로 상담과정의 본질, 제한조건 및 목적에 대하여 상담자가 내담자에게 알려주는 것을 말한다(노안영, 2018; 이장호, 정남운, 조성호, 2006; 천성문 외, 2018). 이것은 상담자가 상담과정의 바람직한 방향성을 내담자에게 제시하는 것이다. 특히 제한된 시간 내 효율적인 상담을 하기 위해서는 재활상담에서 벗어나는 상담 내용은 절제하는 것이 바람직하다. 장애인의 재활상담과정에서는 특히 구조화 기법을 적절히 사용하는 것이 필요한 경우가 많은데, 어떤 내담자는 재활상담에 불필요한 내용을 반복적으로 이야기하는 경우를 볼 수 있기 때문이다. 다만 이러한 내용들이 장애수용이 되지 못한 경우이거나 재활상담이 아닌 전문적인 상담을 필요로 하는 내용이라면 이에 대한 적절한 연계를 하거나 이 문제를 우선적으로 검토하는 것이 필요하다.

TIPS! 구조화의 일반원칙(이장호, 정남운, 조성호, 2006)

① 상담자와 내담자가 서로 편안히 느끼도록 구조화를 최소한으로 줄여야 함
② 구조화는 적절한 시점에서 이루어지고 결코 내담자를 처벌해서는 안 됨
③ 면담시간 약속 및 내담자의 행동규범은 구체적으로 정해져야 함
④ 구조화는 일방적인 주입식이 되어서는 안 되며, 내담자와 상담자가 자연스럽게 합의하는 방식으로 이루어져야 함(나가길 바라는 방향, 그것을 이루는 방법 등)
⑤ 구조화는 상담의 전 과정에서 필요에 따라 반복해서 이루어질 수 있음

3. 질문(question)

상담은 질문을 많이 하는 과정이 포함되기 때문에, 효과적인 질문에 대한 논의도 매우 중요하다. 질문에서 가장 중요한 부분은 폐쇄질문보다 개방질문을 많이 사용하여야 한다는 것이다(노안영, 2018; 이장호, 정남운, 조성호, 2006; 천성문 외, 2018). 개방질문은 내담자에게 더 많은 이야기를 할 기회를 주고, 정보를 수집하고 내담자가 본인의 문제를 살펴보고 명확히 하도록 돕는다. 개방질문 사용 시 무엇(what)이라는 질문은 사실 지향적이며 어떻게(how)는 사람 지향적인 질문으로 상담을 목적에 맞게 사용하는 것이다. 그러나 왜(why)라는 질문형식은 내담자의 방어심을 불러일으킬 수 있으므로 조심스럽게 적용하여야 한다. 또한 한 번에 여러 가지 질문을 하는 것은 피해야 하며, 유도질문도 하지 않아야 한다.

4. 반영(reflection)

재활상담에서 많이 사용하는 기법 중 하나인 반영은 내담자의 말과 행동에서 표현되는 기본적인 감정, 생각 및 태도들을 상담자가 부언하는 것이다(노안영, 2018; 이장호, 정남운, 조성호, 2006; 천성문 외, 2018). 이것은 내담자가 표현한 말에 담긴 감정과 생각 중에서 가장 중요한 부분을 다른 표현으로 바꾸어 말해 주는 것이다. 반영을 통해 내담자의 자기이해를 도와주고 상담자가 내담자를 이해하고 있다는 인식을 심어 줄 수 있다. 반영을 실시하는 과정에서 유의할 점은 틀에 박힌 상투적인 말투나 너무 깊게 해석하여 오버하는 것은 조심하여야 한다. 반영 시 내담자의 말에 표현된 밑바탕에 깔려 있는 감정파악에 주의를 기울여야 하며, 내담자의 자세, 몸짓, 목소리, 시선 등에 나타나는 감정까지도 반영해 주어야 한다.

TIPS! 상담자가 반영해 주어야 할 내담자의 감정(이장호, 정남운, 조성호, 2006)

① 정적인 감정: 개성을 발휘하는 성질의 것
② 부적인 감정: 개성을 구속하거나 자기파괴적인 성질의 것
③ 양가적 감정: 같은 시간, 같은 대상에 대해 둘 혹은 그 이상의 서로 상반되는 감정들이 공존하는 것

5. 직면(confrontation)

직면은 내담자가 모르고 있거나 인정하기를 거부하는 생각, 느낌에 주목하도록 하는 기법이다(노안영, 2018; 이장호, 정남운, 조성호, 2006; 천성문 외, 2018). 상담자는 내담자의 자기이해를 돕기 위해 상담자에게 비친 내담자의 행동 특성, 사고방식을 객관적으로 지적해 주어야 하는데 이때 내담자가 비판받고 있다는 느낌을 주지 않도록 주의하여야 한다. 그러기 위해서는 내담자의 행동과 태도에 대해 객관적으로 서술하는 방안으로 접근하여야 한다. 직면은 일반적으로 내담자의 이전에 한 말과 지금하는 말이 불일치할 때, 말과 행동이 불일치할 때, 내담자가 스스로에 대해서 인식하는 것과 다른 사람이 인식하는 것이 불일치할 때, 내담자의 말과 정서적 반응이 불일치할 때, 내담자의 말 내용과 상담자가 그에 대해서 느끼는 느낌이 다를 때 주로 사용한다. 직면을 사용할 때 유의할 점은, 평가나 판단을 하지 말고 사실을 있는 그대로 진술하여 언급하도록 하며, 변화를 강요해서는 안 되고, 시기적으로 적절한 때에 사용하여야 한다. 상담자는 내담자가 겪는 실존적 불안이나 실존적 공허감이 그의 궁극적 관심사와 관련되어 있다는 전제에서 그 문제를 진솔하게 직면할 수 있도록 격려한다(김춘경, 이수연, 이윤주, 정종진, 최웅용, 2016).

6. 명료화(clarification)

명료화는 내담자의 말 중 모호한 점을 내담자가 확실하게 알도록 해주는 것이다. 즉, 내담자의 말속에 포함되어 있는 불분명한 측면을 분명하게 밝히는 것으로 반응에서 나타난 감정이나 생각 등에 암시되었거나 내포된 의미를 명확하게 부각시켜서 말해주는 것이다(노안영, 2018; 양명숙 외, 2013; 이장호, 정남운, 조성호, 2006; 천성문 외, 2018). 명료화는 내담자가 말하고자 하는 의미를 상담자가 생각하고 이 생각을 다시 내담자에게 전달하는 것은 아니다. 내담자가 말하는 의미가 모호하거나 분명하게 말하는 것이 필요할 때 요청하는 것이다. 명료화 기법은 어느 정도 상담자의 해석이나 상담자가 상황을 어떻게 보느냐에 대한 설명과 관계가 있다. 다만 유의할 점은 명료화도 직면처럼 상담자가 내담자를 비판한다는 느낌을 주지 않아야 할 것이다. 명료화에 대한 일반적인 지침은 내담자의 말이 모호하거나 잘 이해되지 않을 때 사용해야 한다. 또한 내담자가 스스로 자기의 말을 재음미하거나 구체적인 예를 들어 명확히 할 필요성이 있을 때 활용하는 것이 좋다.

TIPS! 명료화의 일반적인 지침(이장호, 정남운, 조성호, 2006)

① 내담자의 말이 모호하거나 잘 이해되지 않았음을 밝힘
② 내담자 스스로의 말을 재음미하거나, 구체적인 예를 들어 명확히 함
③ 내담자의 진술에 대한 상담자 자신의 반응을 나타냄으로써 내담자의 반응을 분명하게 함
④ 상담자의 반응은 직면반응과 같이 직접적이고 강렬하지 않도록 함

7. 수용(acceptance)

수용은 내담자에게 주의를 기울이고 있으며 내담자의 말을 깊이 있게 받아들이고 있다는 상담자의 태도를 나타내는 것이다(김춘경, 이수연, 이윤주, 정종진, 최웅용, 2016a; 노안영, 2018; 양명숙 외, 2013; 이장호, 정남운, 조성호, 2006; 천성문 외, 2018). 이 과정에서 상담자가 유의하여야 할 점은 내담자에게 지속적인 집중을 하여 상담자가 최선의 태도와 행동으로 상담을 하고 있다는 점을 내담자가 진심으로 느끼게 하는 것이 중요하다. 지적장애나 자폐성 장애를 가진 내담자와 상담할 때 상담자들이 실수를 하는 경우를 많이 볼 수 있다. 장애인 당사자가 중심이 아닌 부모나 보호자와 주요상담을 하는 것이다. 또한 나이가 많은 경우에도 말투나 행동도 존중하지 않고 부적절한 경우도 많다.

8. 요약(summary)

요약은 상담자가 상담을 진행하면서 주요상담 내용을 정리하는 과정으로 이러한 과정을 통해 내담자의 말과 행동을 요약 · 정리하는 기법이다(노안영, 2018). 요약의 주요목적은 내담자가 의식하지 못한 면도 인식시키고 문제해결의 과정에서 자신의 생

각과 느낌을 탐색하도록 지원하는 것이라 할 수 있다. 적절한 요약을 하기 위해서는 내담자의 말 중 중요한 내용과 감정에 주의를 기울여야 한다. 또한 상담자가 파악한 주된 내용과 감정을 통합해서 내담자에게 전달하는 것이 중요하다.

9. 해석(interpretation)

내담자에 대한 이해를 높이기 위해서는 해석기법도 많이 사용된다. 해석은 상담자가 내담자의 여러 언행들 간의 관계 및 의미에 대한 가설을 제시하는 것이다(노안영, 2018; 양명숙 외, 2013; 이장호, 정남운, 조성호, 2006; 천성문 외, 2018). 이 과정에서 가정을 사용하여 내담자가 말하고자 하는 의미를 좀 더 깊이 있게 이해하는 것도 중요하다. 예를 들어 '하고 싶은 일은 무엇입니까?' 보다는 구체적으로 어떤 일을 왜 좋아하는지 가정의 예시를 들어 상담하는 것이 정확한 상담의 해석을 위해 필요한 경우가 많다. 해석은 상담자가 내담자에게 새로운 관점의 개념을 제공하여 자신의 문제에 대해 정확한 이해를 하게 하는 것이 목적이다. 많은 경우 해석은 내담자가 지니고 있는 기존의 전반적인 관점과는 상이한 수준의 새로운 참조를 제공함으로써 내담자에게 문제해결을 위한 준거체계를 제공한다는 점에서 의미가 있다. 그러나 해석은 내담자의 자기이해가 이루어졌을 때 가능하다는 것은 명심하여야 한다. 성급한 해석은 내담자를 오히려 방어적으로 만드는 결과를 초래할 수도 있다.

제5절 상담관계의 기본원칙

재활상담사와 이용자 사이의 좋은 상담관계란 무엇인가? 비에스텍(Biestek, 1957)은 재활상담 실천에 있어서 재활상담사가 장애인과 신뢰로운 상담관계를 형성하는 것이 중요하고 그를 통해 궁극적으로 장애인이 자신과 사회환경 사이에서 효율적인 적응을 하도록 도와주는 역할을 한다고 하였다. 재활상담사가 대상자와의 관계를 형성하는 데는 개별화, 의도적인 감정표현, 통제된 정서적 관여, 수용, 비심판적 태도, 내담자 자기결정, 비밀보장 등 7가지 관계의 원칙이 있다(김춘경 외, 2016, 류종훈, 2006, 양옥경 외, 2016, 이준우, 이화옥, 임원선, 2006).

- 개별화(individualization)
- 의도적 감정표현(purposive expression of feeling)
- 통제된 정서적 관여(controlled emotional response)
- 수용(acceptance)
- 비심판적 태도(nonjudgemental attitude)
- 내담자 자기결정(client self-determination)
- 비밀보장(confidentiality)

표 1-8 상담관계의 기본원칙(Biestek, 1957)

관계의 원칙		내 용
원칙1	개별화	모든 내담자는 독특한 욕구를 가진 존재로 개별화하여야 한다.
원칙2	의도적 감정표현	내담자가 감정을 자유롭게 표현할 수 있도록 하여야 한다.
원칙3	통제된 정서적 관여	내담자의 감정표현에 대하여 재활상담사는 민감성과 이해로 반응하여야 한다.
원칙4	수용	내담자를 있는 그대로 인정하고 받아들여야 한다.
원칙5	비심판적 태도	내담자를 심판하거나 비난하지 않아야 한다.
원칙6	내담자 자기결정	내담자의 자기결정을 최대한 존중하여야 한다.
원칙7	비밀보장	내담자의 비밀을 보장하여야 한다.

1. 개별화

개별화(individualization)란 재활상담사가 개별 장애인에 대한 특성을 잘 알고 올바로 이해하는 일이며, 실천원리와 방법을 차별적으로 사용함으로써 장애인이 사회에 잘 적응할 수 있도록 지원해 주는 것이다. 장애인은 불특정한 한 인간으로서가 아닌 개별적 차이를 지닌 독특한 인간으로서 인정받아야 된다. 장애인을 개별화하기 위해 재활상담사는 무엇보다도 편견, 선입견, 고정관념으로부터 자유로워야 하며 개별화를 잘 하기 위해서는 인간행동에 관한 지식을 많이 알고 활용할 수 있어야 한다. 이때 재활상담사의 역할은 다음과 같다. 첫째, 인간에 대한 편견이나 선입견이 없어야 한다. 둘째, 장애인의 개별적 측면과 환경적 측면 모두에 관여한다. 셋째, 재활상담사의 경청과 감정이입적 이해, 수용, 진실성이 요구된다. 넷째, 재활 대상에 대한 세심한 배려가 필요하다. 다섯째, 장애인의 감정과 경험을 재활상담사 자신의 경험으로 받아들이고 이해한다.

2. 의도적인 감정표현

의도적인 감정표현(purposive expression of feeling)은 장애인이 자유로운 감정표현을 할 수 있도록 지원하는 것이며, 긍정적인 감정만이 아니라, 부정적인 감정 또한 자유롭게 표현할 수 있도록 한다. 의도적인 감정표현은 자신의 감정, 특히 부정적이 감정을 자유롭게 표현하고 싶은 장애인의 욕구와 관련된다(감정의 외연화). 재활상담사는 이에 대해서 의도적으로 경청한 후 그의 감정표현에 대해 낙담하거나 비난하지 말아야 하며, 치료상 필요할 경우 자극을 주고 격려를 해야 한다. 그러나 너무 빠른 초기 해석이나 비현실적 보장, 과대해석은 지양해야 한다. 이때 재활상담사의 역할은 다음과 같다. 첫째, 장애인이 자유로운 감정표현을 할 수 있도록 안정된 환경을 조성한다. 둘째, 장애인의 자유로운 감정표현을 돕기 위해 허용적 태도와 분위기를 형성한다. 셋째, 장애인이 자신의 방식대로 이야기할 수 있도록 경청, 수용과 감정이입, 정서적 지지와 감정표현 등 격려를 한다.

재활상담사는 장애인으로 하여금 자신의 감정을 자유롭게 표현할 수 있도록 적절한 환경을 조성해야 한다. 감정을 표현하도록 격려하고, 감정의 흐름을 이해하며 전체적인 감정을 파악하고 양가감정의 보편성에 대해 알려주며 안심을 시킨다. 재활상담사는 허용적인 태도로 편안한 분위기를 조성해 주고 장애인이 자신의 방식대로 이야기할 수 있게 하며, 장애인의 자유로운 감정표현을 돕기 위해 정서적 지지를 제공해야 한다.

3. 통제된 정서적 관여

재활상담사와 장애인은 신뢰에 바탕을 둔 상담관계를 형성해야 하는데, 통제된 정서적 관여(controlled emotional response)란 장애인이 그 감정을 잘 표출할 수 있도록 관여를 하고 상담에 몰입하도록 하는 것이다. 통제된 정서반응은 장애인의 감정에 대한 민감성, 장애인의 감정의 의미에 대한 이해, 장애인의 감정에 대한 목적이 있는 적절한 반응 등을 의미한다. 재활상담사는 장애인의 욕구에 대한 자신의 반응을 통제하기 위해 자아인식을 활용하면서 의도적으로 장애인의 감정에 반응할 때 통제된 정서적 반응의 원칙을 사용한다. 이때 재활상담사는 장애인의 감정을 잘 이해할 수 있도록 장애인의 감정을 세밀히 관찰하고 경청해야 한다. 장애인의 언어와 표정 그리고 행동 등을 집중해서 살피고, 재활상담사의 행동이나 언행이 장애인에게 즉시 전달되기 때문에 재활상담사는 신중해야 한다. 재활상담사는 장애인의 입장에서 생각하는 것이 중요하다.

4. 수용

수용(acceptance)이란 장애인을 있는 그대로 이해하고 대하는 것을 말한다. 수용은 하나의 행동상의 원칙으로 장애인의 존엄성과 인격의 가치에 대한 관념을 항상 유지해 나갈 수 있도록 한다. 이때 수용의 대상은 선한 것(the good)이 아닌 참된 것(the real)을 대상으로 한다. 수용은 장애인의 언어와 사고체계로 장애인의 말과 행동을 해석하는 것으로 표현된다. 이 원칙은 장애인의 강점과 한계, 마음이 맞는 특성과 맞지 않는 특성, 긍정적 감정과 부정적 감정, 건설적 행동과 파괴적 행동을 모두 인정하고 활용하는 것이다. 이때 재활상담사는 장애인에 대한 완전한 이해를 필요로 하며, 그렇기 위해선 가치관 차이를 극복하며 수용과 동의의 차이에 대해서 인식할 필요성이 있다. 또한, 재활상담사의 감정이 역으로 장애인에게로 향하는 저해요인을 줄이려는 노력을 해야 한다.

5. 비심판적 태도

비심판적인 태도(nonjudgemental attitude)의 원칙은 장애인이 가진 문제의 원인이나 욕구에 대한 유죄, 결백 혹은 장애인의 책임 정도를 가리지 않는다는 신념에 근거한다. 비심판적 태도는 장애인의 문제나 욕구의 원인이 그들의 성격문제이든 혹은 환경에 의한 것이든 간에 장애인에게 책임이 있다는 것을 언어적으로나 비언어적으로나 비판하거나 판단하지 않아야 한다. 장애인은 언제나 자신이 심판받지 않길 원하는 태도를 지니고 있다. 재활상담사는 이를 수용하여, 장애인에게 어떠한 문제나 문제발생의 원인이 없다는 것을 말할 필요가 있다. 재활상담사는 객관적으로 검증할 수 없는 사안에 대해서 옳고 그름을 판단하기보다 장애인을 이해하고 행동의 원인을 규명하는 데 초점을 두어야 한다. 비심판적인 태도를 보이는 재활상담사를 대하는 장애인은 자신의 문제에 대해 비난받을 것을 두려워하지 않고 자유롭게 이야기할 수 있게 된다.

6. 내담자 자기결정

내담자 자기결정(client self-determination)은 재활상담사가 장애인을 위해 무엇인가를 다 해주는 것이 아니라 장애인과 함께 문제를 해결하고 욕구를 충족시켜 나가는 것을 말한다. 내담자 자기결정이란 재활상담 전 과정에 걸쳐서 장애인이 모든 의사결정과정에 참여하여 스스로 선택하고 결정하는 것을 의미한다. 이것은 장애인이 자신의 삶에 대해 스스로 선택하고 결정을 내리고자 하는 인간의 욕구와 권리에 기반을 두고 행동하는 것이다. 내담자 자기결정과 관련하여 재활상담사는 직면한 문제를 해결하고 욕구를 충족시키기 위한 다양한 대안들을 알고 있어야 하며, 문제를 해결해야 할 사람은 전문가가 아니라 당사자인 장애인임을 강조하여야 한다. 내담자 자기결정을 지원하기 위하여 재활상담사는 문제해결에 대한 다양한 의견을 제시할 수 있다.

7. 비밀보장

비밀보장(confidentiality)은 장애인의 허락 없이 장애인에 관한 정보를 공개하지 못하도록 통제하는 것을 말한다. 이것은 재활상담사가 상담과정 중 알게 된 장애인에 대한 모든 비밀을 지키는 것이며, 장애인의 기본권리를 지켜주는 것이다. 이는 전문적인 관계에서 드러난 장애인의 개인 정보에 대해 비밀이 보장된다는 장애인의 권리에 대한 것이다. 비밀보장은 성공적인 상담관계를 유지하기 위한 매우 중요한 기본원칙이며, 재활상담사의 윤리적 의무이기도 하다.

요약정리

1. 최근 10년 내 장애인재활 분야에서 나타난 재활환경의 주요변화에는 장애인복지(정책)발전 5개년계획의 수립과 이행, 장애 범주의 확대, 장애 관련 법률의 제정 및 개정, 자립생활 이념의 도입과 자립생활센터의 확산, 장애인 자조단체의 성장, 4차 산업혁명시대의 도래 등이 있다.
2. 장애인과 그 가족을 대상으로 진행되는 재활상담이란 "신체적・정신적・정서상의 장애를 가진 사람들에게 상담과정의 지원을 통해 가능한 한 가장 통합된 환경에서 그들의 개인, 진로, 그리고 자립생활 목표들을 성취할 수 있도록 원조하는 체계적인 과정"을 의미하고, 상담자와 내담자가 경험을 공유하고 상담을 촉진시키는 재활상담의 기본원리에는 공감적 이해, 긍정적 존중 및 진솔성(혹은 일치성) 등이 있다.
3. 재활상담과정에서 재활상담사는 자신의 개인적이고 전문적인 면에서의 한계를 인식하여야 하고, 상담의 효과적인 진행을 위하여 상담에 관련된 기록을 성실하게 해두어야 한다. 내담자의 인격에 손상되는 내용, 사적인 이야기, 가족 이야기, 자신이 행한 행동의 이야기 등 내담자와 상담자 사이에 있었던 모든 정보는 일반적으로 철저히 비밀이 보장되어야 한다.
4. 재활상담의 과정은 초기, 중기, 후기로 나누어지는데, 이때 필요한 상담전략으로는 상담 초기(상담목표 설정, 내담자 사정, 상담관계 형성), 상담 중기(상담 진행, 저항의 처리), 상담 후기(평가 및 종결, 사후지도) 등이 있다.
5. 재활상담을 원활히 수행하기 위한 상담의 기초기술에는 경청(attention), 구조화(structuration), 질문(question), 반영(reflection), 직면(confrontation), 명료화(clarification), 수용(acceptance), 요약(summary), 해석(interpretation) 등이 있다.
6. 재활상담사가 대상자와 신뢰할 수 있는 상담관계를 형성하는 데는 개별화, 의도적인 감정표현, 통제된 정서적 관여, 수용, 비심판적 태도, 자기결정, 비밀보장 등 7가지 상담관계의 원칙이 있다

CHAPTER 2

재활상담사의 역할과 기능*

길라잡이

1. 장애인들의 자립과 재활을 증진시키는 전문가로서 재활상담사의 주요 역할은 무엇인가?
2. 재활상담사의 4가지 주요 기능(사례관리, 직업평가 및 상담, 정의적 상담, 직업개발 및 배치)의 내용에는 어떤 것들이 있는가?
3. 대표적인 재활전문인력인 재활상담사의 직무분석 결과 나타난 6가지 직무는 무엇인가?
4. 재활교육협의회(CORE)에서 제시한 미국 재활상담사의 10가지 지식 영역은 무엇인가?
5. 재활상담에서 합리적인 윤리적 의사결정을 위하여 어떻게 재활상담사 윤리강령을 활용할 것인가?

* 이 장의 내용은 "장애와 고용"에 게재되었던 조성열(2000). '직업재활인력의 전문화 방안: 직업재활상담사를 중심으로'라는 논문을 수정 · 보완한 것이다.

제1절 서 론

우리나라 「장애인복지법」에서는 장애인은 인간으로서의 존엄과 가치를 존중받고 이에 상응하는 처우를 받아야 하며, 또한 정치, 경제, 사회, 문화, 기타 모든 활동에 참여할 권리가 있다고 선언하고 있다(「장애인복지법」 제4조). 이것은 장애를 가진 사람도 장애를 갖지 않은 사람과 마찬가지로 그 인격이 존중되어야 하고, 우리 사회의 모든 분야에 동등하게 참여하여 활동할 수 있어야 한다는 말이다. 그러나 우리의 현실을 둘러볼 때, 장애인들은 신체적 · 정신적 제한으로 인하여 의료, 교육, 훈련, 취업, 주거, 문화 등 우리 사회의 여러 분야에서 많은 어려움을 당하고 있는 것이 사실이다. 장애를 가지고 있기 때문에 대학입학에서 거부되는 상황이 빈번히 발생하고, 직업훈련과 취업생활에서 어려움을 경험하며, 가정생활이나 사회생활에서 불이익과 차별을 받는 것이 한두 가지가 아니다.

재활(rehabilitation)이란 장애인들의 신체적 · 정신적 · 사회적 · 직업적 잔존능력을 최대한 회복시켜 그들이 속한 사회에서 가능한 한 생산적인 작업에 종사함으로 사회적 · 경제적으로 독립된 생활을 영위해 나가도록 돕는 과정이라 할 수 있다(강위영, 나운환, 박경순, 류정진, 정명현, 김동주, 정승원, 강윤주, 2006). 이러한 재활과정에서 재활상담사들은 장애인들의 삶에 커다란 영향을 미치는 의사결정을 해야만 한다. 흔히 바람직한 의사결정을 할 수 있는 능력은 양성과정에서 거친 훈련과 실제의 현장경험을 통해서 나오는 지식과 기술에 달려 있다. 다시 말하면, 그러한 의사결정은 재활상담사 자격을 소유한 조직체가 채택한 행동기준에 따라 촉진될 수도 있다는 말이다. 장애인이 자신의 신체적 · 정서적 · 정신적 장애를 극복하고 완전한 사회참여와 평등을 통한 사회통합을 이루기 위해서는 의료, 교육, 직업, 사회심리 등 각 재활 영역별 전문가들로부터 전문적인 재활서비스를 제공받아야 한다.

재활 분야에는 많은 전문가 집단들이 있다. 현재 국내에는 대략 15개의 재활전문 직종이 있는 것으로 파악되어 있다(권선진, 2009). 재활의사, 물리치료사, 특수교사와 같은 직업은 비교적 긴 역사를 가지고 있는 반면, 재활상담사, 직업재활전문가 등의 직업은 비교적 최근에 생겨난 것들이다. 이러한 직종 중 재활상담 분야와 비교적 관련이 많은 것은 직업재활사, 직업평가사, 직업훈련교사, 직업지도교사, 직업생활상담원, 수화통역사 등을 들 수 있다.

2018년 장애인재활상담사 국가자격제도가 도입되기 몇 년 전까지만 해도 재활과정에서 핵심적인 역할을 담당하고 있는 재활상담사는 대부분 공인된 양성과정과 자격제도를 제대로 갖추고 있지 못한 채 양성되었다고 보아도 무리가 없다. 재활상담사의 행동과 실천을 지도할 윤리강령을 가지고 있지 않았고, 의사나 변호사 같이 직업적 위엄과 명성을 지키기 위한 노력도 거의 없었다. 이러한 상황에서 재활전문인력이 장애인들에게 만족할 만한 재활서비스를 제공한다는 것은 매우 어려운 일이다. 장애인의 성공적인 재활은 전문적 지식과 기술을 갖춘 인력의 전문적 서비스에 의하여 효과적으로 성취될 수 있으며, 이를 위하여 전문 재활상담사의 양성 및 재교육은 필수적이다. 따라서 본 장에서는 미국을 중심으로 재활전문인력인 재활상담사의 양성과정과 자격제도 등을 분석해 보고, 이를 바탕으로 우리나라 재활상담사의 양성과 자격제도 확립방안을 모색해 보고자 한다.

장애인의 자립과 재활, 삶의 질 향상이라는 목표를 달성하기 위하여는 재활의 하드웨어(hardware) 부문과 소프트웨어(software) 부문이 동시에 정비되어야 한다. 장애인 재활사업에 필요한 시설과 설비 등을 하드웨어라 한다면, 이러한 하드웨어를 움직여 가는 재활 프로그램과 그것을 운영하는 재활전문가를 소프트웨어라 할 수 있다. 이러한 요소들 중 재활상담사업의 성패를 결정하는 것이 바로 재활전문가임을 부인할 수 없다. 본장은 장애인의 재활과 자립을 통한 사회통합에 있어서 중추적인 역할을 담당하는 재활상담사의 양성 및 전문성 유지 방안을 제시하는 데 목적을 두고 이루어졌다. 이러한 목적을 달성하기 위하여 다음과 같은 내용에 초점을 두고 재활상담사의 전문화 방안을 제시하였다. 첫째, 재활상담사의 정의, 역할, 및 기능에 대하여 살펴보고, 둘째, 우리나라 재활인력의 현황으로 재활상담사, 직업재활사, 직업생활상담원 등 전문요원에 대해 알아보았으며, 셋째, 미국의 재활상담사 양성제도를 파악하기 위하여 미국재활상담사 양성과정, 자격증 및 면허제도, 시사점 등을 조사하였으며, 마지막으로 이러한 여러 내용을 토대로 우리나라 재활상담사의 전문화를 위하여 필요한 내용을 양성체계, 윤리강령 자격증제도, 임용체계 등으로 나누어 고찰해 보았다.

제2절 재활상담사의 역할 및 기능

1. 재활상담사의 역할

재활상담사는 장애인들의 자립과 재활과 증진시키고 그들의 삶의 질을 높이기 위하여 많은 역할들을 감당하는데, 사례발견, 초기면접(Intake), 진단, 적격성 판정, 재활계획 수립, 서비스 제공, 직업배치 및 사후지도, 고용 후 서비스 등의 역할을 하고 있으며, 이러한 업무를 효율적으로 추진하기 위해서는 효과적인 상담과 직업평가, 직업상담, 사례관리, 직업 개발, 및 직업배치상담과 관련된 폭넓은 지식과 기술을 필요로 한다(Rubin, Matkin, Ashley, Beardsley, May, Onstott, & Puckett, 1984). 재활상담사의 역할은 넓은 의미에서 보면 조정자(Coordinator) 역할과 상담사(Counselor) 역할로 나누어 볼 수 있다(Rubin & Roessler, 2008). 조정자로서의 역할은 모든 재활서비스의 조정자로서 재활과정에 참여하는 다른 영역의 전문가들을 지원하는 일을 담당하며, 상담사로서의 역할은 재활과정에서 가장 중요한 역할을 담당하는 것으로 장애인의 심리적·사회적 문제를 듣고 해결하는 일을 수행한다. 일반적으로 장애인의 삶에 직접적으로 개입하여 전문적인 지식과 기술을 통해 장애인의 직업재활 및 삶의 질 향상에 기여하는 재활상담사의 역할은 조정자, 중개자, 훈련자, 안내자, 치료자, 옹호자의 여섯 가지로 나눌 수 있다(강위영 외, 2009; 강위영, 조인수, 정대영, 1993; 양옥경, 김정진, 서미경, 김미옥, 김소희, 2016).

1) 조정자

조정자(Arranger)로서의 재활상담사는 다양한 기관에서 산발적으로 제공하는 재활서비스들을 조직적인 형태로 정리하여 장애인에게 제공하는 일이며, 이를 통해 서비스의 중복과 상충되는 정보 제공을 막을 수 있다(강위영 외, 2009), 직업재활 분야에서는 내담자에게 적절한 직업을 알선해 줄 수 있는 사람(고용주)에게 내담자를 소개해 주는 일과 직업재활기관, 직업안내기관의 배치전문가, 재활시설, 취업지도를 실시하는 각종 학교 등 다른 기관이나 다른 분야의 인사와 협력하고 조정하는 일을 수행한다(강위영, 조인수, 정대영, 1993). 조정자로서의 역할은 주로 재활서비스과정에 참여하는 다른 영역의 전문가들을 지원하는 일을 담당한다.

2) 중재자

중재자(Agent)는 도움을 필요로 하는 장애인을 지역사회의 재활서비스와 연결시키는 역할을 수행하며, 이를 위하여 재활상담사는 지역사회 내 자원에 대하여 잘 알고 있어야 한다(양옥경, 김정진, 서미경, 김미옥, 김소희, 2016). 직업재활 분야에서는 고용주에게 재활 대상자를 추천하는 일을 주로 담당하며, 직업재활 대상자와 관련된 독특한 요구와 잠재능력, 성향 등에 관한 정보를 입수함으로 장애인을 대신하여 고용주와의 접촉을 준비하게 한다. 또한 대상자를 위한 직업을 탐색할 수도 있고 고용주에게 장애인의 능력을 알리며 지역사회의 다양한 직업 요구사항과 고용주의 고용조건을 조사하기도 한다.

3) 훈련자

훈련자(Instructor)형 재활상담사는 장애인에게 필요한 정보를 제공해 주고 지역사회 적응기술을 가르치는데, 재활 대상자가 취업하는 데 도움이 되는 행동과 고용기회를 탐색하는데 필요한 기술들을 훈련하는 역할을 담당한다(강위영 외, 2009). 이 과정은 먼저 대상자의 현재 직업탐색기술과 행동분석으로 시작되며, 입사지원서 작성법과 면접에 대한 준비 내용도 지도한다. 대상자의 직업경력이나 장애상태에 관한 필기나 구두시험에 답변하는 법에 대하여 대상자를 교육시키는 것도 포함한다.

4) 안내자

안내자(Guide)는 내담자에게 필요한 정보를 제공해 주는 역할을 담당한다. 내담자의 직업탐색방법, 여러 작업장의 장단점, 지역 여건에 관한 직업정보 등을 제공해 준다(양옥경 외, 2016). 여기서는 내담자가 적절한 직업을 탐색하고 획득하는 데 주도적인 역할을 하게 하고 그 결과에 대하여 스스로 책임지도록 하는 것이 필요하다.

5) 치료자

재활상담사(Therapist)는 내담자가 자기 자신을 더 잘 이해하도록 돕고, 그의 능력과 제한을 고용기회와 더 잘 대응시킬 수 있게 하며, 내담자가 직업선택에 필요한 자립능력, 책임감, 자신감을 증대시킬 수 있는 역할을 감당한다(강위영 외, 2009). 또한 기관이나 조직의 차원에서 전문가적 계발을 위한 직원 오리엔테이션, 세미나, 워크숍, 사례발표 등의 활동에 참여하여 전문가 교육이나 훈련도 담당한다.

6) 옹호자

옹호자(Advocate)는 기존 제도로부터 장애인과 그 가족들이 불이익을 받을 때 그들을 위해 관련 정보를 수집하고 요구사항을 명확히 정리하여 제도에 도전하도록 지원하는 역할을 수행한다(양옥경 외, 2016). 이 역할은 기존의 제도를 비판하는 데 있는 것이 아니라 불합리한 재활정책을 개선하는 데 있다. 옹호자는 필요한 자원이나 서비스의 확보를 위해 지역사회에서의 장애인 개인이나 가족의 권리를 옹호하며 정책적 변화를 모색하기 위한 활동을 한다(강위영 외, 2009). 옹호자의 자격요건은 지역사회 자원을 찾거나 자원의 확보에 어려움을 겪는 사람들을 위해 개입할 수 있는 능력과 적극적인 태도가 필요하다. 특히, 다양한 서비스체계의 장애요인(service barriers)들에 대해서도 민감해야 한다.

2. 재활상담사의 기능

재활상담사들은 장애인들의 자립과 재활 및 사회통합을 위하여 다양한 직업역할을 수행하여야 하고 장애인들이 삶의 질을 높일 수 있도록 도움을 주기 위하여 많은 기술들을 필요로 한다. 지금까지 발표된 재활상담사의 기능에 대한 여러 연구들을 종합, 분석한 결과(Beardsley & Rubin, 1988; Emerner & Rubin, 1980; Rubin et al., 1984; Wright, Leahy, & Shapson, 1987), 재활상담사들이 재활현장에서 수행하는 주요기능을 크게 나누어 보면, ① 사례관리, ② 직업평가 및 상담, ③ 정의적 상담, ④ 직업배치 등 네 가지 기능으로 나타났다(Roessler & Rubin, 1998; 나운환 외, 2017). 재활상담사의 기능에 대한 이해를 돕기 위하여 각 기능에 대한 구체적 내용을 다음에서 좀 더 소개해 보고자 한다.

표 2-1 재활상담사의 주요 기능

번호	주요 기능	하위 과업
1	사례관리 기능	초기면접, 서비스 조정, 사례기록 및 보고
2	직업평가 및 상담 기능	직업평가, 직업상담
3	정의적 상담 기능	장애적응상담, 가족상담
4	직업배치 기능	직업배치상담, 직업개발

1) 사례관리(case management) 기능

사례관리 기능은 초기면접, 서비스 조정, 사례기록 및 보고과업으로 구성되어 있다. 좋은 초기면접은 재활상담사에게 ① 내담자가 원하고 있는 것이 무엇인가, ② 그 기관이 내담자를 도와줄 수 있는가, ③ 내담자의 서비스 자격조건과 가능성을 결정하기 위하여 어떤 평가가 필요한가 하는 데 대한 명확한 개념을 제공한다. 효과적인 초기면접을 마치고 나면 내담자는 재활과정에 있어서 내담자 자신의 책임뿐만 아니라 상담사의 역할과 책임도 이해할 수 있어야 한다. 내담자는 또한 내담자-상담사 의사소통에 있어서 비밀보장 정도를 이해하여야 한다. 마지막으로, 내담자는 자신들이 이용할 수 있는 재활서비스와 혜택의 유형도 이해하여야 한다.

서비스 조정은 재활상담사의 주요한 사례관리 책임이다. 예를 들면, 재활상담사는 의뢰를 받기 위하여 지역사회 지도자 및 조직들과 접촉하여야 한다. 평가과정을 통하여 재활상담사는 의사, 심리학자, 직업평가사와 함께 내담자평가를 주선하여야 한다. 재활상담사는 이러한 평가과정마다 유능한 전문가들을 알고 있어야 한다. 재활상담사는 또한 내담자에게 제공되는 회복 및 훈련서비스를 의뢰하고 관리하는 데 적극적으로 참여하여야 한다. 마지막으로, 재활상담사는 사례서비스 조정과 관련된 재정관리를 책임져야 한다.

기록과 보고부문의 작업기능은 부록에 나와 있는 재활상담사의 업무 내용을 살펴보아도 쉽게 이해할 수 있다. 이 기능에는 ① 내담자의 사례기록 유지, ② 재활기관

내외의 관련자들에게 내담자의 진전도 보고, ③ 내담자의 재활과정에 연관된 다른 개인이나 기관에 내담자에 대한 요약보고서 제출 등의 활동이 포함되어 있다. 기록과 보고는 매우 중요한 활동인데, 특히 상담사 효과성을 평가하는 수단으로서 지도·감독을 위한 사례검토자료로 사용될 때는 더욱 그렇다. 따라서 재활상담사는 이러한 의무들을 충실히 수행하여야 한다. 이와 동시에 과도한 사무처리 업무가 재활상담사들의 낮은 사기와 관련되어 있다는 보고도 있다.

2) 직업평가 및 상담(vocational evaluation & counseling) 기능

재활상담사의 진단책임은 재활과 관련 정보를 추출하여 가공하는 작업을 필요로 한다. 내담자에 대한 종합적 정보수집을 필요로 하는 진단결정은 재활계획의 마지막 내용이 된다. 예를 들면, 재활 프로그램을 마지막 확정하기 전에 재활상담사는 장애의 직업적 함의, 직업목표의 개인의 장애와의 일치도, 필요한 재활서비스 등을 결정하여야 한다.

직업상담과업은 내담자 개인의 직업적 선택을 촉진시키는 데 있다. 직업상담을 하는 동안, 직업정보와 내담자평가 결과들이 흔히 사용된다. 게다가 내담자의 장점과 제한점 사이의 관계도 일반적 또는 구체적 직업에 있어서의 작업의 요구와 관련되어 토의된다. 이 과정 중에 재활상담사는 내담자와 함께 취업에 대한 재활계획을 작성한다.

3) 정의적 상담(affective counseling) 기능

정의적 상담이란 장애인들의 재활 프로그램에 참여하는 데 따른 걱정뿐만 아니라 장애에 관한 부정적 감정을 해소하도록 도와주는 상담을 말한다. 그러므로 재활상담사는 내담자 개인이 장애의 제한적 의미를 탐색하고 이해하며 처리하는 데 도움을 준다. 변화시킬 수 있는 것과 그것을 어떻게 변화시킬 것인지뿐만 아니라 변화시킬 수 없는 것에 대해서도 내담자에게 인식을 심어줄 필요가 있다.

내담자의 가족과 상담할 때 재활상담사는 내담자 장애의 특성과 그와 관련된 문제들 및 필요한 재활서비스 등에 대하여도 가족들에게 설명하여야 한다. 흔히 재활상담사는 내담자의 재활과정에 저해되는 가족 유래의 장애를 제거하도록 가족구성원들에게 조언하고, 가족들이 재활과정 동안 내담자를 지지해 주도록 권고한다.

4) 직업배치(job placement) 기능

직업배치 기능은 직업배치상담과 직업 개발을 포함한다. 직업배치상담 기능은 직업탐색과 직업적응과정에서 나타난다. 배치상담은 ① 직업탐색기술훈련, ② 직업을 탐색하는 동안의 지지적 상담, ③ 가능한 직업기회에 대한 정보 제공, ④ 지역사회 고용기관에 대한 소개, ⑤ 내담자가 직업적응문제를 해결할 수 있도록 도와주는 취업 후의 상담 등 여러 형태를 지닐 수 있다. 직업 개발과업은 고용주에게 내담자-작업 연결 정보를 제공하고 현장훈련의 기회를 제공함으로 장애인 고용을 저해하는 태도의 장벽을 허무는 것을 포함한다.

미국 재활상담사(CRC)의 주요기능

가. 사례관리 기능

1) 초기면접

- 재활상담사와 기관이 어떻게 내담자를 도와줄 수 있는지 결정하기 위하여 초기면접을 실시한다.
- 재활서비스에 대한 내담자의 기대를 파악한다.
- 의뢰된 정보로부터 내담자의 배경정보를 검토한다.
- 내담자가 어떠한 의료평가를 필요로 하는지 파악한다.
- 재활과정에서 수행하는 재활상담사의 역할과 책임을 내담자와 토의한다.
- 내담자와 재활전문가 사이의 의사소통 중 어떤 것이 비밀보장에 속하는지 설명해준다.
- 내담자가 재활과정에서 그들의 권리와 책임을 이해하고 있는지 확인한다.
- 내담자가 이용할 수 있는 재활서비스 내용을 설명한다.
- 내담자에게 주어지는 다양한 지역사회 자원서비스와 한계를 설명한다.

- 상호 기대와 상담관계의 특성을 내담자에게 명확히 해준다.
- 내담자에게 지역사회서비스와 여가, 교통 등에 관한 정보를 제공한다.

2) 서비스 조정

- 장애인에게 서비스를 제공하는 재활시설과 센터, 기관 및 프로그램을 파악한다.
- 내담자 및 그의 훈련자와 함께 훈련 프로그램에서의 내담자의 진척도를 검토한다.
- 내담자를 의뢰할 때는 협력서비스나 기관을 내담자에게 간단히 설명해 준다.
- 내담자를 직업기술 개발을 위한 훈련시설에 의뢰한다.
- 의뢰를 확보하기 위하여 지역사회조직 및 지도자와 협력적 관계를 수립한다.
- 내담자를 직업평가에 의뢰한다.
- 신체적 제한, 작업인내도, 동기 수준, 직업기능 등을 파악하기 위하여 내담자를 재활시설에 의뢰한다.
- 내담자를 직업적응훈련에 의뢰한다.
- 내담자를 의료평가에 의뢰한다.
- 내담자를 심리평가 및 검사에 의뢰한다.
- 본 기관의 서비스에 적절하지 못한 사람을 다른 기관에 의뢰한다.
- 재활계획에 관련된 모든 기관들의 활동을 조정한다.
- 내담자를 정신과 치료에 의뢰한다.
- 본 기관의 서비스에 적절하지 못한 사람을 다른 사회조직에 의뢰한다.
- 현재 및 장래 의뢰기관에게 기관의 프로그램에 관한 정보를 제공한다.
- 서비스가 적시에 적절히 제공될 수 있도록 다른 서비스 제공자들과 협력한다.
- 기능 수준이나 예후, 치료계획 등에 관하여 의료전문가들의 의견을 구한다.
- 내담자에 대한 진단회의에 참여한다.
- 선정된 재활서비스를 실시하기 위한 시간표를 작성한다.
- 내담자의 재활계획을 계획하고 실천하는 다른 재활요원들과 협력한다.
- 내담자의 의뢰문제를 다른 서비스 제공자들에게 명확히 설명한다.
- 내담자를 적절한 전문가나 전문서비스에 의뢰한다.
- 진단과정에서 내담자의 협조를 유도한다.
- 재활계획에 기술된 직업목표를 어느 정도 달성했는지 내담자의 진척도를 평가한다.
- 적절하고 타당한 재정적 결정을 한다.
- 내담자의 재활을 위해 의뢰기관과 재정적 책임을 협상한다.
- 개별 내담자에 대한 서비스의 효과를 평가한다.

3) 사례기록 및 보고

- 사례분석과 추론, 소감을 포함한 사례노트와 요약을 기록하여 다른 사람들도 내담자의 진척도를 알 수 있도록 한다.
- 재활팀이나 다른 협력자들에게 내담자의 진척도를 구두로 보고한다.
- 관련 전문가나 기관에 내담자를 설명해 주기 위한 요약보고서를 준비한다.
- 사례의 진척도에 관하여 의뢰기관에 보고한다.
- 사례를 위한 의사소통이나 기록에 있어서 비밀보장과 같은 윤리적·법적 기준을 준수한다.
- 내담자정보를 분석하고 평가하여 최신의 사례기록을 유지한다.
- 내담자에 대한 사례회의에 참석한다.

나. 직업평가 및 상담 기능

1) 직업평가

- 종합적인 내담자정보에 근거하여 가능한 직업 영역이나 직업적응에 관한 권고를 한다.
- 내담자욕구를 작업강화물에, 내담자 적성을 작업조건에 결합시킨다.
- 행동관찰법을 사용하여 작업성격특성과 적응에 관한 추론을 한다.
- 특정 내담자에게 적절한 유용한 평가도구와 기법을 선택한다.
- 실제 작업이나 모형작업상황에 근거하여 관찰하여 평가할 내담자의 작업성격특성을 찾아낸다.
- 직업배치를 위한 개입 수준(직업클럽, 지원고용, 현장훈련 등)을 결정한다.
- 내담자를 전인적으로 이해하기 위한 과정에서 검사 결과를 진단보조도구로 활용한다.
- 내담자의 직업경력과 기능적 자산 및 제한점들을 분석함으로써 잔존작업기능을 찾아낸다.
- 유급고용을 위한 내담자의 준비도를 평가한다.
- 내담자의 재활동기에 부정적으로 작용할 수 있는 사회적·경제적 및 환경적 요인들을 찾아낸다.
- 내담자의 직업선택이 그의 성격과 일치하는 정도를 평가한다.
- 내담자 장애의 존재유무, 시작, 정도, 예상기간 등에 관한 정보를 입수한다.
- 내담자 장애의 직업적 시사점을 평가한다.
- 내담자의 현실적인 직업선택을 도와주기 위하여 내담자에게 필요한 훈련의 수준과 유형을 판단한다.

- 직업선택과 관련하여 내담자의 과거의 훈련유무, 직업경험, 소득 수준, 취미, 교육 수준 및 사회경제적 요인 등을 평가한다.
- 내담자의 욕구를 충족시킬 수 있는 적절한 지역사회 서비스를 결정한다.
- 내담자가 직업목표를 달성하는 데 필요한 의료정보를 검토한다.
- 내담자를 특정 분야의 훈련이나 교육 프로그램에 배치하기 전에 관련 분야의 전문가들과 협의한다.
- 재활 프로그램에 대한 내담자의 심리적 준비도를 평가한다.
- 내담자에 대한 심리평가보고서를 검토한다.
- 의학적 및 심리적 서비스가 내담자의 직업적 불리를 감소시킬 수 있는지 결정한다.
- 재활센터나 교육프로그램과 같은 적절한 적응훈련대안을 선택한다.

2) 직업상담

- 직업적 · 의료적 · 심리적 진단보고서들로부터 정보를 취합한다.
- 재활계획을 위한 내담자의 잔존능력을 기술하는 평가자료를 수집한다.
- 재활계획을 위한 근거로, 내담자에 관한 관련 정보를 취합하여 종합적 진단을 준비한다.
- 내담자에 대한 진단정보(검사, 직업 및 교육 기록, 의료기록 등)를 해석한다.
- 내담자가 진술한 흥미와 가치를 직업적 선택과 연결시킨다.
- 의학적 진단정보의 기능적 제한에의 함의를 검토한다.
- 검사 및 면담정보의 교육적 및 직업적 함의에 관하여 내담자와 협의한다.
- 직업평가 결과를 내담자에게 해석해 준다.
- 내담자의 선택의 적절성을 보완하기 위하여 수집된 직업적 · 심리적 및 사회적 정보와 일치하는 직업 분야를 내담자에게 제안한다.
- 내담자와 함께 그의 장애의 결과와 장애의 직업적 의미에 관하여 검토한다.
- 내담자와 함께 그의 직업적 자산과 취약성의 현실적인 이해와 그 수용을 위하여 토의한다.
- 고용 가능성을 개선시킬 수 있는 바람직한 작업행동에 관하여 내담자와 협의한다.
- 특정 직종에의 진입가능성에 영향을 미치는 노동시장조건에 관하여 내담자와 토의한다.
- 내담자의 직업계획이 비현실적일 때는 이에 대하여 내담자와 토의한다.
- 내담자의 능력과 흥미 및 재활계획과 일치하는 직업을 선택하도록 내담자에게 조언한다.
- 특정 직업을 위한 교육적 및 훈련조건을 알아낸다.

- 내담자가 직업적 대안을 선택할 수 있도록 직업적 및 교육적 자료들을 권해 준다.
- 내담자가 고용 가능성을 높이는 데 필요한 좋은 작업적응과 관련된 요인들을 내담자와 토의한다.
- 폭넓은 직업 영역과 구체적 작업을 포함하는 정보를 상담과정에 활용한다.
- 내담자의 일반적 직업목표와 관련된 직업명과 의무, 조건 등을 설명하기 위하여 직업전망서(Occupational Outlook Handbook)와 기타 직업정보자료들을 사용한다.
- 내담자의 일반적 직업목표와 관련된 직업명과 의무, 조건 등을 설명하기 위하여 유용한 직업정보를 활용한다.
- 내담자에게 검사형태와 프로토콜을 사용한 결과들을 해석해 주고, 집단지능검사와 특정 적성검사(GATB, 베네트기계적성검사, 미네소타 사무능력검사, 퍼듀 페그보드 등)에 관하여 내담자가 제기한 어떤 질문에도 답변해 준다.
- 내담자와 함께 재활계획을 작성한다.

다. 정의적 상담 기능

- 상담과 의뢰가 필요한 심리적 문제(우울증이나 자살생각 등)를 알아낸다.
- 내담자가 자신의 특성과 행동을 더욱 잘 이해할 수 있도록 내담자의 인간관계를 토의한다.
- 내담자가 자신과 타인에 대한 느낌을 이해하고 변화시킬 수 있도록 내담자에게 조언한다.
- 장애의 경제적·사회적 영향을 명확히 알 수 있도록 내담자에게 조언한다.
- 내담자가 자신의 장애에 의한 정서적 및 지적 제한점들을 수용할 수 있도록 조언한다.
- 내담자가 처리할 수 없을 것 같은 문제들을 직면하여 현실적으로 평가할 수 있도록 원조함으로 내담자의 불안을 감소시킨다.
- 내담자의 행동을 변화시키기 위하여 그의 행동에 영향을 주는 요인들을 해석한다.
- 장애에 대한 정서적 반응을 인식할 수 있도록 내담자에게 알려 준다.
- 내담자의 자기인식을 촉진시키기 위하여 반영과 해석 및 요약 등과 같은 상담기법들을 사용한다.
- 내담자가 긍정적인 면에서 상담관계를 마치고 독립적으로 기능할 수 있는 능력을 향상시킬 수 있도록 원조한다.
- 내담자가 개인적 적응을 위한 구체적 행동목표를 언어로 표현할 수 있도록 도와준다.
- 내담자가 기능적 제한들을 보완하기 위하여 그의 생활태도를 변경시킬 수 있도록

원조한다.

- 내담자가 스트레스를 이해하고 그에 대하여 대처할 수 있는 기제를 사용하도록 도와준다.
- 평가정보를 이용하여 내담자에게 개인적 역학관계(부인이나 왜곡)에 대한 통찰력을 제공해 준다.
- 다른 사람들이 자신의 장애에 대하여 질문하는 것에 답변할 수 있도록 내담자에게 관련 정보를 제공한다.
- 내담자의 사회적 지지체계(가족, 친구 및 지역사회관계)를 평가한다.
- 개별, 집단, 및 가족상담에 대한 내담자의 욕구를 파악한다.
- 자립생활활동을 어느 정도 수행할 수 있는지에 대한 내담자의 능력을 평가한다.

라. 직업배치기능

1) 직업배치상담

- 내담자에게 배치와 관련된 정보(정부 및 민간 취업알선조직의 기능, 노동조합 정책 및 절차, 산업재해보상보험법 등)를 제공한다.
- 내담자가 정서적으로 직업탐색의 스트레스에 준비할 수 있도록 지지적 상담기법을 사용한다.
- 내담자에게 직업을 탐색하는 방법을 가르쳐 준다.
- 고용주가 내담자의 장애에 대한 질문을 할 때 내담자가 어떻게 응답해야 하는지에 대한 대안적 방법을 내담자와 토의한다.
- 내담자의 욕구와 능력에 가장 잘 맞는 직업기회에 대하여 내담자에게 직접 정보를 제공한다.
- 내담자의 유급고용에 대한 동기유발을 위하여 동기가 약한 내담자를 여러 회에 걸쳐 상담한다.
- 내담자가 고용된 후 지원을 제공하고 확신을 심어 주기 위하여 내담자와 상담한다.
- 내담자가 취업지원서와 이력서를 작성하는 것을 도와준다.
- 특정 직업이나 직업군에 걸쳐 내담자의 잔존기능의 활용 가능성을 평가한다.
- 내담자가 취업인터뷰(입사지원서 작성, 복장, 면담기술 등)를 준비하도록 지도한다.
- 노동시장정보를 내담자가 고용기회를 찾아내고 획득하며 승진하는 데 적용시킨다.
- 내담자에게 그의 욕구나 능력에 적합한 고용기회를 알려준다.
- 직업배치를 지원하기 위하여 지역 자원(고용주 접촉, 동료, 주의 직업서비스 등)을 이용한다.
- 내담자에게 체계적인 직업탐색기술을 가르쳐 준다.

2) 직업 개발

- 내담자의 작업기능과 수행할 수 있는 구체적 작업들을 고용주에게 알려 준다.
- 내담자의 새로운 직업에 대한 적응과 수행도에 관한 정보를 고용주와 내담자로부터 입수한다.
- 직업을 찾고 있는 내담자에게 개인적 추천서를 제공한다.
- 내담자에게 현장훈련(on-the-job training)을 실시한다.
- 잠재적 고용주에게 내담자의 작업기능과 능력에 대한 정보를 제공한다.
- 장애인을 고용하는데 따른 고용주의 편견과 걱정을 해소시켜 준다.
- 추가 서비스의 필요성을 결정하기 위하여 내담자의 고용 후 적응상태를 점검한다.

제3절 우리나라 재활전문인력의 유형

1. 재활상담사

1) 역할 및 기능

(장애인)재활상담사는 현재 우리나라에서 양성되고 있는 재활전문인력 중에서 양성과정과 자격, 기준 면에서 가장 잘 정비된 전문가라 할 수 있다. 장애인재활상담사 국가자격제도는 한국직업재활사협회가 국제적인 재활의 흐름이 일 중심의 복지(welfare to work)로 전환되어 가는 상황에서 장애인들에게 보다 양질의 재활서비스를 제공하여 궁극적으로 직업적 자립과 지역사회 통합이라는 재활의 목표를 달성하기 위하여 이를 수행할 수 있는 전문인력의 국가자격제도화의 필요성에 대해 인식하고 2012년 「장애인복지법」 개정에 따른 제안배경과 초안을 만들었다(나운환 외, 2016; 조성재, 2013). 그리고 2013년 협회 내에 국가자격제도 도입을 위한 위원회를 구성하고 실무 작업과 공청회를 거쳐 2013년 12월 민주당 최동익 의원을 통해 「장애인복지법」 개정안을 발의하여 2015년 12월 29일 국회 본회의를 통과하였으며 이 개정 내용은 2017년 12월

30일 시행되었다.

(장애인)재활상담사는 개인의 손상이나 기능제한, 상황적 요인 등으로 개인활동이나 사회참여에 어려움을 가지고 있는 사람들을 대상으로 진단과 평가, 재활상담과 사례관리, 전환기 서비스 및 직업재활 등의 전반적인 서비스를 지원하는 재활전문가를 말한다(나운환 외, 2017). 급변하는 국내·외 재활환경의 변화 속에서 장애인재활상담사는 장애인의 개인활동, 사회참여 및 자립생활 등을 확대하기 위한 역할을 수행하고 있다.

표 2-2 재활상담사의 주요직무

번호	직무	직무 내용
1	재활상담과 사례관리	대상자가 장애에 적응하도록 돕기 위한 상담(개인·집단)을 제공하고, 관련된 서비스 과정을 모니터링하고 조정하는 과정이며, 초기면접, 사례회의 및 IPE 작성·실행 조율 및 모니터, 장애상담, 직업상담, 역량강화상담, 슈퍼비전 등의 업무를 수행한다.
2	장애진단 및 직업평가	대상자의 장애 정도, 역량, 관심사, 경험, 기술, 건강 및 교육 등을 평가하는 과정이며, 평가의뢰계획 수립, 기초정보 수립 및 의뢰, 지필검사, 작업표본평가, 상황·현장평가 등을 실시·해석하고 평가보고서를 작성하는 업무를 수행한다.
3	직무개발과 배치	평가를 바탕으로 한 대상자의 적절한 직업을 찾고, 고용주가 장애인의 욕구와 능력 등을 파악할 수 있도록 지원하는 과정으로, 지역사회 노동시장 조사, 고용주 및 인사담당자 면담, 직업현장 관찰, 직무분석 및 직무조정, 구인·구직자 매칭, 고용주 및 구직자 간담회 및 교육, 사업주 지원 자원 개발 및 정보 제공 등의 업무를 수행한다.
4	재활서비스 제공	대상자가 강점을 개발하고 한계에 적응할 수 있도록 지원하고, 직업훈련 및 장애인식 개선 프로그램 등의 서비스를 받을 수 있도록 지원하는 과정으로, 전환 및 직업적응훈련 프로그램 개발 및 운영, 직업훈련 및 관련 정보 제공, 구직탐색훈련 프로그램 개발 및 운영, 자립생활 및 사회적응훈련 프로그램 개발 및 운영, 보호·지원·맞춤식 고용 등 고용프로그램 개발 및 운영, 취업 후 적응지도, 장애인식 및 차별 개선 관련 프로그램 개발 및 운영 등의 업무를 수행한다.
5	재활행정	재활조직 운영과 관련하여, 문서 작성 및 관리, 제안서 작성 및 자원 개발, 회의 및 세미나, 유관기관 네트워크, 홍보, 비영리법인 설립 및 시설 설립과 운영관리, 인사·노무·회계관리, 성과관리 등의 업무를 수행한다.
6	연구 개발	서비스 제공자와 관련한 과정으로 재활 프로그램 개발연구, 정책 개발, 국내·외 장애정책모니터, 직무재교육 등의 업무를 수행한다.

재활상담사 직무분석 결과, 재활상담사의 수행직무는 〈표 2-2〉와 같이 재활상담과 사례관리, 장애진단 및 직업평가, 직무개발과 배치, 재활서비스 제공, 재활행정, 연구 개발 등 6가지로 제시되었다(나운환, 2017).

2) 양성과정

장애인재활상담사가 되고자 하는 사람은 재활상담 관련 필수 12과목과 선택 6과목, 총 18과목(54학점)을 이수하고 한국보건의료인국가시험원에서 주관하는 재활상담사 국가시험에 합격하여야 한다(〈표 2-3 참조〉). 현재 학부와 대학원에서 재활상담사 양성과정을 개설하고 있는 대학은 대략 13개 정도 대학이 있다(〈표 2-4 참조〉).

표 2-3 장애인재활 관련 교과목(「장애인복지법 시행규칙」 제57조의6)

구분	교과목	
필수과목 (12)	장애의 이해와 재활 재활상담 재활행정 재활정책 직업평가 직업상담	직업재활개론 직무개발과 배치 재활사례관리 지역사회재활시설론 노동법규와 재활 재활실습 I
선택과목 (6)	재활의학 상담이론과 실제 장애 영역별 특성과 재활 직업적응훈련 전환교육 보호 및 지원고용 정신장애와 재활 산업복지 노동환경과 고용동향 직업재활연구 보조공학의 이해 중증장애인재활	재활 프로그램 개발 자립생활 직업심리 직업정보와 노동시장 진로 개발과 상담 발달장애인 재활상담 고령장애인 재활상담 장애의 진단과 평가 재활시설 경영과 마케팅 재활윤리 사회적 목적기업 재활실습 II

• 필수과목은 모두 이수하되, 재활실습 I 은 총 150시간 이상 이수하여야 한다.
• 선택과목 중 6개의 과목을 선택하여 이수하여야 한다.

표 2-4 재활상담 관련 학과 개설 대학

구분	학교명	학과명
1	가톨릭대학교	특수교육과
2	고신대학교	재활상담학과
3	나사렛대학교	재활학과 / 대학원 재활학과
4	단국대학교	특수교육대학원 직업재활교육
5	대구대학교	직업재활학과 / 대학원 직업재활학과
6	대구사이버대학교	재활상담학과
7	문경대학교	재활상담복지 전공
8	백석대학교	재활복지학과
9	영진사이버대학교	특수재활학과
10	우석대학교	재활학과
11	전주대학교	재활학과
12	평택대학교	재활상담학과 / 사회복지대학원 재활복지 전공
13	한신대학교	재활학과/ 대학원 재활학과

3) 자격제도

장애인재활상담사에 대해 개정된 「장애인복지법」 제72조의3(장애인재활상담사 자격증 교부 등)을 보면, 보건복지부장관은 장애인의 직업재활 등을 지원하기 위하여 자격요건을 갖춘 사람으로서 제73조에 따른 국가시험에 합격한 사람에게 장애인재활상담사 자격증을 발급하여야 하며, 장애인재활상담사의 종류 및 국가시험 응시자격 요건을 명확히 규정하도록 하고 있다.

장애인재활상담사의 국가시험은 보건복지부장관이 실시하되, 실시시기 · 실시방법 · 시험과목, 그 밖에 시험 실시에 관하여 필요한 사항은 대통령령으로 규정하도록 되어 있다. 민간단체가 발급한 장애인재활상담사 자격증 소지자의 장애인재활상담사 자격증 취득에 관한 특례 및 경과조치에서 규정하고 있는 대로 보건복지부장관이 인정하는 단체에서 발급한 장애인재활상담사 관련 자격증을 소지한 사람은 이 법 시행 후 3년 이내에 보건복지부장관이 고시로 정하여 실시하는 특례시험을 거쳐 이 법에 따른 장애인재활상담사 자격증을 취득할 수 있다. 또한 사회복지사에 대한 특례 및 경과조치 규정에 따른 사회복지사 자격을 소지한 사람으로서 장애인재활 관련 기관에서 5년 이상 재직한 사람은 이 법 시행 후 3년 이내에 보건복지부장관이 고시로 정하여 실시하는 특례시험을 거쳐 이 법에 따른 장애인재활상담사 자격증을 취득할 수 있다.

2019년 6월 현재, 재활상담사 자격 유형은 1급, 2급, 3급으로 나뉘어져 있으나 (〈표 2-5〉 참조) 자격 간 역할 구분이 명확하지 않아 향후 1급과 2급으로 간소화를 추진하고 있다.

표 2-5 1급, 2급, 3급 장애인재활상담사 기준

1. 1급 장애인재활상담사: 다음 각 목의 어느 하나에 해당하는 사람
   가. 「고등교육법」에 따른 대학원에서 장애인재활 분야의 박사학위를 취득한 사람
   나. 2급 장애인재활상담사 자격증을 가진 사람으로서 「고등교육법」에 따른 대학원에서 장애인재활 분야의 석사학위를 취득한 사람
   다. 2급 장애인재활상담사 자격증을 가진 사람으로서 장애인재활 관련 기관에서 3년 이상 재직한 사람
   라. 사회복지사 2급 자격증을 가진 사람으로서 장애인재활 관련 기관에서 5년 이상 재직한 사람
2. 2급 장애인재활상담사: 다음 각 목의 어느 하나에 해당하는 사람
   가. 「고등교육법」에 따른 대학에서 보건복지부령으로 정하는 장애인재활 관련 교과목을 이수한 사람
   나. 3급 장애인재활상담사 자격증을 가진 사람으로서 장애인재활 관련 기관에서 2년 이상 재직한 사람
   다. 사회복지사 2급 자격증을 가진 사람으로서 장애인재활 관련 기관에서 3년 이상 재직한 사람
3. 3급 장애인재활상담사: 「고등교육법」에 따른 전문대학에서 보건복지부령으로 정하는 장애인재활 관련 교과목을 이수한 사람

표 2-6 장애인재활상담사 급수별 역할 범위

<table>
<tr><th rowspan="2">자격 유형</th><th colspan="2">업무 영역과 일</th></tr>
<tr><th>업무 영역</th><th>일</th></tr>
<tr><td rowspan="3">1급
(5개 업무, 14개 일)</td><td>재활상담 및 사례관리</td><td>사례회의 및 IPE 작성, 역량강화상담, 슈퍼비전</td></tr>
<tr><td>장애진단 및 직업평가</td><td>상황·현장평가 실시 및 해석, 종합평가보고서 작성</td></tr>
<tr><td>직무개발과 배치</td><td>직무분석 및 직무조정(보조공학서비스), 고용주·구직자 간담회 및 교육</td></tr>
</table>

자격 유형	업무 영역과 일	
	업무 영역	일
	재활행정	회의 및 세미나, 비영리법인 설립 및 시설 설립과 운영관리, 성과관리
	연구 개발	재활 프로그램 개발, 정책 개발, 국내외 장애정책 모니터, 직무재교육
2급 (6개 업무, 37개 일)	재활상담 및 사례관리	초기면접, 사례회의 및 IPE 작성, IPE 실행 및 모니터, 장애상담 및 사례관리, 직업상담, 역량강화상담
	장애진단 및 직업평가	평가의뢰 내용 확인 및 계획 수립, 관련 기초정보 수집 및 의뢰, 지필검사 실시 및 해석, 작업표본평가 실시 및 해석, 상황 · 현장평가 실시 및 해석, 종합평가보고서 작성
	직무개발과 배치	지역사회 노동시장 조사, 고용주 및 인사담당자 면담, 작업현장 관찰, 직무분석 및 직무조정(보조공학서비스), 구인 · 구직자 매칭, 사업주 지원 자원 개발 및 정보 제공, 고용주 · 구직자 간담회 및 교육
	재활서비스	전환 · 직업적응훈련 프로그램 개발 및 운영, 직업훈련 및 관련 정보 제공, 구직탐색훈련 프로그램 개발 및 운영, 자립생활 · 사회적응훈련 프로그램 개발 및 운영, 보호 · 지원 · 맞춤식 고용 등 고용 프로그램 개발 및 운영, 취업 후 적응지도, 장애인식 및 차별 관련 프로그램 개발 및 운영
	재활행정	문서 작성 및 관리, 제안서 작성 및 자원 개발, 회의 및 세미나, 유관기관 네트워크, 홍보, 비영리 법인 및 시설 설립과 운영관리, 인사 · 노무 · 회계관리, 성과관리
	연구 개발	재활 프로그램 개발, 국내 · 외 장애정책 모니터, 직무재교육
3급 (5개 업무, 17개 일)	재활상담 및 사례관리	초기면접, 장애상담 및 사례관리, 직업상담
	장애진단 및 직업평가	평가의뢰 내용 확인 및 계획 수립, 관련 기초정보 수집 및 의뢰
	직무개발과 배치	지역사회 노동시장 조사, 작업현장 관찰, 구인 · 구직자 매칭, 사업주 지원 자원 개발 및 정보 제공
	재활서비스	직업훈련 및 관련 정보 제공, 구직탐색훈련 프로그램 개발 및 운영, 자립생활 · 사회적응훈련 등 고용프로그램 개발 및 운영, 취업 후 적응지도
	재활행정	문서 작성 및 관리, 홍보
	연구 개발	재활 프로그램 개발, 직무재교육

2. 직업재활사

1) 역할 및 기능

직업재활사는 한국직업재활학회에서 운영하고 있는 직업재활사 자격에 근거하여 양성되는 장애인 직업재활 전문인력이다. 2017년부터 국가자격으로 신설된 장애인재활상담사로 자격이 통일되어 현재는 새로운 방향을 모색하고 있는 중이다. 직업재활사는 미국의 재활상담사(Rehabilitation Counselor)와 직업평가사(Vocational Evaluator)의 역할을 함께 수행하는 전문인력으로서 장애인의 고용획득과 삶의 질 향상에 직접적으로 개입하여 그 업무를 수행한다.

2) 양성과정

우리나라에서는 대구대 직업재활학과(1988년 시작), 한신대 재활학과(1989), 나사렛대 인간재활학과(1995), 가톨릭대 특수교육학과(1998) 등 총 13개교에 재활 관련 학과가 설치되어 직업재활 전문인력을 양성하고 있었다. 또한 이들 대학에서는 대학원 수준의 재활상담사 양성교육도 실시하고 있어 이 분야의 전문인력 양성의 기초를 다지고 있다.

3) 자격제도

직업재활사 자격시험의 응시요건을 보면, 재활 관련 학과에서 학사 이상의 학위를 취득한 자, 직업재활기관에서 2년 이상 근무한 경험이 있는 자 등으로 되어 있고, 자격체계는 1급정 및 2급정 재활상담사, 준재활상담사로 구분되어 있다. 자격시험은 필기시험만으로 치루어지고 있다. 시험과목은 직업재활개론, 직업재활상담, 직업재활평가, 직업 개발 및 배치 등 5개 과목으로 구성되어 있으며, 과목당 최저 40점, 전체 평균 60점 이상을 득점하여야 통과할 수 있다.

4) 취업 현황

1992년 이후 지금까지 학부 졸업 수준의 직업재활사가 약 5,000명 이상 배출된 것으로 파악되고 있다. 이들은 장애인 직업재활 전문가로서 장애인고용공단, 장애인복지관, 장애인 근로시설 및 보호작업장, 지원고용실시기관, 직업훈련센터, 특수학교 및 학급 등에 고용되어 근무하고 있다.

표 2-7 직업재활사 취업 및 활동기관

분야	취업 및 활동기관
재활 관련 공기업	장애인고용공단, 근로복지공단, 장애인개발원, 국민연금공단, 건강보험공단
직업재활 실시기관	장애인복지관, 장애인직업재활시설, 장애인복지단체, 직업능력개발훈련시설, 직업평가센터, 직업재활센터 등
장애인 관련 기관 및 단체	장애인재활기관, 장애인부모회, 자립생활센터, 고용안정센터, 장애인기업지원센터 등
장애인 고용 사업장	사회적 기업, 장애인기업, 장애인표준사업장 등
특수교육지원기관	특수교육지원센터, 전환교육지원센터
기 타	국내외 대학원 진학 및 연구기관, 장애인복지기관, 사회복지 관련 기관, 직업재활시설 설립 및 운영

3. 장애인 직업생활상담원

1) 역할 및 기능

노동부 장관은 장애인의 직업지도, 직업적응훈련, 직업능력개발훈련, 취업 후 적응지도 등 장애인의 고용촉진 및 직업재활을 위한 업무를 담당하는 장애인 직업생활상담원 등 전문요원을 양성하도록 규정하고 있다(장애인고용촉진 및 직업재활법 제65조). 직업생활상담원은 장애인이 고용되어 있는 업체에서 장애인 근로자의 효율적인 고용관리와 직장 내 생활상담 지도업무를 담당하고 있다. 현행법상 20인 이상의 장애인 근로자를 고용하는 사업주는 장애인 직업생활상담원을 두어야 하는데, 전문요원의 종류, 양성, 배치, 역할 및 자격 등은 필요한 사항은 노동부령으로 정하도록 하고 있다.

2) 양성과정

1991년부터 지금까지 노동부 산하 한국장애인고용공단에서 장애인 직업생활상담원 양성 프로그램을 설치 · 운영하고 있다(한국장애인고용공단, 2012). 교육 내용은 온라인교육(4과목)과 집합교육(7과목), 총 11개 과목으로 이루어져 있다. 1998년 현재 11기에 걸쳐 총 574명이 양성과정을 이수하였으나 현재 직업생활상담원으로 활동하고 있는 사람은 198명 정도인 것으로 나타났다. 교육 대상 자격은 ① 20인 이상의 장애인 근로자가 근무하고 있는 사업장 직원 중 사업주가 추천한 사람, ② 심리학, 특수교육학, 사회복지(사업)학, 재활학 전공자로서 학사학위 이상을 소지한 자, 그리고 ③ 장애인복지시설 및 관련 단체에서 2년 이상 종사한 자 등으로 되어 있다. 양성교육은 이론(총 11과목)과 실습을 걸쳐 이루어지고 있다(〈표 2-8〉 참조).

표 2-8 장애인 직업생활상담원 양성과정 훈련교과 기준

과정	교과 과목
온라인교육 (4과목)	• 장애인의 이해 • 장애인복지론 • 직업생활 지원 • 장애인고용정책
집합교육 (7과목)	• 직업생활상담원의 이해 • 장애인고용의 실제 • 장애인고용정책 및 장애인고용촉진 및 직업재활법의 이해 • 장애인차별금지 및 권리구제에 관한 법의 이해 • 장애인상담 기초 • 직업생활상담원의 역할 • 사업주 지원제도
합 계	11과목

출처: 한국장애인고용공단 장애인직업생활상담원 양성 및 연수 규칙(2012)

3) 자격제도

직업생활상담원 자격은 한국장애인고용공단에서 실시하는 자격과정을 이수하고 소정의 시험에 통과한 사람에게 주어진다. 평가는 필기시험(80%), 실습평가(10%), 근무평가(10%)로 구성되어 있다. 필기시험은 이론과정 중 평가대상과목 4과목(직업생활상

담원의 이해, 장애의 이해, 장애인 고용정책, 상담의 기초)에서 출제되며, 실습평가는 직업재활실습에 임하는 교육생의 태도와 관찰 결과에 근거하여 이루어진다.

4) 취업 현황

1998년 현재 양성교육 총 이수자는 574명인데, 이들 가운데 상당수가 퇴직하였거나 회사를 옮겨 더 이상 활동하지 않고 있으며 현재는 198명만이 직업생활상담원으로 근무하고 있는 것으로 나타났다. 직업생활상담원을 고용한 사업체에 대하여는 월 10만 원의 상담원 수당을 3년간 지급하고 있다.

제4절 미국의 재활상담사 양성과정

1. 재활상담사 양성과정

미국의 재활상담사(Certified Rehabilitation Counselor, CRC) 양성교육 프로그램은 대학원에서 보통 18개월 내지 24개월간의 교과과정과 실제적인 임상실습을 교육시킨다(CRCC, 2016). 학생들은 보통 다음과 같은 과목들 중에서 48학점 이상을 전공필수나 선택으로 수강하는데, 개별상담, 집단상담, 결혼 및 가족상담, 알코올 및 약물중독치료, 심리검사, 지적장애, 의사소통장애, 수어, 스트레스관리, 직업평가, 직업 개발 및 배치, 재활행정 등이 그것이다. 교과과목 이외에 현장경험을 쌓기 위하여 선배 재활상담가로부터 600시간의 인턴십을 받도록 하고 있다. 이러한 재활상담 프로그램은 재활교육협의회(CORE)에서 정기적으로 인가를 받는데, 이때 주로 배우는 교과영역으로는 다음과 같은 것들이 있다.

미국 재활상담사 교육 프로그램을 인증하는 재활교육협의회(Council on Rehabilitation Education: CORE, 2014)는 재활상담과 관련된 필수지식과 기능을 위한 연구에서 재활의 학적 기초(3.76점), 직업배치(3.94점), 상담(3.86점), 사례관리(4.16점), 진단(3.98점), 법률서비스(3.54점), 심리-사회적 기능(3.26점)의 7가지 기능으로 제시하였고 실제 CORE(2016)의 재활교육 프로그램 인증시 제시하고 있는 전문지식 영역은 윤리적 행동과 다양성 혹은 개별성, 임상적 사고의 통합적 요소를 강조하면서 10개의 지식 영역과 74개의 세부 영역을 제시하고 있다. 10개의 지식 영역은 〈표 2-8〉과 같이 ① 전문가의 정체성과 윤리적 행동, ② 장애의 심리사회적 측면과 문화적 다양성, ③ 인간성장과 발달, ④ 고용과 진로 개발, ⑤ 상담접근과 원칙, ⑥ 집단상담과 가족역동성, ⑦ 사정(평가), ⑧ 연구와 프로그램 평가, ⑨ 장애의 의료적 · 기능적 · 환경적 측면, ⑩ 재활서비스, 사례관리와 관련 서비스이다.

표 2-9 CORE의 재활상담사 지식 영역과 기술

번호	지식 영역	기술 영역
1	전문가 정체성과 윤리적 행동	• 재활상담의 실천 범주, 재활의 역사, 체계, 철학 • 장애인과 관련된 법률, 전문가 윤리 • 전문가 자격인증, 면허와 인증, 이용자의 선택과 역량강화, 공공정책, 태도의 장벽, 접근성, 권익옹호
2	장애의 심리사회적 측면과 문화적 다양성	• 자기옹호, 환경적 영향, 태도 형성과 관련된 사회적 역동, 자기정체성, 성장, 적응과 관련된 심리적 역동성 • 문화, 장애, 성별, 성적 지향, 고령이슈를 포함하여 문화적 · 개인적 다양성의 함의
3	인간 성장과 발달	• 삶의 주기에 따른 성장과 발달, 장애에 대한 개인과 가족의 반응, 성격발달이론, 성적 지향과 장애 • 학습방식과 학습전략
4	고용과 진로 개발	• 산재보상, 만성장애, 사회보장을 포함한 장애급여체계 • 직무분석, 전환기술분석, 직무조정과 재구조화 • 진로상담, 진로탐색, 직업계획, 직업준비도 개발, 고용주 자문 및 장애 예방, 작업장 문화와 환경, 근로조건, 직업상담과 직무배치전략, 진로개발전략, 지원고용, 직무지도, 자연적 지원, 보조공학기술
5	상담 접근과 원칙	• 개별상담과 성격이론, 정신건강상담 • 상담기술과 기법의 개발 • 상담에서의 성적 이슈, 갈등해결과 협상전략 • 개인, 집단, 가족 위기 대응 • 상담관계의 종결, 개별적 역량강화와 권리 • 상담관계에서의 윤리, 상담사 슈퍼비전

번호	지식 영역	기술 영역
6	집단상담과 가족역동성	• 집단역동성과 상담이론, 집단 리더십 형식과 기법 • 가족역동 및 상담이론, 가족지지 개입 • 개인이나 가족에게 영향을 미칠 수 있는 • 윤리적 · 법적 이슈
7	사정 평가	• 사정의 역할, 사정 자원과 방법 • 사정계획 시 개인의 참여, 측정과 통계적 개념 • 절절한 사정방법의 선택과 실시 • 사정에 있어서의 윤리적 · 법적 · 문화적 함의
8	연구와 프로그램 평가	• 기초통계와 심리측정학적 개념, 기초연구방법 • 재활상담서비스의 효과성 평가연구, 프로그램 평가와 관련된 윤리적 · 법적 · 문화적 이슈
9	장애의 의료적 · 기능적 · 환경적 측면	• 신체 제계도, 의학용어 및 진단 • 신체적 · 정신적 · 인지 · 감각 및 발달장애 • 보조기술, 장애의 환경적 영향 • 신체기능의 분류와 평가
10	재활서비스, 사례관리와 관련 서비스	• 직업재활, 사례관리, 자립생활 • 학교에서 고용으로의 전환서비스, 장애관리 • 증거기반 재활과 직업전문가 실습 • 약물남용치료와 재활, 정신재활 • 건강과 질병 예방 개념, 지역사회 자원 활용, 지역사회 재활서비스와 서비스 조정

출처: Council on Rehabilitation Education(2016)

2. 재활상담사 자격증 및 면허제도

재활상담사 양성교육 프로그램의 졸업생들은 소정의 교과과정과 임상경험을 마친 후 자격고시를 통하여 직업재활상담 분야의 지식을 평가받은 후 상담을 할 수 있는 공인재활상담사(Certified Rehabilitation Counselor: CRC) 자격증을 교부받는다. 이러한 자격증은 재활시설이나 기관에 입사할 때 고용주들이 거의 예외 없이 요구하고 있다. 자격증을 계속 유지하기 위해서는 5년마다 100시간 이상의 계속교육을 이수하여야 한다. 현재 미국에서는 18,000~20,000명으로 추산되는 재활상담사 가운데 약 절반 정도인 10,000명 정도가 자격증을 소지하고 있다. 이러한 미국의 재활상담사 양성제도는 우리나라의 경우에도 많은 시사점을 제공한다.

미국의 재활상담사 면허제도는 각 주별로 실시되고 있는데, 그 결과 재활상담사의 전문적 지위 향상에 많은 공헌을 하였다. 1976년 미국 최초의 상담사 면허증법이 Virginia주에서 제정된 이래, 대부분의 주에서는 재활상담사 면허증법에 의거하여 전문가 면허증 등록을 받고 있다. 각주의 법에는 자격 유형에 상관없이 시험을 거쳐 합격한 사람들에게 면허증을 발급하고 있는데, 상담사 시험을 별도로 실시하기보다는 재활상담사 면허증시험이나 일반 상담사 자격시험을 활용하고 있다. 전국공인상담사위원회(National Board for Certified Counselors: NBCC)는 재활상담 분야에서 전문성을 인정하여 재활상담사들에게 전국공인상담사(National Certified Counselors: NCC) 자격을 부여하였다.

표 2-10 미국의 재활상담사 자격증 요건

- 대학원 재활상담 양성교육 프로그램에서 48학점 이상 이수
- 현장실습(Practicum)
- 국가고시(CRC 시험) 합격
- 수련과정 이수(Supervised internship)
- 자격증 취득 후 계속교육: 5년마다 100시간
- 면허증제도: 각 주에서 관할

3. 재활상담 관련 단체

1) 재활교육협의회(Council on Rehabilitation Education: CORE)

재활교육협의회는 ARCA와 NRCA의 합의하에 1972년에 설립되어 대학원 수준의 재활상담 석사학위 프로그램을 심사하고 자체의 심의기준에 따라 재활상담사 양성 적격 여부를 판정한다. 재활상담사의 역할은 신체적·정서적·정신적으로 장애가 있는 사람이 독립생활을 하거나 스스로 자립할 수 있는 직업인으로서의 기능을 수행할 수 있도록 원조하는 것인데, 재활교육협의회는 이러한 전문가를 효과적으로 양성할 수 있는 기반을 제공한다. 이 협의회는 학부, 대학원, 보수교육, 재활연구훈련센터 교육, 직업평가, 직업조정과 재활행정 등의 영역들을 포함하고 있다.

2) 재활상담사자격위원회
(Commission on Rehabilitation Counselor Certification: CRCC)

재활상담사자격위원회는 국가 수준의 재활상담사 자격증 요건을 관리하는 기구로써 1973년에 설립되어 지금까지 14,000명 이상의 공인재활상담사(CRC)에게 자격을 수여하였다(Roessler & Rubin, 1998). 재활상담사 시험을 치르기 위해서는 교육 및 고용경험에 있어서 일정한 기준을 만족시켜야 한다. 가장 일반적인 경우는 재활상담사 양성 교과과정을 수료하고 선배 재활상담사 밑에서 인턴십과정을 거쳐 재활상담학 석사과정을 이수하는 것이다. 그러나 일정 기간의 재활 분야의 경험과 필요한 슈퍼비전을 마친 경우에는 비관련 분야의 전문가들에게도 재활상담사 시험을 응시할 수 있는 기회가 주어진다. 미국에서는 재활상담사 자격을 획득할 수 있는 방법이 수준별로 세 가지 형태가 있다(Tarvydas & Leahy, 1993). 첫째, 경력자격을 들 수 있다. 이 자격은 일정 기간 재활상담서비스현장에서 근무한 경력이 있으면 받을 수 있는 자격제도이다. 둘째, 일반자격을 가질 수 있는데, 이것은 재활상담 양성과정을 대학이나 대학원에서 이수한 사람들에게 주어지는 자격제도이다. 셋째, 전문자격을 들 수 있는데, 이것은 재활상담 양성과정을 이수하고 현장 경력도 갖춘 사람들에게 주어지는 자격제도이다. 재활상담사들이 종사하고 있는 분야는 매우 다양하게 나타났는데, 영리 사립기관, 43%; 주 및 연방 재활기관, 18%; 비영리 사립기관, 14%; 정신보건기관, 7%; 의료기관 및 병원, 5%; 대학, 4%; 공립학교, 2%; 기타 8% 등으로 나타났다. 그리고 이들 재활상담사들 중 42%는 재활교육협의회(CORE)에서 승인한 석사학위과정을 졸업한 것으로 나타났다(Leahy, Szymanski, & Lindkowski, 1993).

3) 미국재활상담사협회
(American Rehabilitation Counselor Association: ARCA)

미국에서는 1920년대부터 주 수준에서 재활상담사가 전문가로 인정받아 왔고, 1954년부터는 연방정부 법률에 의하여 전문가로 인정받아 재활서비스를 제공해 오고 있다. 미국상담개발협회(American Association for Counseling and Development: AACD) 산하기관인 미국인사지도협회(American Personnel and Guidance Association: APGA)의 한 분과로

1957년에 창립되었다. ARCA는 모체가 되는 상담사들(학교, 정신건강, 고용, 기타)의 협회와 제휴하고 있으며 전문상담 분야와 직접 연결이 가능하다.

4) 전국재활상담사협회 (National Rehabilitation Counselor Association: NRCA)

전미재활협회(National Rehabilitation Association)의 한 분과로 1958년에 창립되었으며, 전문가뿐만 아니라 비전문가들도 일반재활 분야에 포함되어 있다. 즉, 재활상담사뿐만 아니라 의사, 간호사, 심리학자, 사회사업가, 행정가, 비서 등도 등록되어 있다. 분과의 주된 관심 분야는 직업배치, 자립생활, 재활교육, 재활비서, 재활행정, 재활상담과 직업평가, 직업적응훈련 등이다. 미국의 재활상담사들은 취미와 관심에 따라 ARCA나 NRCA에 자유롭게 가입하여 활동하고 있다. ARCA와 NRCA는 서로 대립되기보다는 재활상담전문직을 발전시키기 위하여 협력하여 일해 왔다. 1971년에는 재활상담 양성과정 프로그램을 공인하기 위한 CORE를 탄생시켰고, 1988년에는 재활상담사 윤리강령을 공동으로 개발하여 채택하였다.

5) 재활시설인증위원회 (Commission on Accreditation of Rehabilitation Facilities: CARF)

재활시설 인증위원회는 1966년 창립되어 미국과 캐나다에 있는 재활서비스들을 평가하여 인증해 주는 비영리 민간조직으로서 1998년도 기준으로 3,000여 개 이상의 기관을 대상으로 17,000여 개의 보건서비스 프로그램과 사회복지서비스 프로그램에 대한 평가인증을 제공하였다(한국직업재활학회, 1999). 지금까지 이 위원회에서 인증을 받는 시설들로는 성인주간서비스, 행동보건, 고용 및 지역사회서비스, 의료재활 등이 있다. 재활시설인증위원회는 협의적인 인증과정을 통하여 서비스의 질과 가치, 성과를 높임으로써 서비스 대상자의 삶의 질을 향상시키는 것을 목적으로 한다. 이러한 인증 결과는 연방정부 및 지방정부기관, 공동모금기관인 United Way, 민간보험회사 등에 제공되어 사회복지기관에 대한 보조금 지원과 지원심사 결정자료로 사용된다.

제5절 재활상담사 윤리강령과 윤리적 의사결정

1. 재활상담과 윤리원칙

1) 윤리의 개념

윤리란 사람이 지켜야 할 도리 또는 개인적 사회적 행위의 규범을 가리키며 올바른 행위를 의미한다. 따라서 직업윤리란 직업인으로서 지켜야 할 도리, 개인적 사회적 행위의 규범, 바람직한 행위규범을 의미하는 것으로 정의할 수 있다(오혜경, 2015). 직업윤리는 생활에 필요한 경제력을 얻기 위해 인간이 행하는 직업활동에서 인간이 지켜야 할 행위규범으로 보고, 개인이 갖는 사회적 규준과 노동에 대한 가치를 의미하는 것으로 인식하고 있다.

재활상담사들을 위한 윤리원칙은 일반적인 윤리적 규범보다는 한 차원 높게 제시된다. 왜냐하면 재활과정에서 재활상담사의 모든 결정은 이용자와 이용자 가족, 재활기관, 동료 재활전문가, 지역사회에 해를 끼칠 수도 있기 때문이다. 그러나 아직도 재활전문가들은 부주의나 고의로 윤리적 갈등을 무시하고 등한시하고 있다(Flowers & Parker, 1984). 미국의 경우 재활상담사들의 재활과정에서 윤리적 딜레마에 대처하기 위해 1972년 전국재활상담협회(National Rehabilitation Counseling Association: NRCA)에 의해 재활상담사가 윤리적 딜레마에 직면할 때 이에 대처할 수 있도록 윤리강령(code of ethics)을 제정하였다. 이 지침은 최근 2016년 재활상담사자격위원회(Commission on Rehabilitation Counselor Certification, CRCC)에 의해 개정되었다.

2) 재활상담사 윤리원칙

일반적으로 재활 분야에서는 자율성, 정당성, 비해성, 수혜성, 충실성, 진실성과 같은 기본 윤리원칙들이 윤리적 규범보다 한 차원 높은 일반적인 규준이 된다. 재활상담사는 일상의 직무 속에서 이러한 윤리원칙들 사이에 갈등과 관련된 의사결정상황에 직면하므로 내담자의 최고 이익에 필요한 행동과 관련하여 문제해결을 위한 기능적 지침으로서 윤리원칙들의 본질을 이해하는 것이 중요하다(Rubin, Garcia, Millard, & Wong, 1988). 재활전문가들의 도덕적 직관을 평가할 때 윤리적 정당화의 일차적 출발선은 윤리원칙들이며 이것은 개인의 가치관과도 밀접한 관련성을 가진다. 재활상담사 윤리강령의 가치를 추구함에 있어 이 강령은 6가지 행동의 원칙을 제시하고 있는데, 그 원칙은 자율성/자치성, 수혜성, 충실성, 정당성, 비해성, 진실성이다(나운환 외, 2016; 이달엽, 1998; CRCC, 2016; Beauchamp & Childress, 1989).

(1) 자율성/자치성

먼저, 자율성(autonomy)은 장애인이 자율적인 존재로 자신의 행동을 선택할 자유가 있고 자신의 행동에 책임을 지며 타인의 자유를 침범하지 않을 권리를 말한다. 여기서 자율적인 선택이라는 것은 장애인이 적절하고 이성적인 판단을 내릴 능력을 가졌음을 전제로 하며, 모든 사람은 타인으로부터 조정·간섭·통제를 받지 않아야 한다는 것이며 실수와 그로 인한 결과에 대한 자유는 이용자의 성숙과 독립성 발달에 필수적이다. 따라서 재활상담사는 이용자의 능력·견해 등과 관련하여 다양성을 가지고 응대해야 한다. 더욱이 이용자에게 특별하거나 구체적인 선택을 강요하거나 강요하려고 위압·억압하는 것을 피해야 하며 이용자의 독립적인 의사결정에 필수적인 정보를 왜곡하거나 유보하는 태도를 피해야 한다.

한편 자율성이 이용자의 독립성을 촉진하도록 해야 하지만 이용자가 정신적 혹은 정서적 장애를 가졌을 때, 이용자의 잘못된 선택이 이용자 자신을 해롭게 할 위험성이 있을 때, 독립생활을 방해하고 그와 관련된 심각한 위험이 있을 때에는 재활상담사가 개입하여 절충할 수 있다.

(2) 수혜성

수혜성(beneficence)은 재활상담사가 장애인 이용자를 지원하는 의무를 의미한다. 재활상담사가 윤리적으로 행동한다는 것은 단지 이용자의 자발성을 존중하고 위해로부터 보호하는 것뿐만 아니라 그들의 복지에 기여하고 촉진시키는 방향으로 행동해야 함을 의미한다. 재활상담사의 수혜적 행동에서 일어날 수 있는 문제는 ① 수혜적 행동이 도움을 요청하는 이용자의 존엄성을 손상하고 이용자의 지속적인 의존성을 조장할 위험이 있으며 ② 이용자의 이익을 위해 행동한다는 명목하에 이용자가 무엇을 해야 하는가에 대한 이용자 자신의 판단을 무시 혹은 침해할 수 있다는 것이다.

따라서 수혜적 행동은 이용자의 자율성, 비해성과 같은 다른 윤리적 가치와 갈등을 일으킬 수 있으며 이것을 고려하여 재활상담사는 이용자의 긍정적 성장을 도모하고 그들의 적절하고 합법적 이익을 주장하고 촉진해야 할 역할과 의무를 지닌다. 이용자의 이익을 항상 자신의 이익에 우선해야 하며 이용자의 이익을 위해 행동할 의무가 윤리적 측면의 중심이라는 것을 기억해야 한다.

(3) 충실성

충실성(fidelity)은 이용자와의 약속을 지키고 정직하고 헌신하는 재활상담사의 태도를 의미한다. 이것은 약속이행, 신뢰, 불성실한 상담자세 금지 등과 관련되어 있기 때문에 모든 전문직의 기초라고 할 수 있다. 충실성은 사람 사이를 연결하는 핵으로 재활에서 이용자-상담가 사이의 관계는 매우 중요하며 재활상담사는 고용주, 직장상사, 동료, 이용자 및 지역사회에 대한 성실성(loyalty)을 유지할 의무가 있다. 충실성에 대한 의무는 정직과 성실의 개념에 초점을 두며 약속과 헌신을 유지해야 한다. 특히 비밀보장(confidentiality)과 내담자의 동의(consent)는 충실성의 요소로 이용자는 비밀보장을 이해함으로써 그들에 관한 신상정보를 사실 그대로 노출하고, 이용자 동의는 명백히 재활서비스를 제공할 때 관계의 본질 설정과 이용자와 상담자가 협조적 참여를 가능하게 한다. 따라서 재활상담사는 충실성이 그들에게 결정적 원칙이며 재활관계의 중심이라는 것을 늘 염두에 두어야 할 것이다.

(4) 정당성

정당성(justice)은 공평・공정(fairness) 등의 개념을 바탕으로 하여 제한된 재활서비스를 효과적으로 배분하는 기회균등이 전제되어야 한다. 정당성은 인간이 모두 동등하다는 전제에 기초하며, 재활상담사의 직무에 가장 적절한 정당성 원칙의 국면은 분배적 정당성이다. 분배적 정당성은 재활서비스 및 자원과 관련하여 누가 무엇을 가지느냐 하는 배분이나 할당과 관련된 공평성(fairness)을 말한다. 자원과 서비스가 풍족하고 서비스 전달기관 혹은 전달자 사이에 효과적인 조정이 이루어지는 상황에서 분배와 할당의 윤리적 문제는 심각하지 않지만 자원과 서비스의 부족 및 경쟁은 윤리적 갈등을 증가시킨다. 서비스나 자원이 부족한 상태(short supply)에서는 단지 몇몇의 욕구만 충족될 수 있고, 경쟁적 상태에서는 어떤 욕구는 충족될 수 있는 반면 어떤 욕구는 충족되지 않거나 지연될 수 있다. 재활상담사에게 부족은 그들의 직무와 분리될 수 없는 다양하고도 많은 요구를 충족시키기 위해 배분되어야 할 제한된 범위의 시간과 재화를 의미한다. 경쟁은 어떤 활동과 목표를 위해서는 희생될 수 없는, 즉 할당될 수 없는 다른 활동과 목표를 위한 시간과 재화를 의미한다. 따라서 정당성은 차별적 처우의 기초로 적절한 준거를 채택하도록 요구한다. 예를 들면, 정당성은 비록 욕구들이 이용자에 따라 각기 다르더라도 각각의 이용자 자신의 욕구에 관련하여 대우할 것을 요구한다. 즉, 공평한 사회는 개인의 욕구에 대한 적절한 수준의 서비스를 필요로 하는 모두가 획득할 수 있어야 하는 반면, 서비스욕구가 별로 없는 모든 개인에게는 선택적이어야 한다고 본다.

따라서 재활상담사는 이용자의 장애, 민족성, 성, 개인적 특성에 따른 차별에서 이용자를 보호해야 하며 이용자에게 얼마만큼의 서비스를 제공할 것인지를 정당성에 근거하여 결정해야 한다.

(5) 비해성

비해성(nonmaleficence)은 타인에게 육체적·감정적 해를 끼치지 않을 의무와 함께 이용자를 의도적으로 해롭게 하거나 타인에게 해를 끼칠 가능성이 있는 행동방식을 금지하는 것이다. 수혜성은 다른 사람을 위해 무언가 능동적으로 행하기를 요구하기 때문에, 단지 남을 해롭게 하는 행동을 금지할 것을 요구하는 비해성보다 훨씬 임의적이다. 따라서 수혜성은 행동 지향적인 반면 비해성은 어떤 행동을 삼가야 할 필요가 있을 뿐이다. 도덕적이고 법률적 의미로 비해성은 거의 모든 경우에서 요구된다는 것이 보다 명확하다. 남을 돕기 위해 초래되는 위험의 수준은 보통 타인을 심각하게 해롭게 하지 않도록 견뎌야 할 위험의 수준보다 덜하다. 예를 들어, 어떤 사람이 직장동료 혹은 다른 사람들을 심각하게 전염시킬 수 있는 질병이 있다면, 비록 그것이 그 사람의 직장을 잃을 위험에 빠뜨린다 하더라도 사람들에게 질병을 옮기지 않도록 해야 할 강한 의무가 있다.

재활상담사의 위해 가능성은 평가에서 배치까지 직업재활 전 과정에서 존재하며, ① 평가 결과가 잘못 사용되거나 ② 고용계획이 잘못 수립될 때 ③ 부적절한 서비스가 제공될 때 ④ 배치가 잘못되어 이용자의 장애를 오히려 악화시켰을 때 발생한다. 어떤 재활상담사는 항상 수혜성보다 비해성을 선택하여 비해성은 수혜성에 선행한다고 보는 두 원칙 사이의 항구적 위계관계를 가정한다. 예를 들어, 어떤 재활상담사는 비해성의 기준에서 이용자에게 매우 바람직한 이익을 줄 수 있는 동시에 해롭게 할 위험이 있는 직업배치를 우선 배제할 것이다. 때때로 재활에서는 미래의 이익을 성취하기 위해 어느 정도의 위해를 입거나 혹은 다소 높은 정도의 위험을 감수하는 것이 최선일 수 있다. 그러나 이 경우에도 비해성의 원칙에 따라 수용할 수 있는 수준의 위험이 조심스럽게 결정되어야 한다. 상담 및 심리치료의 결과로 야기되는 측면효과인 빈번한 일시적 스트레스나 불쾌를 장기적인 위해에서 구분하는 일, 그리고 이용자의 위해를 정의하는 일에는 어려움이 따른다. 따라서 재활상담사는 이용자의 위해를 피하기 위해서 그들의 능력에 영향을 미칠 수 있는 것에 대해 민감해야 한다.

(6) 진실성

진실성(veracity)은 이용자에게 분명하고 투명한 상담이나 재활접근을 통해 이용자와 완전히 함께하는 정직성을 의미한다. 재활상담사가 이용자와의 관계 속에서 투명하고 일치하는 모습으로 존재하는 것은 이용자가 경험하는 것을 가능한 한 정확하게 지각하는 것, 그리고 이용자의 진실된 자아의 역할을 하는 것으로 요약된다. 이는 분명 수동적이고, 방임적인 태도와는 구별되는 것으로 진실성은 재활상담사의 이러한 역할들을 통해 이용자 자신의 진실성에 다가가도록 도와주는 역할을 하는 것이다.

따라서 재활상담관계에서 진실성은 진실한 경험을 통해서 이용자는 자신을 있는 그대로 수용됨을 경험하면서 이용자 스스로도 자신에게 그러한 태도를 취하고 경험하게 되는 것이며 재활상담사는 상담에서 진실함, 정직함 등이 상담관계를 통하여 이용자에게 전달됨으로써 상호 개방적이며 투명한 정직한 관계 속에서 상담효과를 극대화할 수 있다.

또한 이와 같은 CRCC의 원리적 가치와 원칙들은 진단과 평가, 재활계획 수립과 치료, 진로 및 직업상담, 장애의 의료 및 심리사회적 재활을 위한 개별상담과 집단상담, 사례관리와 서비스 조정, 프로그램 평가와 연구, 장애장벽 제거를 위한 영역, 자문서비스, 직무개발 및 배치, 직무분석, 직무조정, 보조기술 영역 등 다양한 재활 분야에 적용될 수 있다.

2. 재활상담사 윤리강령[1)]

1) 미국 재활상담사 윤리강령(2016)

재활상담사 윤리강령은 재활상담사들이 장애인들의 개인적 · 경제적 · 사회적 독립성을 촉진시키는데 최선을 다하도록 하며 이를 위해 재활상담사들은 이용자의 다양성을 인식하고 이용자의 가치, 존엄성, 잠재력 및 장애인들의 사회적 · 문화적 상황에서 이용자의 고유성을 지원하는 접근을 하도록 한다. 2016년 발표된 미국 재활상담사 윤리강령은 사회복지사 강령에 비해 훨씬 세분화되어 있고 그 내용도 방대하고 포괄적이다(조성열, 2004). 그러나 미국 재활상담사 윤리강령은 그 역사나 재활상담사 직(職)의 사회적 위치가 우리나라와 상이하여 한국의 재활전문가 윤리강령을 제안함에 있어서는 적용상 주의가 필요하다. 그러나 재활상담사로 장애인 내담자를 상담할 때의 세심함과 전문성은 한국의 재활전문가에게도 동일하게 요구되는 것이므로 우리나라 재활전문가 윤리강령 제정에 시사하는 바가 크다.

1) 나운환 외(2017). "장애인재활상담사 직무분석 연구" 내용을 인용함

(1) 미국 재활상담사 윤리강령 제정 목적(CRCC, 2016)

① 재활상담사가 재활현장에서 구체적으로 어떻게 해야 할 것인가를 결정할 때 일반적인 기준을 제시한다.

② 재활상담사가 위법 행동을 하거나 책임성을 위반할 때 내담자를 보호하고, 내담자에 대한 전문가의 책임성을 분명히 한다.

③ 재활상담사의 전문적인 활동이 재활의 목적과 일반적인 기능에서 유해하지 않다는 확신을 제공한다.

④ 재활상담사의 서비스가 지역사회의 도덕적 가치와 사회적 규범에서 벗어나지 않음을 증명한다.

⑤ 재활상담사의 사생활과 정직성을 보장하기 위한 근거를 제시한다.

(2) 미국 재활상담사 윤리강령의 가치(CRCC, 2016)

① 인권과 존엄성의 존중

② 모든 전문적인 관계의 완전성 보장

③ 이용자의 어려움과 고통을 완화할 수 있는 행동

④ 전문가와 이용자의 효율성을 높이기 위해 전문지식과 실제에서의 질 관리

⑤ 자기옹호 및 자기결정을 통한 역량강화

⑥ 인간경험과 문화적 다양성을 인정하며

⑦ 이용자의 장·단점을 강조하며

⑧ 이용자에게 총체적인 차원에서 서비스하며

⑨ 적절하고 공정한 서비스 규정을 옹호하는 것이다.

표 2-11 미국 재활상담사 윤리강령 12개 주요영역(CRCC, 2016)

항목	미국 재활상담사 윤리강령 세부사항
전문	장애인 내담자, 프로그램, 기관, 서비스 전달체계에 있어서 전무가의 역할명시, 재활철학, 내담자에게 윤리강령에 대해 알려 줄 의무와 서비스의 직·간접 전달 시 고려해야 하는 사항, 공공복지를 향상하고 윤리강령 준수 강조

항목	미국 재활상담사 윤리강령 세부사항
A. 상담관계	1. 내담자복지(4) 2. 다양성 존중(3) 3. 내담자권리(6) 4. 개인의 필요와 가치 5. 성적인 친밀감(2) 6. 여러 명의 내담자(2) 7. 상담종료와 추천(4) 8. 컴퓨터기술(3)
B. 비밀보장	1. 사생활권리(10) 2. 집단과 가족(2) 3. 기록(5) 4. 자문(2) 5. 대안적인 의사소통
C. 옹호와 접근성	1. 옹호(3) 2. 접근성(3)
D. 전문적 책임	1. 전문적인 능력(9) 2. 법률상의 기준(2) 3. 광고 또는 내담자 호객(6) 4. 자격증(4) 5. CRC자격증(2) 6. 공적 책임(5) 7. 다른 전문가에 대한 책임성(3)
E. 교육, 훈련, 감독	1. 사용자와 고용인의 관계(5) 2. 자문(2) 3. 기관과 팀의 관계(4)
F. 평가, 사정, 해석	1. 내담자의 동의(2) 2. 정보공개의 적절성(2) 3. 연구와 훈련(2) 4. 정신장애 진단의 적절성(2) 5. 검사 수행과 해석(4) 6. 검사선택(4) 7. 검사환경(3) 8.결과해석(5) 9. 검사보안 10. 오래된 검사자료 11. 검사구성 12. 법정에서의 쓰임
G. 법적/간접적 서비스	클라이언트 권리(1), 2. 법적 서비스(3)
H. 다른 전문가와의 관계	1. 교육가와 훈련생(5) 2. 훈련과 훈련 프로그램(7) 3. 학생(5)
I. 연구, 출판	1. 책임성(6) 2. 주제의 공개와 자발적인 참여(9) 3. 결과공개(5) 4. 출판(5)
J. 최신기술과 원격상담	1. 의사소통(2) 2. 상담관계(10)
K. 운영 실제	1. 청구서 작성 2. 종료 3. 기록(4) 4. 수수료(3) 5. 의뢰(2)
L. 윤리문제해결	1. 기준알기 2. 의심되는 위반(5) 3. 윤리위원회 협조

* (   ) 안의 숫자는 세부 항목 수

2) 한국 직업재활사 윤리강령(2015)

한국의 경우 지난 2015년 한국직업재활사협회는 직업재활사가 장애인이 사회의 일원으로서 자신의 능력을 통해 사회의 당당한 일원이 될 수 있도록 지원하는 직업재활을 담당하는 전문가로서 재활과정에서 당면하는 윤리적 딜레마를 해결하기 위한 윤리원칙을 제정하여 제4회 직업재활사대회에서 공표하였으며 그 내용은 다음과 같다.

첫째, 직업재활사는 장애를 가진 사람들의 정당한 사회참여와 활동을 보장하기 위해 헌신한다.

둘째, 직업재활사는 장애로 인해 공평한 기회가 박탈되고 인간으로서의 소중한 권리에 손상을 입은 사람들의 편에서 사회정의와 평등, 자유와 민주주의 가치를 실현하는 데 앞장서야 하며, 사회적 관습과 제약들을 개선시켜 나가는 데 헌신하여야 한다.

셋째, 직업재활사는 장애를 가진 사람들이 자신의 권리를 적극 체득하고, 활용하도록 교육하며, 이를 옹호하여야 한다. 이때 이들의 자기결정권을 최대한 존중하여야 한다.

넷째, 직업재활사는 장애를 가진 당사자에게 긍정적 영향을 미칠 수 있는 교육과 사회, 직업 분야의 전문지식과 기술을 지속적으로 배양하여야 하며, 전문가로서의 확고한 의식과 품위유지를 위해 노력하여야 한다.

우리나라 장애인재활상담사의 윤리적 가치와 원칙은 미국 CRCC를 참조하여 장애인이 국민으로서 기본적인 권리보장과 자연스러운 사회통합이라는 가치와 자율성, 수혜성, 충실성, 정당성, 비해성, 진실성과 함께 미국의 재활상담 영역의 지원은 국가(연방정부)에 의해 이루어지고 있음에 한국은 민간이 많은 책임을 이행하고 있다는 점을 고려하여 책임성을 추가한 윤리원칙을 기반으로 추후 장애인재활상담사 자격관리를 하는 협회(현, 한국장애인재활상담사협회)가 CRCC의 윤리강령을 참조하여 세부적인 윤리강령을 제정하여야 할 것이다.

3. 윤리적 딜레마와 윤리적 의사결정

재활상담사는 모든 결정을 내릴 때 '정보수집, 정보에 대한 우선순위 부여, 의사결정'의 과정을 거쳐야 하고, 합리적인 의사결정을 위해 다양한 정보, 즉 공적부분에서 이용자의 권리, 이용자보호, 정당성, 공평성, 특히 이용자의 권리가 부모나 대리인의 권리와 균형을 이루는지, 의사결정에 영향을 주는 관계자의 참여보장 등의 정보를 수집해야 하며(Tymchuk, 1982), 그러한 결정이 우리 사회의 규준에 부합되는지를 고려해야 한다. 이러한 윤리적 의사결정은 ① 비용 ② 시간과 노력 ③ 이익이나 위험 ④ 기타 장·단기 위험발생률을 기준으로 이루어지며, 이를 지원하는 모델로

① 윤리적 문제를 의식하지 않고 무의식으로 반응하는 모델 ② 윤리적 문제를 의식하고 행동하는 의식적인 모델 ③ 윤리강령이나 슈퍼바이저, 전문가단체에 자문을 받는 모델 등이 있다(Emener, Wright, Klein, Lavender, & Smith, 1987). 이 중 50% 이상의 재활상담사는 의사결정을 할 때 무의식적으로 하고, 25% 정도만 윤리적 의사결정을 위해 전문적인 자문을 받거나 윤리강령을 활용한다고 한다.

윤리적 및 의식적 모델은 직관적(intuitive) 결정이라고도 하는데 이것은 윤리적 딜레마를 결정하는 가장 일반적인 방법으로 도덕이나 신념, 또는 이전의 경험에 기초하는 것이다. 그러나 직관은 상황이 돌발적이고 독특한 문제일 때 최선의 윤리적 결정을 제한한다. 따라서 윤리적 의사결정에서는 직관적 방법 보다는 비판적 · 평가적(critical-evaluative) 접근방법을 사용하도록 권고하고 있다(Kitchener, 1984). 이 비판적 · 평가적 접근방법은 의사결정 내용에 대한 객관적인 비판과 종합적인 평가를 한 후에 결정하는 방법이다. 재활과정에서 발생할 수 있는 윤리적 딜레마를 해결하려면 의사결정과정이 가장 중요하다.

1) 윤리적 의사결정과정(Tymchuk, 1982)

① 1단계: 상황의 개요, 측정 기술하기
② 2단계: 잠재된 관련 문제 기술하기
③ 3단계: 2단계의 문제에 영향을 미칠 수 있는 지침 기술하기(예를 들면, 가치, 법, 지침, 실제, 연구 등)
④ 4단계: 각 문제에 대한 대안적인 결정 목록화하기
⑤ 5단계: 각 대안에 대해 예상되는 장 · 단기, 중기 결론 목록화하기
⑥ 6단계: 결과에 대한 증거 제시하기
⑦ 7단계: 의사결정하기

2) 로웬버그와 돌고프의 '윤리적 원칙 준거틀'(Loewenberg & Dolgoff, 1996)

윤리원칙	준거 원칙	적 용
윤리원칙 1	생명보호의 원칙	인간의 생명보호는 다른 모든 것에 우선한다.
윤리원칙 2	평등과 불평등의 원칙	동등한 사람들은 평등하게 처우받아야 할 권리를 가지며, 동등하지 않은 사람들은 불평등하게 처우받아야 할 권리를 가진다.
윤리원칙 3	자율성과 자유의 원칙	재활상담사는 개인의 자율성, 독립성, 자유를 신장시키는 실천적 결정을 해야 한다.
윤리원칙 4	최소 손실의 원칙	손실만 초래될 가능성이 높은 경우, 가능한 가장 최소의 손실이 발생하도록 하거나, 가장 손쉽게 회복될 수 있는 기회를 선택해야 한다.
윤리원칙 5	삶의 질의 원칙	모든 사람들의 삶의 질을 향상시키는 기회를 선택해야 한다.
윤리원칙 6	사생활보호와 비밀보장의 원칙	비밀은 누설되지 않고 모든 사람들의 사생활보호의 권리를 신장시킬 수 있는 실천적 결정을 해야 한다.
윤리원칙 7	진실성과 정보개방의 원칙	클라이언트와 다른 사람들에게 진실을 이야기하고 모든 관련 정보들을 충분히 개방하는 것을 허용하는 실천적 결정을 해야 한다.

3) 윤리적 의사결정 과정(오혜경, 2015)

① 1단계: 윤리적 문제가 무엇인지 확인한다. 현재 나타난 윤리문제 혹은 잠재적인 윤리문제를 확인하고 무엇이 문제인지를 결정해야 한다. 이때 전문가들은 다음의 것들에 대해 점검해야 한다. 첫째, 이중관계: 이용자 관계 외에 다른 관계를 맺고 있는 것으로 사회적·금전적·성적 관계 등이 있을 수 있다. 둘째, 이용자의 비밀보장 위반 여부, 셋째, 전문가들이 자신의 전문 영역을 벗어난 실천이나 치료서비스를 제공하거나 실시하려는 행위는 윤리적인 문제가 된다. 이용자의 요청이나 기관의 요청, 자기능력의 과신 등으로 자신의 전문 영역에서 벗어난 실천행위가 자연스럽게 이루어지는 경우가 있는데 이것이 윤리적 딜레마이다. 넷째, 자살을 기도하려는 이용자에 대한 예방을 위해 적절한 시도에서 실패한 경우도 윤리적인 문제라 하겠다.

② 2단계: 윤리기준에서 제안하고 있는 내용을 확인한다. 첫째, 윤리적인 원칙을

확인하고 원칙에서 제시하고 있는 내용이 무엇인지 알아본다. 둘째, 만약 그 내용이 윤리 위반인지 아닌지에 대해 명확한 결과를 알 수 없다면, 존경하는 동료나 슈퍼바이저, 윤리위원회 등에 자문을 받는다.

③ 3단계: 윤리적인 함정의 가능성을 확인한다.

④ 4단계: 사전대응. 윤리적 딜레마의 내용에 기초하여 전문가가 취할 수 있는 내용이 무엇인가를 기술한다. 이때 고려해야 할 사항은 ㉠ 윤리강령에 규정하고 있는 내용, ㉡ 법률에서 규정하고 있는 내용, ㉢ 사전대응에 영향을 미치는 상황, ㉣ 사전대응 등이다.

⑤ 5단계: 나타나게 될 결과를 예측한다. 만약 위에서 제시한 사전대응을 행하게 될 경우 어떤 결과가 나타나게 되는가? 사전대응의 내용과 방법을 분석함으로써 전문가가 취한 사전대응전략에 대한 결과로서 나타나게 될 잠재적인 결과를 예측하고 실험한다. 첫째, 단기적인 결과를 고려한다. 둘째, 장기적인 결과를 고려한다.

⑥ 6단계: 윤리적 해결을 준비한다. 사전대응과 잠재적 결과를 예측하면서 윤리적 해결방안을 선택한다. 그리고 대응을 위해 준비해야 할 사항들을 확인한다.

⑦ 7단계: 피드백을 얻는다. 복합적이고 특별한 문제일 경우는 경험이 많은 전문가(동료, 슈퍼바이저, 위원회 등)들에게 자문을 얻는 것이 좋다.

⑧ 8단계: 필요한 행동을 취한다.

● 요약정리

1. 장애인들의 자립과 재활을 증진시키는 전문가로서 재활상담사의 주요역할은 조정자, 중재자, 훈련자, 안내자, 치료자, 옹호자이다.
2. 재활상담사의 4가지 주요기능의 내용은 사례관리(초기면접, 서비스 조정, 사례기록과 보고), 직업평가 및 상담(직업평가, 직업상담), 정의적 상담(심리적 문제, 스트레스관리, 가족상담), 직업 개발 및 배치(배치상담, 직무개발) 등이다.
3. 재활상담사의 직무분석 결과 나타난 6가지 직무는 재활상담과 사례관리, 장애진단 및 직업평가, 직무개발과 배치, 재활서비스 제공, 재활행정, 연구 개발 등이다.
4. CORE에서 제시한 미국 재활상담사의 10가지 지식 영역은 ① 전문가의 정체성과 윤리적 행동, ② 장애의 심리사회적 측면과 문화적 다양성, ③ 인간성장과 발달, ④ 고용과 진로개발, ⑤ 상담접근과 원칙, ⑥ 진단상담과 가족역동성, ⑦ 사정(평가), ⑧ 연구와 프로그램평가, ⑨ 장애의 의료적·기능적·환경적 측면, ⑩ 재활서비스, 사례관리와 관련 서비스이다.
5. 재활상담과정에서 발생하는 다양한 문제들에 대한 합리적인 윤리적 의사결정을 위하여 재활상담사 윤리강령 내용(미국 재활상담사의 경우 12가지 영역)을 충분히 숙지하고 그 활용방법을 익혀야 한다.

미국재활상담사 윤리강령
(Code of Professional Ethics for Rehabilitation Counselors, 2016)

서문(Preamble)

윤리적 실천기준(Enforceable Standards of Ethical Practice)

A영역: 상담관계(counseling relationship)

재활상담사는 이용자와 협력하여 이용자의 복지를 증진하고 이들이 목표를 달성할 수 있도록 지원하는 역할을 한다. 재활상담사는 신뢰가 상담관계에 있어서 가장 핵심이 된다는 것을 안다. 그리고 그들은 이용자의 비밀을 보장할 의무를 가지고 있다. 재활상담사는 이용자가 자신의 삶에 영향을 미칠 수 있는 의사결정을 스스로 내릴 수 있는 권리를 가진 것을 존중한다.

B영역: 비밀보장(confidentiality), 사적 의사소통(private communication), 사생활보장(privacy)

재활상담사는 신뢰가 상담관계에 있어서 가장 핵심이라는 것을 안다. 재활상담사는 현재 또는 미래의 이용자와 신뢰관계를 형성하는데, 이는 지속적인 파트너십을 통하여 형성되고, 적당한 영역을 형성하고 유지하며 비밀을 유지하는 것이다. 재활상담사는 법적·윤리적인 비밀보장에 대하여 이용자들에게 문화적인 상황들을 고려하여 상담한다.

C영역: 옹호와 접근성(advocacy and accessability)

재활상담사는 장애인의 욕구를 파악하고 대처해야 한다. 또한 재활상담사는 개인, 집단, 기관 및 지역사회 수준에서 ① 기회와 접근을 촉진하고, ② 장애인의 삶의 질을 향상시키며, ③ 서비스 제공 또는 서비스 진입에 대한 잠재적 장벽 제거를 위해 옹호활동을 할 수 있으며, 장애가 다른 사회의 개념정의문제(예: 빈곤, 노숙자, 외상)와 함께 발생한다는 것을 인식해야 한다.

D영역: 전문적 책임(professional responsibility)

재활상담사는 다른 전문가 및 일반 대중을 상대할 때, 개방적이고 정직하며 의사소통을 하고자 노력한다. 재활상담사는 재활상담서비스에 대한 접근을 용이하게 하고, 직업적·개인적 능력의 범위 내에서 차별 없이 행동하며, 행동강령을 준수할 책임이 있다. 재활상담사는 장애인의 삶의 질을 향상시키기 위해 전문성의 발전과 개선을 지향하는 전문가협회 및 단체활동에 적극적으로 참여한다.

E영역: 다른 전문가 및 고용주와의 관계(relationship with other professionals and employers)

재활상담사는 동료와의 상호작용이 이용자에게 제공되는 서비스의 질에 영향을 미칠 수 있음을 인지한다. 그들은 직업 내외의 다른 전문가들의 역할을 잘 파악하는 것을 지향한다. 재활상담사는 그들 자신과 그들의 전통 및 실제, 다른 상담적 접근과 함께 일하는 다른 전문가집단도 존중한다. 재활상담사는 이용자의 서비스 향상을 위해 동료와 긍정적인 업무관계를 형성하고 의사전달체계를 개발한다.

F영역: 법의학서비스(forensic services)

"법의학 재활상담사"라고 불리는 법의학 분야에서 일하는 재활상담사는 성과 및 평가에 대해 검토를 하고, 사례상담 또는 증언을 통해 공정하고 객관적인 전문가 의견을 제공하기 위해 조사를 실시한다. 법의학 재활상담사는 평가 대상자를 만날 수 있지만, 직접적인 재활상담서비스를 제공하지는 않는다. 법의학 재활상담사는 검토와 평가에 적합한 연구방법이나 관련 자료들을 통해 공정하고 객관적인 의견을 제공하기 위해 주의를 기울인다.

G영역: 측정과 평가(assessment and evaluation)

재활상담사는 종합적인 사정과정을 통해 이용자에게 개별화된 재활상담서비스를 제공한다. 또한 사정은 사정도구를 통한 정량적 데이터를 수집하는 것 보다 훨씬 광범위한 과정이다. 이는 또한 다른 정성적 데이터 및 정보의 수집을 수반한다. 재활상담사는 이용자의 개인적·문화적 배경을 고려한 사정 및 평가방법을 개발하고 사용함으로써 이용자 개인 및 이용자집단의 복지를 증진한다.

H영역: 슈퍼비전, 훈련 및 교육(supervision, training, and teaching)

슈퍼비전 및 교육은 학업 및 근무환경에서 이루어지며, 대면, 온라인 또는 복합적 형식으로 이루어질 수 있다. 고용 환경에서 슈퍼비전은 임상상담 이외의 분야에서 종사자의 업무 수행에 대한 임상감독 및 관리감독을 포함할 수 있다. 이 섹션의 표준은 임상 슈퍼비전과 관련이 있지만, 이 표준은 성과평가와 같은 다른 슈퍼비전 기능을 수행하는 데 유용한 지침을 제공할 수도 있다.

I영역: 연구와 출판(research and publication)

연구를 수행하는 재활상담사는 직업의 기반이 되는 지식에 기여하여야 한다. 그들은 장애를 가진 사람의 복지를 증진할 뿐만 아니라, 건강하고 더 정의로운 사회로 나아가는 환경에 대한 명확한 이해를 장려한다. 재활상담사는 가능한 때에는 연구에 완전하게 기꺼이 참여함으로써 연구자들의 노력을 지원한다.

J영역: 기술, 사회관계망, 원격상담(technology, social media, and distant counseling)

재활상담사는 서비스의 전달이 대인(in-person) 상황에서의 직접적인 상호작용에 국한되지 않는다는 것을 인식한다. 재활상담사는 기술공학, 사회관계망 및 원격 상담으로 진보하는 특성을 이해하고, 이러한 자원을 활용하여 이용자에게 더 나은 서비를 제공하는 방식을 적극적으로 시도한다. 재활상담사는 기술공학, 소셜 미디어, 또는 원거리 상담을 활용할 때, 합법적이고 윤리적인 실제의 관계를 염두에 두며, 특히 비밀보장과 접근성 그리고 온라인 행동과 관련된 문제를 고려한다.

K영역: 사업 실제(business practices)

재활상담사는 이용자, 평가자, 기타 전문가나 일반 대중과 함께 작업할 때 개방적이고 정직하며 정확한 사업 실제를 갖기를 원한다. 재활상담사는 전문적 능력의 경계 안에서 차별없는 방식으로 재활상담서비스 및 실제에 대한 접근을 촉진한다. 재활상담사는 그들이 제공하는 서비스 이용료를 책정하고 서비스의 질을 증진시킬 경우에도 전문적 기준을 준수하여야 한다.

L영역: 윤리적 쟁점 해결(resolving ethical issues)

재활상담사는 윤리적이고 합법적인 방식으로 행동하며, 이용자의 복지와 직업에 대한 신뢰가 높은 수준의 전문적 이행에 달려있다는 것을 알고 있다. 그들은 다른 재활상담사가 동일한 기준을 유지하고 이러한 기준이 지켜지도록 하기 위한 합리적인 노력을 기꺼이 기울인다. 재활상담사는 관련된 모든 당사자 간의 직접적이고 공개적인 의사소통을 통해 윤리적 딜레마를 해결하고, 필요한 경우 동료 및 슈퍼바이저에게 자문을 구한다. 재활상담사는 일상적인 전문적 작업에서 윤리적인 절차에 협조하며, 상담의 윤리적이고 법적인 쟁점에 대한 현재의 주제에서 지속적인 전문성 개발에 참여한다. 재활상담사는 CRCC의 지침과 민원 처리절차를 숙지하고 윤리 강령의 시행을 지원하기 위한 참고자료로 활용한다.

전문용어집(Glossary of Terms)

CHAPTER 03

장애 영역별 재활상담

길라잡이

1. 후천적 지체장애인의 심리적 단계 중 적응 5단계는 무엇인가?
2. 지체장애인의 초기면접에서 직업적 관점과 신체적 관점은 무엇인가?
3. 정신장애인 직업상담 시 주의할 사항은 무엇인가?
4. 정신장애인의 재활에서 필수적인 세 가지 범주의 기술은 무엇인가?
5. 발달장애인의 재활상담에서 원칙과 기술은 무엇인가?

제1절 지체장애인의 재활상담

1. 지체장애의 이해

1) 지체장애 분류

사람의 몸을 구성하는 골격, 근육, 신경 중 일부나 전체에 질병이나 외상 등으로 그 기능에 장애가 있을 때 대체로 운동장애(또는 감각장애를 동반하기도 함)의 상태로 그 증상이 나타나게 되는데 이를 지체장애라고 한다. 그러나 골절이나 근육의 파열상 등으로 지체의 운동에 일시적인 제한이 있더라도 일정 기간 동안 지체운동이 부자유한 상태일 때는 지체장애라고 보지 않으며, 단지 그 장애가 영구적으로 남아 있을 경우에 지체장애라고 한다(나운환, 2016).

지체장애는 흔히 체간(몸통), 상지와 하지에 장애가 있는 것을 말하며, 절단장애, 관절장애, 기능장애, 변형장애 등으로 구분된다. 지체장애는 선천적 원인과 후천적 원인 모두에 의해 발생할 수 있고, 선천적 장애는 출산 이전 태아시기부터 장애가 발생하는 것이며, 후천적 장애는 출생 이후 발생하는 것이다. 대부분의 지체장애가 사고나 산업재해, 질환 등의 후천적 원인에 의해 발생하고 있다(한국장애인고용공단, 2019).

2) 지체장애와 심리적 측면

지체장애인을 이해하고 관련된 현안의 상담을 위해서는 지체장애인이 처한 맥락 및 환경 속에서 파악하는 것이 중요하다.

Thoreson 등(1968)은 지체장애인의 상담 시 다음 다섯 가지의 문제점이 발견된다고 하였으며, 이는 ① 장애로 인한 내담자의 우울과 무기력, ② 상담과정에서 내담자가 취하는 수동적 역할, ③ 내담자의 비현실적 목표, ④ 성공적 재활을 저해할 수 있는 내담자의 재정보조 수령, ⑤ 내담자에게 가용한 직업의 목표이다(송영혜 외, 2008).

재활을 방해하는 장애요소들에는 손상된 기능, 장애의 정도, 장애 발생 시점, 가시성(visibility), 안정성, 고통이 포함된다. 이 요소들은 재활상담사들이 고려해야 할 중요한 사항들이다. 장애요소들은 개인과 환경요소들이 상호작용해 독특하고 매우 개인적인 장애반응을 만든다. 숙련된 상담사는 이런 정보들과 내담자의 인생을 주의 깊게 듣고, 장애를 가진 내담자에게 필요한 서비스계획을 짜기 위해 이 요소들이 내담자에게 어떤 영향을 미쳤을까를 생각해야 한다. 또한, 우리는 개인, 환경, 장애의 특징과 관련한 요소에 기초해 상담 시 주의사항과 상담기법들을 설명해야 한다.

지체장애와 관련된 심리적 반응에 대한 이해는 상담사들에게는 매우 중요하다. 초기의 임상연구들은 장애 정도를 심리적 적응의 예측에 있어 핵심적인 요소로 간주하였다. 즉, 장애가 심할수록 심리적 문제들이 발생할 가능성이 높아진다는 것이다.

단계이론이나 심각한 장애로 인한 심리적 영향에 대한 적응과정에서 사람들이 거치게 되는 단계나 순차적 절차는 상담 중재를 위한 지침으로 활용할 수 있다. 예를 들면, Dunn(1975)은 척추장애에 대한 적응과정을 다섯 단계로 설명했다(송영혜 외, 2008). 이는 후천적으로 지체손상을 가지게 되는 지체장애인의 심리적 단계와도 무관하지 않을 것이다.

① 급성 혹은 충격: 장애의 발생 직후 곧바로 나타난다. 흔히 나타나는 심리적 반응들로는 불안, 혼란, 혼미를 들 수 있다. 상담사들은 모호한 상황을 피하면서 정보와 무비판적 지지를 제공하도록 노력해야 한다.

② 애통: 이 단계에 있는 내담자는 장애의 심각한 결과를 인식한다. 내담자가 경험하는 정서적 반응은 사랑하는 사람의 죽음에 대해 느끼는 애도의 감정과 유사하며, 퇴행을 보이기도 한다. 상담사는 내담자가 보이는 퇴행 시도를 저지하는 한편 사회적 상호작용을 촉진해야 한다.

③ 부인: 내담자는 자신의 장애가 심각하다는 사실을 의식적으로 회피하려는 경향을 보인다. 내담자는 현실적 기대치를 설정하며 상담에 대해 적개심을 보일 수 있다. 상담사는 사실에 입각한 현실적 태도를 활용하여 내담자의 목표 설정을 독려해야 한다.

④ 우울: 내담자가 재활과정에서 장애로 인한 여러 가지 제약들을 충분히 이해하기 시작하면서 나타난다. 재활 관련 좌절감들은 목표의 상실, 비통, 낙담으로 이어진다. 우울 단계에서 나타나는 심리적 반응은 애통과 유사하지만, 퇴행현상은 그다지 심각하지 않다. 이 단계에서 상담사의 주요과제는 내담자의 자아

존중감을 다루는 것이다.

⑤ 순응: 이 단계는 장애에 대한 적응의 최종 단계가 아니라, 오히려 사회적 · 직업적 · 육체적 기능과 같이 다양한 삶의 영역에서의 적절한 대응을 통해 장애인에 대한 적응이 시작되는 시기이다.

2. 지체장애인을 위한 직업적 관점

1) 지체장애인을 위한 상담기법

거의 대부분의 상담이론 및 기법들이 지체장애인 상담에 적용이 가능하다. 재활 분야에서는 오래전부터 지체장애인들의 손상된 신체적 · 사회적 기능 회복을 돕기 위한 행동수정 혹은 행동분석기법이 활용되어 왔다.

Fordyce(1971, 1976)는 조작적 조건화를 재활에 활용한 선구자였다. 기본적으로 조작은 자유롭게 표출되는 반응으로 관찰 가능하며 계량화할 수 있다. 이 같은 반응은 우발적 강화에 의해 통제된다. 여기서 '강화'란 특정 반응을 다시 불러일으킬 수 있는 행위를 지칭하며, '우발적'이란 행동이나 조작이 강화 결과 이전에 발생해야 하는 행동의 비율을 의미한다. 재활현장에 이 같은 기법을 적용하려면 중재를 요하는 구체적 행동에 대한 주의 깊은 분석이 필요하며, 언제, 어디서, 어떠한 구체적 조건하에 특정 행동이 발생하거나 그렇지 않을지에 대해 주목하는 것이 필요하다. 일반적으로 이 분석기법의 의도는 대상 행동을 격리시켜 결함이 있는 행동에 대해서는 빈도의 증가에, 과도한 행동에 대해서는 빈도의 감소에, 내담자가 알지 못하는 행동에 대해서는 학습에, 현재 수준의 행동 유지가 필요한 경우에는 그것의 유지에 집중하는 것이다.

Fordyce(1976)에 따르면, 지체장애인의 상담과정에서 상담사들은 알지 못하는 행동에 대해서는 학습에 현재 수준의 행동 유지가 필요한 경우에는 그것의 유지에 집중하게 되고, 위기관리 대처, 장애에 따른 부적절한 행동의 소거, 새로운 적응 행동의 학습과 유지 같은 행동문제들에 직면하게 된다.

장애의 발생과 함께 내담자는 흔히 마비와 감각 박탈의 문제에 직면한다. 이 같은 위기상황에서 장애인 내담자는 기존에 가지고 있던 강화적 요인들을 상실하는 한편 장애에 따른 혐오적 감정을 경험할 수 있다. 장애로 인한 불리한 측면들은 흔히 부정적 강화인자로서 기능한다. 즉, 이들은 재활에 필요한 행동의 회피나 도피를 야기하는 행위를 강화한다. Fordyce는 이 같은 상황에 처한 내담자가 공상과 철회를 물리치료와 같이 잠재적으로 고통스러운 재활과정을 피하기 위한 방어기제로 사용하는 것을 관찰하는 것은 그리 드문 일이 아니라고 주장하였다.

2) 개인과 환경 간의 상호작용

중재기법으로서의 신체 심리학은 개인과 환경 간의 상호작용분석을 강조한다. 상담사는 내담자가 보유한 가치의 중요성과 장애에 대한 개인의 자기인식 및 장애인 내담자가 처한 상황에 주의를 기울여야 할 것이다. 신체 심리학자들이 장애가 내담자의 생애공간 속에서 타인에게 하나의 자극으로 작용할 수 있다고 간주한다는 점을 고려해 볼 때 이는 특히 중요하다고 할 수 있다.

Wright(1960, 1975, 1983)는 지체장애인의 적응과정에 내재된 심리적 준거의 분석과 이해에 대한 신체 심리학적 원칙의 적용에 관해 집중적으로 연구했다. 그녀는 지체장애인 상담의 주요목표는 극복과정의 촉진이라고 지적하였다.

Wright는 지체장애인, 특히 새롭게 장애인이 된 내담자의 상담에서 상담사가 흔히 직면하는 가장 어려운 문제는 장애의 영향에 대한 굴복이라고 보았다. 즉, 장애인이 다음과 같은 상황에 처하게 되면 극복보다 굴복이 나타나기 쉽다는 것이다.

① 장애인이 할 수 없는 것만을 부각
② 장애인이 참여할 수 있는 생활 영역에 대한 무관심
③ 장애인을 불행의 희생자이자 수동적 존재로 간주
④ 예방과 완치만이 유일한 해법이라는 주장
⑤ 장애인에 대한 동정과 평가절하

또한 장애인이 스스로를 신분상 열등한 위치에 놓여있다고 간주할 때 장애의 영향에 대한 굴복이 나타나기 쉽다. Wright(1983)에 따르면 자신이 신분상 열등한 위치에 놓여있다고 간주하는 장애인은

① 자신을 장애인인 동시에 비장애인으로 보는 이중 신분을 견지한다.
② 자신이 마치 비장애인인 것처럼 처신한다.
③ 정상적 기준에 대한 우상화와 '정상수행' 도달 불가능한 기준에 이르려고 시도한다.
④ 자신이 할 수 있는 것보다 할 수 없는 것에 대해 집착한다.

상담관계를 통해 상담사는 내담자가 장애를 단지 또 다른 자신의 특성으로 간주하도록 유도함으로써 적응과정을 촉진시킬 수 있다. 즉, 내담자는 스스로를 장애인으로 평가절하하지 않고 장애를 지닌 사람으로 보아야 한다.

Wright(1983)는 아래와 같은 요소들이 충족되어야만 내담자는 최적의 적응이나 극복과정에 이를 수 있다고 보았다.

① 장애 관련 가치에서 벗어나 다른 것들을 다룸으로써 스스로의 가치 범위를 확장하는 것
② 외모와 능력의 중요성에 대한 제한을 통해 육체를 종속시키는 것
③ 장애를 손상의 실제적 제약에 한정함으로써 봉쇄하는 것
④ 비교 중심적 가치관에서 장점을 중시하는 가치관으로의 이행

상담관계의 맥락에서 신체심리학 모델은 장애에 대한 적응과정에서 굴복/대처의 핵심적 요소들을 이해하는 준거를 제공해 주고 있다.

3. 지체장애인의 재활상담 적용

일반적으로 지체장애인은 이동의 장애를 지닌다. 최근에 보조공학(assistance technology), 재활공학(rehabilitation engineering)의 도움으로 장애(disability)를 경감시킬 뿐 아니라, 직업적인 면에서도 많은 변화가 일어나고 있다. 재활상담사는 직업상담 시 내담자로부터 많은 정보를 수집해야 한다.

초기면접은 정보수집을 위한 중요한 수단이다. 왜냐하면 초기면접은 재활상담사에게 내담자의 진단 및 예측에 필요한 사회력과 직업력을 제공할 기회를 제공하기 때문이다. 내담자의 사회력과 직업력의 정보들이 초기면접 동안에 불충분하게 제공

될 때 재활상담사는 이후 수반되는 외부 평가를 통해 부적절한 결정을 내릴 수도 있다. 초기면접의 마지막 단계까지 내담자에 관한 정보가 불충분하게 제공된다면, 의료적 · 심리적 또는 교육적 · 직업적 평가의 필요성을 인식하지 못하게 되거나 부적절한 재활계획이 수립될 수도 있다. 재활상담사가 초기면접과정에서 진단과 관련하여 이러한 부적절한 정보가 제공되지 않도록 하기 위해서는 직업적인 관점과 신체적 · 심리사회적 관점에서의 다음과 같은 질문들에 대해 정보를 얻을 수 있어야 한다.

1) 직업적 관점

① 내담자는 특정한 직업목표를 가지고 있는가?
② 내담자는 한가지 이상의 잠재적인 목표를 가지고 있는가?
③ 내담자는 직업목표를 성취하는 자신의 능력에 관해 얼마나 낙관적 또는 비관적인가?
④ 내담자는 직업훈련에 흥미가 있는가?
⑤ 내담자는 어떤 특정한 유형의 직업훈련에 흥미가 있는가?
⑦ 내담자가 가졌던 최근 3개의 직업은 무엇인가?
⑧ 최근 세 가지 직업에 대해 아래의 항목들은 어떠한가?
- 월 · 고용기간(그것이 특정 기술을 습득할 만한 기간이었는가?)
- 퇴사 이후의 시간(중요한 기술을 잊어버리기에 충분한 시간이 흘렀는가?)
- 직무를 수행하는 데 있어 장점과 단점
- 가장 좋아하고 가장 싫어하는 직무와 그 이유는?
- 퇴사의 이유는?

⑨ 장애의 발생 이전에 경력에서 어떤 중요한 방해요소가 있었는가? 이유는?
- 내담자는 현재 실업상태인가? 만약 그렇다면 그 기간은?

⑩ 장애를 지니게 된 이후 내담자는 고용된 적이 있는가?

2) 신체적 관점

① 어떤 특정한 신체적 손상이 있는가?

② 장애의 원인은 무엇인가?
③ 내담자가 얼마 동안 장애를 가지고 있었는가?
④ 내담자의 장애상태가 과거보다 더 악화되었는가?
⑤ 내담자가 현재 어떤 장애 관련 치료를 받고 있는가?
⑥ 내담자가 잠재적인 부작용을 가지는 어떤 약물치료를 받고 있는가?
⑦ 최근 의료검사 결과가 신체적 장애로 판단할 만한 근거가 있는가?
⑧ 내담자의 신체적 장애는 일상생활에서 어느 정도 장애가 있는가?

제2절 정신장애인의 재활상담

1. 정신장애의 이해

1) 정신장애 분류

정신장애인이란 정신병(기질적 정신병 포함)·인격장애·기타 비정신병적 정신장애를 가진 자로 의학전 진단분류에 따라 정신과 전문의에 의해 진단명을 부여받은 자라 할 수 있다. 정신장애를 분류하는 방법은 진단분류방법에 따라 여러 가지로 분류될 수 있는데 일반적으로 뇌의 기질성과 심리, 사회적 영향으로 인한 기능성으로 분류하며, 때로는 증상에 따라 양성(positive)증상과 음성(negative)증상으로 분류하기도 한다. 양성은 정상기능의 왜곡이나 과잉을 의미하며 음성은 정상기능의 상실과 감소를 의미하는데 양성은 급성으로 망상이나 환각이 대표적인 예이며, 음성은 만성으로 무어증, 무의욕, 감정둔마가 대표적인 예이다. 「장애인복지법」 제2조에서는 WHO의 국제질병분류표에 의해 정신장애인을 조현병, 조현정동장애, 양극성 정동장애 및 재발성 우울장애에 의한 기능 및 능력장애로 인하여 일상생활 혹은 사회생활을 영위하기 위한 기능수행에 현저한 제한을 받아 도움이 필요한 사람으로 정의하고 있다.

2) 정신장애 상담 시 목표설정

Anthony(1996)는 정신장애재활의 기본원칙들로 ① 기술훈련, ② 자기결정능력, ③ 환경 자원의 활용, ④ 사회적 변화, ⑤ 변별력 있는 평가와 보호, ⑥ 고용의 강조, ⑦ 지금-여기의 강조, ⑧ 조기 중재를 제시한 바 있다. 이 같은 원칙들이 강조하고 있는 것은 품위와 존중에 기초하여 애정과 돌봄의 방식으로 내담자를 치료해야 한다는 정신장애재활의 가치이다. 중증정신장애인들은 다양한 장애로 인해 고통을 받는다. 그들은 인지, 사회적 기술, 위생과 개인 신변, 장애극복기술, 대인적 지지, 증상관리, 그리고 동기화에 결함을 보일 수 있다.

포괄적 정신장애재활 프로그램과 적절한 약물치료의 병행은 정신장애가 부과한 여러 가지 욕구와 문제의 해결에 매우 효과적이다. Corrigan, Rao 및 Lam(1999)에 따르면, 정신장애재활 프로그램은 정신장애인들이 다음과 같은 목표들을 달성하도록 돕는 데에 있다.

① 수용: 정신장애인들은 일상의 경험과 활동들 속에 포함되기를 원한다.
② 기회: 정신장애인들은 그들이 살고 있는 지역사회 내에서 여러 가지 생활 활동과 경험들은 추구할 수 있는 기회를 필요로 한다.
③ 독립: 정신장애인들은 재활 프로그램이나 전문가들에 대해 지나치게 의존하지 않고 완전수용과 기회라는 목표를 이루기를 원한다.
④ 회복: 회복이란 정신장애인들이 증상을 통제하고 정신질환의 결과로 인한 결함들을 극복하도록 돕는 것을 의미한다.
⑤ 삶의 질: 정신장애인들은 양질의 삶을 누리길 희망한다.

정신장애인들의 이 같은 재활목표들을 달성하도록 돕기 위해 재활 프로그램은 이들의 정신질환 증상의 완화, 대인관계기술의 학습과 적용, 극복 기술의 학습과 사용, 지역사회 자원의 활용, 지역사회 지지의 획득을 도울 수 있도록 설계되어야 한다. 중증의 만성 정신장애인에 대한 상담과 지역사회 중심적 중재는 상담실에서 이루어지는 심리치료와는 크게 다르며, 위에서 언급한 목표들의 달성을 위해 반드시 필요하다.

2. 정신장애인을 위한 직업적 관점

1) 상담관계(rapport)의 형성과 신뢰 구축

중증의 만성 정신장애인은 일반적으로 다른 사람과 관계를 맺는 일에 어려움을 가진다. 여러 차례 입원 후 단기간에 많은 정신보건 전문가들을 만나면서 관계 형성에 어려움을 가지게 되고, 이들은 새로운 상담사, 케이스관리자, 사회복지사, 기타 정신보건 전문가 등과 쉽게 관계를 맺으려 하지 않을 것이다. 그들은 음식, 주거, 건강문제와 같은 현실적인 생계문제에 봉착해 있을 수도 있고, 자신의 건강이 매우 쇠약해져 있는 증상에 대한 경험을 하기도 한다.

따라서 재활상담사는 처음 만남에 그리 긴 시간을 소비할 필요는 없다. 상담사는 내담자가 당장 시급한 사안들에 대해 우선순위를 부여할 수 있도록 도와야 한다(예: 내담자에게 살 곳이 필요한지, 음식이나 의복이 필요한지, 교통 접근성은 어떠한지, 지금 당장 치료가 필요한 의료적 문제는 없는지 등).

정신장애인들은 치료과정에서 여러 전문가들을 만나게 되고, 이는 한 사람의 전문가와 접촉하는 시간을 짧게 만듦으로써 신뢰 구축들을 어렵게 만든다. 오랜 시간을 두고 천천히 관계를 발전시키는 것이 쉽지는 않겠지만, 상담사 훈련과정에서 배운 격려, 부연설명(paraphrasing), 요약과 같은 경청기술의 활용은 매우 요긴할 것이다(Ivey & Ivey, 2003).

내담자와의 상담기간이 그다지 길지 않다는 점에서, 상담사는 비교적 짧은 기간 내에 상담을 위한 필요조건들(감정 이해, 존중과 무조건적 긍정적 배려, 진정성, 구체성)을 갖추어야 할 것이다. 이 같은 방식으로 관심을 보여주면 내담자는 자신의 변화 달성 노력을 지지하고 삶의 질 개선방법을 모색하는 자신을 진정으로 돕고자 희망하는 전문가들에게 신뢰를 나타내도 좋다고 느끼게 된다. 정신장애인에게 '매우 소중한 사람(significant others)'이 된다는 것은 전문가를 내담자가 정직하고 개방적이 되도록 적절한 제안을 할 수 있는 존재로 만들어 준다. 장기간에 걸친 정신질환의 치료로 인해, 정신장애인 내담자들은 장·단기적 목표를 선택하는 일에 그다지 익숙하지 않다. 내담자에게 재활상담사가 진심으로 자신의 안위에 관심을 가지고 있다는 사실을 각

인시켜 준다는 점에서, 신뢰관계의 구축은 목표의 설정이나 어려운 문제에 봉착한 내담자들이 상담사의 조언을 진심으로 경청하도록 만들어 준다.

신뢰관계 구축에 있어 매우 중요한 요인은 믿음을 줄 수 있어야 한다는 것이다. 재활상담사는 반드시 약속시간을 잘 지키고 항상 상담을 시작할 준비를 갖추고 있으며, 내담자에게 전적으로 집중할 자세를 갖추고 있어야 한다. 정신장애인 내담자가 지닌 인내의 정도는 장시간의 강도 높은 상담이 어렵다는 점에서 처음 몇 번의 만남은 될 수 있는 대로 짧게 갖는 것이 바람직하다. 내담자는 목표 파악을 위한 계획의 조직과정에서 상담사의 도움을 필요로 한다. 그러나 최종적으로는 내담자들이 스스로의 목표를 파악하여 달성할 수 있는 구조를 설계하도록 도움을 제공해야 한다.

2) 직업상담 시 유의사항

매일 아침 일어나 출근하는 행위를 통해 자신을 '정상' 세계의 일부로 인식한다는 점에서 일에 대한 욕망은 정신장애인이 재활상담사를 찾게 되는 가장 통상적인 이유라 할 수 있다. 한편, 장애연금의 수령이나 실업은 대개의 경우 정신질환에 따라다니는 오래전부터 낙인을 강화하는 경향을 보인다. 대부분의 내담자들이 일하기를 원하고 실제로 일할 수 있는 능력이 있지만, 일을 할 수 없다 해도 자신이 만족할 수 있는 생활양식을 선택할 수 있는 옵션 또한 제공되어야 한다.

재활상담사들이 제공해야 하는 중요한 서비스는 내담자들이 자신이 추구하고자 하는 직종을 결정하도록 돕는 일이다. 이 경우, 대부분의 고용 지원 프로그램에서와 같이 선택 가능한 직종을 별 생각 없이 가용한 초입 수준의 그저 그런 직업들로 한정하는 우를 범하지 않아야 한다. 정신장애인의 낮은 고용률은 통상적으로 이들에게 가용하다고 생각되는 직종이 한정되어 있다는 불만족에서 기인한다는 설명이 가능할 것이다.

조현병은 일반적으로 청소년기에 최초로 발병하는데, 이는 이 시기에 시작되는 진로선택을 위한 탐색경험을 박탈한다. 가능한 가장 효과적인 방식으로 내담자와 직업을 연결시켜 주는 것은 상담사의 중요한 임무 중 하나이다. 연결과정에서 가장 손쉬운 출발점은 내담자의 직업력을 면밀히 검토하는 것이다.

내세울만한 직업경험이 부족하더라도, 내담자는 시간제 직업이나 자원봉사 혹은 기타 활동들과 같이 직업 관련 선호에 관한 단서를 제공해 줄 수 있는 경험을 가지고 있다. 학교 졸업을 시점으로 하여, 그 이후 내담자의 삶에서 벌어진 일들을 내담자의 관점에서 그려 볼 수도 있을 것이다. 이때 상담사는 내담자가 좋아했던 일이나 그 밖의 활동들을 찾아내어 진로선택을 위한 논의의 출발점을 활용해야 한다. 직업경험에 대한 논의가 도움이 되지 않는 것으로 드러날 경우, 상담사는 다른 방향을 모색해야 한다. 다음 활동들은 직업적 선호와 가치에 대한 의미있는 통찰을 제공해 준다.

- 내담자가 어떤 특별한 직업에 대해 생각해 본 적이 있는가?
- 내담자가 '이상적인 직업(dream job)'으로 생각하고 있는 것은 무엇인가?
- 어떤 작업환경(사무실, 공장, 가게, 실내, 실외, 단독, 집단, 주간, 야간)에서 일하고 싶어 하는가?

전통적인 흥미검사를 사용할 수 있기는 하지만, 정신장애인들의 검사 결과는 종종 어떤 분야에 대한 흥미나 무관심 여부를 발견할 수 없는 균일한 프로필을 나타내기도 한다.

또 다른 방법은 직업탐구책자의 직업흥미검사를 활용하여 직업가치관, 좋아하는 교과, 여가활동, 선호하는 작업환경을 직접 특별한 흥미 영역과 직업군 및 그들의 하위집단에 연결시켜서 진로선택에 접근하는 것이다. 이 방법은 직업선택에 대한 직접적이고 간편한 접근을 제시하며, 상담회기 사이나 집단상담의 일부로 수행이 가능하다.

진로방향이 정해지고 나면, 내담자에게는 자신이 속한 지역사회 내의 가용 자원에 따라 몇 가지 길이 주어진다. 목표 달성을 위해 내담자에게는 교육이나 훈련이 필요한가? 해당 영역에 대한 지원교육 프로그램이 존재하는가? '산업체 연수' 프로그램이나 직접 직업배치를 제공하는 다른 프로그램이 존재하는가? 개별 직업배치 및 지원(individual placement and support: IPS) 프로그램은 활용 가능한가? 중요한 문제는 상담사와 내담자가 관계 발전에 많은 시간과 노력을 투입함으로써 어려운 문제를 예상하여 대처하고, 내담자를 지역사회 내에서 관리하는 데 필요한 지지를 제공해 준다는 것이다. 사후지도서비스 중 하나는 직업을 가진 후에라도 내담자가 자신에게 필요한 지지 자원에 접근하여 그것을 활용하고 있는지의 여부를 확인하는 것이다.

사안의 경중과 관계없이, 무슨 일이 일어났을 경우 내담자가 자신의 상담사에게 연락할 수 있다는 사실을 숙지하고 있다면, 실직 이전 중재 가능성을 훨씬 높일 수 있을 것이다. 물론, 누구나 직업을 잃을 수 있으므로 상담사는 가능한 한 신속히 중재에 나서 실직 이유를 파악해야 하고, 필요할 경우 상담이 여러 단계들을 반복하여 내담자를 새로운 성공의 기회가 있는 직업에 복귀시켜야 한다. 끝으로, 직업 개발과정 동안 상담사와 내담자는 다음 현안들을 반드시 짚고 넘어가야 한다.

첫째, 내담자는 취업이 기초생활보호 대상자, 차상위계층 등의 조정, 의료보조·의료보호 및 그 밖의 다른 사회복지 혜택이 수혜에 미치는 영향을 정확히 이해하고 있어야 한다. 수습기간, 실질적 유급고용, 그리고 급여 감액과 같은 개념들에 대한 설명과 이해가 쉽지는 않겠지만, 의료비나 그 밖의 생활에 소요되는 비용을 충당해 나갈 수 있도록 내담자들이 이 같은 개념들을 이해할 수 있게 도움을 제공해야 한다.

둘째, 업무에 적용되는 의료 관련 이슈들에 대해 숙지하고 있어야 한다. 담당 의사에게 약물복용시간을 조정해 달라고 요구하면 일하는 낮 동안 졸음을 방지할 수 있을 것이다. 또한, 약복용에 따른 내담자는 어떻게 약물에 관해 설명하고 그것을 복용할 수 있을 것인가? 입안이 건조해지는 것을 방지하기 위해 자주 물을 마셔야 한다는 것을 어떻게 설명하고 이해시킬 것인가? 약물에 따라 열방산능력에 영향을 미치기도 하고 햇빛에 대한 민감성을 높이기도 한다. 내담자가 아주 덥거나 옥외활동을 요하는 직업을 원할 경우, 내담자는 이 같은 문제들을 주치의와 사전에 상의해야 한다. 내담자는 고용주에게 자신이 정신장애가 있다는 사실에 대해 이야기할지 여부를 결정해야 한다. 한편, 자신의 장애를 드러내기로 결정했다면, 내담자는 자신에게 필요하며 자신이 요구할 수 있는 적정 수준의 합리적 배려에는 어떤 것들이 있는지에 대해 생각하고 있어야 한다.

3) 기술훈련과 회복

심리사회 재활전문가들은 한결같이 회복의 선결요건으로서 기술훈련이 갖는 중요성에 대해 강조해 왔다. 정신의학이 중증의 급성 증상들을 완화시켜 준다면, 기술훈련은 정신장애인에게 새로운 기술을 습득하여 이를 실생활에 적용함으로써 일상에서 봉착하는 문제들을 잘 헤쳐 나갈 수 있도록 도와준다. 더 나아가, 기술훈련은 정신장애인들이 그들의 사회적 · 직업적 및 그 밖의 중요한 역할기능을 최대한으로 최고 수준까지 회복할 수 있도록 돕는다. 기술훈련의 목표는 학습과정과 환경적 지지를 통해 달성할 수 있다.

지난 30여 년간 발전을 거듭해 온 기술훈련은 정신장애인들의 여러 가지 기술습득을 위해 고안된 학습기술의 구조화된 적용을 지칭한다. 기술훈련의 주창자들은 정신장애인 내담자들이 다양한 상황에 적절히 대응할 수 있는 능력을 습득할 수 있다는 가정을 제시한다. 재활전문가들은 기술훈련을 활용하기 위해 내담자가 대인관계, 직업적 · 도구적 기술들을 습득하고 사용하도록 효과적으로 도울 수 있는 기술을 보유하고 있어야 한다. 재활전문가들이 이 같은 기술훈련의 중요성을 알고 있다하더라도 내담자에게 새로운 기술을 가르치는 법을 알지 못하면 이 같은 지식의 효과는 반감될 수 있다. 전문가들은 내담자가 기술을 습득하고 적용하며 유지하게 도울 수 있다는 반복적 실천과 성공에 대한 확신을 가져야 한다. 기술훈련이 가져다줄 이익에 대한 이해는 실제 훈련절차에 대한 논의가 이루어지기 전에 주의 깊게 다루어져야 할 것이다.

기술훈련은 회복을 위해 매우 중요하다. 기술의 습득은 자신의 욕구를 충족시키기 위해 보다 독립적으로 기능적으로 내담자를 원조한다. 정신장애인 내담자가 지역사회 내에서 삶에 잘 적응할수록 장애의 부정적 영향으로부터 보다 효과적으로 회복될 수 있다. 나아가 기술의 습득은 과도한 스트레스에 압도된 내담자를 보호해 줄 수 있다. 스트레스에 대처할 수 있는 기술이 거의 없는 내담자는 일상에서 스트레스의 충격을 훨씬 더 많이 느끼게 된다. 일상에서 받는 스트레스가 내담자의 대처 능력을 압도하면 정신질환 증상은 악화될 수 있다. 증상이 악화되면 습득한 기술들의 적용능력은 감소되고, 이는 스트레스의 심화로 이어진다. 이 같은 과정의 최종 결과는 더욱 급격한 증상의 악화이다. 기술훈련은 회복에 있어 매우 중요하다.

3. 정신장애인의 재활상담 적용

1) 필수 기술들

기술훈련의 이점은 일상적 스트레스에 대한 대처능력과 독립적 기능의 증대이다. 그러나 이 같은 목적을 달성하려면 어떤 개별 기술들이 필요한가? 기초기술들은 다양한 개별 기술들로 이루어진 대인관계와 역할기능 수행의 효과성을 높이는 데 필요한 기술로, 이들은 모두 관계적 그리고 구체적 목표의 달성을 돕는다. 관계적 목표의 실례로는 저녁시간에 식당에서 친구와 커피를 마시거나 날짜를 정해 조카들에게 영화를 보여주는 것 등을 꼽을 수 있다. 구체적 목표에는 취직하기, 장보기, 처방약품의 구입 등이 포함된다. 기술들은 내담자의 목표 성취를 가능하게 하는 일단의 언어적 · 비언어적 행동이다(송영혜 외, 2008).

2) 사회적 · 도구적 그리고 극복기술들

정신장애재활에 필수적인 세 가지 커다란 범주의 기술이 있는데, 그것은 사회적 기술, 도구적 기술, 극복기술이다. 사회적 기술은 대인관계를 활성화하며 정서, 요구사항, 욕구의 정확한 전달을 가능케 하는 언어적 · 비언어적 행동을 포함한다. 사회적 기술의 예로는 대화, 자기주장성, 이성과의 데이트 기술 등을 들 수 있다. 도구적 기술은 개인의 독립성과 물질적 이익의 확보를 가능하게 해준다. 도구적 기술의 예로는 식사준비, 쇼핑, 집안청소, 대중교통의 이용 등을 들 수 있다. 극복기술은 내담자가 정신장애의 증상과 일상생활의 스트레스원을 효과적으로 관리하도록 돕는다. 극복기술은 고통의 완화와 인내 두 가지 기술로 세분화할 수 있다. 올바른 자기주도적 정신과 약물복용은 환청과 같은 증상들을 완화시킬 수 있다.

정신과 약물복용은 정신질환의 증상으로 인한 고통의 경감기술이 된다. 한편, 자기 주도적 약물복용이 증상을 완화시키지 않을 경우에도 내담자는 휴대용 녹음기로 음악을 듣는 등의 방법을 통해 환청을 극복하는 법을 배울 수 있다. 여기서 보는 바와 같이 내담자는 습득한 기술을 활용하여 만성적 질환을 극복할 수 있다. 우울증이 있는 내담자는 정신과 약물을 복용할 수 없는 경우가 있는데, 이 같은 증상의 극복을 위해서는 대처기술(수면 시 침실만을 사용, 좋아하는 음식 만들기, 규칙적인 기상시간)의 사용이 요구된다(송영혜 외, 2008).

3) 목표와 기술의 평가

자신이 습득해야 할 기술이 무엇인가를 가장 잘 알고 있는 사람은 바로 정신장애인 바로 자신이다. 내담자는 자신에게 부족하고 습득하기를 희망하며, 장차 사용할 기술들이 무엇인가에 관해 최종적으로 결정을 내려야 한다. 내담자가 특정 기술을 배우는 데에 관심을 가지고 있는가의 여부를 조사하는 데는 여러 가지 방법이 있다. 이상적으로 자신의 장·단기 목표를 달성하기 위해 필요한 기술의 습득을 희망한다. 가령, 구직을 원하는 여성 내담자의 경우라면 무엇보다 자신의 직업력 흥미를 결정하기 위한 기술의 습득을 희망할 것이다. 그녀는 대화기술을 활용하여 사람들에게 그들이 하고 있는 일에 대해 물어볼 수 있고, 문제해결기술의 습득을 통해 관심 직종에 관한 도서관 자료를 검색할 수도 있을 것이다.

자신의 정신질환 증상을 마약이나 알코올에 의존하지 않고 극복하고자 하는 내담자는 약물 사용 충동과 정신질환 증상의 완화를 위해 극복기술을 학습하여 적용할 필요가 있다. 자신만의 주거공간에서 독립적으로 살기를 희망하는 내담자는 재정관리, 장보기, 조리와 집안청소 등의 기술을 습득해야 할 것이다. 내담자에게 목표가 무엇인가를 물어보면 그가 배우기를 원하는 기술이 무엇인가를 가장 쉽게 알아낼 수 있을 것이다.

4) 내담자의 목표 수립에 따른 인지적 장벽의 극복

(1) 사례 제시

심각한 인지장애를 가지고 있는 내담자 중에는 장·단기적 목표에 관한 직접적인 질문에 제대로 대답할 수 없는 이들이 있다. 재활전문가들이 내담자의 희망사항을 확인할 수 있는 방법 중 하나는 주거, 경제적 욕구, 대인관계 등과 같이 현재 내담자가 처한 생활상황에 관해 질문하는 것이다. 다음은 상담사와 내담자 사이에서 벌어질 수 있는 대화 내용 중 일부이다.

> 상담사: 지금 살고 있는 곳이 마음에 드시나요? 김 씨?
> 김 씨: 예, 그럭저럭 괜찮아요. 그런데 외식을 좀 더 많이 할 수 있을까요?
> 상담사: 아, 그래요. 어떻게 하면 외식을 좀 더 많이 할 수 있을까요?
> 김 씨: 제가 다른 사람들한테 담배를 사주느라 용돈을 다 써버리지만 않았다면 외식을 더 많이 할 수 있었을 거예요.
> 상담사: 그러니깐 당신은 다른 사람이 담배를 달라고 하면 차마 거절하지 못한다는 말이군요.
> 김 씨: 맞아요. 저는 대부분의 담배를 다른 사람에게 줘버리고 말아요. 그리고 담배를 사러 가게에 가서는 꼭 열쇠고리를 사거든요. 그러다 보니 저한테는 열쇠고리가 차고 넘치게 되었어요.
> 상담사: 돈을 효과적으로 사용하는 법과 다른 사람이 담배를 달라고 해도 그 부탁을 거절하는 법을 터득하고 싶단 말씀인거군요.
> 김 씨: 예, 바로 그거에요.

상담사는 김 씨가 배우기를 원하는 기술이 무엇인가를 알게 되었고, 이를 통해 그녀에게 도움을 줄 수 있었다. 이에 따라 그녀에게는 집단치료에 참가하여 재정관리와 자기주장기술을 배우도록 하는 치료를 권할 수 있었다. 목표 달성을 위한 동기가 부족한 내담자에게는 동기부여 면접전략을 활용할 수 있을 것이다. 자신이 배우기를 원하는 기술에 관해 질문하는 것이 가장 전형적인 정보습득방법이기는 하지만, 관찰, 역할극, 구조적 평가 등의 방법을 통해서도 정보의 수집이 가능하다.

(2) 기술훈련을 저해하는 인지적 장벽의 극복

급성 증상을 보이는 정신장애인들은 일반적으로 어느 정도의 인지적 손상을 동반하는 경향을 보인다. 인지적 손상은 새로운 기술의 학습과 수행에 부정적인 영향을 미친다. 기억, 주의집중, 그리고 문제해결의 곤란은 인지적 결함의 대표적 사례들이다. 기술훈련교육 시 리더는 내담자의 학습과 정보의 보유를 향상시킬 수 있는 방식으로 집단 및 학습활동을 구조화하는 것이 바람직하다. 손상된 인지의 개선을 위한 대부분의 중재전략은 전문가들로 하여금 인지장애 당사자가 수행해야 할 과업의 양을 줄일 수 있는 지원을 제공하도록 요구하고 있다.

인지손상에 대처하기 위한 구체적 방안에는 유인물 제공을 통해 집단구성원의 노트필기 필요성 줄여주기, 시각적 신호를 제공할 수 있도록 집단치료실 내에 큰 글씨로 된 차트 만들기, 최소한의 단계로 이루어져 있으며 간단하고 명료한 지침 제공하기, 학습한 기술을 반복하여 연습시키기 등을 들 수 있다. 또한 구성원들의 학습된 기술에 대한 이해도를 평가할 때에는 말로만 해당 기술을 설명하게 하기보다는 직접 해당 기술을 시연하도록 유도해야 한다. 끝으로, 역할극의 길이는 가능한 한 짧은 것이 좋으며, 해당되는 기술의 학습에 적절하다고 판단될 경우에 한해서만 행해야 한다. 지나치게 긴 시간의 역할극은 참가자들로 하여금 집중력을 잃고 다른 화제에 관심을 돌리게 만들고, 심한 경우에는 자신에게 주어진 과업을 수행하지 못했다는 데서 오는 낙담을 안겨줄 수 있다.

제3절 발달장애인의 재활상담

1. 발달장애인의 이해

우리나라의 장애인의 범위는 「장애인복지법 시행령」 제2조에 따른 장애인 기준에 해당되는 자, 「국가유공자 등 예우 및 지원에 관한 법률 시행령」 제14조 제3항에 따른 상이등급 기준에 해당하는 자로 제한하고 있다. 우리나라의 장애유형은 크게 신체적 장애(12개 유형)와 정신적 장애(3개 유형)로 나눌 수 있으며, 정신적 장애는 발달장애와 정신장애로 분류된다. 발달장애는 지적장애와 자폐성 장애로 분류되고 있다. 대분류 정신장애, 중분류 발달장애, 소분류로 지적장애와 자폐성 장애로 분류되고 있다.

1) 지적장애

지적장애(intellectual disability)는 지적기능(IQ)이 현저히 떨어져서 의사소통이나 자기관리 및 사회생활 등에 지장을 초래하는 장애이다. 지적장애의 발생빈도는 우리나라 전체 인구의 약 0.2~0.3% 정도로 추산되며, 발생요인으로는 염색체 이상, 약물 남용, 뇌손상, 납중독, 조산 등으로 알려져 있지만, 정확한 원인을 알 수 없는 경우도 상당 부분 있다(이경준, 최윤영, 2018).

우리나라 「장애인복지법 시행령」에서 지적장애인은 "정신발육이 항구적으로 지체되어 지적능력의 발달이 불충분하거나 불안전하고, 자신의 일을 처리하는 것과 사회생활에 적응하는 것이 상당히 곤란한 사람"을 의미한다. 우리나라에서 지적장애는 웩슬러 지능검사 등의 개인용 지능검사를 실시하여 얻은 지능지수에 따라 판정하는데, 지능지수는 언어성 지능지수와 동작성 지능지수를 종합적으로 판단한다.

지적장애는 주의집중력과 기억력 등 일상생활과 밀접한 관련이 있는 지능과 관계가 있다. 하지만, 장애 정도와 개인에 따라 다양하게 차이가 나며, 천편일률적으로 그 기능을 적용할 수는 없다. 대부분은 학령기부터 일상생활훈련을 꾸준히 하면서 지역사회에 대한 적응력을 향상시키게 되면 직업과 사회적 생활이 가능한 경우들이 많다.

2) 자폐성 장애

자폐는 캐너(Kanner)에 의해 사회적 상호작용과 의사소통에 있어서 비정상적인 발달을 보이면서 활동과 관심 영역이 제한된 특성을 보이는 장애로 처음 알려졌다. 자폐는 1990년에 미국 「장애인교육법(IDEA)」에 의해 독립된 범주로 분리되었고, 다른 유사한 장애들이 자폐범주성 장애(Autism Spectrum Disorders, ASD)라는 광범위한 용어 안에 포함되었다. 자폐는 그 특성이 다양하지만, 대체로 구어 및 비구어 의사소통과 사회적 상호작용에서 문제를 보이며, 제한적이고 반복적이며, 상동적인 관심 · 행동 · 활동으로 인해 환경이나 일과의 변화에 저항을 보이는 장애인을 말한다. 이러한 세 영역에서의 행동들은 일반적으로 3세 이전에 발생하며, 이로 인해 학습 및 일상생활 적응에 어려움을 보인다(국립특수교육원, 2009).

미국정신의학협회(American Psychiatric Association, APA)에서는 자폐범주성 장애의 정의와 진단기준을 수정하여 2013년에 DSM-5를 개정·발행하였다. 여기서 자폐범주성 장애를 진단하기 위한 세 가지 규준을 제시하였다.

(1) 사회적 의사소통과 상호작용에서 임상적으로 명확하고 지속적인 결함

다음 세 가지 내용을 모두 포함한다.

① 사회적 상호작용을 위한 비언어적·언어적 의사소통의 뚜렷한 결함
② 주고받기(give and take)와 같은 사회적 상호성의 부족
③ 발달 수준에 적합한 또래관계 형성과 유지의 실패

(2) 행동과 흥미, 활동에서의 제한적이고 반복적인 형태

다음 중 적어도 두 가지를 포함해야 한다.

① 틀에 박힌 신체 움직임이나 언어행동 또는 독특한 감각행동
② 규칙적인 일상에 대한 지나친 집착과 의례적인 행동 패턴
③ 제한적이며 고착된 관심

(3) 증상이 유아기에 나타남(제한된 능력을 넘는 사회적 요구가 있을 때까지 드러나지 않을 수 있다)

2. 발달장애인의 직업적 관점

1) 발병 시점

장애를 얻었을 때 인생의 어느 시점이었는지가 상담의 주요 고려사항이라 할 수 있다. 선천적이거나 3세 이전에 인지장애를 얻은 사람은 후천적 인지장애(3세 이후에 장애를 얻은)를 얻은 사람과 다른 경험을 가진다. 예를 들어, 태어날 때부터 눈이 안 보이는 아이의 세계와 15, 25, 45세 혹은 75세에 시력을 잃은 사람의 경우를 비교

해 보라. 시력을 잃은 채로 태어난 아이는 이해력을 갖출 때까지, 모든 사람이 눈이 안 보인다고 생각한다. 반면, 나중에 시력을 상실한 경우에는 이전의 눈이 보일 때의 경험과 지식으로 말미암아 시각기능의 제한을 더 잘 이해할 수 있게 된다. 이런 사람은 자신이 무엇을 할 수 있고 못하는지, 다른 사람들이 자신의 시력 상실 이전과 이후에 무엇이 달라졌는지를 더 잘 비교할 수 있다. 각 나이대에 따라 할 수 있는 활동들이 다르다는 것을 이해한다면 상담사는 장애발병 시점의 중요성을 더 잘 이해할 수 있다. 상담사는 장애발병 시점의 빠르고 늦음이 자동적으로 장애에 적응하는 어려움을 결정하는 것이 아니라는 것을 명심해야 한다. 그러므로 사람에 따라 요구되는 것이 각기 다를 수 있다.

2) 내담자의 권리

장애의 정도에 관한 상담의 중요 고려사항은 내담자들의 장애에 관한 생각을 재활상담사들이 확인해 보는 것이다. 상담사가 제시하는 여러 유형의 질문과 진술로 정보를 얻을 수 있다. 예를 들어, 상담사는 장애가 내담자와 가족의 상호행동방식을 바꾸었는지, 그랬다면 어떻게 바꾸었는지를 물어볼 수 있다. 혹은 상담사는 "장애를 가진 사람들은 어떤 일(옷을 입는다거나 차를 타는 등)을 할 때 도움을 구하는 것에 어려움을 느낀다."는 말을 할 수 있다. 그러므로 내담자로 하여금 상담사의 말에 동의하거나 거부할 수 있는 기회를 주어야 한다.

3) 상담원칙 및 기술

① Fletcher(1993)와 Huryey(1986)가 제시한 다른 상담원칙들은 다음과 같다. ㉠ 언어적 의사소통의 단순화, ㉡ 상담기법들(언어, 목표, 숙제)의 단순화, ㉢ 지시적 스타일(명료화, 지시, 단순화)의 활용, ㉣ 구조화되고 예측 가능한 상담과정(상담시간, 상담목표의 구체화, 예상 가능한 상담 결과의 예측)의 수립, ㉤ 상담 시 비밀보장에 관한 명확한 설명, ㉥ 명확하고 구체적인 용어에 의한 상담사의 역할 규정을 통해 전이 이슈에 대처하기

② 발달적으로 적합한 개입과 목표: 상담사는 고객에게 반말을 하거나 성인 고객

을 아이처럼 대해서는 안 된다. 상담사는 고객이 이해할 수 있는 단어를 사용해야 하며, 추상적 사고가 아닌 구체적 사고(실제적 상황이나 현재 문제들에)에 초점을 맞추어야 한다. 상담사는 상담회기에서 제한적인 영역을 다루어야 한다. 또한 지적장애인들은 일반화시키는 능력이 부족하므로 상담목표는 뚜렷한 상황을 제시해야 한다.

③ 스타일: 상담사는 적극적이고 직접적인 언어를 사용해야 한다. 역할놀이나 모델링 같은 구체적인 활동들이 상담사와 고객이 함께할 수 있는 초점이 되어야 한다.

④ 표현: 많은 지적장애인들은 감정과 관심을 표현할 수 있는 어휘가 부족하다. 그들은 상담사와 단순히 이야기하는 것에도 불편함을 느낀다. 상담사가 표현을 가르칠 수 있는 전략에는 ㉠ 다양한 감정에 관련된 단어들(슬픈, 두려운, 짜증나는)과 더불어 사고와 감정의 차이점을 가르치는 것, ㉡ 상담회기의 기초로 다른 활동들을 이용하는 것, 예를 들면 고객이 그림을 그리게 한다든지, 인형을 조종하게 한다든지, 말에 덜 의존할 수 있는 그림에 대해 말하기와 같은 것들이 있다.

4) 발달장애인의 심리 · 행동특성

지적장애인의 행동 및 정서적 문제들은 직업적응과 사회생활 모두에 대한 장애로 이어질 수 있다. 상담사와 심리학자들(Wittman, Strohmer & Prout, 1989)을 대상으로 실시된 조사의 결과를 보면, 이들이 서비스를 제공하는 지적장애인들은 동료 및 가족구성원들과의 대인관계, 성애(sexuality), 문제행동, 자아존중감, 그리고 직업과 주거환경 관련 이슈 등의 다양한 문제를 지니고 있는 것으로 밝혀졌다. 대부분의 심리적 문제는 명백한 행동상의 어려움으로 나타난다. 이 같은 곤란의 과도하고 분열적인 속성은 당사자는 물론 사회생활, 직장, 지역사회환경 속에서 다른 사람들에게도 문제를 야기할 수 있다. 이 같은 어려움의 예로는 언어적 · 신체적 공격, 과도한 분열적 행동 수준, 성적으로 부적합한 행위, 충동적인 분열 · 동요 증상, 관습적 · 강박적 일과, 재산의 손상 혹은 파괴, 과도한 부정, 그리고 자해행동을 들 수 있다. 아래의 사례는 이 같은 행동문제들을 잘 나타내 주고 있다.

제롬버 하우프는 가벼운 인지적·적응적 행동손상을 보이는 젊은이로 위협과 폭력이 수반된 빈번한 행동폭주를 보인다. 이같이 충동적이고 공격적인 행위로 인해 그는 일전에 관내의 정신병원에 단기간 입원한 경험이 있다. 뿐만 아니라, 동료 및 직원들에 대한 행동의 폭주로 인해 그는 이미 여러 일자리에서 해고된 적이 있다. 이 사람은 현재 지원고용상태에 있고 집중적인 지도 감독하에서 일하고 있다.

이 외에 지적장애인의 상담 시에 재활상담사가 직면하는 심리적 문제들로는 과도한 공포, 특정한 공포증, 정신적 불안감, 지나친 분노와 수줍음, 낮은 자아존중감, 긴밀한 사회적 접촉을 요하는 관련 행동의 회피, 특수 및 일반화된 불안, 일반화된 흥분을 포함하는 주요정서적 특징을 들 수 있다. 비록 사회적으로 드러나거나 혼란스러울 정도로 빈번히 발생하지는 않더라도, 발견하여 치료하지 않을 경우 이들 문제는 개인적·직업적 부적절성을 가중시키고 삶의 질을 저하시킬 수 있다. Katherine Engeler의 사례는 주요한 정서적 구성요소를 수반한 심리적 문제를 잘 보여주고 있다.

Engeler는 중간 정도의 인지손상이 있는 젊은 여성으로 얼마 전 소규모 학군에 속한 특수교육 프로그램을 졸업했다. 졸업 직후 그녀는 부모와 함께 인근 주 소재 대도시로 이주하여 지원고용 프로그램에 등록했다. 비록 전에는 한 번도 대중교통을 이용해본 적이 없었지만, 일터로 가기 위해 그녀는 버스를 이용해야 했다. 고등학교 시절 Engeler는 매일매일 서로에게 사회적 지지와 버팀목이 되어 주었던 친구들과 늘 함께 지냈었다. 새로운 환경 속에서 그녀는 자신이 친한 친구 하나 없이 낯선 사람들에 둘러싸여 있다는 사실을 발견했다. 실제로, 그녀는 직장 내 수많은 근로자가 있는데, 단 두 사람 밖에 없는 지적장애인 중 하나였다. 뿐만 아니라, 대부분의 여가 시간을 함께 보냈던 두 명의 자매와 그 가족들은 현재 그녀와 가까이 살지 않았다.

자신에게 친숙한 사회적 지지체계 조차 없는 이 새로운 환경 속에서 Engeler는 점차 다른 사람들로부터 자신을 격리시키기 시작했다. 독립보행이 가능함에도 불구하고 그녀는 친숙한 사람이 동승하지 않는 대중교통의 이용조차 거부하기 시작했다. 다른 사람들과의 교류 역시 점차 줄어들어 직접적인 질문에 대한 반응 외에는 거의 말을 하지 않는 정도에까지 이르렀다. 그녀는 평소 즐기던 여가활동에 대한 흥미를 잃었고, 대부분의 경우 슬픈 듯 보였으며, 수면과 식욕부진을 겪기 시작했다. 가정 및 직장에서 직무지도원과 직업재활 프로그램 직원들이 여러 가지 활동에 참여할 것을 권유할 때면, 그녀는 대개의 경우 눈물을 보이거나 다른 사람들과의 관계로부터 퇴행적인 모습을 보였다. 시간이 지날수록 그녀는 다른 사람들과의 교류에서 점점 더 자주 소극적이 되어갔고, 자신이 원하지 않는 일에 대해서는 언어적 · 육체적 폭력을 수반한 짜증을 보이기 시작했다. 상담기간 동안 수용하기 어려운 정도의 작업수행능력 저하와 혼란스런 행동폭발의 증가 후 그녀는 직장에서 해고되었다.

위의 사례가 보여주듯, 정서적 어려움을 가진 사람이라 할지라도 이 같은 심리적 특징들은 보통 공격성이나 과도한 부정행동과 같이 명백한 행동문제에 영향을 주는 요인을 대표한다. Fletcher(1993)와 Hurlery(1986)는 이 같은 상담상의 특징에 대한 설명을 제시하면서 상담사와 내담자 사이의 신뢰관계 구축 수단으로서의 상담과정 개발 필요성을 강조한 바 있다. Hurley는 내담자와의 첫 대면에서 상담사는 상담과정 전반을 설명해 주는 것이 바람직하다고 제안했다. "우선 우리는 매주 수요일에 만나 직장 문제에 관해 논의하고 상담하게 될 것입니다. 처음 30분 동안은 일에 관해 이야기를 나눌 계획입니다. 저는 당신과 대화를 나누고 당신이 문제를 잘 해결하도록 돕는 데에 최선을 다함으로써 직장생활을 보다 잘 할 수 있게 도울 것입니다."

3. 발달장애인의 재활상담 적용

1) 지적장애인

대부분 지적장애인은 지역사회에서 직업과 관련된 경험이 부족하고 사고의 속도가 느리다. 따라서 이들에게 일을 시키게 될 고용주에게는 많은 시간과 인내가 필요하다. 그러나 어떤 수준의 지적장애인도 직업재활을 할 수 있으며, 내담자의 고용계획을 개발할 때 다음과 같은 사항을 고려해야 한다.

첫째, 신체적인 제한이나 의료적인 문제가 있음을 고려해야 한다. 대부분의 경도 지적장애인은 일상적인 제한이나 의료적인 문제에 어려움을 겪지 않는다. 그러나 보다 중증의 지적장애인은 거의 항상 손상으로 야기되는 제한이나 문제를 경험할 수 있고, 뇌성마비와 간질, 발작, 언어장애, 운동장애 등을 수반할 수도 있다. 따라서 재활상담사는 의료적인 상담문제와 관련된 내담자를 위해 개별화된 고용계획을 세울 때 건강을 유지하기 위한 훈련과 실제를 포함시켜야 한다.

둘째, 지적장애인의 직업적인 가능성과 제한점을 종합적으로 고려해야 한다. 지적장애인의 고용계획을 수립하고 실행할 때는 ① 지적장애인에게 타당한 것으로 알려진 심리검사를 사용해야 하고, ② 직업적 기능뿐만 아니라 사회적 기능도 평가해야 하며, ③ 기능습득이 예견될 때 검사의 형식은 지적장애인이 평가과정 동안 목표를 이해할 수 있도록 해야 하고, ④ 많은 지적장애인에게 직업흥미가 맞지 않을 수도 있으므로, 배치할 때 흥미검사 결과는 매우 조심스럽게 사용되어야 하며, ⑤ 직업평가를 할 때 작업표본검사를 포함해야 한다.

셋째, 적절한 훈련기회가 제공되도록 고려해야 한다. 적절한 훈련기회는 지적장애 내담자의 개별화된 고용계획 수립 시 가장 중요하게 고려되어야 한다. 효과적인 훈련원칙은 필요한 훈련이 고등학교, 지역사회 전문대학, 재활시설 또는 가정에서 어디에서 제공하든 매우 중요하다. 지적장애인은 교육과정이 매우 구조화되고, 직접적일 때 가장 효과적으로 학습할 수 있다. 따라서 실제 훈련에 앞서 개념적으로 세분화된 과제분석의 준거 내에서 학습해야 할 기능을 상호 관련되고 계열성 있는 요소로 제시한다. 그리고 각각의 교육과정을 조심스럽게 관찰하고 내담자가 설정한 수준에서 준거행동을 성취할 수 없다면 그 과정을 즉시 변경해야 한다.

넷째, 지적장애인을 고용시키기 위해 지역사회의 환경적 요인을 고려해야 한다. 즉, 지적장애인 그들의 지역사회에서 독립적 또는 반독립적으로 기능할 수 있도록 주거생활 장비와 사회적 기능, 지역사회서비스에 대한 접근, 교통수단에의 접근과 이동, 여가와 레크리에이션 활동 등을 가르쳐야 한다. 그리고 가족의 태도도 내담자의 성공이나 실패를 결정하는 데 중요한 요인이 된다.

다섯째, 유용한 직업기회를 종합적으로 고려해야 한다. 지적장애인을 위해 개별화된 고용목표를 명확히 해야 한다. 하나의 직업 목적이 반드시 성공적인 고용에 이르는 것은 아니다. 지적장애인은 직업적인 위험을 감수하고, 실패와 학습을 경험하면서 자신의 잠재적인 성취 수준을 높이고자 해야 하고, 재활상담사는 직업기회를 제한하는 경향을 지닌 스테레오타입을 피하여 효과적인 상담을 해야 한다.

2) 자폐성 장애인

자폐성 장애인의 직업재활에서는 다음과 같이 의사소통, 사회성, 인지능력 저하, 행동특성 등을 고려해야 한다.

첫째, 자폐성 장애인은 의사소통장애를 지니고 있다. 즉, 표현언어나 수용언어능력에 문제가 있으므로 직업훈련이나 고용 후 업무지시 등 의사소통에 대한 배려를 해야 한다.

둘째, 자폐성 장애인은 사회적 규칙을 이해하지 못하는 경우가 많다. 따라서 자폐성 장애인을 취업시키려면 어떤 직장에서 필요한 사회적 상호작용에 관한 내용을 결정한 후, 과제분석, 사회적 상호작용, 역할극을 통해 사회적으로 적절히 반응할 수 있도록 지도해야 한다.

셋째, 인지능력 저하로 자폐성 장애인은 평균 이하의 지능을 소유하고 있으며, 다른 장애 때문에 기능적으로 지체되어 있는 경우가 많다. 따라서 직업훈련이나 직무배치 과정에서 체계적인 교수기법을 활용해야 하고, 새로운 정보를 시각적이고 구체적인 사물로 제시하는 방법을 취해야 한다.

넷째, 행동특성, 즉 자폐성 장애인의 동일성 행동은 자폐성 장애인의 직무배치에서 중요하게 고려해야 할 점이다. 이들을 반복되는 업무에 배치한다면, 이들의 의식적이고 고집스러운 행동은 오히려 직업적인 장점이 될 수도 있다.

요약정리

1. 지체장애는 흔히 체간(몸통), 상지와 하지에 장애가 있는 것을 말하며, 절단장애, 관절장애, 기능장애, 변형장애 등으로 구분된다. 후천적 장애는 대부분의 지체장애가 사고나 산업재해, 질환 등의 후천적 원인에 의해 발생하고 있다. 후천적 지체손상을 가지게 되면 심리적 단계는 급성 혹은 충격 단계, 애통, 부인, 우울, 순응의 단계를 거친다. 재활상담사는 초기면접과정에서 진단과 관련하여 부적절한 정보가 제공되지 않도록 하기 위해서 직업적인 관점, 신체적・심리사회적 관점에서의 정보를 얻을 수 있다.
2. 정신장애인은 조현병, 조현정동장애, 양극성 정동장애, 재발성 우울장애로 인해 일상생활 혹은 사회생활을 영위하기 위한 기능수행에 현저한 제한을 받아 도움이 필요한 사람으로 정의하고 있다. 정신장애인의 증상은 양성과 음성으로 나타나는데, 양성은 망상, 환각이 대표적이고, 음성은 만성으로 무어증, 무의욕, 감정둔마가 대표적이다. 정신장애인을 위한 직업상담은 관계 형성과 신뢰 구축, 내담자의 기초생활보호 대상자 등 경제적인 부분이 영향을 미치는 부분에 대한 설명, 약물이 직업에 미치는 부분, 내담자의 기술훈련과 회복이 중요하다.
3. 발달장애인은 지적장애와 자폐성 장애로 분류되며, 지적장애는 IQ 70 미만이며, 주의집중력과 기억력 등 일상생활과 밀접한 관련이 있다. 자폐성 장애는 구어 및 비구어 의사소통과 사회적 상호작용에서 문제를 보이며, 제한적이고 반복적이며, 상동적인 관심・행동・활동으로 인해 환경이나 일과의 변화에 저항을 보이는 아동을 말한다.
4. 발달장애인 직업상담 시 고려해야 될 사항으로 지적장애인은 신체적인 제한이나 의료적인 문제 고려, 직업적인 가능성과 제한점 고려, 훈련기회, 지역사회의 환경적 요인을 고려, 유용한 직업기회를 고려해야 한다. 자폐성 장애인의 고려사항으로 의사소통장애 고려, 사회적 규칙 설명, 직무배치 등을 고려해야 한다.

재활상담

PART Ⅱ

기초상담이론

제4장 정신분석상담

제5장 행동주의 상담

제6장 인본주의 상담

제7장 인지행동상담

제8장 절충주의 상담

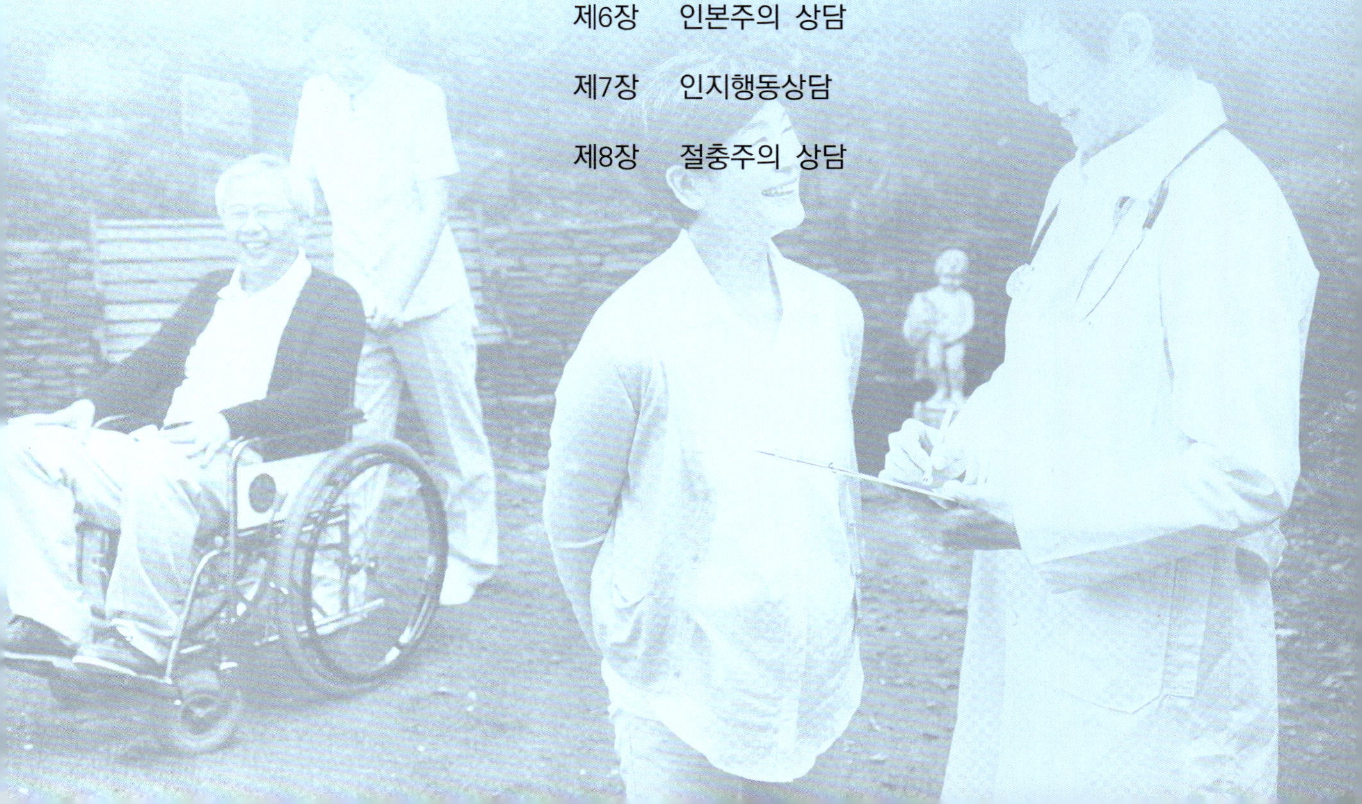

CHAPTER 04

정신분석상담

길라잡이

1. 정신분석이론에서 프로이드의 자각수준(의식, 전의식, 무의식)은 어떤 의미를 지니고 있는가?
2. 아들러의 이론에서 자신의 고유한 생활양식의 의미는 무엇이며, 유형은 무엇인가?
3. 융의 이론에서 집단무의식의 개념과 집단무의식을 구성하는 원형의 종류는 무엇인가?
4. 에릭슨의 자아심리학은 어떤 의미인지와 심리사회적 8단계는 어떤 특징을 지니고 있는가?

제1절 프로이드의 정신분석상담

프로이드(Sigmund Freud)의 정신분석이론은 광범위한 영역에 영향을 끼쳐 왔다. 무의식(unconsciousness)의 중요성을 강조한 정신분석은 인간에 대한 이해를 포괄적이고 체계적인 틀에 따라 설명하고 있다. 즉, 인간행동은 어렸을 때의 경험에 따라 좌우되고, 형성된 무의식 갈등은 자유연상이나 꿈 해석 등으로 의식화시킴으로써 내담자 자신을 통찰하도록 하는 상담치료이다. 인간의 성격 형성에 생물학적 초기 아동기 경험의 중요성을 바탕으로, 인간이 생물학적 존재이기 때문에 대략 5세까지 초기경험의 중요성을 강조함으로써 결정론적 입장을 취하고 있다. 이는 발달 단계를 통해 성숙하면서 자신의 강한 성적 추동과 사회적으로 수용될 수 있는 방식으로 행동하려는 욕구 간의 균형을 이루려고 노력한다. 프로이드는 본능적 힘을 매우 중요하게 여긴 것은 사실이지만, 정신분석을 통한 그의 본질적 메시지는 인간이 생물학의 희생자가 될 필요가 없다는 것이었다(Seligman, 2001: 56).

정신분석을 통해 프로이드는 저항(resistance)을 자신의 고통에 직면하지 않으려는 보호형태이며, 억압(repression)을 의식적 자각에서 그러한 고통을 제거하는 방식이라는 것이다. 즉, 억압된 자료는 장기간의 정신분석에서 사용되는 기법인 꿈 분석과 자유연상(free association)을 통해 밝혀지게 되는데 프로이드는 환자가 치료자에 대해 갖는 정서적 태도인 전이(transference)가 신경증 치료를 위해 필수적이라고 믿었다(노안영, 2014).

1. 개요

정신분석이론은 프로이드가 일생 동안 끊임없이 수정한 것으로 역동적 체계, 구조적 체계, 연속적 체계라는 세 가지 중요한 요소로 구성된다. '역동적 체계(dynamic system)'는 인간의 정신을 유동적인 에너지 체계로 특징지우며, 정신에너지의 근원과 분배 및 이용에 관여한다. 정신에너지는 원초아, 자아, 초자아로 분배되는데, 발달이 진행되는 동안 어떤 욕구가 존재하느냐에 따라 끊임없이 유동한다. 프로이드는 인간의 성격은 타고난 역동(본능, 정신에너지)과 이성적 통제기능 간의 대립적 갈등으로 형성된다고 보았다. '구조적 체계(structural system)'는 프로이드가 초창기에 자신의 정신분석이론을 정리한 의식 · 무의식 · 전의식 개념은 인간의 정신에 대한 지형학적 모형이라 할 수 있다. 이러한 맥락에서 원초아 · 자아 · 초자아와 같은 구조적 모형이 등장한 것이다. 인간의 행동을 조정하는 성격의 구조를 묘사하는데 성격구조는 원초아, 자아, 초자아로 구성되어 있다. '연속적 체계(sequential system)'는 프로이드의 심리성적 발달 단계에 관한 것으로, 단계마다 서로 다른 신체부위로부터 쾌락을 얻고 발달이 진행된다고 한다. 따라서 쾌락과 만족을 추구하는 신체부위가 어디인가에 따라 구강기, 항문기, 남근기, 잠복기, 생식기로 발달의 단계를 분류하였다. 프로이드는 인간이 가지고 태어나는 심리성적 에너지인 리비도가 연령에 따라 신체의 각 부위(구강, 항문, 성기 등)에 집중되어 있을 때 어떤 경험을 하였는가에 따라서 그 사람의 성격을 결정한다고 생각하였다. 즉, 발달 단계에서 부모 또는 주위 사람과의 사회적 상호작용이 그 사람의 가치관과 성격, 태도를 형성한다고 보았다. 정신분석이론의 발달적 측면을 제대로 이해하기 위해서는 이들 체계 각각을 개별적으로 고려해야 할 뿐만 아니라 이들 체계를 종합적으로 통합하는 시각도 필요하다.

2. 주요개념

정신분석이론은 복잡하다. 복잡성 밑에 상당히 적은 수의 원칙이 있다(Kahn, 2002). 개념들이 서로 얽혀 있기 때문에 혼란스러울 수 있지만 어떤 측면을 다른 측면과 분리해서 말하기는 어렵다. 즉, 마음이 어떻게 조직화되어 있는지에 대한 프로이드의 견해를 지형학적 모형이라고 한다.

1) 자각의 수준

프로이드는 지형학적 모델(topographical model)을 통해 자각의 수준을 3가지로 구분하여 의식(conscious), 전의식(preconscious), 무의식(unconscious)으로 나눈다. 이러한 자각의 수준을 일반적으로 빙산에 비유하기도 한다. 무의식은 정신분석의 핵심으로 수면 아래 잠겨 있어 눈에 보이지 않는 부분이며 사람들이 억압하여 무의식에 숨겨버리는 것으로 이해한다.

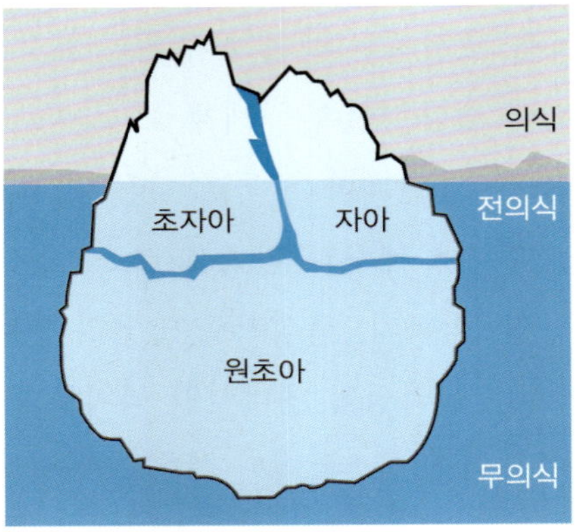

그림 4-1 지형학적 모형

(1) 의식

프로이드는 자각하는 마음 부분을 의식(conscious)이라 한다. 개인이 현재 자각하고 있는 생각을 포함하는 것으로 새로운 생각이 정신에 들어오고, 오래된 생각은 정신에서 물러나면서 계속적으로 변한다. 일상에서 자각하고 있는 의식은 빙산의 일각에 불과하지만 우리가 자각하지 못한 부분이 많다는 것을 강조하고 있다.

의식 자체는 제한된 부분을 포함하고 지각, 운동활동, 감정을 통해 외부 세계와 접촉하는 것이고, 꿈, 심상, 사고와 같은 개인의 내적 세계와도 접촉한다. 지형학적 모델에서의 의식은 대부분 물속에 잠겨 있으며, 극히 작은 부분만이 특정 순간에 떠올라 있는 빙산에 비유되기도 한다.

(2) 전의식

일반적으로 기억을 대표하는 마음 부분을 전의식(preconscious)라 한다. 전의식의 요소는 쉽게 의식으로 가져올 수 있다. 의식과 무의식의 중간에 있는 자각으로서 꽤

용이하게 의식으로 가져와 질 수 있는 정신의 부분이다. 즉, 무의식의 부분이지만 쉽게 저장된 정보를 기억, 지각, 생각이 의식으로 떠올릴 수 있다.

전의식은 무의식의 일부라고도 할 수 있다. 개인이 어떠한 내용을 의식하지 못하기 때문이다. 이는 개인의 주의를 의식 쪽으로 향하게 함으로써 무의식의 내용이 자발적으로 회상될 수 있기 때문에, 전의식의 많은 부분인 상위 영역인 의식에 쉽게 접근할 수 있다. 예를 들어 적절한 질문을 하거나 적절한 자극을 줌으로써 기억해 갈 수 있으므로, 기본적인 필요에 따라 의식될 수 있는 정보와 경험이라는 정신창고의 상당 부분을 이루고 있다. 복잡한 문제의 갑작스러운 통찰, 창의적 사고, 깨달음과 같은 것은 전의식의 과정으로부터 출현하기도 하며, 어떤 문제가 잘 안 풀리는 경우도 있지만, 휴식을 취하거나 잠자리에 들려고 하면 의식적으로 노력하지 않아도 전의식으로부터 해결책이 떠오를 수 있다.

(3) 무의식

프로이드는 무의식(unconscious)을 일상의 용어와 다르게 사용한다. 이는 직접적으로는 자각할 수 없는 마음 부분을 나타내기 위해 사용한다. 이는 욕망의 근원이자 불안, 갈등, 고통과 연결된 충동과 저장고로 보고 있다(Rhawn, 1980). 무의식은 정신의 가장 깊은 수준에서 작동되는 것으로 우리가 자각하지 못하는 경험과 기억으로 구성된다고 한다. 즉, 정신분석의 초점이 되는 부분이다.

무의식은 정신작용, 정신병리에 지배적인 힘이 작용하기도 하여 의지력으로 쉽게 의식될 수 없는 경험과 정보를 포함하여, 의식으로 상기되기 위해 특별한 노력, 처치, 최면, 해석을 요구한다. 무의식과 의식 간의 통로는 보통 막혀 있지만, 전의식과 의식 간의 통로는 최소한의 부분적으로 가능하여 무의식 내용(충격적인 경험, 용납할 수 없는 충동 등)은 억압에 의해 무의식 속에 갇혀 있는, 역동적이고 활동적이다. 지속적인 억압과정 자체는 의식적인 것은 아니지만, 심리적인 에너지를 소모하기도 한다. 억압은 무의식적 충동을 영원히 억누를 수는 없어 충동과 경험인 꿈의 내용, 사고, 신경증, 과실의 증상을 통해 왜곡되어 알아볼 수 없는 형태로 표현되거나 표출된다.

숨겨진 역동적 힘을 의식하지 않고는 동기, 소망, 감정, 환상이 개인에게 나타날 수 있다는 프로이드의 기본가정을 지지하는 과학적인 증거들이 있다. 더욱이 이들의 숨어 있는 힘은 행동적으로 영향을 미치는 것으로 알려지고 있다(Fisher & Greenberg, 1977).

표 4-1 자각 수준

자각 수준	내용
의식	• 의식적인 행동 국한 • 주의 분산 시 전의식, 무의식에 잠재 • 인간이 그 순간 느끼고 생각하고 경험하는 것을 인식하는 것
전의식	• 무의식과 의식 연결부분 이용 • 가능한 경험과 기억 저장 • 무의식 내용들이 의식화 가능 • 전의식과 의식을 이어 주는 역할, 노력을 통해 의식으로 바뀌기도 함
무의식	• 현실적으로 전혀 자각이나 인식이 불가능한 상징적인 정신세계 • 과거의 모든 경험과 동기, 기억, 억압되었던 욕구 등이 잠재되어 있는 부분 • 개인 스스로는 떠올릴 수 없는 생각이나 감정

2) 역동적 체계: 정신에너지(삶의 본능과 죽음의 본능)

프로이드는 정신의 활동을 서로 대립되는 힘의 균형인 역동적 체계로 인간의 비합리적이며 충동적인 욕구와 이성적인 통제기능 간의 대립적 갈등을 설명한다. 무의식과 의식의 대립, 원초아와 자아의 대립, 원초아와 초자아의 대립 등으로 나타나는 것이 바로 이러한 입장을 잘 보여주는 것이다. 역동적 체계는 정신에너지(psychic energy)로 에너지의 개념을 인간행동에 적용시켜 '정신에너지'라고 규정하였다.

감정과 사고, 행동을 지배하는 정신적 활동에 힘과 방향을 부여하는 생득적인 요인으로서 본능적 욕구(instinctual drive)라는 개념을 제시하였다. 욕구에너지, 신경에너지, 본능에너지, 리비도 등 명칭으로 불리는 정신에너지를 모든 행동, 생각과 감정을 지배한다고 프로이드는 보고 있다. 이러한 에너지의 일차원을 본능이라고 가정하면, 본능은 유기체의 생물학적 욕구에 그 기원을 두고 있으며, 가장 강력한 본능을 '에로스(eros)', 즉 성적 본능이라고 하여서 생명의 탄생과 유지를 다룬다고 한다. 성적 본능은 배고픔이나 배설과 같은 본능이 아닌 주요한 삶의 본능이 되는 종의 유지를 위해서 개인의 생존을 위한 것이다. 프로이드는 삶의 본능적 욕구 중 가장 본질적인 것을 성욕으로 삶의 에너지, 즉 성적 에너지를 '리비도(libido)'라 칭하였다. 이는 성격발달의 시작이며 심리성적 이론이라고 부른다.

프로이드는 세계대전을 겪으면서 인간행동의 주요동기를 성적인 것에서 공격적인 것으로 전환하게 된다. 죽음과 공격성을 나타내는 본능을 '타나토스(thanatos)'라고 하여 진화론적 관점으로 생명체의 궁극적인 목적은 무생물로의 회귀라고 하였다. 인간은 무생물로 돌아가려는 경향과 죽음을 지향하는 속성을 가지고 있다고 보았다. 이러한 죽음의 본능적 속성인 공격성을 성욕과 마찬가지로 인간의 가장 원초적인 삶의 본능으로 인식하였다.

3) 구조적 모형: 원초아 · 자아 · 초자아

지형학적 모형은 임상을 거치면서 점차 심리적 갈등을 설명하기에 불충분한 것으로 나타났다. 연구 초기에는 무의식적 욕구가 의식이나 전의식과 갈등하는 것으로 여겨 지형학적 모형을 상정했으나 임상경험이 증가할수록 무의식의 영역이 확대되는 것을 발견하였다. 이처럼 무의식의 개념이 연구의 초기보다 점차 복잡해짐에 따라 프로이드(1923/1961)는 정신 내의 기본적인 갈등이 의식과 무의식 간의 갈등이 아니라 무의식 자체 내의 갈등임을 인식하게 되었다. 결국 성격의 구조를 밝히기 위한 새로운 모형이 필요하게 되었는데, 바로 이러한 맥락에서 원초아, 자아, 초자아와 같은 구조적 모형이 등장한 것이다.

프로이드는 당시 유행하던 다윈 이론의 비유를 통해 구조적 모형을 설명하였다. 그에 따르면, 인간은 아직 완전하게 진화되지 않은 불완전한 존재로서, 야만적이며 동물적인 본성과 문화적 열망 사이에서 분열될 수밖에 없는 존재이다. 단순하고 탐욕스럽게 쾌락을 추구할 수밖에 없는 자신과 타인에게 용납되는 존재가 되기 위해서는 이러한 공격적이고 쾌락적인 욕구들을 감추어야 한다. 따라서 프로이드는 자아가 초자아의 도움을 받아 원초아 안의 동물 같은 충동들을 억압하고 규제한다고 주장한다. 이제 인간의 마음은 충족되지 못한 성적 · 공격적 충동들의 비밀로 가득 찬 것이 되어 자기 자신조차도 알 수 없는 곳이 되어 버렸다.

(1) 원초아(Id)

원초아는 출생 시부터 존재하는 것이며 발달 면에서 볼 때 세 가지 심리구조 중에서 가장 먼저 발달하는 것이다. 초기에는 유용한 모든 정신에너지가 원초아에 투입되며, 원초아는 이 에너지를 이용하여 기본욕구를 충족시킨다.

원초아는 성격의 가장 원초적인 부분인 생물학적 본능으로 구성되어 있다. 이 본능은 주로 성적이고 공격적인 것으로 원초아는 전적으로 무의식세계에 존재하며, 현실세계와는 접촉이 전혀 없다. 원초아는 쾌락원리(pleasure principle)에 의해 지배되는데, 이 원리는 쾌(快)를 최대로 하고 고통을 최소로 한다. 여기서 쾌는 긴장감소를 말한다. 쾌락원리는 정신작용의 일차 목표가 만족을 통한 쾌락의 성취임을 말해주는 것이다(Freud, 1920).

전적으로 쾌락원리에 의해 통제되는 원초아 에너지는 어떤 구속도 받지 않으며, 현실과 환상을 구별하지 못한다. 어떤 것이 현실인지 아닌지를 구별하지 못하는 사고를 '일차적 사고과정(primary process thinking)'이라 부른다.

원초아와 관련된 정신에너지는 무의식적인 것으로 개인은 이를 의식하지 못하며, 그에 관해 생각하거나 말할 수 없다. 원초아와 관련된 모든 정신에너지는 어떤 언어적 연상도 할 수 없는 것이다. 이 때문에 프로이드 학파의 심리학자들은 아동이 언어획득 이전에 일어난 사건들을 기억하지 못한다고 믿는다. 원초아의 무의식적 충동은 전생애를 통해 활동하지만, 건전한 발달이 진행됨에 따라 원초아와 관련된 정신에너지는 점점 적은 비율을 차지하게 되고, 사회적으로 보다 적응적인 자아 및 초자아의 관련된 정신에너지는 증가하게 된다.

나이가 들어서도 원초아가 지배적인 성격을 지닌 사람은 본능적인 소망과 성적 욕망을 통제하지 못한다. 그런 사람들의 행동은 주로 쾌락추구적인 동기를 즉각적으로 만족시키고자 하며, 현실적인 욕구나 사회윤리적 가치에는 거의 관심을 보이지 않는다.

(2) 자아(Ego)

자아는 1세 말에서 2세에 이르는 동안 원초아의 일부로부터 발달하여 현실을 검증하는 기능을 가지고 있다. 자아의 가장 중요한 기능은 개인으로 하여금 현실에 적응하도록 하는 것이다. 자아는 현실을 고려하므로 현실원리(reality principle)를 따른다. 만약 인간이 원초아가 소망하는 대로 모든 것을 추구한다면 자신의 생존은 물론 종족보존이라는 진화적 목표도 달성할 수 없을 것이다. 이와 같이 생존목표를 위해 자아가 발달한다. 따라서 자아는 원초아의 욕구를 충족시키면서도 초자아의 도덕적 양심을 현실적으로 고려하기 때문에, 쾌락원리나 도덕원리(moral principle)보다는 현실원리(reality principle)를 따르게 된다.

자아는 현실이라는 외부 세계와 접촉하여 성격을 지배하고 통제한다. 예를 들어, 어린이는 즉각적으로 자신의 욕구를 충족시키려고 하지만 그것이 현실적으로 불가능하다는 것을 경험하게 된다. 이때 자아는 어린이로 하여금 충동을 통제하고 좌절을 감내하도록 도와준다. 이처럼 자아는 원초아만 있던 어린이가 외부 현실의 벽에 부딪히면서 현실적이고 논리적인 방식으로 사고하도록 돕는다. 이런 합리적 사고방식을 '이차적 사고과정(secondary process thinking)'이라 부르는데, 이차적 사고과정은 언어, 문제해결, 기억 등과 같은 지적능력으로 구성된다. 이차적 사고과정은 원초아의 일차적 사고과정보다 훨씬 더 합리적이고 조직적이다.

자아는 이성, 상식, 현실검증의 기능을 하지만 그 에너지를 빌려온 원초아의 목적에 이바지하기도 한다. Freud는 자아와 원초아의 관계를 본능적인 충동과 넘치는 힘을 지니고 있는 말(원초아)과 어디로 그리고 얼마나 빨리 달릴 것인지 조종하는 기수(자아)에 비유하여 설명하고 있다.

자아와 원초아의 관계는 말과 기수의 관계에 비유될 수 있다. 말은 운동에너지를 공급하고 기수는 목표를 설정하고 말을 이끌 수 있는 특전을 가지고 있다. 그러나 자아와 원초아 간에는 기수가 어쩔 수 없이 말이 가고자 하는 길로 끌려갈 수밖에 없는 이상적이지 못한 상황이 너무나도 자주 발생한다(Freud, 1933; 1964: 77).

(3) 초자아(Superego)

프로이드는 아동기 후반에는 초자아라고 불리는 세 번째 구조적 요소가 발달한다고 믿는데, 초자아는 자아로부터 발달한다. 자아와 초자아는 의식세계와 무의식세계에 걸쳐 존재한다.

초자아는 현실보다 이상을 지향하고 완벽한 것을 추구한다. 개인의 내면화된 도덕원리(moral principle)는 부모와의 동일시 과정을 통해서, 그리고 부모의 선악에 대한 기준을 따름으로써 발달한다. 나중에 초자아는 부모의 도덕관뿐만 아니라 보다 일반적인 의미에서 사회규범이나 본능적인 충동의 표현과 관련된 문화적 규제에 대한 내적 표상이 된다. 초자아는 사춘기가 시작될 무렵 거의 완성된다. 이것은 자기통제가 부모가 내리는 보상과 처벌을 통한 통제를 대체하기 시작했으며, 불안과 죄책감은 초자아가 스스로 내린 처벌이라는 것을 의미한다. 초자아는 두 가지 요소로 이루어지는데 하나는 자신의 내면화된 도덕적 가치에 위배될 때 죄책감을 느낌으로써 도덕적 위치에 반응하는 '양심'이고 또 하나는 자신의 행동이 내면화된 기준과 일치될 때 자부심을 느끼고 만족을 하게 되는 '자아이상'이다.

일반적으로 원초아와 초자아는 서로 상반된 목적을 추구하기 때문에 본능적 원초아와 이를 억제하려는 초자아 간에 긴장이 발생한다. 이때 자아의 중재역할이 제대로 이루어지지 못하면 갈등을 느끼는데 이것이 바로 불안이다. 이 불안은 매우 고통스럽기 때문에 그것을 방어하는 기술을 발달시키게 되는데, 이것이 방어기제이다.

이상과 같이 의식, 전의식, 무의식의 지형학적 모형과 원초아, 자아, 초자아의 구조적 모형 간의 관계를 고려함으로써 보다 역동적으로 정신작용을 이해할 수 있다. 원초아는 지형학적 모형의 무의식에 가장 가깝다. 자아는 원초아와 뚜렷이 구분되지는 않지만, 그 하위 영역이 원초아와 무의식으로 연결된다. 억압된 사고는 원초아와 합쳐지지만, 억압에 대한 저항에 따라 명백히 자아와 분리된다. 자아는 지형학적 모형의 세 가지 층 모두에 걸쳐 있다. 그것은 의식의 지각체계 내에 존재한다. "자아의 상당 부분은 그 자체가 무의식적인 것이며, 아마도 그 일부만이 전의식으로 덮여 있을 것이다(Freud, 1923/1961)."

초자아 역시 지형학적 모형의 세 층 모두에 위치하며, 자아와 상호작용하는 동안 원초아의 어떤 부분이 자아의 영역으로 들어올 수 있을지를 결정하기도 한다.

표 4-2 프로이드의 자각 수준과 구조적 모형 비교

자각 수준	내용	구조적 모형	내용
의식	• 의식적인 행동 국한 • 주의분산 시 전의식, 무의식에 잠재	id (원초아)	• 성격 형성의 가장 근본적인 부분 • 본능적 욕구 • 쾌락 원칙
전의식	• 무의식과 의식 연결부분 이용 • 가능한 경험과 기억 저장 • 무의식 내용들이 의식화 가능	ego (자아)	• 인간 성격의 합리적인 부분 • 현실적용 • 현실원칙
무의식	• 현실적으로 전혀 자각이나 인식이 불가능한 상징적인 정신체계 • 과거의 모든 경험과 동기, 기억, 억압되었던 욕구 등이 잠재된 부분	superego (초자아)	• 인간 성격의 사회적 구성요소 • 완전과 완벽 추구 • 도덕 원칙

4) 불안

프로이드는 원인에 대한 명확한 대상이 없이 두려움을 느끼는 것을 불안으로 보았으며 모든 불안의 원형이 출생외상(birth trauma)이라고 생각하였다. 그가 제안했던 세 가지 유형의 불안은 현실 불안(reality anxiety), 신경증 불안(neurotic anxiety), 도덕 불안(moral anxiety)이다. 이러한 불안은 앞에서 설명한 성격의 세 가지 구조와 관련해서 이해할 수 있다. 즉, 현실 및 세 가지 자아 간의 갈등에 의해 불안이 야기된다.

(1) 현실 불안

현실 불안은 자아가 현실을 지각하여 두려움을 느끼는 불안으로 실제적 위험에서 우리를 보호하는 데 기여한다.

(2) 신경증 불안

신경증 불안은 현실을 고려하여 작동하는 자아와 본능에 의해 작동되는 원초아 간의 갈등에서 비롯된 불안이다. 이러한 불안은 막대한 힘을 가진 원초아에 의해 충동적으로 표출된 행동이 처벌되지 않을까 하는 무의식적 두려움이다.

(3) 도덕 불안

도덕 불안은 원초아와 초자아 간의 갈등에서 비롯된 불안으로 본질적으로 자신의 양심에 대한 두려움이다. 만약 당신이 자신의 도덕적 원칙에 위배되는 본능적 충동을 표현하도록 동기화되면, 초자아는 당신으로 하여금 수치와 죄의식을 느끼도록 한다.

5) 방어기제

불안은 자아에게 닥친 위험을 알리는 신호이다. 불안은 세 가지 자아 간의 갈등으로 끊임없이 야기된다. 자아는 충동적으로 쾌락을 추구하는 원초아와 완벽성을 추구하는 초자아와의 갈등을 감소시키려고 노력한다. 프로이드는 모든 행동이 본능에 의해 동기화되는 것처럼 역시 불안을 피하려고 한다는 점에서 방어적이라고 보았다. 인간은 갈등에서 비롯된 불안으로부터 자신을 보호하기 위해 다양한 방어기제(defense mechanisms)를 사용한다. 방어기제는 고통에서 우리를 보호한다는 점에서 유용한 목적에 기여하지만, 그것이 무분별하고, 충동적으로 사용될 때는 병리적이 된다. 다양한 방어기제가 작동되는 구체적 내용은 서로 다르지만 공통적인 두 가지 특성을 가진다. 첫째는 현실의 부정 혹은 왜곡이다. 둘째는 방어기제가 무의식적으로 작동된다는 점이다. 몇 가지 주요한 방어기제의 종류 및 내용을 표로 제시하면 다음과 같다(표 3-1 참조).

표 4-3 방어기제의 종류 및 내용

종류	내용
반동 형성	반동 형성(reaction formation)은 개인의 내면에서 수용할 수 없는 충동을 정반대로 적극적으로 표현하는 것이다.
억압	억압(repression)은 프로이드가 "정신분석의 전체적 구조가 의존하는 주춧돌"이라고 부를 정도로 가장 중요한 방어기제이다. 억압은 자아가 위협적인 내용을 의식 밖으로 밀어내거나 혹은 그러한 자료를 의식하지 않으려는 적극적 노력이다. 본질적으로 억압은 우리에게 불편함이나 고통을 가져다주는 존재에 대한 무의식적 부정이다.

종류	내용
부정	부정(denial)은 현실에서 일어났던 위협적이거나 외상적인 사건을 받아들이지 않고 거절하는 것이다.
승화	승화(sublimation)는 전위의 한 형태로서 수용될 수 없는 충동이 사회적으로 받아들여질 수 있는 충동으로 대체되는 것이다.
투사	투사(projection)는 자신이 갖고 있는 좋지 않는 충동을 다른 사람이 가지고 있다고 원인을 돌리는 것이다.
퇴행	퇴행(regression)은 위협적인 현실에 직면하여 덜 불안을 느꼈던 그리고 책임감이 적었던 이전의 발달 단계의 행동을 하는 것이다.
전위	전위(displacement)는 어떤 대상에게 원초아의 충동을 표현하기가 부적절하면, 그러한 충동을 다른 대상으로 대체하는 것이다.
합리화	합리화(rationalization)는 자신의 행동을 그럴듯한 그러나 부정확한 핑계를 사용하여 받아들여질 수 있게끔 행동을 재해석하는 것이다.
고착	고착(fixation)은 다음 단계에 대한 불안을 피하기 위하여 발달기 이전 단계에 집착하는 것이다.
동일시	동일시(identification)는 자신의 불안과 열등적 태도나 행동들을 피하기 위해 성공적 사례나 조직, 사람과 동일시하려는 것이다. 자기 가치감을 높이고 실패감으로부터 자신을 보호하려는 경향을 보인다.
보상	보상(compensation)은 부족한 점을 감추기 위해 약점을 지각하지 않거나 어떤 정적 특성을 발전시키는 것. 관심이나 인정을 받지 못하는 아동들이 부정적 관심이라도 받기 위해 행동하는 것이다.

3. 연속적 체계: 심리성적 발달 단계

프로이드에 의하면 심리성적 발달은 영아기로부터 시작하여 리비도의 충족을 가져오는 신체부위나 성감대에 따라 명명된 일련의 예정된 단계를 거치게 된다고 한다. 단계마다 서로 다른 신체부위로부터 쾌락을 얻고 발달이 진행되기 때문에 쾌락과 만족을 추구하는 자극이 두드러진 신체부위의 심리성적 유형에 따라 구강기, 항문기, 남근기, 잠복기, 생식기로 발달의 단계를 명명하였다.

1) 구강기

출생으로부터 1세까지의 해당하는 심리성적 발달의 첫 단계 구강기(oral stage)이다.

이 시기에 모든 것이 입에 집중되는 리비도로 유아는 입을 통해 빨고, 깨물며, 먹고 하는 행위에서 긴장감소와 쾌락을 경험한다. 리비도의 일차적 대상인 어머니의 젖을 빨면서 전적으로 의존하여 세상에 대한 지각을 배우게 된다. 구강기 동안에 나타나는 두 가지 행동방식은 구강공격적 행동(oral aggressive behavior)과 구강수용적 행동(oral receptive behavior)이다. 구강공격적 행동에 고착된 사람은 지나친 비관론, 적의성, 공격성을 보이는 경향이 있으며, 구강욕구가 지나치게 만족되면, 성인이 되어 세상에 대하여 지나치게 낙관론을 갖거나 의존적인 성격을 가지는 경향성이 있다. 즉, 구강기에 겪는 경험의 대부분은 언어로 표현되지 못하므로 무의식 속에 남아 있기 쉽다.

쾌락의 추구가 빈번히 좌절되면 다음 발달 단계로 넘어가지 못하고 그 시기에 고착하게 된다. 고착하게 되면 과식이나 과음, 과도한 흡연, 입맞춤, 수다, 신랄한 비평, 빈정거림 등의 구강기 성격이 나타난다. 고착현상은 일반적으로 심각한 좌절로 인해 욕구불만이 생길 때에 일어나지만, 과다한 만족 또한 고착의 원인이 된다고 한다.

2) 항문기

보통 1~3세까지 진행되는 것으로 리비도가 항문에 집중되는 항문기(anal stage)이다. 보다 강렬한 쾌감을 얻기 위해 배설을 미루는 보유와 배설을 통해 안도와 쾌감을 경험하는 방출을 통해 만족을 얻는 것이다. 이 시기는 본능적 배설과 외부적 현실인 배변훈련과 관련되어 배설물을 방출하는 것은 아이에게 쾌락이지만, 배변훈련의 시작과 함께 아이는 이 쾌락을 지연시키는 방법을 배우게 된다. 이것은 참았다가 배설을 하면 쾌감이 더 커지는 동시에 사회적 승인 역시 커지기 때문이다. 배변훈련이 순조롭게 진행되지 않는다면, 부모가 하지 말라고 한 시간과 장소에 배변을 함으로써 부모의 요구를 거절하는 행동을 한다. 이러한 행동은 좌절을 감소하기 위한 행동으로 여겨 항문 공격성격(anal aggressive personality)을 발달시킬 수 있다. 또한 배설해야 할 변을 보유하는 것이다. 변을 보유하면서 만족을 느끼고 부모를 조작하는 고집이 센 것으로 특징되는 항문 보유성격(anal retentive personality)을 형성할 수 있다.

유아는 지나친 엄격한 배변훈련을 받게 되면 고착현상이 일어난다. 즉, 배설을 참아서 근육수축 쾌감에 고착하게 되면 강박적 항문기 성격으로 나타나 청결이나 질서에 대한 강박적 욕구를 보이거나, 배설을 하고 나서 근육이완 쾌감에 고착하게 되면 폭발적 항문기 성격으로 나타나 지저분하고 낭비벽이 심한 사람이 된다.

3) 남근기

프로이드의 심리성적 발달 단계 중 성격 형성에 가장 중요한 시기가 4~5세 중에 나타나는 남근기(phallic stage)이다. 아동의 리비도 초점, 즉 쾌락의 초점이 항문에서 성기로 옮겨진다. 이 단계에서 아이는 성기를 만지거나 환상을 통해서 쾌락을 느낀다. 성기기의 갈등은 아동의 반대 성인 부모와 관련한 근친상간 욕망에 대한 환상과 관련되어 있다. 남아는 오이디푸스 콤플렉스를 그리고 여아는 엘렉트라 콤플렉스를 경험한다.

프로이드는 성적으로 어머니를 소유하려는 욕망이 남근기에 있는 모든 남아들의 특징이라고 믿는다. 남아는 어머니를 최초의 애정의 대상으로 추구하고 아버지를 경쟁자로 인식하여 적대감을 갖게 된다. 그러나 남자아이는 아버지를 어머니에 대한 경쟁자이며 위협적 존재로 여긴다. 또한 그는 아버지와 어머니가 특별한 관계에 있음을 지각하고, 아버지에 대해 질투심과 적대심을 가지게 된다. 아버지와의 미묘하고도 심각한 대결의 과정에서 아버지의 분노를 인식하게 되며, 자신과 아버지의 성기를 비교해 열등감을 느끼게 된다. 연약한 아이가 힘 있는 적대자인 아버지로부터 자신의 성기가 잘려지지 않을까 하는 두려움을 갖게 되는 것을 거세 불안(castration anxiety)이라고 한다. 남아는 거세 불안을 감소하기 위해 어머니에 대한 성적 욕망을 포기하고, 아버지에게 느꼈던 적대감정을 억압하고 그 대신 자신과 아버지를 동일시하게 된다. 즉, 아버지와 경쟁하는 대신 아버지와 같은 사람이 되려고 하며, 아버지를 통해서 어른이 된 느낌을 간접적으로 즐긴다. 남아는 자신을 아버지와 동일시(identification) 함으로써 이러한 오이디푸스 콤플렉스를 극복한다. 이러한 과정으로 사회적 규범, 도덕적 실체라고 할 수 있는 아버지에 대한 동일시를 통해 초자아를 형성하게 된다.

4) 잠복기

잠복기(latency period)는 6세에서 사춘기까지로 실제로는 심리성적 단계가 아니다. 이 시기에 성적 본능은 휴먼을 취한다. 아이들은 이 기간 동안 학교활동, 취미, 스포츠, 우정관계 등을 통해 성적 충동을 승화시킨다. 아동은 이제 비교적 평온한 시기인 잠복기에 들어서는 초등학교 시기라고 볼 수 있다. 부모와의 동일시가 강력해지고, 그로 인해 초자아가 발달되는 시기가 바로 잠복기이다. 이 시기에 공격적 행동, 성적 본능 그리고 리비도의 힘은 잠복상태이며, 이전의 세 단계의 갈등해결에 투입되던 성적 에너지는 이제 부모에 대한 애정을 발달시키고, 동성 친구와의 강한 사회적 유대를 확립하는 데 집중된다. 이 시기의 학교교육은 기본적인 사회적 기술을 습득하고, 촉진과 게임, 놀이를 통해 새로운 역할이 시도되고 운동능력의 발달도 촉진된다.

5) 생식기

심리성적 발달의 마지막 단계인 생식기(Genital Stage)는 사춘기에 시작한다. 이 단계에 청소년의 발달 특징은 급격한 신체적 성장과 더불어 호르몬의 변화이다. 잠복기에 확립된 원초아, 자아, 초자아 간의 균형이 갈등과 혼란을 겪으면서 갑자기 균형을 잃게 된다. 이때 자아는 억압과 같은 방어기제를 통해 원초아의 욕구를 부정함으로써, 다른 한편으로는 지성화, 합리화, 금욕주의, 퇴행 등의 방어기제를 통해 초자아를 진정시킴으로써 이러한 갈등에 대처하기도 한다. 이러한 신체적 변화에 따라 오랫동안 휴면에 있었던 리비도가 성기에 집중되면서, 청소년은 이성에 대한 관심과 함께 성행위를 추구하기 시작한다. 소년과 소녀는 서로 다른 성적 정체감을 인식하면서 성적 및 대인관계욕구를 충족할 방법을 찾는다. 생식할 능력을 갖춘 존재로서 인간은 타인과의 관계를 통해 만족을 추구하며 직접적으로 성행위를 충족시키지 못할 경우 자위행위를 통해 긴장을 해소하면서 쾌락을 경험한다.

표 4-4 심리성적 발달 단계와 특징

단계	연령	특징
구강기	0~1세	리비도가 입에 집중되어 있으며, 주로 빨기를 통해 쾌락을 얻음. 원초아가 지배적임
항문기	1~3세	배변훈련(외부 현실)이 배변으로 인해 얻어지는 만족을 방해함
성기기	4~5세	근친상간에 관한 환상, 오이디푸스 콤플렉스, 불안, 초자아가 발달됨
잠복기	5세~사춘기	성적 본능의 승화 단계
생식기	청소년기~성인기	성역할 정체감과 성인으로서의 사회적 관계가 발달됨

4. 재활상담 적용

성격을 이해하기 위해 프로이드는 사례연구방법을 사용하였다. 환자들의 증상이나 호소하는 문제 이면에서 심층적으로 작동하는 무의식의 내용을 밝히는 작업이 집중적으로 사용되었다. 프로이드가 성격을 이해하기 위해 사용한 주요한 기법은 자유연상(free association)과 꿈 분석(dream analysis)이다.

1) 자유연상

자유연상은 환자가 전혀 자기검열 없이 마음에 떠오르는 모든 생각이나 기억을 치료자에게 보고하는 기법이다. 환자는 자신의 마음속에 떠오르는 생각이 아무리 사소하고, 중요하지 않고, 당황하게 하고, 비논리적인 것일지라도 있는 그대로 모든 생각을 치료자에게 보고한다. 프로이드는 자유연상을 통해 검열 없이 보고가 이루어지는 시도를 정신분석의 기본원리라고 하였다. 치료자는 자유연상을 사용하여 환자의 문제가 인생 초기에 경험했던 외상경험과 관련된 것이다.

2) 꿈 분석

꿈 분석은 프로이드가 환자의 무의식의 비밀을 벗기기 위해 사용했던 다른 주요한 기법이다. 프로이드는 꿈을 소망충족을 위한 위장된 시도라고 보았다. 이러한 소망은 개인에게 수용될 수 없는 무의식적 동기로 위장되거나 상징적인 형태로 인간의 업악된 욕망, 공포, 갈등을 나타낸다. 이런 점에서 "꿈은 무의식에 이르는 왕도이다(Dream is the royal road to the unconscious)."라고 했다. 프로이드는 꿈의 내용을 꿈에서의 실제 사건(명시된 내용)과 그런 사건들의 숨겨진 상징적 의미(잠재한 내용)의 두 측면으로 구분했다. 또한 그는 꿈에서 나타난 상징의 숨겨진 의미를 성적 충동과 관련하여 찾으려고 했다. 예를 들어, 계단, 사다리는 성 관계를 나타내고, 양초, 뱀, 나무 밑등은 음경을 나타낸다. 그리고 상자, 문은 여성의 몸을 상징한다.

3) 분노 수용하기

아동들은 표현이 종종 비효과적이더라도 때론 분노를 표현하는 일이 필요하다. 적절한 경험이 되는 분노표현으로 9세 아동이 분노를 표현할 수 있는 효과적인 방법은 무엇일까? 게임하기 좋지만 화가 난 상황에서는 쉽지 않다. 활동적인 야외 게임들은 상황에서 효과적일 수 있다. 그러나 분노감정이 만약 아버지에 있다면, 공놀이에서 아버지의 손에 통증을 주거나 아버지를 뛰어다니게 조장할 수 있다. 아버지는"와, 아버지에게 화가 났구나. 너 정말 화가 났구나."로 응대가 필요하다.

4) 상상 속의 놀이친구

상상 속의 놀이친구는 다른 상황에서 대처를 돕는 데 사용된다. 안전한 자기편과 연습을 통해 아동이 자신의 문제를 해결하는 친한 놀이친구이다. 놀이친구가 실제가 아니라는 것을 알지라도, 때로는 관계를 계속 이어갈 수 있다. 예를 들어 목소리 같은 것이다. 아동이 부모와의 대화에서 어려움을 겪는 문제를 부모의 목소리를 내면서 놀이친구로 이어간다. 상상 속의 놀이친구를 환상과 현실을 구분할 수 있는 아동은 건강한 아동이라고 생각해야 한다.

제2절 아들러의 개인심리학

1. 개요

아들러(Alfred Adler)는 인간은 불완전한 존재임을 강조하며, 불완전함을 알아차리는 순간 열등감을 느끼고, 완전을 소망한다. 아들러의 이론은 열등감과 보상이라는 개념으로 설명한다. 아들러는 프로이드 정신분석이론의 핵심 개념인 성 추동(sex drive)을 남성성 추구(masculine protest)로 대체하고 프로이드의 생물학적 · 외적 · 객관적인 원인 설명을 심리적 · 내적 · 주관적 원인으로 설명을 대체시켰다(Ansbacher & Ansbacher, 1956: 9). 열등감은 보다 더 완전함으로 나아가는 동기로 작용하여 우리를 변화시키는 원동력이다. 열등감이 지나쳐서 자신이 더 이상 나아갈 수 없으면 좌절한다. 좌절의 열등감은 우리를 변화시키는 동기로 작용할 수 없다. 이러한 과정의 열등감은 '열등감 콤플렉스'라고 한다. 따라서 열등감 콤플렉스와 같은 과장된 열등감은 부끄럼, 비겁함, 무례함, 충동성, 복수심 등 다양한 부정적인 정서와 행동으로 나타난다 (Lundin, 1989).

인간이 불완전함을 알아차려 열등감은 느끼지만, 완전함을 추구하게 된다. 아들러 이러한 과정을 '우월성 추구(striving to superiority)'라고 하며, 생애 초기에 경험하는 열등감을 보상하여 더 완벽함을 추구하는 것이다. 즉, 아들러는 현재의 행동이 자신의 목적을 달성하기 위해 선택되는 입장으로 현재의 행동에 담겨 있는 행동의 목적을 이해하는 것을 강조하고 있다. 이는 행동수정보다 동기수정을 제안하며, 행동의 동기는 행동의 목적이 바뀌면 바뀐 목적에 따라 선택되는 행동도 당연히 바뀌기 때문이다.

아들러는 현재의 행동을 결정론적 관점이 아니라 목적론적 관점에서 이해하여 우월성 추구라는 목적 달성의 행동인 자유의지에 따라 선택한다고 한다.

아들러 심리학에서는 모든 문제행동을 과장된 열등감 또는 열등감 콤플렉스에서 비롯된 것으로 간주하여 문제행동을 교정하려면 과장된 열등감 또는 열등감 콤플렉스를 감소시켜 정상적인 열등감을 갖도록 하는 것이며, 아들러는 인간을 사회적이며, 목적론적인 존재로 보고 이해하려고 시도하였다. 이런 점에서 아들러는 사회적 관심을 강조하였으며 "인간의 모든 행동은 목적이 있다"고 하였다. 아들러는 상담을 통해 개인이 보다 나은 생활양식을 개발하고, 잘못된 생활양식을 긍정적인 관점으로 대치하고 사회적 관심을 발달시킬 것을 강조하여 인간을 통합적인 존재로 이해하여 개인을 부분적인 입장이 아니라 전체적인 입장을 취한다고 한다. 또한 가족구성원의 생활양식과 가족구조, 출생서열 등에 관심을 두고 있다.

2. 주요개념

1) 인간 본성에 대한 이해

아들러의 개인심리학의 주요개념인 불완전한 존재, 목적론적 존재, 창조적인 존재, 사회적 존재, 통합적 존재, 생활양식, 인생과제, 허구적 최종목적론, 열등감, 우월성 추구, 가족구도 및 출생순위 등으로 설명한다.

(1) 불완전한 존재

아들러 심리학은 인간을 불완전함을 알아차리는 순간 열등감을 느끼고 완전함을 소망한다고 본다. 즉 열등감과 보상이란 개념으로 설명한다. 열등감은 보다 나은 모습으로의 동기로 작용하여 우리를 변화시키는 원동력인 것이다. 열등감이 지나치게 되면 우리를 변화시킬 수 없어 과장된 열등감 콤플렉스로 사람은 자신의 열등함을 알아차리며 완전한 변화 추구를 포기한다는 것이다. 부끄러움, 비겁함, 무례함, 충동성, 복수심 등이 다양한 정서와 행동으로 나타나는 과장된 열등감 또는 열등감 콤플렉스로 모든 문제행동이 비롯된다고 주장한다. 즉, 정상적인 열등감이 완전함의 변화를 추구하는 동기로 작용하도록 돕는 것이 필요하다.

(2) 목적론적 존재

인간이 불완전함을 알아차리는 열등감을 느끼지만, 좀 더 나은 존재로 살아가는 것을 말하며, 이러한 과정을 '우월성 추구'라고 한다. 각자 나름의 성공을 찾아 자신의 잠재력을 추구하는 실현을, 우리는 삶의 목적임을 말한다. 이는 추구하는 우월성을 위해 효과적인 행동을 선택하며 살아가는 존재이다.

문제행동을 교정하기 위해 좋은 방법으로 행동수정하기보다는 동기수정을 하며, 행동의 동기는 행동의 목적이 바뀌고, 바꾼 목적에 의하여 행동도 자연스럽게 바뀌기 때문이다.

(3) 창조적인 존재

인간의 자유의지는 현재의 행동을 결정론적 관점이 아니라 목적론적 관점에서 이해하며, 우월성 추구라는 목적 달성으로 자유의지에 따라 선택하는 것이다. 아들러가 말하는 창조적 자기(creative self) 또는 자기의 창조적인 힘(the creative power of the self)에 의한 적극적이고 창의적인 행동이다. 인간은 창조적인 힘에 자신의 인생 각본을 쓰고, 자신의 행동을 연출하고, 성격을 형성하며 살아간다. 현실적인 자신의 삶에 의문을 제기하고, 현실을 해체하고, 재구성한다. 즉, 자신이 만들어 낸 목적을 추구하기 위하여 도움이 되는 행동을 적극적으로 창조하는 것이다. 이러한 행동이 반복되면서 행동의 고유한 패턴으로 발전되어 자신의 고유한 행동양식이 되는 것이다.

(4) 사회적 존재

아들러는 인간은 상부상조하는 사회적 본능을 가지고 태어난다고 가정한다. 인간은 스스로 지키기 위하여 사회적 존재가 되어 사회공동체 안에서 개인의 생존과 성장을 위한 목표를 공유, 역할을 분담하고 협력한다. 아들러는 우리들이 속한 사회공동체와 더불어 자신의 생존과 안녕을 지키고 보장하기 위하여 공동체 의식(community feeling) 또는 사회적 관심(social interest)을 발달시킨다. 이러한 공동체 의식은 잠재적이고 적극적으로 개발되어야 할 필요가 있다고 강조한다.

(5) 통합적 존재

프로이드의 원초아, 자아, 초자아로 구성된 성격구조가 아닌 인간은 나뉠 수 없는 통합적인 존재라고 아들러는 설명한다. 즉, 개인심리학(Individual Psychology)은 나뉠 수 없음(in + dividual)을 의미한다(유리향 외, 2018). 아들러는 통합적인 존재를 강조하며 개인심리학의 용어를 사용하며, 개인을 부분적이 아니라 전체적으로 바라보는 정신과 신체, 인지와 정서, 의식과 무의식 등 양극이 아니라 서로 상호작용 관계에 관심을 두고 있다. 이러한 심리학은 행동, 사고, 신념, 태도, 정서, 품성 등에 통합한 개인의 고유한 삶에 관심을 갖는다(Carlson & Englar-Carlson, 2017).

2) 생활양식

(1) 생활양식의 의미

아들러는 생물학적 측면보다 사회적 요인을 강조, 무의식적 특성보다는 목적 지향적인 본질을 강조한다. 사회목적론적인 관점은 자신, 타인, 삶에 대한 독특한 관점을 발전시키고 단기적·장기적 목표를 만들어 행동에 동기를 부여하며 살아간다는 것이다(Bitter, Sonstegard, & Pelonis, 2004).

생활양식은 사람들의 사고, 행동방식, 감정, 자신과 세계에 대한 관심, 삶의 가치와 태도, 목적, 살아가는 방식 등 개인의 독특성을 설명하는 아들러의 원리이다. 생활양식은 때로는 문제해결방식, 삶에 대한 태도, 삶의 목적 달성을 위한 수단, 성격, 심리, 특성(character) 등 의미로 사용될 수 있다(Lundin, 1989).

인간은 우월성이나 완전성과 같은 한 가지 궁극적인 목표를 가지고 있지만 이러한 목표를 향한 개인들의 구체적인 행동들은 다양하다. 모든 사람들은 서로 구별되는 생활양식을 발달시켜, 한 개인이 어떻게 그의 인생 장애물을 극복하고, 문제의 해결점을 찾아내며 어떠한 방법으로 목표를 추구하는지에 대한 방식을 결정해 주는 것이다(Sharf, 2000). 이러한 자신에게 의미를 주는 삶의 목표를 추구하기 위해 각기 독특한 생활양식을 발달시킨다. 신체적으로 허약한 어린이는 체력을 강하게 발달시키는 쪽으로 보상하려고 애쓴다. 개인의 행동은 자기의 신체적 한계점을 의식함으로써 형성되어 그의 생활양식, 즉 열등감을 보상하기 위한 행동으로 나타난다.

표 4-5 생활양식의 의미

• 개인적인 특성과 창의적인 모습	• 삶의 문제해결방식
• 삶에 대한 개인의 태도	• 열등감을 보상하는 방식
• 자신에게 의미 있는 삶의 방식	• 목적과 목적 달성의 수단
• 전체적이고 단일한 성격	• 자신과 타인에 대한 견해
• 우월성 추구와 사회적 관심을 충족하는 방식	• 전체 성격의 표현

(2) 생활양식 유형

아들러는 사회적 관심과 활동 수준에 따른 생활양식을 네 가지, 즉 지배형(the ruling type), 기생형(the getting type), 회피형(the avoiding type), 사회적 유용형(the socially useful type)으로 설명하였다. 지배형, 기생형, 회피형은 바람직하지 않은 유형으로, 사회적 관심이 부족하다는 공통점이 있으나 활동 수준에는 차이가 있다. 사회적 유용형은 바람직한 형으로 사회적 관심과 어울림으로 활동 수준도 높다. 아들러는 이러한 생활 유형은 가정에서 어린 시절에 부모의 영향하에서 주로 형성된다고 보았다(노안영, 1998).

표 4-6 아들러의 생활양식 유형

활동 수준 \ 사회적 관심	높은 사회적 관심	낮은 사회적 관심
높은 활동 수준	사회적 유용형	지배형
작은 활동 수준	없음	기생형, 회피형

출처: Dinkmeyer, D., Jr. & Sperry, L.(2000). Counseling and psychotherapy: An integrated, individual psychology approach(3rd ed.). Upper Saddle River, NJ: Merrill/Prentice Hall.

사회적 관심은 자기 이익보다는 공동체 발전을 위해 다른 사람들과 협력하는 것, 개인에 대한 감정이입과 일체감을 말한다. 또한 활동 수준이란 에너지 수준과 일치하여 인생문제를 해결하려는 개인의 움직임을 말한다. 활동 수준은 사람마다 다르며, 아주 무기력하고 우유부단한 사람부터 끊임없이 왕성하게 활동하는 사람까지 다양하다. 활동 수준이 건설적 · 파괴적이 되는 여부는 사회적 관심과의 결합에 의해 달라진다.

그러므로 생활양식은 개인의 가치와 신념, 관심, 태도, 목표, 현실적 지각의 표현으로 현재 생활적응과 미래 삶의 방향성 예측에도 도움이 된다. 생활양식을 평가하기 위해서는 가족분위기, 가족의 구도, 출생순위 등을 이용한다. 가족구도는 가족구성원의 성격특성, 정서적 유대관계, 구성원에 대한 지배적, 복종의 관계, 자녀간의 나이 차이, 가족의 크기, 성별, 형제 수, 자녀의 출생순위의 다양한 요소에 영향을 받는다(Dinkmeyer & Sperry, 2000). 아들러는 가족구도와 출생순위가 성격발달에 영향을 미치는 요인이라고 설명하며, 출생순위라는 하나의 틀로만 성격을 유형화하는 것은 경계해야 한다고 한다.

표 4-7 생활양식 유형별 특징

유형	특징
사회적 유용형	활동성과 사회적 관심이 높은 유형 삶의 과제에 적극적으로 대처하며 자신의 삶의 문제를 잘 발달된 사회적 관심의 틀 안에서 타인과 협력하여 적절한 방법으로 해결한다.
지배형	활동성이 높고 사회적 관심이 낮은 유형 다른 사람에게 상처를 주기 위해 타인이나 자신을 공격하면서 우월성을 성취한다.
기생형	활동성이 낮고 사회적 관심도 낮은 유형 타인에게 모든 것을 얻기를 바라고 의존적인 삶을 산다. 자신의 문제를 스스로 해결하지 않고 수동적인 대인관계를 유지하는 데 자신의 모든 힘을 사용한다.
회피형	활동성과 사회적 관심이 낮은 유형 삶의 문제를 회피하여 모든 실패의 두려움에서 벗어나려고 하며 사람들과의 관계도 관심을 두지 않는다.

출처: 유리향, 선영운, 오익수(2018). 교사를 위한 아들러 심리학. 학지사. p. 140.

3) 열등감

인간은 누구나 어떤 측면에서는 열등감을 느끼고 있다. 인간은 현재보다 나은 상태인 완전성을 실현하기 위해 노력하는 존재이기 때문이다. 그리고 사회적 존재로서 다른 사람들과 비교하여 자신을 평가하기 때문이다. 아들러는 우리 각자가 자기완성을 이루기 위해 자신이 느끼는 열등감을 극복해야 한다는 것을 강조한다. 이는 자기완성을 위한 필수요인으로 열등감을 제시함으로써 열등감을 긍정적인 측면에서 본다. 좀 더 구체적으로 열등감이 심리적 건강 혹은 신경증에 이르는 과정을 살펴본다면, 개인이 열등감을 극복하고 완성에 도달하기 위한 우월성 추구를 하면 건설적 생활양식을 갖게 되어 심리적 건강을 달성한다. 이러한 사람은 자신의 부족한 점을 스스로 인정하고 그것을 극복하려는 의지와 노력을 통해 자기완성을 이루기 위해 매진한다. 즉, 심리적 건강을 위해 우리가 열등감을 지배하는 게 필요하다. 반면에 개인이 열등감을 개인적 우월성 추구에 집착하면 파괴적 생활양식을 갖게 되어 신경증에 빠지게 된다(Ryckman, 2000: 119-120). 열등감에 사로잡혀 열등감의 노예가 된다면 열등감이 우리를 지배하게 된다. 이렇게 된다면 우리의 삶은 열등감 콤플렉스에 빠져버리게 된다.

아들러는 열등감 콤플렉스를 '주어진 문제를 사회에 유용한 방식으로 해결하기에 충분히 강하지 않는 사람'이 갖는 특성이라고 말했다. 이러한 콤플렉스는 아동기 때 어른들이 그들의 아이들을 다루는 방식에 의해 나타나는 것임을 발견했다. 아들러는 열등감 콤플렉스의 세 가지 원천으로서 기관열등감(organ inferiority), 과잉보호(spoiling), 양육태만(neglect)을 제안하였다.

(1) 기관열등감

이 열등감의 원천은 개인의 신체와 관련된 것이다. 개인이 부모에게서 물려받은 자신의 신체에 대하여 어떻게 생각하는가와 관련된 것이다. 외모에 대해서 어떻게 생각하는가? 신체적으로 건강한가? 아니면 자주 아픈가? 신체적으로 불완전하거나 만성적으로 아픈 아이들은 다른 아이들과 성공적으로 경쟁할 수 없다. 그래서 이런 아이는 열등감이라는 소라 껍데기 속에 움츠러든다.

(2) 과잉보호

과잉보호는 부모의 자녀교육과 관련된 것이다. 자녀를 얼마나 독립적으로 키우느냐 의존적으로 키우느냐는 부모의 교육방식에 따라 달라진다. 가족이 핵가족화됨으로써 '내 자식 위주'의 사고를 가진 부모들이 많아졌다. 아이가 학교나 사회에서 어떤 문제를 일으켰을 때, 아이 스스로 해결할 수 있도록 기회를 주기보다는 부모들이 먼저 나서서 모든 일을 해결해버리는 경우가 많다. 과거 한참 유행이었던 '마마보이'라는 말은 부모의 과잉보호로 인해 부모 없이는 아동 스스로 아무 것도 결정할 수 없다는 것을 비꼬는 말이었다. 과잉보호로 자란 아이들은 다른 사람들이 항상 그를 위해 모든 것을 해주기 때문에 자신감이 부족하게 된다. 그 결과로 그들 자신의 인생의 어려운 고비에 부딪쳤을 경우 해결할 능력이 없다고 믿고 깊은 열등감에 젖게 된다.

(3) 양육태만

부모가 자녀에 대한 최소한의 도리를 하지 않는 것과 관련된다. 아이들의 성장에 있어서 부모의 사랑과 관심은 매우 중요한 요소이다. 아이들은 부모와의 신체접촉, 놀이를 통해 안정된 정서를 갖게 되며 자신의 존재 가치를 느끼게 된다. 사회의 급격한 변화와 더불어 이혼율과 여성의 사회참여가 증가하면서 자녀에 대한 사랑과 관심이 줄어들고 있다. 특히 가정에서, 비디오 교육이라는 명목하에 아이들에게 홀로 비디오를 보게 함으로써 부모의 역할을 태만히 하는 경우가 많다. 이렇게 양육태만인 아이들은 근본적으로 자신이 필요하지 않다고 느끼기 때문에 열등감을 극복하기 보다는 오히려 문제에 대해 회피하거나 도피한다. 즉, 이러한 아이들은 자신의 능력을 인정받고 애정을 얻거나 남으로부터 존경을 받을 수 있다는 자신감을 잃고 세상을 살아간다.

이처럼 부모역할이 아동, 즉 인간의 생활양식에 강력한 영향을 준다는 것을 아들러 개념을 통해 이해할 수 있다. 최근의 부모역할훈련에 활발하게 사용되고 있는 아들러 상담이론에 근거한 '효과적 부모역할을 위한 체계적 훈련'(Systematic Training for Effective Parenting: STEP)이나 '현대의 적극적 부모역할'(Active Parenting Today: APT)에서 강조하는 민주적 부모역할도 아동의 생활양식의 형성과 밀접하게 관련되어 있다. 즉, 독재형이나 허용형의 부모역할로 양육된 아동은 부정적인 생활양식을 형성하게 된다는 것을 쉽게 이해할 수 있다. 이러한 세 가지 어릴 때의 상황에서 비롯된 열등감 콤플렉스의 원인은 성년이 된 후에 신경증을 일으키는 중요한 요인이 된다.

4) 우월성 추구

아들러의 우월성(superiority)이란 개념을 자기완성 혹은 자아실현이란 의미로 사용하였다. 아들러는 인간의 자기 신장, 성장, 능력을 위한 모든 노력의 근원이 열등감이라고 말했다. 그러나 '인간이 추구하는 궁극적인 목적은 무엇인가?', '삶의 일관성과 통일성을 부여하는 것은 무엇인가?', '인간은 단지 열등감의 해소만을 추구하는가?', '인간은 단지 타인을 능가하기 위해서만 동기화 되는가?' 아들러는 이러한 질문들에 대해 1908년까지는 '공격성'으로, 1910년경에는 '힘에 대한 의지(will to power)'로, 그 후부터는 '우월성 추구(striving for superiority)'의 개념으로 설명하였다.

우월성의 추구는 삶의 기초적인 사실로 모든 인간이 문제에 직면하였을 때 부족한 것을 보충하며, 낮은 것은 높이고, 미완성의 것은 완성하며, 무능한 것은 유능한 것으로 만드는 경향성이다. 즉, 우월성의 추구는 모든 사람의 선천적 경향성으로 일생을 통해 환경을 적절히 통제하며 동기의 지침이 되어 심리적인 활동과 행동으로 나타나 우월성의 문제에 부딪치는 양식에서 나타난다고 하였다. 이는 출생에서 사망에 이르기까지 우월성 추구의 노력은 인간을 현 단계에서 보다 넓은 다음 단계의 발달로 이끌어 준다. 모든 욕구는 완성(perfection)을 위한 노력에서 비롯되기 때문에 분리된 욕구란 존재하지 않는다.

아들러는 우월성 추구는 그 자체가 수천 가지 방법으로 나타날 수 있으며, 모든 사람들은 자신의 성취나 성숙을 추구하는 일정한 노력의 형태를 가지고 있다는 것을 말하고 있다. 우월성 추구는 다음과 같은 특징들로 설명된다.

첫째, 우월성의 추구는 유아기의 무능과 열등에 뿌리를 두고 있는 기초적 동기이다.

둘째, 이 동기는 정상인과 비정상인에게 공통적으로 존재한다.

셋째, 추구의 목표는 긍정적 또는 부정적 방향이 있다. 긍정적 방향은 개인의 우월성을 넘어서 사회적 관심, 즉 타인의 복지를 추구하는, 건강한 성격이다. 부정적 방향은 개인의 우월성, 즉 이기적 목표만을 추구하며, 이를 신경증적 증상으로 본다.

넷째, 우월성의 추구는 많은 힘과 노력을 소모하는 것이므로 긴장이 해소되기보다는 오히려 증가한다.

다섯째, 우월성의 추구는 개인 및 사회 수준에서 동시에 일어난다. 즉, 개인의 완성을 넘어서 문화의 완성도 도모한다는 것이다. 이러한 관점에서 아들러는 개인과 사회의 관계를 갈등하는 관계가 아니라 조화할 수 있는 관계로 파악하였다.

이러한 특징을 통해 우월성의 추구가 건전하게 이루어진 성격에 사회적 관심을 가미하고 있음을 이해할 수 있다. 사회적 관심을 가진 바람직한 생활양식을 바탕으로 한 우월성 추구가 건강한 삶이라고 할 수 있다.

5) 가족구도/출생순위

아들러는 가족구도(family constellation)와 출생순위(birth order)가 우리의 생활양식 형성에 중요하다는 것을 강조하였다. 가정에서 부모를 중심으로 자녀와의 가족관계가 어떠한 가족구도를 형성하고 있는가는 자녀의 생활양식을 형성하는 데 중요하다. 역시 자녀의 수가 몇 명인가와 출생순위도 성격 형성에 영향을 준다. 결혼을 해서 낳은 첫째 아이는 부부가 정말 원해서 출생하였는가의 여부, 첫째 아이가 남자인 경우 혹은 여자인 경우, 독자인 경우 등에 따라 부모가 자녀에게 대하는 심리적 태도가 다를 수 있다. 우리나라는 유교문화의 전통 속에서 오랫동안 부모들이 아들을 선호해 왔다. 요즘에는 자녀가 하나 아니면 둘이지만, 세 명 이상인 경우는 많지 않다. 하지만 세 명 이상인 경우에는 자녀가 딸, 딸 그리고 아들이거나 딸, 딸, 딸 다음에 아들일 확률이 대부분이다. 이것은 꼭 아들이 있어야 한다는 우리의 문화적 풍토를 반영한 것이라 본다. 부모를 중심으로 한 가족구도 속에서 부모가 민주적으로 모든 자녀에게 대등한 관계에서 자녀를 양육하지 못할 경우 어떤 자녀는 심리적 상처를 받을 수 있다.

출생순위(birth order)와 가족 내 위치에 대한 해석은 어른이 되었을 때 세상과 상호작용하는 방식에 큰 영향을 미친다. 아동기에 타인과 관계하는 독특한 스타일을 배워서 익히게 되며, 그들은 성인이 되었을 때도 그 상호작용양식을 답습한다. 아들러학파 치료에서는 가족역동 특히 형제간의 관계를 다루는 것을 매우 중요시한다. 개인을 어떤 유목으로 전형화하는 것은 피해야 할 일이지만 아동기에 형제간의 경쟁의 결과로 생겨난 성격 경향이 개인의 남은 삶을 통해서 재현되는가를 살피는 것도 도움이 될 것이다. 아들러가 제시한 출생순위에 따른 성격의 특징을 요약해 보면 다음과 같다(표 4-8 참조).

표 4-8 출생순위에 따른 심리적 특성

출생순위	성격의 특징
첫째	집안에서 외동으로 부모의 관심과 사랑을 독차지하며 응석받이로 자란다. 매우 독특한 위치를 갖는다. 동생이 태어나면 '폐위된 왕'이 된다. 이러한 위치의 변화는 박탈감을 경험하고, 보통 열등감을 심화시킨다. 이후 첫째는 지위를 회복하기 위해 착한 행동을 함으로써 부모에게 인정받기 위해 노력한다. 이러한 태도는 점차적으로 성격의 한 부분으로 자리 잡는다. 어른들의 기대에 잘 부응하고 책임감이 강하며, 문제 대처에 사회적으로 수용 가능한 방법으로 사용하는 경향을 보인다. 아들러에 따르면 첫째 아이가 사회적 유용형이 되지 않으면 지배형이 될 가능성이 높다.
둘째	첫째와 달리 태어날 때부터 부모의 관심을 차지하고 있는 누군가로 인해 부모의 사랑을 온전히 차지할 수 없다. 둘째의 가장 큰 특징은 '경쟁'이다. 이미 자신보다 우월한 첫째의 존재로 둘째는 끊임 없는 누군가를 따라 잡으려는 삶의 끊임없는 경주이다. 불리한 조건에서도 어떻게든 첫째와 경쟁하여 가정 안에서 자신의 위치를 다지려는 노력으로 자신만의 독보적인 영역을 찾아 능력을 발전시켜 부모에게 인정받으려는 태도를 형성한다. 아들러는 이들이 공통적으로 달리는 꿈을 꾼다고 하였다. 어떤 경우에는 '적을 이길 수 없다면, 한편이 되어라'라는 강한 협력의 태도를 발전시킬 수 있다. 반면에 경쟁의 태도가 너무 강하여 혁명가가 될 수도 있다. 대부분 둘째는 첫째와 상반되는 성격을 발달시킨다.
중간	위아래의 형제자매에 끼어 엄청난 경쟁의 압박을 느낀다. 언니나 형을 따라 잡기 위함과 동생에게 따라 잡히지 않으려 신경 써야 한다. 삶이 불공평하다는 믿음과 자신 능력을 확신하지 못하는 태도를 갖기 쉽다. 일반적으로 사회관계를 맺고 유지하는데 강점을 보이기도 한다. 가족이나 친구 사이에서 중재자의 역할을 적절히 해낸다.
막내	부모뿐만 아니라 형제자매로부터 큰 관심과 사랑을 받으며 성장한다. 막내는 과잉보호될 가능성이 많으며, 의존적이며 책임감이 없는 문제아로 성장할 가능성이 높다. 모든 가족구성원이 자신보다 앞서 있기 때문에 강한 열등감을 지니기 쉽다. 열등감을 극복하기 위해 가족 중에서 어느 누구도 생각하지 못한 방식으로 탁월한 성취를 나타내기도 한다.
외동	막내처럼 애지중지 양육되며, 가족 내 경쟁자가 없기 때문에 관심의 중심이 되고 자신의 중요성에 대해 과장된 견해를 갖고 있다. 외동은 상대적으로 소심하고 의존적인 아이로 자라기 쉽다. 형제자매와 나누고 양보하는 것을 경험하지 못해 자기 중심적인 성향을 나타내기도 한다. 아들러는 외동은 전형적으로 소심하고 의존적이라는데 동의한다. 부모가 외동을 잃어버릴까봐 일반적으로 불안해한다는 점이 이러한 태도는 자식에게 전달된다.

출처: Shulman, B. H., & Mosak, H. H.(1988). Manual for life style assessment. Muncie, In: Accelerated Development.

3. 재활상담 적용

아들러의 개인심리학은 아동지도, 부모교육 분야에서 그리고 파괴적 생활양식을 가진 사람들을 돕는 데 광범위하게 적용되고 있다. 상담자들은 상담을 통해 내담자의 생활양식을 파악하여 바람직한 방향으로 생활양식을 바꾸도록 재교육 혹은 재정향을 위해 노력한다.

아들러 상담이론을 체계화한 Dreikurs(1967)는 '상담은 생활양식의 변화를 목표로 하는 것이고, 상담의 목표는 현존하는 생활양식 내에서 행동이 변화하는 것'이라고 믿었다. 그는 또한 상담의 초기와 종결에 있어서 초기 회상에 대한 의미 있는 변화가 일어난다면, 이것은 생활양식의 변화를 반영하는 것이라고 느꼈다.

아들러 학파의 상담을 설명하기 위해 Dreikurs(1967), Dinkmeyer와 Sperry(2000)가 제안한 상담과정을 다음과 같이 네 가지 단계로 설명할 수 있다.

① 좋은 상담관계 형성: 관계 형성(relationship)은 협동적인 관계의 유지가 필수일 뿐만 아니라 상담자들의 주의집중이 요구된다. 즉, 공감적 관계를 형성한다.

② 평가 및 분석: 내담자에 대한 평가 및 분석(assessment and analysis)은 초기 회상, 가족구도, 기본적 오류 그리고 꿈 등을 통해 이루어진다. 즉, 내담자의 역동성을 탐색하여 신념과 감정, 동기와 목표를 이해한다.

③ 해석: 내담자의 진술에 대한 해석(interpretations)을 한다. 이를 통해 자기이해와 통찰을 촉진한다. 아들러 학파의 해석은 생활양식과 관련된다. 이것은 개인의 삶의 방향과 목표에 대한 자각을 일깨우고 사적 논리를 각성시키며 그것이 어떻게 현재 행동에 작용하는지를 알게 해준다. 즉, 해석을 바탕으로 내담자로 하여금 자신의 잘못된 목표와 자기패배적 행동에 대한 통찰을 발달시킨다.

④ 재정향: 내담자가 새로운 방향을 갖도록 조력한다. 즉, 상담자는 재정향(reorientation)을 통해 내담자가 목표를 성취할 신념과 행동에 있어 변화를 만들도록 한다. 초기 회상, 가족역동성, 꿈 등에서 도출된 통찰을 바탕으로 이전에 가졌던 비효율적인 신념과 행동에 대해 대안적인 방안을 찾도록 도와준다. 아들러 학파는 내담자의 부적절한 생활양식을 변화시키기 위한 재정향기법을 다양하게 사용한다.

이러한 네 단계의 핵심 내용은 내담자의 잘못된 생활양식을 바꾸어 새로운 생활양식을 갖도록 하는 과정이라고 할 수 있다. 이러한 재정향은 Milton Erickson이 사용한 '틀 바꾸기(reframing)'와 Watzawick, Weakland, 그리고 Fish(1974)가 강조한 '이차적 변화'를 의미한다고 볼 수 있다. '일차적 변화'는 같은 틀 안에서의 변화를 의미하고, '이차적 변화'는 새로운 틀로의 변화를 의미한다.

제3절 융의 분석심리학

1. 개요

융(Cal Gustav Jung)은 정신분석에 심취했었으나 프로이드와 결별하고 보다 새롭고 정교한 성격이론으로 분석심리학(analytical psychology)을 내세웠다. 분석심리학은 정신의 두 측면인 의식과 무의식 간의 관계를 확립하고 이해하는데 초점이 맞춰져 있다. 프로이드의 무의식에 대해 영향을 받은 융(Jung)은 무의식의 개념을 확장하여 자신의 체계적 이론을 형성하였다고 볼 수 있다. 융의 이론은 인류 역사를 통해 발달해온 정신과 개인이 속한 문화적 영향으로 형성된 타고난 정신적 소인의 중요성을 강조하였다. 융은 역사를 통해 전해 내려온 인류의 상징과 신화를 평가했다.

융과 프로이드 이론의 기본적인 차이는 리비도와 연관된다. 프로이드는 리비도를 성적 에너지라고 주장했고, 반면에 융은 일반적인 생활에너지로 간주했다. 또한 성격에 있어서 어린 시절의 영향에 대한 프로이드의 결정론적 견해에 대하여, 융은 성격은 생활 속에서 후천적으로 변할 수 있고 미래의 목표와 열망에 의해 형성된다고 믿었다. 이러한 집단적 무의식의 요소를 융은 원형(archetypes)이라고 불렀다. 원형에는 영웅, 부모, 죽음, 탄생과 부활, 일관성, 아이들, 신, 악마 등을 포함한다. 어떤 원형은 성격과 분리된 체계로 설명하며 대표적 원형으로 페르소나 혹은 외부로 드러난 적응성격(공식적 얼굴), 아니마(anima)와 아니무스(animus) 혹은 양성적 성격, 그림자(shadow) 혹은 인간 본성의 동물적인 부분, 무의식의 모든 부분으로 구성된 자기(self)

등이 있다. 자기는 만다라라는 원의 상징으로 표현되며 일관성과 평정을 위해 노력한다. 자기는 성격의 통합, 자기실현, 조화를 위한 노력을 한다(노안영, 2014).

융과 프로이드의 주요한 견해 차이를 살펴본다면(Schultz & Schultz, 1998: 84), 다음과 같다.

첫째, 리비도의 역할에서 다르다. 프로이드는 리비도를 인간의 생물학적 성에 제한한 에너지로 본 반면, 융은 리비도를 성뿐만 아니라 다른 삶의 에너지를 포함한 정신에너지로 보았다. 즉, 융은 프로이드의 리비도 개념을 확장하였다.

둘째, 성격에 영향을 미치는 힘의 방향에서 다르다. 프로이드는 인간의 성격이 주로 과거의 사건이나 과정들에 의해 결정된다고 본 반면, 융은 인간은 과거의 사건들뿐만 아니라 미래에 무엇을 하기를 열망하는가에 의해 결정된다고 보았다.

셋째, 무의식의 개념 정립이 다르다. 프로이드는 인간 정신의 자각 수준에 초점을 맞추어 무의식의 중요성을 강조한 반면, 융은 인류 정신문화의 발달에 초점을 두고 집단무의식이란 개념을 도입하여 무의식의 범위를 확장하였다.

2. 주요개념

1) 정신의 구조

융(Jung)에 의하면 인간의 성격은 주요한 몇 가지 체계로 구성되어 있다고 한다. 자아, 개인적 무의식과 그것의 복합, 집단적 무의식과 그것의 원형, 페르소나, 아니마와 아니무스, 음영 등이 그것이다. 이러한 상호 의존적 체계 외에도 내향성과 외향성의 태도와 성격의 중추를 이루는 자기가 있다(Crain, 2000).

융은 전체적인 성격을 정신으로 보았으며, 정신의 수준을 의식과 무의식으로 나누었다. 무의식을 개인무의식과 집단무의식으로 세분화하여 전체적 성격을 정신으로 보았다. 인간은 전체적 성격을 갖고 태어났으며 일생을 통해 타고난 전체성을 분화하고 통합해 간다고 보았다. 전체적 성격인 정신의 수준을 크게 의식(conscious)과 무의식(unconscious)으로 구분하였다. 더 나아가 무의식을 개인무의식(personal unconscious)과 집단무의식(collective unconscious)으로 세분화한 후 집단무의식을 중심으로 그의 분석심리학을 확립하였다.

(1) 의식

의식은 정신의 일부이다. 즉, 자아(ego)에 의한 의식적인 마음이다. 의식적인 지각, 기억, 사고, 감정 등이 자아를 이루게 된다. 자아는 비록 정신 전체 속에서는 작은 부분을 차지하고 있지만 의식에 이르는 문지기라는 대단히 중요한 역할을 하고 있다. 인간은 자아를 통해 자신을 외부에 표현하고 외부 현실을 인식한다. 자아는 인간에게 동일성과 연속성의 감정을 가져다주며, 개인은 의식의 중심에 있는 것으로 생각된다. 자아가 의식의 문지기 역할을 하므로, 감각이든 관념이든 기억이든 자아에 의해 의식으로 인지되고 받아들여지지 않으면 보이지도 않고, 들리지도 않고, 생각나지도 않는다. 이는 의식과 관련한 태도와 기능으로 볼 수 있다.

태도는 자아가 갖는 정신적 에너지의 방향이다. 즉, 자아가 외부 대상에 지향하는 방향이 수동적인가 능동적인가에 따라 결정된다. 능동적인 태도를 외향성(extraversion)으로 의식을 외적 세계 및 타인에게 향하게 하는 태도이다. 내향성(introversion)은 의식을 자신의 내적 주관적 세계로 향하게 하는 태도라고 한다. 융은 두 가지 성격태도를 모두 가지고 있으며 둘 중 어느 태도가 지배적이냐에 따라 태도가 결정된다고 보았다. 또한, 의식의 기능은 주관적 세계와 외부 세계를 지각하고 이해하는 다른 방식으로 의미한다. 융은 정신적 기능의 구성요소는 사고, 감정, 감각, 직관으로 설명하며, 정신의 반대원리에 따라 합리적 차원(사고-감정)과 비합리적 차원(감각-직관)으로 구분한다. 이러한 기능은 어느 것을 우선적으로 사용하는지에 의하여 기본적인 성격이 달라진다고 한다. 융의 태도와 기능을 조합하여 여덟 가지 심리적 유형인 외향적 사고형, 외향적 감정형, 외향적 감각형, 외향적 직관형, 내향적 사고형, 내향적 감정형, 내향적 감각형, 내향적 직관형이 인간의 성격 유형이 결정된다고 보았다.

(2) 개인무의식

개인무의식은 자아와 인접된 영역으로 쉽게 의식화될 수 있는 망각된 경험이나 감각경험으로 구성된다. 개인무의식의 자료는 살아오면서 억압 또는 억제되었거나 망각되고 무시된 감정과 경험들로 이루어진 개인의 과거경험으로 비롯된 내용이다. 음영은 대부분이 개인무의식 속에 들어 있다. 예를 들어, 어릴 적에 억압할 필요가 있었던 아버지에게 향한 적개심이 개인적 무의식 속에 자리 잡게 된다. 프로이드의 전의식 개념과 유사한 개인무의식의 내용은 의식으로 변화될 수 있으며, 개인무의식과 자아 사이에는 빈번한 상호 교류가 있다. 개인무의식은 의식되었지만 그 내용이 중요하지 않거나 고통스러움으로 망각되었거나 억제된 자료의 저장소이다. 즉, 너무 약하기 때문에 의식에 도달할 수 없거나 또는 의식에 머물 수 없는 경험을 모두 개인무의식에 저장된다.

(3) 집단무의식

융의 독창적이고 핵심적인 개념이 집단무의식인 원형이다. 집단무의식은 개인적 경험이 아니라 사람들이 역사와 문화를 통해 공유해 온 모든 정신적 자료의 저장소이다. 인간이 조상대대로 과거로부터 물려받은 잠재적 기억흔적의 저장소이다. 집단무의식은 인간의 진화발달의 정신적 잔재이며, 이 잔재는 많은 세대를 거쳐 반복된 경험들의 결과가 축적된 것이다. 모든 인간은 다소 유사한 집단무의식을 가지고 있으며, 이는 공통적인 진화에 따른 것이라 한다.

원형(archetypes)은 집단무의식을 구성하는 요소이다. 원형은 결코 직접적으로 알 수는 없는 것이지만, 여러 민족의 신화, 예술, 꿈, 환상 등에서 발견되는 원형적 이미지를 통해 알 수 있다. 사람들은 원형적 이미지를 통해 내면의 심층에 있는 열망과 무의식을 표현하려고 한다. 예를 들어, 천하대장군과 지하여장군, 탄생, 죽음, 마술사, 마녀, 신 등의 이미지가 여기에 해당된다. 원형은 또한 성격의 다른 부분의 본질과 성숙에도 영향을 준다. 집단무의식 속에는 무수한 원형이 있는 것으로 상정되는데, 탄생, 재탄생, 죽음, 힘, 마술, 통일, 영웅, 어린이, 신, 악마, 대지(大地), 현자(賢者), 동물들의 원형 등이다. 이러한 원형들이 페르소나, 아니마와 아니무스, 음영이다.

2) 정신에너지의 원리

융은 정신에너지인 리비도(libido)를 통해 지각하고, 생각하고, 느끼고 소망하는 심리적 활동이 수행되며, 리비도는 전반적인 '인생과정 에너지'(life process energy)로 프로이드의 성적 충동은 그러한 에너지의 한 측면이다. 융은 정신에너지가 기능하는 세 가지 원리인 대립(opposition), 등가(equivalence), 균형(entropy)에 대해 설명하고 있다.

(1) 대립원리

융은 정신을 대립원리(opposition principle)로 신체에너지(physical energy) 내에 반대되는 힘이 대립 혹은 양극성이 갈등을 야기하며 이러한 갈등이 정신에너지(psychic energy)를 생성하는 데 필요하다는 것이 융의 생각이다. 융의 정신에너지는 성격 내에 있는 힘들 간의 갈등으로, 갈등이 없으면 에너지가 없고 인생도 없다고 본다. 개인의 사랑과 증오는 정신 내에 존재하면서 행동으로 표현을 추구하는 긴장과 새로운 에너지를 창조하는데 이러한 대립 혹은 양극성의 갈등이 모든 행동의 일차적 동인이며 모든 에너지를 창조한다고 본다. 따라서 양극성들 간에 갈등이 커질수록 에너지는 더 많이 생성된다(노안영, 2018).

(2) 등가원리

융은 등가원리(equivalence principle)를 어떤 조건을 생성하는 데 사용된 에너지는 상실되지 않고 다른 부분으로 전환되어 성격 내에서 에너지는 어떤 방향이나 방식으로 이동하든지 계속 재분배가 이루어진다고 주장했다. 어떤 특별한 영역에서 정신가치가 약해지거나 사라지면, 그러한 에너지는 정신 내에 다른 영역으로 전환된다. 우리가 어떤 취미활동에 관심을 상실하면, 정신에너지가 새로운 취미활동으로 전환된다.

(3) 균형원리

균형원리(entropy principle)는 에너지 차이의 평형을 의미한다. 차가움과 뜨거움으로 접촉하면 열은 평형상태의 같은 온도가 될 때까지 뜨거운 대상에서 차가운 대상으로 이동한다. 융은 이러한 원리를 정신에너지에 적용하여 균형 혹은 평형의 균형원리를 제안하였다. 이는 보다 강한 욕망에서의 에너지는 약한 욕망으로 흐르는 것이다. 이상적인 성격은 모든 측면에서 동등한 분배의 정신에너지를 가지지만, 이상적 상태는 성취되지 않는다. 균형 혹은 평형이 되면 성격은 정신에너지를 갖지 못한다. 대립원리가 정신에너지를 생성하기 위해서 갈등을 필요로 하기 때문이다.

3) 원형

집단무의식의 구성은 인류역사를 통해 물려받은 정신적 소인인 원형(archetypes)이다. 원형은 형태(form)를 가진 이미지 혹은 심상이지 내용(content)은 아니다. 상징은 원형의 내용이며 원형의 외적 표현이다. 원형은 꿈, 신화, 동화, 예술 등에서 나타나는 상징을 통해서만 표현된다(Sharf, 2000). 원형은 인간이 갖는 보편적·집단적·선험적인 심상들로 융의 분석심리학에서 성격의 주요한 구성요소이다. 원형은 많다. 신, 악마, 현자, 부모, 대모, 영웅 사기꾼, 지도자 등 사람들이 삶을 영위하면서 형성해 온 수없이 많은 원초적 이미지가 원형이다. 융은 원형을 페르소나(persona), 아니마와 아니무스(anima & animus), 음영(shadow), 자기(self)를 설명하고 있다.

(1) 페르소나

페르소나(Persona)는 인간이 사회적 인습이나 전통의 요구와 그 자신의 내적 원형의 요구에 부응해서 채택하는 가면이다(Jung, 1945). 사회가 인간에게 부여하는 역할 또는 배역인 가면이다. 가면의 목적은 남에게 뚜렷한 인상을 주거나 그 사람의 본성을 감추는 것이기도 하다. 페르소나는 공적 성격(public personality), 즉 사회적 외관 뒤에 존재하는 개인적 성격과는 대조적으로 사람이 세상에 드러내 보이는 모습 또는 공적 얼굴이다.

페르소나는 역할에 따라 다양하게 표현되는데, 어떤 남자가 아버지로서 자녀에게 보이는 이미지, 사업가로서 동료에게 보이는 이미지는 다르다. 페르소나는 개인이 사회에 대한 이해를 바탕으로 사회에서 가정하는 자신의 역할을 의미한다. 개인이 사회적 요구들에 대한 반응으로서 밖으로 내놓는 공적 얼굴이다. 겉으로 표현된 페르소나와 내면의 자기가 너무 불일치하면 이중적인 성격으로 좋은 인상을 주거나 자신을 은폐시켜 사회적 적응에 곤란을 겪게 된다. 페르소나는 환경의 요구에 조화를 이루려고 하는 적응의 원형이며, 희랍어로 가면이라는 뜻이다.

(2) 아니마와 아니무스

융(1945, 1954)에 의하면, 인간은 본질적으로 양성의 기질을 가지고 있다고 한다. 생리적인 면에서 볼 때 남성은 남성 호르몬과 여성 호르몬을 분비하고 있으며, 여성도 마찬가지이다. 심리적인 면에서도 남성적 특성과 여성적 특성이 양성 모두에게 나타나고 있는데, 사회화의 압력으로 여자는 여성적 측면을, 남자는 남성적 측면을 발달시키도록 요구당하기 때문에 성차는 더욱 커진다. 결과적으로 '반대되는 측면'은 억압되고 약화되어서 남성은 독립적 · 지배적 · 공격적이 되고, 양육이나 타인과의 관계에 대한 특성은 등한시한다. 여성은 애정적이며 감정적인 측면은 발달하지만 자기주장이나 논리적 사고 등의 특성은 소홀히 한다. 그럼에도 불구하고 무시된 측면들이 아주 사라는 것은 아니고 무의식 속에 생생하게 남아서 우리에게 소리친다. 무의식 속에 존재하는 남성의 여성적인 측면이 아니마(Anima), 여성의 남성적인 측면이 아니무스(Animus)이다(Jung, 1945).

아니마와 아니무스는 비록 그것이 성염색체와 성선에 의해 결정되지만 이들은 남성이 여성과, 그리고 여성이 남성과 가졌던 종족적 경험으로 이는 오랫동안 여성과 함께 생활함으로써 남성이 여성화되고, 남성과 함께 생활함으로써 여성이 남성화되어온 것이다. 이러한 아니마와 아니무스는 남성과 여성에게서 이성의 특징을 나타내게 할 뿐만 아니라 이성을 이해하도록 동기화시키는 집단적 심상(collective images)으로서 작용한다. 남성은 그의 아니마 덕택으로 여성을 이해할 수 있고, 여성은 그의 아니무스 덕택으로 남성을 이해할 수 있다.

(3) 음영

음영(Shadow)은 인간이 하등생물 형태의 생명체로부터 진화해오면서 지녀온 동물적 본능들로 이루어진다(Jung, 1948). 따라서 음영은 무엇보다도 인간의 성격 중 동물적인 측면의 성격을 갖는다. 원형으로서의 음영은 인간이 원죄라는 개념이 생겨난 근원이 된다. 이것이 외부로 투사될 때 그것은 악의 화신이나 인류의 적이 된다.

음영은 인간의 어둡거나 사악한 측면을 나타내는 원형이다. 즉, 인류를 통해 의식에서 억압되어 어두운 무의식에 있는 자료 및 인간의 원초적인 동물적 욕망에 기여하는 원형이다. 음영은 또한 기분 나쁘거나 사회적으로 비난받는 생각이나 감정 등을 의식과 행동으로 표현하는 원인이 된다. 이들은 페르소나의 가면 뒤로 모습을 숨기거나 개인적 무의식 속에 억압된다. 그리하여 원형에서 유래되는 성격의 그늘진 쪽(음영)은 개인적 무의식의 대부분의 내용과 마찬가지로 자아의 비밀스러운 곳으로 침투된다. 음영은 인간의 양면성, 밝고 긍정적인 면과 어둡고 부정적인 면을 반영한 원형이기도 하다. 빛이 없이는 그림자를 상정할 수 없다. 사회에서 부정되거나 부도덕하고 악하다고 생각되는 것은 음영 원형과 관련되어 있다. 음영은 긍정적인 자아상과 반대되므로 대체로 부정적이다. 그러나 의식적인 자아상이 부정적인 경우, 그와 반대로 무의식적인 음영은 긍정적인 것이 될 수 있다(Jung, 1961). 음영은 자아나 자아상(self-image)과는 반대되는 개념으로, 우리 자신이 용납하기 힘든 특성과 감정으로 구성되기도 하며, 지킬 박사의 또 다른 분신인 하이드 씨가 그 예이다.

(4) 자기

융은 인간이 타고난 청사진을 자기(self)로 모든 의식과 무의식의 주인으로 보았다. 다양한 문화에서 발달된 상징으로 자기는 전체로서 인간 성격의 조화와 통합을 위해 노력하는 원형이다. 자기는 정신의 중심에서 의식과 무의식의 양극성 사이의 체계를 함께하여 성격의 통일성과 평형과 안정성을 제공한다. 모든 원형과 마찬가지로 자기는 인간의 행동을 유발하며, 인간에게 종교가 제공하는 길을 통해서 완성을 추구하게 한다. 진정한 종교적 경험은 인간으로 하여금 자신을 깨닫게 만들며, 그리스도와 석존의 상(像)은 인간이 현대 사회에서 찾아볼 수 있는 고도로 분화된 자기 원형의 표현이다.

자기가 형성되기 이전에 성격의 여러 가지 구성요소들은 충분히 발달되고 개체화(individuation)되어야 한다. 개체화란 개인의 의식이 다른 사람으로부터 분리되는 과정을 의미한다. 이런 이유로 해서 자기의 원형은 중년기에 이르기까지는 뚜렷해지지 않는다. 중년기가 되면 성격의 중심을 의식적인 자아로부터 의식과 무의식의 중간으로 옮겨 놓으려고 심각한 노력을 하기 시작하는데, 이 중간 영역이 바로 자기의 영역이다. 융의 이론에 따르면, 자기는 인생의 가장 결정적인 변화와 시기인 중년의 시기에 나타난다. 개인의 자기실현은 자신에 대한 정확한 지각과 미래의 계획 및 목표를 수반한다.

3. 재활상담 적용

1) 평가방법

개인을 이해하기 위해 사용하는 평가방법은 다양한 방법을 사용하였다. 융이 사용한 평가방법에는 단어연상검사(word association test), 증상분석(symptom analysis), 사례사(case history), 꿈 분석(dream analysis)이 있다. 또한 융은 개인의 성격태도와 기능을 바탕으로 심리 유형을 분류하여 이론을 기초로 표준화된 성격검사로, 광범위하게 적용되는 성격 유형검사인 MBTI(Myers-Briggs Type Indicator)가 있다.

(1) 단어연상검사

개인이 어떤 자극단어에 마음에 떠오르는 어떤 단어로 반응하는 투사기법이다. 100단어 목록의 단어연상검사로 융은 환자들이 갖는 콤플렉스를 밝히는 데 사용하였다. 융은 각 자극단어에 환자가 반응하는 데 걸리는 시간 및 자극단어의 정서적 효과를 결정하기 위해 생리적 반응을 측정하였다. 피험자가 자극단어에 즉각적으로 마음에 떠오르는 어떤 단어로 반응하는 단어연상검사는 실험적 및 임상적 도구로 적용되어 왔다.

(2) 증상분석

환자가 보고하는 증상에 초점을 두어 환자로 하여금 증상에 대한 자유연상을 하도록 하여 내용을 해석하는 것이다. 환자의 증상은 분석자의 증상원인에 대한 해석을 통해 감소되거나 사라지게 된다. 융은 이 기법이 단지 '외상 후 스트레스 장애'(posttraumatic stress disorder)에 도움이 된다고 생각하였다(Sharf, 2000: 100-101).

(3) 사례사

심리적 발달사를 추적하는 데 사용된다. 환자로 하여금 태도 변화를 야기하는 데 도움이 된다는 것을 발견하여 융은 자신의 사례연구를 '생애사 재구성'(life-history reconstruction)이라고 불렀다. 융은 환자로 하여금 과거경험에 대해 회상하도록 하여 현재의 신경증을 설명할 수 있는 발달패턴을 확인하여 생애사 재구성을 하도록 하였다.

(4) 꿈 분석

환자의 무의식을 이해하는 것으로 융은 꿈이 무의식적 소망 이상의 의미를 가지고 있으며 꿈이 미래를 예견해 주는, 즉 개인으로 하여금 그가 일어나리라고 기대하는 경험과 사건을 준비하도록 도와준다. 융이 제안한 자기실현으로 이끄는 동시성(synchronicity)은 꿈의 예견성을 뒷받침해 준다. 동시성은 두 사건이 논리적으로는 인과관계가 없이 독립적으로 일어나지만 서로 밀접하게 관련된 의미를 가지는 일상을 의미한다. 예를 들면, 당신이 오랫동안 보지 못했던 친구를 꿈에서 보았는데, 다음 날 당신이 그 친구가 전날 밤에 죽었다는 소식을 듣는 것이다. 다른 하나는 꿈이 보상적이라고 믿었다. 즉, 꿈은 어떤 정신구조의 지나친 발달을 보상함으로써 상반되는 정신과의 균형을 유지하도록 도와준다고 보았다. 이런 점에서 꿈은 적응을 위한 노력이며, 성격의 결함을 교정하려는 시도이다(Ryckman, 2000: 102).

2) 성격검사

(1) 내향성(Introversion)과 외향성(Extraversion)

인생의 궁극적인 목표인 자기(self)를 성취한 사람은 드물다. 여성은 내면의 남성적 측면을 무시하고, 남성은 여성적 측면을 무시하는 상반된 성향으로 한쪽만을 발달시킨다. 상반되는 성향인 하나가 내향성과 외향성이다. 내향적인 사람은 망설이며 일이 어떻게 될지 곰곰이 생각하고, 외향적인 사람은 자신 있게 직접 행동을 한다. 외향적인 젊은 여성은 파티 석상에서 즉시 다른 사람들에게 다가가 대화를 시작하는데, 외부세계를 향해 나아간다. 그러나 내향적인 여성은 주저하며 자신의 내적 상태나 두려움, 소망, 감정 따위에 사로잡혀 내부 세계에서 안전함과 독서, 예술활동 등으로 만족을 느낀다. 인간은 누구나 이 두 가지 성향을 모두 갖고 있지만, 어느 한 쪽은 무의식 속에 개발되지 않은 상태로 내버려둔 채 다른 한쪽에 편향되어 있다(Jung, 1945).

(2) MBTI

성격 유형을 측정하는 검사로서 MBTI(Myers-Briggs Type Indicator)가 광범위하게 사용되고 있다. MBTI는 융(C. G. Jung)의 심리유형론을 근거로 하여 Katharine Cook Briggs와 Isabel Briggs Myers가 보다 쉽고 일상생활에 유용하게 활용할 수 있도록 고안한 자기보고식 성격 유형지표이다. 융의 심리유형론은 인간행동이 그 다양성으로 인해 종잡을 수 없는 것 같이 보여도, 사실은 아주 질서정연하고 일관된 경향이 있다는 데서 출발한다. 인간행동의 다양성은 개인이 지각하고 판단하는 특징이 다르기 때문이다.

MBTI의 기초로 융의 심리유형론 요점은 각 개인이 외부로부터 정보를 수집하고(인식기능), 자신이 수집한 정보에 근거해서 행동을 위한 결정을 내리는 데(판단기능) 있어서 각 개인이 선호하는 방법이 근본적으로 다르다는 것이다. 융의 심리유형론을 경험적으로 검증하여, 실생활에 적용하기 위해 만들어진 MBTI에서는 인식과정을 감각(sensing)과 직관(intuition)으로 구분하여 사물, 사람, 사건, 생각들을 지각하게 될 때 나타나는 차이점을 이해할 수 있도록 해주며, 판단과정은 사고(thinking)와 감정(feeling)으로 구분하여 차이점을 알 수 있다. 이러한 기능을 사용할 때 어떤 태도를 취하는 가에 다라 외향성(extroversion)과 내향성(introversion) 및 판단(judging)과 인식(perceiving)으로 구분하여 심리적으로 흐르는 에너지의 방향 및 생활양식들을 이해할 수 있다.

첫째, 자아(ego)와 대상(object)과의 관계에서 자아가 주체가 되어 반응하는 외향성과 외부 자극이 왔을 때만 반응을 나타내는 내향성이다(내향성-외향성).

둘째, 자아와 관련된 정신적 기능에서 합리적 차원인 사고-감정이다.

셋째, 자아와 관련된 비합리적 차원의 직관-감각이다.

넷째, 감각과 직관을 통한 인식과 사고와 감정을 통한 판단으로 이루어진 인식-판단 차원이다(노안영, 2018).

네 가지 차원을 조합하여 MBTI는 16가지 성격 유형으로 대인관계나 부부관계의 갈등과 서로 다른 성격 유형을 서로 이해하게 도와준다.

제4절 에릭슨의 자아심리학

1. 개요

에릭슨(Erik Erikson, 1950, 1982)은 내적 본능 및 욕구와 외적·문화적·사회적 요구 간의 상호작용으로 인해 심리사회적 발달이 전 생애를 통해 계속된다고 주장한다. 인간의 성격이 평생을 통해 발달한다는 것을 강조한 에릭슨은 성격이 지속적으로 존재의 위기 시에, 신체의 신진대사가 쇠퇴해 갈 때에도 관여한다. 심리사회적 발달 단계의 갈등으로 나타나는 정체감(identity) 대 역할혼돈 혹은 자아정체감이란 용어는 에릭슨의 대명사처럼 사용되고 있다. 확고한 자아정체감을 확립하기 위해서는 일생을 통해 여덟 가지의 위기(또는 갈등상황)를 성공적으로 해결해야 한다고 한다.

매 단계마다 갈등상황(또는 위기)은 '신뢰감 대 불신감'이나 '통합감 대 절망감'에서처럼 긍정적인 결과와 부정적인 결과를 초래할 수 있다. 여덟 개의 발달 단계마다 나름대로의 갈등이 있으며, 갈등은 양극의 결과를 초래할 수 있다. 후기의 저술에서 에릭슨은 갈등을 성공적으로 해결할 수 있는 잠재력(potential strength) 또는 생명력(vital strength)에 대해 언급하고 있다.

에릭슨은 아들러나 융처럼 프로이드의 정신분석체계를 이탈했다기보다는 프로이드의 이론을 확장하였다. 에릭슨이 프로이드 이론을 확장한 네 가지 방식은 다음과 같다(Pervin & John, 2001; Schultz & Schultz, 1998).

첫째, 에릭슨은 성격발달의 본능적 측면뿐만 아니라 심리사회적 측면을 강조하였다. 프로이드는 성격이 인생 초기에 형성된다는 점을 바탕으로 한 심리성적 단계이론을 강조한 반면, 에릭슨은 평생에 걸쳐 여덟 단계를 통해 계속해서 발달한다고 믿었다.

둘째, 에릭슨은 원초아(id)보다 자아(ego)를 더 강조하였다. 에릭슨은 이런 연유로 자아심리학(ego psychology)의 아버지로 불리기도 한다. 그는 자아를 프로이드처럼 원초아에 종속되거나 보조적인 것이 아니라 성격의 독립적인 부분으로 보았다. 개인의 자아는 부모와 사회적 및 역사적 환경의 영향을 받으며 평생을 통해 성장하고 발달한다고 믿었다.

셋째, 프로이드가 본능을 주로 강조한 반면 에릭슨은 전체 성격의 형성에 문화, 사회, 역사의 영향을 인식하였다. 인간은 생물학적 힘인 본능에 전적으로 지배되지 않으며 이러한 힘이 아동기에 중요하기는 하지만 전체적인 성격발달을 본능만으로 설명할 수 없다고 보았다.

넷째, 에릭슨은 성격 형성에 과거뿐 아니라 미래도 중요하다고 보았다. 즉 에릭슨은 사람들이 자신의 과거를 어떻게 해석하는가와 더불어 미래에 대한 해석도 성격 형성에 의미가 있다는 것을 인식하였다.

2. 주요개념

에릭슨의 개념은 자아심리학(ego psychology), 점성설(epigenesis)의 원리, 위기(crisis)와 심리사회적 발달 단계이다. '성공적인 해결'은 긍정적인 측면만을 의미하는 것은 아니며 긍정적인 측면과 부정적인 측면이 균형을 이루는 것이다.

다른 단계이론과는 달리, 에릭슨(Erikson)은 특정 단계의 과업이나 위기를 완전히 해결하지 않고서는 다음 단계로 진행할 수 없다고 생각하지는 않았다. 위기를 해결하든 해결하지 못하든 일정한 연령에 도달하면 생물학적 성숙이나 사회적 압력에 의해 다음 단계로 진행하게 된다고 보았다. 새로운 단계에서는 새로운 윤리와 새로운 갈등을 만나게 된다. 60세나 70세가 되었을 때에 전 단계에서 해결하지 못한 과업이나 위기는 그대로 남아 있어 자아통합감을 이루고자 할 때 장애가 된다고 한다.

1) 자아심리학

에릭슨은 원초아에 대한 강조로부터 자아에 대한 관심으로 자아 발달과 관련이 깊다. 자아는 인간행동과 기능의 기초가 된다고 하는 견해로 자아심리학이라고 불렀다. 자아심리학은 인간의 의사결정과 문제를 해결하는 데 합리적이고 의식적인 존재이다. 프로이드이론의 자아 역할은 본능적 충동과 도덕적 규제 간의 갈등을 해결하는 것으로 본다면, 에릭슨은 자아를 지각, 기억, 주의, 사고 등을 통해 현실적인 자율체제라고 보았다. 에릭슨의 자아심리학은 아동의 자아가 형성되는 역사적 환경을 강조하며, 자아의 발달은 사회제도와 가치체계의 특성에 상호작용한다. 자아의 발달은 개인의 전 생애를 포괄한다고 한다. 인생의 심리사회적 위기를 극복할 수 있는 인간의 능력에 대해 관심을 두어 발달 단계에서 출현하는 자아의 특성(덕목)에 초점을 둔다.

2) 점성설의 원리

에릭슨의 점성설은 인간발달이 유전적 요인에 의하여 일련의 단계에 의해 지배된다는 것으로 "발달하는 모든 것은 생물학적으로 타고난 기본계획(ground plan)과 같은 원래의 계획이 존재하며, 이 기본계획을 바탕으로 각 부분들이 저마다 적절한 시기에 형성된다. 그리하여 각 부분들은 전체적인 유기체적 기능을 수행할 수 있게 된다(Erikson, 1980: 53)."라고 설명한다. 즉, 인간발달 단계 모델은 점성적 모델(epigenetic model)이라고 불리며, 점성적 용어는 Epi(의존해서)와 genetic(유전)을 합성하여 발달이 유전에 의존한다는 뜻이다. 유아기에서 청소년기, 성인기, 노인기에 이르기까지 인간의 전 생애의 발달 단계를 제시한 최초의 심리학적 이론이다. 각각의 단계는 앞 단계의 발달에 의해 예측될 수 있다는 것으로 태아의 발달과 유사하다. 이는 신체발달의 각 기관은 성장과 발달의 결정시기가 존재하며 정해진 시간에 따라 성장하고 발달한다고 한다.

3) 심리사회적 발달 단계

에릭슨의 이론에서 각 심리사회적 단계에서는 위기가 발생하는데, 위기(갈등상황)란 해당 단계의 개인에게 부과된 생리적 성숙과 사회적 요구로부터 발생된 인생의 전환점이다(Hjelle & Ziegler, 1992: 190). 위기는 여덟 단계마다 사회적 발달과정에서 발생하는 위기를 다루어져야 하지만 그 단계에서 해결되어야 하는 것은 아닌 '각 단계에 특유한' 발달과제를 갖고 있다. 즉, 한 개인의 특성인 행동패턴은 과제 혹은 위기를 어떻게 해결되는가에 의해 결정되는 것으로 이론에서 갈등은 핵심적이다. 에릭슨은 위기를 '재앙의 조짐이 아니라 전환점으로 개인이 발달과정 중 겪는 어려운 상황에서 극복해야 할 생존을 위한 원천'이라고 보았다.

에릭슨(1950)은 인간생애의 발달과정을 8단계로 나눠 단계마다 성취해야 하는 발달과정과 극복해야 할 위기(갈등상황)를 개념화하고 있다. 심리사회적 발달이론의 핵심 내용은 여덟 단계에서 대립적으로 나타나는 적응 대 부적응 방식이다.

표 4-9 Erikson의 심리사회적 발달 8단계

단계	발달과업과 위기	덕목	설명
영아기 (0~1세)	신뢰감 대 불신감	희망	유아는 양육자와 신뢰관계를 형성해야 한다. 그렇지 않으면 불신감이 형성된다.
유아기 (1~3세)	자율감 대 수치감과 회의감	의지	걷기, 잡기, 괄약근 통제를 포함하는 신체적 기술을 발달시키는 데에 에너지가 집중된다. 통제를 제대로 못하게 되면 수치심과 회의감이 나타난다.
아동 초기 (3~5세)	주도성 대 죄책감	목적	단호해지려 노력하고 주도권을 잡으려고 애쓴다. 이 과정에서 다른 사람에게 상처를 주게 되면 죄책감을 느끼게 된다.
아동 후기 (6~11세)	근면성 대 열등감	능력	새롭고 복잡한 기술을 습득해야 한다. 그렇지 않으면 열등감을 느끼게 된다.
청년기 (12~18세)	정체감 대 정체감 혼미	충실	직업, 성역할, 정치, 종교를 포함하는 몇몇 영역에서 자신이 누구인가에 대한 정체감을 확립할 필요가 있다.
성년기 (18~35세)	친밀감 대 고립감	애정	친밀한 관계를 형성하기 위해 '나'를 '우리'라는 개념속에 빠져들게 해야 한다. 그렇지 않으면 고립감을 경험하게 된다.

단계	발달과업과 위기	덕목	설명
중년기 (35~55세)	생산성 대 침체성	배려	다음 세대를 지원하기 위해 생산성의 욕구를 충족시킬 수 있는 방법을 모색해야 한다.
노년기 (55세 이상)	자아통합감 대 절망감	지혜	앞서 7단계의 위기를 잘 해결하게 되면 있는 그대로의 자신을 받아들이게 된다.

(1) 1단계: 신뢰감 대 불신감(Trust vs. Mistrust)

에릭슨의 심리사회적 단계의 첫 번째 적응 대 부적응 방식의 특성은 신뢰감 대 불신감(trust vs. mistrust)이다. 프로이드의 구강기와 유사한 단계로 인간이 가장 무력한 시기인 출생 후 일 년 이내에 나타난다. 이 시기의 주된 발달의 위기는 영아가 세상을 신뢰할 수 있느냐 없느냐 여부에 의하여 신뢰감을 형성하는 과업이다. 어머니가 충분한 사랑과 안정감을 주면서 유아의 신체적 필요에 적극 반영과 애정, 사랑은 유아 자신의 주위에 있는 세상을 신뢰하게 된다. 신뢰감은 다른 사람에 대한 믿음과 자신에 대한 믿음을 포함한다. 갈등의 해결을 위한 지속적 패턴을 확립하는 것이 자아의 최초 과업이다. 어머니의 적절하고도 애정이 넘치는 반응의 결과로 유아는 세상으로부터 일관성, 지속성 그리고 동일성의 정도를 기대하는 것을 배운다. 이러한 기대는 자아정체감 형성에 기초가 된다.

반면 어머니가 유아행동에 거부적, 무뚝뚝하고 일관성이 없으면 유아는 세상에 대해 불신의 태도를 발달시킨다. 이런 초기 자아와 기본적 신뢰는 자기 자신에 대한 만족감 및 안정감, 자신과 다른 사람에 대한 신뢰로 발달한다.

그러나 에릭슨은 신뢰감만이 바람직한 것은 아니며, 때로는 불신도 필요하다고 한다. 건강한 자아발달과 성장을 위해서는 불신의 경험이 신뢰와 불신 사이의 적당한 비율로 불신감보다는 신뢰감이 더 비중을 차지해야 신뢰감과 불신감이 균형 있게 형성되어 영아는 '희망(hope)'이라는 덕목을 발전시키게 된다.

(2) 2단계: 자율성 대 수치심과 회의감(Autonomy vs. Shame and Doubt)

두 번째 적응 대 부적응 방식의 특성은 자율성 대 수치심과 회의감이다. 프로이드의 항문기에 해당되는 2~3세에 아이들은 다양한 신체적 및 정신적 능력을 빠르게 발달시켜 자신의 성장을 위한 많은 활동을 한다. 밀고 당기며, 걷고, 기어오르고, 사물을 관찰, 의사소통을 하기 시작하여 새롭게 개발되는 기능과 능력들에 대해 대단한 자부심을 갖게 되어 스스로를 위해 많은 것들을 하려고 하는 집착(hold on) 및 해방(let go)과 관련된 능력을 강조한다. 이러한 집착과 해방이 긍정적인 면과 부정적인 면을 가지고 있기 때문이다.

이 단계에는 자율적이고 창의적인 사람이 되느냐, 아니면 의존적이고 자기회의적인 부끄러운 사람이 되느냐 하는 것이다. 유아는 사람들에게 의존하고 있지만 자유로운 선택의 자율성도 경험하기 시작하여 자율감은 사회적 갈등을 일으킬 정도로 지나치게 과장될 수도 있으며, 완강한 거부나 떼쓰기 등으로 나타날 수도 있다. 그러므로 자율성 대 수치심과 회의감의 갈등을 해결하는 결과가 덕목인 '의지(will)'라고 한다. 에릭슨은 "의지는 억제되지 아니하는 고집과 통제당하는 것에 대한 분노로 야기되는 예전의 수치심과 회의감의 경험에도 불구하고, 자기통제와 자유로운 선택을 하려는 꺾이지 않는 결의(determination)"라고 말한다.

(3) 3단계: 주도성 대 죄책감(Initiative vs. Guilt)

주도성 대 죄책감(initiative vs. guilt)이다. 이 단계의 아이는 보다 많은 일들을 할 수 있고, 스스로 하기를 원한다. 주도성 발달의 환상적 형태는 반대 성의 부모를 소유하고자 하는 욕망이다. 이 시기의 언어발달로 끊임없이 질문을 하며, 새로운 단어나 개념, 기본적인 이해의 습득이 학습의 기본적 수단이 된다. 또한 장난감을 조작하기 시작하여 무엇이 들어 있는지, 뜯어보기도 하는데, 파괴적인 성향 때문만이 아닌 호기심 때문이기도 하다. 이러한 호기심이 파괴적인 행동으로 처벌을 받게 되고, 그로 인해 죄책감을 느끼게 된다면 주도성발달은 주춤하게 된다. 아동은 자신의 신체와 친구의 몸도 탐색하게 되며, 이런 행동에는 성에 대한 호기심도 포함되어 있다. 성적으로 관련하여 사회적 비난과 처벌은 죄책감의 발달을 조장할 수 있어 아동의 탐색과 주도성이 심한 질책과 직면하게 되면 죄책감으로 인식하게 된다.

주도성 대 죄책감의 균형발달은 '목적(purpose)'이라는 덕목을 가져 인생에서 갈망하는 그 어떤 것이다. 이는 과거의 실패나 자신의 한계를 이해와 극복으로 목적을 달성하는 것이다.

(4) 4단계: 근면성 대 열등감(Industry vs. Inferiority)

프로이드는 6세부터 11세까지를 잠복기에 해당하는 비활동적인 시기로 보았으나, 에릭슨은 역동적이고 활동적인 시기로 보았다. 집밖에서의 새로운 영역이 확장되어 가정과 학교에서 아동은 역할의 완성으로 기쁨과 인정을 받기 위해 부지런히 활동한다. 가정이나 학교에서 자신의 논리적 능력을 기초로 사물의 방식으로 이해하고 조작한다. 새로운 기술의 발달이 아동 스스로 잘 지각하고 있는가는 대부분 교사와 부모의 행동과 자세에 의해 결정된다. 만약 아동이 노력한 것에 대해 조롱과 비난을 받고, 야단맞고, 거절당하면, 아동은 자신을 부적절하게 생각하여 열등감을 발달시키게 된다. 아동은 즐거움을 느끼지 못하고 잘한 일에 대한 자부심을 발달시키지 못하여 열등감에 사로잡힐 수 있다. 반면 교육적이고 건설적인 강화와 칭찬은 근면성을 촉진시킨다. 이러한 근면성을 바탕으로 아이는 보다 나은 발달을 이루게 된다.

근면성과 열등감의 발달은 '유능감(competence)'이라는 덕목이다. "유능감은 유아적인 열등감에 의해 손상되지 않은 채, 발달과업을 완수하면서 지능을 자유롭게 발휘하는 것이다."라고 말한다.

(5) 5단계: 정체감 대 정체감 혼미(Identity vs. Identity Confusion)

에릭슨은 12세부터 18세까지의 청소년기가 개인이 자신의 기본적인 자아정체성에 대한 의문을 갖고 심사숙고하는 과도기라는 점에서 중요하다고 생각했다. 자아정체감 대 역할혼돈(identity vs. role confusion)이라고도 하는데, 에릭슨(1968)은 청년기의 가장 중요한 발달과업이 자아정체감의 확립이라고 보았다. 청소년기를 아동기와 성인기 사이에 있는 시기로 역할과 자아상 형성에 위한 필요한 심리적 유예기간이라고 보며, 청년기에 많은 청년들은 가장 근본적이고도 어려운 문제로 고민하게 되는데, "나는 누구인가?"라는 물음이 바로 그것이다. 청년기에 제기되는 일련의 질문들, 즉 "나는 누구인가? 무엇을 할 것인가? 미래의 나는 어떻게 될 것인가? 어제의 나와 오늘의 나는 같은 인물인가?" 등의 자문이 자아정체감을 형성하기 위한 과정이라고 보았다.

정체감은 개인이 사회로부터 저절로 획득하는 것도 아니고, 때가 되면 나타나는 2차 성징과 같은 성숙도 아니다. 일생 동안 지속적인 노력으로 정체감을 획득하게 된다. 정체감 탐색에 실패한 청년은 정체감 혼미(역할 혼미)를 경험하게 된다. 자신에게 다가오는 성인기를 맞이하는 이 시기는 정체감 성취에 실패하고 정체감 위기를 경험한 사람은 역할혼돈을 보인다. 역할혼돈에 있는 사람은 누구이며 어디에 속하며, 어디로 향하는지 모른다. 이는 삶의 과정인 교육, 직업, 결혼에서 낙오될 수 있으며 부정적 정체감을 추구하게 된다고 본다.

이 시기의 위기를 제대로 극복하면 '충실(fidelity)'이라는 덕목을 갖게 된다. 충실은 정체감 형성의 기초가 되며 이념의 확립이나 진리의 확인을 통해 얻어진다. 다양한 가치세계관으로 충실은 청년기의 위기인 권위 혼미와 가치관 혼미를 피할 수 있게 도와준다.

(6) 6단계: 친밀감 대 고립감(Intimacy vs. Isolation)

타인과의 관계에서 친밀감은 자신의 정체감과 다른 사람의 정체감을 융합시키는 능력의 중요한 발달과업이다. 성인기에는 친밀감이 필요하며 이를 원한다. 친밀한 관계란 타인을 이해하고 깊이 공감을 나누는 수용력의 발달을 의미한다. 이 단계는 성인 초기로서 청소년 말기에서부터 성인 중기가 시작할 때까지의 기간에 해당된다.

친밀감은 정체감 확립 이후 다른 사람과 진정한 친밀감을 형성할 수 있으며, 자신의 정체감과 다른 사람의 정체감 융합으로 타인을 사랑할 수 있는 능력에서 나온다. 친밀한 관계는 상호 신뢰와 애정을 기초로 '우리'라는 상호 의존성을 발달시키는데 정체감을 확립하지 못한 사람은 대인관계에서 위축되는 경향이 있어 고립상태에 빠지게 되는데 이것은 고립감이다.

이 단계는 위기로부터 성숙한 '사랑(love)'이라는 덕목이 형성된 사랑이다. 사랑은 사람과 사람관계에서 매우 중요한 관계의 기초가 되는 상호 헌신하는 것을 의미한다.

(7) 7단계: 생산성 대 침체성(Generativity vs. Stagnation)

이 단계는 중년기로 대략 35~50세까지이며 인간의 완전한 성숙기에 해당된다.

생산성은 성숙한 성인이 다음 세대를 구축하고 이끄는 데 인도하고, 적극적이고 직접적으로 참여하는 것을 말한다. 인간은 자신이 속한 조직에서 다음 세대에게 영향을 끼치고 이끌고자 하는 욕구이다. 생산성은 몇 가지 다른 방법으로 표출될 수 있다(Kotre, 1984). 생물학적 생산성은 자녀를 낳아 기르는 것이고, 직업적 생산성은 다음 세대에게 기술을 전수하는 것이며, 문화적 생산성은 문화의 어떤 측면을 창조하고, 혁신하고, 보존하는 것이다. 이 경우에 생산성의 대상은 문화 그 자체이다. 이러한 행동이 중년기에 나타나지 않으면 그 사람은 침체감, 권태, 대인관계 악화상태에 빠지게 된다. 침체성은 인생을 지루하고 따분하다고 생각하는 사람, 불평불만을 일삼는 사람, 매사에 비판적인 사람들이 전형적이다. 자신의 욕구가 충족되지 않으면 침체성에 빠진다고 한다.

이 시기의 생산성 대 침체성은 '배려(care)'라는 덕목으로 보살핌, 사랑, 필요 또는 우연에 의해 생산된 것들이다.

(8) 8단계: 자아통합감 대 절망감(Integrity vs. Despair)

여덟 번째 적응 대 부적응의 특성은 자아통합감 대 절망감(ego integrity vs. despair)이라고도 한다. 이 단계의 발달과업은 자아통합감과 절망감의 위기를 극복하는 것이다. 개인은 인생 황혼기에 자신의 죽음에 직면해서 자신이 살아온 삶을 되돌아보게 된다. 자신의 전체적인 삶을 되돌아보거나 검토해 보며 마지막 평가를 하는 숙고의 시간으로 자아완성 혹은 완성에 가까워지려는 것이다. 만약 개인이 충족감과 만족감으로 자신의 삶에서 성공과 실패에 잘 적응해 왔으면 자아통합을 이루게 된다. 그러나 자신의 삶이 무의미하고 후회한다면, 시간이 흘러 다른 삶을 살아볼 기회가 없다는 느낌에 직면하게 되어 절망감에 빠지게 된다. 자아통합은 한 개인이 자신의 현재상황과 과거를 수용한다. 만약 개인이 되돌릴 수 없는 실수에 후회하고, 놓쳐버린 기회에 분노와 좌절감, 증오심으로 자신의 삶을 바라본다면, 그는 절망의 상태에 있는 것이다. 절망의 삶을 혐오하며 타인들을 경멸하고 "만약 ~만 했더라면"이라는 식으로 생각하며 고통스러움과 나약함, 무상함의 비탄감은 피할 수 없다.

이 단계의 자아통합감 대 절망감의 갈등을 해결하는 경우는 '지혜(wisdom)'이다. 지혜는 자신의 죽음에 직면하여 얻게 되는 인생 의미에 대한 통찰이다.

4) 기본적 덕목

여덟 단계는 각각의 정체성 위기로 각 단계의 강점을 발달하는 새로운 기회를 제공하며 에릭슨은 이러한 강점을 기본적 덕목이라고 불렀다. 기본적인 인간의 장점은 개인 인생과정과 전 인류사에 걸쳐 자연스럽게 진화된 것으로 각각의 덕목은 삶에 생기를 준다. 기본적 덕목은 타고난 것이 아닌 개발되어야 하고, 한 개인의 삶에 걸쳐 끊임없이 재확인되어야 한다.

각 발달 단계에서 위기를 직면하여 만족스럽게 해결되었을 때에만 나타나는데, 아동기는 희망(hope), 의지(will), 목적(purpose), 그리고 유능성(competence)이다. 청소년기에는 충실성(fidelity), 성인기는 사랑(love), 배려(care), 지혜(wisdom)이다. 덕목들은 서로 의존적이며, 선행되는 덕목이 완전하게 확립되지 않으면 이후의 덕목은 발달이 어렵다.

표 4-10 각 발달 단계의 덕목

발달 단계 덕목	내용
희망	희망은 기본적인 신뢰에서 비롯된다. 희망은 바라는 것이 충족될 것이라는 견고한 믿음이다. 즉, 일시적인 후퇴나 어려움에도 불구하고 계속 유지되는 자신감이다.
의지	의지는 자율성으로부터 나온다. 의지는 선택의 자유와 자기통제를 실천하기 위한 거부할 수 없는 확고한 자기결심이다. 그리고 의지는 사회의 규칙을 수용하고 따르기 위해서 없어서는 안 될 기본적 요인이다.
목적	목적은 주도성에서 비롯된다. 목적은 중요한 목표를 계획하고 수립하려는 용기를 수반한다.
유능성	유능성은 근면성에서 비롯된다. 유능성은 장인 정신이라고 불릴 수 있는데, 그것은 주어진 임무를 수행하고 완성하는 데에 있어서 기술과 지혜를 가지고 힘쓰는 것을 의미한다.
충실성	충실성은 자아정체감에서 비롯된다. 충실성은 타인과의 관계에서의 기본적인 성실함이나 의무감 그리고 정직, 순수함을 유지하는 것을 의미한다.
사랑	사랑은 친밀감에서 나온다. 에릭슨은 사랑을 가장 위대하고, 인간에게 가장 지배적인 덕목이라고 여겼다. 그는 사랑을 '공유된 정체감을 가진 배우자와 파트너의 상호성'이라고 정의하면서 다른 사람에게서 자신을 찾기도 하고 잃기도 하는 것이라고 하였다.

발달 단계 덕목	내용
배려	배려는 생산성으로부터 생겨난다. 배려는 다른 사람을 향한 폭넓은 관심과 염려로 가르치고 지도하고자 하는 욕구에서 나타난다. 즉, 그것은 가르침을 받는 사람들을 위해서뿐만 아니라 자신의 정체감을 실현시키도록 돕는 것이기도 하다.
지혜	지혜는 자아통합에서 나온다. 지혜는 삶의 문제에 의연한 방식으로 표현된다. 지혜는 아마도 '유산'이라는 단어로 가장 잘 기술된다. 왜냐하면 인간은 통합된 경험인 지혜를 다음 세대에 전달해 주기 때문이다.

3. 재활상담 적용

프로이드는 성인 신경증 환자들을 주로 다루었으며, 에릭슨은 아동 정신분석가이다. 아동에 맞는 기법들을 고려할 수밖에 없었는데, 에릭슨은 놀이치료(play therapy)에 관한 기법을 개발하였다(Ryckman, 2000).

1) 역사적 분석

에릭슨은 자아발달이론을 유명 인사들의 삶에 적용시키기 위해 심리역사적 분석을 사용하였다. 심리역사적 분석은 개인에 대한 전기적 연구(biographical study)에 관한 것으로서, 에릭슨이 역사적으로 유명한 인사들, 예를 들어 마하트마 간디(Mahatma Gandhi), 마틴 루터(Martin Luther), 아돌프 히틀러(Adolf Hitler), 버나드 쇼(George Bernard Shaw) 등 종교인 혹은 정치가들이 겪었던 삶의 위기와 위기대처방식을 묘사하는 데 자신의 성격발달이론을 적용하였다(노안영, 2014).

2) 자아정체감 검사

에릭슨은 성격평가를 위해 심리검사를 사용하지 않았지만 후에 개발되었는데, 그 중 대표적인 것은 청소년기의 자아정체감 발달 정도를 측정하기 위해 개발된 자아정체감 척도(The Ego-Identity Scale)이다.

3) 학교생활화

학교생활화(Kinetic School Drawing; KSD)는 투사기법 중 하나로, 아동이 학교 내에서 관계되는 인물인, 자신과 친구와 교사가 무엇인가를 하고 있다. 그림을 그리게 하여, 교사, 친구와의 관계에 대한 아동의 지각을 측정한다.

요약정리

1. 프로이드는 지형학적 모델(topographical model)을 통해 자각의 수준을 구분하여 세 수준인 의식(conscious), 전의식(preconscious), 무의식(unconscious)이다. 정신 내의 기본적인 갈등이 의식과 무의식 간의 갈등이 아니라 무의식 자체 내의 갈등임을 인식하게 되었다. 성격의 구조를 밝히기 위한 새로운 맥락에서 원초아, 자아, 초자아와 같은 구조적 모형이 등장한 것이다.
2. 불안은 세 가지 자아 간의 갈등으로 끊임없이 야기되어, 자아는 충동적으로 쾌락을 추구하는 원초아와 완벽성을 추구하는 초자아와의 갈등을 감소시키려고 노력한다. 프로이드는 모든 행동이 본능에 의해 동기화되는 것처럼 역시 불안을 피하려고 한다는 점에서 방어적이라고 보았다.
3. 아들러 개인심리학의 주요개념인 불완전한 존재, 목적론적 존재, 창조적인 존재, 사회적 존재, 통합적 존재생활양식, 인생과제, 허구적 최종목적론, 열등감, 우월성 추구, 가족구도 및 출생순위 등을 설명하고 있다. 생물학적 측면보다 사회적 요인을 강조, 무의식적 특성보다는 목적 지향적인 본질을 강조하였다.
4. 생활양식은 각자의 자신이 형성한 고유한 생활양식(life style)에 살아간다. 생활양식은 사람들의 사고, 행동방식, 감정, 자신과 세계에 대한 관심, 삶의 가치와 태도, 목적, 살아가는 방식 등 개인의 독특성을 설명하는 아들러의 원리이다. 인간은 현재보다 나은 상태인 완전성을 실현하기 위해 노력하는 존재이기 때문이다. 그리고 사회적 존재로서 다른 사람들과 비교하여 자신을 평가하기 때문이다. 더불어 아들러는 우리 각자가 자기완성을 이루기 위해 자신이 느끼는 열등감을 극복해야 한다는 것을 강조하였다.
5. 프로이드는 리비도를 성적 에너지라고 주장했고, 반면에 융은 일반적인 생활에너지로 간주했다. 성격에 있어서 어린 시절의 영향에 대한 프로이드의 결정론적 견해에 대하여, 융은 성격은 생활 속에서 후천적으로 변할 수 있고 미래의 목표와 열망에 의해 형성된다고 믿었다. 이러한 이론에 따라 집단적 무의식의 요소를 융은 원형(archetypes)이라고 불렀다. 원형에는 영웅, 부모, 죽음, 탄생과 부활, 일관성, 아이들, 신, 악마 등을 포함한다. 어떤 원형은 성격과 분리된 체계로 설명하며, 대표적 원형으로 페르소나 혹은 외부로 드러난 적응성격(공식적 얼굴), 아니마(anima)와 아니무스(animus) 혹은 양성적 성격, 그림자(shadow) 혹은 인간 본성의 동물적인 부분, 무의식의 모든 부분으로 구성된 자기(self)등이 있다.
6. 에릭슨은 특정 단계의 과업이나 위기를 완전히 해결하지 않고서는 다음 단계로 진행할 수 없다고 생각하지는 않았다. 위기를 해결하든 해결하지 못하든 일정한 연령에 도달하면 생물학적 성숙이나 사회적 압력에 의해 다음 단계로 진행하게 된다고 보았다. 새로운 단계에서는 새로운 윤리와 새로운 갈등을 만나게 된다.
7. 인간생애의 발달과정을 8단계로 나눠 단계마다 성취해야 하는 발달과정과 극복해야 할 위기(갈등상황)를 개념화하고 있다. 심리사회적 발달 이론의 핵심 내용인 여덟 단계에서 대립적으로 나타나는 적응 대 부적응 방식이다. 60세나 70세가 되었을 때에 전 단계에서 해결하지 못한 과업이나 위기는 그대로 남아 있어 자아통합감을 이루고자 할 때 장애가 된다.

CHAPTER 5

행동주의 상담

길라잡이

1. 고전적 조건화와 조작적 조건화의 차이는 무엇인가?
2. 고전적 조건화의 치료기법은 무엇인가?
3. 조작적 조건화의 활용기법인 토큰경제는 무엇인가?
4. 체계적 둔감법과 홍수법은 무엇인가?
5. 반두라의 사회학습이론은 무엇인가?

제1절 파블로프의 고전적 조건화

1. 개요

1) 행동주의의 공통적 특징

행동주의는 부적응행동은 감소시키고, 적응행동을 증가시키기 위한 접근방법이다. 행동 변화를 이끌어내는 방법은 서로 다르지만, 행동주의는 공통된 세 가지 특징이 있다. 첫째, 과거의 행동에 초점을 두기보다 현재 행동의 중요성을 강조한다. 행동 기저에 깔려 있는 행동원인보다는 행동 그 자체를 다룬다. 둘째, 명확하게 정의되고, 객관적이며 측정 가능한 목표들을 통해 행동기법의 효과를 평가하는 과학적인 접근법을 사용한다. 셋째, 치료과정 동안 수행되는 다중적 평가를 활용한다.

2) 행동주의의 가정

위의 세 가지 이외에도 Rotgers(1996)의 행동주의에는 7가지 가정이 있다고 주장했다.

① 인간의 행동은 유전에 의해 결정되기보다 학습에 의해 결정된다.
② 부적응행동을 만드는 것과 동일한 학습과정이 그 행동을 바꾸거나 제거하는 데 사용될 수 있다.
③ 행동은 맥락적(contextual) 및 환경적 매개물에 의해 우선적으로 결정된다.
④ 생각이나 감정과 같은 내재적 행동(covert behaviors)은 학습과정의 수행을 통해 변화시킬 수 있다.
⑤ 행동 변화의 핵심적 측면은 새로운 행동이 행해져야 하는 맥락 속에서 실제로 실행하는 것이다.
⑥ 각각의 내담자들은 고유한 특성을 지니므로 상담자들은 이들의 부적절한 행동을 개별화해서 평가하는 것이 필요하다.
⑦ 성공적인 치료의 초석은 철저한 행동평가에서 시작된다.

3) 행동주의 접근법

행동주의는 부적절한 행동을 감소시키고 바람직한 행동을 증가시킨다는 궁극적 목표를 달성하기 위해 고전적 조건화(파블로프), 조작적 조건화(손다이크와 스키너), 인지행동적 접근(반두라)의 서로 다른 세 가지 접근법을 사용하고 있다.

2. 특성

고전적 조건화는 러시아의 심리학자 파블로프(Ivan Pavlov)가 처음 활용하기 시작했다. 파블로프는 조건 형성이라는 과정을 통해 행동의 수정이 이루어질 수 있다고 보았다. 조건 형성이란 평소 특정한 반응을 이끌어내지 못했던 자극(중성 자극, Neutral Stimulus: NS)이 무조건적인 반응(무조건 반응, UnConditioned Response: UR)을 이끌어내는 자극(무조건 자극, UnConditioned Stimulus: US)과 연합하는 과정을 말한다. 조건 형성이 이루어지면 중성 자극은 조건 자극(Conditioned Stimulus: CS)이 되어 조건 반응(Conditioned Response: CR)을 이끌어낸다. 이 과정을 파블로프의 조건 형성 실험을 예로 들어 설명하면 다음과 같다.

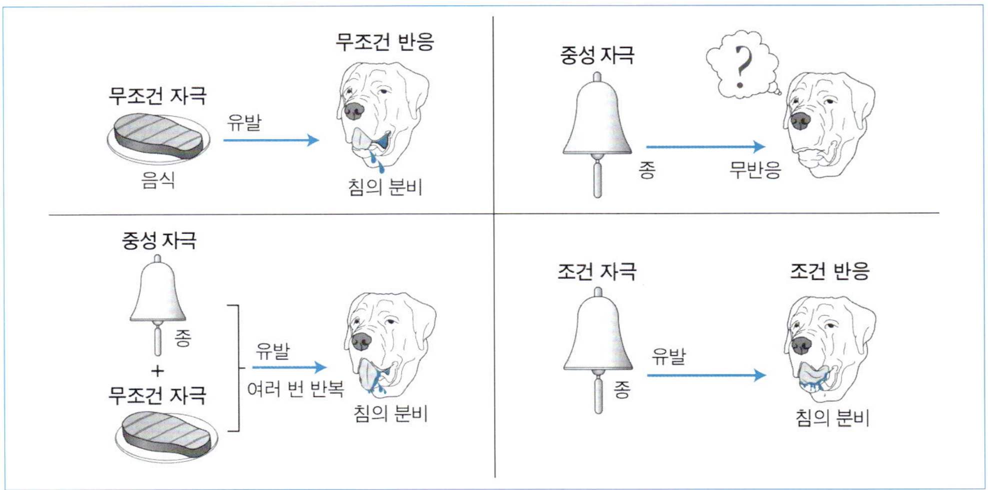

그림 5-1 파블로프의 개 실험

1) 조건 형성 이전

① 개는 음식을 보면 침을 흘린다.

② 여기서 음식은 무조건 자극(unconditioned stimulus: UCS: 의도했던 반응을 자연스럽게 이끌어 내는 자극)이 되고, 침을 흘리는 반응은 무조건 반응(unconditioned response: UCR: 이때 자연스럽게 일어나는 반응을 무조건 반응)이 된다.

③ 또한 종소리를 들려주면 개는 반응이 없다

④ 여기서 종소리는 어떤 반응도 이끌어내지 못하는 중성 자극(NS)이 된다.

2) 조건 형성 과정

① 개에게 음식을 줄 때마다(US) 반복적으로 종소리를 같이 들려준다(Ns)

② 이 과정을 무조건 자극과 중성 자극의 연합, 혹은 조건 형성이라고 표현한다.

3) 조건 형성 이후

조건 형성이 된 후에는 중성 자극인 종소리(NS)만 들려주어도 침을 흘리게 된다. 여기서 조건 형성이 된 후의 종소리는 조건 자극(conditioned stimulus: CS 목적하는 반응을 얻기 위해서는 중성 자극이 조건화되어야 한다는 가정에서 기인)이 되고, 조건 형성이 된 후에 침을 흘리는 반사는 조건 반응(conditioned response: CR: 조건화된 자극의 제시에 따른 결과로 야기된 반응)이 된다.

이런 고전적 조건 형성이 일어나는 이유는 어떤 유기체가 조건 자극(CS)을 제공받으면 곧이어 무조건 자극(US)도 함께 제공받을 것이라고 믿기 때문이다. 즉, 조건 자극을 무조건 자극이 제공된다는 신호로 파악한다는 것이다.

고전적 조건 형성을 실험한 예는 위의 예 말고도 쉽게 찾아볼 수 있다.

> 정○○이라는 아이가 흰쥐에게 공포를 느끼도록 하였다.
> 이 아이는 본래 흰쥐에게 공포를 느끼지 않던 아이였다.
> 하지만 정○○가 흰쥐에게 다가가거나 만질 때마다 갑작스런 큰 소리를 들려주었고, 결국 정○○는 흰 쥐를 무서워하게 되었다.

사람은 원래 갑작스러운 큰 소리에 놀라는 반응을 한다. 여기서 큰 소리는 무조건 자극이 되고, 놀라는 반응은 무조건 반응이 되는 것이다. 처음에는 무서움을 느끼지 않았던 흰쥐(중성 자극)와 큰소리(무조건 자극)를 지속적으로 연합하면 흰쥐(조건 자극)만 보아도 놀라는 반응(조건 반응)을 하게 되는 것이다. 이 또한 고전적 조건 형성이라고 할 수 있다.

4) 고전적 조건화 반응의 소거

조건 자극과 조건 반응 간의 관계가 확립된 다음 무조건 자극 없이도 조건 자극이 반복될 경우 이들 간의 연관성은 사라지게 되는데, 이러한 과정을 고전적 소거라고 한다.

5) 자극일반화와 자극변별

조건화 반응이 확립된 후, 조건 자극에 대한 반응에서 유기체는 자극일반화 또는 자극변별을 보일 수 있다. 만일 자극일반화가 나타난다면, 조건 자극을 제시했을 때와 마찬가지로 다른 유사한 자극을 제시했을 때에도 조건화된 행동을 나타낼 것이다. 예를 들어, 최근에 고관절 치환수술(hip replacement)을 받은 내담자가 물리치료를 받는다고 가정해 보자. 치료사는 내담자에게 치료기구가 적절한 인장력을 가지도록 기구를 조정할 때까지 의자에 그대로 앉아 있으라고 부탁한다. 하지만 치료사의 요구를 듣지 않고, 내담자는 일어서려고 하다가 균형을 잃고 쓰러졌고, 이때 물리치료사는 적절하게 그녀를 부축하지 못해서 그녀가 쓰러지는 것을 막을 수 없었다. 그 후, 내담자는 물리치료를 받을 때마다 불안 증상(예: 호흡곤란, 빠른 심장박동, 발한)을 나타낸다. 만일 내담자의 불안 증상이 그녀가 넘어질 때 옆에 있었던 치료사가 치료할 때만 일어나는 것이라면, 내담자는 자극변별을 보이고 있는 것이다. 반면, 치료해주는 물리치료사에 상관없이 물리치료를 받을 때마다 불안을 느끼는 것이라면 자극일반화를 경험한다고 보아야 할 것이다.

6) 고전적 조건화의 효과에 영향을 미치는 요인

첫째, 고전적 조건화가 일어나기 위해서는 반드시 조건 자극이 무조건 자극보다 먼저 선행되어야 하기 때문에 조건 자극-무조건 자극의 순서가 중요하다.

둘째, 조건 자극과 무조건 자극의 제시 사이의 시간적 간격이다. 시도 횟수 또한 고전적 조건화의 효과에 영향을 준다. 일반적으로 조건 반응의 강도와 지속성은 조건화 시도의 횟수와 관련이 있으며, 시도 횟수가 많을수록 강도는 더 강해진다.

셋째, 무조건 자극과 조건 자극의 특정 성질들이 조건화 과정의 효과를 촉진시키거나 방해할 수도 있다. 일반적으로 조건 반응은 무조건적 자극이 강할 때와 신속한 반응을 일으킬 때보다 쉽게 확립된다. 조건화 과정의 결과에서 조건 반응의 강도는 반응의 강도나 빈도의 평가를 통해 결정되는데, 이는 조건 자극의 제시와 조건 반응 발생 간의 시간차, 조건 반응의 지속성(무조건 자극이 없는 상태에서 조건 자극에 의해 조건 반응이 유도되는 시간의 길이)으로 나타난다.

3. 주요개념

고전적 조건화의 원리에서 유래한 치료기법은 아래와 같다.

1) 체계적 둔감화(systematic desensitization)

고전적 조건 형성의 원리에 기초를 둔 체계적 둔감법은 가장 많이 사용되고 실증적으로 연구되어진 행동치료방법 중 하나이다. 이것은 주로 불안과 관련된 부적응 행동들 혹은 회피반응들의 치료에 쓰인다. 고전적 조건화는 새로운 반응을 배우는 것이 아니라, 오히려 기존에 있는 반응과 새로운 자극 사이의 연관성을 발달시키는 것이다. 이러한 접근법에 기초한 기법은 내담자가 특정한 자극과 부적절한 행동 사이의 관계를 '탈학습(unlearn)'하거나 특정한 자극과 적절한 행동 사이의 연결을 학습하는 것을 돕는 방향으로 진행된다.

예를 들면, 먼저 내담자와 치료사가 한 가지 특정한 공포를 선정하여 불안을 일으키는 장면들을 순서대로 배열한다. 치료는 내담자에게 자신이 가장 불안을 느끼는 장면에 이르렀을 때조차도 이완된 상태를 유지할 수 있을 때까지 차례대로 각각의 장면을 심상해서 이완상태를 유지하라고 요구한다.

2) 홍수법(flooding)

내담자를 도망치거나 피할 수 없는 상태에서 공포자극에 노출시키는 방법이다. 체계적 둔감화와 반대되는 방법으로 공포자극에 지속적으로 노출시킴으로써 추후에 다시 그 상황에 노출되었을 때 적응시키려고 하는 방법이 홍수법이다. 예를 들어, 강아지를 무서워하는 내담자가 있으면, 체계적 둔감법은 처음에는 "강아지! 강아지!" 이런 식으로 강아지란 말을 자주 사용하고, 그 다음에는 강아지가 짖는 소리인 "멍멍, 멍멍"을 같이 들어보고, 사진을 본다던지, 나중에는 조금 가까이 가보고, 만져보는 식으로 서서히 적응해 가는 방법이라고 한다면, 홍수법은 바로 강아지를 만져보는 것부터 시작하는 것이다. 그래도 아무 일도 일어나지 않는 것을 확인하는 기법이다. 그러나 공포를 극대화시킬 수 있기 때문에 조심스럽게 접근해야 되는 기법이다.

3) 내파 치료법(implosive therapy)

내담자가 자신이 탈출 불가능한 공포 유발상황에 있다고 상상하는 점 이외에는 홍수법과 거의 흡사하다. 단지 현실보다는 과장된 형태로 불안을 유발하는 심상을 계속적으로 제시함으로써 불안반응을 감소시키는 방법 중 하나이다.

4) 혐오치료(aversive therapy)

혐오치료는 부적절하게 사람의 마음을 끄는 자극에 대하여 부정적인 감정을 갖도록 시도된다. 예를 들면, 어떤 부츠 숭배자(boots fetishist)는 부츠를 보거나 만지는 것에 대해서 마음이 덜 끌리게 되기를 소망할 수 있다. 마음이 끌리는 것을 감소시키기 위해, 치료자는 내담자에게 부츠의 그림을 제시하면서 전기쇼크를 반복해서 준다. 쇼크와 불쾌감을 안겨 주는 방법을 쓰는 대신에, 어떤 치료자들은 속이 메스꺼

워지게 만드는 구토제를 사용한다. 혐오치료로서 치유되는 문제에는 과음, 흡연, 성도착증, 노출증, 과식 등이 있다.

제2절 스키너의 조작적 조건화

1. 개요

조작적 조건화의 발전에 기여한 학자로 손다이크(E. L. Thorndike)와 스키너(B. F. Skinner)를 꼽을 수 있다. 숀다이크는 동물실험을 통해 몇 가지 학습법칙을 발견하였는데, 가장 중요한 것으로는 효과의 법칙(law of effect)을 들 수 있다. 효과의 법칙에 따르면 만족을 가져오는 행동들은 강화되지만, 만족을 가져오지 않는 행동들은 강화되지 않는다. 숀다이크와 함께 스키너는 복잡한 행동들은 유기체가 환경과 상호작용하거나 행동의 결과로 환경에 의해 조작되는 방식에서 나온다고 믿었다.

2. 아동을 대상으로 한 조작적 조건 형성

조작적 조건 형성을 이용한 최선의 행동치료법 중 일부는 아동을 대상으로 한 것이었는데 그 이유는 아동의 대부분의 행동이 다른 사람들의 통제를 받기 쉽기 때문일 것이다. 아동들은 어른들에 비해 계속해서 감독하기가 쉽다. 학교에서는 선생님이 아동을 면밀하게 관찰하고, 집에서는 부모들이 아동들의 놀이나 그 밖의 사회활동을 지켜보는 경우가 많다. 대부분의 경우 행동치료자는 아동을 책임지고 있는 부모 및 선생님이 아동에게 보상과 처벌을 주는 방식을 바꿔 주려고 노력한다. 어떤 아동에 대한 어른들의 강화방식이 바뀌게 되면 궁극적으로 이 아동의 행동이 바뀌게 될 것이라고 가정되고 있다.

조작적 조건 형성을 통해 처치되는 아동기 문제의 범위는 대단히 넓어서, 오줌싸는 것, 손가락 빨기, 공격행위, 집에서 말썽부리는 것, 과잉활동, 자해행위, 교실에서 말썽부리는 행동, 저조한 학교 성적, 지나친 사회적 철수, 천식발작이 포함된다. 심지어 성적 정체감도 조작적 조건 형성에 의해 영향을 받기 쉽다. 일반적으로 향상되는 정도는 전통적 형태의 치료법보다도 월등하다. 물론 조작적 조건 형성을 사용하는 행동치료자들은 조형되거나 소멸되는 행동이 실제로 보상을 통해 통제될 수 있는 것인지를 결정해야 한다. 몸이 아파 우는 어린이는 간호를 해주어야 한다.

조작적 조건 형성의 기법을 지적장애아동의 훈련에 적용하여 고무적인 결과가 얻어졌다. 많은 조작적 조건 형성기법을 사용하는 치료자들은 지적장애아동의 훈련 가능성이 제한되어 있다는 가정에 도전해 왔으며, 그 결과 일부의 지적장애아동 및 그 가족에게 도움을 주었다. 이들의 치료작업은 힘든 것으로서 오랜 시간이 소요되지만, 무엇보다 식사 시 행동, 사교적 기술, 그리고 과잉활동을 향상시킬 수 있었다.

3. 주요개념

1) 강화와 처벌

조작적 조건화의 핵심 구성요소는 강화와 처벌이다. 강화는 행동의 빈도를 증가시키고 처벌은 행동의 빈도를 감소시킨다. 강화인자와 처벌인자는 사용되는 상황에 따라서 긍정적 혹은 부정적으로 작용할 수 있다. 정적 강화는 바람직한 행동에 대한 긍정적 보상을 주는 것이다. 부적 강화는 혐오자극의 제거를 통해 행동의 빈도가 증가될 때 나타난다.

처벌인자 역시 긍정적 혹은 부정적으로 나타날 수 있다. 정적 처벌은 특정 자극(예: 환자가 다른 환자를 공격하면 즉시 신체적 구속상태에 두는 것)을 가함에 따라 바람직하지 않은 행동이 감소될 때 일어난다. 부적 처벌은 바람직하지 않은 행동에 이어 긍정적 자극이 제거(예: 약물남용 프로그램에 참여한 환자가 직원들에게 욕을 해서 외출할 수 있는 특권을 잃는 경우)될 때 발생된다.

2) 강화시간표

- 강화인자는 강화시간표에 따라 다양하게 제공될 수 있지만, 강화가 연속시간표에 따라 제공될 때 행동들이 보다 효과적으로 획득될 수 있다(즉, 내담자는 바람직한 행위가 발생될 때마다 매번 강화된다).
- 고정간격 시간표는 정해진 시간 내에 바람직한 행위가 얼마나 발생했는가에 상관없이 일정한 시간간격 후에 내담자에게 강화를 제공한다(예: 회사의 고용 지원을 받는 환자라면 2주일마다 봉급을 받는다).
- 고정비율 시간표는 내담자가 특정한 횟수만큼 바람직한 반응을 보인 후에 강화를 제공하는 것이다(예: 내담자가 건전지 횟수만큼 바람직한 반응을 보인 후에 강화를 제공하는 것이다. 건전지 묶음 10개를 포장하면 5분의 휴식시간을 허락한다).
- 가변 시간간격 강화시간표는 예측할 수 없는 시간간격 후에 강화를 제공하는 것이다(예: 소년원에 갇혀 있는 청소년들에게 1년에 6회의 불시 방 점검이 있다고 알려주면서 구체적인 점검 날짜는 고지하지 않는 경우이다).
- 가변 비율 강화시간표는 내담자가 바람직한 반응을 변동시간 횟수만큼 보인 후에 강화를 제공하는 것이다. 이 같은 유형의 강화시간표는 가장 높은 반응률을 보이는데, 이는 반응과 강화인자의 제공 사이의 관계가 예측 불가능하기 때문이다(예: 기숙제 약물치료 프로그램에 참여한 내담자들이 약물에 음성반응을 나타내는 소변 샘플을 제출 한 후 강화인자를 받을 수 있으나, 내담자가 강화인자를 얻기 전에 2~6회까지 음성 테스트 횟수가 변한다).

3) 조건 반응의 소거

고전적 조건화와 마찬가지로, 조작적 조건화 역시 소거가 가능하다. 조작적 조건화에서 소거과정은 원하지 않았던 행동을 감소시키거나 제거하기 위해서 이전에 강화되었던 행동의 강화를 보류할 때 발생한다. 조작적 소거는 단번에 일어나지 않는다. 급작스럽게 강화를 제거해 버리면 오히려 부적응행동이 줄어들거나 제거되기 전에 일시적으로 부적응행동의 빈도가 증가하는 경향을 보일 수 있다. 이 같은 일시적인 증가를 소거 폭발(extinction burst)이라고 부른다.

TIPS! 조작적 조건화 이론의 활용

발달장애아동을 위한 행동수정 프로그램은 아동의 공격 혹은 행동을 줄이기 위해 시도한다. 공격적인 행동이 줄어들거나 변화가 있을 때 상담사는 아동이 좋아하는 보상을 한다든가, 아니면 아동의 부모가 그럴 때마다 스킨십이나 칭찬을 해 줌으로써 공격적 행동이 줄어들게 하는 것이다. 이 조작적 조건기법에서 활용될 수 있는 정적 강화수단은 일종의 토큰법이 활용될 수 있으며, 중재 강화수단으로 활용될 수 있는 기법은 벌과 같은 형태이다

4) 자극일반화와 자극변별

때때로 어떤 행동은 환경의 특정한 조건하에서만 발생하는데, 특정한 행동이 일어나기 위해서 반드시 있어야만 하는 환경요인을 긍정적 변별자극이라고 한다. 반면에 바람직한 행동은 부정적 변별자극들이 있을 때는 일어나지 않는다. 변별자극이 주어질 때마다 행동의 표현이 일어날 때, 우리는 그 행동이 자극통제하에서 일어났다고 말할 수 있다. 예를 들면, 자극변별은 뇌병변 장애를 가진 사람이 재활기관에서 요리하는 법을 익혀 성공적으로 음식을 만들었지만, 정작 귀가한 후에는 가스레인지조차 켜지 못하는 때와 같은 경우에서 볼 수 있다.

특정한 환경조건하에서만 어떤 행동이 발생하는 자극통제와는 달리 유사한 자극들은 유사한 행동반응을 이끌어 낼 수 있는데, 이 같은 형상을 자극일반화라고 부른다. 지적장애인이 네 발 달린 모든 동물을 '개'로 오인하는 경우는 자극일반화의 일례라고 하겠다.

5) 조작적 조건화의 효과에 영향을 미치는 요인

① 목표행동의 표출과 강화인자의 제공 간에 조건적인 관계가 있는지의 여부
② 바람직한 행동시연에 대한 강화인자 제공의 즉시성
③ 강화인자의 강도 또는 크기
④ 강화시간표
⑤ 행동시연 가능성을 높이기 위한 언어적 또는 신체적 촉구의 포함

⑥ 일반화 가능성 또는 목표 행동에 대한 훈련 전이의 용이성

6) 조작적 조건화원리에서 도출한 치료기법

행동조성은 목표행동이 시연될 때까지 바람직한 목표행동에 근접해 가도록 행동을 강화하는 방법이다. 이 기법은 일상적 환경에서는 목표행동이 일어나지 않거나 일어난다 해도 그 빈도가 매우 드문 상황에서 가장 유용하다.

차별적 강화는 목표행동을 제외한 모든 행동들이 긍정적으로 강화될 때 나타난다. 차별적 강화 역시 반응에 따른 강화의 보류를 포함한다는 점에서 본질적으로 정적 강화와 소거 둘 다를 조합하여 사용한다고 볼 수 있다.

예를 들어 뇌손상장애가 있는 내담자가 식사를 할 때 손가락으로 음식을 먹으려 한다고 가정해 보자. 이때 행동수정의 목표가 무엇인지에 따라 상담사는 다양한 방식의 차별적 강화를 실행할 수 있다. 위의 예는 내담자가 식기를 이용해서 먹을 경우(강화받는 행동), 손가락으로 먹는 것은 바람직한 행동(식기를 이용해 먹는 행동)과 함께 일어날 수 없기 때문에 공존 불가능한 행동에 대한 차별강화(DRI)에 해당한다고 볼 수 있다. 이 기법의 다른 파생들에는 비율이 낮은 반응의 차별강화(DRO)가 있다.

7) 토큰경제

조작적 조건기법을 활용할 때 사용하는 기법으로 직접적인 강화인자를 사용하는 대신에 장애인 내담자가 원하는 다양한 물건과 교환할 수 있는 토큰을 보상으로 제공하는 것이다. 이 기법은 개별적인 상담보다는 장애아동을 집단으로 접근할 때 주로 사용되며, 상대적으로 바람직하지 못한 행동을 할 때에는 오히려 뺏음으로써 중재기법으로도 활용될 수 있다. 토큰경제는 일반적으로 바람직한 행동들이 토큰을 이용해서 강화되며, 토큰은 다른 바람직한 강화인자들로 교환될 수 있는 구조화된 환경 내에서 수행된다.

효과적인 토큰경제에는 다음과 같은 특성이 있다.

① 명백하게 파악되고 정의된 목표행동들
② 바람직한 행동의 시연에 이어 제공되는 강화인자들
③ 토큰경제의 효과에 대한 지속적인 감시와 평가가 가능한 시스템의 가동
④ 토큰 경제 없이 적절한 행동을 유지하고 있는 사람을 지역사회로 재통합시키는 것을 돕기 위한 계획의 실행 등

행동수정을 위해 토큰을 사용하는 방법은 다음과 같은 측면에서 장점이 있다(김충기 외, 1997).

① 토큰은 그 유인가를 잃지 않으며 특히 특수한 행동을 개선할 때 그 소득과 가치가 증가한다.
② 토큰은 적절한 행동과 보상 간의 지연을 감소시킬 수 있었다.
③ 토큰은 어떤 행동을 변화시키는 강력한 동기인자로 작용될 수 있다.
④ 토큰은 긍정적 강화인자이다.
⑤ 토큰은 번 토큰을 어떻게 사용할까 하는 것을 생각할 기회를 준다.
⑥ 토큰은 상담사와 내담자의 도덕성을 증가시킬 수 있다.
⑦ 토큰법은 사회적 강화를 측정하는 데 사용할 수 있다.
⑧ 토큰은 제도와 제도 밖의 삶 사이의 틈에 다리를 놓아 준다.

행동수정에서 행동은 사회적 기술훈련을 통해 수정이 가능하다. 이는 의사소통, 자기주장, 문제해결, 기타 바람직한 사회적 기술들의 향상을 목표로 하고 있다. 사회적 기술훈련은 조작적 조건화, 고전적 조건화 및 사회학습이론의 조합을 통해 원하는 효과를 이끌어낸다는 점에서 독특하다. 사회적 기술훈련에는 모델링, 코칭, 행동 리허설, 피드백, 강화, 숙제 등과 같은 다양한 기법들이 활용될 수 있다.

처벌을 통한 행동의 감소를 목표로 작동원리로부터 수많은 기법들이 도출되었다. 이들의 기법들은 꾸지람, 과잉교정(정적 행동을 실행하는 한편 부적 행동을 과잉교정하는 것), 반응대가(바람직하지 않은 행동에 따른 강화인자의 상실), 그리고 강화로부터의 타임아웃 등이 이에 속한다.

제3절 반두라의 사회학습이론

1. 특성

반두라(Bandura)의 사회학습이론은 관찰을 통해 이루어지는 학습이라고 하여 관찰학습이라고 부르기도 하고, 대리학습, 사회학습, 모델링이라고도 불린다. 사회학습이론은 관찰학습 또는 모델링(modeling)이라고도 하며, 이러한 관찰학습은 '주의집중 → 파지(기억) → 행동재생 → 동기유발'의 과정을 수반하며 관찰자의 내적인 인지적 통제에 의해 어떤 행동의 학습이 일어난다. 따라서 학습이란 학습자 스스로 자신의 행동을 통제하는 자기규제의 과정이라 볼 수 있다. 이러한 관찰학습의 과정을 단계별로 나누어 보면 네 가지 단계로 분류할 수 있다.

첫째, '주의과정'이다 주의과정이란 실험참가자가 자신이 모방할 대상을 주목하는 단계로서 이때 관찰자극의 특성을 결정짓는 요인으로는 대상자의 특성과 학습자의 특성의 일치 정도와 학습자의 정서적 가치와의 일치 여부, 그리고 학습자에게 유익한 결과의 여부 등이다. 그리고 이 단계에서 관찰자의 특성을 결정짓는 요인은 관찰자의 대상파악능력과 각성 수준, 그리고 관찰자의 과거의 강화경험이 영향을 미치는 요인이라 할 수 있다.

둘째, '파지과정'이다. 파지의 과정이란 관찰자가 모방할 행동의 내용을 기억하고 유지하는 과정을 의미하며 이는 관찰자가 관찰행동을 재생할 수 있는 언어나 기호로 기억, 회상하는 능력에 의해서 진행되는 것이다.

셋째, '재현과정'(=행동재생)의 단계이다. 재현과정이란 학습자가 모방하고자 하는 대상의 행동을 구체적으로 나타내는 과정으로서 학습자의 재현능력과 정교화능력에 의해서 영향을 받게 된다.

넷째, '동기과정'의 단계이다. 동기과정이란 학습자가 관찰과 모방을 통해서 습득한 행동이 자신의 실제 환경과 상황에서 수행하고자 하는 동기화과정이다. 이 단계는 학습자의 행동에 대한 직접적인 보상과 대리강화, 그리고 학습자가 습득한 행동을 직접 해보고 싶어 하는 자기욕구에 의해서 이루어지는 행위과정이라 할 수 있다.

2. 주요개념

1) 모델링

모델링은 행동주의적 이론에서 내담자가 다른 사람이 하는 행동을 봄으로써 자신의 행동을 비슷하게 따라하는 형태를 행동수정에 적용하는 이론이다. 이 이론은 관찰학습, 모방, 사회학습, 대리학습과 같은 용어로 사용되기도 하는데 모델링은 인간 행동의 발달과 수정에 있어 중요한 역할을 하고 있음이 많은 연구에서 강조되고 있다. Bandura(1977)는 어떤 자극에 대해 대부분의 사람들이 두려움을 가지고 있는 것을 관찰하고서 자신도 그 자극을 혐오자극으로 판단하고 두려워하게 된다고 보고 있다.

2) 보보인형실험 결과와 해석

반두라는 자신의 사회적 학습이론을 검증하기 위하여 '보보인형실험'을 하였다. 이 실험의 과정에서 반두라는 33명의 어린이를 A, B, C 세 집단으로 분류한 뒤 이들 세 집단의 어린이들에게 보보인형(플라스틱 인형)을 괴롭히는 영상을 보여주면서, A집단에게는 보보인형을 괴롭히는 행동이 칭찬을 받는 장면을 보여주고, B집단에게는 보보인형을 괴롭히는 행동이 벌을 받는 장면을 보여주고, C집단에게는 아무런 장면도 보여주지 않았다. 이후 각각 다른 방에 세 집단의 아이들을 데려간 후 그들의 행동을 관찰하면서 주어진 영상에 나타난 장면을 모방한 아이들에게 보상을 주거나, 아무런 보상을 주지 않았다.

그리고 반두라는 이러한 보보인형실험의 결과, 실험에 참가한 어린이들이 상당한 정도의 수준으로 영화의 장면을 모방한다는 것과, 그들의 모방행동에 대해서 보상을 주었을 때 모방의 가능성이 더욱 높아진다는 것과 보상이 주어지지 않았을 때는 모방의 확률이 낮아진다는 것을 확인하였다.

그리고 실험의 결과 반두라는 아이들 행동에 있어서 모방의 가능성을 높이는 요인으로서 첫째, 모델이 갖고 있는 고유의 특성을 들었다. 즉, 아이들의 모방행동의 가능성을 높이는 요인은 모델이 자신과 유사할수록 또한 모델에 대한 정서적 유대가 강할수록 모방의 가능성이 높아지는 것을 확인했다. 둘째, 학습에 참여한 학습자 자신의 특성에 기인하는 요소가 크다는 것을 확인했는데 특히 자존심이나 자신감이 낮은 학습자일수록 모방의 가능성이 높다는 것을 발견하였다. 셋째, 대부분의 학습자의 경우 정적인 강화를 통해서 보상이 이루어질 때 모방의 가능성이 더욱 높아진다는 것을 확인하였다.

모델링의 효과는 세 가지 정도로 요약되는데, 첫째, 새로운 반응이나 기술, 그리고 그것을 수행하는 방법을 획득한다. 예를 들면, 자폐성 장애아동들이 통합교육을 통해 비장애아동의 행동을 보고 스스로 일상생활을 하는 것 등이다. 둘째, 두려운 반응이 제거된다. 예를 들면, 물리지 않고 뱀을 만지는 사람을 보고 뱀에 대한 두려움이 줄어들거나 없어질 수 있다. 셋째, 반응을 촉진한다. 즉, 모델링은 이전에 이미 배운 행동을 더 자주 하게 만든다.

모델링의 형태는 사람에 의한 직접적 모델링과 상징적 모델링이 있다. 사람에 의한 직접적 모델링은 적절한 행동이나 사회적 기술을 내담자에게 가르칠 수 있고, 태도나 가치에 영향을 미칠 수도 있다. 상담에서는 상담가가 내담자에게 모델링을 보일 수 있다. 사람 이외에 슬라이드, 녹음테이프, 녹화 테이프 등을 사용하는 방법이 상징적 모델링인데, 이 방법은 다양하게 배열하여 사용할 수도 있다.

Bandura(1977)는 집단상담의 경우에 있어서는 집단원 각자가 서로 자기 이외의 다른 사람에게 모델링을 보이는 것이 되기 때문에 개인상담보다 효과가 더 크다. 효과적인 모델링의 특징에 대해서는 모델링을 보이는 사람과 이를 관찰하는 사람이 나이, 성, 인종, 태도 등에서 서로 유사할수록 더욱 효과가 있음을 지적하고 있다. 그리고 지위가 높은 사람, 여러 사람들로부터 신망을 받는 사람, 능력이 있고 온정적인 사람이 시범을 보일 때 더욱 효과적임을 밝히고 있다.

3) 사회적 학습이론의 중요 개념들

첫째로 반두라는 '자기조절'을 강조하였다. 즉, 학습자는 자기조절을 통해서 외적 환경으로부터 들어온 자극을 수동적으로 반응하는 것이 아니라 자기 자신의 내적 표준에 의거하여 분석 · 판단하고 이에 대한 능동적이고 적절한 대응방식을 모색하는 능력을 지녔다는 것이다. 이는 학습자가 자신의 성격에 따라 내적 표준을 발달시키고 이에 의해서 자신의 행동을 수정하고 판단하는 자기반응의 행동을 보인다는 것이다.

반두라는 '자기효능'이라는 개념을 선보였는데 이는 유기체가 어떤 행동을 하고자 할 때 이 행동의 성공 여부에 대한 신념이 인간행동에 미치는 영향을 의미하는 것이다. 그에 따르면 자기효능이 인간의 행동에 미치는 가장 중요한 요소는 인간이 행동수행의 여부를 결정하게 해주고 나아가 행동의 지속성에 영향을 미친다. 그리고 나아가서 자신의 행동에 따르는 처벌을 감내하는 수준 등을 결정한다는 것이다. 그런데 이러한 '자기효능'의 형성요인에는 학습자의 성취경험과 대리경험, 주위 사람들로부터의 언어적 격려, 그리고 학습자 본인의 정서적 각성 등에 의해 영향을 받는다.

반두라는 이러한 주장에 근거하여 개인의 성격발달이론을 전개하였는데 그의 주장에 의하면 개인의 성격은 발달하는 것이 아니라 학습되는 것이다. 그리고 이러한 개인의 성격을 형성하는 기제에는 관찰학습, 대리강화, 자기조절, 자기효능 등이 있다. 그리고 개인별 성격에 차이를 가져오는 요인에는 개인이 사회적인 환경 속에서 겪은 경험의 차이와 이러한 경험을 받아들이는 각 개인의 심리적·인지적 능력의 차이가 작용한다고 하였다.

제4절 재활상담에의 적용

1. 기본방향

행동주의의 기본방향은 내담자의 바람직하지 못한 행동도 바람직한 행동과 마찬가지로 학습된 행동으로 본다. 상담 목적은 잘못 학습되었다고 생각되는 행동을 제거하고, 보다 효과적이고 바람직한 행동을 새로이 학습하도록 내담자를 도와주는 데에 있다. 행동수정이 필요한 지적장애, 자폐, 학습장애인까지 널리 활용될 수 있는 상담기법이다. 대부분의 장애인 내담자가 갖는 본질적인 문제, 예를 들어 직업탐색 및 유지기능의 부족, 부적절한 사회적 행동, 직업 변화에 따른 공포 등도 행동주의 상담으로 수정이 가능하다. 그러나, 이 접근법을 장애인 내담자에게 적용하고 활용하기 위해서는 재활상담사는 학습이론 모델을 바탕으로 한 기법의 적용에 대해 특별한 훈련을 받아야 하며 아울러 문제규명 및 목적 수립기술들을 배워야 한다. 그러나 엄격한 강화 스케줄의 유지와 같이 타인의 협조를 요하는 기법들을 장애인 내담자에게 적용할 때 고려해야 되는 점이 있다.

1) 재활상담기법

(1) 재활상담의 목표

초기의 행동주의적 접근에서 상담의 목표는 사회적 활동을 저해하는 비현실적인 공포나 불안을 제거하는 것이 중요한 목적이었으나, 점차적으로 상담의 목표는 잘못된 학습행동에 대치되는 새로운 행동의 학습을 통한 행동수정이 되어 가고 있다.

행동주의적 접근에서는 포괄적인 상담 목적보다 구체적인 행동목표를 강조하며, 상담목표는 구체적인 내담자의 행동문제가 적시된다. 그러나 이렇게 구체적인 행동문제를 강조하는 행동주의적 상담목표는 다른 접근으로부터 비판의 대상이 되기도 하는데, 즉 이 접근을 통해 혼란을 일으키는 문제행동을 일시적으로 제거할 수는 있으나 혼란을 일으키는 행동의 요인을 제거하는데 한계가 있고, 문제행동이 제거되더라도 곧 유사한 징후가 나타날 수 있다는 단점을 가지고 있다는 것이다. 행동주의적 접근에서는 상담목표가 상담을 진행해 가는 데 중요한 역할을 하게 된다.

첫째, 상담목표의 설정은 장애인 내담자가 가지고 있는 문제 영역을 분명히 나타내주고, 둘째, 상담목표가 상담전략이나 상담기법을 선택하는 데 충분한 기초자료로서 활용될 수 있으며, 셋째, 상담목표의 성취 정도를 측정할 수 있는 어떤 기준을 제공해 줄 수 있다. 따라서 행동주의적 접근에서는 상담목표의 설정은 대단히 중요한 핵심이 된다.

(2) 재활상담사의 역할

행동주의적 이론에서 재활상담사의 역할은 장애인 내담자에게 능동적이고 지시적인 역할을 하게 되는데 장애인 내담자의 부적응행동을 진단하고 이 문제행동을 수정하는 일종의 교사, 관리자로서의 역할을 하게 된다. 또한, 재활상담사의 주요한 기능은 장애인 내담자를 위한 역할 모델로서의 기능이다. 학습의 대부분은 다른 사람의 행동을 관찰함으로써 얻어지는 것이기 때문에 장애인 내담자가 재활상담사의 행동을 모방함으로써 행동수정을 유도하게 된다. 그러나 행동주의적 이론을 비판하는 측면에서는 재활상담사의 이런 역할은 장애인 내담자에게 가치를 부여하며 지나치게 지시적이라고 비판하는 경우도 있지만, 재활상담사는 자신의 가치가 지나치게 장애인 내담자에게 강조되지 않도록 접근하는 자세가 필요하다.

2) 재활상담기법의 종류

행동주의적 이론에서 널리 사용되는 기법들은 이론에서 소개한 조작적 조건화이론과 함께 모델링, 이완훈련 및 체계적 둔감법, 주장훈련, 자기관리기법 등이 있다.

(1) 모델링

모델링의 효과는 세 가지 정도로 요약되는데, 첫째, 새로운 반응이나 기술, 그리고 그것을 수행하는 방법을 획득한다. 예를 들면, 자폐성 장애아동들이 통합교육을 통해 비장애아동의 행동을 보고 스스로 일상생활을 하는 것 등이다. 둘째, 두려운 반응이 제거된다. 예를 들면 물리지 않고, 뱀을 만지는 사람을 보고 뱀에 대한 두려움이 줄어들거나 없어질 수 있다. 셋째, 반응을 촉진한다. 즉, 모델링은 이전에 이미 배운 행동을 더 자주 하게 만든다.

모델링의 형태는 직접적 모델링과 상징적 모델링이 있다. 사람에 의한 직접적 모델링은 적절한 행동이나 사회적 기술을 내담자에게 가르칠 수 있고, 태도나 가치에 영향을 미칠 수도 있다. 상담에서는 상담가가 내담자에게 모델링을 보일 수 있다. 사람 이외에 슬라이드, 녹음테이프, 녹화테이프 등을 사용하는 방법이 상징적 모델링인데, 이 방법은 다양하게 배열하여 사용할 수도 있다.

Bandura(1969)는 시범이 여러 장면에서 성공적이었음을 보고하고 있는데, 집단상담의 경우에 있어서는 집단원 각자가 서로 자기 이외의 다른 사람에게 모델링을 보이는 것이 되기 때문에 개인상담보다 효과가 더욱 크다. 효과적인 모델링의 특징에 대해서는 모델링을 보이는 사람과 이를 관찰하는 사람이 나이, 성, 인종, 태도 등에서 서로 유사할수록 더욱 효과가 있음을 지적하고 있다. 그리고 지위가 높은 사람, 여러 사람들로부터 신망을 받는 사람, 능력이 있고 온정적인 사람이 시범을 보일 때 더욱 효과적임을 밝히고 있다.

(2) 이완훈련 및 체계적 둔감법

인간은 불안과 안정감을 동시에 느낄 수 없기 때문에 이완훈련은 대개 불안과 공포를 경험하는 내담자에게 적용되었다. 이완훈련은 인간이 살아가면서 나타나게 되는 스트레스에 대처하는 방식의 하나로 이용되어 왔다. 많은 이완훈련들이 소개되고 있으나, 전통적인 이완훈련은 Jacosson(1938)에 의해 소개되었는데 이 방법은 체계적 둔감법이나 주장훈련, 자기관리기법 등과 함께 사용된다.

이 이완훈련은 여러 가지 구성요소를 포함하는데 보통 4~8시간의 강의를 포함한다. 내담자는 이완을 요구하는 일련의 강의를 받는다. 그는 자의적으로 계약을 맺고 근육을 이완시키는 동안 조용한 환경에서 수동적이고 이완된 상황에 놓인다. 깊고 규칙적인 호흡과 함께 근육을 이완시킨다. 동시에 정신적으로는 즐거운 상상이나 생각에 초점을 맞춘다. 매일 20~25분 정도 훈련하면 습관적인 유형이 생길 수 있게 되어 이완이 잘 될 수 있다. 이런 연습기간 동안 내담자로 하여금 적극적으로 긴장을 느끼고 경험하게 하며 그의 근육이 점점 긴장되는 것에 주의를 집중시키게 하고 이 긴장을 충분히 경험하도록 하는 것이 도움된다. 또한 긴장과 이완 간의 차이점을 경험하게 하는 것이 유용하다(김충기 외, 1997).

지난 수년까지는 이완훈련은 일차적으로 체계적 둔감화과정의 한 부분으로 사용되었다. 체계적 둔감법은 행동주의적 이론에서 가장 일반적으로 사용되는 기법으로 이 기법은 일차적으로 불안으로 인한 부적응행동에 적용된다. 이 기법은 우선 불안을 야기하는 행동을 분석하고 불안을 야기하는 요인을 강도별로 작성한 후 이완절차를 학습시키고 상상적인 장면을 통해 접근해 가는 방법이다. 이때, 장면의 위협이 가장 적게 느껴지는 상황에서부터 가장 위협적인 상황으로 불안을 둔감해 가는 방식이다. 예를 들어, 엘리베이터 사용에 공포를 가진 자폐성 장애인을 체계적 둔감법으로 접근한다면 ① 자폐성 장애아동으로 하여금 엘리베이터를 쳐다보게 한다. ② 열림상태에서 열린 문을 통해 엘리베이터를 타게 한다. ③ 엘리베이터로 한 층 올라가게 한다. ④ 엘리베이터로 5층 올라가게 한다. ⑤ 엘리베이터로 20층 올라가게 한다. ⑥ 엘리베이터로 50층까지 올라가게 한다. ⑦ 엘리베이터로 꼭대기 층 전망대까지 올라가게 한다.

사무실에서 상담사는 첫 번째 단계를 시작할 수 있고, 눈을 감으라고 내담자에게 요구하고, 내담자에게 이완훈련을 시키고, 엘리베이터를 보며 상상하라고 한다. 내담자는 불안하다고 느낄 때 손을 들도록 한다. 불안을 느꼈을 때, 상담사는 이완감정을 재정립하고 다시 시작한다. 이런 기법은 시간이 걸리고 때로는 내담자가 체계를 완성할 때까지 4, 5번의 회기로 끝이 난다. 사무실에서 이 체계를 완성한 후 내담자는 실제 생활에 적용할 수 있다. 요즘은 상담사가 이런 행동을 위해 내담자를 참여시키는 것이 보기 드문 것이 아니다.

(3) 주장훈련

주장훈련은 분노나 적개심을 표현하지 못하거나 거절하기를 어려워하거나 지나치게 겸손하여 다른 사람에게 이용당하거나 애정 등을 표현하는 데 어려움을 느끼거나 자신의 생각이나 신념, 느낌을 표현하기를 두려워하는 사람, 즉 대인관계에서 불안을 느끼는 사람들을 위해 활용되는 기법이다.

주장훈련의 기본가정은 대인관계에서 불안을 느끼는 사람들도 자신의 느낌, 생각, 신념, 그리고 태도를 표현할 권리가 있다는 것으로 주장훈련의 목표는 내담자가 대인관계 상황에서 자기가 주관적으로 행동할지를 선택할 수 있도록 그의 행동목록을 증가시키는 것이며, 자신을 표현하도록 교육하는 것이다. 내담자가 일반적으로 상담과정에서 사용하는 주장훈련의 여섯 가지 임상적 전략이 있는데 지시, 피드백, 모델링, 행동연습, 사회적 강화, 그리고 과제부여이다(김충기, 1977).

- 지시: 상담사는 내담자에게 그의 특수한 행동을 말해 준다. 명확한 지시는 내담자가 눈을 맞추고 소리를 높일 수 있게 도와준다.
- 피드백: 이것은 지시가 끝나고 일련의 행동을 실행하는 내담자에게 주어지는 상담사의 논평을 말한다. 긍정적 또는 부정적 피드백은 뚜렷한 행동 변화가 일어나는 것을 보여 준다.
- 모델링: 때때로 상담사는 내담자가 흉내 내도록 하기 위해 바람직한 행동을 적극적으로 보여 주기도 한다. 살아 있는 모델이나 비디오테이프로 된 모델이 쓰인다.
- 행동연습: 이것은 치료기간 동안의 역할놀이이다. 인간관계 상황에 대한 효율적인 또는 비효율적인 행동들이 비판되며, 여러 상황에서 실행된다.
- 사회적 강화: 이것은 내담자가 바람직한 반응을 했을 때 내담자를 칭찬하는 것이다. 칭찬을 통해 목표반응이 점진적으로 조형된다.
- 과제부여: 주장훈련의 통합된 면은 행동적 본질에 대해 특수한 과제를 부과하는 것이다. 이런 과제를 통해 내담자는 치료기간에 배운 것을 실제 생활로 옮겨 간다. 그리고 새로운 학습을 실제의 인간관계 상황에 적용시킬 수 있다. 내담자는 요구를 받아들이기도 하고, 거절하기도 하며 적절한 때에 자신의 감정과 생각을 표현할 수 있다. 내담자는 자신의 과제를 이행하는 데 직면하는 어려움을 겪으면서 보다 주장적일 수 있다.

(4) 자기관리기법

이 기법은 내담자가 스스로 자신의 삶이나 공격적인 행동을 조율하고 관리해 나가는 방법이다. 자기관리기법은 비교적 1980년 이후 등장하여 활발하게 논의되고 있는 기법으로 개인은 스스로 통제하거나 변화시키고 싶은 특별한 행동들을 스스로 결정해서 관리할 수 있다. 자기관리기법의 과정은 대체로 다음의 과정의 이해를 통해 실현된다.

① 정확하고 도달 가능한 목표와 전략 선택: 이 과정은 내담자 스스로가 수정하고자 하는 행동이 무엇인지 먼저, 구체화하는 것이며, 이때 구체화는 한 개의 목

표를 설정하는 것이 바람직하다. 이때 목표는 측정될 수 있고, 긍정적이며 내담자에게 의미 있는 것이어야 하고 전략적으로 실현 가능성이 있어야 한다.

② 일어날 수 있는 위험요인의 이해: 이 과정은 자기관리기법과 함께 다른 기법을 동시에 활용할 때 이에 따른 위험요인과 성공요인을 명확히 하고, 특히 가능한 위험요인을 이해하는 것이 중요하다. 자기관리기법은 특별한 전략을 사용하게 되는데 이 전략의 적용과 이에 따른 의미 있는 변화와 위험요인을 분석하는 것은 중요하다.

③ 전략이행 및 자기관리: ①, ②단계에서의 선택된 목표와 전술, 위험요인 등을 고려하여 이행을 하고 이 과정의 자신의 행동을 정확하게 관찰하고 기록하는 것이다. 이때는 행동의 단순한 결과나 느낌을 기록하기보다는 구체적으로 수정된 목표에 초점을 맞추어 기록하는 행동일기를 쓰는 것이 필요하다. 행동일기에는 목표가 되는 행동, 예를 들면 과식행동의 변화를 목표로 하였다면 식사장소, 식사횟수, 음식종류, 양, 칼로리 등을 기록해 자기문제를 정확하게 진단하고 활용할 수 있도록 해야 한다.

④ 평가: ①, ②, ③단계의 과정들에 대한 자기평가이다. 만약 이 평가에서 ①, ②단계의 목표와 전략이 성공하지 못했다면 성공하지 못한 이유와 분석이 이루어져야 하며 이 분석은 ③단계의 자기관리 자원을 기초로 해야 한다.

⑤ 변화를 위한 계획 이행: 이 과정에서는 변화를 위한 행동은 점차로 바람직하지 않은 행동을 바람직한 행동으로 대치시키도록 요구할 것이다. 이런 행동계획은 자기강화계획과 작업계약의 체결을 수반한다(김충기 외, 1997).

자기강화(self-reinforcement)는 이 계획의 기본요소이다. 강화인자는 영향을 주는 사건이나 대상물인데 그것을 진행시키는 반응 가능성이 제시되거나 철회될 때이다. 행동을 변화시키기 위해 강화를 사용하는 것은 현대 행동주의 치료의 초석이다. 개인적으로 동기화시키는 적절한 자기강화를 선택하는 것이 중요하다.

자기계약(self-contracting)은 변화를 위한 또 다른 계획의 하나이다. 이것은 바람직한 또는 바람직하지 않은 행동에 따르는 내적·외적 결과를 추진시키는 결정을 포함하는 자기관리전략이다. 이 방법은 내담자로 하여금 어떤 일관성을 갖고 자신의 행동계획을 실행하는 데 있어 책임지도록 해 준다.

행동계획이 추진된 후에는 어떤 것이 목표를 달성하는 데 보다 적절한가 또는 어떤 부분이 잘 실행되지 않고 있는가를 점검하여 재조정하거나 수정해야 한다.

2. 장애유형별 적용사례

1) 발달장애

행동치료는 자폐성 장애와 지적장애인을 대상으로 배변훈련, 이식증, 충동성과 자기통제 등과 같이 다양한 부적응행동 치료에 많이 적용되어왔다.

(1) 배변훈련

배변훈련(toileting)은 행동치료 연구자들이 커다란 관심을 보여준 첫 번째 목표행동들 중 하나였다. Azrin과 Foxx(1971)는 배변훈련을 위해 동시다발적으로 행해진 일련의 기법들의 결과를 최초로 학계에 보고했다. 그들이 적용한 기법들은 모델링, 행동조성, 정적 강화, 처벌(언어적 질책, 타임아웃) 등이다. 지난 25년 동안 배변훈련에 관한 추가적 연구들이 이루어졌고, 이는 Azrin과 Foxx(1971)의 연구를 포함하여 여러 배변훈련 프로그램들의 개발을 가능케 하였다. 배변훈련의 효과를 극대화하는데 필요한 구체적 행동기법들로는 강화, 연쇄화(chaining), 행동조성, 촉구, 처벌 등을 들수 있다(Madle & Neisworth, 1990).

(2) 이식증

이식증(pica)이란 먹을 수 없는 물질을 먹으려는 행위로 정의된다. 지적장애인들 중 24% 정도가 이 같은 행동을 하는데, 불행히 많은 수의 이식증 환자가 치료를 거부하는 행동을 보인다고 한다. Fisher, Piazza, Bowman, Kurtz, Sherer, Lachman(1994)은 경험적으로 도출된 결과들로부터 강화인자와 처벌인자를 확인하기 위해 행동평가 결과들을 채용해서 세 아동의 이식증을 완치 수준까지 감소시키는 효과를 거둔 기록이 있다.

다른 연구에서 Piazza(1998)은 이식증을 경험하는 세 사람에 대한 기능적 분석을 실시하였고, 연구 결과 한 내담자는 자동적인 강화(예: 구순 자극)에 의해 유지되는 반면, 다른 두 연구자의 이식증은 사회적 강화와 자동적 강화의 결합에 의해 유지되고 있음이 밝혀졌다. 결과적으로 연구자들은 환자들에게 그들의 이식행동의 기능과 부합되거나 부합되지 않는 자극을 제공했다. 이식증의 감각적 구성요소들과 부합하지 않는 자극이 주어졌을 때 참여자들의 행동은 유지되었다. 반면에, 부합하는 자극이 주어졌을 때에는 참여자들의 이식증이 감소했다.

(3) 충동성과 자기통제

행동치료는 지적장애인들의 자기통제 학습과 충동적 행위의 감소에도 널리 활용되고 있다. 자기통제란 "보다 오랜 시간 후에 더 많은 양의 강화인자를 접하게 되는 것으로 귀결되는 행동이며, 충동적 행동은 짧은 시간 혹은 시간의 지체 없이 작은 강화인자로 귀결되는 행위"라고 정의되어 왔다.

Dixon 등(1998)은 세 명의 발달장애인들에게 자기통제를 가르치고 목표행동을 증가시키기 위한 수단으로서 고정간격과 점진적 시간간격 강화시간표를 동시에 실행한 후 그 효과를 검증했다. 연구 결과, 내담자들이 더 많은 양의 강화인자에 접하기 전에 점진적으로 시간간격을 길게 하면서 목표행동을 입증하도록 요구하는 강화력의 구축은 자기통제의 증가 및 충동성 감소 두 가지 모두에 효과가 있다는 사실이 판명되었다. 이 같은 연구 결과들은 원하는 강화인자에 접근하는 데 필요한 시간지연을 점진적으로 증가시켜서 자기통제를 높일 수 있다는 Schwietzer와 Sulzer-Azaroff(1988)의 주장과 같이 한다.

(4) 그 밖의 행동들

지적장애인들에 대한 다양한 행동치료의 적용이 모색되었다. 하지만 행동기법은 흔히 보이는 여러 가지 부적응행동의 치료에도 성공적으로 활용되어 왔다. 이러한 치료중재들은 ① 일상생활활동(예: 식사와 옷입기), ② 말하기, 언어 그리고 의사소통, ③ 지역사회활동 참여 준비, ④ 공격적이고 방해적인 행동, ⑤ 수면장애, ⑥ 흡연 감소 등의 부적응행동의 치료에 초점이 맞추어져 왔다.

(5) 사례

다음 사례는 정적 또는 부적 강화, 처벌, 행동조성, 타임아웃, 토큰경제, 자기통제와 충동성 그리고 협력적인 환자-치료사 관계 등 이 장에서 논의된 행동기법들이 어떻게 실제 상황에 적용되는가를 보여주고 있다.

- 김(kim)은 지적장애가 있는 18세의 여성이다. IQ는 55~60 정도로 9세까지 부모 및 두 자매와 함께 거주했다. 김(Kim)은 9세 때 심각한 행동문제로 인해 집에서 2km 떨어진 곳에 있는 8명이 모여 생활하는 그룹홈으로 가게 되었다. 김(Kim)은 매력적이며 매우 사회적이었으나, 부적절하고 공격적인 행동 때문에 집을 떠나게 되었다.
- 김(Kim)의 가족들은 대개의 경우 그녀가 자기 멋대로 행동하도록 내버려 두었으며, 그런 행동의 방치가 실은 서로를 강화시키고 있다는 사실을 알지 못했다. 김(Kim)은 이전의 경험을 통해 언어적으로나 신체적으로 공격적이 되면 자신이 원하는 것을 얻을 수 있다는 것을 학습했다. 김(Kim)의 가족들 또한 그들이 김(Kim)의 요구를 들어준다면 그녀의 언어적, 물리적 공격성이 멈추거나 완전히 억제할 수 있다(부적강화)는 사실을 깨달았다. 그럼에도 불구하고 김(Kim)은 계속 떼를 썼고, 가족들은 계속 져 주었다.
- 김(Kim)이 성장함에 따라 그녀의 요구는 계속되었다. 가족들은 김(Kim)의 공격적 행동이 증가하는 것에 점차 지쳐갔고, 수년 후 마침내 그녀의 행동이 통제 불가능상태가 되었다는 것을 깨달았다. 가족들은 김(Kim)에게 보다 적절한 주거환경을 찾기 시작했고, 마침내 그룹홈이야 말로 그녀를 위한 최선의 환경이라는 결론에 도달했다.
- 김(Kim)은 '시험'방문을 통해 그룹홈에서 하룻밤을 지내면서 직원들과 다른 거주자들을 만날 수 있었고, 그 과정에서 그룹홈의 직원들은 그녀의 행동을 관찰할 수 있었다. 그룹홈 직원들은 김(Kim)의 행동이 성공적으로 교정되고 치료될 수 있다고 보았으며, 이에 따라 그녀는 며칠 후 이사했다.
- 그룹홈에서의 첫날 김(Kim)은 그 가정에는 한 가지 규칙, 즉 타인을 존중한다는 규칙이 있다는 것을 듣게 되었다. 김(Kim)의 행동경력을 알고 있는 직원들은 그녀에게 존중받을 만한 행동의 여러 가지 예를 가르쳐 주었다(예: 다른 사람에게 감정적이거나 신체적인 해를 입히지 말 것, 주어진 집안일을 완수할 것, 허락 없이 다른 사람의 물건에 손대지 말 것). 김(Kim)은 하루 종일 존경받을 만한 행동을 하면, 그날 저녁에 보상(예: 집에 전화를 하거나 아이스크림 먹기)을 선택할 수 있다는 말을 들었다.
- 그녀는 벽걸이 달력을 하나 받았고, 상을 탄 날마다 별 그림을 그 달력에 그려 넣어 그날 하루 종일 적절한 행동을 했다는 것을 기억하게 하였다. 보다 오랫동안 지속적인 행동을 유인하기 위해, 김(Kim)이 5개의 별을 딸 때마다 더 큰 보상(예: 외식 또는 쇼핑) 중 하나를 선택할 수 있다는 말도 해 주었다. 마지막으로, 김(Kim)에게 그녀가 다른 거주자나 직원에게 존경받지 못하는 행동을 하면 10분 동안 '조용한 방'에 들어가 자신이 저지른 행동에 대해 생각해야 한다(타임아웃)는 말을 해 주었다.
- 그룹홈에서의 처음 몇 달간 김(Kim)의 행동은 좋아졌다 나빠졌다를 반복했다. 그녀의 달력은 김(Kim)이 며칠간은 적절한 행동을 보이다가 그다음 며칠간은 다른 사람에게 존경

받지 못할 행동이나 공격적인 행동을 했음을 보여주었다. 하지만 시간이 지날수록 그룹홈 직원들은 김(Kim)으 행동에 일정한 경향이 있음을 발견했다. 그녀는 좋은 하루에 대한 상으로 가족에게 전화하는 것을 선택할 때에는 꽤 오랫동안 존경받을 만한 행동을 보여줄 수 있다는 것이었다. 그룹홈 직원들은 이러한 관찰 결과를 가지고 김(Kim)의 가족에게 그녀가 2주 연속으로 존경받을 만한 행동을 보여준다면 주말에 그녀를 집에 데리고 갈 생각이 있는지 물어보았다. 이를 위해 가족들은 김(Kim)이 집에서도 그룹홈에서 했던 것과 똑같은 행동전략(정적강화와 타임아웃)을 지켜야 한다는 데 동의해야 했다.

- 김(Kim)의 가족은 이것이 그녀가 추구해야 할 적절한 목표라는 점에 동의했고, 이것이 자기통제를 증가시키고 충동적 기질을 감소시켜 주기를 희망했다. 이러한 생각은 김(Kim)과도 의논되었고, 주말을 가족들과 보낼 수 있다는 말에 그녀는 매우 흥분했다. 김(Kim)은 과연 그룹홈에서 살게 된 이래 처음으로 괄목할 정도의 개선된 모습을 보여 주였고, 이에 따라 직원들은 주말 동안 가정방문이라는 생각을 실행에 옮기기로 결정했다. 처음에는 김(Kim)이 존중받을 만한 행동을 2주 연속으로 하는데 거의 두 달이 걸렸다. 하지만 그룹홈에서 사는 시간이 길어짐에 따라 그녀의 부적절한 행동의 빈도가 점차 감소했다. 마침내 김(Kim)은 정기적으로 한 달에 두 번씩 주말에 집에 갈 수 있게 되었다.

2) 뇌손상 장애

뇌손상 장애의 발병은 흔히 다양한 부적응행동을 동반한다(Horton & Barrett, 1988). 행동치료는 뇌손상 장애의 재활에 매우 적합한 것으로 밝혀졌다(Eames & Wood, 1985; Giles et al., 1997). 뇌손상 장애 환자들의 행동적 결함을 보충하거나 과도한 부분을 감소시키기 위한 다양한 행동적 기법들이 활용되고 있는데, 이러한 것들에는 정적 강화, 타임아웃, 과잉교정 등이 있다.

(1) 정적 강화

정적 강화는 바람직한 목표행동을 이끌어 내는 동시에 내담자가 원하는 강화를 제공하는 기법으로 행동주의에서는 많이 시행되어 왔다. 1991년도에 Lewis와 Bitter은 뇌에 손상을 입은 환자들에게 정적 강화를 높이기 위해서 6가지 지침을 제시하였다. 첫째, 강화인자들은 내담자가 바람직한 반응을 보인 직후 즉시 제공되어야 한다. 둘째, 강화를 받는 행동과 그렇지 않은 행동에 대해 내담자에게 반드시 고지해야 한다. 셋째, 강화인자의 파악과 내담자에 대한 행동에 있어 뇌손상 장애를 가진 내담자들이 자신들에게 주어진 정보를 처리할 수 있도록 천천히 말해야 한다. 넷째,

지시는 작은 단위로 나누어서 제공해야 한다. 다섯째, 특정 강화인자를 싫증내지 않도록 다양한 강화인자들을 제공해야 한다. 여섯째, 뇌손상 장애 환자들은 행동과 후속 강화 사이의 연관성을 이해하는 시간이 필요하므로, 강화인자들은 치료과정 전반에 걸쳐 연속 시간표에 따라 제공되어야 한다. 일단 연계가 학습되면, 간헐적인 중재만으로도 바람직한 행동의 유지가 훨씬 효율적으로 이루어질 수 있다.

(2) 타임아웃

타임아웃은 내담자가 부적응행동을 보이는 즉시 내담자를 강화의 모든 원천으로부터 격리시키는 것을 의미한다. Marr(1982)는 뇌손상 장애가 있는 내담자들에 대한 타임아웃의 효과를 높일 수 있는 지침을 제시했다. 첫째, 부적절한 행동을 보이면, 내담자는 즉시 타임아웃을 받아야 한다. 둘째, 내담자에게 자신이 타임아웃을 받게 된 구체적 이유(행동)을 알려 준다. 셋째, 내담자가 타임아웃 상태에 들어가 있는 시간은 5~10분 정도로 제한해야 한다. 수많은 뇌손상 장애 내담자들은 기억력에 문제가 있어서, 타임아웃 상태에 있는 시간이 길어지면 자신이 타임아웃이 된 이유를 전혀 기억하지 못하거나 아주 희미하게 기억할 수 있기 때문이다. 게다가 손상된 기억은 정적 강화의 박탈에 따르는 좌절감으로 인해 내담자의 부적응행동을 더 악화시킬 우려가 있다.

(3) 과잉교정 정적 연습

과잉교정 정적 연습(overcorrection positive practice)은 내담자에게 제거 또는 감소 대상 행동과 정면으로 배치되는 적절한 행동이나 반응을 반복적으로 수행하도록 요구하는 기법이다(Madle & Neisworth, 1990). 이 기법은 특히 내담자들에게 여러 차례에 걸쳐 바람직한 행동을 반복해서 리허설을 할 기회를 주는 동시에 부적응행동의 빈도를 감소시킨다는 점으로 인해 기억력이나 계획능력에 손상을 입은 뇌손상 장애인 내담자들에게 매우 효과적이다.

행동주의가 상담의 주요한 이론으로 자리 잡은 것은 40년 남짓밖에는 되지 않았지만, 행동기법들은 다양한 장애인 내담자들이 가진 여러 가지 심리적 문제의 해결에 활용되어 왔다. 또한 행동주의는 공포증, 강박장애, 성 장애, 아동기 장애 등 특정한 심리적 문제의 해결을 위해 채택되는 치료법이라고 간주되고 있다(Wilson, 2000). 교육, 의료, 재활 등의 다양한 분야에서 행동주의 기법의 성과에 대해 주목했다. 재활 분야에 있어서 행동주의는 정신장애, 조현병, 우울증, 만성적 통증 등의 장애를 겪는 많은 사람들에게도 성공적으로 사용되어 왔다.

전통적인 상담 및 심리치료이론들(예: 정신분석, Adler식 치료)과는 달리, 행동주의는 부적절한 행동의 기저에 있는 원인을 파악하고 치료하기보다 현재의 증상과 행동에 초점을 맞추고 있다는 점에서 대개의 경우 보다 신속한 심리적 변화의 도출이 가능하다. 이와 같은 이유로 인해 행동주의는 관리 의료를 통해 서비스 제공시간의 단축을 꾀하는 의료계의 최근 경향에 매우 적절하다고 평가되고 있다.

요약정리

1. 행동주의 특징은 과거의 행동에 초점을 두기보다 현재 행동의 중요성을 강조, 명확하게 정의되고, 객관적이며 측정 가능한 목표들을 통해 과학적인 접근법 사용, 다중적 평가를 활용한다.
2. 파블로프는 고전적 조건화를 활용하였으며, 주요개념으로 불안과 관련된 부적응 행동들 혹은 회피반응들의 치료에 사용되는 체계적 둔감법, 내담자를 도망치거나 피할 수 없는 상태에서 공포자극에 노출시키는 층수법, 과장된 형태로 불안을 유발하는 심상을 계속적으로 제시하는 내파치료법, 부적절하게 사람의 마음을 끄는 자극에 대하여 부정적인 감정을 갖도록 시도하는 혐오치료 등이 있다.
3. 조작적 조건화의 발전에 기여한 스키너는 복잡한 행동들은 유기체가 환경과 상호작용하거나 행동의 결과로 환경에 의해 조작되는 방식에서 나온다고 하였다. 주요개념으로 강화와 처벌은, 강화는 행동의 빈도를 증가시키고, 처벌은 행동의 빈도를 감소시킨다. 강화인자와 처벌인자는 사용되는 상황에 따라 정적강화, 부적강화, 정적처벌, 부적처벌로 구분된다. 강화가 강화시간표에 따라 다양하게 제공될 때 고정간격 시간표, 고정비율 시간표, 가변 시간간격 강화시간표, 가변 비율 강화시간표로 구분된다. 그 외 원하지 않는 행동을 감소시키거나 제거하기 위해 조건 반응의 소거, 자극 일반화와 자극변별, 내담자가 원하는 물건과 교환할 수 있는 토큰을 보상으로 제거하는 토큰 경제 등이 있다.
4. 반두라의 사회학습이론은 관찰을 통해 이루어지는 학습이라고 하여 관찰학습, 대리학습, 사회학습, 모델링이라고도 불린다.
5. 반두라의 사회학습이론은 네 가지 단계로 분류하며, 주의과정, 파지과정, 재현과정, 동기과정의 단계이며, 주요기저에는 관찰학습, 대리강화, 자기조절, 자기효능이 있고, 주요개념으로는 모델링, 이완훈련 및 체계적 둔감법, 주장훈련, 자기관리기법 등이 있다. 이 중 주장훈련에는 지시, 피드백, 모델링, 행동연습, 사회적 강화, 과제부여가 있다.

CHAPTER 6

인본주의 상담

길라잡이

1. 인간중심 상담의 촉진적 개념은 무엇이며 기본 원리는 무엇인가?

2. 인간의 욕구위계로 볼 수 있는 매슬로우 욕구 단계의 의미와 개념은 무엇인가?

3. 게슈탈트 치료의 인간에 대한 관점과 게슈탈트의 의미는 무엇인가?

4. 현실치료의 개념과 WDEP 체계의 개념에 대한 의미는 무엇인가?

제1절 로저스의 인간중심 상담

1. 개요

인간은 어려움을 스스로 해결할 수 있는 능력을 가진 잠재력으로 삶을 긍정적인 방법으로 변화시키는 능력의 존재로 본다. 내담자의 자존감을 촉진시키고, 잠재력을 발휘하도록 하며, 내담자들의 강점을 사용할 수 있는 힘을 갖게 하는 것이다. 인간의 잠재력을 바탕으로 접근한 로저스(Carl Rogers)에 의해 창립된 인간중심치료(Person Centered Therapy)이다. 로저스는 자기수양, 조직화, 집중하는 습관은 "나에게 경험이란 가장 높은 권위이다. 타당성의 기준은 내 자신의 경험이며, 타인의 사상은 나의 경험만큼 영향력이 있지 않다. 진실을 위해 몇 번이고 되풀이해서 돌아와야만 하는 것은 바로 경험이다(Rogers, 1961)."라고 말했다. 상담자가 내담자를 어떻게 변화시켜야 하는지 잘 알고 있으며 상담자는 상담에서 내담자가 자신의 감정을 수용하고, 진실성, 반영으로 내담자를 비지시적 상담으로 자신의 감정을 표현하고, 통찰을 얻으며, 명료화하여 도와주는 것이다.

로저스는 상담자의 연습과 경험을 중요하게 다루고 있다. 상담자의 역할은 활동적이고 내담자들로 하여금 긍정적인 변화가 일어날 수 있는 환경을 마련하여 정확한 공감, 일치성, 수용으로 내담자에게 전달하는 세가지 촉진적인 공감, 일치성, 수용(무조건적 긍정적인 존중)이다. 1960년대의 로저스에 의하면, 건강하고 완전히 기능하는 인간은 경험에 개방적이고 그들 스스로의 가치를 인정하고 신뢰하며, 타인을 기쁘게 하거나 감동을 주기 위해 노력하기보다는 내부의 통제에 따라서 삶을 살아가는 사람을 말한다(Rogers, 1961). 로저스의 상담목표는 긍정적으로 타인을 이해하고 그들의 가치 인정과 관계를 맺는 것이다.

인본주의는 사람을 중심에 두고, 가치 있고, 필수적이며, 중요시하고, 중추적이며, 힘이 있고, 훌륭하며, 기적적이기까지 한 사고와 태도로 정의된다(Barton, 1992). 키르첸바움(Kirschenbaum, 2004)은 인본주의 또는 인본주의 심리학은 정신분석, 행동주의와 세 가지로 다르다고 한다.

첫째, 인본주의는 현상학적이며, 사람들의 내적 참조준거와 그들의 경험에 개인적인 의미에 초점을 맞춘다.

둘째, 인본주의는 낙관적으로 심신의 건강과 개인적인 성장, 자신의 잠재성의 성취, 완전히 기능하는 인간으로 발전할 수 있도록 격려한다.

셋째, 인본주의는 인간을 다른 종과 구별하는 선택, 자유, 가치, 목표와 같은 특성을 강조한다,

1) 인간의 잠재성과 실현

사람은 개개인의 존엄함과 가치에 대한 믿음으로 인간은 자신만의 생각과 의견의 권리, 자신의 인생 설계의 자유로움, 훌륭하고 신뢰하는 존재라고 믿는다. 인간의 잠재성은 실현화, 확장, 성장, 건강을 향하는 경향이 있다. 실현은 끊임없이 전 생애를 통해 일어나는 과정이며 실현은 목표, 성취, 자기실현, 자율적인 자기통제를 지향한다. 실현은 강력한 영향력이 존재하지 않으면 모든 사람은 긍정적이고 건강한 성장을 보이며, 이런 성장과정이 실현으로 불린다. 유기체가 유지하려는 방식으로 잠재역량을 발달시키려는 것으로 실현화가 보편적인 경향이라도 사람은 저마다 독특한 노력을 한다. 실현이 자기의 향상과 유지를 촉진할 때 자기실현이라고도 한다. 자기실현은 개인의 내부 일치성, 통합성, 온전성을 증진하나 분열이나 불일치를 최소화시킨다.

2) 가치의 조건

인본주의에 의하면 내담자들이 조건적 가치를 경험하고, 비판적이거나 판단적 메시지, 타인의 욕구를 충족시키는 방식으로 생각하고 느끼고 행동할 때에 가치 있고 사랑스럽다는 메시지를 경험하게 되면 내담자들의 자아성장은 손상될 것이다(Barton, 1992). 그러므로 비판적으로 내면을 수용한다면 자신의 모습이 무가치하며, 억제하여, 가치를 감소시켜 내적 갈등과 부조화를 만들고 성장의 본질을 억제한다.

로저스의 인간중심치료는 촉진적인 분위기가 제한된 환경에서 수용과 무조건적이고 긍정적인 존중을 제공하여, 부정적인 메시지를 중화시키는 것이다. 이로 인하

여 긍정적인 자존감을 발달시켜 실현하는 완전히 기능하는 인간으로 자신의 잠재성을 갖게 하는 것이다.

3) 완전히 기능하는 사람

완전히 기능하는 인간은 정서적 건강의 의미로 경험에 대한 개방성, 의미와 목적을 가진 삶, 자신과 타인에 대한 신뢰의 세 가지 성격이다. 성격의 특징은 긍정적인 방향으로 성장, 다른 사람과의 관계에 대한 평안함과 평가의 내부적 자원으로 생산적이고 가치 있는 방식으로 삶을 이끌어간다. 이런 사람은 자신의 삶을 잘 다루며, 자신을 자랑스러움으로 실현하고, 긍정적인 자존감을 가지고 간다.

로저스는 완전히 기능하는 인간을 인간중심치료에서 중요하며, 완전히 기능하는 사람이 되도록 돕는 것이 궁극적인 목표라고 한다. 상담자는 완전히 기능하는 본질과 중요성에 교육, 목표설정, 완전히 기능하는 방향으로 가도록 개입의 계획을 세워야 한다.

2. 주요개념

인간중심 상담은 내담자와 함께하는 방법과 변화를 촉진하는 치료적 환경을 제공해야 한다. 핵심적인 목표는 사람들이 신뢰와 지금 현재 존재하는 능력을 촉진하는 것으로 상담자와 자신에게 솔직하고, 고통스러워도 자신의 감정과 생각에 온전히 표현하도록 한다. 현존하는 특정 문제뿐 아니라 보상의 삶을 창출하는 능력과 삶의 기쁨과 도전으로 완전히 기능하는 것에 초점을 둔다.

1) 치료적 동맹의 효과

상담에서는 내담자와의 관계는 변화를 위한 필수적인 요소이다.

(1) 상담자의 역할

내담자의 결점과 약점보다는 강점으로, 실패보다는 성공적인 것에 초점, 격려로 완전히 기능하여 실현되도록 한다. 상담자는 내담자들이 자신을 신뢰하여 그들의 잠재성을 사용할 환경을 만들어 내담자를 수용하고 이해하며, 그들의 경험을 존중하고, 활동에 적극적으로 참여하도록 격려하며, 자기탐구에 도전하고, 촉진하여 성장과 실현을 지지하여 신뢰하도록 한다. 로저스의 인간중심 상담의 기법과 태도는 상담자들을 자유롭게 하여 지금 여기에 충만하고, 공명하고, 정서적이고, 생각하고, 상상하고, 들어주고, 말할 수 있게 한다(Baton, 1992).

(2) 내담자와 상담자의 관계

로저스는 친밀한 내담자와 상담자의 관계가 두 사람의 삶에 도움을 줄 수 있다고 한다. 상담과정으로 양쪽 모두가 성장하는 긴 여정의 협력자가 되어 평등하고 능력 있는 존재로 생각한다. 긍정적인 성격 변화는 관계를 제외하고는 일어나지 않는다.

2) 촉진적 개념

내담자의 자존감과 긍정적인 방법으로 그들의 촉진을 도우며, 일치성, 무조건적 긍정적인 존중, 공감과 다른 특성들도 상담을 향상시킨다.

(1) 일치성

정직한 상담자의 능력, 진실성으로 내부의 자기와 외부의 자기 간에 일치성을 가지며, 분명하고 일관된 메시지를 전달하는 것이다. 상담자의 진실성과 일치성은 내담자의 개방과 신뢰를 촉진시키고, 숨김없는 관계 형성과 긍정적인 모델을 제공한다. 상담자들은 개인적인 경험과 이야기들을 내담자와 반드시 공유해야 하는 것은 아니며 도움이 되는 것을 의미하는 것이다.

상담과정에서 일치성은 내담자와 상담자 사이에서 지금 현재 이 순간 교감으로 내담자의 환경과 조화를 이루고 상호작용하는 것을 인식하여 진실하고 일관성 있게 이루어지는 것이다.

(2) 무조건적 긍정적인 존중

따뜻하고 긍정적인 존중은 내담자를 만족시키기 위한 행동, 느끼거나 생각하도록 요구하지 않고, 존중하며, 좋아하며, 수용하는 것이다. 자신의 존중이 담긴 의사소통과 자신의 긍정적인 충동과 정서를 강조하며, 자신의 어려움을 극복할 수 있는 힘과 완전히 기능할 수 있게 하는 것이다.

무조건적 긍정은 모든 사람을 현명하고 적절히 처리하고 생각할 수 있는 존재로의 의미가 아니라 내담자가 현재 최선을 다할 수 있는 존재로 바라보는 것이다. 수용적이고 무조건적 긍정적인 존중은 가치 있고 자신의 감정과 생각을 신뢰할 수 있도록 믿게 하는 것이다. 이러한 믿음은 사람들이 바람직하지 못한 행동, 사고, 감정을 변화시킬 수 있는 것을 인식하는 동시에 여전히 자신은 호감 있고, 가치 있는 사람으로 바라보게 한다. 내담자들이 자신이 수용된다는 것을 아는 것은 부끄럽고 불편함을 이야기하는 것일지라도 상담자에게 자신을 공개하는 것이다(Rogers, 1980).

(3) 공감

로저스는 이해심을 가지고 내담자의 이야기를 들어주고, 이해된 것을 전달하도록 시도하는 것은 변화를 이끌어내는 힘이라 한다. 즉, 경청은 공감적 이해이다. 민감하고 적극적인 경청, 정확하며 타인의 주관적인 세계를 이해하는 것은 내담자의 자기인식을 강화시키는 전달이다. 공감(empathy)은 반영과 밀접하지만 동정(sympathy)과는 밀접하지 않다. 공감은 함께 공유하는 경험으로 가까워지게 한다. 깊은 수준의 대화를 통해 마음의 문을 열수 있는 것이며, 동정은 자신을 상처받은 희생자로 바라보도록 하여 제한적인 대화로 동정을 보이는 사람과 받은 사람 사이에 거리가 존재하는 의사소통이다.

3) 비지시적

로저스는 비지시적 상담을 초점으로 상담과정에서 주도적인 역할을 하는 것을 강조한다. 내담자 중심에서 인간중심 상담으로 명칭하여 비지시적인 측면에 가치를 둔다. 그랜드(Grant, 1990)는 비지시적 상담의 유형인 도구적 비지시성(instrumental nondirectiveness)과 원칙적인 비지시성(principled nondirectiveness)에 대하여 도구적 비지시성은 내담자가 치료적 과정을 주도할 수 있도록 허용하는 기술이며, 원칙적인 비지시성은 인간중심치료의 필수적인 것으로 보며 내담자가 표현, 통찰, 변화를 강요하는 것이 아니라 내담자가 희망과 존경의 표현이라는 믿음을 제공하는 것으로 변화를 촉진하지 않는다. 변화를 촉진하는 호의적인 심리적 환경을 만든다. 정보 동의의 수용자가 아니라 성장을 촉진하는 능동적인 내담자이다.

3. 재활상담 적용

상담의 핵심은 촉진적 태도인 솔직성(진실성), 무조건적 긍정의 존중, 공감적 이해이다. 상담자의 태도에 의하여 내담자는 성장적 경험을 한다. 로저스는 반영, 명료화, 공감적 반응 등은 내담자들의 변화를 촉진시킨다고 말한다.

1) 내담자와의 관계 형성

① 진솔성: 상담자는 내담자와의 관계에서는 긍정 또는 부정적으로 느낀 태도와 감정을 솔직하게 표현해야 한다. 솔직한 의사교류가 가능해야 한다.

② 무조건적 긍정의 존중: 내담자의 사고, 감정, 행동을 판단하거나 평가하지 않고 그대로 받아들이는 것이다. 무조건적이고 긍정적인 것이다.

③ 공감적 이해: 상담과정에서 내담자의 순간순간 드러나는 경험을 상담자가 이해하고 공감하는 것이다. 내담자의 입장이 되어 주관적으로 이해하면서 상담자 본연의 자세를 버리지 않는 공감이다.

2) 인간중심 사례 발췌

다음은 트루악스와 카커프(Truax & Carkhuff, 1967, 이장호 외, 2014, 재인용)의 사례로 내담자의 문제 배경은 밝혀지지 않고 예시는 남성으로 보인다.

내담자	저- 저는 항상 말하기가 두려워요. 저 - 제가 느꼈는지를 드러내 보이는 것을 말이죠(상담자: 음...). 그리고 저는, 제 생각에는 ....
상담자	(말을 중단시키면서) 감정을 드러내 보이는 것이 '약하다'는 것을 보이는 것 같아서 그런가 보군요(부드럽게, 거의 들리지 않을 정도의 목소리가 되면서). [반영적 명료화]
내담자	네 - 저한테는 그런 같아요.(오랜 침묵) 저는 TV가 있는 방에 있었는데요. 갑자기 울 것만 같은 느낌이 들었어요(거의 울 것 같은 목소리).
상담자	음.... [수용적 경청]
내담자	...... 그리고 - 저—저는 그때 방을 나와서 어디론가 가야 한다고 생각해요.
상담자	음.
내담자	.... 아무도 없는 곳 말이에요. 제가 울어도 아무도 저를 볼 수 없는 곳예요(수줍어하면서).
상담자	음, 만일에 당신이 이런 벅찬 감정을 드러내 보인다고 할 때는 참아내기가 정말 힘들 거예요(슬픔을 띠면서 오랜 침묵). [내면감정의 반영]
내담자	그 점이 바로 제가 두려워하는 거예요. 감정을 드러낸 후에는 어쩔 줄 모르고 당황했어요(부끄러워하면서).
상담자	음- 남자는 울지 않는다는 생각, 성인은 울어서는 안 된다는 그런 심정은 정말 고통스러운 거지요(거의 눈물을 머금은 목소리로). [내면감정의 반영]
내담자	그래요.
상담자	...... 또는 적어도 ..... (생각의 표현을 중단한 채).
내담자	(상담자가 중지한 말을 채우며) 적어도 분명한 이유 없이 말이죠.
상담자	음.
내담자	(긴 침묵) 저 - 어 - 저- 저는 분명한 이유가 없어요(단호하게).
상담자	(감정을 드러내는 것이) 약하다는 걸 드러낼 뿐 아니라, '저 사람 돌았다'는 식의 인상 같은 것을 주게 되지요(매우 부드럽게). [의미의 명료화]
내담자	(맞장구치면서) 그래요.

위의 사례에서는 인간중심의 특징인 반영과 명료화로 내담자의 감정에 공감적 이해와 언어적 반영과 목소리의 억양으로도 전달하고 있다.

제2절 매슬로우의 욕구위계론

1. 개요

인간은 성장과 통합으로 행복한 삶의 추구에 세 가지 욕구가 충족된다. 자율성(자기결정), 관계성, 유능성의 욕구이다. 이는 인간행동이 자기결정되어 자신에게 고유한 흥미나 가치를 갖기 때문에 행동은 통제된다. 즉, 보상이 어떤 압력에 굴복하여 일어난 행동이 통제되었는지 또는 자기결정되었는지는 사람들이 통제받을 때보다는 자신의 행동을 스스로 결정하였을 때 더 흥미 있어 한다. 이는 보상이 유능함을 의미하면 동기를 증가시킨 것이며 적절한 보상이 자율성도 증진시킨 것이다.

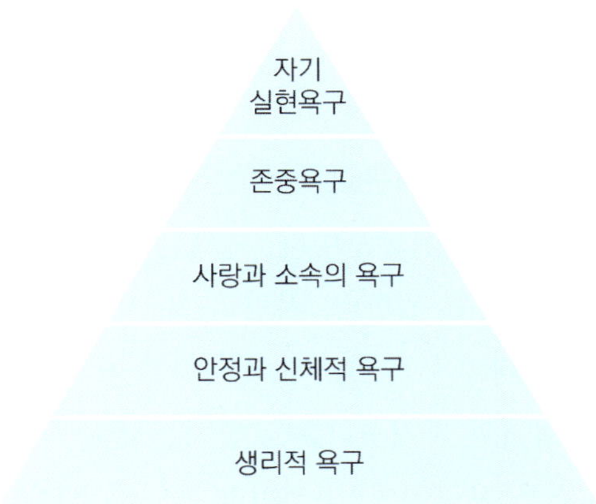

그림 6-1 매슬로우의 욕구위계

자기실현의 중요성을 강조한 학자는 매슬로우(Abraham Maslow, 1962)이다. 그는 다양한 동기가 어떻게 조직화되고 고찰되는지에 대하여 동기에 대한 관점인 인간의 욕구가 피라미드와 같은 그림으로 묘사되는 일종의 위계를 형성한다고 한다(Maslow, 1970). 피라미드 위계에서 하위욕구는 상위욕구보다 원시적이고 더 요구적이다. 매슬로우의 가정은 개인의 신체적 욕구는 수용받으려는 욕구보다 더 요구적이고 강력하다. 피라미드에서 위로 한 단계씩 이동은 약한 동기가 된다. 위계의 위쪽으로 이동은 욕구가 더 인간적이고 덜 동물적인 것이라고 본다. 위로 이동할수록 생존과는 관련성이 덜하다. 인간의 자기실현욕구는 최상위욕구이며 중요한 욕구인, 뭔가 특별하게 만드는 강력한 욕구이다.

2. 주요개념

1) 욕구의 위계

매슬로우의 욕구 위계는 피라미드를 형성하는 단계별 욕구이다.

① 생리적 욕구: 생존에 필수적 욕구인 물, 공기, 음식 등을 포함하는 생리적인 욕구이다. 이러한 욕구가 충족되지 못할 시에 다른 욕구들이 차단될 수 있다.

② 안전과 신체적 욕구: 생존에 필수적이지만 자신을 지켜줄 은신처나 주거지, 포식자로부터 보호와 안전, 질서, 안정성에 대한 욕구이다. 이러한 유기체의 요구가 안전의 욕구이다.

③ 사랑과 소속의 욕구: 이 단계는 사회적인 특성으로 긍정적인 욕구와 유사한 애정과 우정 및 타인의 수용욕구이다. 개인은 타인과의 친밀관계, 연인관계, 특별한 관계와 소속되기를 원한다. 사랑의 욕구는 긴밀하고 따스한 관계에서 충족되어 상호작용한다.

④ 존중의 욕구: 외부평가와 자기평가를 포함하는 존중의 욕구이다. 존중은 타인에게서 인정받고 싶은 욕구이며, 인정이란 개인이 가지고 있는 어떤 특성이나 자질로 인정받고 존중받는다. 인정은 수용보다 정교하다.

⑤ 자기실현의 욕구: 위계의 상위로 자기실현(self-actualization)이다. 개인이 할 수 있는 무엇이든지 되고자 하는 것, 자기의 능력한계까지 확장하려는 경향성을 의미한다. 매슬로우는 인간에서 동기의 정점이라고 한다. 즉, 자신의 잠재력과 능력을 인식하여 충족시키는 모든 것이다. 위계의 전 단계 욕구를 충족하여도 자신의 잠재력을 발휘하지 못한다면 불만족스럽고 불안하여 좌절감으로 어떠한 욕구도 충족 못할 수도 있다.

2) 욕구의 특성

욕구는 생존에 필요하고 상위의 욕구는 성장에 필요한 욕구이다. 이러한 욕구는 함축적인 의미가 있다.

① 상위욕구를 만족시키려 애쓰는 동안 하위욕구가 발달한다. 하위 수준의 욕구는 개인에게 상위 수준의 욕구에 손을 떼게 하여 개인의 하위 수준 욕구에 무언가를 하도록 강요받는다(Wicker, Brown, Wiehe, Hagen, & Reed, 1993).

② 자기실현을 위해 평온하게 유지하려는 것은 하위 수준 욕구의 요구에서 자유롭게 되는 것을 말한다. 상위 동기인 자기실현은 다른 욕구가 잠잠해질 때 고려하는 욕구이다.

③ 상위 수준 욕구를 만족하지 못하여도 하위 수준 욕구는 위급한 반응이나 즉각적인 반응은 일어나지 않는다. 이는 하위 수준 욕구의 결핍욕구(deficit or deficiency needs)라고 한다.

④ 상위 수준의 욕구가 충족되면 성취감으로 건강한 삶과 생물학적인 효율성도 증가시키는 상위욕구를 성장욕구(growth or being needs)라 한다.

위계이론에서 매슬로우(1955)는 피라미드 하위 수준의 동기는 결핍동기(deficiency-based motives), 피라미드 상위의 수준의 동기는 성장동기(growth-based motives)라 하여 하위위계욕구는 결핍에 의해 발생한다고 한다. 하위 수준에서 벗어난 동기는 불유쾌한 욕구며, 자기실현은 인간의 실현되지 않은 잠재력을 멀리서 부르는 소리와 비슷하다. 이런 욕구를 충족시키는 것은 불유쾌함을 피하려는 것보다 성장에 대한 추구의 욕구이다. 가장 낮은 수준은 원초적인 생리적 욕구, 안전의 욕구, 애정과 소속감의 욕구, 존중의 욕구로 결핍욕구가 있으며, 이들이 충족되면 지적 · 심미적 이해와 자기실현의 상위 수준의 욕구인 존재의 욕구 또는 성장의 욕구가 생긴다. 이러한 욕구들은 하위 수준의 단계에서 다음 단계의 욕구가 생긴다는 의미에서 위계적이다.

3) 자아실현의 특징

인간의 동기는 넓지만 모든 이는 자기실현을 할 수 있는 잠재력이 있으며 내적 역량과 욕망을 지니고 있다. 자기실현은 보편적인 특성으로 어떤 종류의 행동으로 나타날 수 있다. 매슬로우(1962, 1968)는 자기실현에 대하여 몇 가지 특성을 논하고 있다.

① 효율적(efficient)인 지각: 현실 지각을 잘하며, 경험의 예리함으로 초점이 맞춰져 있다.

② 수용적(accepting)지각: 타인의 혼란한 지각을 분별하여 혼란함을 극복하는 자신과 타인, 자연 그대로 수용한다.

③ 자가발전(self-promotion): 사고와 감정이 꾸밈없이 자발적이고 자연스럽다. 완벽하지 않다는 사실을 알고 있는 그대로의 자신 모든 것을 있는 그대로 수용한다. 타인의 단점도 그 사람의 일부로서 수용한다.

④ 정신적 자발성(spontaneity): 개방적이고 솔직하고 자연스러우며, 생각과 이상이 뚜렷하여 행동은 인습에 얽매이지 않는다. 즉, 꾸며내지 않는 창의성으로 반영된다.

⑤ 문제 중심적(problem centered): 철학 또는 윤리적인 의미로 폭넓은 시야로 보편적인 주제를 고려하여 자신의 문화와 근접한 환경에서 독립성을 유지한다.

3. 재활상담 적용

1) 동기부여 면접

인간중심 상담의 원리를 기초하여 Miller와 Rollnick(2002)은 좀 더 지시적이고 행동적인 것에 초점으로 동기부여적인 면접을 반영과 개방형 질문을 사용하여 자신의 문제를 인식하고 표현하는 긍정적인 변화에 도움이 되는 전략들을 사용하였다.

2) 집단의 적용

인간중심 상담자는 공감적이고 비판단적이며 지지적인 태도는 정신분열증으로 진단받은 사람들의 적개심과 의심을 개선하는 데 도움을 줄 수 있다(Kensit, 2000). 예를 들어 가족치료는 가족의 경계, 의사소통 패턴, 위계, 저항 등을 볼 수 있는데 인본주의의 인간성에 대한 긍정적인 관점인 모든 사람에게 완전히 기능적인 또는 자아실현의 기회와 가족의 왜곡된 감정을 새롭게 만들어 준다.

TIPS! 집단벽화 만들기

커다란 종이와 다양한 미술재료로 가족은 함께 벽화 종이에 그림을 그린다. 가족이 의논하고 계획을 세우는 시간을 갖게 되며, 벽화를 그리는 동안 가족이 함께 의논하며, 역동과 동맹이 나타나게 된다. 가족미술과정은 종종 비언어적으로 시각과 생각의 감정을 드러내는 도구로써 경직된 패턴을 우회할 수 있으며 기회를 제공할 수 있다. 가족상담치료는 가족의 역동과 상징이 나타나며, 크기, 배치는 가족의 역할과 의사소통의 형태를 반영하여, 가족체계와 하위체계를 관찰과 정보를 알 수 있다.

TIPS! 자유화 그리기

상담자는 내담자에게 지시적인 제목이 아닌 내담자가 도화지나 색지에 그리거나 붙이거나 찢기에 필요한 다양한 재료를 이용하여 내담자의 결정에 의한 그리기, 붙이기, 찢기 등을 하도록 배려한다. 상담자는 지지와 격려, 비지시적으로 내담자의 이야기를 들어 주며, 공감하며, 자신에게 솔직하고, 어려워도 자신의 감정과 생각에 온전히 표현하도록 하여 자신의 목표, 성취, 자기실현, 자율적인 자기통제를 스스로 하게끔 한다.

3) 다문화집단에 적용

존중과 수용은 넓은 의미의 민족, 문화, 다양한 사회경제적 배경의 사람들에게 부분적으로 적합하다. 사람을 존중하고 이해하여 긍정적인 상담자-내담자의 관계로 내담자의 세계에 주의를 기울이는 것을 강조한다. 예를 들어 동서양의 문화적 가치는 사고와 행동의 성격들과 특질에 존재하며, 인종, 문화의 다양성은 다문화적인 배경으로 집단치료에서 집단 간의 의사소통 촉진에 기초가 된다.

TIPS! 다양한 문화의 인식표현

다양한 사람들과 어울림으로 다양한 매체를 활용하여 각자의 문화를 그리거나, 표현하여 서로 공유하며, 이야기할 수 있도록 한다. 문화, 언어, 의사소통은 다르지만 서로 공감하며, 진실성으로 구성원들이 신뢰하도록 하여 집단 간의 소통과 통찰로 자신을 발견한다.

제3절 펄스의 게슈탈트상담

1. 개요

과거보다 현재를 더 중요시하며, 감각과 정서를 탐색하고 경험하는 것이 필수적이다. 프레더릭 펄스(Fredericktz Perls)가 게슈탈트 치료에서 독립과 직면을 강조하였다면 그 아내인 로라 펄스(Laura Perls)는 지지와 연결을 강조하여 상담에 공헌하였다. 게슈탈트는 자신의 신체, 정서, 타인과의 접촉에서 단절된 문제를 경험으로 치료하는 것으로써 무시되고 받아들여지지 않는 부분을 자각하게 하고, 통합, 균형, 전체성을 복원시키는 것이다.

게슈탈트는 형태, 유형, 모양, 조직된 전체를 의미하며, 게슈탈렌(gestalten)은 형태나 모양을 조직화하고 만들고 구조화하는 것을 의미한다. 이러한 게슈탈트는 전경과 배경이 역동적으로 조직화되어 나타나는 전체를 의미한다. 상담은 내담자의 욕구 충족과정에서 경험하는 생각, 행동, 감정을 포함하여 나타나는 전체적인 과정이며 내담자가 지금-여기에서 자신과 타인의 욕구, 주변의 요구를 자각하여 자신의 형태상(게슈탈트)을 형성하도록 돕는 것이다. 예를 들어 퍼즐에서 색의 구별이 잘되지 않는 바다, 숲, 하늘에 해당되는 조각들을 맞추려 할 때에 인간의 경험과 긍정적인 변화과정에서 내담자로 하여 자신의 욕구와 경험에서 어느 조각을 맞추는 것이 좋을 것인지 조력하는 과정이 게슈탈트과정이라 할 수 있다. 조각의 위치를 상담자의 도움을 받아 자신의 욕구, 문제, 나아가야 할 방향 등에 전체 퍼즐을 형성할 수 있도록 한다.

2. 주요개념

펄스의 이론적 개념은 인간중심 상담 및 실존주의적 접근으로 게슈탈트 치료는 자발성, 빈 의자, 역할극, 집단 피드백, 뜨거운 의자 등의 기법을 통해 심리치료에 많은 영향을 주었다.

1) 인간에 대한 관점

모든 사람, 모든 식물, 모든 동물은 한 가지 타고난 목표를 가지고 있다. 그것은 자신을 있는 그대로 실현하는 것이다(Perls, 1969). 게슈탈트는 인간이 경험하는 환경의 장(場에)서 내담자가 지각하는 현실에 초점을 두며 필요한 욕구를 선택하여 자신의 삶에 책임을 가진다. 사람들은 자각, 자족능력의 발달, 내적인 힘을 통해 인간의 긍정적인 성장과 변화, 직업, 직함 등에 자신을 인식한다. 있는 그대로를 강조하는 유기체가 상태주의와 자각의 변화를 근거로 매순간 생성되는 게슈탈트를 해결하면 새로운 게슈탈트가 형성되어 지금-여기의 생성된 게슈탈트를 해결하여 전체를 통합할 수 있다고 본다.

2) 기본원리

(1) 전체성, 균형, 통합성

인간의 삶에서 게슈탈트는 전체성, 균형, 통합을 강조한다. “인간은 마음과 몸처럼 이분화된 존재가 아니라 전체로서 기능하는 통합적 유기체(Simkin, 1975)”라고 한다. 인간은 불균형과 모호함을 불편해하며, 안정과 응집성을 선호한다. 전체란 본질을 잃지 않고 부분으로 분리되지 않는 형태를 의미하며, 인간은 부분들의 합이 아니라 전체의 협응으로 몸을 가지고 있는 것이 아니다. 전체는 부분의 합과 다르다. 퍼즐은 각기 다른 조각과 색으로 모습이 다르지만 전체적 형태를 갖추기 위해 혼란스럽게 펼쳐져 있는 조각을 의미 있는 모습으로 맞추는 것이 게슈탈트이다. 그러므로 내담자는 욕구, 자신의 문제, 자신의 방향성 등의 조각을 전체 퍼즐로 의미 있는 형성이 되도록 노력해야 한다. 사고, 행동, 감정, 신체, 기억 등을 내담자에게 적용하는 것이다.

(2) 장 이론(field theory)

지속적으로 변화는 장(場)으로서 유기체가 처한 환경에서 고려되어야 하며, 인간과 환경 사이에서 발생하는 것에 의한 탐색이다. 인간의 삶과 세상은 항상 변화하며,

유동적이다. 배고프면 먹고, 불균형을 경험하고, 균형을 회복하려 애쓰며, 피곤하면 잠을 잔다. 이러한 유동을 전경-배경(figure-ground)의 개념으로 세상은 삶에서 배경이며, 인간의 욕구에 따른 요소가 전경으로 된다. 전경은 매순간 개인의 경험에 대한 양상이나 배경을, 내담자의 신체적 몸짓, 태도, 어조, 비언적인 내용을 배경의 단서가 된다.

3) 지금-여기

게슈탈트는 현상학적 탐구로 현재 순간을 중요함을 인식하고 경험하는 것을 중요하게 생각한다. 펄스(1969)는 "지금 외에 존재하는 것은 아무것도 없다. 과거는 지나갔다. 당신은 지금 살아야만 한다."고 하였다. 현재에 집중하여 마음, 몸, 감정을 통합해야 하며, 현재에 존재하지 않을 때 타인에게 혼란스러운 메시지 전달과 자신에 대한 통합을 느끼지 못하여 접촉에도 어려움이 존재한다. 지금-여기는 과거에 관심이 없는 것이 아니라 과거의 문제상황을 현재에 가져와 그것이 지금 일어나고 있는 것처럼 재연한다. 감정경험이 현재 경험과 분리되어 감정에 대해 이야기하는 것을 게슈탈트 치료의 목적으로 그들의 경험을 알아차리도록 하는 것이다.

현재 순간에 접촉하도록 돕는 것으로 '왜'라 질문보다 '무엇을', '어떻게'라고 질문한다.

4) 접촉과 접촉저항

자각은 건강한 사람의 특징이며 완전히 자각하면 유기체의 자기조절에 자각하게 되기 때문에 유기체가 방해나 간섭을 받지 않고 역할을 한다. 유기체의 지혜에 의존할 수 있게 된다(Perls,1969). 자각의 지나친 몰두는 환상, 결점, 과거, 강점에 의하여 전체적인 조망을 잃어 자각하지 못하게 될 수도 있다. 자각이 부족하면 자존감이 낮아진다. 이에 이상적 자기상을 실현하려 할 때 자신과 타인을 통제하게 되고 의도한 것과 정반대가 되기도 한다.

자각은 환경과의 접촉이 중요하며, 듣기, 만지기, 보기, 움직이기, 이야기하기, 냄새 맡기, 맛보기로 접촉은 인간이 환경에서 새롭게 창조적으로 적응하는 것으로 상상력, 열정, 창조성을 동반한다. 이러한 접촉경험은 자신의 환경과 세상의 일부를 느끼게 하여 우리가 누구인지 명확하게 알게 해 준다.

(1) 접촉

펄스는 접촉과 성장의 다섯 수준 또는 단계를 설명하고 있다(김영혜 외, 2012).

① 허위층 또는 겉치레층(phony layer): 진실한 마음 없이 성실하지 못하고, 거짓된 상태로 무책임한 행동으로 역할을 잃어버리는 수준이다.

② 공포층(phobic layer): 거절당하지 않으려 진실된 자기를 숨기며, 고통을 피하고 나약함, 무력함을 사람들은 느낀다.

③ 곤경층 또는 난국층(impasse layer): 앞의 두 층을 거치면 지금까지 해온 역할을 그만두고 자립을 시도하지만 심한 당혹감, 혼란감, 무력감을 경험하여 타인의 도움을 찾는다.

④ 내파층(implosive layer): 스스로를 제한시켜 온 것을 자각하게 되어 변화를 위한 실험을 하고, 미해결과제를 다루어 방어 감소시켜 통합을 향해 움직인다. 이러한 자신의 가능성과 접촉으로 예전 층들을 포기한다. 내파는 5번째 외파로 변한다.

⑤ 외파층(explosive layer): 사람들은 복원감과 전체감을 경험하여 진정한 자기가 되어 큰 에너지를 얻고, 정서를 느끼고 표현하여 더 실현하게 된다.

사람들이 층을 통과하도록 도와 건강한 층을 드러내기 위해 양파 껍질을 벗겨가듯 사람들은 자신의 진정한 자기, 실현된 자기가 되고, 환경, 타인, 자신과의 완전히 접촉할 수 있게 된다(Korb et al., 1989).

(2) 접촉저항

게슈탈트에서 접촉혼란, 방해, 저항을 초점으로 저항은 접촉을 중단시키는 것과 접촉경계혼란을 중점으로 저항은 상황에 대처하기 위한 수단이다. 저항은 진실하게 온전한 현재를 경험하는 것을 방해하는 방어기제라고 본다. 폴스터와 폴스터(Polster & Polster, 1973)는 내사, 투사, 반전, 융합, 편향의 접촉경계혼란을 설명한다.

① 내사(introjection): 내가 누구인지에 대한 신념과 기준을 타인과 자신이 가지고 있는 것에 아무런 이해 없이 무비판적으로 수용하는 경향성이다. 즉 받아들인 것을 분석하고 재구성하지 않아 내사된 것을 자신에 맞지 않은 것으로 남아 있는 것이다.

② 투사(projection): 내사의 반대로 내가 가진 것을 부인하고 환경 탓이라고 남에게 돌려서 접촉을 피하는 것이다. 습관적인 투사는 자신이 환경에 대한 피해자라 느끼고, 그들이 말하는 것의 뒤편에 숨겨진 의미가 있다고 한다.

③ 반전(retroflection): 다른 사람에게 해주고자 하는 것을 자신에게로 돌리는 것 또는 누군가 해주기를 바라는 것을 자신에게 하는 것이다. 반전에 대한 의존은 죄책감, 수치심, 분노에 대한 공포를 타인에게 표현하지 못하고 자신에게 표현하는 것이다.

④ 편향(deflection): 개인이 감당하기 어려운 내적 갈등이나 외부환경에 노출되어 감정경험에 압도당하지 않으려 자신의 감정을 둔화시켜 환경과 자신의 접촉을 약화시키는 것이다. 편향이 있는 사람은 유머, 추상적 일반화, 진술문이 아닌 의문문을 과도하게 사용하여 접촉을 분산시키거나 완화하려고 시도한다(Frew, 1986). 즉, 다른 사람을 통해 말하거나 대변하게 하며, 모순적이거나 중요하지 않은 근거로 요점을 피해서 말한다.

⑤ 융합(confluence): 환경과 자신 간의 모호한 구분이다. 타인과 잘 지내려 할 때 내적 경험과 외적 현실과의 경계가 분명하지 않다. 즉, 자신이 행복하다고 느끼면 타인도 행복하다고 느끼고, 자신이 불행하면 타인도 불행하다고 느끼는 관계이다. 밀접한 관계의 두 사람이 서로 간에 차이점이 없다고 느끼도록 합의하는 과정에서 발생하는 갈등의 부재, 분노의 둔화 등은 집단에서 자신과 같은 감정과 사고를 경험한다는 신념이다.

⑥ 접촉방해(interruptions in contact) 혹은 경계혼란(boundary disturbance): 저항의 특성 중으로 환경과의 원만한 합의로 발생하는 접촉-경계혼란이라고 한다.

5) 미해결과제

개인의 욕구가 배경에서 상이 나타나 완성되거나 해결되지 않아 미해결과제를 갖게 된다. 미해결과제는 수치심, 증오, 고통, 분노, 비탄, 불안, 죄책감, 포기 등 암묵적인 감정으로 나타난다. 이러한 감정들이 뒤죽박죽으로 불필요한 정서의 찌꺼기로 배경에서 계속적으로 남아 자신과 타인의 접촉을 방해하는 현재 삶에서 진행된다. 미완성의 방해는 완성을 추구하게 되며, 충분한 힘을 얻게 되면 개인은 집착, 강박적인 행동, 경계심, 억압의 에너지, 자기패배적인 행동으로 괴로워한다(Polster & Polster, 1973). 미해결과제는 회피의 개념과 유사성으로 미해결상황의 불편한 감정을 경험하는 것을 방해하는 데 사용된다.

3. 재활상담 적용

게슈탈트 치료에서 중요한 목표는 주의와 명료성과 자각 증진, 사람들이 지금-여기에 돕기, 전체감, 균형감 및 통합감을 향상시키기는 궁극적으로 인간의 자연스러운 성장을 촉진하고 사람들이 자각하여 살아가는 삶을 실현할 수 있게 문제해결이나 적응을 증진시키는 것뿐 아니라 충족감과 전체감을 느끼도록 한다.

1) 실험

한 과제를 주어 내담자에게 목적을 성취하기 위해 현재의 문제와 미해결과제로 실험을 제안하거나 경험을 학습하도록 하는 것이다. 실험은 실행, 역할극, 숙제, 회기별로 내담자들이 해야 할 활동으로 이루어질 수 있다(Polster & Polster, 1973). 어떤 내담자에게 사람들과 친밀하게 관계를 맺고 싶지만 방어적인 여성에게 친구를 기쁘게 하거나 친밀감을 느낄 수 있는 어떤 것을 친구에게 이야기하도록 제안을 했다. 이 여성은 친구에게 무엇을 이야기할지 고민하는 자각이 증진되어 나누는 경험으로 친구와 친밀감이 형성되었다.

2) 언어사용

서술문 형태의 언어를 강조한다. 언어를 신중하게 선택하여 내담자의 말과 정서, 생각, 행동에 책임을 지도록 한다. '무엇을'과 '어떻게'로 질문과 '나'로 시작하는 서술문으로 자신의 소유권과 책임감을 증진시킨다.

3) 빈 의자 기법

역할을 나타내기 위하여 내담자로 하여금 자신의 삶에서 미해결된 관계에 있는 사람이 빈 의자에 앉아 있다는 상상으로 그 사람과 대화를 하도록 유도한다. 빈 의자 기법은 의자가 하나 또는 두 개를 배치하기도 하며, 때에 따라서는 빈 의자에 내담자가 앉아 그 사람의 입장이 되어 봄으로써 조망 바꾸기의 기회를 가지기도 한다.

(1) 내적 갈등을 다루는 두 의자 기법

역할극에서 내적 갈등의 긴장은 신체적 측면과 지적인 면, 사랑과 분노 등이 갈등하는 두 부분을 나타내는 기법이다. 즉, 내담자는 각각의 의자에 앉아 각각 의자의 주인공이 되어 이야기를 하는 것이다. 이야기를 하는 동안 상담자는 비판자가 더욱 가혹하게 고무시키고, 약자는 슬픔과 힘듦을 표현하도록 촉진시킨다.

(2) 미해결과제를 다루는 빈 의자 기법

빈 의자 기법은 충족되지 않고 미완성의 게슈탈트를 상상으로 해결하는 방법이다. 빈 의자는 미해결과제의 어떤 사람을 떠올리며 그 사람에 대한 감정과 생각을 표현한다. 예를 들어, 부모에게 인정을 받지 못한 내담자는 내적 상실과 부모에게 인정을 받기 위하여 여러 노력하게 된다. 내담자는 인정을 받기 위하여 성취적인 부분을 부모에게서 평가절하하게 되어 빈 의자를 통하여 부모의 문화적 배경을 이해하게 된다.

제4절 글래서의 현실치료

1. 개요

윌리암 글래스(William Glasser)에 의해 시작된 현실치료(reality therapy)는 현재의 행동과 대처, 개인이 현실적이고 책임감 있게 자신의 욕구를 충족하도록 한다. 현재 시점을 중요하게 생각하여 사람들의 행동과 생각에 변화를 시켜 보다 나은 삶을 살 수 있도록 돕는다. 어떻게 하는지에 중점을 두어 자신의 행동 변화와 통제 가능한 현실적 방법으로 변화시켜 자신의 삶에 책임을 가지도록 한다. 인간의 내적 욕구충족을 내적 세계의 창조로 보며, 충족을 시키는 방법은 각자의 다양한 선택으로 이루어진다. 어떠한 행동을 선택하는 것 또한 각자에게 있으며, 삶과 행복을 가지는 것도 각자의 선택이다.

현실치료는 자신의 삶을 효과적으로 조정하도록 돕기 위한 다양한 체계를 제공한다. 선택이론이 고속도로라면, 현실치료는 생산물을 운반하는 자동차이다(Wubbolding, 2011). 선택이론이 사회적 창조물로 사랑을 주고받기가 전제적인 조건으로 한다면, 현실치료는 사랑하고 소속되고자 하는 욕구가 기본욕구이며, 다른 욕구를 만족시키기 위해 다른 사람들이 필요하다. 인간은 일생 동안 자신의 정체감을 개발하려는 욕구인 기본적 상호 관계와 존중의 동기를 가지고 있다. 우볼딩(Wubbolding, 1991)은 사람들은 현재 자신의 내면에서 바라는 것을 성취하려는 방식으로 동기화되어 초기 아동기의 갈등, 무의식 동기, 외부 자극이 현재의 행동을 유발한다고 말한다.

2. 주요개념

1) 인간관

모든 인간은 건강이나 성장의 힘을 가지고 있다고 믿으며, 성공적인 정체감으로 만족스럽고 즐거워지기를 바라며, 책임질 수 있는 행동을 보여 주고 싶고, 의미 있는 인간관계를 가지고 싶어 한다(노안영, 2018). 우볼딩(Wubbolding, 1988)의 다섯 가지 인간관을 살펴보면, 다음과 같다.

① 인간은 바람과 욕구를 달성하도록 동기화되어 있다. 바람은 개인에 따라 다르다.
② 바라는 것과 환경으로부터 얻고 있다는 생각의 차이나 불일치가 있어 인간은 각자에게 필요한 구체적 행동을 하게 된다.
③ 행동하기, 느끼기, 생각하기, 생물학적 행동은 인간행동의 목적이며, 개인의 바람과 얻고자 하는 것의 차이를 줄이도록 계획한다.
④ 행동하기, 생각하기, 느끼기는 서로 분리될 수 없는 측면으로 내부에서 생성된다. 이런 행동은 선택된다.
⑤ 인간은 지각을 통해서 세상을 본다. 즉, 낮은 수준과 높은 수준이다. 낮은 수준은 사건이나 상황의 지식을, 높은 수준은 사건이나 상황에 가치를 부여하는 것이다.

2) 기본욕구

인간은 다섯 가지의 욕구를 가지고 태어나며(천성문 외, 2016; Glasser, 1998), 이런 욕구의 강도가 사람들의 성격을 만든다.

① 생존(survival)의 욕구: 음식, 건강, 공기, 안전감, 안정감, 거처, 신체적 편안함 등 삶의 필수요소
② 사랑(love)과 소속감의 욕구: 사랑하고 사랑받기, 사람들과 접촉하여 상호관계 맺기
③ 능력/성취(power)의 욕구: 자신감, 성취감, 자긍심을 느끼고 자신의 삶을 제어하기
④ 자유/독립(freedom)의 욕구: 선택할 수 있는 능력, 과도하고 불필요한 구속과 한계 없이 살기
⑤ 재미/즐거움(fun)의 욕구: 기쁨을 느끼기, 웃고 놀며 인간의 삶을 즐길 수 있는 능력

현실치료는 인간의 모든 행동은 목적이 있으며, 하나 이상의 기본욕구를 충족시킬 수 있는 방식으로 행동이 이루어진다(Wubbolding, 1991).

3) 전체행동

인간의 모든 행동, 전체행동은 모든 기능의 행동과 연결되어 있다. 이러한 전반적인 기능을 전체행동(total behavior)이라고 한다(Glasser, 1998). 행동은 선택된 것으로 행위와 사고를 직접적으로 조절하여 감정이나 생리기능을 간접적으로 통제한다. 현실치료에서는 생각하기, 행동하기, 느끼기, 생물학적 행동으로 구성되어 있는 전체행동은 분리될 수 없다고 본다.

4) WDEP 체계

현실치료의 발전적인 역할을 한 우볼딩(Wubbolding, 2009)은 WDEP 체계(욕구, 행위, 평가, 계획)를 개발하면서 현실치료의 영역이 확장되었다. 우볼딩은 상담환경, 행동 변화를 이끄는 요소를 강조하고 있다. 상담환경은 내담자들의 삶의 변화를 촉진하고, 내담자는 좋은 세상에 대한 소망을 가지며 자신의 욕구와 현실적 선택, 삶에 통제력으로 욕구를 충족시킬 수 있는 촉진방법으로 WDEP 체계를 소개한다. 경우에 따라서 순서를 바꾸어 적용하기도 한다.

(1) 욕구(Want)

자신이 원하는 것, 바라는 것과 희망을 발견하는 것에 대하여 상담자는 내담자의 바라는 것을 탐색과 내부 소망이 어떻게 외부 세계로 지각하는지를 탐색하게 한다. 내담자의 가족, 직장, 친구 등에서 원하는 것과 삶에서 탐색의 모든 것을 기회를 갖는 것이다. 내담자가 무엇을 원하는지, 주변 사람들이 내담자에게 원하는 것이 무엇인지를 알게 하여 연결고리를 내담자가 자각할 수 있도록 유도한다.

(2) 지시와 행동(Direction & Doing)

내담자의 행위, 사고, 감정, 생리적 기능의 전체행동을 탐색하는 것으로 상담 초기에 내담자가 어디로 가고 있으며, 자신 행동의 전반적인 방향을 논의하여 현대의 총체적인 행동을 자각하고 변화시키도록 초점을 둔다. 즉, 현실치료는 내담자가 지금 하고 있는 행동, 사고를 변화시킬 수 있도록 격려한다.

(3) 평가(Evaluation)

평가는 자기평가이다. 내담자는 자기평가에 대하여 현재 행동이 원하는 것을 얻을 수 있는 바람직한 기회를 만들어 주고 있는지, 현재 당신(내담자)이 원하는 방향으로 가도록 하고 있는지에 대하여 내담자가 행동방향, 구체적 행동, 소망, 지각, 새로운 방향과 계획을 검증하는 것을 포함한다(Wubbolding, 2015). 행동(D)과 평가(E)는 현재에 초점을 맞추고 인간의 긍정적인 삶과 성공적인 측면을 강조하여 다루어지는 과거는 현재 영향을 준다(Wubbolding, 1988).

(4) 계획(Planning)

계획은 내담자의 소망과 욕구를 충족시키는 방법을 찾도록 도와주는 것이다. 계획은 대부분 행동의 변화, 내담자가 변화시키고 싶어 하는 행동을 탐색하거나 활동계획을 선택하는 하는 것이다. 즉, '당신의 계획이 무엇입니까'이다. 계획은 내담자 개인을 도와는 것과 내담자의 삶이 다른 사람에게 어떻게 영향을 주는가의 관점이기도 하다. 내담자가 자기평가를 하고 행동을 변화하기를 결정한 후의 계획이 내담자의 삶에 더 효과적이다.

5) SAMI2C3의 효율적 계획

계획의 구성요소는 계획자의 책임으로 영어의 머리글자를 사용하여 우볼딩은 계획의 본질을 여덟 가지(SAMI2C3)를 제시하는데, 단순하고, 달성 가능하고, 평가가능, 즉각적이고, 통제되며, 참여하고, 지속적인 실천을 제시하였다(Wubbolding, 2000, 2011b, 2013, 2015).

① 계획은 단순하고 쉽게 이해할 수 있는, 분명하게, 부정적이지 않고 긍정적이어야 한다(Simple).

② 달성 가능해야 한다. 내담자가 기대하는 방식으로 성취할 수 있어야 한다(Attainable).
③ 계획은 구체적이고, 명확하게 평가가 가능하고, 내담자가 변화의 구체적 행동을 이해하여 수정될 수 있는 융통성이 있어야 한다(Measurable).
④ 효과적인 계획은 빨리 실천해야 한다. 반복적이며 매일 할 수 있는 것이다(Immediate).
⑤ 내담자가 어떤 행동을 하든지 상담자는 실천할 수 있는 계획을 세우도록 격려한다. 적절한 방식으로 관여하여야 한다(Involving).
⑥ 다른 사람이 아닌 내담자의 통제에 의한 친구에게 편지 쓰기, 바라던 휴가를 가는 것, 등의 행동계획을 세우는 과정 중심활동이다(Control).
⑦ 변화가 중요하며, 계획이 현실적이고 실현 가능한지, 삶에 적용되어 계획을 평가하고 수정을 하는 것에 인식해야 한다(Commitment).
⑧ 지속적이고 반복적인 행동의 변화가 반영되어야 한다. 자신이 계획한 것을 실천하도록 서면으로 확실히 해두는 것이 좋다(Consistent).

3. 재활상담 적용

1) 직면하기

직면은 배려의 감성적 접근과 내담자들의 행동을 솔직하고 정확하게 평가하여 현실을 직시할 수 있도록 하여 책임감 있게 행동하도록 하는 것이다. 즉, 계획 달성에 내담자가 실패하였을 때에 변명, 합리화를 허용하지 않고, 내담자에게 구체적이고 대안적인 계획을 수립하도록 돕는 것이다. 모욕, 공격적 언행, 비하와 상담자와 내담자 간의 논쟁하는 일이 있어서는 안 된다.

2) 상담자의 태도

내담자를 우호적이고 따뜻하게 대하는 것이 친밀감 형성에 중요하며, 내담자의 심리적 욕구인 소속감을 느끼는 토대가 될 수 있다. 상담자는 시선을 마주하고, 공손함과 열정적인 자세와 수용적인 태도로 내담자의 말에 집중하고 있다는 느낌을 전달하는 것이 중요하다.

3) 질문하기

우볼딩(Wubbolding, 1988)은 내담자의 내적 세계로 들어가기, 정보주기, 정보 얻기, 내담자가 효과적인 통제를 하도록 조력하는 것이라고 제안한다. 효과적인 질문은 내담자 자신의 행동에 집중하여 행동평가를 계획하도록 하는 것이다. 질문의 선택으로 내담자 자신의 변화된 삶이 되도록 돕는다.

4) 비유 사용하기

내담자의 상징, 비유적 언어에 반응하여 전달하는 것이다. 예를 들어, 내담자가 머리에 짐을 이고 가는 사람을 바라보며, 그리스 신화에 나오는 아틀라스처럼 자신의 어깨와 머리에 같은 느낌이라고 한다면, 이러한 내담자의 표현에 상담자는 "아틀라스는 언제 쉬면 될까요?" 혹은 "짐을 이고 갈 때에 무엇을 느낄까요?"로 반응하여 내담자의 실패와 좌절감을 완화시켜 상담 장면이 안전하며 자신의 세계를 이해하도록 한다.

요약정리

1. 인간중심 상담은 내담자와 함께하는 방법과 변화를 촉진하는 치료적 환경을 통해 신뢰와 능력을 촉진하는 것으로 상담자와 자신에게 솔직하고, 고통스러워도 자신의 감정과 생각에 온전히 표현하도록 한다. 현존하는 특정 문제뿐 아니라 보상의 삶을 창출하는 능력과 삶의 기쁨과 도전으로 완전히 기능하는 것에 초점을 둔다.
2. 상담자는 내담자를 수용하고 이해하며, 그들의 경험을 존중하고, 활동에 적극적으로 참여하도록 격려하고, 자기탐구에 도전하며, 촉진하여 성장과 실현을 지지하여 신뢰하도록 한다. 내담자의 자존감과 긍정적인 방법으로 그들의 촉진을 도우며, 일치성, 무조건적 긍정인 존중, 공감과 다른 특성들도 상담을 향상시킨다.
3. 자기실현의 중요성을 강조한 매슬로우는 다양한 동기가 어떻게 조직화되고 고찰되는지의 동기에 대한 관점인 5단계(생리적 욕구, 안전과 신체적 욕구, 사랑과 소속의 욕구, 존중의 요구, 자기실현의 욕구)로 인간의 욕구 중 피라미드에서 위로 한 단계씩 이동은 약한 동기가 된다. 즉, 위계의 위쪽으로 이동은 욕구가 더 인간적이고 덜 동물적인 것이라고 본다. 이는 위로 이동할수록 생존과는 관련성이 덜 한다. 인간의 자기실현욕구는 최상위욕구이며 중요한 욕구 뭔가 특별하게 만드는 강력한 욕구이다.
4. 게슈탈트는 인간이 경험하는 환경의 장(場에)서 내담자가 지각하는 현실에 초점을 두며, 필요한 욕구를 선택하여 자신의 삶에 책임을 가진다. 즉, 사람들은 자각, 자족능력의 발달, 내적인 힘을 통해 인간의 긍정적인 성장과 변화, 직업, 직함 등에 자신을 인식한다. 있는 그대로를 강조하는 유기체가 상태주의와 자각의 변화를 근거로 매순간 생성되는 게슈탈트를 해결하면 새로운 게슈탈트가 형성되어 지금-여기의 생성된 게슈탈트를 해결하여 전체를 통합할 수 있다고 본다.
5. 현실치료는 자신의 삶을 효과적으로 조정하도록 돕기 위한 다양한 체계를 제공한다 현재 시점을 중요하게 생각하여 사람들의 행동과 생각에 변화를 시켜 보다 나은 삶을 살 수 있도록 돕는다. 즉, 어떻게 하는지에 중점에 두어 자신의 행동 변화와 통제 가능한 현실적 방법으로 변화시켜 자신의 삶에 책임을 가지도록 한다.
6. 현실치료에서는 생각하기, 행동하기, 느끼기, 생물학적 행동으로 구성되어 있는 전체행동은 분리될 수 없다고 본다. 인간의 내적 욕구충족을 내적 세계의 창조로 보며, 충족을 시키는 방법은 각자의 다양한 선택으로 이루어진다. 어떠한 행동을 선택하는 것 또한 각자에게 있으며, 삶과 행복을 가지는 것도 각자의 선택이다.

CHAPTER 7

인지행동상담

길라잡이

1. 엘리스의 REBT의 과정적인 신념체계는 무엇인가?

2. 벡의 개념으로 인지적 수준과 인지왜곡은 무엇인가?

3. 비고츠키의 근접발달 영역에서의 비계의 역할은 무엇인가?

4. 합리적 · 비합리적 신념의 개념은 무엇인가?

5. 합리적 정서행동기법의 인지기법, 정서기법, 행동기법의 개념은 무엇인가?

제1절 인지적 관점

인지적 관점은 일반적으로 사람들이 자신의 경험을 어떻게 인지적으로 표상하며 의사결정을 하는가이다. 첫 번째, 주변의 정보를 어떻게 처리하는가이다. 주위의 시지각 자극과 청각적 자극이 정보원이다. 즉, 주변의 경험과 환경이 주어진 정보의 조각을 통합하고 조직화하여야 한다. 두 번째, 정교한 의사결정망으로 구성되어 의사결정 일부는 의식적으로 이루어지고, 의식하지 못하는 것은 자각 밖에서 이루어진다는 관점이다.

1. 도식

인지이론가들은 사람이 자신의 경험을 어떻게 조직하고, 저장과 인출하는지에 관심을 둔다. 사람은 반복된 사건에 유사특성이 보이며 경험에 의한 질서를 부과한다. 질서는 정신조직에 해당하는 도식을 형성한다. 도식의 범주는 때로 암묵적이기도 하다. 도식은 정서적 특성, 시간순서, 지각적 심상, 추상적 지식 등 다양한 요소를 포함한다(Schwarz, 1990). 도식은 의미를 통합한다. 하나의 사건, 움직임, 대상 등의 집합으로 새로운 경험의 정보조각을 결합하는 접착제로 머릿속의 기존도식에 기초한다.

2. 사회적 도식

범주를 형성하는 과정이 사회적으로 자극에 어떻게 적용되는지의 사회인지이다. 이는 성역할, 환경, 사회관계 유형, 정서, 사회적 상황구조 등 모든 종류의 것에 범주화한다. 때론 주어진 환경, 영역에서 경험의 양이 다를 수 있다.

3. 자기도식

자신에 대한 형성은 자기도식(self-schema)이다. 자기도식은 복잡성의 면을 가지고 있어 개인차가 있다. 다른 도식처럼 기본사양의 정보와 새로운 정보를 찾는 것을 도와주며, 특성 이름과 구체적인 행동에 대한 정보를 통합하여 다른 도식보다 정서를 많이 포함한다. 어떤 사람은 자신의 각각의 역할, 목표, 활동이 자기상에서 고유한 위치를 점하여 자기복잡성을 가진 사람도 있다. 사람은 기대하는 자기, 두려운 자기, 되고 싶은 자기의 도식을 가지고 있다.

4. 귀인

사건의 원인에 대한 추론을 귀인이라 한다. 사건을 경험하는 측면에서 원인을 판단하는 것이다. 귀인과정은 사회적 상황의 본질에 대한 도식에 의존한다. 귀인의 측면은 좋고 나쁜 결과, 성공과 실패에 대하여 내리는 해석이다. 성공과 실패는 많은 원인을 가질 수 있지만 연구는 능력, 노력, 과제 난이도, 기회요인이라는 원인에 초점 맞추는 Weiner(1979, 1986, 1990)에 의한 것이다.

위니어(Wenier)에 의하면 인과성의 위치에서 다르며, 내부적인 것(능력, 노력), 외부적인 것(기회요인, 과제 나이도, 강력한 타인)이다. 또한 원인은 안정성의 면에서 달라진다. 사람들은 성공을 내적이고 안정적 원인(그들 능력)으로 해석하는 경향이다. 실패나 불운은 노력부족과 상대적으로 불안정한 영향으로 보려는 경향이 있다. 즉, 행동, 사고, 감정은 귀인에 의한 심리적 조합에 영향을 받는다.

귀인이란 특정한 행동이 발생한 원인을 추론하는 것을 의미한다. 귀인이론(attribution theory)에 따르면, 사람들은 자신이 관찰할 수 있는 행동을 바탕으로 귀인해 태도나 의도를 추론하게 되는데, 이렇게 추론된 내용은 태도 변화의 선행요인이라 인식된다. 개인이 특정 행동을 한 이유를 상황적인 측면에 의한 것이라고 귀인하는 것을 상황적 귀인이라고 하며, 반대로 개인의 내적이거나 기질적인 측면에 의한 것이라고 귀인하는 것은 기질적 귀인이라고 한다.

제2절 합리적 정서행동치료

엘리스(Albert Ellis)의 합리적 정서행동치료(rational emotive behavioral therapy, REBT)는 인지행동 모델의 사고, 판단, 추리, 정보를 처리하는 과정을 강조한다. 인지이론은 아들러(Adler)의 개별심리학, 엘리스(Ellis), 글래서(Glasser)의 현실치료 등의 사고체계를 포함하는 범주로 행동주의적 요소가 결합된 인지·행동주의적 접근이다(엄명용 외, 2005). '인간은 이성적 동물이다'는 표현으로 사고의 중요성을 강조하며, 생각이 바뀌면 세상도 달라진다는 표현이다. 자신에서 어떤 사건이 직접적으로 일어나 자신의 감정이나 행동에 영향을 미치고 있는 것으로 안다. 그러나 사건보다 사건을 어떻게 생각하는지에 신념은 감정, 행동에 영향을 준다는 가정이 엘리스(Ellis)의 인지·정서행동치료(Rational-Emotive Behavior Therapy: REBT)를 발달시켰다. 합리적 이성이 중요하다는 가정에서 인지치료(Rational Therapy), 1961년에 '인지-정서치료(Rational- Emotive Therapy)로, 1993년 인지·정서행동치료로 바꾸었다(노안영 외, 2014).

엘리스는 어떤 사람의 믿음 생각, 자신에게 하는 말 등이 이성적이고 합리적일 경우에는 어떤 현상에 대해 순기능적인 감정이나 반응을 보이게 되고, 반대로 믿음, 생각, 자신에게 하는 말 등이 혼란스럽거나 비이성적일 경우에는 역기능적인 감정, 정서, 행동을 표출하게 된다고 한다(Ellis, 1962). 인지행동은 개인과 환경 사이의 상호적 영향이 정보교환에 의해 발생하며, 개인이 환경으로부터 정보신호를 전혀 알지 못하거나 잘못 해석한다면, 그 개인은 사회환경에서 각종 문제들에 잘 대처할 수 없다고 본다. 인지행동은 문제를 일으키는 잘못된 가정과 사고 유형을 확인하고 점검, 재평가하여 수정하도록 격려한다.

인지 변화는 감정의 변화로 쉽게 이어지지만 인지 변화가 자동적으로 행동 변화를 수반하는 것이 아니라 인지 변화를 행동 변화로 이끌기 위해 다양한 행동주의 기술과 기법들을 활용한다(김혜란, 홍선미, 공계순, 2002).

1. 개요

엘리스의 합리적 정서행동치료는 인지와 정서, 행동이 중요한 방식으로 서로 영향을 주며, 호의적인 인간관계를 형성한다고 가정하고 있다. 이는 일관적으로 인지, 정서, 행동 세 양상의 상호작용을 강조하는 통합적 접근이라는 특징을 갖는다(A. Ellis & Ellis, 2011, 2014; Ellis, 2014). 이론의 기본적 가설은 신념과 평가, 해석, 생활사건에 대한 반응을 유발하여 내담자의 과거로부터 지금의 자기암시를 통해 비합리적 신념들을 규명하고 논박하는 기술을 습득한다. 즉, 비효율적인 사고방식을 효율적이고 합리적으로 대체하여 정서적 반응을 변화시키는 것이다.

또한 엘리스는 인간의 생물학적인 측면을 중요시한다. 인간은 자신의 인생에서 일어나는 모든 것에 최상의 것을 원하고 주장하는 강한 경향을 가지고 태어난다. 자신이 원하는 것을 얻지 못한다고 할 때에 개인은 자신과 타인, 세상적인 비난적 성향을 나타내고 만들어 내기도 한다. 이는 비합리적 독단이거나 근거 없는 믿음을 만들어내기도 하여 자기 암시와 반복적인 고장으로 자기패배적 신념을 형성하고, 비합리적 신념이 유용한 것으로 행동하여 비합리적 사고를 반복한다. 대부분의 정서장애의 핵심은 비난이다.

엘리스는 슬픔, 유감, 성가심, 좌절감과는 구별되는 정서적 혼란이 비합리적인 신념에서 유발되기 때문에 비합리적 신념을 통해 개인의 사고는 불안과 우울을 경험하게 된다고 본다. 자신 스스로 불안하고 우울했던 경험함으로서 바람직하지 못한 감정을 차단하여 개인은 불안하여 논리적이지 못한 신념을 가지게 된다. 이러한 측면으로 엘리스는 당위주의, 비합리적 사고, ABC이론을 설명하고 있다.

2. 주요개념

1) 당위주의

인간은 주어진 상황을 긍정적으로 생각하는지, 부정적으로 생각하는지에 의하여 정서적 · 행동적인 결과를 경험한다. 비합리적인 신념의 부적절한 감정, 역기능적인 행동은 또 다른 비합리적인 사고를 일으킨다. 당위성에 의한 인간은 비합리적인 신념에서 근거하여 자신에 대한 당위성(I must), 타인에 대한 당위성(Others must), 조건에 대한 당위성(Conditions must)이다(노안영, 강영신, 2014). 우리가 소망하거나 선호하는 것에 대하여 '하지 않으면 안 된다', '반드시 해야 한다', '당연히 해야 한다' 등의 당위적 신념을 갖고 있다는 가설을 세워(Ellis & Blau, 1998; Ellis & Harper, 1997), 정서적 혼란에 빠져 있다면 당위성의 신념을 주의 깊게 살펴야 한다. 즉, 패배적 신념들을 내면화하여 스스로를 정서적으로 혼란스럽게 하는 경향이 있다.

2) ABC 모형

합리적 신념을 갖는 사람은 일어난 사건에 대하여 합리적 해석으로 바람직한 정서, 행동을 결정한다. 반면 비합리적 신념을 가진 사람은 일어난 사건에 대하여 사고, 정서, 행동의 해석을 바람직하지 않게 해석한다. 엘리스는 합리적 신념체계를 강조하여 인지·정서행동치료를 ABC이론이라고 하여 A(Activating events)는 의미 있는 사실, 발생한 사건, 개인의 행동이나 태도 등이며, B(Belief)는 신념체계로 정서반응, C(Consequences)는 그 사람의 정서적이고 행동적인 결과 또는 반응이다. 반응은 부적절할 수도 적절할 수도 있다.

이혼으로 인하여 우울반응을 보여 인생이 실패했다는 해석이나 믿음이다. 이에 엘리스는 이혼이라는 실질적 사건(A)이 아닌 거부와 실패에 대한 신념(B)이 우울증이라는 결과(C)를 일으킨다고 주장한다. 사람이 정서적 반응과 혼란이 주원인이라는 믿음을 가지고 혼란스러운 정서적 반응이 직접적 원인이 되는 비합리적 신념을 변화시킬 수 있는 방법을 제시하는 것이 합리적 정서행동치료의 핵심이다(A. Ellis & Ellis, 2011; Ellis & Harper, 1997).

A, B, C 다음에 D(Dispute, 논박)은 비합리적 신념을 합리적 신념으로 돕는 과학적 방법이다. 논박의 3요소과정을 탐지, 반박, 변별로 내담자는 자기 파괴적인 비합리적 신념을 합리적 신념으로 구분하는 방법을 배우는 것이다(A. Ellis & Ellis, 2011).

표 7-1 합리적 정서이론의 모형

- 개념: 모든 정서적 문제의 주요원인이 그 상황에 대해 스스로 말하는 자기 언어에 달려있음
- 자기 언어: 그 상황에 대해 스스로 말하는 자기 언어에 따라 감정과 행동이 달라짐

  사건 → 자기 언어→ 감정 → 행동

  자기 언어는 일어날 사건에 대해 스스로 하는 일련의 평가 사고

  A: 의미 있는 사실, 발생한 사건, 개인의 행동이나 태도 등
  B: 신념체계로 정서반응
  C: 그 사람의 정서적이고 행동적인 결과 또는 반응
- 합리적 신념: 행동을 객관적 현실에 근거해 사람과의 갈등을 피하고 편안한 감정을 느낄 수 있도록 하는 사고
- 비합리적 신념: 남으로부터 사랑과 인정을 받아야 하고 자신은 언제나 성공적이어야 한다고 생각하는 사고

3) REBT 원리

엘리스와 엘리스(A. Ellis & Ellis, 2011)는 합리적 정서행동치료(Rational Emotive Behavior Therapy: REBT)의 목표에서 내담자의 무조건적 자기수용과 무조건적 타인수용, 무조건적인 인생수용을 돕는 것으로 내담자가 자신을 수용할 수 있게 될 때 타인과 인생 또는 무조건적으로 수용할 수 있게 된다고 하였다.

REBT는 A-B-C-D-E로 불리는 툴로, A는 사건 또는 개인의 태도, B는 신념체계(Belief system), C는 개인의 반응이나 정서적 결과이다. REBT에서는 A가 C(정서적 결과)의 결과가 아니라, 개인의 A에 대한 믿음인 B(사고)가 C의 정서적 반응은 가져온다고 본다. 정서반응이나 장애를 가져오는 비합리적인 생각은 어떻게 바뀔지에 대한 방법을 제시하는 것이 REBT의 핵심이다.

이 방법이 D(Dispute)로 표현되는 논박이다. D는 비합리적인 생각을 과학적 방법으로 논리에 의하여 합리적인 생각으로 적용하는 것이다. 논박이 성공하면 내담자의 정서와 행동에 적응적인 효과, E(Effect)가 나타난다.

내담자가 현실 실현 가능한 것을 습득함으로 정서적 혼란과 손상행동을 최소화하는 것을 목표로 해야 하며 내담자의 노력과 상담자의 협력으로 기본목표인 내담자

의 역기능적 정서 및 행동을 건강한 정서, 행동을 변화시키는 방법을 습득하는 것이 목표로 본다.

표 7-2 과정적인 신념체계

A(선행사건)	내담자가 경험했던 정서적 혼란을 가져오는 선행사건
B(신념체계)	선행사건에 대한 내담자의 합리적 비합리적 신념체계
C(결과)	A라는 선행사건에 B라는 내담자 신념이 작용하여 발생한 정서적 결과, 인지적·정서적·행동적 결과 또는 반응
D(논박)	비합리적 신념에 대한 상담자 논박, 비합리적 신념을 바꾸도록 과학적 방법을 적용한 논박
E(효과)	논박을 통해 얻은 효과
F(느낌)	새로운 긍정적 감정, 새로운 변화

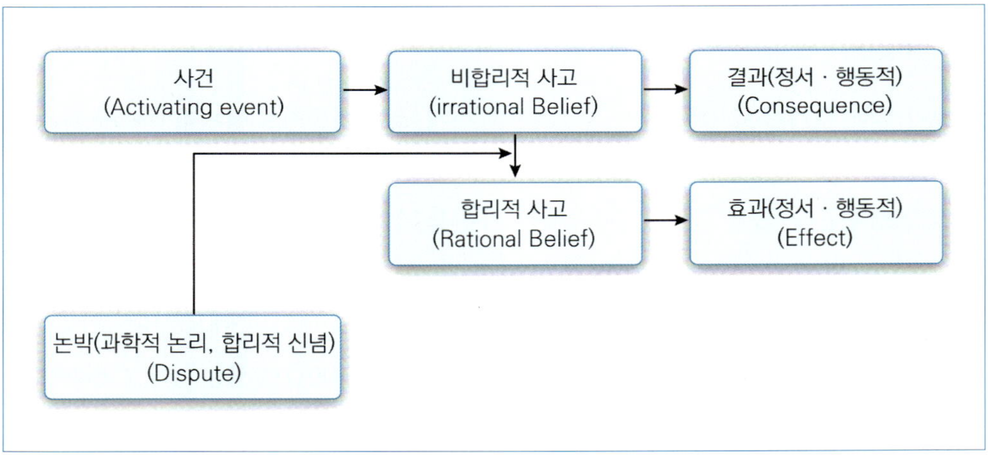

그림 7-1 ABCDE 모형

3. 재활상담 적용

합리적 정서행동 상담자들은 다양한 절충적인 접근을 통해 다양한 양식(인지적, 정서적, 행동적, 대인관계)을 활용한다. 상담자는 기법활용과정에서 유연하고 창의적인 태도를 취해야 하며, 내담자의 독특한 욕구에 맞게 기법을 수정 적용할 수 있어야 한다(A.

Ellis & Ellis, 2011).

첫째, 인간의 인지 · 정서 · 행동은 상호작용하며 가장 중요한 핵심은 인지이다.

둘째, 역기능적 사고는 정서 및 행동장애의 주요한 결정요소이다.

셋째, 정서적, 행동적인 문제해결은 사고의 분석에서부터 시작한다.

넷째, 비합리적 신념은 노력에 의해 변화될 수 있다.

다섯째, 인간의 비합리적 사고는 유전적 · 환경적 영향을 받는다.

여섯째, 과거의 영향보다는 현재에 초점을 둔다.

1) 인지기법

합리적 정서행동의 접근은 생각하기와 논박, 논쟁, 도전, 설명, 해석, 교육 등의 전략으로, 감정과 행동 변화를 지속시키는 효율적 방법은 내담자의 사고의 변화이다(A. Ellis & Ellis, 2011/2014). 즉, 비합리적 사고방식을 합리적 사고를 획득하도록 격려하면서 자기진술을 다루는 방법을 가르치는 것이다. 이는 강력한 상담과정에서 강력한 인지적 기법을 사용하기도 한다.

① 비합리적 신념 논박하기: 내담자의 비합리적 신념을 적극적으로 논박하여 내담자 스스로 자신의 신념에 도전하도록 학습시키는 것이다. 비합리적 신념을 버릴 때까지 '하지 않으면 안 된다', '당연히 해야 한다'는 당위적 명제를 반복적으로 반박한다.

② 인지과제 수행하기: 내담자의 문제가 무엇인지 찾아내어 자신의 신념이 어떻게 문제를 일으키는지 생각하고 기록하여 손상된 신념을 찾기 위해 노력해야 한다. 이와 같이 과제는 일상에서의 자기지시문을 찾아 단계적으로 불안을 감소시키고 기본적인 비합리적 신념에 도전하는 방법을 배우도록 한다.

③ 내담자 언어 변화: 부적절하고 부정확한 언어가 왜곡된 사고과정의 원인이 된다. '반드시 해야 한다', '하지 않으면 안 된다'라는 말들을 '하고 싶다'는 의지와 표현으로 대체하는 방법을 배워 자기비난적인 언어와 무력함의 표현어를 사용하지 않도록 한다. 언어 사용을 통한 자기진술을 학습하여 사고와 행동을 돕는다.

2) 정서기법

상담자는 합리적 정서역할 연습, 모델링, 무조건적 수용, 수치심 공격훈련, 합리적인 정서 상상 등 정서기법을 활용한다. 이는 내담자의 합리적 신념을 논박하는 목표이기도 하다. 정서기법은 단순히 정화를 돕는 것이 아닌 내담자의 사고, 행동, 정서를 변화시키는 것이 목표이다(A. Ellis, 2001b; A. Ellis & Ellis, 2011).

① 합리적 정서 상상: 합리적 정서 상상(rational emotive imagery: REI)은 내담자가 자신에게 일어난 사건 중 하나를 생생하게 기억해 내고 당시 경험한 부정적 기분을 자세히 묘사한 후, 스스로 부정적인 기분을 건강한 기분으로 변화시키는 훈련이다. 내담자가 일주일에 몇 번씩 몇 주간 합리적 정서 상상훈련을 한다면 부정적 사건으로 인해 과도한 분노를 경험하지 않게 될 것이다(A. Ellis, 2001a; A. Ellis & Ellis, 2011).

② 유머: 상담을 통해 내담자가 좀 더 유머스러움으로 건강한 세계관을 갖게 된다는 것이다(A. Ellis 2004a, 2010). 내담자의 생각의 불합리적인 면을 드러내고, 자신이 손상된 신념을 웃어넘길 수 있게 도와준다.

③ 역할 연습: 인지 · 정서행동을 포함하여 내담자가 자신의 잘못된 생각이 다른 사람과의 관계에 어떻게 영향을 미치는지 보여주기 위한 것으로, 불쾌한 감정을 경험하는 상황 연습을 연출하게 한다. 비합리적 신념을 다루는 감정을 불러일으켜 자신의 불완전한 감정에 대한 신념을 생각하도록 논박하게 한다.

④ 수치심 공격훈련: 수치심 공격훈련(shame attacking exercises)은 수치심, 죄책감, 우울, 불안 등 예방을 하거나 경감시키는 데 도움이 된다(A. Ellis, 2001a, 2001b). 이를 통해 내담자는 수치심이 경험이 아닌 해석으로 나타난 것으로 이해시켜 내담자의 자기수용과 책임감을 촉진한다. 두려운 행동을 실제로 수행(과제)하여 타인의 반응이나 거절에 스스로 선택하도록 하는 방법을 배운다.

3) 행동기법

구체적이고 확고한 행동 형성으로 자기관리원리, 체계적 둔감화, 이완, 모델링 등이다. 실질적인 과제를 이행하도록 하며, 체계적인 수행과 서식에 맞추어 내담자과제는 실제 생활에서 연습해볼 수 있는 기회를 제공하는 것이 상담보다 더 가치가 있다. 과제는 실생활에 수행되는 둔감법(A. Ellis & Ellis, 2011), 노출을 포함하고 있다.

① 주장훈련: 분노나 적대감 등 부정적 감정을 표현하는 데 초점을 둔다. 주장훈련을 통해 정서적으로 강력하게 어떤 사람이나 상황으로부터 피하거나, 가까이 하는 이러한 노력에 강한 감정이 개입된다.

제3절 벡의 인지치료

1. 개요

벡(Aron Beck)은 엘리스가 합리적 정서행동치료를 개발한 유사한 시기에 경험적 연구에 기초하여 인지치료(Cognitive therapy: CT)를 개발하였다. 벡(1963, 1967)은 우울증을 기반으로 경험적 연구를 통해 심리치료와 약물치료, 인지치료의 효과를 연구하였다. 인지치료의 접근은 우울증을 포함한 공황장애, 불면증, 분노문제, 스트레스, 공포증, 외상 후 스트레스장애, 조현병, 암과 같은 일반적인 의학적 상태의 고통에 광범위하게 적용되었다(Hofmann, Asnaani, Vonk, Sawyer, & Fang, 2012; White & Freeman, 2000). 벡은 부정적인 생각이 우울증의 원인이며, 신경생물학적 · 유전적 · 환경적 요인에 의해서 발생한다고 본다. 우울증의 이유를 몰라도 세상(비관주의), 자신(자기비난), 미래(무망감)의 부정적 관점인 인지삼제(negative cognitive triad)의 비합리적 신념들을 우울증의 원인으로 예측한다. 벡은 부정적 생각으로 우울증이 아닌 경우에는 인지삼제로 인하여 우울증이 지속된다고 믿고 있다(Beck, 1967; Beck, Rush, Shaw & Emery, 1979). 인지치료는 행동치료와 합리적 정서행동치료 측면이 유사하여 지시적이고 단기접근으로 현재 중심적이다. 내담자의 문제 지향적 · 협력적 · 구조화된 경험으로 과제 수행으로 내담자 스스로 문제를 파악하여 개인이 느끼고 생각하는 방법에 이론적 근거를 두고 있다.

인지치료의 이론적 가정은 ① 내적 의사소통은 내성법을 통해 접근 가능하고,

② 내담자의 신념은 개인적 의미가 있고, ③ 의미적인 부분은 상담자가 해석해 주거나 가르쳐 주지 않아도 내담자 스스로 할 수 있다(Wesihaar, 1993). 인지란 어떤 대상을 느낌으로 알거나 이를 분별하고 판단하는 의식적 작용으로 지각, 재인, 상상, 추론 등을 포함하는 모든 의식적 과정이다. 인간은 자기의 심리장애를 이해 · 해결할 수 있는 자각능력과 의식기능을 가진다고 보았다. 벡의 인지이론은 현상학적 관점과 정보처리 모델에 근거하여 인간의 행동을 설명하고 인지적 · 행동적 · 정서적 변화를 유발하는 방법들을 개발, 검증 가능한 심리치료이론을 제시하고 있다. 인간의 행동을 '정상적인 것'과 '병적인 것'으로 구분하지 않고 연속적인 것으로 보았으며 진화론적 이론체계를 적용하여 증상을 포함한 모든 행동을 적용이라는 맥락 속에서 이해하고자 했다(Beck, 1976).

이러한 과정은 위계적으로 이루어져 인지적 구조뿐 아니라 적절한 정보를 선택적으로 받아들이거나 걸러 내는 인지적 기제를 가정한다. 인지적 구조는 자각 가능성과 안정성에서 서로 다른 여러 수준의 사고와 심상으로 구성되어 있다. 가장 자각하기 쉬운 인지는 의도적인 사고의식 흐름이고, 자각하기 어려운 인지는 자동적 사고로 의식적인 자각 없이 생겨나고 억제하기 어려우며 특히 고통스러울 때이다. 더 깊은 수준에는 개인의 가정과 가치관이 있으며, 자각하기 어려운 수준에는 인지도식이 있다. 인지도식은 구조화 원리로 개인이 지니는 세계관, 자기에 대한 신념, 타인과의 관계 등은 이러한 원리에 근거하고 있어 핵심 신념들의 연결망으로 이루어진 인지적 구조로 정의되기도 한다(Segal, 1988). 인지도식은 강한 감정을 수반하고 자동적 사고는 인지도식의 내용이 표현된 것으로 의식에 확산된다. 인지왜곡은 환경적 정보를 편향적으로 선택하고 통합하는 것으로서 인지도식을 지속적으로 강화한다(권석만, 2007).

벡이 제안한 인지의 네 가지 수준은 자동적 사고, 중재적 신념, 핵심신념, 스키마이다. 자동적 사고는 정서적 반응으로 이끄는 특별한 자극에 의해 유발된 개인화된 생각으로 노력이나 선택 없이 자발적으로 일어난다. 심리적 어려움이 있는 사람의 자동적 사고는 흔히 왜곡되어 부정확하거나 극단적이다. 스키마는 자신, 세계, 미래를 보는 개인의 특유한 습관이다. 스키마는 작업을 치료하는 과정의 핵심이라고 한다. 인지적 왜곡은 자의적 추론, 선택적 추상, 과잉일반화, 극대화, 극소화, 개인화, 이분법적 사고, 정서적 추론, 긍정격하, 파국화, 명명, 잘못된 명명 등이다.

2. 주요개념

인지적 수준, 심리적 문제를 야기하는 부정적인 자동적 사고, 인지적 왜곡을 주요 개념으로 본다. 이에 도식은 특정 자극에만 선택적으로 주의를 기울여 반응하게 되는 인지구조이다. 자동적 사고는 생활 속 사소한 자극에 의해 자동적으로 생성되는 자극, 즉 한 개인이 어떠한 상황에 반응하여 떠 올리는 자동화된 사고(긍정 or부정)로 본다. 인지오류는 사건의 의미를 해석하는 과정에서 나타나는 추론과정의 체계적 오류라고 본다.

1) 인지적 수준

인지적 수준은 자동적 사고, 중재적 신념, 핵심적 신념, 스키마로 분류한다(Seligman, 2001).

① 자동적 사고: 우리의 마음속에 계속적으로 진행되는 인지의 흐름으로 상황과 정서를 중재한다.

② 중재적 신념: 사람들의 자동적 사고를 형성하는 극단적이며 절대적인 규칙과 태도를 반영한다.

③ 핵심적 신념: 많은 자동적 인지에 바탕이 되는 자신에 대한 중심적 생각이며, 보통 자신의 중재적 신념에 반영되어 있다. 보편적이며 과잉일반화된 절대적인 것으로 기술한다. 핵심신념은 세계, 타인, 자신, 미래에 대한 자신의 견해를 반영한다.

④ 스키마: 핵심신념을 수반하는 정신 내의 인지구조로 정의되며, 벡은 스키마를 정보처리와 행동을 지배하는 구체적 규칙으로 본다. 즉, 특정 대상에 대한 이전 경험, 그 대상에 타인이 경험한 관찰, 그 대상에 대한 타인과의 대화, 개인의 기본적인 신념과 가정, 어떤 사건에 대한 개인이 보고, 듣고, 느끼고, 맛보고, 경험한 직접경험의 모든 자극들과 타인에게 듣고, 관찰한 간접경험 모두를 말한다.

스키마는 Moos(1992)가 명명한 인지구성요소인 자신, 세계, 미래를 보는 개인의 특유한 습관적인 방식이다.

2) 자동적 사고

생활 속의 사소한 자극에 의해 자동적으로 생성되는 사고이다. 즉, 한 개인이 어떤 상황에 반응하여 떠올리는 자동화된 사고는 긍정적일 수도, 부정적일 수도 있다. 자동적 사고는 정서적 반응으로 특별한 자극에 유발되는 개인의 생각으로 노력, 선택 없이 자발적으로 일어난다. 심리적으로는 흔히 왜곡되어 있거나 극단적일 수 있다.

자동적 사고는 한 개인이 어떤 상황 속에 내리는 즉각적이고 자발적인 평가를 의미한다. 합리적으로 판단, 심사숙고한 것이 아닌 자동적으로 튀어나오는 스쳐가는 것이다.

자동적 사고의 특징은 다음과 같다(노안영, 2014)

첫째, 자동적 사고는 구체적이고 분리된 사고이다.

둘째, 자동적 사고는 흔히 축약해서 언어, 이미지 또는 둘 다 형태로 나타난다.

셋째, 자동적 사고는 아무리 비합리적이라 할지라도 거의 믿어진다.

넷째, 자동적 사고는 자발적인 것으로서 경험된다.

다섯째, 자동적 사고는 흔히 당위성을 가진 말로 표현된다.

여섯째, 자동적 사고는 일을 극단적으로 보지 않는 경향성을 나타낸다.

일곱째, 자동적 사고는 중단하기가 쉽지 않다.

여덟째, 자동적 사고는 학습된다.

3) 인지적 왜곡

벡에 의하면 우울한 사람은 인지적 왜곡의 논리적 오류로(Beck, 1976), 정보처리 모델의 관점에서 인지적 왜곡은 정보를 부정적으로 편향되게 해석하는 것이다. 그릇된 가정 및 잘못된 개념화의 생각인 체계적 오류이다. 정보처리가 부정확하거나 비효과적일 때 나타나며, 비현실적인 세계관을 나타내거나 비논리적인 추론과 관련된다. 인지왜곡은 정보처리에 영향을 주어 부정적인 핵심 신념인 '인지도식을 지속시키는 역할'을 하는 것으로 정의된다(Young, 1990). 왜곡은 다른 노력 없이도 자발적이고 자동적으로 발생하는 것처럼 보여 부정적인 자동적 사고라고 불린다. 즉, 생활사건의 의미를 해석하는 과정에서 나타나는 추론과정의 체계적 오류이다. 자동적 사고는 순간 우리에게 떠오르는 생각이나 영상을 말한다. 인지왜곡의 유형은 다음과 같다.

① 과잉일반화(overgeneralization): 과도한 일반화로 한 가지 단순한 사건이나 경험을 가지고 부당하게 일반적 법칙을 세우려는 경우이다. 한두 개의 고립된 사건에 근거해서 일반적인 결론을 내리고 그것에 서로 관계없이 상황에 적용하는 것을 의미한다. 왜곡된 사고의 예로 '나는 어떤 시험을 치든지 나의 노력이나 상황과 관계 없이 실패할 것이 뻔하다'라고 일반화하여 생각하는 경우이다.

② 이분법적 사고(all-or-noting thinking): 모든 경험을 한두 개의 범주로만 이해하며 흑백논리로 현실을 파악하거나 흑백논리를 전개함으로써 그 이외의 보다 적절한 평가를 못하는 경우이다. 즉, 생활사건의 이것 아니면 저것이라는 이분법적 범주로 둘 중의 하나로 생각하는 오류이다. 이러한 인지는 극단에 초점이 있어서 둘 사이의 회색 영역을 무시하는 것이다.

③ 극대화 혹은 극소화(magnification or minimization): 어떤 사건에 대한 사실을 과장하거나 축소시키는 것이다. 어떤 사건의 의미나 중요성을 실제보다 지나치게 확대하거나 축소하는 오류이다. 이러한 인지적 왜곡은 개인이 불완전을 최대화하거나 좋은 점을 최소화할 때 생길 수 있다.

④ 개인화(personalization): 자신과 무관한 사건을 자신과 관련된 것으로 잘못 해석하는 것으로 관련지을 일이 아님에도 외적 사건들과 자기 자신을 관련짓는 경향이다. 즉, 다른 사람의 행동에 대한 좀 더 타당한 설명을 고려하지 않고 자신이나 어떤 사람 때문에 다른 사람이 부정적으로 행동한다고 믿는 오류이다.

⑤ 파국화(재앙화): 이 왜곡은 개인이 걱정하는 한 사건에 지나치게 과장하여 두려워하는 것이다. 미래에 대해 좀 더 현실적인 고려도 없이 부정적으로 예상하는 경우 것으로 자신을 계속 파국화시키는 것은 세상에 곧 종말이 닥칠 것이라는 두려움 속에서 살아가는 원인이 된다.

⑥ 임의적 추론(arbitrary inference): 사실과 전혀 다른 반대되는 근거를 가지고 결론을 내리는 경우로 어떤 결론을 지지하는 증거 없이 그 결론에 위배되는 데도 결론을 내리는 경우이다. 즉, 충분한 근거도 없이 막연히 느껴지는 감정에 근거

하여 결론을 내리는 오류이다.

⑦ 선택적 추상 또는 정신적 여과(selective abstraction / mental filtering): 어떤 상황의 긍정적인 양상을 여과하는 초점이 맞추어져 있고 극단적으로 부정적인 세부사항에 머무르는 것을 말한다. 사건의 일부 세부사항만을 기초로 결론을 내리고 전체 맥락 중 중요한 부분을 간과하는 것이다. 즉, 여러 가지 일 중에서 일부만으로 상황 전체를 판단하는 오류이다.

⑧ 명명과 잘못된 명명(labeling): 명명이란 개인이 자신의 오류나 불완전에 근거해서 하나의 부정적 정체성을 창조하여 그것이 마치 진실한 자기인 양 단정짓는 일과 관련 있다. 잘못된 명명은 과잉일반화의 극단적인 형태로 어느 하나의 단일 사건이나 드문 일에 기초하여 완전히 부정적으로 상상하는 것이다.

3. 재활상담 적용

우울증의 경우 패배와 결핍에 대한 느낌으로 슬픔이 증가하고, 조증의 경우, 팽창감과 목표 지향적인 활동이 늘어나 유쾌한 감정이 증가한다. 불안의 경우, 위험에 취약하다는 느낌이 확대되면서 회피하거나 자신을 방어하려는 욕구가 증가하게 된다(Beck, 1991).

1) 인지적 특수성

인지치료의 다양성을 장애에 적용하여 특수성(cognitive specificity)의 개념으로 "장애마다 각기 다른 특수한 인지적 특성과 그에 적절한 치료방법이 있으며 이에 맞추어 인지치료의 일반적 원리가 적용되어야 한다(Beck, 1991)." 즉, 각각의 장애 유형은 독특한 인지적 내용을 갖는다는 것이다.

2) 정신분석과 구별되는 차이

정보처리 모델을 인간적응과 정신병리를 이해하는 기반으로 인지치료는 개인의 의식적 또는 전의식적 경험을 중요시하며 인간을 여러 층의 무의식적인 동기를 지닌 모호한 존재가 아닌 자신의 경험을 신뢰롭게 전달하는 존재로 간주한다.

프로이드의 무의식은 의식적인 마음과 완전히 괴리되어 있는 억압과 방어기제를 통해 계속 격리가 일어나는 유리된 마음의 구역이라고 본다. 자동적 사고는 의식의 주변에서 일어나는 일시적인 신호들이며, 사람들은 자동적 시고를 자각하기 위해 의식의 주변부에 주의를 집중하는 훈련을 받는다. 자동적 사고는 정서와 정신병리의 측면에서 뇌를 통과하는 가장 의미 있는 전달 내용이다(Yapko, 1991).

3) 행동치료와 구별되는 차이

벡에 의하면 인간은 자유의지로 선택할 수 있으며, 선택에 대한 책임을 지는 존재이다. 인간은 변화하려는 의지를 지닌다고 한다. 인지치료는 개인의 내면세계, 즉 개인이 어떻게 지각하고 정보를 구성하는지, 이러한 인지적 구성이 정서와 행동에 어떤 영향을 미치는지에 초점을 맞추고 있다. 인지치료에서는 행동적 기법이 사용되기도 하여 인지적 변화를 시도하며, 새로운 행동으로 인지적 변화가 촉진된다고 본다.

4) 우울증에 대한 모델

우울증의 경우, 유발적 인지도식은 흔히 상실, 결핍, 무가치함, 패배의 주제로 촉발되면 편향되고 왜곡된 정보처리가 이루어지고 그로 인해서 부정적인 기대, 슬픔, 자기비난, 무감동이 유발된다. 또한 절망감, 무감동으로 개인의 활동이 떨어지고 위험을 회피하며 사회적 접촉을 기피로 실패와 무가치함의 해석과 자기 자신에 대한 부정적인 인지도식을 강화하게 된다. 벡은 감정과 연관된 생각이 연결되어 인지의 핵심적인 것과 파생된 주변적인 것으로 인지도식은 치료적 변화가 지속되기 위해서 인지구조가 어떻게 반응하는가에 따라 다르다.

제4절 비고츠키의 인지발달

1. 개요

비고츠키(Lev Semenovich Vygotsky)는 인간과 환경의 상호작용에서의 매개(mediation) 개념을 도구사용과 기호의 사용으로 하여 도구체계들과 기호체계(언어, 쓰기, 수 체계)는 역사의 발달과정이 내재되어 사회적 기호, 다시 사회문화적 발달 수준으로 변화한다고 한다. 비고츠키는 문화적으로 산출된 기호체계를 내면화하여 행동의 변화가 일어나 개인의 발달 초기와 후기 교량 역할을 한다고 한다. 이러한 이론의 기존가정은 개인의 고등정신기능의 발달은 개인의 의식적·사회적 문화를 이해해야 한다. 의식의 사회적 차원은 시간적으로 일차적이며, 의식의 개인적 차원은 이차적이고 파생적이라 주장한다. 사회문화적 이론은 특정 문화의 가치, 관습, 기술, 신념이 어떻게 다음 세대로 전수되는지에 초점이 맞추어진다. 비고츠키(Vygotsky)에 의하면, 사회적 상호작용, 특히 아동과 성인 간의 대화가 아동이 특정 문화에 대해 적절하게 사고하고 행동하는 법을 습득하는 데 필수적이라고 한다(Wertsch & Tulviste, 1992).

비고츠키 이론은 특히 아동의 인지를 연구하는 데 큰 영향을 미쳤다. 사회문화적 인지발달의 문화적 특수성을 강조하여 모든 아동이 똑같은 인지발달 단계를 거친다고 보지 않았으며, 아동의 인지발달을 사회가 중재하는 과정으로 아동발달의 결정 요인으로서 아동 주변 및 환경에 의한 문화를 강조한다. 첫째, 아동은 지식의 대부분을 문화로부터 습득한다. 둘째, 아동은 문화로부터 사고과정이나 사고수단(비고츠키는 이것을 지적 적응의 도구라고 부른다)을 습득한다.

아동발달에 대한 비고츠키의 견해를 요약하면 다음과 같다(Tappan, 1998).

첫째, 아동의 인지기능을 이해하기 위해서는 인지기능의 기원과 초기 형태에서 그 이후의 형태로의 전환을 연구해야 한다. 혼잣말 같은 정신활동은 독자적으로는 명확하게 이해될 수 없고, 오로지 발달과정에서의 한 단계로 이해되어야 한다. 즉, 아동의 인지기술은 발달의 차원에서 분석되고 해석될 때에만 이해가 가능하다는 것이다.

둘째, 인지기능을 이해하기 위해서는 그것을 중재하는 도구를 연구하는 것이 필요한데, 언어가 가장 중요한 도구이다. 비고츠키는 아동 초기에 문제해결을 돕는 도구로서 언어가 사용되기 시작한다고 주장한다. 즉, 인지기술은 정신활동을 용이하게 해주는 도구인 언어에 의해 중재된다는 것이다.

셋째, 인지기능은 사회적 관계와 문화에 그 기초를 둔다. 비고츠키는 아동발달은 사회문화적 활동과 불가분의 관계에 있다고 주장한다. 기억, 주의집중, 추론 등의 발달은 사회가 고안해낸 언어나 수리체계, 기억전략을 사용하는 학습을 포함하는 것이다. 예를 들면, 어떤 문화에서는 전자계산기나 컴퓨터를 사용해서 계산하는 법을 배우게 되고, 또 다른 문화에서는 손가락이나 발가락을 이용하여 셈하는 법을 배우게 된다.

비고츠키는 '개인 간 정신기능(interpsychological functioning)'의 주된 관심과 개인 간 정신기능의 형태가 '개인 내 정신기능(intrapsychological functioning)'에 강력한 영향을 준다고 한다. 정신기능이 개인 내 정신기능으로 변화하는 과정을 내면화, 근접발달에서 볼 수 있다(한순미, 2004).

2. 주요개념

1) 고등정신의 사회적 기원

(1) 내면화

비고츠키에 의하면 기억, 지각, 주의, 사고 등의 정신기능들은 초등정신기능과 고등정신기능으로 발달한다. 초등정신기능은 자연적 발달, 고등정신기능은 사회적 발달로 이루어진다. 자연적 발달은 생물학적인 성장과 신체적·정신적 구조의 성숙을 의미하며, 문화적 발달은 문화적 수단을 사용하는 방법을 배우는 것과 문화적 활동에 참여할 때 나타나는 의식이다(한순미, 2004). 자연적 발달은 초등정신기능으로 문화적 발달은 고등정신기능으로 변화한다. 초등정신기능과 고등정신기능의 변화로 구분하는 준거(Wertsch, 1985)는 첫째, 초등정신기능이 환경의 통제에 지배되며, 고등정신기능은 자기조절에 의해 지배된다는 것이다. 둘째, 고등정신기능의 주요특징은 지성화와 그 숙달이라는 것이다. 즉, 비고츠키는 기능의 지성화(intellectualization)와 숙달에 의한 고등정신기능의 변화의 과정이다. 셋째, 고등정신기능은 사회적 기원과 본질은 인간행동에서 결정요인으로 고려되어야 하는 것이 자연이 아닌 사회라는 것이다. 넷째, 고등정신을 매개하는 하는 것은 기호의 사용이다.

아동연구에서 고등정신기능의 발달은 아동과 상호작용하는 가운데 나타나고, 아동이 고등정신기능을 내면화(internalization)하여 나타난다. 내면화된 것은 고등정신기능이 진정한 내적 정신기능으로 작용하는 것을 의미한다. 내면화는 사회적 현상을 심리적 현상으로 변형시키는 과정으로 외적 수준 활동 중 어떤 측면이 내적 활동으로 실행되는 것이다. 이에 비고츠키는 외적 활동을 기호적으로 매개된(semiotically mediated) 사회적 과정으로 정의하여 과정의 속성을 내적 기능으로 본다. 비고츠키(1978)는 내면화과정을 일련의 변형들(transformations)로 구성된다고 한다.

첫째, 처음에 외적 활동을 나타내는 조작은 재구성되어 내적으로 발생하기 시작한다.

둘째, 개인 간 과정은 개인 내 과정으로 변형된다.

셋째, 개인 간 과정에서 개인 내 과정으로 변형은 일련의 긴 발달적 사건의 결과이다.

아동은 성인의 행동과 반응을 결합하여 아동 개인의 행동이 개인 간 정신기능이 기호로 변형되어 제스처로 기호 형태가 변형되어 자발적인 통제가 이루어진다고 한다.

(2) 근접발달

비고츠키는 인간의 고등정신기능들이 공동생활로 생겨난 이후 개인 내로 내면화(internalization)된다. 사회적 과정들이 정신기능들, 즉 인지가 개인적으로 출현되어 정신의 도구인 기호들(signs) 가운데서도 언어가 가장 중요한 매개역할을 한다. 이러한 환경 속에서 정신기능들이 개인 내로 들어오는 것을 비고츠키의 독창적인 개념인 '근접발달(Zone of Proximal Development: ZPD)'라 한다.

사회적 관계를 강조한 비고츠키는 사회적 관계란 '교수적 관계'로 교수자는 성인

(교사, 부모)이거나 자신보다 유능한 또래일 수 있다. 자신의 환경 속에서 상호작용을 통해 '중재학습경험(mediated learning experience)'으로 아동발달의 내부적 과정인 내면화를 이루게 된다. 근접발달대는 독립적인 문제해결에 의해 결정된 것으로 실제적 발달 수준과 성인의 안내나 보다 유능한 또래와 공동 노력으로 문제해결을 통해 결정된 것으로 잠재적 발달 수준 간의 간격이다. 또한 비고츠키는 아직 성숙되지 않은 성숙과정에 있는 기능, 내일 성숙할 것이지만 미발달상태에 있는 기능, 이 기능들은 발달의 과실이기보다는 꽃봉오리나 꽃일 수 있다. 실제적 발달 수준은 정신발달을 회고적으로 특징짓는, 근접발달대는 정신발달을 전망으로 특징짓는다(Vygotsky, 1987). 아동발달의 인지를 평가하려면 실제적 수준과 근접발달대를 고려해야 제대로 평가를 할수 있을 것이다.

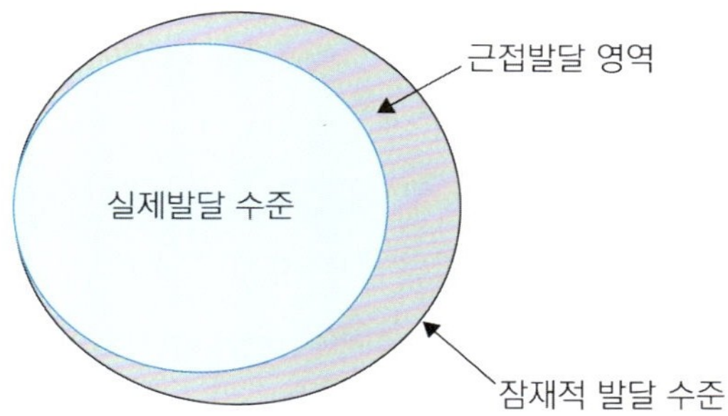

그림 7-2 근접발달 영역

출처: 조복희(1999). 아동발달. 교육과학사.

근접발달 영역의 개념은 비록 두 아동이 도움 없이 혼자 힘으로 문제를 해결할 수 있는 수준이 비슷하다 할지라도, 도움을 받고 문제를 해결할 수 있는 수준은 크게 다를 수 있음을 암시한다. 도움에 의해 수행능력이 증가하면 할수록 근접발달의 영역은 더 넓어진다는 것이다

(3) 비계

근접발달 영역과 밀접한 연관이 있는 개념이 비계(scaffolding, 飛階)이다

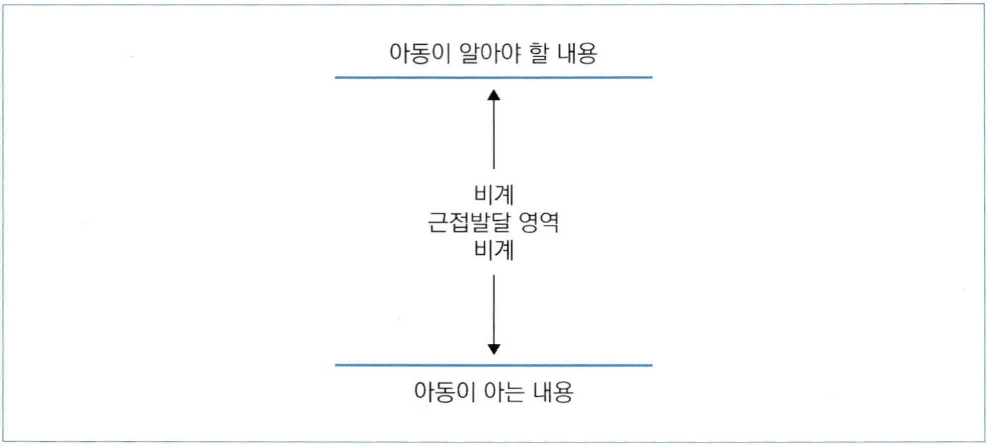

그림 7-3 근접발달 영역에서의 비계의 역할

비계는 아동 스스로의 힘으로 문제를 해결할 수 있도록 성인이나 유능한 또래가 제공하는 것을 의미한다. 아동의 인지발달은 자신이 속한 문화에서 보다 성숙한 구성원과의 상호작용을 통해 비계를 설정하여 아동이 성장할 수 있도록 도와준다. 즉, 현재 수준에 알맞도록 가르침의 양을 조절하여 새로운 내용이라면 직접적인 지시를 하고, 아동이 따라오게 되면 직접적인 지시 대신에 힌트를 주는 것이다.

비계는 건물을 지을 때 발판을 사용하다가 건물이 완성되면 제거해 버리는 장치를 말한다. 마찬가지로 아동이 과제를 수행하는 데 도움을 주다가 일단 아동이 혼자서 문제를 해결할 수 있게 되면 비계는 더 이상 필요 없게 된다. 비계는 즉각적인 문제해결뿐만 아니라 장기적인 안목에서 아동 스스로 문제를 해결하는 데 필요한 기술을 가르치는 데에도 효율적이다. 비계는 구체적인 문제해결뿐만 아니라 아동의 전반적 인지발달에 도움이 된다.

2) 기호의 매개 특성

비고츠키의 공헌으로는 매개(mediation) 개념으로 문화의 내면화는 유기체의 힘만이 니 매개기제와 상호작용에 의해 이루어진다. 심리적 도구인 기호를 비고츠키는 중요하게 여겨 언어(혹은 말)가 매개 되어 인간의 사고와 행동에 중요성을 말하고 있다.

(1) 기호의 매개

심리적 도구(psychological tools) 개념인 자극-수단, 도구(instruments), 기호(signs) 등으로 비고츠키는 도구의 유의미성과 의사소통을 강조하여 기호라는 매개를 사용한다. 어떤 심리적 문제(기억하기, 보고하기, 비교하기, 선택하기 등)를 해결하는 보조수단으로 기호를 발명하고 이용하는 것은 심리적 측면에서 도구를 발명하고 사용하는 것과 유사하다. 도구의 기능은 활동 대상자에게 영향을 주는 것으로 도구는 외부 지향적이며 대상에 변화를 초래한다. 도구는 자연적으로 숙달하여 인간이 목적을 달성하려는 인간 외적 활동수단이다. 이러한 기호는 심리적 조작의 대상에게는 아무런 변화를 주지 않으며 자신의 목표는 자기를 위한 내적 활동의 수단으로 하는 내부 지향적이다(Vygotsky, 1978). 비고츠키는 기호, 심리적 도구들은 공통적인 속성을 지닌다고 한다(Vygotsky, 1981a).

첫째, 심리적 도구는 정신기능을 질적으로 변형시킨다. 언어와 같은 심리적 도구는 정신기능을 촉진시키는 보조수단이 아닌 정신기능을 변형시킬 수 있으며, 심리적 도구의 변화와 관련 근본적인 질적 변형으로 보았다.

둘째, 심리적 도구는 개인적인 것이 아닌 사회적인 것이다. 비고츠키의 심리적 도구를 사회적이라고 하는 의미(Wertsch, 1985)는 심리적 도구가 사회문화적 진화의 산물이라는 점에서 사회적이다. 즉, 개인이 사회문화적 환경의 일부가 됨으로 심리적 도구에 접근하게 된다. 또한 개인의 의사소통상황의 역동성을 강조하여 대면적 상호작용인 사회현상의 언어인 심리적 도구가 사회적이다.

비고츠키는 성인과 아동 모두에게 말의 일차적 기능은 의사소통을 하고 사회적 접촉을 하며, 주위 사람에게 영향을 미치는 것이다(Vygotsky, 1981a)라고 한다.

(2) 말의 기능

기호인 말의 기능에 대해 다양하게 열거하고 있다. 신호기능, 의미기능, 사회적 기능, 개인적 기능, 지적기능, 의사소통기능, 상징기능, 지시기능이다. 이는 말의 기능은 인간 정신과정의 변화와 발달에 영향을 주는 기호의 매개에 대하여 서로 대비되는 기능을 본다면 다음과 같다.(Wertsch, 1985).

표 7-3 기호매개

기호의 매개 대비	분류 범주
신호(signaling)기능 대 의미(significative)기능 사회적(social) 기능 대 개인적(individual)기능 의사소통(communicative)기능 대 지적(intellectual)기능	사회적 혹은 심리적 과정은 일반적인 수준
지시(indicative)기능 대 상징(symbolic)기능	기호와 언어 외적 실제, 기호와 다른 기호 간에 존재하는 구체적 관계에 기초

말의 첫 번째 기능은 의사소통이다. 말은 사회적 상호작용을 위한 첫 번째 수단이며, 어떤 의견을 내고 타인을 이해하는 수단이다. 말의 이와 같은 기능이 흔히 독립된 단위로 분석되어 말의 지적 기능과 분리된다. 의사소통기능과 사회적 기능은 독립적, 병행하여 말에 포함되어 사회적 상호작용의 기능과 사고의 기능을 결합시켜 놓고 있는 것이다(Vygotsky, 1981b). 비고츠키는 단어의 의미는 사고발달을 분석하는 단위이며, 사고와 말이 언어적 사고로 결합된 것으로 본다. 아동은 성인이 사용하는 단어에 맥락 의존적인 말의 기능(지시적 기능)만을 사용하다가 점차 맥락적인 기능(상징적 기능)도 사용하게 되는 변화과정 또는 발달을 하게 된다는 관점이다.

3) 언어와 사고

(1) 언어발달

사회적 과정에 참여하기 위해서는 표상적 체계인 언어를 사용하는 언어의 내면화 과정을 중요시한다. 언어는 어떤 과정을 거쳐 내면화되는가에 비고츠키는 네 가지 단계인 원시적 단계, 외적 말, 자기 중심적 말, 내적 말의 단계를 거친다(Vygotsky, 1987).

표 7-4 비고츠키의 말 단계

구분	언어발달 단계	내용
첫째 단계	원시적 단계 (자연적) (primitive stage)	• 지능 이전이 말과 언어 이전의 사고에 해당하는 단계 • 이 시기에는 비지적 말의 기능이 나타난다. • 울음의 정서 방출, 사회적 반응, 최초의 단어들
둘째 단계	소박한 심리 (상징적 심리) (naive psychology)	• 만 2세경 시작 • 자신의 주변세계를 인식하고 경험하여 경험을 바탕으로 도구 사용 • 적용하는 실용지능(practical intelligence) • 의사소통은 외적인 말, 즉 사회적인 말이 나타난다.
셋째 단계	자기 중심적 말 (egocentric speech)	• 3~6세 사이에 해당 • 외적 기호를 내적 문제해결의 보조수단으로 사용 • 자기 중심적 말은 놀이장면, 현실세계와 분리되지 않고 합리적 과정의 요소로 본다. • 형태상으로 외적 말 같지만 기능은 내적 말과 유사하다.
넷째 단계	내적인 말 (내적 언어) (inner speech)	• 말이 사고로 내면화된 단계이다. • 개인이 숙지한 언어구조는 개인사고의 기준으로 작용한다. • 내적 말은 형태상 외적 말과 유사하여 내적 말이 외적 말을 준비하는 데 사용한다.

(2) 사고발달

비고츠키는 개념 형성과정을 세 단계로 구분하여 설명한다(Vygotsky, 1987).

첫째는 비조직화된 덩어리(unorganized heaps)를 사용하는 시기이다. 아무런 근거도 없이 함께 묶여진 공통점이 없는 사물들로 구성되는 시·공간적 접근성이나 순간적 지각과 같은 불안정하고 혼합적인 심상에 의존하여 대상들을 비조직화된 덩어리로 묶어 인식하는 것이다.

둘째는 사고에 있어서 복합(complexes in thinking) 또는 복합적 사고(complexive thinking)가 나타나는 시기이다. 이 시기에 아동은 개개의 대상들을 주관적인 연결이나 인상에 기초하지 않고 실제로 존재하는 객관적인 연결에 의해 복합적 사고를 하는 일반화 양상을 보인다. 혼합적 심상으로부터 객관적 사고를 숙달해 나가는 과정이다.

즉, 개별 대상에게 고유의 이름을 붙이기보다는 한두 가지 공통 속성에 근거하여 가족(집단)의 이름을 붙인다.

셋째는 진 개념(genuine concepts)이 나타나는 단계로 진 개념은 복합적 사고가 반드시 충분히 발달한 이후에 나타나는 것이 아닌 초보적인 형태는 관찰할 수 있어 심리발달에서 복합적 사고와는 다른 발생적 기능을 가지고 있다고 한다. 진 개념 형성은 결합과 분리가 중요하며 종합분석과 결합되어야 한다. 비고츠키는 과학적 개념을 진 개념으로 보며, 체계성을 중요시하고 있다. 과학적 개념은 대상과의 다른 관계뿐 아니라 다른 개념인 개념체계 내의 다른 요소와의 관계도 포함한다. 즉, 탁자, 가구와 같은 단어들이 대상과 연결하여 "모든 탁자는 가구이다."와 같은 논리적 진술의 여부를 다룰 수 있다(Wertsch, 1985).

(3) 언어발달과 사고발달관계

언어와 사고는 발생적 측면에서 서로 다른 측면으로 떨어진 두 원과 같다. 하나의 원은 비언어적 사고(nonverbal thought)이고 다른 하나의 원은 비개념적 언어(nonnonverbal speech)이다. 비언어적 사고는 언어와 직접적으로 관계 없는 사고의 영역을 말하며, 실용지능(practical intelligence)과 도구를 사용할 때 나타나는 사고이다(한순미, 2004).

사고와 언어의 관계에 대해서 비코츠키는 세 가지 가능성을 제기하였다(Thomas, 2000). 첫째, 왓슨(Watson)의 행동주의가 "사고는 단지 침묵의 언어일 뿐이라고" 주장하는 것처럼 사고와 언어는 동의어인가? 둘째, 많은 심리학자들이 "언어는 단지 타인과의 의사소통의 수단일 뿐이라고" 믿는 것처럼 사고와 언어는 별개의 것인가? 셋째, 사고와 언어는 독립된 기능을 하지만 서로 상호작용을 하는가?

비고츠키는 일반적으로 아동의 사고와 언어는 초기에는 양자 간에 아무런 관련이 없이 독자적인 기능을 하는 두 개의 원과 같다. [그림 7-4]에서 하나의 원은 비언어적 사고를 나타내고 또 다른 원은 비개념적 언어를 나타낸다. 아동이 성장함에 따라 이 두 개의 원은 서로 만나 중복된다. 두 원의 중복된 부분이 언어적 사고를 나타내며, 아동은 호칭의 개념을 습득하기 시작한다는 것을 의미한다. 개념이란 어떤 구체적인 사물을 표현하는 것이 아니라 여러 가지 다양한 사물이 갖는 보편적인 특성을 나타내는 추상적 개념을 의미한다.

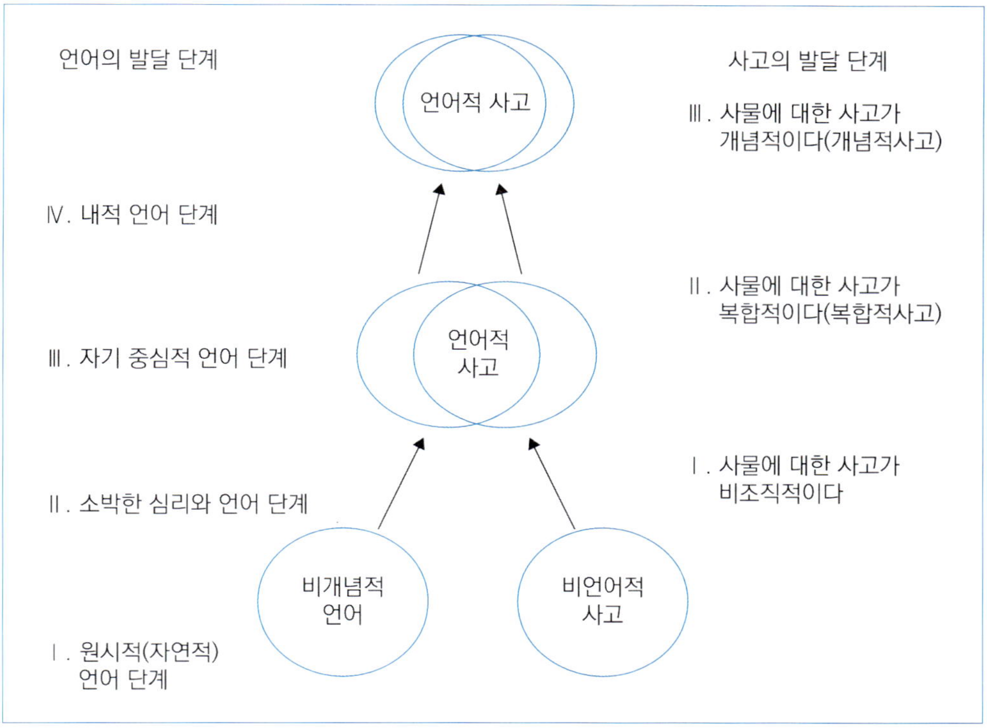

그림 7-4 사고와 언어의 발달에 관한 Vygotsky의 견해

출처: Thomas, R. M.(2000). Comparing theories of child development(5th ed.). Wadsworth Publishing Company.

두 개의 원은 결코 완전히 겹쳐지지 않는다. 아동이 발달함에 따라 겹치는 부분이 점점 넓어지지만, 비언어적 사고와 비개념적 언어가 차지하는 부분이 여전히 남아 있다. 성인의 경우 비언어적 사고의 예는 도구를 능숙하게 사용하는 것이고, 비개념적 언어의 예는 애창곡을 부르거나, 좋아하는 시를 암송하거나, 잘 아는 전화번호를 외우는 것이다. 사고와 언어의 관계는 일반적인 견해를 보여주지만, 실제로 이 양자 간의 관계는 이보다 훨씬 더 복잡하다(정옥분, 2008).

비고츠키(1987)는 내적인 말은 기능적 변화와 구조적 변화를 통해 발달하며, 말의 사회적 기능과 자기 중심적 기능의 분화로 아동의 외적인 말로 분리된다. 사고는 말과 사고의 수단, 사회적 문화적 경험에 따라 달라진다. 내적 말은 외부로부터 제한 받으며 아동 사고의 사회적 수단인 말은 숙달에 달려 있다. 발달에서 내적 성숙의 중요성을 인정하지만, 언어를 통한 공식적 · 비공식적 교육이 아동의 개념적 사고 수준에 영향을 준다.

3. 재활상담 적용

1) 협동학습

비고츠키는 또래들과의 인지적 갈등은 공동활동에 참여하는 아동들이 서로 과제 수행에 공동의견을 모으고 상호 주관적으로 도달 수 있어 인지발달을 촉진시킬 수 있다고 한다. 아동이 형제들과의 게임을 하면서 정서에 관한 것을 배우고 형은 어린 동생이 감정을 이해할 수 있도록 돕는 역할을 수행하는 과정에서 스스로 학습할 수 있도록 한다. 형은 동생의 감정과 능력을 파악하여 동생과 공유된 이해의 틀을 가지고 있다고 본다. 공동활동은 효과적인 협동학습을 할 수 있는 것으로 어떻게 유도하고 지원하느냐에 달려 있다.

2) 비계설정

비계설정에는 효과적인(Berk & Winsler, 1995) 네 가지 구성요소, 공동의 문제해결, 상호 주관성, 따뜻함과 반응, 언어의 매개를 볼 수 있다.

① 공동의 문제해결: 누군가와 함께 상호작용하며 문제해결을 노력하는 것으로 공동 문제해결에서 주된 참여자는 성인-아동, 아동-유능한 아동이다.

② 상호 주관성: 어떤 과제를 시작할 때는 서로 다르게 이해하던 두 참여자가 공유된 이해에 도달하는 것을 말한다. 공동활동의 참여자가 상대방의 관점에서 자신의 관점을 조정하는 의사소통으로 공동화제를 만들어 가는 것을 의미한다.

③ 따뜻함과 반응: 과제에 집중하고 도전하려는 태도는 성인의 따뜻하고 반응적일 때, 언어적으로 칭찬과 자신감을 북돋워 줄 때 최대화된다. 즉, 비계설정 때 일어나는 상호작용의 유추적 표현이다.

④ 언어의 매개: 언어의 매개설정은 비계설정에 중요하다. 거리두기전략(Sigel, 1982)은 문제해결을 증진시킬 수 있는 효과적인 교수방법으로 성인의 언어적 진술을 정신조작의 요구에 따라 진행한다.

표 7-5 시겔의 거리두기전략

단계	내용	예시
낮은 단계의 거리두기	성인이 인접한 환경에 놓여 있는 사물에 대해 언급하거나 질문한다.	"이것은 무엇으로 만들었니?", "이 모자는 빨간 모자이구나" 등 명명, 묘사하기
중간 단계의 거리두기	성인이 환경에 놓여 있는 두 가지 양상관계에 대해 언급하여 어떤 것을 자세히 설명하는 말을 한다.	"어떤 것이 크지?" 등의 비교하기, 분류하기, 관련짓기
높은 단계의 거리두기	성인이 인접환경에 놓여 있는 것을 넘어서서 가정을 세우거나 생각을 정교하게 가다듬도록 요구한다.	"앞에 있는 숫자들 간의 관계에서 다음에는 어떤 숫자가 와야 할까?", "다음으로 무엇을 해야 할까?" 등 추론하기, 계획하기

요약정리

1. 합리적 정서행동치료(REBT)는 A(선행사건)은 내담자가 경험했던 정서적 혼란을 가져오는 선행사건, B(신념체계)는 선행사건에 대한 내담자의 합리적 · 비합리적 신념체계, C(결과)는 A라는 선행사건에 B라는 내담자 신념이 작용하여 발생한 정서적 결과, 인지적 · 정서적 · 행동적 결과 또는 반응, D(논박)은 비합리적 신념에 대한 상담자 논박, 비합리적 신념을 바꾸도록 과학적 방법을 적용한 논박이며, E(효과)는 논박을 통해 얻은 효과로 F(느낌)의 새로운 긍정적 감정, 새로운 변화이다.
2. 합리적 신념이란 행동을 객관적 현실에 근거해 사람과의 갈등을 피하고 편안한 감정을 느낄 수 있도록 하는 사고이며, 비합리적 신념은 남으로부터 사랑과 인정을 받아야 하고 자신은 언제나 성공적이어야 한다고 생각하는 사고이다.
3. 벡이 제안한 인지의 네 가지 수준은 자동적 사고, 중재적 신념, 핵심신념, 스키마이다. 자동적 사고는 정서적 반응으로 이끄는 특별한 자극에 의해 유발된 개인화된 생각으로 노력, 선택 없이 자발적으로 일어난다. 심리적 어려움이 있는 사람의 자동적 사고는 흔히 왜곡되어 부정확하거나 극단적이다.
4. 스키마는 자신, 세계, 미래를 보는 개인의 특유한 습관이다. 스키마는 작업을 치료하는 과정의 핵심이라고 한다. 인지적 왜곡은 자의적 추론, 선택적 추상, 과잉일반화, 극대화, 극소화, 개인화, 이분법적 사고, 정서적 추론, 긍정격하, 파국화, 명명, 잘못된 명명 등이다.
5. 비고츠키는 사회문화적 인지발달의 문화적 특수성을 강조하였다. 모든 아동이 똑같은 인지발달 단계를 거친다고 보지 않았으며, 아동의 인지발달을 사회가 중재하는 과정으로 아동발달의 결정요인으로서 문화를 강조하였다. 아동인지발달은 아동 주변 및 환경에 의하여 첫째, 아동은 지식의 대부분을 문화로부터 습득한다. 둘째, 아동은 문화로부터 사고과정이나 사고수단(Vygotsky는 이것을 지적 적응의 도구라고 부른다.)을 습득한다.

CHAPTER 8

절충주의 상담

길라잡이

1. Lazarus의 인간 행동 범주 7가지 기능은 무엇인가?
2. 절충주의 Hays이론은 무엇인가?
3. 절충주의 Howard이론은 무엇인가?
4. 해결 중심 단기치료는 무엇인가?
5. 절충주의 재활상담기법의 적용은 무엇인가?

제1절 특성

Jensen, Bergin, Greaves(1990)는 상담에서 절충적 혹은 통합적 접근이 보편화되었으며, 대부분의 상담가들이 그런 접근법을 사용하고 있음을 지적했다. 통합적 혹은 절충적 접근법의 사용을 조사하면서, Lambert와 동료들(2004)은 상담가들이 치료적 작업에서 보통 44가지의 이론들을 활용하고 있음을 지적했는데, 이는 명백하게 상담가들은 "만병통치'이론이 존재하지 않는다는 것을 알기 때문에 몇 가지 이론들을 수용해야 한다(Corey, 1996, 2001)고 주장하고 있다.

Lazarus(1995, 2000), Beutler(1983), Howard, Nance, Ivey와 Ivey(2003), Norcross(1986) 등의 작업을 통해 검증된바, 상담에서 절충적 혹은 통합적 접근은 점차 상당한 수준으로 인증받게 되었다. Lazarus(1995, 2000)는 다양한 이론과 접근법에서 빌려온 상담기법을 체계적으로 선택하기 위해 다중양식치료(multimodal therapy)를 개발했다. 그는 기법의 이론적인 기원과는 관계없이 개별적인 욕구에 근거하여 기법들을 선택하는 절충적 접근을 고수했다.

Norcross(1986)는 어떤 이론이 유행한 다음에는 그와 반대되는 주장들이 나오게 되나, 그는 이론가들이 서로 통합되고 절충해야 한다고 했다.

1980년대 초반 이후 이론들은 통합과 절충을 향해 급속히 나아가고 있다. 통합치료연구회(The Society for the Exploration of Psychotherapy Integration)는 1983년에 형성된 국제적 조직이다. 이 모임은 하나의 치료 모형에 국한되지 않는 치료적 접근을 개발하려는 전문가들의 조직이다. 통합적 관점을 향한 이러한 경향에는 희망도 있고, 동시에 함정도 존재한다. Goldfried & Safran(1986)은 절충으로의 경향이 극단적으로 가게 되면, 절충적 모델이 너무 많이 양산되는 위험이 있다고 했다. 그들은 통합에 대한 관심이 누구의 절충적 시스템이 가장 좋은 시스템인가를 결정해야 하는 결과를 가져올 수도 있다고 걱정하였다.

Norcross(1986)에 따르면 절충주의는 치료적 개념과 방법들을 통합된 틀 속에 조화롭게 용해하는 것이어야 한다.

"절충주의는 통합적이고 경험적인 체계에 기초한 포괄적인 심리치료를 개발하는 것이어야 한다. 즉, 새로운 통합적 패러다임을 구성하고, 동시에 편협한 치료 학파를 초월할 수 있는 기회가 되어야 한다"라고 말했다.

절충적 치료는 다양한 치료적 접근의 기저에 깔려있는 공통적 원리나 방법에 대한 "체계적 통합"이 될 수도 있다. 체계적 절충주의라는 말에는 치료자들이 많은 이론들을 두루 잘 알고 이런 이론들이 통합될 수 있다는 생각을 가지고 있고, 자신의 가설이 맞는지를 끊임없이 검증한다.

Norcross와 Prochaska(1988)는 응답자 중 40%가 통합적이라는 용어를 선호하였고, 25%가 절충적이란 용어를 선호한다는 것을 발견하였다.

이 두 용어 간의 근본적인 차이는 절충주의는 기법적이고 실용적인 것을 의미하는 반면, 통합주의는 기법의 혼합을 넘어선 개념적 혹은 이론적 창조를 의미하는 것 같다.

또 절충주의를 정의하는 데 중심이 되는 세 가지 주제는 다음과 같다.

① 특정 내담자나 문제에 가장 적합하다고 생각되는 방법은 어떤 방법이든 실용적으로 선택하는 것(34%), ② 몇 가지 이론을 동시에 치료에 사용하는 것(18%), ③ 여러 치료들을 통합하는 것(21%)이다.

행동치료가 기법과 전략에 제한점이 있다고 느껴, Lazarus는 중다치료라고 불리는 이론을 개발하였다. 이 이론은 기본적으로 상담을 위해 내담자에게 상담접근이론을 미리 결정하거나 일률적으로 사용하는 것에 대해 이의를 제기하며 내담자에게 적절하고도 개방적인 면에서 절충할 수 있음을 강조하고 있는 이론이다.

서로 다른 이론들은 매우 다양한 기법들을 사용하기 때문에 상담사는 자신의 참조체계로서 한 가지 이론을 선택하여야 한다. 그렇게 하지 않을 경우에 상담사는 상담과정을 방해하는 불일치한 기법을 사용하게 된다. 이러한 이유로 어떤 사람들은 절충주의보다는 통합이라는 용어를 선호한다.

절충적 또는 통합적 접근법은 Lazarus(1995), Beutler(1983), Norcross(1986), Howard, Nance, Ivey(2003)의 작업에 의해 예증되었고, 상당한 지위를 획득하였다. 절충주의적 접근은 인간행동에 대한 모든 두드러진 과학적 자료와 철학적 논문들을 바탕으로 상담의 체계를 개발하려는 시도를 의미한다. 본질적으로 통합주의적 상담사들은 논리적으로 통합될 수 있고, 철학적으로 일치되는 기법들을 다양한 이론적 체계에서 도입하여 사용한다.

제2절 주요개념

1. Lazarus 절충주의 상담

Lazarus(1995)는 다양한 이론과 접근법에서 빌려 온 상담기법들을 선택하여 체계화함으로써 절충주의적 이론을 개발하였다. Lazarus의 절충주의적 이론의 전제는 인간은 움직이고 느끼고 지각하고 상상하며 생각하고 관계하는 복합적인 존재라는 것이다. Lazarus는 인간의 성격기능을 7가지 범주로 조직화함으로써 개념화하였는데, 첫 글자로 표시하면 BASIC-ID이다. B=행동(behavior), A=정서적 과정(affective processes), S=감각(sensation), I=심상(images), C=인지(cognition), I=대인관계(interpersonal relationships), D=약물(drugs), 생물학적 기능(biological functioning), 영양(nutrition), 운동(exercise)이다. 그는 이 모델로부터 7가지 범주에 적합한 36가지의 기법들을 규명하였다.

BASIC-ID는 내담자의 성격 인지적 지도로서 내담자는 다음과 같은 질문에 반응함으로써 내담자 자신만의 행동양식을 개발하는 것이다.

① 행동(behavior): 자신이 강화시키고 싶거나 제거시키고 싶은 행동, 습관, 제스처, 반응 그리고 응답과 같은 자신의 전체적인 행동 리스트를 만들라. 그리고 그런 행동을 시작할 것인지 그만둘 것인지를 결정하라.

② 정서(affect): 불필요한 감정, 기분 그리고 강한 느낌(예를 들어 불안, 죄의식, 분노, 우울)을 기록하라.

③ 감각(sensation): 촉각, 미각, 후각, 시각, 청각과 관련한 모든 부정적 감각의 목록을 작성하라.

④ 심상(images): 성가시게 되풀이되는 꿈과 생생한 기억, 그리고 자신의 자아상에 대한 부정적 형상에 대해 기록하라. 당신을 곤란하게 하는 모든 정신적 이미지나 청각적 이미지의 목록을 작성하라.

⑤ 인지(cognition): 당신이 행복해지는 방법의 모든 태도, 가치, 의견, 생각의 목록을 작성하라. 자신에게 종종 말하는 부정적인 것(예를 들어, 나는 실패자다)을 포함하라.

⑥ 대인관계(interpersonal relationships): 타인(친구, 연인, 고용주, 아는 사람)과의 성가신 상호작용에 대해 기록하라. 다른 사람이 당신을 다루는 방식에 대해 당신이 갖고 있는 관심이 여기에서 드러나야 한다.

⑦ 약물/생리(drug/biology): 당신이 복용하는 의사에 의해 처방된 것이든 아니든 모든 약의 목록을 작성하라. 건강문제, 의료적 관심 그리고 당신이 갖고 있거나 경험했던 질병에 대한 모든 것을 포함하라.

이와 같은 내담자의 행동양식을 통해 내담자가 가지고 있는 내담자의 중심적이고, 의미 있는 주제들이 노출되면, 다음 단계는 다른 양식과의 상호작용을 검토해야 한다.

Lazarus(1995)의 절충주의적 이론은 내담자 개인은 독특하고 다양한 욕구와 기대를 갖고 있으며 그렇기 때문에 다양하고 폭넓은 양식을 적용해야 한다는 가정을 가지고 있다. 이 접근법은 많은 내담자들이 기술을 습득하려는 욕구를 갖고 있으므로 상담가는 언제든지 내담자를 가르치고 안내하고, 훈련시키고 모델링이 되도록 정보와 교육, 피드백을 제공해야 한다.

2. Howard 이론

Lazarus(1995)의 BASIC-ID이론 외에 또 다른 이론은 기술적 절충주의와 다른 연구와 실제에서 이론적 체계를 제안한 Beutler(1983) 치료학교의 기본원칙들을 체계적으로 통합한 것이다. Beutler(1983)의 접근법은 상담사의 특성, 내담자의 특성, 치료변인에 바탕을 둔 상담사-내담자의 조화를 강조한다. Frank(1961)와 Strong(1968)과 같이 Beutler(1983)는 상담을 상담사가 내담자로 하여금 자신의 삶을 변화시킬 수 있도록 영향을 주는 설득과정으로 보았다.

이 외에도 Howard 외(2003)의 이론이 있는데, 앞의 두 가지 이론과 유사하며 Howard는 상담 실무에 Hersey와 Blanchard(1977)가 개발한 상황리더십이론을 바로 적용하였다. Howard와 동료들(Mahalik, 1990)의 모델은 Beutler와 Lazarus의 모델 모두와 유사하다. Howard와 동료들의 이론은 응용상담치료(ACT: adaptive counselor and therapy)라고 일컬어지는데 상담사의 준비 네 가지와 리더십의 네 가지 유형을 가정하였다. 준비도의 네 가지 수준은 ① 낮은 준비도, ② 보통보다 약간 낮은 준비도, ③ 보통보다 약간 높은 준비도, ④ 높은 준비도를 말한다.

지시와 지원(리더십)의 네 가지 유형은 ① 말하기- 많은 지시, 적은 지원, ② 교육하기- 많은 지시, 많은 지원, ③ 지원하기- 적은 지시, 많은 지원, ④ 대표하기- 많은 지시, 적은 지원이다.

Howard는 지시의 네 가지 수준과 지원의 네 가지 수준을 16개의 셀로 구성된 4×4모형의 형태로 병렬하였다. 각각의 셀은 지시와 지원의 수준을 결합하여 표현하였다. 각각의 셀에 Howard는 상담의 주요이론 한 가지와 그 이론의 주장들을 배치하였다.

각각의 칸은 한 수준의 지시와 한 수준의 지지가 조합된 것을 나타낸다. Howard는 각 칸에 주된 상담이론과 주요핵심 내용을 기록했다. 예를 들어, Howard는 낮은 지시와 낮은 지지의 칸에, Freud 식의 정신분석을 배치했고, 낮은 지시와 높은 지지의 칸에 Rogers식의 인간중심적 치료를 배치했다. 그런 식으로 적응상담과 치료는 그 자체 통합적인 접근이기보다는 이론들 간의 관계를 개념화하는데 더 도움이 되고 있으며, 그런 점에서 처방적이고 조작적인 모델이기보다 서술적 모델이라는 비난을 받아 왔다. 그럼에도 불구하고, 그 모델은 상담중재를 선택할 때 영향을 주는 여러 가지 복잡하고 종종 혼란스러운 변인들을 단순화시키고 있다.

3. Hays 이론

포괄적 치료는 고객의 다중차원적인 본질과 특히 사회 내 소수집단의 중압감을 다루기 위해 개발되었다. 이 영역에서 우리는 여성주의 치료와 문화-감수성 치료뿐 아니라, 백인, 유럽인, 남성 주류의 사회가 다른 개인들에게 미치는 효과에 초점을 둔 여타의 접근법들까지 포함시킨다.

포괄적 치료의 원리는 Hays(1996)가 제시하였는데, ADRESSING의 약자를 개발하여 서비스를 원하는 개인과 작업할 때 전문 상담가들이 신중하게 고려해야 할 아홉 가지의 주요특징들을 강조하였다. A=연령(age)과 세대(generation), D=장애(disability), R=

종교(religion), E=민족성(ethnicity), S=사회적 지위(social status), S=성적 지향성(sexual orientation), I=타고난 천성(indigenous heritage), N=국적(national origin), G=성별(gender). 이런 특징과 다른 많은 특징들은 성공적인 결과를 얻기 위해 이해되고 고려되어야 한다. Hays의 목록은 유전적이고 생물학적인 개별성에서부터, 문화적, 언어적 자질, 개인이 경험적, 발달적 범위에서 상당한 영향력을 나타낸다.

가장 중요한 변인 중 하나는 상담가가 고객에게 건네는 의사소통의 질과 관련되어 있다. 존중과 공감적 이해를 전달하는 것은 신뢰감을 촉진할 때 필수적인 요소이다.

고객이 상담과정에서 선택하고 완전하게 참여하는 것이 핵심이다.

고객이 그들 자신의 재활에 영향력을 미치도록 능력을 신장하는 것은 재활상담에서 최고의 권능을 부여하는 목표이다.

4. 환경적 · 집단적 · 해결 중심적 단기치료

다양한 상담이론의 기법들을 사용하는 것이 효과적이라는 것을 인식하는 것과 별도로 상담가들은 환경이 고객의 개인적 적응에 미치는 영향에 대해 더 잘 알게 된다. 이러한 각성은 상담가의 역할지각에서의 변화뿐 아니라, 더 광범위한 영역의 상담기법을 사용한 결과로 나타난 것이다. 재활상담가들이 '단칸방 상담(cubic counseling)'으로 그들의 임상을 제한할 수 있었던 시기는 지났다. 기관이나 시설장면에 있는 재활상담가들은 고객의 사회적 환경과 여가환경 그리고 작업환경을 재구축하는 것을 촉진할 수 있어야 한다. 예를 들면, 이 두 장면에서 일하는 상담가들은 고객이 다른 이들과 보다 효과적으로 상호작용할 수 있는 새로운 방식들을 연습하도록 과제를 제시할 것이다. 또한 ① 능력신장을 위한 노력을 함께하기 위해, ② 적절한 역할 모델을 확인하고 사회적 상호작용의 기회를 더 많이 제공하기 위해 가족, 학교 혹은 다른 사회 내 기관과 가깝게 작업할 것이다.

AA(Alcoholics Anonymous) 등과 같은 자조집단 혹은 지지집단 역시 개별상담 프로그램을 보완하기 위해 효과적으로 사용될 수 있다.

지역사회환경이 능력신장을 위한 자원으로서 상당한 가능성을 제공하는 명백한 이유는 고객의 행동 중 많은 부분이 긍정적인 직업적응뿐 아니라 효과적인 대인관계기능에도 영향을 미치기 때문이다. 예를 들어, 잘 적응한 근로자는 좋은 위생 습관을 지니며, 다른 의미 있는 중요한 사람들로부터 호감을 사는 상호작용을 한다. 그리고 양심, 확실성, 독립성을 지니고 있다. 지역사회에 기초한 환경은 이러한 근로자 특징들을 육성하고자 고안되었기 때문에, 상담가는 고객, 기관, 고용자와 협조적으로 작업함으로써 이러한 특징들이 삶의 다른 영역으로 일반화될 수 있도록 촉진해야 한다.

1:1의 개별상담방법을 보완하기 위해 재활상담가는 또 다른 전략으로 집단접근을 사용할 수 있다. 집단은 고객에게 정보를 제공하기 위해 사용될 수 있으며, 일반적인 상담의 도구로 사용될 수도 있다.

개별상담을 조합하여 집단에서 사용하는 것은 개별적인 방법을 따로 사용하는 것보다 많은 이점을 지닌다. 집단은 상담가가 시간을 더 효율적으로 사용하도록 하며, 고객의 대인관계행동에 대해 피드백을 제공할 가능성을 높인다. 집단원들 역시 긍정적인 역할 모델로 기능하게 되며, 사회적 상황에서 위험을 감수하는 것을 배울 수 있는 강력한 지지감을 고객에게 제공할 수 있다. 고객들이 종종 자신들만이 특별한 느낌을 가지고 있다는 것을 확신하기 때문에 느낌을 공유하는 것은 특히 집단과정에서 얻을 수 있는 혜택이 될 수 있다. 비록 1:1의 상담을 완전하게 대체할 환경적·집단적 접근이 나타날 것 같지는 않지만, 이 접근은 상담가가 개인의 적응을 촉진시키기 위해 사용할 수 있는 자원목록을 확장시킨다(Corey, 2000; Ivey et al., 2001).

지난 20여 년간 지역사회의 정신건강 임상장면에서 종종 사용된 단기전략적 치료 모델과 가족치료기법으로부터 해결 중심의 모델과 가족치료기법으로부터 해결 중심의 단기치료(SFBT: Solution Focused Brief Therapy)가 발달되었다(Corey, 2001).

SFBT는 '예외가 규칙을 증명한다'는 접근에 기초한다. 즉, SFBT는 내담자가 문제를 경험하지 않았던 시간에 초점을 맞추고 그 시간들을 활용하여 해결책을 찾아낼 것을 요구한다. 문제를 해석하기보다 해결책을 개발하는 데 초점을 둠으로써, SFBT는 내담자가 자신의 관심 영역이나 갈등 영역을 보다 신속하게 다룰 수 있도록 돕는다(de Shazer, 1990; Gingerich & Eisengart, 2000).

SFBT는 전형적으로 6회 혹은 더 적은 회기 동안 지속된다. SFBT에서는 몇가지 구체적 기법들이나 순환적 질문하기 등이 문제해결을 위해 사용된다. 가설적인 문제해결의 틀이란 용어하에, '기적질문(miracle question)'을 사용함으로써 기적이 일어나 그들의 문제가 해결되었을 상황을 내담자가 상상하도록 도울 수 있다. 내담자는 그런 기적이 일어나면 자신이 어떻게 다른 방식으로 행동할 것인지에 대해 상상하고, 이후 그러한 차이점들을 상황에 적용하게 된다(de Shazer, 1982, 1985, 1988, 1990).

1997년에 Thomas, Cockburn은 장애적응과 정형외과적 손상을 지닌 근로자의 작업장 복직에 미치는 SFBT의 효과를 조사했다. 연구 결과 SFBT에 참여했던 개인들이 장애에 대해 의미 있게 더 높은 심리사회적 적응 수준을 보였으며, 더 높은 수준으로 재고용되었음이 나타났다. 장애를 지니지 않은 참가자들에 대한 연구에서도 SFBT 접근이 효과적임을 지지했다(Gingerich & Eisengart, 2000; Lindforss & Magnusson, 1997).

제3절 재활상담 적용

1. 목표 및 기법

절충·통합적 접근은 인간적 행동에 대해 모든 명백한 과학적 자료와 심리학적 연구에 기초하여 상담기법의 체계를 개발하고자 하는 시도를 나타낸다. 핵심적으로 절충적인 상담가는 이러한 기법들이 논리적으로 하나의 처치계획에 통합될 수 있다는 전제하에 다양한 이론적 체계를 지닌 기법들을 사용하는 반면, 통합적 상담가는 원래의 이론에서 나온 기법들을 고수할 수 있는 새로운 상위이론으로 두 가지 이상의 이론들을 신중하게 조합한다.

긍정적인 심리사회적 적응을 얻을 수 있도록 촉진하기 위해 다양한 상담이론과 기법을 사용할 수 있는 방법은 매우 많을 것이다. 예를 들어, 상담가는 부정적인 자아개념으로 인해 옛 친구와 관계를 유지하거나 새로운 친구관계를 맺기 어려운 반항적이고 적대적인 고객의 적응을 개선하고 관계를 촉진하기 위해 인간중심적인 이론을, 행동적 측면에서는 조작적-강화기법을 조합하여 사용할 것이다. 부가적으로, 혹독한 자기평가와 환경평가를 요구하는 어려운 직업을 선택하는 것과 관련하여 고객을 직면시키도록 돕기 위해 게슈탈트식의 직면원칙들이 인지적인 특성-요인기법들과 조합될 수 있다.

상담가들이 상이한 이론 간의 철학적 갈등이나 가치갈등을 조심스럽게 탐색하고 해결하는 한 그 가능성은 무궁무진하다. 재활장면의 상담에서 절충적이고 통합적인 접근이 주는 영향력은 이론적인 순수성보다는 고객의 요구에 기초한 상담기법을 선택하는 실용적 모델을 제시하는 것으로 나타났다.

절충주의적 이론은 개인관점의 상담에도 활용되지만, 집단상담에도 널리 활용되고 있다. 이 이론에서 재활상담의 목표는 장애인 내담자가 가지고 있는 문제 영역과 상담의 목표를 일치시키는 것이다. 예를 들어, 보다 주장적인 행동을 하고 싶어하는 사람들이라든지, 체중을 줄이고 싶어 하는 사람들, 인간관계에서 대화기술을 향상시키고 싶어 하는 사람들, 그리고 다른 사람들이 자신이 학습하는 것, 학습하지 못하는 것, 재학습 하는 것을 중재시켜 줄 것이라고 기대할 때 이것을 문제 영역화하고 학습이나 여러 가지 기법들을 통해 상담목표를 성취하도록 하는 것이다.

결론적으로 절충주의적 이론에서 재활상담의 목표는 내담자의 욕구에 기초하여 다양한 기법들을 선택하는 기술적 절충주의를 통해 문제해결을 하는 것이라 요약할 수 있다.

2. 재활상담에서의 적용

장애인 내담자를 대상으로 하는 재활상담은 장애인의 개인적 · 직업적 · 사회적 잠재능력을 개발해 최고의 역량을 발휘할 수 있도록 하는 것이다. 따라서 이러한 재활상담목표는 절충적이고 통합적인 상담이론을 활용하는 것이 가장 효과적이라는 것에 대해 재활상담학자들은 동의하고 있다.

이 절충주의적 이론은 상호 보완성과 복잡성을 갖는 장애인 내담자들의 특성에 효과적으로 접근할 수 있기 때문에 장애인 내담자가 가지는 상담문제해결에 접근이 용이하다. 이 이론은 장애인 내담자의 내적인 특성, 경향, 동조지지, 가족, 학교, 직업적 접근은 재활상담의 활동적이고 단기간적인 특성에 적합하다.

이 특성은 절충적 혹은 통합적이고 인간중심적이고 병리학적이지 않고 활동적이고 평등하고 목표 지시적인 지도를 통해 접근을 가장 최상으로 성취하도록 한다. 게다가, 통합적인 접근은 재활상담사에게 긍정적인 경험과 잠재적이거나 잃어버린 특성의 회복에 대한 증가를 용이하게 할 수 있는 것이다(예를 들어, 예기치 않은 신체적 · 태도적 · 가치적 자원들). 또한 절충적 혹은 통합적 접근은 재활상담사에게 인지, 행동, 정서의 서로 작용하는 3요소에 초점을 맞추는 수단을 제공한다.

재활상담사는 처음에 특정한 재활문제에 초점을 맞추고, 즉시 문제에 개입하고 다음에 소비자의 상황에 관련된 인접한 주제들을 제시한다. 이 방법은 상담사가 소비자에게 좀 더 적응할 수 있는 행동을 지시하는 것과 소비자의 특정한 문제에 관련된 인접한 주제들에 대해 그들이 통찰력을 가질 수 있도록 돕는 것이 가능하다.

3. 재활상담사의 역할

절충주의적 이론은 여러 가지 과학적 자료와 인간행동의 심리학적 연구에 기초한 상담기술 시스템을 발전시키는 이론이다. 특별히 재활상담사는 다양한 이론체계들로부터 유쾌한 기술들을 사용해야 한다. 이 기술들은 치료계획에 논리적으로 통합될 수 있으며, 조심스럽게 기존 이론으로부터 새로운 메타이론에 두 가지 이상의 이론들을 결합하는 기술을 가져야 한다. 상담이론과 기술들은 긍정적인 심리사회적인 적응을 얻는 것을 촉진하는 데 사용될 수 있다.

이러한 상담이론과 기술들은 그 방법이 다르고 광범위하다. 예를 들면, 부정적인 자아 개념 때문에 새로운 관계를 만들거나 오래 유지하기 어렵다는 것을 발견한 내담자의 관계를 촉진시키기 위한 인간중심이론을 이용한다. 이 이론은 다루기 힘들고 적대적인 내담자의 적응을 위한 행동적이고 자발적인 강화인자기술들을 가지고 있다. 추가적으로 게슈탈트 집단치료(대면집단을 통한 집단치료)의 원리는 인지기술과 특성-요인기술들을 혼합할 수 있다. 이 기술들은 엄격한 자기평가와 환경적 평가가 필요한 직업선택의 어려움에 직면한 내담자를 원조한다.

재활상담사는 서로 다른 이론들의 철학과 가치충돌을 조심스럽게 탐색하고 분석하는 만큼 가능성은 거의 무한하다. 재활실제에서 상담의 절충적이고 통합적인 접근의 영향은 실제적인 모델을 제공한다. 이러한 모델은 이론적 결백보다는 내담자

욕구에 기초한 기술들을 선택하므로 재활상담사는 상담이론에서 다루는 기법과 다양한 상담경험을 가져야 하고 이에 대한 충분한 교육과 훈련이 이루어져야 한다.

4. 상담기법

내담자의 긍정적 적응성취를 확대하는 것을 촉진하기 위하여 절충주의적 이론에서는 여러 가지 상담이론과 기법들을 사용할 수 있다. 예를 들면, 재활상담사는 인간중심 행동치료를 사용하여 행동의 상호작용을 촉진하고 조작적 강화기법을 활용하였다. 부정적인 자아 개념으로 인해 옛 우정을 유지하고 새로운 우정을 키워나가는 데 어려움을 겪는 반항적이고 적대적인 내담자의 적응을 개선할 수 있다. 아울러 내담자가 엄정한 자아평가와 환경평가를 요구하는 어려운 직업적 선택상황에 처한 내담자를 원조하기 위하여 게슈탈트 치료의 직면원칙을 인지주의적 기법과 결합시켜 사용할 수 있다.

상담사가 상이한 이론들 사이에서 신중하게 탐색하고 철학적·가치관적 갈등을 해결한다면, 절충주의의 가능성은 거의 무한하다고 할 수 있다. 재활상담 분야에서 절충주의는 이론적 순수성보다는 내담자의 욕구에 기초하여 상담기법을 선택하는 경험적 모델을 제공하는 데 영향을 주었다.

따라서 절충주의적 이론에서 상담기법은 앞 장에서 다루어진 여러 가지 상담이론과 이 이론들에게서 활용된 상담기법들이 내담자의 욕구와 문제에 맞게 선택해 활용될 수 있을 것이다.

요약정리

1. 절충적 혹은 통합적 접근은 상담가로 하여금 내담자의 손상되었거나 잠재되어 있는 기질들을 긍정적으로 경험하고 재구축할 수 있는 기회를 증가시키도록 해 준다(예: 예기치 않은 신체적 · 태도적 · 가치 관련 자원들). 중요한 것은 절충적 혹은 통합적 접근이 인지, 행동, 정서라는 상호작용의 3요소에 상담가가 집중할 수 있도록 수단을 제공한다는 것이다.
2. 절충적 혹은 통합적 접근은 다양하고 다중체계적인 특성을 지닌 장애인의 문제와 해결책들을 고려하고 있다. 이에는 내적인 특성, 기질과 소인들, 또래지지, 가족, 학교, 직업, 사회정치적, 건강체계까지 포함된다. 절충적 혹은 통합적 접근은 재활상담의 적극적 · 단기적 속성과도 잘 맞는다. 이러한 특징들은 절충적 혹은 통합적 · 현재 지향적 · 비병리적 · 적극적 · 인류 평등주의적 · 목표지향적인 접근을 통해 가장 잘 달성될 수 있음을 제시할 것이다.
3. 재활상담가는 초기에는 구체적인 재활문제에 초점을 둘 수 있으며 즉각적인 중재를 시작한 후, 고객의 상황에 적합한 더 광범위한 문제들을 다루게 된다. 이 전략은 상담가가 고객에게 더 적응적인 행동을 가르치고, 고객이 자신의 특정 문제에 관련된 더 많은 문젯거리에 대한 통찰을 얻도록 상담가를 지원한다.
4. 절충적 혹은 통합적 접근은 상담의 다양한 학파들을 통합하는 방법을 제공한다. 정신분석적 시각은 내담자가 그들의 무의식적 세계가 어떻게 조직되는지, 그들이 깨닫지 못하는 내면의 성격구조가 동료, 중요한 타인, 감독자와의 관계에서 그들이 보이는 자기패배적 행동을 어떻게 끊임없이 보조하는지에 대해 자세하게 알 수 있게 해 줄 것이다. 실존적 접근과 인간중심적 접근은 핵심적인 촉진적 조건들을 제공할 수 있는데, 신뢰, 존중, 보살핌은 필수적인 태도들이다. 게슈탈트 치료는 내담자가 내면의 주관적 경험과 상실, 분노, 상처감을 다룰 수 있도록 해 주는 행위기법을 더해 줄 수 있다. 인지행동적 전략은 자기패배적인 내면의 대화를 드러내는 수단을 제공하며, 새로운 행동을 가르치는 과제물과 대안적인 시각으로 대체함으로써 실제적인 해결책을 제공해 준다.
5. 상담에 대한 각 접근은 재활상담가에게 어느 정도 가치를 지니며, 이는 직업상담, 직업평가 혹은 직업배치 등만을 수행하는 상담가에게도 마찬가지이다. 전문가들은 장애물을 제거하고 극복하는 것에서 충만하고 만족스러운 삶을 달성하는 수준까지 고객의 능력을 신장시키고, 자기결정을 촉진하고, 개인적인 성장과 태도적 · 행동적 변화를 최대한 촉진하는 접근법을 개발해야 하며 사실 그것이 불가피하게 되었다.

재활상담

III

PART

실제적 관점

제9장 집단상담

제10장 장애와 가족상담

제11장 동료상담

제12장 역량강화상담

제13장 재활상담과 슈퍼비전

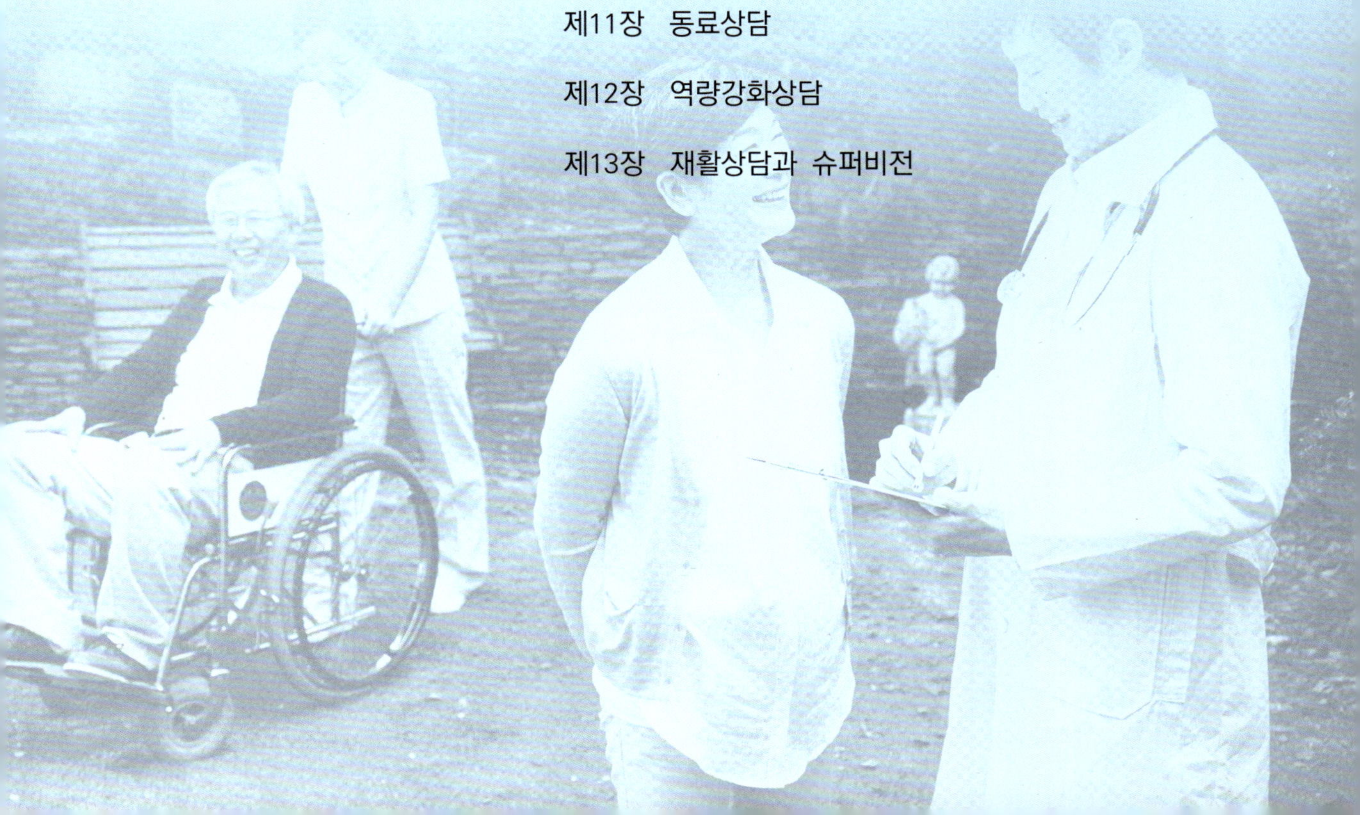

CHAPTER 9

집단상담

길라잡이

1. 집단상담의 목적과 필요성은 무엇인가?
2. 집단상담자의 촉진적인 리더십의 유형은 무엇인가?
3. 집단상담 과정의 4단계는 무엇인가?
4. 집단상담의 초기 진행과정에서 이루어지는 것은 무엇인가?
5. 집단상담의 의사소통 촉진기법은 무엇인가?

제1절 집단상담의 개요

1. 집단상담의 특징

집단의 정의는 어떠한 집단을 구성하는가에 따라 달라질 수 있다. 일반적으로 사회적 관계에 의하여 상호 의존적 관계를 맺는 2인 이상의 집합이다. 또는 '2인 이상이 어떤 조직이나 관계를 이루고 있는 모임'이라고 할 수 있다.

집단상담은 상담자가 여러 명의 내담자들을 상대로 내담자들의 관심, 대인관계 및 사고, 행동양식의 변화를 추구하는 것이다. 집단구성원 간의 상호작용적 관계를 통해 각자의 감정, 태도, 행동 등을 집단적으로 접근하는 방법이다. 전문상담자에 4~10명 정도의 내담자들과 관계를 맺게 된다. 주로 병리적인 내용보다는 발달의 문제, 생활과정에서의 어려움 등을 다루며, 대인관계와 관련되는 태도, 정서, 의사결정, 소통 등에 초점을 두어 성숙된 수준으로 향상시키는 것이다. 또한 집단 내에서 자신의 감정과 사고를 자유스럽게 표현할 수 있는 기회가 주어지기도 하며 타인의 반응에 따라서 독자적 변화보다는 상호작용의 변화를 가져오기도 한다. 즉, 타인의 이야기를 듣고, 몰입하며, 적극적인 반응을 배우는 것이 중요한 의미이다. 그러한 가운데 집단 내에서의 자신의 문제를 솔직하게 말하고 자신의 문제를 내놓을 수 없는 사람들의 저항을 감소시켜 내담자의 감정을 개방할 수 있게 된다. 집단상담은 인간관계 형성과 개인의 주도성을 요구하지 않으며, 다른 사람들의 행동과 감정, 사고를 듣고 느끼며, 배울 수 있도록 도와주는 일상적인 관계 형성이다.

집단상담의 기본적 원리를 양명숙 외(2017)는 첫째, 집단상담은 집단의 원리를 상담에 활용하게 된다. 집단의 생성과 소멸의 과정에서 집단 자체의 규범과 체계를 이루는 특성이 형성되어 집단과 집단원을 이끌어가는 기본적인 틀로 작용하게 된다.

둘째, 집단상담은 집단의 구성원과 집단 사이에 상호작용이 끊임없이 이루어지는 과정이다. 집단의 형태는 끊임없이 변화하는 개인 간의 관심과 거부의 긴장체계로 독특한 의사소통방식과 갈등해결, 리더십의 형태 등으로 영향을 주며, 자신의 정서,

행동, 사고, 가치관의 내적 요인과 행동패턴의 대인관계적 변화이다.

셋째, 집단구성원 개개인의 총합이 아닌 통합적 체계이다. 종합적으로 인간행동을 결정하는 모든 심리적인 총합이며, 인식하든 인식하지 않든 관계없이 개인의 현재 행동과 상황에 영향을 주는 모든 것을 포함한다. 이러한 다차원적인 역동으로 집단원은 자신을 성찰하고 소통의 방식을 학습하며 변화된 행동을 경험하게 된다.

2. 집단상담의 목적

집단상담은 집단의 힘과 역동 등 개인의 회복과 성장을 이루기 위하여 집단원의 개개인의 총합이 아닌 통합적 체계이다. 집단의 전체로서 집단원 간의 상호작용이 연속적으로 이루어지는 상호작용과정 속에서 집단상담에 참여한 사람들은 자신을 괴롭히는 것의 경험이나 감정, 자신에 관한 것, 무엇을 어떻게 해야 하는지에 대해 이야기하는 것이다. 즉, 수용적이고 상호 신뢰적인 분위기에서 개인들 사이의 역동적인 인간 상호 교류과정을 통해 집단원 개개인의 인간적인 성장을 도모하는 과정이다. 상담의 일차적 목표로 개인의 능력 향상과 환경에 적응시키는 것으로 하며, 개인의 감정을 우선적으로 다루기도 한다. 집단상담의 목적은 다음과 같다(윤관현, 이장호, 최송미, 2006).

① 자기이해, 자기수용 및 자기관리능력의 향상을 통한 인격적 성장
② 개인적 관심사와 생활상의 문제에 대한 객관적 검토와 그 해결을 위한 실천적 행동의 습득
③ 집단생활능력과 대인관계기술의 습득

집단상담은 자신의 문제와 감정, 태도에 대한 통찰력을 개발하여 자기관리와 대인관계 태도 등을 습득하는 것을 목표로 한다.

① 자신과 타인을 신뢰하는 자기수용과 이해력을 배우는 것
② 자신의 감정 등을 인식하고 수용하는 것
③ 타인과의 친밀감 형성과 가까운 사람과의 관계 형성을 배우는 것
④ 타인의 눈치와 기대에 맞추려는 것보다 자신의 기준에 의해 의사결정

⑤ 타인에 대한 배려심과 정직하고 진솔하게 직면하는 방법
⑥ 타인 또한 어려움을 겪고 있다는 것을 인식
⑦ 타인에 대한 감정 나눔과 방법, 개인의 역량증대
⑧ 타인의 욕구나 감정에 민감하게 반응하여 대처하는 것

3. 집단의 유형

집단의 유형은 다양하지만 상담집단, 치료집단, 훈련집단, 지도집단 등으로 분류하기도 한다.

인간관계 훈련집단은 비형식적인 집단으로 대인관계와 행동양식 등으로 집단원이 다른 사람에게 영향을 미치는 것에 대한 인식을 배우고 타인이 자신을 어떻게 보는지를 배운다. 대인관계와 자기이해, 학습하는 방법에 초점을 두며, 즉각적인 느낌, 생각, 반응 등을 강조한다.

치료적인 측면의 집단치료는 4~5명 이상의 내담자들을 대상으로 심리적 갈등, 문제행동을 수정 및 보완해 가는 집단을 말하는데 성격상의 문제, 행동, 관계 등을 다룬다.

1) 집단상담, 집단치료, 집단지도의 분류

표 9-1 집단상담, 집단치료, 집단지도의 분류

구분	내용
집단상담	• 자조집단적 성격이 강하며, 자아성장, 대인관계 향상 등 • 관찰할 수 있는 비적응행동, 상호 간의 문제해결에 중심을 둔다. • 주제보다 구성원 개개인이 중심이다. • 구성원 각자의 행동 변화가 중심이다. • 일반적인 발달적 문제를 주로 다룬다. • 생활상의 문제를 탐색하여 이해와 수용을 조력한다.
집단치료	• 심층적인 심리문제를 재조명하거나 성격적 특성의 재구성 및 교정을 위한 집단 • 집단의 내·외적인 부적응행동, 심리적 갈등에 초점 • 무의식적 동기로 인한 의식적 변화에 관심 • 다양한 문제행동과 어려움을 겪고 있는 것에 초점을 둔다.

구분	내용
	• 장 · 단기적인 환경적인 제공이 필요하다. • 성격과 관계 형성에 변화와 교류가 필요하다.
집단지도	• 교육적인 차원으로 구성되기도 하며, 다양한 정보 공유 • 계획과 의사결정을 위한 환경적 · 개인적 요인에 대한 지식을 목표 • 행동 변화에 의한 정보, 자료 제공과 경험을 다룬다. • 지도자가 집단 방향성과 내용을 결정 • 정보와 지도는 교사나 지도자를 중심으로 한다. • 직 · 간접적인 경험의 정보, 계획, 직업 및 교육적인 자료 수집

2) 개방집단과 폐쇄집단

집단의 목표에 따라 개방집단과 폐쇄집단을 정해야 한다. 개방집단은 집단이 허용하는 범위 내에 새로운 사람을 받아들이는 것이다. 집단구성원 내에서 갈등이 일어날 수도 있으며, 새로운 집단원은 집단의 흐름을 방해할 수도 있고, 집단원에 활기와 도움을 줄 수도 있다. 집단원 내에서 잦은 탈퇴와 갈등은 안정성 유지를 어렵게 하며, 집단의 응집력을 약화시키기도 한다.

폐쇄집단은 시작부터 참여했던 사람들로만 끝까지 가는 것이다. 진행 중 탈락자가 생겨도 새로운 구성원을 받아들이지 않는다. 대부분 학교에서의 집단상담의 유형이기도 하며, 도중 탈락으로 집단 크기에 염려가 되기도 한다. 이는 집단의 안정성이 있고 응집력이 강하다.

3) 동질집단과 이질집단

집단구성원은 여러 상황에서는 동질적이고 이질적인 집단의 변별적인 구성도 중요하다. 동질집단은 다양한 경험과 자극을 주고 받을 수 있는 기회가 적을 수도 있고 때로는 쉽게 집단원 간에 공감대를 형성할 수 있다. 이질집단은 성별, 교육, 사고 수준의 정도 차이로 공감적 이해가 어려울 수 있다. 이는 다양한 경험적인 사례를 가진 구성원이기 때문이다.

4. 집단상담의 구성

집단상담은 어떠한 목적으로 구성되는가에 집단의 목표, 내담자 선정, 집단의 크기, 만남의 횟수, 상담시간, 물리적 환경 등을 결정한다. 또한 집단상담을 개방적·폐쇄적으로 할 것인지, 기간 등을 정한다. 집단구성원 선정은 성별, 나이, 과거력, 성격 등을 고려하여야 하며 어려움이 비슷한 사람들을 구성하여야 한다. 다양한 연령층에서 발달적·사고적·문제적인 부분을 고려하여 구성한다.

집단상담이 효율적인 경우는 자기문제로 도움을 받기를 원해야 하고, 어려움 문제를 이야기해야 하며, 집단의 분위기에 적응을 잘하는 내담자일수록 좋다. 내담자를 미리 면담하고 집단의 목표에 적합한지, 집단상담의 기대에 대하여 알려 준 후 구성원이 될 것인지의 스스로 의사결정하게 한다. 집단상담의 목적과 기능, 효과성을 고려하여 내담자를 선정하는 것이 중요하다.

1) 집단의 크기 및 목표

집단의 크기는 집단의 목표와 구성원들이 기대하는 정도를 고려하여 정한다. 학자들에 따라 다르나 일반적으로 6~7명에서 10~12명의 수준이 일반적이다. 때로는 집단의 성격에 따라 5~8명이 구성될 수 있다. 집단 내의 구성원들의 특성과 특수성을 감안하는 것도 좋다.

집단상담은 1주일에 1회 혹은 2회 정도 만나기도 하며, 문제의 심각성과 목표에 따라 만나는 빈도는 달라질 수 있다. 만남의 횟수는 한주에 1회 정도가 적절하다고 하며, 상황에 따라서는 탄력적이고 유연성이 있게 하는 것이 좋다.

집단상담의 만남 시간은 내담자의 다양성에 따라 달라지기도 한다. 대체적으로 한 시간에서 한 시간 반 정도로 하며, 2주일에 한 번 만나는 집단은 한 번에 두 시간가량이 적당하다. 반드시 상담시간은 정해진 시간에 지켜야 하며, 집단상담 시 시간을 지키지 않은 경우와 시간을 넘기는 것은 바람직하지 않다.

집단상담의 물리적 환경은 규모에 의해 구성원들의 효과적인 상담에 영향을 주기도 한다. 방은 크지 않으며, 오부로 방해받지 않고, 모든 집단원이 서로 잘 볼 수 있으며 타인의 말을 들을 수 있는 공간이어야 한다. 의자는 등받이가 있는 것으로, 원형으로 앉는 것이 효과적이기도 하다. 책상은 장단점이 있기도 하며, 상담실이 있는 기관은 녹음시설을 설치하는 것이 좋다. 가능하다면 개별적인 면담을 통해 기대와 불안을 감소시켜 적극적인 자세와 태도로 참여시키며, 자발적인 참여를 하게하여 참여의식과 결정성으로 책임감을 느끼게 하는 것이 바람직하다.

2) 구조화 수준의 집단

구조화된 집단상담은 우리나라의 대부분이 이루어지고 있으며, 개념상의 집단훈련이라는 인식과 전문상담자에 의하여 이루어지는 활동으로 간주한다. 상담의 내용구성에 따라서 구조화 집단상담, 비구조화 집단상담, 반구조화 집단상담으로 구분하여 문제 및 구성원의 동질성 여부에 의하여 집단이 달라진다. 이에 구조화 집단상담은 집단인도자의 경험과 지식이 풍부하지 않아도 프로그램의 절차에 따라서 진행하는 것이다. 즉, 구조적 틀에 의해 집단상담을 진행하는 방식이다. 반면, 비구조화 집단상담은 사전에 계획된 활동이나 정해진 프로그램의 지침이 설정되지 않고 구성원들의 경험과 관심을 토대로 상호작용하며 자기탐색이 잘 이루어지도록 조력한다. 구조적 틀을 갖기보다는 집단원의 특성과 삶을 통해 집단상담을 진행해 나가는 것을 말한다. 반구조화 집단상에서는 비구조화 형태의 집단을 기초로 구조화의 필요성이 있을 때에 탄력적으로 이루어진다.

집단의 구조화에 의하여 상담자는 촉진자 또는 안내자의 역할을 한다. 프로그램의 절차와 진행은 지도자의 주도적으로 계획하여 이끌어 가며, 집단원들의 개인문제나 태도보다는 집단의 공통적인 관심사를 주로 다루어 목표 및 훈련, 상담을 진행한다.

표 9-2 일반적 구조적 집단 프로그램

프로그램명	주목적	기간	대상
잠재력 개발을 위한 집단상담 프로그램	개인 잠재력 향상	2시간, 10회	대학생/10명 이하
학습습관 향상을 위한 집단상담 프로그램	학습부진아의 성적 향상	50분, 12회	중학생

프로그램명	주목적	기간	대상
부끄러움 극복훈련 프로그램	대인관계 곤란 개선	2시간, 10회	중학생 이상
관계 증진을 위한 의사소통기법	바람직한 의사소통	90분, 15회	대학생
비행청소년 지도를 위한 집단상담	비행청소년 선도	90~100분, 9회	청소년 5명 내외
가족기능 강화훈련 프로그램	지지, 규제, 양육 등	90~100분, 11회	한 가족 전체
자기명료화를 위한 프로그램	가치관 확립	90~120분	대학생
진로탐색 프로그램	진로정보, 희망직업	90~120분	고교생 이상

출처: 이창호, 이동귀(2014). 상담심리학. p. 228.

3) 집단참가자 권리

집단에 참가하는 구성원들에게 기본적인 권리에 대한 정보 제공과 상담의 목적, 집단형식, 규칙, 피드백 주고받기, 비밀보장 등에 관하여 오리엔테이션을 하여 사전에 집단원들이 준비하도록 하여야 한다. 또한 집단상담이 불편하거나 만족스럽지 못하면 집단을 떠날 수 있는 경우, 상담 초기에 논의가 되어 집단원들과 상담에게 떠나는 이유를 설명해야 한다. 강요와 부당한 압력으로 어려움이 있다면 집단압력에 대해 이야기하며 거절하는 방법을 사전에 주지시키는 것이 좋다. 집단구성원의 문화, 종교, 인종, 생활양식, 성별, 장애 등을 존중하여 침묵하지 않도록 배려하여 시간을 동등하게 사용하도록 한다. 마지막으로 비밀보장의 권리로 집단에서 이루어진 내용에 대해 비밀보장을 받을 권리가 있다.

4) 집단상담자의 윤리

① 집단원 선발은 집단의 목표의 일치성으로 유익을 얻을 수 있는지 사전에 면담을 거쳐야 한다.
② 집단원 간의 다문화적인 차원을 인식하여 배려적인 면을 고려하여야 한다.
③ 상담자는 집단구성원과의 개인적 관계는 피해야 한다.
④ 상담자는 집단원의 비윤리적이고 개인의 이익으로 하는 행위를 해서는 안 된다.
⑤ 집단에서는 심리적 위험에 대하여 잘 조정하여 개인보호가 이루어져야 한다.

⑥ 집단상담자는 집단원을 평등하게, 집단원 간에 드러난 내용에 대한 비밀보장을 하도록 한다.
⑦ 비자발적인 참여자나 침묵하는 구성원들이 허용적인 분위기에 적응하도록 한다.
⑧ 집단상담의 목표와 기간이 적절하게 설정되어 목표의 명확성을 점검하여 결정한다.
⑨ 집단 밖의 관계 형성을 고려하며, 상담 결과의 효과성을 점검한다.
⑩ 자문, 지도감독을 슈퍼비전을 받으며, 때론 내담자의 동의를 받아 다른 전문가에게 의뢰한다.

제2절 집단상담자의 역할

집단상담의 모든 과정은 집단상담자의 역할에 의하여 일련의 과정 속에서 상담자 및 집단원의 상호 관계를 기초로 이루어진다. 상담자는 리더자로서 집단의 촉진과 집단의 응집력을 형성하여 집단원의 변화와 성장을 도와주는 촉매 역할을 한다. 이러한 촉매의 기능은 집단 안에서 다양하게 참여자의 역할, 관리자의 역할, 치료자의 역할, 촉진자의 역할로 이루어진다.

참여자로서의 역할은 집단원들에게 자발성과 솔직함으로 참여자의 모델이 되어 지시하거나 요구하는 자가 아닌 실질적인 행동의 모범을 보여야 집단 규범문화를 조성할 수 있다. 상담자 자신이 개방하여 투명하고 본을 보일 때에 집단원들은 안전하고 자발적인 마음으로 참여하게 된다.

집단상담의 관리전문가는 집단의 준비, 형성이 시작에서 종결의 과정까지 원활하게 기능하도록 분위기를 조성해 주는 역할이다. 구성원 사이에 신뢰 형성과 효율성이 가능하도록 상담자는 정서적 안정과 자기개방의 수용을 할 수 있는 환경조성이 되어야 하며, 집단상담의 목표를 향해 갈 수 있는 적절한 때와 방법으로 상담자의 역할을 수행해야 한다. 상담은 집단원 각자의 성장과 변화, 문제해결과 회복이다. 상담의 과정에서 개인적 이슈가 다루어질 때에 상담자는 집단의 역동과 상호작용으로 개인의 심리적 어려움을 도와주기 위한 개입을 하여 개개인의 심리적 문제에 대한 전문적 능력이 있어야 한다.

또한 촉진자의 역할로서 다양한 집단에 대한 전문적 지식을 갖추어 효율적이고, 효과적인 방향으로 가도록 의사소통과 상호 관계 형성으로 집단원의 행동과 자세를 성숙된 행동으로 촉진시켜 가는 것이다.

1. 집단상담자의 자세

집단상담자의 자세는 어떠한 리더십을 발휘하는가에 따라 달라질 수 있다. 일반적으로 집단 리더의 유형은 지시형, 방임형, 민주형으로 나눌 수 있다(강진령,2011). 지시형은 집단 리더의 방향으로 집단과정을 인도하여 경험과 전문성을 기초로 집단원에게 적절하게 도움을 주는 유형이다. 방임형은 집단의 방향과 과정에 소극적으로 응대하여 개입하며 모든 책임과 결과를 집단원에 돌리는 유형이다. 민주형은 집단 리더가 비지시형으로 집단구성원들과 집단에 책임을 공유하는 유형으로 집단원의 능력을 신뢰하여 문제해결을 자율적이고 촉진적인 분위기로 이끌어간다.

리더자는 집단원들의 자발적이고 촉진적인 분위기 형성으로 집단과정에서의 피드백과 평가를 통하여 집단의 안정적이고 자신을 개방할 수 있는 환경으로 집단원들을 이끌어 주어야 한다. 그러나 집단을 이끌어 갈 때에 여러 다양한 변수들이 발생할 수 있어 지시형이나 방임형의 리더십을 발휘할 때가 있다.

2. 전문가로서의 집단상담자

집단의 효율적인 성과를 얻기 위해서는 상담자의 다양한 전문적인 자질과 인간적인 자질의 측면이 중요하다. 전문가로서 상담자는 타인에 대한 존중과 수용능력을 갖추어야 하며, 타인의 행동과 말을 왜곡하거나 편견 없이 수용할 수 있어야 한다. 집단상담에서 있는 그대로 집단원들을 수용하며 인격적으로 존중하며, 상담자 자신 또한 현실감각적 수용이 필요하여 지나친 낙관이나 긍정, 부정적이거나 현실 왜곡은 삼가야 한다.

상담자는 성숙된 사고력과 안정된 정서로 타인에 대한 배려와 열린 마음으로 집단원에 관심을 가져 인간관계로서 친밀성 교류를 유지해야 한다. 집단상담자는 긍정적인 자세와 전문가로서의 다양한 기술적인 부분을 갖추는 능력이 필요하다. 관계 형성기술, 경청, 다양한 변수 등은 전문상담자가 습득해야 하는 것이다. 관계 형성의 기술적인 부분은 수용, 공감, 관심 기울이기, 솔직성, 경청은 구체적 명료화, 반영, 진술, 질문, 요약이며, 다양한 변인에 대한 자기개방, 역할극, 유도, 즉시성, 직면 등으로 피드백과 촉진, 통제 등으로 상담자가 갖추어야 할 기술이다.

인간적인 자질은 집단의 동기에서 건전한 마음가짐으로 배려하며 돕고자 하는 것이며, 집단 분위기의 안정감으로 삶의 다양한 문제해결을 위한 접근이 필요하며 바람직한 행동의 모델 역할, 집단 내의 자발적인 창의성, 집단원 간의 이해와 배려, 관심 등을 역동적으로 지원해야 한다.

집단상담자는 집단원의 변화를 끌어내어 변화를 유도하는 사람이어야 하며, 집단원의 특성, 역동, 상호작용에 대한 지식이 있어야 한다. 집단 간의 풍부한 역동을 끌어내는 역량을 갖추어 서로 관계적 특성과 정서, 태도 등을 파악하여 상호작용을 유도한다.

제3절 집단상담의 과정

집단의 목표에 의해 구성된 집단은 참여 단계, 과도적 단계(전환단계), 작업 단계, 종결 단계로 나누기도 하며, 시작 단계, 형성 단계, 작업 단계, 종결 단계로 상담자에 따라 조금씩 달라진다.

1. 시작 단계

처음 시작하는 시간으로 집단원들의 기본적인 참여에 대한 여러 감정이 교차하기도 하며 처음 보는 집단원들에 기대감, 긴장, 불안으로 교차하기도 하여, 서로 탐색과정이 진행되기도 한다. 상담자는 집단원들에게 집단의 구성, 집단의 목표 설명, 서로 친숙하게, 편안한 분위기 형성으로 의미 있는 경험을 가지도록 이끌어 준다. 집단 내의 여러 준수사항과 집단원 간의 협력과 바람직한 행동을 탐색, 실천하며, 자신의 감정을 공개하여 타인 말을 듣고, 말할 수 있도록 권유한다.

표 9-3 시작 단계의 역할

구분	내용
집단참여자 소개	• 집단상담자와 집단원들은 자신을 소개할 때에 이름이나 별칭을 붙여도 된다. • 신뢰롭고 안정적인 분위기 조성한다. • 서로 간의 갈등을 유발하지 않도록 예의를 지킨다. • 서로의 유대감 형성에 의한 작업이 필요하다
불안다루기	• 갈등과 의심은 낮은 신뢰감을 형성한다. • 구성원은 자신들을 위해 뭔가를 해 주길 바란다. • 타인의 눈치를 보기도 하며, 자신의 이야기에 실망과 후회에 대한 불안을 야기하기도 한다. • 예상되는 불안과 어색함을 분위기를 안정된 분위기로 유도한다. • 신뢰롭고 개방적인 분위를 유도 한다.
집단목표와 개인의 목표	• 도움이 되는 집단목표 설정으로 개인의 특정 문제와 관련된 개인적 목표 설정. • 지금-여기에 초점을 두어 진솔한 자기개방과 경청, 반응, 피드백 주고받기로 통찰할 수 있도록 한다. • 구체적 행동목표는 상담의 효과와 평가에 필요하다. • 적극적이고 능동적인 참여가 필요하다. • 개인적으로 성취하고픈 목표를 설정하고 명료화한다. • 집단의 목표와 개인목표는 연결되어 있으며, 전 과정 동안 달성의 노력이 필요하다.
집단상담의 구조화	• 구조화 작업은 집단의 규범을 설정하는 집단 단계의 초기에 필요하다. • 집단원들의 공통적인 인식으로 태도 및 행동을 명시적 · 암묵적으로 규정한 문화적 규칙이다. • 때론 구조화는 자율성, 의존성, 부담감으로 집단의 성장을 저해할 수 있다. • 유연성 있는 구조화는 집단의 응집력, 피드백, 자기노출을 촉진시킨다. • 집단 초기에는 상담자는 지시, 조언보다는 진솔한 의사소통, 경청 등으로 다른 집단원의 부정적 감정을 유연하게 처리하게 한다.
집단상담자의 역할	• 집단상담의 전 과정의 설계와 계획을 하며, 활동을 진행한다. • 집단의 방향과 목표를 제시하고 집단의 규준의 발달을 돕는다. • 신뢰롭고 새로운 분위 조성으로 집단원 간 상호작용을 돕는다. • 집단 내에서의 경청과 수용, 행동의 모델, 공감의 모델을 보인다.

구분	내용
	• 집단원의 비밀을 유지하며 보호한다. • 집단원들이 효율적인 집단문화를 형성하도록 경험적 교육을 시킨다.
집단상담자의 문제행동	• 과도한 개입: 지나친 반응보다는 집단원들의 반응을 기다리며, 구성원들의 참여를 격려한다. 즉, 상담자의 주도가 아닌 집단원이 스스로 하도록 한다. • 자기노출: 상담자의 자기노출은 집단원들에게 영향을 줌으로 주의하며 집단의 일원이 되어 적절한 자기노출을 하여 집단원의 자기노출을 적절하게 조정해야 한다. • 방어적 태도: 상담자에 대한 집단원 간의 부정적 반응, 감정 등을 방어적 태도보다는 건설적 관계로 촉진시킨다.

2. 형성 단계

낯선 사람들과의 불안과 긴장이 어느 정도 해소되어도 집단의 유대감 형성, 응집력 형성이 중요하다. 이 단계에서는 집단에 대한 불안, 긴장, 두려움이 있으며, 집단 내에서 어느 정도 자신을 개방해야 하는지, 자신의 태도, 의사전달, 행동이 적절한지, 집단원들이 자신에 대한 평가, 집단원 간의 갈등, 이러한 두려움으로 때론 피상적인 대화, 회피, 눈치를 보기도 하며, 침묵이 일어나기도 한다.

이 단계는 갈등, 저항, 의존성 등을 처리할 수 있는 집단의 역동과 응집성이 자연스럽게 진행되어 집단원의 자발적이고 진솔한 소통이 이루어지도록 북돋우는 것이다. 집단원 간 자신의 생각표출을 촉진하여 서로 상호작용하여 외부적인 것이 아닌 집단 내부적인 내용, 구체적인 내용, 보편적인 내용에서 개인의 내용 등으로 초점을 전환시키는 것이다.

집단상담자의 자세, 태도, 행동 등이 모델이 되어 집단 내의 불만, 저항, 방어적인 부분을 적절하게 해소하며, 집단활동을 진행하는 것이 중요하다. 때론 이 단계의 집단상담자는 부드럽지만 단호한 표현의 묘사로 집단원의 생각, 느낌을 표현하는 기회를 만들어 부정적인 행동을 효과적으로 다루어야 한다.

표 9-4 문제에 대한 효과적인 대응

구분	내용
응집성	• 저항과 갈등을 처리하고 나면 집단은 응집성을 발달시킨다. • 응집력은 집단에 대한 결속, 소속감에 적극적으로 형성되어 우리라는 의식으로 집단상담자와 집단원들의 협력을 발달시킨다. • 응집력이 높으면 자기개방, 자기탐색, 고통의 나눔, 적극적인 참여, 표현, 돌봄과 수용, 정직한 피드백, 건강한 공유, 친밀감이 나타난다. • 상담자는 모범을 보여 신뢰성으로 집단원의 반응과 행동을 강화한다. • 응집의 활성을 높여 작업단계를 높이기 위한 목적이 아닌 활성화 단계에서 높인 응집력을 기초로 비언어적 행동, 직면 등을 활용하여 행동 변화가 일어나는 건전한 작업단계로 이끌어간다.
의존성	• 집단상담자가 집단을 주도하고 충고, 지시, 평가해 주기를 바란다. • 집단 내에서 상호작용할 때도 집단상담자를 보고 말함으로써 상담자로부터 시인과 수용을 얻으려 한다. • 상담자는 집단에 도움이 되는 말과 생각을 전달이 있어도 기다리며 인내한다. • 집단원 스스로 집단을 이끌어갈 수 있도록 집단을 신뢰하고 관망한다. • 의존성을 보이는 집단원의 질문 응대는 집단원들에게 돌려, 반응을 보인도록 한다.
갈등	• 저항이 감소되면 집단상담자나 집단원들에 대한 감정표출이 이루어지면 참여한다. • 집단 내의 활동은 통제, 힘의 균형, 지배할 것인지, 지배당할 것인지의 눈치에 관심을 둔다. • 상담자와 집단원 사이의 갈등은 상담자가 지도력을 발휘하지 못할 경우와 상담자의 행동에 불만으로 집단원에 실망감을 경험하게 된다. 이에 상담자는 위축하거나 피하지 말고 공감하거나 수용하여 처리한다. • 집단원 간의 갈등은 전의, 투사, 열등감, 경쟁심 등이 유발하여 상대에 대한 왜곡성과 비난, 불신이 나타난다. 상담자는 갈등을 정확하게 인식하여 신뢰롭게 분위기를 조성한다.
저항	• 문제에 대한 개인적 관심이 초점이 되어 부담감과 불안을 경험하게 되어 집단의 참여를 주저하게 된다. • 말이 많으며, 질문과 충고 주고받기, 어색한 표현과 모습, 침묵, 관찰자의 자세, 집단 외부적인 이야기를 늘어놓기 등으로 문제가 없는 것처럼 행동하기도 한다. • 상담자는 저항이 자연스러운 과정으로 이해와 존중으로 받아들여 스스로 인정하게 하여 처리할 수 있도록 지지와 격려를 한다. • 집단을 개방적인 분위기로 조성하여 참여와 집단에 솔직한 이야기를 소통하도록 조력하여 저항을 감소시킨다.

3. 작업 단계

집단상담에서는 단계별로 명확한 경계가 있는 것은 아니다. 단계별 진행에서는 중복적인 부분이 있을 수도 있으며, 이 단계에서는 분명한 소속감과 사기를 갖는다. 집단상담자는 집단원들이 도우려 하는 것을 알고 있으며 경쟁적, 명석한 통찰과 처방을 주는 분위기가 되지 않도록 주의한다. 어떤 사람은 처신 요령을 배우기도 하지만 문제해결이나 자기발전에 도움이 되지 않는다. 집단원들은 집단상담자에 의해 변화를 기대하기도 하여 소극적인 태도로 참여하기 쉽다.

집단상담자는 바람직한 행동에 대한 대안, 자기감정과 노출, 비효과적 행동패턴, 상담자의 리더 역할로서 집단 내에 개인의 초점에 맞추어 심도 있게 다루는 특징으로 피드백과 개방도 함께 이루어진다. 집단 안에서 자신의 표출 그 자체가 치료적이라 할 수 있다. 집단 내에서 자신의 소외된 감정을 차단하는 감정표출이 올바르게 이루어지는 것이 자신을 이해하고 수용하는 과정이 되는 것이다.

표 9-5 작업단계 내용

구분	내용
바람직한 대안행동	• 집단원 자신의 행동으로 비효과적인 부분을 이해와 수용을 하도록 하며, 집단원들이 대안행동을 탐색한다. • 다양하고 자유롭게 대안을 제시하여 다각적으로 효과성을 논의하여 적절한 대안행동이 이루어지도록 한다. • 실질적으로 연습해 봄으로써 변화의 가능성을 경험한다. • 집단원들의 비효과적인 행동을 바람직한 대안행동으로 학습하도록 도와준다.
감정과 자기노출	• 자기노출과 표현으로 집단원들은 자기의 문제를 탐색하고 집단 내 역동에 주의를 가진다. • 집단은 집단원에게 자기노출의 압력과 강요를 해서는 안 된다. • 구성원이 자신의 어려운 이야기를 하면 그 어려운 이야기에 충분히 공감과 수용, 이해를 받는다는 경험을 하도록 분위기를 조성한다. • 집단상담은 여유와 감정에 공유하여 집단원이 자신의 경험을 노출하도록 격려한다. • 집단 내에서 구성원은 감정적인 부분이 정화될 수 있도록 상담자는 노력해야 한다. • 정서적 노출은 자신을 올바르게 인식하고 이해하여 자신을 수용하는 과정이다.
비효과적 행동	• 상담자는 구성원의 비합리적 행동과 신념, 왜곡된 인지적 요소를 집단원들의 피드백과 도움으로 인지의 재구조화를 조력한다. • 집단원은 자신의 행동패턴, 가치관을 현재 자신에게 적절한지 다른 집단원들로부터 점검한다.

구분	내용
상담자의 리더	• 상담자는 집단의 리더역할뿐만 아니라 집단원의 개개인의 삶과 문제해결, 성숙을 위하여 개입을 한다. • 집단원의 비효과적 행동패턴, 인지왜곡, 비합리적 신념 등에 삶의 재설정, 가치관 점검을 수행하도록 조력한다. • 상담자는 집단원이 작업과정에서 생각이나 조언으로 인하여 좌우되지 않도록 주의한다. • 집단원이 현실적으로 자기를 대면하여 다양한 치료적 개입을 적용한다. • 집단원이 정서적 수용을 받는 것에서 개인 경험과 감정이면의 자각을 통해 통찰할 수 있도록 조력한다. • 집단원들의 변화를 추구하는 리더로 전문성을 소유하여야 한다. • 상담자는 집단과정, 역동, 집단 내 상호작용에 대한 명료한 지식을 가져야 한다.

4. 종결 단계

작업 단계에서 응집력이 형성되어 집단원은 자신의 내면과 행동패턴이 구성원들에게 수용과 피드백을 주고받아 새로운 대안행동으로 자신의 목표를 달성해 나가는 것이다. 종결해야 하는 시간이 다가오면, 집단원에게 종결의 느낌을 토의하는 것이 필요하다. 어느 시점이든지 상담자가 집단이 종결할 필요성이 느껴지면 집단원들에게 종결을 준비하는 시간을 갖게 한다. 집단상담의 목표 달성으로 종결시점이 다가올 때 집단원이 집단 내에서 자신의 통찰, 경험한 것에 의미와 학습의 내용을 명료화하며, 자신의 삶속에서 의지와 기대를 가지고 마칠 수 있도록 한다.

집단과정의 전반적인 단계에서 상담자는 종결 시쯤에 집단원이 자신의 행동에 대한 자기통찰을 강화하여 줌으로써 방향성과 경험한 것을 일상생활에 적용하여 자신과 타인을 이해하며, 수용하는 자세를 상기시켜 준다. 이러한 종결의 준비는 집단에서 모든 문제가 해결되는 것이 아니라 미해결의 과제들이 남아 있어, 좀 더 구체적인 인식으로 정리 및 지각할 수 있도록 마무리해야 한다.

제4절 집단상담의 실제

1. 초기 상담과정 진행

1) 첫 만남의 배경

첫 만남은 몇 번의 대면으로 내담자의 어려움 호소에 대한 이해와 진단을 체계적으로 파악하는 것이다. 어려움이 무엇인지, 문제의 원인이 무엇인지, 해결의지가 자발적인지 혹은 비자발적인지를 체계적으로 이해한다.

2) 내담자의 문제이해

내담자의 행동, 태도, 어휘, 신체적 언어 등을 이해하는 내담자 중심의 경청을 한다. 상담의 일정 시간과 횟수를 계획하여 시간관리 확인을 하며, 내담자의 반복적인 감정, 역기능행동, 비합리적 사고 등을 확인한다. 상담자는 지식, 경험적으로 내담자의 문제파악과 설정이 필요하며, 가족 간의 심적 거리, 기억, 출생, 가계도 등을 확인한다. 언어는 내담자에게서 여러 다양한 부분의 의미를 전달받을 수 있으며, 내담자의 면담, 심리검사, 행동 등으로 심리평가를 통해 종합적인 이해와 어려움을 등을 파악한다.

3) 상담목표 설정

상담의 목표 설정은 당면 어려움, 인간적 성장으로 상담의 구체성, 현실성, 명료화, 문제 축약 등으로 촉진적인 상담자의 자세로 온화, 진솔, 수용적, 인간적 자세, 존중적인 마음으로 내담자에게서 신뢰성을 형성하여 상담계획과 실행이 이루어진다.

4) 상담진행

상담시간과 기간, 내담자의 행동과 역할, 바람직한 행동과 내담자의 자발적 참여, 상담자에 대한 합리적 기대 등을 서로 합의한다. 초기상담이 진행하는 가운데 수정,

보완이 이루어지기도 하며, 내담자는 자신의 문제원인, 성격을 이해하여 효과적인 개입전략으로 상담하는 것이 필요하다.

5) 초기 집단의 기법

집단 초기의 상담자는 지시, 조언보다는 진솔한 의사소통, 경청 등으로 다른 집단원의 부정적 감정을 유연하게 처리하게 한다. 상담은 내담자와 상담자의 노력으로 적극적으로 참여하여야 하며, 행동규범의 구체성, 안정된 분위기, 관심 기울이기, 경청, 개방형 질문 등이다.

2. 집단상담기법

상담의 기법은 사람마다 각자의 개인차로 인하여 적용이 일관적이지 않다. 어떤 기준인가에 따라 다양하게 접근방식이 다르다. 집단의 특정 목표나 단계에서만 사용되지 않으며, 일반적으로 집단시작과 분위기 조성, 상호작용(의사소통), 집단상담 마무리의 흐름으로 간다.

집단상담의 전체적인 흐름의 기법이 다양하게 사용되기도 한다.

표 9-6 집단상담 단계별 흐름에 의한 기법

단계	특징	기법	
초기 단계	준비 및 집단상담의 시작	• 집단의 구조화	• 참여촉진
형성 단계	분위기 조성 친밀감 형성	• 분위기 조성 • 피드백 • 중지와 연결	• 지지와 격려 • 지금 · 여기, 초점 맞추기
작업 단계	집단원의 의사소통, 상호작용	• 경청 • 즉시성 • 재진술	• 공감반응 • 요약 및 명료화 • 관심 기울이기, 질문
종결 단계	집단상담의 마무리	• 집단의 분리감정 정리 • 집단평가	• 미해결문제 • 집단의 경험

1) 집단상담의 시작기법

집단상담을 시작할 때의 집단원들에게 오리엔테이션과 동기를 주어야 한다.

(1) 구조화

표 9-7 상담시작의 구조화

방법	내용	효과
안내	집단상담자 소개 집단상담의 목적과 목표 집단일정(횟수와 시간)	참여집단원의 불안 감소 집단상담 참여에 대한 학습 적극적인 분위기 조성 진행 등의 전반적인 정보
진행방법	집단상담자의 역할 집단원의 적극적 참여 개인개방의 선택 여부	
주의사항	언어와 행동 책임 집단상담 내 규칙 준수 비밀유지	

(2) 참여촉진

집단에 참여할 준비가 되지 않아 참여에 부담감을 느끼지 않도록 도와주는 것이다. 이는 집단의 응집력 향상, 집단원 자신에 대한 탐색으로 자기개방의 효과를 준다.

2) 분위기 조성기법

집단상담에 집중할 수 있도록 상담자는 분위기를 조성하고 상담의 내용에 초점을 두어 지지와 격려, 피드백으로 집단상담에 적응하도록 돕는다.

(1) 분위기 조성

상담이 시작될 때에 상담자의 자세, 언어, 행동에 분위기 조성이 이루진다. 상담자의 진행에 집중을 한다면 이후의 회기진행에서도 부드러운 분위기에 집중할 수 있다. 집단상담에 방해요소 제거, 지지적인 분위기 조성이 효과적이다.

(2) 격려와 지지

격려와 지지는 집단상담에 대한 신뢰감 형성으로 자신을 탐색하는 것이다.

표 9-7 격려 예시

집단원: 직장 상사와 있었던 이야기를 하려니 말이 잘 안되네요.
상담자: 어떤 이야기가 힘들다고 생각하나요?
집단원: 상사와의 일을 떠올리기 싫어요. 힘들어요.
상담자: 오늘은 힘들었군요. 어떤 상황에 힘든지 이야기하면 우리도 당신의 힘들고 억울함을 알 수 있을 것 같아요. 우린 당신이 겪은 힘든 마음을 우리도 이해하려고 해요.

(3) 초점 맞추기

집단원들이 집중하는 이야기, 활동, 감정, 다양한 주제의 이야기 등에 집중하여 이야기할 수 있도록 한다. 회기별 목적에 맞는 주제나 주제에서 벗어난 이야기도 진행에서 중단하거나 주제에 집중하도록 한다. 집단원들은 집단상담에 관심과 회기별 목표, 분위기 형성 및 유지하며, 집단원의 내면을 탐색해야 한다.

(4) 지금-여기

상담과정에서는 여러 많은 이야기들에 시간을 사용할 때가 많다. 집단의 장에서는 사건, 감정, 과거와 관련되어 감정과 생각을 알아차리고 자신의 문제탐색을 하는 유용한 기회가 되어 지금 상담의 장에서 일어나는 문제나 감정의 연결이 어떻게 일어나는지 경험하고 탐색할 수 있도록 돕는다. 자신의 감정을 이해하며, 자신의 문제를 탐색하고 과거와 현재의 경험을 탐색할 수 있는 효과성이 있다.

(5) 피드백

집단원의 언어적, 행동, 감정의 반응으로 다른 집단원이 어떻게 생각하고 느끼는지를 알게 하는 것이다. 피드백을 줄 때는 관찰 가능한 것이 좋다. 피드백으로 부정적 부분이든 긍정적인 내용을 수용하여 주고받을 수 있는 것은 집단에 신뢰 형성을 의미한다. 피드백은 집단원의 내면을 들여다보며, 탐색의 기회를 부여하며, 변화의 기회, 상담자와 집단에 신뢰감 형성이 이루어지기도 한다.

(6) 중지

집단상담 목적에 부합되지 않는 내용을 집단원에게 말과 행동을 멈추게 하는 것이다. 중요하지 않은 내용, 개인정보 관련 내용, 의미 없이 반복되는 내용, 부정확한 이야기 등을 집단원들에게 긴 시간을 사용할 때에 상담자는 중지를 한다. 중지를 통해 집단원은 유사한 이야기와 비슷하고 공통적인 주제로 소통이 이루어지도록 돕는다. 이는 상호작용과 응집력의 효과와 상담의 집중과 보편적인 기회를 제공한다.

3) 의사소통의 촉진기법

(1) 관심 기울이기

상담자의 전반적인 자세, 언어, 표정, 시선 등은 집단원에게 지속적인 관심을 나타내는 행위이다. 집단원이 이야기할 때는 경청의 모습으로 고개를 끄덕이거나 간단한 응대는 집단 전체에 상담자의 마음을 전달하는 방법이며, 소통의 모델이 되기도 한다. 상담자의 모습에서 방어적 행동 감소와 신뢰감 형성과 의사소통의 모델링이 된다.

(2) 경청

경청은 단순히 듣는 것이 아니라 적극적인 듣기이다. 집단원의 이야기에 숨겨져 있는 내용뿐 아니라 정서나 동기까지 포함하는 것이 경청이다. 집단원의 이야기에 공감, 요약, 명료화, 질문으로 의사소통을 원활하게 진행하여 타인에 대한 올바른 이해를 형성하고, 의사소통 촉진으로 관계하는 것이다.

(3) 공감적 반응

집단원이 자신의 주관적이고 경험적인 이야기를 할 때에 일어나는 내면의 수준을 상담자는 이해와 수용으로 집단원이 느끼는 공감으로 반응하여 내담자 자신이 이해받고 수용되는 경험을 가지는 것이다. 상담의 기술목표라고도 한다. 이러한 공감적 반응이 형성될 때에 적극적인 참여와 문제해결을 위한 행동의 시도, 탐색과 자기노출을 할 수 있는 용기가 생긴다.

(4) 요약

집단원의 이야기가 중요하거나, 복합적이거나, 길거나, 이해하기 어려워 초점이 흐려진다고 느낄 때에 시도하는 기법이다. 또는 상담이 마무리 시점에서 목적과 내용에 대하여 요약해 줄 수도 있다. 집단원의 회기별 시간에 이야기 정리, 회기를 통해 자신의 변화 탐색, 이야기하고자 하는 주제를 이끌어 가는 것이다. 즉, 집단활동 회기의 정리, 집단원의 내용 정리이다.

(5) 질문

목적과 의도에 따라 달라질 수 있으며, 다양한 질문 형태 중 집단원의 거부반응이 없는 질문 형태로 집단원이 방어를 하거나 변명을 하지 않도록 주의해야 한다. 질문은 한 번에 하나씩 질문하여, 누가, 언제, 어디서, 무엇을, 어떻게 질문을 한다.

(6) 즉시성

집단상담 과정에 초점을 두어 지금-여기를 느끼고 깨달아 즉시 소통하는 것으로 다루어야 이야기를 탐색하지 못하고 흘러갈 때에 주고받는 내용에 반응하고, 직면하고, 질문하고, 해석하는 것을 즉시성이라 한다. 이야기의 순간을 놓치면 자기탐색의 기회를 놓칠 수 있기 때문이다.

4) 종결을 돕는 기법

종결을 하기 위해서는 상담자는 집단원의 미해결문제 다루기, 감정분리, 집단에서의 여러 경험을 되돌아보기 등으로 집단상담 후 시도할 새로운 도전을 할 수 있도록 도와야 한다.

(1) 분리감정 다루기

상담은 시간, 일정이 한정되어 종결은 예견되어 있다. 집단 초기에는 불안과 두려움, 공개하고 싶지 않는 저항 등을 다룬 것처럼, 집단의 종결시점에서도 아쉬움과 두려움, 헤어짐에 대한 이별의 감정을 다루어야 한다. 분리에 대한 감정을 건강하게 하도록 연습이 필요하다.

(2) 미해결문제

모든 문제가 상담으로 해결하거나 도움을 얻어 해결될 수 있는 것은 아니다. 회기의 시간을 미리 알려주어 남은 시간에 미해결문제를 위해 탐색하게 한다. 감정의 문제, 목표 달성과 성과, 문제해결의 계기 마련을 갖도록 한다.

(3) 경험 되돌아보기

집단상담을 통해 느낀 것, 알게 된 것 등을 되돌아보아 전환이 된 계기, 좋았던 것과 힘들었던 것, 상담에서 배운 것, 전반적인 것으로 어떻게 하면 더 좋은 것인지에 생각을 나눈다.

(4) 평가

집단의 목적 달성과 달성 여부를 평가하는 것이 필요하며, 시작과 종결 시의 비교로 집단원들의 성장과 자신의 성장을 살펴보는 것이다. 집단상담의 운영과 효과성, 집단원들의 변화와 성장을 확인하여 상담의 효과를 검토해야 한다.

표 9-8 집단상담의 효과 예시

내용	매우 그렇지 않다	그렇지 않다	보통이다	그렇다	매우 그러하다
나는 나의 문제에 도움이 되었다.					
나의 마음을 이해하는 데 도움이 되었다					
나를 탐색하는 데 도움이 되었다.					
다른 이에게 권하고 싶다.					
다음에도 참여하고 싶다.					

3. 사례 예시

집단상담 목표에 의해 집단의 구성원과 주제가 정해진다면 아래의 표와 같이 전체적인 계획이 이루어져야 한다. 추진 목적 및 필요성, 추진배경, 추진방향, 집단 프로그램, 기대효과 등이 사전에 설정이 되어야 한다.

1) 회기별 계획서 작성

주제		운영방법	
활동목표			
과정	활동 내용	시간(분)	준비물
도입			
전개			
마무리			
유의점			
기타			

집단계획서는 집단의 목적과 필요성, 집단 대상, 유형, 크기, 일정, 장소, 집단원 수, 홍보방법, 기대효과, 평가 등 서술하여 예산까지 책정하여야 한다.

2) 사례(예시)

(1) 장애인 프로그램

주제: 사회성 증진

일정: 매주 1회, 60분

대상: 시설에서 거주하는 장애인

기대효과: 다양한 매체를 통해 시설에서의 갈등을 해소시킨다.

표 9-9 장애인 프로그램

단계	회기	주제	활동 내용	목표	준비물
초기 단계	1	오리엔테이션	• 프로그램, 상담자 소개 • 집단원 소개 • 별칭 짓기	• 프로그램의 규칙, 내용을 전달	
	2	넌 누구니?	• 자신과 타인을 인식하여 각자의 별칭을 짓도록 한다.	• 새로운 별칭으로 경험, 흥미유발	
	3	양초의 비밀 이야기	• 양초에 대하여 서로 이야기한다. • 양초를 도화지에 문질러 물감으로 덧칠하여 변화의 표현을 경험한다.	• 정서의 이완 • 집단활동을 통한 소속감	양초
	4	속속들이 내 모습	• 기쁨, 슬픔, 나의 마음을 색연필로 표현한다. • 자신의 마음을 개방한다.	• 자아탐색과 표현력 증진 • 자심의 감정과 타인 감정을 들여다 본다.	
실행 단계	5	함께 합시다	• 자신과 집단원을 표현한다. • 물고기 그림에 색칠하며 타인의 활동을 탐색한다.	• 타인의 활동탐색으로 이해와 자신이 인식한 구성원에 표현의 기회를 갖는다.	
	6	어떻게 표현할까요	• 자신의 마음을 표현할 메모지를 만들어 집단원에 마음을 표현한다.	• 자아통제, 표현력 증진 • 감정 이완과 수용	
	7	상자의 문을 열기	• 자신의 마음과 욕구의 마음을 열어 나와 타인을 이해한다. • 상자의 문을 열 수 있도록 만들기를 통해 개방하도록 한다.	• 나의 마음 이해와 타인의 마음 이해	
종결 단계	8	인형과 이야기 연습	• 종이컵을 이용하여 인형을 만들어 서로 인사하며 옆 사람과 대화하는 하는 표현의 기회를 제공한다.	• 협력과 자기표현 • 타인의 배려 • 자신감 증진	
	9	어떤 모습일까요	• 두꺼운 종이에 얼굴 모양을 오리고 색칠한다. • 자신의 얼굴에 종이 얼굴가면을 쓰고 옆 사람과 이야기한다.	• 언어적 대화와 협동 • 새로운 사고인식	
	10	날아오르는 새와 함께	• 지금까지의 작품을 전시하고 기쁨을 함께 나눈다. • 집단원들과 새에 대하여 이야기 나누며, 새 모양을 색칠하여 날개 짓을 표현하여 경험을 나눈다.	• 상호 유대감 • 자신감 향상	지금까지의 작품들

(2) 뇌졸중 노인 프로그램

주제: 함께 어울림

일정: 매주 1회기, 60분

대상: 뇌졸중으로 입원한 65세 이상 노인

기대효과: 상담과 활동을 통해 자신감과 공동의식으로 어울림은 자신의 삶의 의욕과 건강을 증진시킨다.

표 9-10 뇌졸중 노인 프로그램

단계	회기	주제	활동 내용	목표	준비물
초기 단계	1	오리엔테이션	• 프로그램 소개 • 자기소개 • 별칭 짓기	• 초기의 어색함과 낯섦 감소	
	2	너와 나	• 자신과 타인을 인식하여 각자 만들고 싶은 것을 하도록 한다.	• 새로운 재료와 도구의 경험과 흥미유발	지점토
	3	이게 나야	• 스펀지의 부드러움과 한지의 스며드는 아름다움을 느끼면서 돌려가며 찍어본다.	• 정서의 이완과 협동심 • 집단활동을 통한 소속감	스펀지, 한지
	4	나의 마음 나타내기	• 기쁠 때와 슬플 때의 나의 마음을 색한지를 찢어 붙여서 표현한다.	• 자아탐색 • 표현력 증진	
실행 단계	5	자유화	• 한지 위에 물감과 크레파스를 이용하여 자유롭게 표현한다.	• 창의력과 표현력 증진	
	6	반짝이 풀 그림	• 반짝이 풀로 그린 그림위에 첨가하여 그려 주면서 촉감을 느끼고 즐긴다.	• 자아통제 • 표현력 증진	
	7	기억의 공간 만들기	• 경험, 기억 등을 담고 있는 가방 만들기	• 자아상징 • 현재와 과거, 미래소통	
	8	손 본뜨기	• 손 본뜨기를 하여 자신의 장점과 삶에 대한 소망을 적은 후 집단원과 나누기	• 소속감부여로 인한 삶의 만족 찾기 • 자존감 확립으로 미래에 다가올 죽음 불안 해소	
	9	상자 만들기	• 자신의 마음과 소망을 담을 수 있는 상자 만들기	• 자신에 대한 생각을 재정립	

단계	회기	주제	활동 내용	목표	준비물
	10	꼴라주	• 자신의 과거 그리고 현재의 삶을 주제로 잡지책에서 찢어 붙이기	• 과거와 현재를 바라보면서 삶의 정리	
종결 단계	11	나의 탈과 타인의 탈	• 한지 탈을 이용하여 칼라 클레이로 붙이고 색을 칠해 완성한 후 탈을 쓰고 역할극을 한다.	• 협력과 자기표현 • 타인의 매력 • 자신감 증진	
	12	함께 나누는 꽃밭	• 각자 색한지를 선택하여 꽃잎을 오린 후 꽃놀이를 한다. • 한지 위에 협동하여 붙이고 반짝이 풀로 꾸민다.	• 언어적 대화와 협동 • 새로운 사고 인식	
	13	함께한 친구	• 지금까지의 작품을 전시하고 기쁨을 함께 나눈다. • 집단치료에 대한 서로의 경험을 나눈다.	• 상호 유대감 • 삶의 만족 향상	지금까지의 작품들

요약정리

1. 집단상담은 상담자가 여러 명의 내담자들을 상대로 내담자들의 관심, 대인관계 및 사고, 행동양식의 변화를 추구하는 것이다. 집단구성원 간의 상호작용적 관계를 통해 각자의 감정, 태도, 행동 등을 집단적으로 접근하는 방법이다. 주로 병리적인 내용보다는 발달의 문제, 생활과정에서의 어려움 등을 다루며, 대인관계와 관련되는 태도, 정서, 의사결정, 소통 등에 초점을 두어 성숙된 수준으로 향상시키는 것이다.
2. 집단 내에서 자신의 감정과 사고를 자유스럽게 표현할 수 있는 기회가 주어지도 하며 타인의 반응에 따라서 독자적 변화보다는 상호작용의 변화를 추구하며, 타인의 이야기를 듣고, 몰입하며, 적극적인 반응을 배우는 것이 중요한 의미이다. 집단 내에서의 자신의 문제를 솔직하게 말하며 자신의 문제를 내 놓을 수 없는 사람들의 저항을 감소시켜 내담자의 감정을 개방할 수 있게 된다. 집단상담은 인간관계 형성과 개인의 주도성을 요구하지 않으며, 다른 사람들의 행동과 감정, 사고를 듣고 느끼며, 배울 수 있도록 도와주는 일상적인 관계 형성이다.
3. 집단상담은 집단의 힘과 역동 등 개인의 회복과 성장을 이루기 위하여 집단원의 개개인의 총합이 아닌 통합적 체계이다. 집단의 전체로서 집단원 간의 상호작용이 연속적으로 이루어지는 상호작용과정 속에서 집단상담에 참여한 사람들은 자신을 괴롭히는 것의 경험이나 감정, 자신에 관한 것, 무엇을 어떻게 해야 하는지 이야기하는 것이다. 즉, 수용적이고, 상호 신뢰적인 분위기에서 개인들 사이의 역동적인 인간 상호 교류과정을 통해 집단원 개개인의 인간적인 성장을 도모하는 과정이다.
4. 집단의 목표에 의해 구성된 집단은 참여 단계, 과도적 단계(전환 단계), 작업 단계, 종결 단계로 나누기도 하며, 시작 단계, 형성 단계, 작업 단계, 종결 단계로 상담자에 따라 구별하기도 한다.
5. 집단의 유형은 다양하지만 상담집단, 치료집단, 훈련집단, 지도집단 등으로 분류하기도 한다. 인간관계 훈련집단은 비형식적인 집단으로 대인관계와 행동양식 등으로 집단원이 다른 사람에게 영향을 미치는 것에 대한 인식을 배우고 타인이 자신을 어떻게 보는지를 배운다. 즉, 대인관계와 자기이해, 학습하는 방법에 초점을 두며, 즉각적인 느낌, 생각, 반응 등을 강조한다.

CHAPTER 10

장애와 가족상담

길라잡이

1. 가족의 의미와 특성은 무엇인가?

2. 장애가족의 생애주기 단계과정에는 어떤 것이 있는가?

3. 장애가족의 스트레스 요인은 무엇인가?

4. 가족의 적극적인 경청기술에는 어떤 것이 있는가?

5. 클라우스와 케널의 장애자녀 탄생으로 보인 부모의 반응은 무엇인가?

제1절 가족의 개요

1. 가족의 의미

가족이란 혈통으로 연결된 사람들이 함께 살아가는 집단이라고 전통적으로 규정한다. 현대는 기능과 유형, 형태가 다양하여 가족 개념이 변화하고 있다. 가족에 대한 학자들의 정의에서 바커(Barker, 1994)는 혈연, 결혼, 입양으로 관련된 둘 이상의 사람들로 구성되어 동일한 가구에서 함께 거주하는 사람들 집단으로 정의하고 있다. 머독(Murdock, 1949)은 성관계가 허용되는 성인 남녀가 출산하거나 입양한 자녀로 구성되어 함께 살며, 경제적인 협력을 하는 사회집단으로 설명한다. 국제연합(UN, 1994)은 '가족에 관한 정의'에서 형태와 다양성에 관계없이 가족은 사회의 기본적인 단위이며, 주도적 사회화의 역할과 배우자 간의 파트너십, 세대 간 가족 내 구성원 간의 결속을 도모하는 역할 수행, 부모는 기본적 민주주의 사회가치에 따라 아동을 양육하는 주체라고 한다.

가족은 가족의 성장, 생존유지, 연속성에 필요한 활동으로 상호작용과 역동관계에 있으며 가족구성원 간에 일어나는 교류의 양과 내용으로 이루어진다(권복순, 2000). 가족구성원들에게 애정과 보호가 되는 기초가 되어야 하고 동일한 구성원이면서 서로 다른 특성을 지니고 있다. 가족의 구조, 형태, 사회경제적 · 문화적 · 지리적 위치 등에 가족은 각각의 특징을 가지며, 그들만의 독특함이 있으나 가치를 존중하며, 가족의 강점과 자원활용으로 창조적이며, 장애자녀뿐 아니라 여러 가지 문제를 이해하는 협력관계를 최대한 형성하는 것이다.

가족의 특성은 [그림 10-1]에서 가족 내부로 들어가는 입력요소로 크게 가족 전체로서의 특성, 개별 가족구성원의 특성, 독특한 상황이다. 문화적, 사회경제, 지리학적인 위치 등이 포함, 특수성, 건강상태 등 다양하다. 가족들의 경제적 곤란, 주거, 약물중독, 물질의 오남용, 학대, 방임, 폭력 노출 유무, 질환, 장애부모 등에 독특한 상황이 존재한다. 가족은 하나의 구성단위로 이루어져 특성을 공유하는 가족의 크기, 사회경제적 수준, 문화적 · 지리적 위치로 각각 특성을 고려하고 이해해야 한다. 다인종적인 사회화로 가족구성원들의 다양성과 문화의 다양성으로 이루어진 가족의 특성을 이해하려면 문화적인 요인 및 이념적인 양식 등이 장애에 대한 유형을 파악하는데 도움을 주기도 한다.

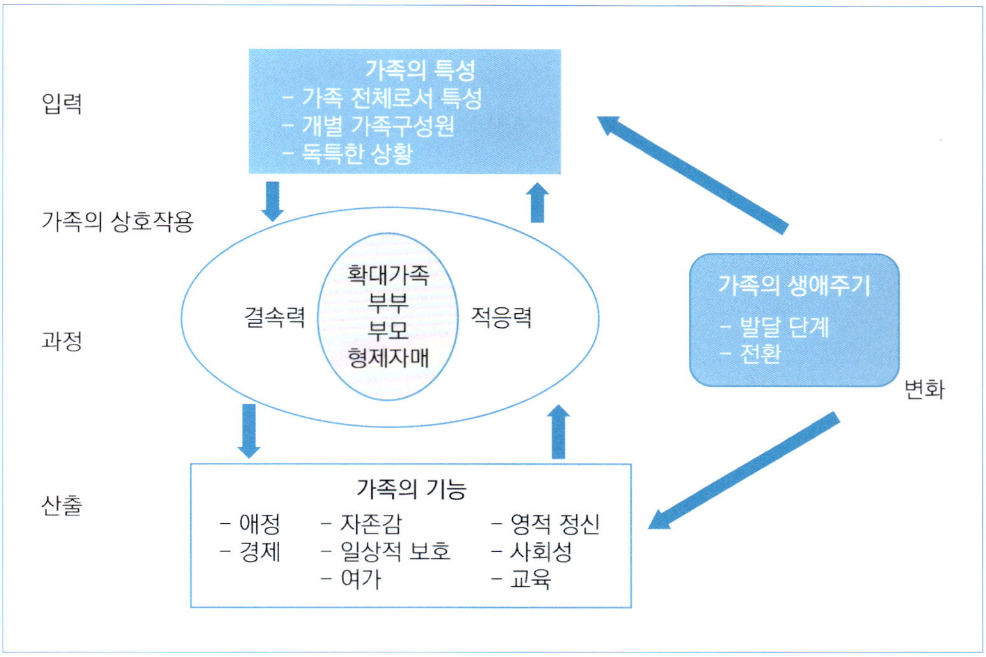

그림 10-1 가족의 특성

2. 가족의 특성

가족은 다양성과 공통성이 공존하는 개인의 특성에 의하여 일상생활기술, 정신적 및 신체적 건강, 사회생활기술, 장애자녀 등으로 가족의 기능을 약화시킬 수도, 강화시킬 수 있다.

가족구성원의 다양성과 특성에 의한 가족의 정보가 필요하다. 즉, 가족구조의 특성, 장애특성, 가족의 특별한 상황인 산후우울, 빈곤, 아동학대, 방임 등과 개인적 특성, 문화적 요인의 가족구성원의 문화적 배경(인종, 종교, 민족 등), 이념적인 성향이 가족에게 영향을 주는 것으로 볼 수 있다. 가족의 문화적 요인은 가족의 이념, 상호작용형태, 가족기능의 우선순위를 정하는 데 중요하며, 문화적 양식은 인종, 민족, 종교 및 사회경제적 지위에 따라 영향을 받을 수 있다(Seligman, 2000). 시대적 변화는 전통적인 가족에서 다양한 가족의 변화를 보인다.

안호영과 김홍주(2000)는 첫째, 가구의 규모는 축소되고 구성은 단순화되면서 가족구성원의 인원수 감소, 한부모가족, 복합가족 등으로 변화하고 있다. 둘째, 출산율 감소, 이혼율 증가, 독신, 여성의 탈가족화 등으로 유연한 가족구성과 행동의 축소이다. 셋째, 이혼과 재혼 등 다양한 혼인형태로 고정적인 가족이 되지 않은 가족구조를 보이고 있다. 또한 가족을 사회체계적 관점의 특성으로 보기도 한다(Marker, 1986; Zastrow & Kirst-Ashman, 1997).

첫째, 가족은 체계이다. 가족은 체계를 구성하는 요소인 개인들로 구성된다.

둘째, 항상성은 체계가 안정된 상태로 지속적인 평형 내지는 균형상태를 유지하려는 경향이다. 항상적인 가족은 효과적으로 기능하고 가족체계는 유지되고 생존한다. 가족이 가장 효과적으로 기능하고 있다는 것은 아니다.

셋째, 경계는 외부체계와 분리시켜 주기도 하고 체계 내에서 하위체계를 구분하기도 한다.

넷째, 하위체계를 유지하기 위해 특정 기능이나 과정을 수행하도록 할당된 부분으로 가족 내에서 지속적인 하위체계는 부부, 부모-자녀, 형제자매 하위체계이다.

다섯째, 가족 하위체계의 한 부분의 변화하는 가족체계 전체의 변화를 초래할 수 있다.

여섯째, 가족체계는 항상 안전체계를 유지하려는 경향이 있다.

일곱째, 가족체계기능은 체계 간의 의사소통이나 피드백으로 가족 내의 반복적인 상호작용으로 성격과 행동을 결정한다.

여덟째, 가족체계는 목적을 가지고 있다.

아홉째, 가족 내 개인의 행동은 직선적인 인과관계보다는 순환적 인과관계이다.

열째, 여러 하위체계의 상위체계이면서 지역사회와 같은 상위체계이다.

1) 장애특성 관련 요인

시버스(Tobin Sibers)는 '장애를 가진 사람들은 그들의 장애와 함께 살 수 있기를 원하며, 그들의 신체를 알게 되기를 그것이 할 수 있는 것을 수용하기를 원하며 할 수 있는 동안 무엇인가를 위해 일할 수 있는 것을 지속하기를 원한다. 그들은 그들이 도움 때문에 의지하는 사람들에 의해 지배받는 느낌을 원하지 않으며, 그들은 부끄러운 기분 없이 이 세상에서 그들 자신을 상상 할 수 있기를 원한다(2008: 69).' 장애와 관련된 가족은 장애의 범위, 장애의 손상 정도에 따라 가족의 특성이 달라지기도 한다. 장애의 손상 정도는 가족의 기능과 장애에 대한 반응에 영향을 주며, 즉 가족구성원의 반응, 어떻게 대응하는지 영향을 주기도 한다. 장애는 여러 다양성을 가지며 장애자녀를 둔 가족은 지속적인 보호, 정보, 경제적 지원에 대한 요구를 가지고 있다.

장애의 유형에 상관없이 아동이 문제행동을 갖고 있거나 부모가 자녀의 행동을 심각한 것으로 인식하면 가족은 지역사회, 교사, 전문가의 지원으로 협력관계를 통해 문제행동을 최소화하려 할 것이며 협력적인 관계에 참여해야 한다(Fenning, Baker & Crnic, 2007; Tunrbull & Ruef, 1997). 장애의 원인과 다양한 유형은 장애인에 대한 태도에 영향을 주기도 하며, 기질적 장애나 사지마비와 신체장애를 가진 사람들이 지적장애 또는 정서장애를 가진 사람보다 호의적으로 보이기도 한다(Choi & Lam, 2001). 또한 신체 외부기능장애와 내부기능장애에 대하여도 장애에 대한 이해와 태도에 영향을 주기도 한다.

2) 장애부모

장애 자체는 가족의 기능을 방해하지 않으나, 장애를 가진 부모의 경우는 가족의 크기, 부모의 경제력, 결혼상태와 교육 정도, 가족의 거주지역, 가족의 신념 등에 의하여 장애수용, 교육, 양육 등이 장애자녀의 발달·성장과정에 영향을 미칠 수 있다.

장애자녀의 발달과 성장은 가족과 부모의 역할뿐 아니라 학교와 교사, 지역사회, 사회적인 공동체 안에서 이루어져야 한다. 효과적인 양육으로 교육의 지원과 가정

환경 제공, 안식처, 음식, 안전 등은 장애자녀의 필수적인 자원 제공이다. 또한 교사와 가족 간의 상호적인 의사소통으로 가족은 학교생활, 하루일과, 면담 등으로 소통이 필요할 뿐 아니라 장애자녀를 위한 가족은 협력을 통해 가족구성원과 학교, 지역사회 등의 연계성이 이루어져야 한다.

모든 문화에서 부모는 첫째, 장애자녀가 성인이 될 때까지 신체적·정신적 건강을 유지하도록 장애특성과 기본적인 돌봄과 보호, 지속적인 부모의 역할을 수행하여 사랑으로 보호할 것이다. 둘째, 자녀가 경제적으로 독립하고 사회의 구성원으로 능력을 갖출 기술과 행동을 가르쳐야 한다. 장애자녀의 특별한 요구와 욕구로 인하여 전문적인 부모역할을 요구하기도 한다. 전문가와 상시적 관계, 자녀의 중재 역할, 의료, 교육, 치료 등에서 필요한 역할이다. 셋째, 장애자녀가 사회생활과 일상생활을 배우고 적응해 가도록 자녀의 사회화를 돕는다. 즉, 자기실현으로 하고 싶은 것을 행하고 행복을 추구할 수 있도록 한다는 것이다. 장애로 인하여 신체적·심리적으로 의존하는 경우가 대부분으로 다양한 환경과의 상호작용으로 자녀의 성장을 지지하는 것이 쉬운 것은 아니나 장애자녀를 둔 부모는 보호적, 자녀발달의 촉진, 자녀의 사회화를 담당해야 한다. 할러한과 카푸만(Hallahan & Kauffman, 1991)은 장애부모의 역할을 다음과 같이 제시하고 있다.

첫째, 팀 구성원(정보 제공자): 평가, 치료적인 부분의 기초자료를 전문가에게 제공, 교육과정에 적극적이고, 유관기관에서 습득한 내용을 가정에 적용하는 역할

둘째, 사회적응 격려 :자녀의 장애를 극복하고 사회적응을 도와주는 감정적 이입과 격려자

셋째, 권익옹호: 사회, 교육기관, 관련 기관 등에서 자녀가 인간으로서 권리를 누릴 수 있도록 전문가와 입법제정, 정치적 영향력 수행

넷째, 의사결정: 자녀의 교육, 평가, 권리, 사회참여 등에 관한 의사결정

다섯째, 다양한 정보 제공: 장애로 인하여 부족한 감각인 듣기, 보기, 맛보기, 균형적 감각, 또래활동, 직·간접 체험 등을 통해 긍정적 자아를 발달시킨다.

3. 가족체계이론

1) 사이버네틱스 모델

가족이 사이버네틱스체계와 공통된 것은 수행한 것에 관한 정보를 피드백으로 체계의 안정성을 유지하려는 경향을 말한다. 사이버네틱스 모델은 가족이 어떻게 움직이는가를 설명하는 모델이다. 사이버네틱스의 핵심은 피드백 고리의 체계가 안정을 유지하기 위한 필요한 정보를 포함한다. 피드백 고리는 긍정적일 수 있고, 부정적일 수 있다. 긍정과 부정적인 것의 구분은 체계 내의 항상성(恒常性)을 벗어나는 것에 대한 영향력이고 체계에 이익 또는 해를 주는 개념은 아니다. 이에 부정적 피드백은 기준이 되는 곳에서 멀리 이탈했는지, 다시 돌아오기 위한 교정이 필요한지를 알려주는 체계의 항상성 상태를 회복하는 신호라고 한다. 부정적인 의미가 아닌 잘못을 수정하는 정보를 일상에서 자동화, 신체와 두뇌, 명령을 내리고 자기절제를 도와주는 것이다. 긍정적 피드백은 체계가 흘러가야 하는 방향을 확인 후 강화하는 정보이다.

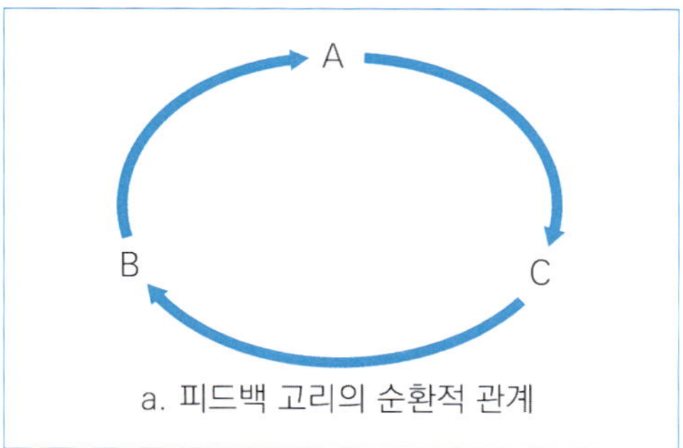

a. 피드백 고리의 순환적 관계

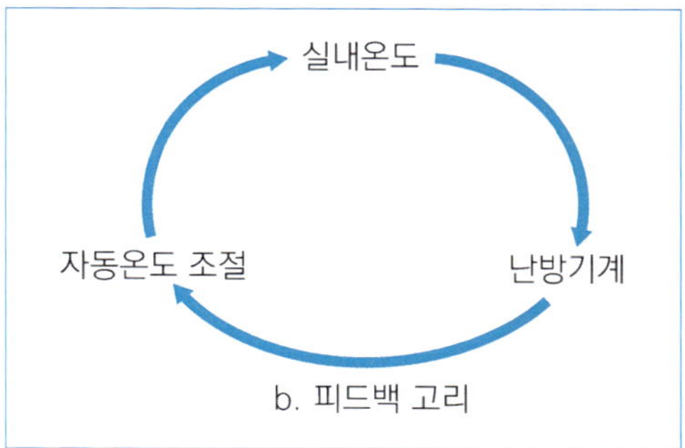

b. 피드백 고리

기본적인 순환관계에서 A는 B에 영향을 주고, B는 C에 영향을, C는 다시 A에 영향을 준다. 예로 (b) 그림은 A는 실내온도, B는 자동온도 조절장치, C는 난방기계가 된다.

사이버네틱스 모델을 가족에 적응하면(Michael, 2011) ① 가족규칙은 가족체계가 수용할 수 있는 행동규범을 규정하다(가족의 항상성 범위). ② 가족 내에 존재하는 규칙을 강화하기 위해 사용하는 부정적 피드백 기제로 죄책감, 처벌 증상이 있다. ③ 문제를 중심으로 흘러가는 가족구성원의 상호작용 순서는 문제에 대한 체계의 반응 이탈을 중심으로 하는 피드백 고리를 결정한다. ④ 체계에 익숙한 부정적 피드백이 더 효과가 없을 때 긍정적 피드백 고리가 가동하게 된다. 그러므로 가족 사이버네틱스 개념을 가족 내의 피드백 고리 또는 가족 역기능의 근본적인 원인이 되는 의사소통의 패턴에 초점을 두며, 이는 의사소통 학파에 영향을 주고 있다.

2) 사회구성주의 모델

가족체계는 구성원 각 개인의 행동을 이해하기란 불가능하다. 그러한 상호작용은 가족구성원이 서로의 행동을 어떻게 해석하는지에 의해 만들어진다. 사회구성주의는 가족이 열린 체계이며 해석이 속해 있는 문화로부터 흡수한 가정들에 의해 영향을 받는다.

구성주의 가족상담은 재구성, 행동을 재명명함으로써 가족구성원의 반응을 전환시키는 기법이다. 구성주의는 사람들이 문제를 갖고 있는 가설 쪽으로 초점을 바꿔 의미 그 자체가 주요한 표적이 되는 것이다. 문제행동의 패턴을 다루는 것에서 내담자로 하여금 삶에 대한 새로운 관점을 발견하도록 돕는 것이다. 즉, 구성주의와 사회구성주의는 행동의 중재자로서 해석을 중시하며, 구성주의는 개인의 주관적 마음을 강조하고 사회구성주의는 사회적인 해석과 언어와 문화, 상호 주관적인 영향을 강조한다. 가족치료에서는 해결 중심적 접근과 이야기치료에 영향을 주고 있다. 해결 중심 가족치료는 무엇이 잘못되었는가를 알아내기보다는 내담자의 예외적인 상황을 기억할 수 있는지 질문한다. 이탈리아의 정신과 의사 발레리아 우가지오(Valeria Ugazio, 1999)는 가족구성원이 분화할 때 그들 행동뿐 아니라 자신에 관한 말하는 방법에도 분화된다고 한다. 사람은 의존/독립의 양극으로 특징지워 가족 안에서 대화는 두려움과 용기, 보호에 대한 중요성과 탐험하고자 하는 욕구를 중심으로 이루어지는 경향이 있다. 대화의 결과로 가족구성원은 자신들을 수줍고 조심성 있는 사람 또는 대담하고 모험적인 사람으로 정의하게 된다.

3) 애착이론

가족구성원의 행동에 체계적인 영향을 다루고 있는 애착이론은 친밀한 관계를 설명하는 주요한 수단이다. 정서중심의 치료자 존슨(Susan Johnson, 1996)은 한 배우자가 비판하고 불평하면, 다른 배우자는 방어하면서 뒤로 물러나게 되는 가족역동을 깨기 위해 애착이론을 사용했다. 애착이론은 비판하고 불평하는 것은 결속이 깨어지는 것이 두려워 저항하는 것이라고 한다. 즉, 잔소리는 배우자를 화나게 하며, 화가 난 배우자보다 더 불안해하는 것이라 한다.

애착은 스트레스를 받는 상황에서 친밀함을 찾게 되는 것을 의미한다(담요를 끌어안을 수 있지만 담요가 안아주지 않는다). 애착은 엄마의 부드럽고 따뜻한 몸에 아기가 달라붙어 있거나 안겨 있을 때, 사랑스럽게 눈빛을 교환할 때, 엄마를 붙잡고 엄마도 아기를 붙잡고 있을 때 있다. 메리 에인스워드(1967)는 유아들은 안전기지로 그들의 애착대상(어머니)을 사용한다고 주장한다. 유아는 위협받는다고 느낄 때 애착대상은 보호와 편안함을 주는 돌봄의 역할을 하는 것이다. 이에 불안정한 애착이 형성되면 회피전략으로 유아는 애착을 추구하는 행동을 억제하게 되고, 저항은 유아가 엄마에게 들러붙어서 모험을 피하는 것이다.

애착 대상과의 관계에서 안전성은 유아가 편안함과 보호를 주는 근원지로 돌봄자에게 의존할 수 있다는 것을 말하며, 위험이 발생할 때 안정된 관계에 있는 유아는 돌봄자에게 애착행동(접근하기, 울기, 손뻗기)을 전달하며, 편안해진다. 안정애착은 돌봄자가 옆에 있다는 것에 확신으로 세상과의 상호작용에 자신감을 갖게 되는 것이다.

애착이론은 두려움과 분노의 증상적인 표현과 애착관계의 불안을 연결시킴으로써 임상에서 적용된다. 자녀의 파괴적인 행동이 부모의 접근성과 반응에 대한 자녀의 불안에서 나오는 것이며, 부부의 분노와 방어적인 상호작용 뒤에 숨어 있는 두렵고 약한 애착을 할 수 있다(Gottman, 1994; Johnson, 1996). 애착이론은 친밀한 관계, 즉 자녀양육과 친밀한 부부관계 안에 있는 안정에 대한 기본적 욕구를 강조한다.

4. 가족상담(치료)의 실용성

인간환경에서는 행동이 눈으로 볼 수 없는 상호작용에 의해서 형성되고 피드백, 순환관계 등과 같은 체계적인 개념은 복잡한 상호작용을 예측한다.

1) 대인관계 상황

가족상담의 기본전제는 상황이다. 가족구성원과의 상호작용으로부터 강렬한 영향을 받는다는 말로 설명되는 상황은 가족의 중요성을 의미하며, 직접적인 연관은 가족이 행동을 이해할 수 있는 적절한 환경이 되기도 하고 그렇지 않기도 한다. 예를 들어 우울한 대학생은 가족보다는 기숙사에서 일어나고 있는 상황에 힘들어 할 수도 있다. 사람들이 문제를 해결하도록 하는 가장 효과적인 방법은 삶에서 중요한 사람들을 만나는 것이다.

2) 상보성

상보성은 모든 관계가 가지는 특성이며 상호 의존을 말한다. 관계에서 한 사람의 행동은 다른 사람의 행동과 연결되며, 남과 여, 음과 양이라 할 수 있다. 가족상담사는 한 사람이 다른 사람에 대해 불평하는 것을 들을 때 상보성에 대해 생각한다. 예를 들어 아내의 잔소리에 불평하는 남편은 "아내는 언제나 불평을 합니다."라고 말한다. 상보성관점은 아내의 불평을 상호 간에 영향을 미치는 형태 중 절반에 해당된다고 생각한다. 누군가가 잔소리로 인식하면 아내의 걱정에 대해 충분히 들어지지 않았다는 것이다. 자신의 말이 경청되지 않은 것에 화가 나고 지지받지 못한다는 느낌을 받아 아내는 잔소리하는 것이다. 상보성은 관계하고 있는 사람들이 서로 통제하는 것을 의미하는 것이 아니라 상호 간에 영향을 주는 것이다.

3) 순환적 인과관계

베이슨(Bateson, 1979)에 따르면 행동은 순환적인 순서를 유발하면서 잇따르는 행동이 순환적으로 다른 것에 영향을 준다. 가족은 문제의 원인을 발견하고 문제가 누구의 책임인지를 결정하려고 하기 때문에 상호적 또는 순환적인 인과관계로 적용된다. 순환적 인과관계는 누가 무엇을 시작했는가를 찾기 위해 논리적이지만 비생산적인 탐색을 하고 있는 가족에게 합류하는 대신에, 문제는 진행되고 있는 일련의 행동과 반응에 의해 유지된다.

4) 과정/내용

사람들은 대화 내용보다 어떻게 말하는가 하는 의사소통과정에 초점을 맞춘다. 예를 들어 대학신입생의 대학에 다니는 것에 대한 것을 부모와 대화를 나누기 위하여 상담에서 학생은 대학은 시간 낭비라고 표현하기 시작하면, 부모는 학교를 다녀야 하는 중요성에 강력하게 주장을 함으로써 논쟁을 한다. 상담자는 부모의 입장에서 불안해하는 그 내용을 지지하는 개입을 할 수 있다. 그러나 이것은 학생에게는 감정을 말로 표현하는 것을 배우는 과정을 지지하는 기회를 놓치는 것이다. 때로는 내용이 중요하며 그것에 대해 적절한 조치가 있어야 한다. 그러나 상담사들은 내용에만 초점을 맞추면 가족이 기능적인 체계가 되도록 돕는 것에 소홀할 수 있다.

5) 가족구조

상호작용 속에 가족상담은 구조 안에 있어 다루기가 쉽지 않다. 가족은 상호작용과정을 설명하고, 구조는 상호작용이 일어나는 구조를 정의한다. 가족은 세대, 성별, 기능에 의해 결정되는 하위체계로 구성되고 하위체계는 대인관계의 경계선, 즉 다른 사람과 접촉의 양을 조절하는 보이지 않는 장벽에 의해 구별된다(Minuchin, 1974).

가족상담사들은 경계선이 너무 경직되거나 분명하지 못할 때 문제가 생긴다고 한다. 경직된 경계선은 외부 체계와의 접촉을 매우 적게 허용해서 결과적으로 유리(disengagement)를 초래한다. 유리는 독립적으로 남겨 두기는 하지만 고립시키며, 자율성을 키워 주지만 애정과 돌봄을 제한한다.

6) 가족생활주기

시간이 지남에 따라 한 시기의 도전을 견디어 다음 단계로 넘어가는 개인에 대한 단계라고 할 수 있다. 가족생활주기는 개인의 발달을 이해하는데 가족은 구성원들의 성장과 변화에 적응하기 위해 재조직되어야 한다. 그리고 발달이 가족의 어느 세대에 일어나도 가족구성원 중 한 명 또는 전체에게 영향을 준다.

가족의 문제는 환경적이거나 발달적인 도전에 직면할 때 변화하는 환경에 적응하지 못해 발생하기도 하며, 역기능적인 가족의 신호가 아니라 생활의 전환기에 재적응에 실패한 가족의 신호라고 볼 수 있다.

7) 저항

가족의 갈등이 표면화되어 두려워하는 일이 발생할 때에 가장 민감한 문제에 저항할 수 있다. 가족은 유익한 변화조차도 저항해야 하며, 변화의 결과가 안전하고 신뢰할 만하다고 분명해질 때까지 계속된다. 저항이 완고하다기보다는 신중한 것으로 보는 것이다.

제2절 장애가족의 기능

1. 장애가족기능

가족은 서로의 욕구를 충족하기 위해 수행하는 과업으로 문화에 영향을 받는 가족기능은 다양한 영역으로 구분될 수 있다.

1) 애정

가족은 서로 화목함과 원만함을 상호소통으로 생각한다. 특히 애정은 여러 의미에서 정의되기도 하며 신체적으로 애정을 서로 교환하고, 무조건적인 사랑을 교환하는 것이다(Poston, 2002; Summers, 1987). 가족 간의 언어적 · 신체적 애정교환은 서로 맺고 있는 애착으로 가족관계에서 가장 우선시되는 것이다. 자녀와 부모 사이의 교류를 촉진시키며, 정서적 유대관계를 강하게 만드는 역할이 애정이다. 애정은 문화적으로 어떻게 서로에게 표현하는지에 따라 영향이 다르다.

아동의 대부분은 기본적인 욕구인 사랑을 요구한다. 무조건적인 사랑의 교환을 가족 간의 가장 핵심적인 요소이다. 로쏘(Harriet Rousso, 1984)에 따르면, 장애자녀는 그들의 몸, 장애, 모든 것에 대한 수용, 인정, 사랑이 필요하다. 부모로부터 절대적인 사랑이 필요하다. 모든 아동에게 장애가 있건, 없건 아동은 모든 면에서 어머니의 사랑스러운 눈으로 쳐다봐주는 것은 아동의 몸에 기쁨과 자신감을 보여 주는 것 그리고 아동의 무언가 해나가는 독창적인 것을 인정하는 모습이 중요하다. 만약 장애가 올바른 것이 아니라면 아이는 '정상'처럼 보이기 위하여 투쟁하고 가급적 장애가 없는 것처럼 보이도록 애써야 할 것이다. 이러한 태도는 아동에게 자신의 정체성에 대한 혼란을 느끼게 하고 자신의 모습을 숨기도록 강요하게 된다.

가족구성원의 강점은 가족이 어려운 환경에서 이겨낼 수 있도록 인내와 적응을 서로 지지하는 것이다.

2) 가족의 자존감

가족은 다양한 삶에서 여러 경험을 하는데 자아존중감은 삶의 전체적인 부분에서 갈등과 어려움을 이겨 갈 수 있도록 한다. 다양한 어려움을 겪은 부모에 대한 전문가는 협력관계에서 강점을 잘 파악하고 그들의 자존감을 향상시켜 가족구성원의 능력에 대하여 진정성과 인내력을 존중하게 된다. 휴먼(Heumann, 1997)은 장애부모는 아동이 태어날 때부터 자아존중감을 유지할 수 있도록 해주며, 장애자녀가 그들 부모로부터 자신에 대해 높은 기대감과 희망을 자기고 있음을 인식할 때, 장애자녀 역시 스스로에 대해 기대감을 가질 수 있다고 주장한다.

장애자녀가 여가활동에 참여하고, 또래와 함께 상호작용하거나 자기주장을 하고 어려운 상황의 대처나 자기옹호를 연습할 수 있도록 배움으로써 자기보호기술과 집안일에 참여하며, 자기주장을 펼칠 수 있도록 아동의 자율성과 독립성을 잘 지원해야 한다. 때로는 비장애인이 장애인에 대한 부정적인 비평이 있을 수 있고 부정적이지 않을 수도 있다. 장애인에 대한 비장애인의 비평이 올바른 태도를 가져 장애인 스스로 자아존중감을 향상시킬 수 있는 기회를 장애를 가진 학생, 부모, 사회는 공유해야 한다.

3) 가족의 경제

장애자녀의 가족경제는 주요한 자원이다. 모든 가족은 경제활동을 하여 생활을 영위한다. 가족의 경제적 수준은 장애자녀 양육을 어렵게 하여 경제적으로 어려운 가정은 장애자녀에게 비장애자녀보다 특정 활동을 시켜주지 못할 경우도 있다. 경제는 보장기구, 이동도구, 가정환경, 건강, 여가활동, 의복 등에서도 발생하며, 가족의 삶에 결정적인 영향을 미친다. 이러한 경제는 장애자녀의 연령, 장애특성과 강도, 가족에 따라 다르며, 가족이 장애를 경험하는 이차적 어려움이다. 장애가족은 발생하는 비용뿐 아니라 가족구성원에 장애인이 있다는 것이 부모의 직업에 영향을 미치고 부모의 취업, 근무시간, 자녀의 보호와 관리 · 감독을 담당해야 하는 역할이 있다. 장애자녀 가족 중 전적으로 보호와 교육, 치료를 담당하는 부모는 다른 가족구성원보다 스트레스 강도가 높을 것이라 유추해 볼 수 있다.

4) 보호

가족기능에서 '일상적 보호'는 가족의 신체적 · 정신적 욕구를 지원하는 것이다. 일상에서의 살아가는 데 필요한 교육, 교통, 건강, 청소, 요리 등이 삶에서의 주요한 요구의 만족을 위해 노력하는 것이다. 장애가족의 신체적 보호는 질환, 장애의 특성으로 건강상의 문제로 인해 체력이 부족하여 조심성이 부족한 경우이며, 일상적 보호는 신체적 문제와 함께 장애 유형 특성으로 많은 일상적인 보호를 말한다. 일상적 보호에는 목욕, 몸단장, 화장실 처리 등이 포함하여 사회생활 활동에 가족은 일상적 보호문제가 부각되기도 한다. 또한 건강상 문제로 도움이 필요한 장애자녀 부모는 일상적으로 보호역할을 수행하는데 체력적으로 힘들기도 한다. 의료기기 사용, 전문의사와 상담 등 장애자녀에 관련된 다양한 보호가 수반되어야 하기 때문이다.

5) 사회성

개인이 전반적 삶에 필요한 요소로 다양한 삶의 요소를 경험할 기회가 필요하다. 장애인이 비장애인에 비하여 친구관계, 우정을 맺게 되는 것이 부족하므로 걱정하기도 한다. 가족은 교사와 전문가들이 장애자녀의 우정형성 지원과 효율적인 안내로 교사와 상담자, 관련 기관에서 또래들과 함께 어울리며 의사소통하는 우정을 맺도록 중재가 필요하다.

학교와 또래관계에서 장애자녀는 사회성과 사회적 예의를 배우며, 사회적 기술을 습득하여 사회화과정에 참여하게 된다.

장애자녀와 비장애인의 관계 형성을 지원하기 위해 가족들과 전문가들이 할 수 있는 방법은 다음과 같다(Gordon, Feldman & Chiriboga, 2005, Taub, 2006).

- 기회 제공: 학생들이 함께 모여 그들이 서로에 대해 알 수 있는 기회를 제공한다.
- 효율적인 환경 조성: 물리적인 환경 조정을 통해 장애학생들이 의미 있는 방법으로 또래와 상호작용할 수 있도록 기회를 제공한다.
- 긍정적인 상호작용 지원: 긍정적으로 언제 상호작용하며, 우정을 나누는지, 관계를 위한 멘토링을 제공한다.

〈표 10-1〉는 장애아동과 비장애아동의 우정촉진전략이다(Turnbull, Pereira, & blue-Banning, 1999).

표 10-1 우정전략

구분	내용
기본적인 주제	조건 없이 아동과 청소년을 받아들여라.
기회 만들기	• 지역사회활동에 참여하라. • 이웃과 학교와 통합을 위해 노력하라. • 장애아동은 자신의 형제들이 또래와 어떻게 우정을 형성하고 유지해 가는지 살펴볼 수 있는 기회를 제공하라. • 'The Circle of friend's를 시작과 활성화하라.
이해 끌기	• 다른 사람이 장애아동, 청소년을 받아들이도록 지원하라(어떻게 하면 편하게 다른 사람과 의사소통하는지 배울 수 있도록 하라). • 매력적인 모습으로 보이도록 하라(장애아동의 외모 또는 옷의 상태를 청결하게 하여 다른 사람에게 호감을 줄 수 있도록 신경을 써야 한다).
조화 끌기	부분일지라도 지역사회활동에 참여하도록 격려하라.

6) 여가

가족의 여가는 다양한 환경에서 다양한 활동이 있다. 오락, 놀이는 장애자녀와 가족이 서로의 유대관계를 유지하는 주요한 부분이기도 하며, 스포츠, 게임, 산책, 수영, 취미생활, 실내활동, 실외활동은 장애자녀와의 접촉 등은 가족의 협력으로 가족구성원의 가치관, 신념을 형성하는 데 영향을 준다.

장애의 특성에 따라 가족의 여가생활이 달라질 수 있겠지만 가족의 시간적 노력은 장애자녀와 형제자매, 가족구성원의 전반적인 상호작용 증진에 도움이 된다. 때론 여가활동은 장애가족에게 세부적인 계획을 요구하기도 한다. 이러한 계획은 가족이 함께 좋은 시간을 보낼 수 있는 필요한 요건이며, 가족의 자발적인 여가문화를 참여시키기도 한다. 여러 활동은 가족의 사회화, 장애자녀의 사회적 연결 형성에 중요한 기회를 준다.

표 10-2 여가의 다양한 장소

구분	활동 내용
놀이활동	야구장, 운동장, 체육관 등 신체활동을 할 수 있는 곳
가족 외출	쇼핑, 음식점, 친구집 방문, 친인척 방문, 야외활동 등
여가활동	수영, 취미생활 등 하고 싶은 활동을 독려
예술 · 오락활동	음악활동, 미술관 견학, 극장
지역사회활동	도서관, 오락센터, 박람회 등 지역사회에서의 여러 장소
아동이 좋아하는 공간	동물원, 식물원, 주변의 다양한 공원, 체험장

7) 교육

장애가족은 교육에 대하여 깊고 중요하게 생각한다. 장애자녀의 교육활동 요구를 충족시키기 위하여 가족의 역할과 가족의 가치, 가족구성원의 기능이 교육에 필요하다. 매덕스와 커밍스(Maddux & Cummings, 1983)은 학습을 가정과 학교 모두가 요구한다면, 학습에 어려움을 가진 아동은 숨 쉴 틈이 없어진다고 말한다. 가정은 학업의 피난처가 되어야 하며, 대부분이 활동에서 좌절을 경험, 삶의 재미를 느낄 수 없고, 집에서 가장 어려운 것이 기다리면 장애자녀는 힘들 것이라고 한다. 장애아동과 청소년의 가정과 학교는 의도적 교육을 포함하여 발달에 도움이 될 계획으로 교육을 지향한다. 그러나 지나친 교육은 장애학생들에게 부정적인 영향을 줄 수 있으므로 모든 교육활동이 교육이라고 할 수 없음을 간과해서 안 된다.

2. 장애가족의 생애주기

가족의 생애주기는 가족구조와 시간이 지남에 따라 변화하는 것을 설명한다. 가족구성원의 다양한 경험으로 삶의 과정이 지속적으로 변화해 가는 과정이다. 또는 한 단계에서 다음 단계로 변환하는 전환(transition)이라고 하며, 아이의 탄생과 양육 단계의 경험이라고 한다. 이러한 단계들은 문화적인 영향에 의해 달라지기도 한다.

가족은 기능과 관련된 단계에서 이루어야 하는 과업들이 있다. 자연스럽게 예측하며 단계에서 다음 단계로 진행되어 가족구성원들이 서로 상호작용하며 역할에 필요한 과정이라고 할 수 있다. 가족의 특성은 가족구성원인 아동성장과 개인의 특성 변화와 가족의 상호작용인 아동의 성숙과 성장이 부모의 체계적 변화와 의사소통방식에 의해 변화될 수 있다. 가족의 기능은 아동 성장이 가정보다 사회적(학교)생활과 또래관계에 더 많은 시간을 보내는 것에 집중하는 유아기, 아동기, 청소년기, 성인기로의 과정이 이루어진다. 장애가족은 생애주기의 길고도 긴 마라톤으로 생애주기의 성장 단계별 어려운 전환과정에 직면하는 인내심과 역량이 필요하다.

1) 출생과 유아기

대부분의 가정은 건강한 자녀의 출산과 탄생을 원하며, 부모는 자녀가 태어나기 전까지 뭔가 잘못된 것을 알지 못한다. 하지만 자녀가 장애를 가졌다는 사실은 충격과 걱정으로 양육과 장애라는 용어에 직면하게 된다. 그러나 가족은 장애라는 용어와 의미를 이해하고 친숙해져야 하며, 장애유아의 조기교육과 서비스의 정보, 장애아동이 자기결정기술을 습득할 수 있도록 가르쳐야 한다. 장애에 대한 지나친 비관과 부적응은 오히려 장애자녀의 성장과 촉진을 저해할 수 있다. 장애아동의 가족은 슬픔의 주기(grief cycle) 경험으로 수용의 단계로 전환되기도 한다. 때론 부모는 자신의 아이가 도움이 필요하다는 것을 깨닫고 유아기 서비스를 받고 싶어 한다. 유아기의 과제이행 형성은 다음과 같다.

① 유아기 서비스의 참여: 장애를 아는 것은 일생동안 가족이 전문가와 함께 한다는 상호작용의 선상이다.

② 발달적으로 적합한 어린집, 유치원교육: 개별화 프로그램으로 유아의 학업과 사회적응으로 이어진다. 이는 아동의 학교 입학 준비로서 학습기술, 사회적 의사소통능력을 고려하게 한다.

③ 환경에서 요구되는 기술: 장애유아의 성공적인 적응과 환경은 요구되는 기술의 긍정적인 결과로 이어진다.

④ 가족의 스트레스 감소: 적응의 긍정적인 관계와 전환활동은 가족 스트레스와 밀접하다.

⑤ 유아의 자기결정: 가족은 장애유아의 자기결정력에 영향을 미친다. 유아가 선호도표현, 선택하기, 소속된 환경에서의 통제, 자기결정이 바탕된 기술을 연습하는 곳이 가정이다. 이러한 기회는 장애유아가 자신의 삶을 선택하고 결정하는 기초이다.

2) 아동기

학령기 아동은 가족과 학교생활의 범위가 확장된다. 이 시기의 장애아동은 많은 과제들에 직면하게 되며, 여러 능력의 적합성 통합과 미래에 대한 전망을 습득하여야 한다. 현실적인 부분의 교육은 특수교사, 전문가, 가족의 역할 등에서 아동은 신체적 · 발달적 건강, 물리적 환경 등에서 배우고 성장하여 초기학습경험이 미래학습을 위한 발판을 형성한다.

① 의료적 측면의 규준: 장애가 규준(norm)에서 벗어난 손상(impairment)이 아니라는 인식이 필요하다.

② 교육 지원: 부모에게 교육 내용에 대한 정보 제공과 조기중재 또는 초등학교 프로그램의 지원인 단기적인 학업경험과 연습 등이 장애아동의 사회적응의 전환계기가 된다.

③ 통합교육: 장애학생의 교육적 배치는 인종, 민족적 배경에 따라 달라지며, 적절한 교육은 학생의 배치된 환경에서 학생의 성공적 증진 지원과 적합한 환경이 주안점이 되기도 한다. 장애학생의 일반학급 배치는 장애학생의 연령, 학년에 적합해야 한다.

④ 통합교육환경: 장애 정도와 유형은 장애아동의 환경적 교육에 재구조화되어 이루어져야 한다. 장애아동은 또래의 역할 모델과 우정관계가 가능하고, 아동의 학업적 기술 향상, 현실에서의 사회적 관계를 인식한다.

⑤ 부모의 요구: 통합교육 관련하여 부모는 교사의 자격, 일반적 학급에서의 개별 서비스의 가능, 통합교육 프로그램의 지원에 많은 집중이 된다.

⑥ 장애아동의 자기결정권과 자기옹호: 장애아동에게 지원이 제대로 될 수 있도록 자기결정, 자기옹호가 이루어져야 한다.

3) 청소년기

청소년기는 가족이 속한 사회문화에서 영향력을 받는다. 청소년기는 청소년기와 초기 성인기에 스트레스가 가장 많이 받으며, 장애아동은 청소년기와 초기 성인기에 부모에게 스트레스를 주거나 덜 줄 수 있다. 장애아동은 비장애아동보다 친구가 적거나 외부환경을 접할 기회가 적고, 위험한 행동을 할 기회가 낮다. 그러나 청소년기는 2차 성징의 두려움, 외부와 고립, 이질감으로 수행해야 하는 성교육, 자기결정기술, 다양한 직업관점 등이 이행되는 시기이다.

① 성교육: 장애를 가진 청소년들도 결혼에 대한 희망과 자신의 자녀 그리고 다른 십대들처럼 성에 대한 관심을 가진다(Murphy & Elias, 2006). 장애부모는 자녀가 성적 학대를 당하지 않을까 하는 걱정을 하며, 예방에 의한 정확한 정보와 믿을 수 있는 사람에 의해 성적 측면뿐 아니라 장애와 같은 측면을 포함한 성교육이 적절하게 수행되어야 한다.

② 건강과 위생: 청소년기의 사고력과 신체성장으로 인한 여러 변화는 청소년이 감당하기 힘든 경우가 있다. 남녀의 신체적 변화와 호르몬의 변화로 인하여 다양한 체험을 하곤 한다. 장애청소년의 경우 장애 정도와 유형으로 건강과

위생에 대한 개념과 인식의 교육이 이행되어야 한다.

③ 인간관계: 청소년기의 인간관계 형성은 성인기와 사회화에 많은 영향을 준다. 장애청소년의 사회활동과 관계 형성, 우정 등은 성격의 변화를 초래할 수도 있으며, 관계 형성에 주요한 역할로 성인기의 직업선택, 사회생활에 영향을 준다.

④ 자기결정기술: 자기결정에 대한 강조는 청소년기에 중점을 두어야 하며, 성장함에 따라 일상의 책임과 수행으로 자신의 삶의 목표를 설정과 성취하기 위해 노력해야 하는 시기이다. 장애부모는 자녀가 자기결정을 하는 것이 중요한 일이라 생각하고 도와주어야 하며, 중·고등학교에서는 자기결정을 연습 할 수 있도록 가르쳐야 한다(Grigal et al., 2003). 자기결정기술을 장애학생에게 가르치는 것은 교육과정 참여 지원과 자기결정 독려이다. 가족은 가정에서 결정하기, 문제해결하기, 목표설정하기, 등으로 자녀를 지지할 수 있으며, 학생은 자신의 삶에 필요한 결정을 능동적으로 유의미하게 선택할 수 있다.

4) 성인기

일반적으로 성인이 된다는 것은 일상생활, 정서, 자존감, 경제, 사회화, 여가활동, 교육 등에서 스스로 자신의 욕구를 충족시켜야 하는 책임과 의무감이 따른다. 성인기는 사회구성원으로의 변화, 자율성, 책임성 등의 변화를 경험하게 되는 것을 의미한다. 개인은 삶의 주체가 되는 자율성이다. 퍼거슨과 퍼거슨(Ferguson, P. M. & Ferguson, D. L., 2006)은 자율성은 상징성과 연관이 있는데 상징은 취업(자율성의 상징성), 투표(사회구성원으로서의 자격에 대한 상징성), 결혼(변화의 상징)이다. 성인기에 접어든 장애가족은 성인장애인을 독립시키기는 어려운 여건이 따른다. 초기 성인기는 자기충족, 자기결정, 자율성, 독립된 자신으로 자발적으로 지역사회에 참여하고 성취되는 시민으로 연계되어야 한다. 즉, 기대하는 역할 수행으로 한 인간으로서 지속적으로 발전 및 성장하는 것이다.

청소년기와 성인기의 전환은 구분되는 시기가 아니라 사회적 이해 개념이다. 성인기로 전환하는 장애인이 직면해야 하는 어려움들을 고려해야 하며, 1973년 「재활

법: Rehabilitation Act」에서 1992년 개정한 「재활법」에서는 수혜자 자격을 가진 사람들은 이동서비스, 직업훈련, 진로상담, 배치서비스, 장비와 공학보조도구, 보장구를 제공받을 수 있다고 명시하고 있다. 부모와 전문가들은 장애인의 독립과 성인으로의 전환으로 전문가와 장애가족이 서로 신뢰로운 협력관계로 개인, 가족, 성인 장애인의 성공적인 사회생활 진입과 가능성을 높일 수 있다고 한다. 이에 중등과정 이후의 고등교육기관 진학과 관련된 세 가지 접근 모형을 살펴본다(Stodden &, Whelly, 2004).

첫째, 중·고등학교 졸업 후 진학과정에 대한 확인과 지원

- 독립 프로그램 모형: 중도의 지적장애를 가진 학생들을 위한 프로그램으로 대학의 일반 프로그램과는 달리 분리되어 독립적으로 구성 및 운영된다.
- 혼합 프로그램 모형: 장애학생의 삶의 기술을 배우기 위한 독립된 프로그램과 일반 대학교육과정에 통합되어 수업받을 수 있는 기회를 제공하기 위한 교육과정이 함께 존재한다.
- 개별화 지원 모형: 각 장애학생들의 교육, 직업적 목표를 기초로 지원하거나 서비스를 제공한다.

둘째, 지원되는 취업선택의 평가에 대한 접근으로 여러 학자들은 지원고용에 대한 요인을 밝히고 있다.

- 장애를 가진 취업자들은 일반고용인과 비슷한 일을 하였을 때 직장동료의 긍정적인 태도, 직장에서의 통합되는 것으로 나타났다.
- 장애인을 가진 취업자는 직무 지원을 받고 직장동료들이 지원을 위한 훈련을 받았을 때에 좋은 결과물이 만들어진다(Cioffi, & Yovanoff, 2000).
- 고용의 영역은 점차 중시되고 있으며, 장애인의 고용을 위하여 직업습득, 직업역할, 예비 직업교육, 동료와 관계 등은 장애인의 고용에 많은 영향을 주고 있다.

셋째, 자영업의 고용형태이다.

- 개인의 능력, 흥미, 시장의 수용 변화에 따라 개별화와 다양한 형태로 이루어진다. 성인장애인의 취업욕구는 삶의 전환기에 장애가족에게 지원이 필요하다.

표 10-3 생애주기 전환 강화

구분	내용
출생 및 영유아기	• 자녀들이 일시적으로 유치원에서 분리되는 것에 준비한다. • 정보를 수집하고 지역사회에 있는 유치원을 방문한다. • 부모를 위한 프로그램에 참여(일대일 관계 프로그램에서 숙련된 부모와 짝이 되도록 하라)한다. • 학교에 있는 프로그램, 직업선택, 성인 프로그램과 친숙해지며, 미래에 대한 생각할 기회를 제공한다.
아동기	• 부모에게 교육과정 선택 폭을 넓게 제공한다. • IEP 모임이 가족의 결속에 힘이 된다는 점을 확신시킨다. • 부모를 위한 프로그램, 워크숍, 가족 지원 프로그램 참여를 격려한다. • 다른 부모들과 이행과정 결과에 대하여 토론한다.
청소년기	• 가족과 사춘기 청소년이 지역사회의 여가 활동에 대해 인지하도록 도와준다. • IEP 내용을 미래 직업을 위한 경력으로 프로그램한다. • 다양한 직업과 생활에 대한 선택에 친밀하게 한다. • 유사한 장애를 가진 성인과의 멘토, 자질이 좋아하는 성인과 멘토 등으로 학생이 용기를 가지도록 돕는다.
성인기	• 가족에게 후견인제도, 재산관리, 유언장, 신탁제도 등에 대한 정보를 제공한다. • 가족구성원 개인은 각각 책임을 가지고 장애인에게 적절한 도움을 줄 수 있도록 한다. • 직업선택에서 장애인과 그 가족에게 도움을 준다. • 결혼과 관련된 부분은 책임에 대한 이해와 가족의 개념에 대한 인식을 하도록 한다.

출처: 이미숙, 노진아, 김연하, 김정민, 김태영, 한민경(2013). p. 193.

3. 장애가족의 스트레스

장애아 양육으로 인한 가족의 스트레스에 많은 연구가 이루어지고 있으며, 장애가족은 시간과 재정적인 부분에 많은 스트레스반응을 보이고 있다.

1) 스트레스란

스트레스는 다양한 크기와 형태로 올 수 있고 크게 영향을 받는다. 사람은 어떤 식으로든 변화를 촉구하는 요구와 기회에 직면할 때 스트레스를 느낀다. 스트레스는 두 가지 요소를 포함하는데 요구를 창출하는 사건, 즉 스트레스원(stressor)과 이러한 요구에 반응하는 개인반응인 스트레스반응(stress response)이다. 스트레스원에 대한 반응은 스트레스 사건과 그 사건에 효과적으로 대처할 수 있는 능력에 대한 자기평가에 영향을 받는다. 스트레스원이 위협적이라고 생각하면 자연스럽게 나오는 반응은 두려움의 감각이다. 두려움은 신체적 · 정서적 · 인지적 반응으로 심리적 요인에서 유발하기도 한다. 특히나 심리적 스트레스는 반응에 약화되어 개인을 무력화시키며 오랜 시간 개인의 삶에 영향을 준다. 또한 다양한 스트레스는 스트레스의 본질과 뇌와 신체의 스트레스반응으로 외상 사건, 회피, 반응, 각성된 불안과 죄책감 등이 나타나기도 한다.

- 외상 사건의 재경험: 사건과 관련해 반복해서 떠오르는 생각, 기억, 꿈, 악몽에 의해 마음속에서 사건을 너무나도 생생하게 재경험하여 실제 사건이 다시 일어나고 있다는 생각이다.
- 회피: 외상적 사건을 상기시키는 활동을 피하고 그와 관련된 사고, 느낌, 대화를 피하려고 노력한다.
- 줄어든 반응: 고립감을 느끼거나 좋아했던 활동에 대한 관심을 잃는다. 심리적 괴리를 경험하기도 하며, 정신이 멍해지거나, 뭔가를 기억하는데, 어려움, 비현실감을 경험하기도 한다.
- 각성, 불안, 죄책감: 지나치게 경계를 하고, 쉽게 놀라며, 주의집중에 어려움을 보이며, 수면문제, 불안, 우울, 분노를 보이며, 지나친 죄책감 등을 느낀다.

현대사회는 전쟁, 천재지변, 사고, 폭력, 폭행, 생물학적 · 유전적으로 다양한 스트레스를 경험하며, 특히나 장애부모의 스트레스는 경제적 · 정서적 · 환경적으로 많은 스트레스를 안고 살아간다. 스트레스에 대한 대처를 어떻게, 어떤 방법으로 도움을 받고 지원을 받는가에 따라 장애가족의 스트레스대처와 장애가족의 삶은 달라질 수 있다.

2) 장애가족과 스트레스 요인

장애아 양육과 관련된 '돌봄의 만성성'(chronicity of care)은 장애아 가족을 갑작스러운 위기에 처한 가족과 구별되게 하는 핵심요소이다(Marshak, 1999:25).

> "어떤 가족은 오랜 세월동안 주 7일 하루 24시간 장애자녀를 돌본다. 스트레스가 극심하고 온 가족은 신체적 · 심리적으로 소진된다. 재정난에 대한 걱정도 있을 수 있고 가족 전체가 위험에 놓일 가능성도 있다. 가족이 어려움을 경험하는 정도는 가족의 어떠한 삶의 상황을 이해하는지, 가족구성원들이 서로를 얼마나 지지하는지, 가족 바깥의 사회적 지지가 얼마나 이용 가능한지, 돈에 대한 걱정이나 다른 가족문제가 있는지 등에 따라 달라진다(p. 25)."

장애가족은 장애로 인한 여러 충격적인 부분을 극복해야 하며, 다양한 어려움에 직면하는 상황적 환경에 끊임없이 부딪치는 과정으로 변화와 극복을 해야 한다. 또한 가족구성원의 정서적, 행동, 성격, 지원서비스, 정보, 장애자녀의 의료적 측면 치료, 재활, 교육 등의 재정적 부담, 장시간의 심리적 · 정서적 피로감을 극복해야 한다. 부부간의 정서, 불안, 경제, 심리적 · 사회적 관계 등에 가족은 끊임없이 도움과 지원을 필요로 한다.

① 가족환경요인: 가족환경은 장애자녀에게 독특한 영향으로 스트레스를 주거나 가족이 상처를 받기도 하며, 형제자매들에게 생존의 본능을 강화하는 요인도 될 수 있다.

② 경제적 요인: 적절한 양육을 못한다는 것에 대한 부모의 갈등으로 안정적으로 성장 · 발달하지 못하는 것에 대한 부모의 스트레스가 되기도 한다.

③ 정서적 요인: 일관되고 반응적인 양육자와 예측 가능하고 신뢰할 수 있는 환경으로 장애자녀의 양육이 되지 않으면 방임과 학대의 스트레스가 되기도 한다. 그러므로 심리적 빈곤은 부모의 신체적 · 정서적 에너지를 고갈시키기도 하며 스트레스의 원인이 되기도 한다.

④ 부모위험요인: 양육자로서 자녀와 상호작용하는 동안 피드백을 제공하지 않는 것과 임신 중 약물 사용으로 인한 요인, 미성숙한 10대 부모의 교육 및 지원이 불충분하여 직업기술과 양육기술 부족으로 경제의 안정성 결핍으로 양육의 스트레스요인이 되기도 한다.

⑤ 아동 내적 위험요인: 생물학적 문제(합병증, 미숙아, 의학적으로 약한 상태 등)은 가족에게 신체적 · 정서적 · 재정적 어려움을 갖게 한다.

제3절 장애가족의 적응 및 기능강화

가족의 기능은 상호 교류적, 역동적인 과정을 통해 수행되고 구성하는 것이며, 소소한 작은 일에도 가족의 참여와 도움으로 가족의 애정, 여가활동, 자존감 등에 영향을 준다. 장애자녀를 둔 가족은 가족뿐만 아니라 주변의 환경에서도 영향을 받는다. 애정, 정신적, 경제, 일상적 보호, 사회성, 여가교육 등이 가족의 기능으로서 역할이라 할 수 있다. 장애가족은 이러한 기능을 수행하여 장애자녀가 사회구성원으로 진출하기 위하여 기본적인 진단과 주변의 협력적인 서비스, 가족 내 소통과 부모, 형제자매에 의한 영향을 받는다.

1. 장애자녀의 수용과정

장애를 둔 가족은 심리적 영향은 직면한 불균형상태를 균형을 이루려는 노력의 위기적인 부분이다. 장애를 가졌다는 사실에 충격을 받지 않는 부모는 없을 것이다. 이러한 위기적인 직면은 가족의 기능에 여러 영향을 주기도 하며, 가족붕괴의 위험성이 되기도 한다. 가족의 기능은 가족이 어떻게 이와 같은 위기를 극복하느냐이다. 자녀에 장애가 있다는 점에 직면하면 대부분의 부모는 마음의 중심을 잃고 실망하거나 분노를 경험하고 죄책감이라는 심리적 과정을 경험하는데, 이것은 본질적으로 대상 상실의 애도과정으로 부모가 수용하는 과정이 필요하다.

클라우스와 케넬(Klaus & Kennell, 1975)은 장애를 가진 자녀들의 탄생 직후에 부모가 나타내는 반응을 연구하여 애도과정을 설명하고 있다.

- 제1단계: 충격(shock). 자신의 자녀에게 장애가 있다는 것을 알았을 때 부모의 최초의 반응은 견디기 어려운 충격이다. 세상이 무너지는 혼란을 경험하게 된다.
- 제2단계: 부인(denial). 자신들이 느끼는 충격을 어떻게 극복할 것인지 노력한다. 가장 흔한 노력은 마음속에서 인정하지 않으려는 방어기제가 작용한다. 부모들은 뭔가 잘못된 것이 아닌가, 오진인가, 다른 아이를 잘못 본 것은 아닌가, 자신의 아이에 그런 일은 없다 등의 현실을 받아들이기 어려운 강한 거부반응을 보인다.

그러나 시간이 지나면 방어기제도 설득력을 잃어 현실을 바라보며 다음단계로 이행한다. 그 중간에 일종의 흥정(bargaining)을 하며, 끊임없이 의료진을 바꾸는 사례가 나타나기도 하며, 기적을 얻기 위해 종교, 민간치료에 몰두하기도 한다.

- 제3단계: 슬픔과 분노(sadness and anger). 슬픔, 분노, 불안이 계속 일어난다. 부모들의 우울상태와 "왜 우리가 이와 같은 운명에 처해야 하는가"하는 분노나 "장애아동을 계속 돌볼 수 있을까"하는 불안에 휩싸이기도 한다. 일반적으로 분노는 신이나 배우자, 친인척, 의료진 등을 향하기도 하며, 부모가 원하는 것은 자신이 그려온 건강한 상태로 되는 것이다. 위로해도 부모의 감정은 정리될 수 없다. 또한 부모는 자신이 장애아동에 대해 거부적인 감정을 가졌다는 것에 죄책감이나 절망감을 느끼면서, 장애아동의 존재를 상당히 부담스러워 하기도 한다. 이 시기에 비관적으로 장애아동과 동반자실을 생각하는 부모들도 있다. 때로는 죄책감으로 자녀에게 지나치게 보호적이거나 무관심한 태도를 보이는 경우도 있다.
- 제4단계: 적응(adaptation). 슬픔, 분노, 불안, 우울로 힘든 감정을 경험하며 이후의 감정이 정리되어 온화해진다. 부모는 이 시기가 되면서 장애를 가진 자녀에 대해 피할 수 없는 사실이라는 체념과 현실 수용의 마음을 가지기 시작한다.
- 제5단계: 재조직(reorganization). 앞의 강렬한 감정을 경험한 부모는 이 시기에 장애아동을 적극적으로 가정 속에 끌어안고 부모로서 책임을 다하기 시작한다. 또한 하나의 위기를 극복한 경험이 있는 사람은 다른 대처능력에도 빠르다. 부모들은 장애아동을 돌볼 때 부수적으로 발생하는 문제를 처리하는 힘도 서서히 길러진다.

프로이드나 볼비(Bolby)는 애도작업을 사랑하는 대상을 상실한 경우 생기는 고통과 그것에 대한 방어, 고통 속에서 현실검증과 새로운 적응에 시도 그리고 상실의 대상을 단념함으로 고통에서 해방되는 단계를 거치는 자아의 움직임이다. 이러한 장애가족은 장애에 대한 진단반응, 의료적 서비스쇼핑, 부부갈등, 의사소통, 가족구성원의 스트레스에 영향을 받는다(Labore & Seligman, 1991). 개인과 가족의 행동과 능력을 진단하기 위해 가정, 학교, 지역사회 등의 다양한 접근이 필요하다.

1) 진단반응

블래처(Blacher, 1984)는 가족들은 자녀의 장애진단에 다양한 반응을 보이며, 초연함에서 당혹감 그리고 죄책감까지의 다양한 감정들이 보고된다고 한다. 그러나 부모들은 숙련된 기술을 요하는 자녀양육의 현실과 가족의 정상적인 일상의 변화에 직면하게 된다.

진단은 진공상태에서 이루어지는 것이 아니라 다양한 구성요소인 아동의 특성, 부모의 특성, 가족형태와 정보 제공자인 아동, 부모 그리고 맥락적인 가정, 학교, 지역사회 등을 포함한다. 진단은 고정된 것이 아닌 계속적인 것이다. 진단은 장애아동의 프로그램계획으로 이어져야 하며, 프로그램 실행과 실행 후 점검, 평가, 수정 보완이 이루져 장애아동과 가족을 지원을 해야 한다. 진단은 장애를 둔 가족의 서비스 적격성을 결정하는 것이다. 즉, 장애의 규명과 처방에 있으며, 가족 중심 서비스 지원과 함께 적격성 결정이다.

표 10-4 가족의 적극적인 경청기술

구분	내용
반영하기	상대가 말한 말을 반복한다. • 화자는 자신이 말한 내용을 상대방이 들었음을 알게 된다. • 화자와 청자가 이야기 나눈 사항에 대해 함께 이해한다.
바꿔 말하기	청자의 말로 주요한 내용을 다시 이야기한다. • 화자는 자신이 말한 내용을 들었음을 알게 된다. • 화자와 청자가 이야기 나눈 사항에 대해 함께 이해한다.
질문 명료화하기	화자가 자신이 말을 더 상세하게 설명할 수 있게 질문을 한다. • 의미를 명확하게 한다. • 화자가 왜 그렇게 말했는지 명확하게 한다.
질문하기	화자가 자신의 말을 더 확장시켜 이야기하도록 질문한다. • 화자가 말한 내용과 이유에 영향을 미칠 수 있는 다른 조건들 • 화자의 기본적인 느낌
비언어 의사소통	화자의 느낌이 무엇인지 알기 위해 자세, 표정, 몸짓, 눈맞춤, 목소리톤 등에 주목한다.

진단을 통해 '부모가 기대하는 것'과 '진단 후에 필요한 중재'를 결정할 수 있다(Bailey & Wolery, 1992). 진단에 대하여 부모는 병원과의 접촉으로 자녀의 장애가 시작되며, 장애자녀에게 어떤 원인과 치료적 · 예방적 · 교육적인 정보를 알게 된다. 부모는 장애자녀의 원인과 예후적인 치료방법, 장애교육적인 방법 등 다양한 정보가 제공되어야 한다. 진단의 중심을 '개인의 강점'에 두어 강점을 발달시키는 중재를 해야 하며, 가족은 의사결정과정의 일부라는 느낌이 아닌 존중받는 느낌이 들도록 하여 전문가의 제안과 상담으로 장애자녀에 대한 부정적인 태도를 갖지 않도록 지원한다.

가족진단은 첫째, 중재계획에 대한 가족의 욕구와 만족을 결정해야 한다. 둘째, 가족과 개인에 서비스의 효과를 결정할 중재가 필요하다. 가족진단의 복잡한 과정으로 효과적인 면담기술과 적극적인 경청이 필요하다.

2) 서비스 쇼핑

서비스 쇼핑이란 부모 또는 보호자가 장애가 있다고 생각되어 자녀의 장애진단에 확정을 위해 두 곳 이상의 의료기관을 방문하는 행위를 말한다(최국환, 2016). 장애가족의 부모는 의료 전문가들로부터 존중받는다는 느낌이 들지 않을 때 전문사의 의견을 무시하거나 무관심하게 되어 온정적인 의료인을 찾아 서비스 쇼핑을 하게 된다. 장애가족은 다양한 차원에서 진단과정에 참여하고, 가치 있는 정보를 제공받으며, 협력적인 서비스로 결함과 문제를 가진 사람들이 아니라 능력과 중요한 가치를 지닌 사람들로 인식이 필요하다. 가족서비스에 대한 중재로 가족의 강점, 요구, 희망사항 등을 알아 '협력과 반응적인 실행'으로 가족의 전체과정을 이해하여 불만족이나 만족스러운 서비스 영역을 알 수 있다. 이는 가족과 개인의 중재와 서비스 효과를 높여 가족 전체의 발달과 성장에 영향을 주기도 한다.

장애발생으로 인한 가족, 특히 부모는 자녀의 장애를 치료와 치유의 목적으로 여기저기 의료적인 측면으로 서비스를 제공받기를 원하고 있다. 그러나 자녀의 장애와 의료적인 측면이 맞지 않을 시에는 다른 기관을 찾거나 다른 의료진을 찾아다니는 서비스 쇼핑을 하기도 한다. 장애로 인한 부모의 여러 감정적이고 심리적 측면과 의료적 측면에 희망을 찾아다니기도 한다.

3) 부부갈등

자녀가 장애로 진단받은 시기에 관계없이 부모는 자신의 삶과 다른 가족구성원들의 삶을 조정하는 문제에 직면하게 된다. 부모는 자녀의 장애를 알게 되었을 때에 다양한 반응을 보이며, 이전의 가족상황 내에서 경험한 균형이라는 결과에 직면하여 싸우기도 하고, 어떤 가정은 장애아를 가짐으로써 가족들의 삶과 그들의 결혼생활이 더 강화되었음을 말하기도 한다(Bradley, Knoll, & Agosta, 1992). 그러나 어떤 부모는 기대보다 슬픔의 단계를 경험하고 상실감을 느끼고, 장애자녀에게 적절하지 않은 희망과 기대를 품을 수 있다. 이러한 결과로 부모들은 갈등을 유발하기도 하며, 부부갈등으로 인하여 정서적 · 심리적 · 경제적으로 곤란을 경험하기도 한다. 부모들의 재정적 · 정서적 · 신체적 부담으로 어려움을 겪을 때에 장애아동은 방임과 학대를 받을 위험이 많으며, 빈곤과 관련한 가족 스트레스가 학령 전기에 지속된다면 장애자녀의 학업성취와 사회생활에 부정적인 영향을 준다.

부모의 싸움을 목격한 남자 아이들은 그렇지 않은 아이들보다 공격적 성향을 보이고 가정폭력을 관찰한 여자 아이들은 보다 위축되는 경향이 있다(Osofsky, 1994). 또한 장애아동으로 인한 양육책임, 부모의 갈등과 스트레스는 부모의 죄책감, 무력감, 좌절, 우울증을 동반하기도 한다. 이러한 스트레스는 종종 아이들에게 보호의 질적인 면에 영향을 주고 우울증이 있는 부모와 함께 사는 아이는 우울하게 될 위험에 노출되기도 한다. 최국환(2018)에 따르면 부부갈등의 원인을 분석하기 위해서는 갈등의 원인이 장애자녀에 대한 반응에서 유래된 것인지, 가족의 독특한 상호작용의 형태에 기인한 것인지를 먼저 구분해야 한다. 부부갈등이 장애와 무관한 가족 자원에도 있을 수 있다는 것이다. 이러한 부부갈등은 가족기능에 영향에 영향을 미칠 수 있어 부모들의 이혼율, 정서적, 장애에 대한 주위의 부정적인 시각으로 인하여 시회적 고립을 경험하기도 한다.

부모들은 다양한 반응으로 장애자녀의 탄생은 기쁨과 불안을 동시에 경험하는 것으로 아이의 양육과 부가적인 책임감을 가지게 되는 것에 어려움을 느끼고 가족의 주요한 역할 변화와 가족의 삶에 특수한 자녀의 양육, 교육, 성장, 발달에 전문가의 지원, 부모의 책임을 맡게 된다. 모든 부모가 자녀의 장애진단에 같은 반응을 하는 것은 아니다. 엘리자베스 큐블러-로스(Elizabeth Kubler-Ross, 1969)의 연구에서 슬픔의 단계로 충격, 불신과 부정, 분노와 분개, 타협, 좌절과 우울, 수용으로 분류하고 있다.

표 10-5 슬픔 단계의 특성과 지원을 위한 제안

단계	특성	지원
충격, 불신, 부정	• 죄책감, 수치심을 경험할 수 있다. • 장애가 있음을 부인하려고 할 수 있다. • 의료진단을 받으러 여러 병원을 다닐 수 있다. • 진단을 수용하거나 필요한 지원의 제공을 완전히 거부 할 수 있다.	• 수용하는 태도로 경청하라. • 가족들이 감정을 표현하도록 격려하라. • 가족들에게 그 감정이 자연스러운 것임을 확신시켜라. • 아이와 관련 가족들이 공유할 수 있는 강점을 찾아라. • 가족들이 준비가 되었을 때 필요한 자원과 서비스를 제공하라.
분노와 분개	• 도움을 주려는 이들(배우자, 전문가, 가족)에 화를 낼 수 있다. • 비장애아를 키우는 친구들에게 분개할 수 있다. • 진단의 정확성에 대해 전문가와 논쟁을 벌이려 할 수 있다.	• 사려 깊은 경청의 태도를 취하라. • 가족들의 분노와 분개를 표현 · 표출할 수 있도록 격려하라. • 가족들의 '느낌'에 대해서는 논쟁하지 마라. • 공격적인 말에 방어하지 마라.
타협	• 장애가 없어질 수만 있다면 무엇이든 하려는 믿음을 갖는다. • 신과 협상하려고 한다. "장애를 사라지게 해준다면 무엇이든 하겠다."	• 적극적인 경청을 하라. • 지지를 모여라. • 전문적인 견해를 부모들에게 강요하지 마라. • 비평을 삼가라.
우울과 좌절	• 현실을 수용하기 시작하고 기대했던 아이를 잃어버렸음에 대해 슬퍼하게 된다. • 아이의 잠재력을 볼 수 없고 단지 아이의 결함만을 보려 할지 모른다.	• 적극적이고 반영적인 경청을 하라. • 부모 지원그룹과 같은 지원을 제안하라. • 우울증이 만성적으로 나타나면 상담을 받을 수 있도록 의논하라. • 아이의 강점에 대해 지속적으로 의논하라.
수용	• 아이의 요구에 초점을 맞추는 대신 아이의 강점을 보기 시작한다. • 아이의 삶을 향상시키기 위해 긍정적이고 주도적인 입장을 견지한다.	• 경청을 계속하라. • 진보에 대해 격려하라. • 아이의 강점에 대해 지속적으로 강조하라. • 가족에게 사례관리역할을 양도하기 시작하라. • 가족들이 역량강화를 위해 지원하라.

4) 의사소통방식

장애가족을 연구한 학자들은 장애아동들이 가족들의 시간, 심리적인 안정감, 상호관계, 재정 그리고 아동의 자유에 대해 과도한 요구를 함으로써 가족들로 하여금 심각한 어려움을 겪게 할 수 있음 논하고 있다(Brantlinger, 1991). 장애가족은 의사소통과 관련하여 사회적 결핍, 언어소통의 부재, 애착 형성의 부족 등 요인들이 존재하며, 특히나 언어적인 소통은 대인관계의 수단으로 관계 형성에 많은 영향을 주고 있다.

일반적으로 가족이 자주 접촉하는 교사나 상담가, 의료진 등은 성실하게, 정중한 방법으로 가족과 의견을 나누어야 하며, 교사는 아동을 통해 학교와 가족 사이에 오가는 기록이나 간행물은 긍정적이고 발전적인 의사소통의 방법으로 사용해야 한다. 또한 부모와의 단체모임이나 개별적인 모임 모두 협조적인 관계를 유지하는 데 유용하다. 도움을 제공하는 것이 가족의 품위를 손상시키거나 가족의 역량을 저하하는 것이 되어서는 안 된다.

대부분의 의사소통은 사회적 동기로 인하여 발생하며, 의사소통기능을 측정하기도 한다. 장애로 인하여 가족들은 문제행동, 바쁜 일정, 재정적인 어려움에 직면했을 때 평정을 유지하는 것이 어려우며, 장애자녀의 장래에 대해 시간이 지날수록 만성이 되기도 한다. 또한 장애를 가진 형제자매와의 관계 형성에도 어려움을 가지기도 한다. 이러한 가족들은 효과적인 소통으로 문제행동을 보이는 장애자녀, 비장애자녀의 향상을 위하여 가족들은 능력, 열정, 긍정적인 태도를 가지고 변화에 수용적이고 자녀를 위해 시간을 투자하고 자녀의 하나하나에 주의를 기울이고 가족의 방식에 자신을 맞추고자 노력해야 한다. 장애자녀 역시 가족, 주변에서 스트레스를 받기도 하며, 심리적 압박을 경험하기도 한다. 스트레스를 다스리는 훈련, 인지치료, 대처기술교육 등은 적극적인 프로그램 참여로 정보, 정서적 지원으로 불안과 조절, 죄의식 같은 감정을 해소할 수 있도록 한다.

가족은 지역사회의 참여에 대한 그들의 시야를 넓히고 새로운 시각으로 아동과 가족이 협력으로 의사소통할 수 있도록 요구를 반영하며, 지역사회단체와 협력관계를 형성을 촉진하는 대화를 나누기 위해 충분한 시간이 할애하여 상담이 이루어져야 한다. 또한 부모들이 전문가들과 정보를 공유하기를 원하는 것과 스스로 상황을 알아가게 하는 방법을 촉진하여 가족역량을 강화한다.

2. 장애가족 관련 서비스

관련 서비스 제공자들은 장애아동과 가족들에게 직접적으로 서비스를 제공하기도 하고 간접적인 영향을 주기도 한다. 미국연방교육부(1997)는 관련 서비스란 "장애아동을 위한 특수교육의 효과를 최대화하기 위해 요구되는 이동 서비스나 발달, 교정, 기타 지원적인 서비스로(언어치료, 방향성과 보행훈련, 진단과 평가 목적을 위한 의료적 서비스 포함) 조기판별과 장애상태의 진단을 포함한다(pp. 5-26)."라고 정의하고 있다.

관련 서비스 제공자들은 진단, 관찰, 자원, 학생과 가족을 지원하기 위한 구체적으로 제공하고 가족의 상황에 따른 협력적이고 반응적인 실행을 위하여 교사와 지역사회 관계자들과 매우 밀접하게 활동해야 한다.

1) 언어병리학

의사소통에 초점을 두며, 정상적인 의사소통은 연령 수준에 적합한 말, 언어 및 듣기의 발달을 보이는 것을 말하며, 지체된 의사소통은 말하거나 듣기의 발달이 느리더라도 일련의 의사소통기술을 갖고 있음을 의미한다. 의사소통장애란 말, 언어, 듣기에 결함이 있거나 의사소통 형태가 발달적으로 부적절함을 뜻한다.

언어치료사는 말과 언어에 어려움이 있는 장애아동들이 최대한 효과를 나타내도록 개별화 프로그램에 따라 계획하여 지도해야 한다. 그리고 부모, 교사, 의료진 그리고 아동 관련하여 치료에 참여하는 사람들에게 정보를 제공해야 한다.

다우닝(Downing, 1999)은 전문가와 가족이 가정과 학교, 주변환경에서 필요한 아동의 의사소통 요구에 협력적으로 결정하여 의사소통을 촉진할 수 있는 협력관계 형성이 이루어져야 한다고 한다.

2) 청능사

청능사는 듣기기술에 구체적인 정보를 제공한다. 심각한 청각손상을 가진 학생은 청각장애나 농아에 해당되는 청각적 서비스를 요구하며, 경도에서 중등도에 해당할 경우 언어, 기억, 주의집중, 사회적 발달, 구조화의 기술에 영향을 미친다. 이러한 듣기의 어려움이 의심되면 가족은 청능사에게 의뢰해야 한다. 청능사는 집에서나 학교에서의 청각적 자극, 소음발생을 조정하는 것에 대한 정보와 듣기서비스를 지원하기 위해 녹음기, 라디오, 청각보조도구 등 의사소통을 할 수 있도록 도움을 줄 수 있다.

학교와 주위 친구, 가족에게 청각장애를 가진 장애인 요구를 알려주며, 개별화된 교육 및 치료 프로그램을 결정하여 효과적인 교육과 치료를 위해 장애상태에 따라 제공된 청각서비스를 제공한다.

3) 심리적 서비스

심리적 서비스 제공은 장애자녀의 가족, 학교, 주변 친구, 사회생활에서 어려움이 있을 경우 제공되며, 심리적 원인을 분석하고, 해석하여 가족과 관련 담당자에게 의견을 제시한다. 심리전문가는 부모 및 보호자, 교사 그리고 다른 전문가와 밀접한 위치에서 활동하며, 공식적 · 비공식적 검사와 관련 서비스 제공자, 가족, 교사 등이 실시하는 관찰은 진단 결과를 실제 삶의 경험과 연계하는 데 필수적이다(Overton, 2000). 심리적 서비스는 장애가족, 장애당사자, 학교 등에 관련 전문가와 건강한 상호작용을 하도록 돕는 것이다. 즉, 대상 장애 및 장애가족에 대한 중재가 발전하면서 진단, 중재, 행동 지원의 영역까지 확대된다. 또한 장애자녀의 양육, 중재에 관여하는 모든 사람들과 원활하게 의사소통하고 협력관계를 수립해야 하는 필요성이 대두하고 있다. 협력적 활동은 관련전문가 회의, 다른 서비스 제공자, 부모, 보호자, 형제자매 등이 모두 해당된다. 가정은 의사소통의 중요한 매개자이고 가족구성원과 심리전문가 사이에 신뢰가 형성되어 가족과 협력자가 되어 효과적인 진단, 행동 지원, 중재로 개방적이고 신뢰로운 관계를 가져야 한다.

4) 물리치료 및 작업치료

중추신경계 및 근골격계에 의한 달리기, 뛰기, 제자리 뛰기, 등 기술의 숙련도를 파악하여 가족과 협력하여 신체활동이나 하체의 기능 조정 및 이행에 작용하는 신경근육, 골격의 기능에 미치는 것에 대한 정보를 제공한다. 관찰과 진단은 장애자녀의 협응과 신체에 영향을 주며, 작업치료는 개인의 소근육발달, 상체, 팔, 손의 근력과 관련된 소근육에 초점을 둔다. 소근육운동에 문제를 가진 학생은 글자나 단어쓰기에 어려움이 있을 수 있으며 쓰기표현 과제수행에 필요한 서비스 부분이다.

5) 재활 및 복지서비스

장애당사자의 발달과 성장을 지원하며 가족의 건강한 상호작용을 유지하고 발달시키기 위하여 전문가들과 협력한다. 지역사회의 관계성을 유지시키며, 유사기관과의 협력으로 가족서비스, 형태, 내용을 교류하여 가족이나 보호자와 전문가들과 함께 장애당사자와 가족의 자율성, 독립성, 의사결정 등에 지원하며, 교육적 · 사회적 서비스와 가족이 가지고 있는 자원을 인지한 후에 지역사회 내에 연결을 촉진한다.

6) 상담서비스

상담의 서비스는 다양한 영역에 이른다. 장애당사자의 감정, 태도, 대처기술, 관계 형성, 생활관리 등 관찰하고 진단 및 중재를 제공한다. 상담사는 장애당사자, 그들의 부모, 형제자매를 지원하기 위하여 도움을 제공한다. 장애의 여부와 관계없이 그들의 인지, 의사소통, 문화적 · 사회적 · 정서적 상황에 대한 지식과 기술 그리고 경험으로 가족의 역할과 책임, 삶, 등에 지식과 경험을 제공한다.

또한 가족을 지원하고 가족과 신뢰로 가족이 중요하게 생각하는 대처 자원(종교적, 지역사회의 도움, 의료 자원 등)을 검토하고 가족이 그 범위를 확장 또는 축소하기를 원하는지, 가족의 문제를 해결하기 위해 접근법(가족회의 이용, 이전의 치료 서비스 등)을 진단한다. 상담사는 가족구성원이 장애를 가진 다른 구성원과 생활하면서 알게 된 자신의 감정과 요구를 인정하는 방법을 촉진하기도 한다. 다른 사람과의 협의, 다른 전문가와 문제에 대해 생각하고, 전문성을 개발, 활동하는 데 필요한 지식과 기술을 습득하도록 도움을 준다.

7) 의료서비스

의료서비스는 장애당사자의 건강과 관련하여 진단 및 평가를 실시하고 서비스를 제공한다. 의료진들은 영양, 운동, 수면, 안전과 관련된 정보, 방향성과 보행훈련에도 관련하여 서비스를 제공한다. 가족은 개별화 프로그램에서 적절한 진단정보를 제공받도록 하여 장애자녀의 성장과 건강발달의 진행에 자료를 확인한다.

3. 지역사회의 역할

지역사회의 역할은 장애자녀를 둔 가족과 함께하는 지역사회전문가의 역할과 지역사회협력 개발을 위한 전략, 지역사회서비스와 자원에 접근하기 위한 가족의 역할을 돕는다. 장애아 가족들은 교육적 · 의료적 · 사회적 서비스 영역에 지역사회 전문가들의 도움을 필요로 한다.

가족, 학교, 지역사회 간 협력에는 여러 가지 효과가 있다. 즉 이들 간의 협력은 가족에게 시의 적절한 서비스와 지원이 제공되게 하고, 프로그램에 긍정적인 영향을 준다. 효과적인 협력관계에 대한 장애물과 장애물을 극복할 수 있도록 지역사회 서비스와 자원이 제공되어야 한다.

1) 지역사회서비스와 자원

장애가족들은 아동을 위한 서비스를 주장하며 아동의 교육적 요구뿐 아니라 전반적인 요구를 충족시켜야 한다는 부모의 관점이 반영되어 법안들이 개정되었다. 미국의 1986년 아동보호법, 미국장애인법(ADA), 1988년 가족지원법 등은 가족의 역량강화를 지원하는 장애아동을 둔 가족에게 중요한 법이다. 장애부모는 자신의 자녀들이 적절한 의료적 · 사회적 · 교육적 서비스를 받게 할 책임이 있으며, 미국의 1980년대와 1990년대의 법은 서비스를 제공받을 수 있도록 지원하고 있다. 이러한 서비스 지원은 가족이 스스로 능력을 강화해야 하며 가족 스스로 역량강화하는데 방해물은 지역사회에서 함께 극복하도록 해야 한다.

2) 서비스 접근 촉진

자녀를 위한 서비스와 가족을 위한 서비스 접근은 부모의 책임이 방대하다. 엡스테인(Epstein, 1992)은 가족참여의 6가지 유형인 협력 증진 모델을 제시하였다.

표 10-6 가족 참여의 유형

유형	구분	내용
유형 1	양육하기	• 자녀의 학업적 · 사회적 · 개별적 발달을 지원하기 위한 가정환경 개발하기 • 환경은 부모교육과정, 워크숍, 가족 지원 프로그램 등의 참여를 통해 성취될 것이다.
유형 2	의사소통하기	• 학교전문가 및 다른 전문가들과 개방적이고 솔직하게 대화하기 • 회의에서 가족의 강점과 요구에 대한 정확하고 명료한 정보를 제공하고 전문가와 의사소통에 촉진적으로 반응하는 것은 열린 의사소통 방향을 유지하는 데 도움을 줄 것이다.
유형 3	자원봉사하기	• 프로그램 개발이나 지속을 위해 자발적으로 학교, 지역사회 내에 참여하고자 하는 의지를 보여주는 것 • 학교 프로그램에 자발적으로 참여하며, 부모결연과 기관을 통해 다른 부모에게 지원을 제공하거나 아동에게 지원을 제공하는 기관에 자문을 제공
유형 4	가정에서 학습하기	• 부모들은 학교나 지역사회에서 제공되는 일반적인 학습기회를 가정에서도 제공할 수 있다. • 필요한 작업기술에 대해 전문가들에게 정보 얻기 등은 부모들이 가정에서 배움을 증진시킬 수 있다.
유형 5	의사결정하기	• 자녀의 학업계획, 공교육을 위한 옹호활동과 관련한 의사결정에 동반자로서 참여할 수 있다. • 학교에서 능동적인 참여자가 되고 장애인교육에 의한 부모의 권리의무와 개별화계획의 개발에 능통해지는 것은 의사결정자의 역할을 하는 방법이다.
유형 6	지역사회와 협력하기	• 자녀의 학습과 사회적 개발을 강화할 수 있는 지역사회의 자원과 서비스를 관리할 수 있다. • 교육, 레크리에이션, 여가 등 지역사회 지원 프로그램에 다양한 정보에 접근할 수 있으며 참여할 수 있다.

3) 전문가의 역할

지역사회전문가들은 부모와 가족에게 다양한 서비스를 지원하며, 주요한 지원 시스템을 지원하기도 한다. "프로그램이 제공하는 개입을 가족이 가진 결점과 문제를 해결하는 수단으로 보지 않고 스트레스, 위기, 변화의 시기에 가족이 잘 기능할 수 있게 지원하는 발달적 서비스로 본다. 즉, '치료(treatment)'가 아닌 '예방(prevention)' 위주의 접근으로 모든 가족이 똑같은 종류의 지원을 필요로 하는 것은 아니다. 가족지원 프로그램과 자원의 제공은 개별화되어야 하고 융통성과 적응성이 있어야 한다. 건강, 복지, 사회적 서비스, 교육을 제공하는 지역사회기관 간의 협력적인 노력은 가족의 포괄적인 요구를 충족시켜 준다(Gestwicki, 1996).

사회기관 및 의료전문가

- 정보 제공하기
- 정보 해석하기
- 평가 결과 보고하기
- 가족정보 모으기와 이해하기
- 가족의 다양성 이해하기
- 회의나 모임에서 효과적인 의사소통하기
- 가족들을 교육하기

표 10-7 가족과의 의사소통 증진전략

- 서비스 시작 전에 라포를 형성하라.
- 가족들의 문화와 취미, 직업들, 경험들에 말할 수 있도록 격려하라.
- 제공하려고 계획하고 있는 것을 말하고 그들의 아동에게 가족이 무엇을 원하는지에 대해서도 말할 수 있는 기회를 제공하라.
- 정보를 제공할 때 가족들이 보이는 신체적인 표현에도 주의를 기울여라.
- 가족과 함께할 때에 어떤 것도 임의로 가정하지 마라
- 모임이 진행되는 동안 모든 사람을 소개하고 각각의 특별한 영역에서 자신이 역할을 이해할 수 있도록 하라.
- 아동이 긍정적인 행동을 보일 때 놓치지 말고 전화 통화나 알림장 등을 통하여 가족과 나누라.
- 가족들을 동료, 함께 일하는 친구로 여겨라.
- 가족들이 능력을 갖고 자원봉사활동을 할 수 있는 곳에 자원할 수 있도록 격려하라.

가족과의 협력관계를 발전시키고 의사소통을 개방함으로써 장애아동의 부모들이 지역사회 전문가들이 제공하는 서비스에 접근하도록 지원해야 한다. 많은 장벽을 경험하기도 하지만 의료적·사회적 분야의 전문가 훈련에는 부모들이 전문가들과 상호작용하면서 느낄 수 있는 부적절한 감정과 관련해서 가족의 근심을 완화시킬 수 있는 의사소통으로 다양한 내용을 포함해야 한다.

제4절 가족상담의 적용

1. 구조적 상담

가족구성원은 의식적이든 무의식적이든 서로 상호작용을 하는 질서가 있다. 살바도로 미누친(Salvador Minuchin, 1974)은 가족구성원이 상호작용하는 방식을 구성하는 보이지 않는 일련의 기능적 요구라고 하였다. 가족은 언제, 어떻게, 누구와 관계를 맺는지에 대한 교류가 가족구조를 형성한다. 즉, 가족구조는 가족의 상호작용으로 가족의 기능을 수행하면서 만들어지는 일반 규칙과 고유의 규칙이다. 일반 규칙은 일반적 제약으로 가족구조를 지배하는 보편적인 규칙으로 부모와 자녀 사이의 권력위계 존재와 남편과 아내의 기능 보완성이다.

고유의 규칙 또는 개별화된 규칙은 가족구성원 간의 명시적이고 암묵적인 협상으로 특정한 가족구성원에 대한 상호 기대를 수반한다(Minuchin, 1974). 예를 들어 가족구성원 각자의 역할은 상호 기대와 협상을 통해 결정되며, 이는 각 가정마다 독특한 것이다. 가족구조는 체계를 유지하려고 한다. 가족의 기능은 변하지 않고 기존의 균형을 유지하려고 하는 것이다. 이러한 가족의 상호작용 패턴과 규칙이 표면으로 등장하여 다양한 구성원의 일상적인 행동을 지배하는 기본적인 구조가 드러나는 미술 제작과정은 보이지 않는 것들을 보이게 한다(Riley, 1994).

1) 가족의 하위체계

가족 한 사람 한 사람이 하위체계인 동시에 둘 이상이 모여 체계를 구성한다. 개인은 가족에서 다양한 하위체계에서 수준과 권력을 갖게 되며, 가족 내에 존재하는 여러 체계인 부부, 부모, 형제자매, 부모-자녀 등으로 하위체계의 기능을 분리하지 못하여 해결하지 못하는 갈등이 생기면 자녀양육, 교육 등에 문제가 발생한다.

2) 상담에서의 보완성

가족 안에서 행동과 역할이 존재한다. 예를들어 착한 자녀-나쁜 자녀, 부드러운 어머니-엄격한 어머니로 보완성은 상호성으로 가족구조에 일반적인 제약을 부여하여 가족균형을 유지하면서 과제를 수행하게 하는 것이다.

보완성 예

- 양친과 거의 말이 없는 딸로 구성된 가족에 상담사가 딸에게 질문을 하자, 양친이 동시에 대답을 한다.
- 어머니는 딸이 자기에게 말하도록 했기 때문에 그랬다고 설명한다.
- 아버지는 자기 딸이 항상 입을 다물고 있기 때문에 딸을 위해 말했다고 한다.
- 하지만 딸은 상담사에게 "부모님은 말을 못하게 해요."라고 한다(Minuchin & Fishman, 1981).

한 사람의 행동은 두 번째 사람이 특정한 방식으로 반응하게 하며, 첫 번째 사람은 부추기고 두 번째 사람의 반응을 강화시켜 시간이 지나면 둘 다 불균형적인 순환에 갇혀 자신이 상대방의 행동에 반작용이라는 인식을 한다. 즉, 순차적인 양방향의 상호작용으로 A의 행동은 B의 행동을 유발하고, B의 행동은 A의 행동을 유발한다.

3) 가족 그림의 위계

가족의 규칙은 규정뿐 아니라 개인과 하위체계의 의사결정도 포함한다. 가족상담에서 가족 그림은 가족구성원의 크기, 배치, 색의 사용 등으로 강력한 권력, 어둡거나 힘이 약한 구성원, 밀착의 정도 등을 알 수 있다.

4) 경계, 밀착, 분리

가정 내의 체계는 서로 간 접촉을 조절하는 눈에 보이지 않는 선이다. 경계는 누가 어떻게 참여하는가를 규정하는 규칙이다. 부부, 부모, 형제자매 등에도 서로 보이지 않는 선을 넘지 않고 존중해 주어야 한다. 가족 상담에서 다양한 가족체계에 가족이 직면하는 상황적, 발달적 구조, 규칙, 역할에 영향을 주기도 한다. 미누친은 분명한 경계, 경직된 경계, 산만한 또는 모호한 경계로 유형을 나누었다. 체계 사이가 모호한 경우 부모는 참견과 자녀들 일에 지나치게 개입하거나 사생활을 침해할 수 있다. 때론 자녀가 부모처럼 행동하거나 비효율적인 부모 역할을 하도록 만들기도 한다.

(1) 분명한 경계

가족들이 서로 존중하고 배려하며 지지하지만, 각자 또는 하위체계의 자율성을 잃지 않는다. 체계 간의 경계가 분명하면서도 개방적인 소통이 촉진된다.

(2) 경직된 경계

부모의 세계와 자녀의 세계가 분리되어 서로 상대방의 세계에 들어갈 수 없는 장벽이 가로 놓여 있다. 가족 간의 관심과 대화가 없으며 상호작용하는 일도 적다. 이러한 가정의 부모들은 자녀의 반응에 무디며, 외부와도 폐쇄적인 경계와 사회적 기능에서 정보교환이 잘 이루어지지 않는다.

(3) 모호한 또는 산만한 경계

가족들 간의 역할이 분명하지 않으며, 자녀가 할 일과 부모가 할 역할이 뚜렷하지 않다. 예를 들어 자녀가 부모역할을 대신하는 느낌일 수 있다. 즉, 부모화된 어린이(parentified child)이다.

2. 가족상담기법의 이해

상담사는 가족의 강점과 잠재력을 인정, 지지하며, 의문을 제기하기보다는 상호작용적 과정에 초점을 맞추어 명료한 질문과 과정에 관심을 보인다. 가족 간의 교류와 중단 여부, 의사소통의 방향, 언어적 행동 등에 복합한 패턴에 도식을 구성하는 것이 유익하다.

1) 가족 지도 만들기

가족의 다양하고 복잡한 관계를 서로 상호작용하는 패턴을 도식으로 구성하는 것이다. 가족의 갈등, 성격, 연합, 제휴, 경계선, 친밀함, 역할, 하위체계 사이에서 모호한 경계를 표시한다.

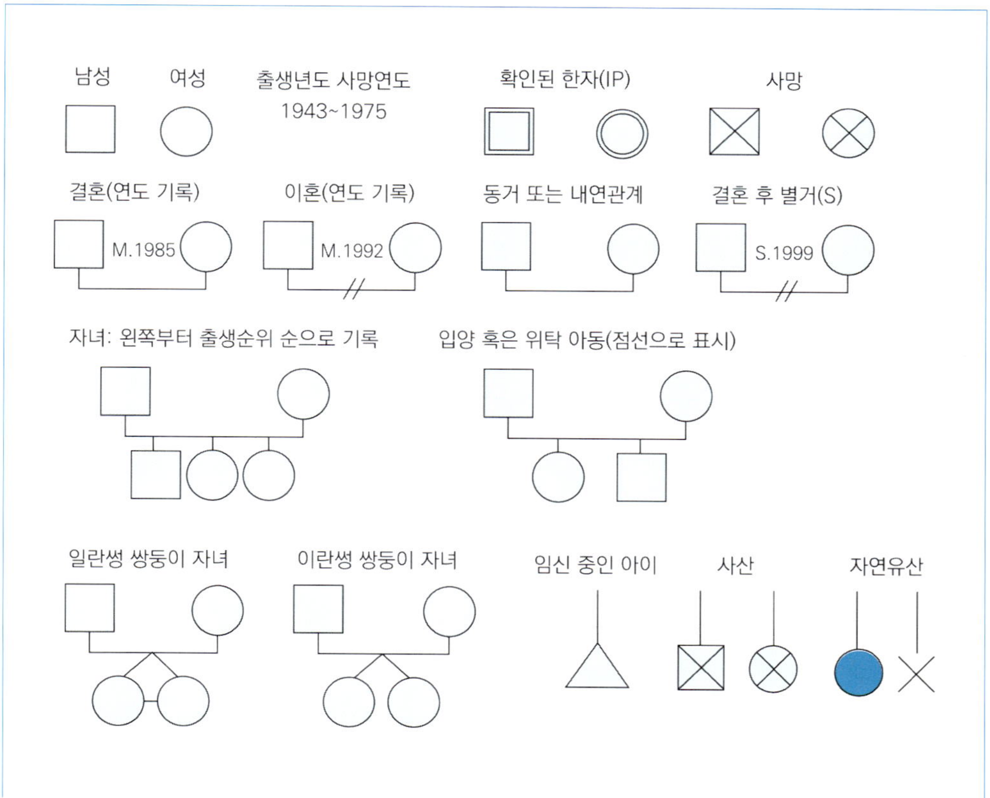

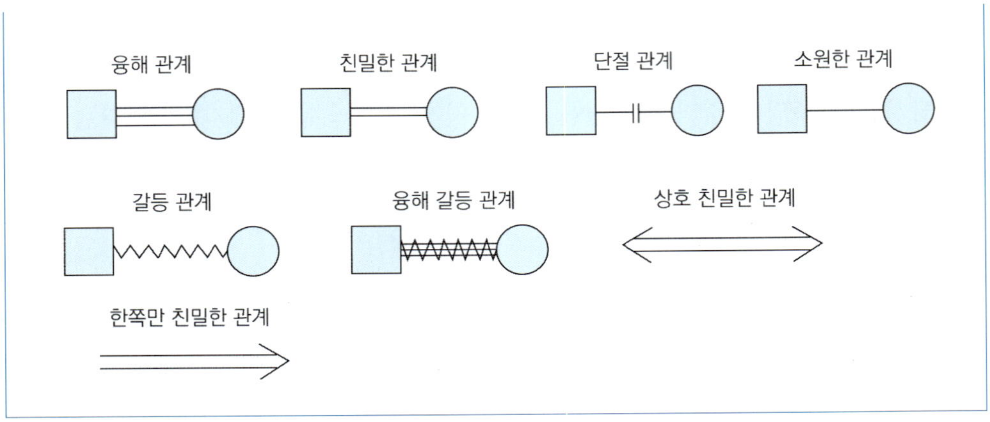

출처: McGoldrick & Gerson. 1990

그림 10-2 가족구조를 위한 상징

2) 가족의 구조 도표

가족체계 간의 경계, 구조적 도표이다.

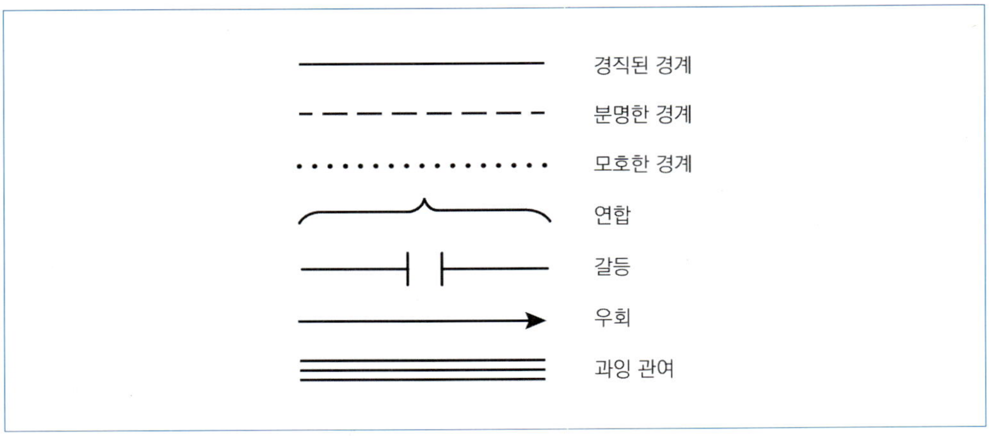

3) 가족상담의 원칙

1981년에 휘태커와 키스(Whitaker & Keith, 1981)는 상담에서의 원칙을 설명한다.

- 지나치게 가족 속으로 들어가 도울 수 있는 능력에 영향을 미치지 않도록 주의
- 냉담하게 기술적인 관점에서 일을 하지 않도록 하라.

- 스트레스나 부적절감을 느끼지 않는 척 하지 마라.
- 가족에게 다른 심각한 문제를 초래할 때 변화 위한 기법 채택에 유의하라.
- 가족에게 적절한 속도로 진행하라.
- 통찰력이 변화를 가져올 거라 기대하지 마라.
- 가족이 상담사의 가치체계를 따라 움직일 거라 기대하지 마라.
- 직관은 직관일 뿐 가족이 저항하면 신속하게 철회하라.
- 가족의 신뢰를 얻을 때를 인지하라.
- 가족에게서 희생양을 만들지 마라.
- 개인이 가족 안에 있는 문제의 일부가 될 수 있음을 가족이 이해하도록 도우라.
- 모든 가족이 치료가 필요한 것은 아니며, 모든 가족이 치료로부터 도움을 받을 수 있는 것은 아니다.

4) 가족관계 및 성장과정 예시 표

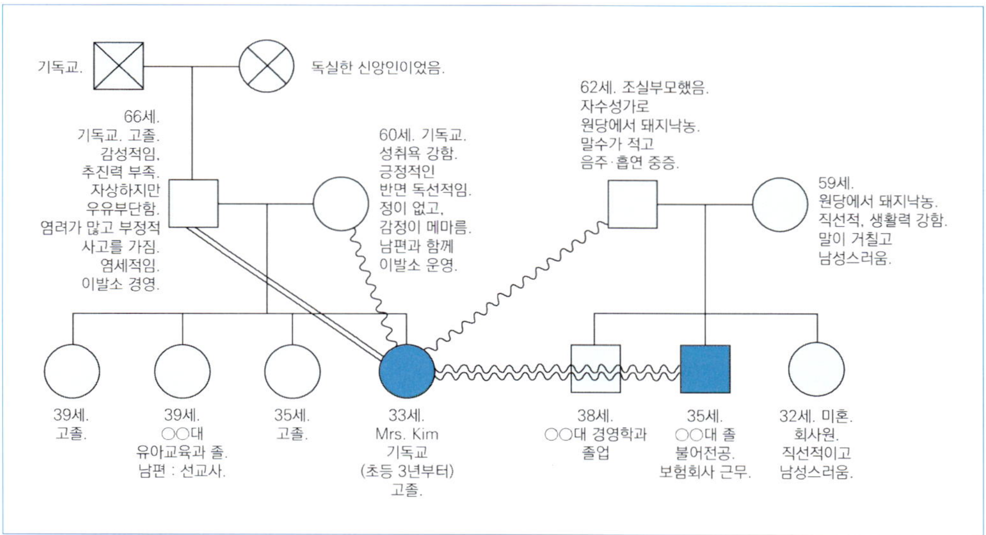

출처: 유옥, 가족상담 및 치료이 이론과 실제, 2014. p. 375.

요약정리

1. 가족은 다양성과 공통성이 공존하는 개인의 특성에 의하여 일상생활기술, 정신적 및 신체적 건강, 사회생활기술, 장애자녀 등으로 가족의 기능을 약화시킬 수도, 강화시킬 수 있다.
2. 가족구성원의 다양성과 특성에 의한 가족의 정보가 필요하다. 즉, 가족구조의 특성, 장애특성, 가족의 특별한 상황인 산후우울, 빈곤, 아동학대, 방임 등과 개인적 특성, 문화적 요인의 가족구성원의 문화적 배경(인종, 종교, 민족 등), 이념적인 성향이 가족에게 영향을 주는 것으로 볼 수 있다. 가족의 문화적 요인은 가족의 이념, 상호작용 형태, 가족기능의 우선순위를 정하는 데 중요하며, 문화적 양식은 인종, 민족, 종교 및 사회경제적 지위에 따라 영향을 받을 수 있으며, 시대적 변화는 전통적인 가족에서 다양한 가족의 변화를 보인다.
3. 장애와 관련된 가족은 장애의 범위, 장애의 손상 정도에 따라 가족의 특성이 달라지기도 한다. 장애의 손상 정도는 가족의 기능과 장애에 대한 반응에 영향을 주며, 즉, 가족구성원의 반응, 어떻게 대응하는지를 영향을 주기도 한다. 장애는 여러 다양성을 가지며 장애자녀의 가족은 지속적인 보호, 정보, 경제적 지원에 대한 요구를 가지고 있다.
4. 장애자녀가 여가 활동에 참여하고, 또래와 함께 상호작용하거나 자기주장을 하고 어려운 상황의 대처나 자기옹호를 연습할 수 있도록 배움으로써 자기보호기술과 집안일에 참여하며, 자기주장을 펼칠 수 있도록 아동의 자율성과 독립성을 잘 지원해야 한다. 때론 비장애인이 장애인에 대한 부정적인 비평이 있을 수 있고 부정적이지 않을 수도 있다. 장애인에 대한 비장애인의 비평이 올바른 태도를 가져 장애인 스스로 자아존중감을 향상시킬 수 있는 기회를 장애를 가진 학생, 부모, 사회는 공유해야 한다.
5. 가족의 특성은 가족구성원인 아동성장과 개인의 특성 변화와 가족의 상호작용인 아동의 성숙과 성장이 부모의 체계적 변화와 의사소통방식에 의해 변화될 수 있다. 가족의 기능은 아동 성장이 가정보다 사회적(학교)생활과 또래관계에 더 많은 시간을 보내는 것에 집중하는 유아기, 아동기, 청소년기, 성인기로의 과정으로 이루어진다. 장애가족은 생애주기의 길고도 긴 마라톤으로 생애주기의 성장 단계별 어려운 전환과정에 직면하는 인내심과 역량이 필요하다.
6. 클라우스와 케넬(Klaus & Kennell, 1975)은 장애를 가진 자녀들의 탄생 직후에 부모가 나타내는 반응을 연구하여 애도과정을 충격(shock), 부인(denial), 슬픔과 분노(sadness and anger), 적응(adaptation), 재조직(reorganization)으로 설명하고 있다.
7. 지역사회의 역할은 장애자녀를 둔 가족과 함께 하는 지역사회전문가의 역할과 지역사회 협력 개발을 위한 전략, 지역사회 서비스와 자원에 접근하기 위한 가족의 역할을 돕는다. 장애아 가족들은 교육적・의료적・사회적 서비스 영역에 지역사회전문가들의 도움을 필요로 한다.

CHAPTER 11

동료상담

길라잡이

1. 재활상담 내에서 동료상담이란 무엇이며 어떤 특징을 지니고 있는가?

2. 동료상담의 목표는 무엇이며 유형은 어떻게 나누어지는가?

3. 동료상담사의 자격은 무엇이며 업무 수행 시 어떤 자세가 요구되는가?

4. 동료상담의 주요내용에는 어떤 것들이 있는가?

제1절 동료상담의 개념 및 특징

1. 개관

장애인 당사자들이 스스로의 권리를 찾기 위한 하나의 이념이자 장애와 사회를 바라보는 하나의 방법인 자립생활(independent living, IL)은 자기결정권과 선택권, 장애인의 주체적 생활방식을 중요시하는 장애인운동이다(권선진, 2007). 자립생활서비스는 장애인이 자신의 생활을 함에 있어 타인의 도움을 최소화함으로 장애인 당사자 스스로가 주체적으로 생활을 관리하고 지역사회 안에서 자립하여 살아갈 수 있도록 지원하는 것이다. 다시 말해 장애인 스스로가 결정하고, 자신이 선택하며, 사회참여를 통해 스스로가 주체적으로 살아갈 수 있도록 권익옹호, 동료상담, 정보 제공, 자립생활기술훈련(Independent Living Program, ILP), 활동 지원서비스, 주택개조서비스, 보조기기 대여 및 수리, 이동 지원 등의 서비스를 제공한다. 자립생활 서비스 중 하나인 동료상담(peer counselling)은 장애를 가진 사람에 의한(by), 장애를 가진 사람에의(to) 상담으로 장애를 가진 사람들을 성장시키는(for) 것이다.

동료상담이란 장애로 인해 차별과 억압, 상처의 경험을 가지고 있는 동료 장애인이 대등한 입장에서 서로의 이야기를 들어주고 자신이 직면하고 있는 문제에 대한 자기의 생각이나 감정을 서로 이야기하고 지지받음으로 장애인 당사자 스스로가 그 문제를 이미 해결할 수 있는 힘을 가지고 있음을 발견해 나가는 과정이다(조영길, 2010). 이것은 장애의 경험을 가진 동료상담가가 자신의 체험을 바탕으로 장애수용, 법률적인 문제, 재정관리, 진로문제, 지역사회 자원 활용, 곤란한 문제에 대처하는 방법 등에 도움을 주거나 정보를 제공해 주는 동시에 심리적으로 상호 지지해 주는 서비스이다.

장애인상담에 있어서 동료상담이란 전문가에 의해 제공되는 상담이 아니라 장애에 관련된 경험, 지식, 대처기술을 공유한 장애인 동료 혹은 장애를 가진 전문가에 의해 이루어지는 지지 및 상담을 말한다(정종화, 김지현, 박지현, 백유미, 신정옥, 이경아, 이성미, 정현경, 조성진, 2014). 인간은 주위의 환경에 따라 심리적으로 동요하며, 심리적 동요는 폐쇄적 인간으로 변모시키는데 이러한 과정에서 장애를 가진 당사자는 '나는 아무 것도 할 수 없어' 아무 가치도 없는 존재라고 자신을 과소평가하게 되고 결국에 가서는 인간으로서의 가치마저도 부정하게 되고 더 나아가 자기신뢰를 영원히 회복할 수 없게 된다. 이러한 과정을 방지하기 위해 동료상담이 필요하다.

그러므로 동료상담은 같은 장애를 가진 동료장애인이 대등한 입장에서 장애인의 여러 문제를 함께 의논하고 상담에 응하는 과정을 말한다. 이러한 상담효과는 장애인의 마음을 열고 과거 마음의 상처로부터 해방되어 자립생활의 첫발을 내딛게 되는 것이다. 동료상담에서는 장애인이 장애를 가지고 있는 그 자체를 하나의 개성으로 보며, 부정적인 시각에서의 탈피를 지원해 준다. 다만 주위의 사회환경이 장애인을 전부 수용할 만한 준비가 되어 있지 않으므로 장애인 자신이 용기를 잃고 있을 뿐이다.

2. 동료상담의 탄생

'동료상담'이라는 용어는 미국의 자립생활센터의 활동이 소개되면서, 국제장애인의 해(1981년)를 조금 앞두고 일본에 전해졌고, 우리나라에는 2000년대에 들어서 본격적으로 소개되기 시작하였다(정종화, 김신섭, 노석원, 윤가현, 이경아, 이성미, 조석영, 최웅용, 2014). 장애인이 지역사회에서 자립하여 살아가기 위한 정보 제공이나 상담을 할 때, 동료나 선배의 자격으로 장애를 가지고 자립생활을 하고 있는 장애인이 상담을 하고 있었는데 그들을 동료상담가(peer counselor)라고 불렀다. 종래에는 그러한 역할을 교육관계자나 재활전문가가 직업적으로 하고 있었다. 하지만 그렇게 하는 것은 항상 비장애인의 상태에 가까워지는 것을 목표로 하고 있었고 어느 정도까지 그들처럼 기능이 회복될 수 있는가가 중요한 것이었다. 따라서 이것은 어디까지나 장애인을 의학적 가능성의 시험 대상으로 보는 의료 모형이었다.

1970년대 미국 캘리포니아주의 버클리에서 최초의 자립생활센터가 탄생했다. 소아마비로 사지가 마비된 에드 로버츠(Ed Roberts)라는 장애인이 버클리 대학 졸업 후, 학생시절 교내에서 누릴 수 있었던 재활 지원 시스템을 지역에서 실현한 것이다(Rubin & Roessler, 2008). 의료 및 개별적 모형에 상대되는 개념으로서 자립생활 모형은 장애인 입장에서 스스로가 자신의 생활을 만들어 가기 위해 어떤 지원이 필요한가를 제기한 장애인운동사의 큰 전환이라고 할 수 있다.

자립생활센터는 활동지원사 소개, 자립생활기술 프로그램 제공, 주택 소개와 상담사업, 리프트 밴 서비스(차량 지원), 직업 알선, 권익옹호 등 폭넓은 활동을 하고 있다. 권익옹호, 동료상담, 자립생활기술교육, 정보 제공 및 의뢰, 적어도 이 네 가지 사업을 실시해야 자립생활센터로 간주할 수 있다. 자립생활의 선구자인 에드 로버츠는 이 네 가지 중에서 권익옹호가 제일 중요하다고 하였다. 이 모든 활동의 주체는 장애인으로서 직원의 과반수 이상은 장애인일 것, 최고결정기관의 51% 이상이 장애인이여야 한다는 것이 자립생활센터의 기준이 되고 있다.

미국의 버클리자립생활센터(CIL)에서는 자립생활센터에서 활동하는 장애인을 모두 '동료상담가'라고 부르며, 그들이 직접 장애인들을 지원하고 있었다. 일본에서도 장애인끼리의 정보교환이나 지원은 있었지만, 미국에서 동료상담가라는 용어를 쓴다는 것이나 동료상담이 직업으로서 정착되고 있는 것을 알게 되었다. 그리고 무엇보다도 동료상담가들이 생기 넘치게 활동하는 모습도 다른 장애인이 자립생활운동에 참여하게 된 중요한 동기였다.

따라서 장애인은 시설이나 가족의 보호가 아닌 지역사회로 나와 당당한 존재로 그에게 주어진 고유한 인권을 이야기해야 한다(정종화, 주숙자, 2008; 조영길, 2010). 동료상담방식은 1:1 개별동료상담과 집단동료상담을 통해 이루어지고 있다. 이것은 장애로 인해 차별과 억압, 상처의 경험을 가지고 있는 동료장애인이 대등한 입장에서 서로의 얘기를 들어주고 그 누구의 간섭도 없이 직면하고 있는 문제에 대한 자기의 생각이나 감정을 서로 이야기하고 지지하는 과정이다. 이로 인하여 자신의 문제를 스스로 찾아나갈 수 있도록 자립생활을 경험한 동료상담가의 역할 모형을 통해 문제해결(해소)과 사후관리 등을 지원한다.

3. 동료상담의 특징

장애인의 문제는 장애인 당사자가 가장 잘 이해하고 있으므로, 장애인이 삶을 영위하는 데 있어 스스로의 선택권과 자기결정권을 신장하고 장애인재활서비스의 제공에 있어서도 장애인의 주도적인 참여가 보장되어야 한다는 이념이자 철학이며, 실천방법인 상담기법으로 그 필요성이 대두되고 있다.

- 중증장애인의 사회참여 확대와 고용의 극대화
- Role Model의 효과성 제고(이론과 현장의 정립)
  (이론 정립, 교육과정, 연수 프로그램 설계, 자격 등)
- 자립생활센터 장애인 직원의 역할강화 및 역량강화
- 장애인재활 패러다임 변화의 수용
- 장애인 리더의 육성

일반적인 상담에서도 내담자가 상담을 받으러 왔을 때 충분한 수용과 내담자가 자유롭게 말할 수 있도록 편안한 수용적인 분위기와 내담자가 상담에 대한 긍정적인 기대를 갖도록 하는 것과 마찬가지로 동료상담의 방법도 일반적 상담과 크게 벗어나지 않는다. 그러므로 동료상담에서는 다음과 같은 규칙을 갖고 상담에 임하게 된다.

- 무비판적 수용(자신의 문제도 타인의 문제도 비판하지 않고 수용한다.)
- 대등한 조건과 나눔(시간을 대등하게 나눈다.)
- 경청(다른 사람의 이야기를 잘 듣는다.)
- 개인적 비밀(privacy) 준수 및 비밀유지
- 동료 장애인에 의한 상담 진행

제2절 동료상담의 목표와 유형

1. 동료상담의 목표

동료상담이란 장애를 가진 사람들이 사회의 여러 면에서 억압에 의한 상처를 위로 받고, 자기신뢰를 회복하는 것, 그리고 사람과 사람의 관계를 인간신뢰의 기본에 두어 재구축하며, 장애를 가진 사람들 자신이 힘 있는 존재가 되어 생생한 롤 모형 역할로 억압적이었던 사회를 변화시켜 가는 것을 말한다. 일반적으로 동료상담은 장애인 스스로의 자기 신뢰 회복, 다른 사람들과의 인간관계 재구축, 지역사회의 변화라는 3가지 목표를 지닌다(조영길, 김정미, 노경수, 2016).

1) 장애인 스스로의 자기 신뢰 회복

자기 자신이 무엇을 원하고 무엇을 필요로 하고 있는지를 알아야 한다. 그것을 획득하기 위해서 무엇이 방해하고 있는지를 인식하고 거기에 대한 자신의 기분이나 감정을 충분히 표현하는 것이 감정의 해방이다. 감정해방이 충분히 된 다음에 재평가를 실시한다. 재평가를 하면서 목표를 수정할 필요가 있으며 그에 따라 가능성과 희망이 보일 것이다.

2) 다른 사람들과의 인간관계 재구축

자기 이미지를 새롭게 하고 관계성의 재고와 재평가, 적극적인 지원자관계를 상담자와의 사이에 만들어 놓는 것이다. 그것을 시작으로 하여 여러 사람들과의 관계를 만들어 가는 것이다.

3) 지역사회의 변화 촉진

장애를 가진 사람들 자신이 지역사회 속에서 생활해 가는 과정에서 주위의 의식과 사회를 변화시킬 수 있다. 사람은 서로가 서로를 지켜주면서 살아가는 것에 의미가 있고 동료상담은 그것을 실제로 증명해 가는 것이다.

2. 동료상담의 유형

동료상담의 유형은 크게 개별동료상담과 집단동료상담, 2가지로 나누어진다. 개별동료상담은 집단동료상담을 이수한 장애인을 대상으로 권익옹호, 정보 제공, 자립생활 프로그램, 심리적 지원 등을 제공한다. 집단동료상담은 기초과정과 심화과정, 장기강좌, 양성강좌로 나누어진다.

표 11-1 동료상담의 유형

구분	주요내용
개별 동료상담	집단동료상담 장기강좌를 이수한 장애인을 대상으로 권익옹호, 정보 제공, 자립생활 프로그램, 심리적 지원 등을 제공한다.
집단 동료상담	• 기초과정: 동료상담에 관심이 있는 장애인을 대상으로 알기 쉽고 즐거운 분위기에서 마음의 문을 열고 감정의 해방을 통해 장애로 인한 상처를 치유하며 동료상담의 의미를 알게 한다. • 심화과정: 기초과정을 이수한 장애인을 대상으로 정해진 주제의 강의, 세션, 시범을 중심으로 모든 참가자가 듣고 말하는 것, 즉 동료상담가의 체험과 내담자의 체험을 반복하는데, 자기 자신의 패턴이나 억압으로부터의 해방을 목적으로 한다. • 장기강좌: 기초과정과 심화과정을 이수하고 동료상담사가 되고자 하는 장애인을 대상으로 기초나 심화 집중강좌를 인도하기 위한 학습과정으로 시나리오 작성 및 각 테마별 원고쓰기를 통해 동료상담의 자원이 될 인재를 양성한다. • 양성강좌: 장기강좌의 핵심인 책임동료상담가나 지원동료상담가를 양성하기 위한 과정이다.

3. 장애 유형별 동료상담

장애 유형별 동료상담에서는 재가장애인, 시설거주장애인, 중도장애인(후천적 장애인), 발달장애인 등을 살펴본다(한국장애인자립생활센터총연합회, 2015).

1) 재가장애인

사회활동이 거의 없는 재가장애인은 지역에 살고 있지만 지역과의 교류가 없거나 부족한 경우가 많고 교류가 있더라도 특정한 것에 국한되어 있는 경우가 많다.

재가장애인의 동료상담 시 고려해야 할 점은 다음과 같다.

① 가족과의 관계에 주목(가족으로부터 상처를 받는 비율이 높음)

② 자존감 저하로 인한 주변과의 관계회복과 장애인식 향상을 도움

③ 자기에게 필요한 지원이 무엇인지 탐색 유도

④ 자립생활의 선배나 같은 장애와 문제를 가진 동료를 접하는 과정을 제시하고 만남을 유도함

2) 시설 거주 장애인

거주시설은 외부 정보에 제한적이고 거주장애인들의 장애가 중증인 경우가 많다. 따라서 시설에서 거주하는 장애인을 만날 때는 개별적인 특징을 알아보는 것이 도움이 된다. 초기면담과정에서 장애인의 특성, 성격 등을 알아보고, 시설 내의 분위기를 파악하는 것이 중요한다. 거주하는 시설의 특성과 분위기에 따라 거주장애인의 관심사와 자립생활의 욕구가 다를 수 있으며, 동료상담 시 몇 달 혹은 몇 년에 걸쳐 꾸준한 만남이 이루어지면서 변화를 기대할 수 있다. 시설거주장애인에게는 동료상담가의 정기적인 방문 자체가 정보 제공과 외부와의 연계가 될 수 있으나, 한꺼번에 많은 것을 전달하거나 빠른 변화를 기대하는 것은 바람직하지 않다.

거주장애인에게 정보나 자립생활을 알려주거나 할 때에는 단기 외부체험이 효과적이며, 자립생활의 권리와 함께 의무나 어려운 점 또한 정확히 전달해야 한다. 거주장애인들의 관심이나 고민은 한정적이고 같은 거주장애인에게 제한된 경우가 많으며, 시설 담당자의 간섭과 관리가 많으므로 동료상담가의 이야기에 긍정적인 반응을 보이는 것이 중요하다.

3) 중도장애인(후천적 장애인)

건강하게 생활하다가 중도에 장애인이 되면 대개 충격, 부정, 분노, 우울, 적응 및 수용의 장애적응 단계를 거친다. 따라서 내담자의 어느 단계에서 센터나 동료상담가가 만나게 되느냐에 따라 상담이나 동료상담가의 태도가 달라져야 하기 때문에 다음과 같은 사항을 고려하여야 한다.

① 충격, 부정, 분노, 우울 단계까지는 외부와 타인의 접촉을 기피하고 비관하는 경우가 많으므로 억지로 만남을 진행하는 것은 위험하다. 갑자기 변화된 환경과 과정을 겪고 있는 적응 이전 단계에는 동료상담에서의 효과를 기대하기는 어렵다. 따라서 무리하게 상담을 진행하기 보다는 꾸준한 만남을 유지하면서 지켜봐주는 자세가 필요하다.

② 수용 단계에서는 동료상담가와 같은 원인과 장애를 가진 동료라면 동료상담과

정에서 더 많은 효과를 기대할 수 있다. 또한 가족이나 시설에 도피하거나 안주하지 않도록 많은 지원이 필요하다.

4) 발달장애인

발달장애인은 대부분 의사소통에 어려움이 있으며, 장애로 인하여 말하는 것에 문제가 있는 경우와 인지 등 소통 자체에 문제가 있는 경우 또는 두 가지가 중복되어 있는 경우가 대부분이다. 또한 개별적인 차이가 많으므로 처음부터 많은 정보를 주기보다는 시간을 두고 개별적 특성을 파악하는 것이 좋으며, 다른 장애에 비하여 소통이 원활히 되기까지 많은 시간이 필요하다. 발달장애인과 동료상담을 진행할 때는 의사소통에 유의하여 가면서 진행하여야 한다.

① 간단하게, 직접적인(하나의 질문, 하나의 대답) 형식의 의사소통이 필요하다.
예) 복도에서 뛰면 미끄러질지 모르니 걸으세요. → 복도에서는 걸으세요.

② 요약된 표현이나 축어를 피하고 구체적으로 표현한다.
예) 어떤 교통수단을 이용하시겠어요? → 버스, 택시, 지하철 중에 어떤 것을 이용하시겠어요?

③ 가급적 시각적 보조물을 사용한다.
예) 그림단어카드, 쇼핑리스트

④ 당사자의 대화패턴을 파악한다.
예) 결정에 관계없이 같은 답을 반복할 경우 → 그림을 찍거나 종이에 쓰는 방식으로 확실한 답변을 유도

⑤ 선입견을 갖지 않고 육하원칙, 공간 지각을 묻지 않는다.
예) 발달장애인은 수 개념과 공간 지각 개념이 약하므로 날짜나 시간의 인지가 어렵고, 법정증인 시 불리하다.

⑥ 자기선택권, 결정권을 존중한다.
예) 대화 시 개인의 의사소통능력에 맞추어 그림이나 사진카드, 실물, 제스처 등 다양한 의사소통 수단을 사용한다.

4. 동료상담의 자세

동료상담이 성공하기 위하여 동료상담가와 장애인 내담자가 모두 적극적인 자세로 상담에 임하여야 한다(조영길, 김정미, 노경수, 2016).

1) 동료상담가가 취해야 할 자세

① 내담자가 안심할 수 있는 장소에서 상담을 진행하여야 한다.
② 자신의 표정과 행동 등을 점검하여 내담자가 안심할 수 있는 태도로 임한다.
③ 스스로의 문제에 맞설 수 있는 힘이 내담자 내부에 있다는 믿음을 가진다.
④ 내담자와 나누었던 일들은 비밀로 한다.
⑤ 동료상담가가 먼저 이전 세션의 내용을 말하지 않는다.
⑥ 동료상담가는 세션 중에 자신의 생각이나 의견을 말하지 않는다.

2) 장애인 내담자가 취해야 할 자세

① 자신의 문제는 자신이 직접 해결하려고 노력한다.
② 장애인 자신이 몰랐던 자신의 패턴을 찾아내려고 노력한다.
③ 편안함을 위한 자리이동이나 환경 등에 대해 상담가에게 요청할 수 있다.
④ 적극적이고 능동적으로 '감정의 해방'을 위하여 노력한다.

3) 동료상담 사례[1)]

저는 선천적인 질병으로 인해 장애와 함께 살게 되었습니다. 어릴 때부터 주변 생활환경이 불편했고, '비장애인' 친구, 어른들 속에서 항상 도움을 받아야 하는 존재로 살아오면서 그동안 저의 장애를 창피해하고 주눅 들어 왔습니다.

그러다 7년 전쯤 여러 장애인 동료들을 만나면서 제 생활은 많이 변하게 되었습니다. 휠체어를 타는 지역 장애인분과 처음 지하철을 타보면서 혼자서는 못하는 줄 알았

1) 한국자립생활센터총연합회(2015). 동료상담 매뉴얼.

던 외출을 하게 되었고 곧 여러 교통수단을 이용해서 모임이나 사회활동에 참여하기 시작했습니다. 또 단순한 정보를 얻는 것뿐만 아니라 자립생활을 해오고 있는 동료들에게 고민이나 말하기 힘든 상처들을 털어놓고 그들과 공감하고 또 서로를 지지하기도 하면서 정서적으로 큰 원동력을 얻기도 했습니다.

늦게 서야 깨달았지만, 동료상담에 매력을 느끼고 지금까지도 가장 중요한 활동으로 여기며 임해 오고 있는 것은 제가 '동료들'로부터 얻은 지지와 도움들로 인해 나름의 큰 변화들을 겪었고, 내가 받은 것들을 또 다른 동료들에게 전해주고 또 함께 힘을 얻어가는 과정들이 무엇보다 의미 있는 일이라 생각하기 때문입니다. 문득 7년 전의 제 모습을 떠올리면 예전보다는 자신감 있고 활발하게 살아가는 제가 있고 이런 제 주변에는 '동료'들이 있습니다. '장애'를 겪어보지 못한 누군가가 저를 무조건 공감하고 신뢰해 줄 수 있을까요? 그 어떤 좋은 조언과 상담을 잘하는 전문가보다도 같은 경험을 나눌 수 있고 느리더라도 같은 눈높이와 속도로 지켜봐 주면서 이끌어주는 것이 동료상담이라 생각하고, 장애인에게는 더욱 필요하고 중요한 것이라 생각합니다.

제3절 동료상담의 내용

동료상담은 장애인 당사자의 특성에 따라 상담이 이루어지는데 정신적인 자신감 회복에서부터 가정에서의 일상적인 활동에 이르기 까지 매우 광범위하고 포괄적인 내용을 포함하고 있다. 또한 동료상담에서는 장애인들이 신체적 장애로 인해 혼자서 할 수 없는 부분을 다른 사람의 도움을 받는 활동지원서비스가 있으며, 장애로 인해 당하는 불이익, 인권적으로 침해당하는 많은 부분들, 장애로 인해 내면에 억압된 것들에서의 해방, 장애를 입고 생활해 나가지만 사회적 관계를 잘 이룰 수 있는 인간관계, 가족관계, 사회적 관계, 정부에서 지원해 주는 다양한 제도나 혜택 등에 대하여 알고 혜택을 받을 권리 등 매우 포괄적으로 이루어질 수 있다. 그 중에서 대표적인 것들에 대하여 살펴보면 다음과 같다(국립재활원, 2008; 한국장애인자립생활센터총연합회, 2015).

1. 동료상담에 있어서 인간관계

인간의 본질에 있어 누구나 공통적인 사항은 사랑하고 사랑받는 것, 지성이 넘치고 창조성과 기쁨이 넘쳐 있는 것을 들 수가 있다. 이러한 본질을 충분히 누릴 수 있기 위해서는 서로의 마음을 충분히 느끼고 자신의 마음을 개방할 수 있어야 한다. 또한 인간관계 만들기의 과정은 어디부터 시작하는 것이 좋을까? 우선 상담가와 클라이언트의 사이에는 신뢰관계가 구축되어야 한다. 클라이언트는 상담가가 자신을 알아주고 자신에게 관심을 갖고 있다고 느끼지 못하면 자기의 마음을 열지 않을 것이다. 상담을 받는 클라이언트에게 신뢰받기 위해서는 판단이나 결정을 해서는 안 된다.

동료상담가의 역할은 클라이언트의 혼란스러운 정신적 상황이나 행동을 정리하도록 도움으로써 최대한 자립을 이룰 수 있도록 기술이나 사회적 자원을 알려주는 것이다. 동료상담가는 세션기간 중 늘 클라이언트에 대해서 생각하고 있어야 한다. 클라이언트가 지금 어떤 상황에 있고 앞으로 무엇이 되고 싶어 하고 있는지를 이해하기 위해서 상대방 이야기를 잘 듣는 것이 중요하다. 그러므로 생각하는 것은 클라이언트 자기가 갖고 있는 좋은 자질이나 능력을 사용해서 어떻게 자기회의나 소극성을 극복할 수 있을까를 발견하는데 도움이 된다.

2. 감정의 해방

감정을 느끼고 표현하는 것은 어떤 것일까. 슬픔, 괴로움, 안타까움 이러한 감정을 느끼고 그것이 고조되었을 때 눈물을 흘리거나 또는 기쁘거나 마음을 새롭게 하는 것 그리고 웃고 싶을 때 웃을 수 있는 자신의 중심적인 마음을 가지고 그 감정을 외부에 표출할 수 있을 때 진정한 해방이 올 수 있다. 즉, 세션 도중에 클라이언트에게 감정을 자유롭게 표현할 수 있게 하는 것(울거나, 웃거나, 떨거나, 외치거나, 때로는 졸려 하품을 하는 것) 이런 것을 자유롭게 표현할 수 있는 능력이 바로 감정의 해방이다.

이런 느낌은 인간이 이성적이고 생산적으로 행동하려고 할 때 없어서는 안 될 것이다. 우리들은 클라이언트로 하여금 해방감을 느끼도록 반복해서 노력하고 이로써 큰 수확을 얻을 수 있을 것이다. 마음껏 우는 것은 많은 사람들에게 있어서 그 처해 있는 상황을 적극적으로 인식하거나 좀 더 분명하게 사고할 수 있도록 한다. 감정의 해방은 상처받은 기분이나 긴장을 풀어서 지금까지 생각하지도 못했던 인생에 대한 도전을 가능하게 하고 그 능력을 계속 발휘할 수 있도록 한다. 그럼에도 불구하고 지금까지 우리 장애인들은 감정을 억압당해 왔고 그것을 잘못된 것이라고 생각하지 않았다.

동료상담에서 감정의 해방은 치료의 한 과정이다. 예를 들어 갓난아기는 아플 때 마음껏 울어야 아픔으로부터 좀 더 빨리 해방된다. 왜냐하면 울음을 통해 아프다는 경험에서 일어나는 아픔, 불안, 혼란으로부터 해방되기 때문이다. 감정의 표출을 금지 억압당해 온 장애인은 괴로움을 동반하는 그 어떠한 감정도 닫아 두어야 하며 느껴서는 안 된다는 식으로 교육받아 왔다. 동료상담은 억압되어 있던 감정을 해방하는 하나의 방법으로서 명확한 사상과 지적인 사고, 그 마음에 가지고 있던 상처를 해방하고 새로운 감정을 생성하는 자연 치유적인 방법의 하나라고 볼 수 있다.

3. 행동패턴

행동패턴(behavioral pattern)은 일상적으로 그 사람을 지배하는 행동이나 대응으로서 공격적 · 소극적 · 자기주장적인 것 그리고 그 사람 안에 강하게 뿌리내려서 위기 때에 일어나는 감정으로서 무력감, 소외감 등을 동반하는 행동이다. 그런데 여기에서 중요한 것은 이러한 것을 구분하는 것이 아니고 자신의 패턴을 확인하고 그 패턴의 감정을 해방시키는 것이다. 패턴은 인간이 태어날 때부터 가지고 나오는 어떤 인간의 본성적인 면은 아니다. 다시 말해 환경적 영향 안에서 오랜 시간 젖어온 습관일 수도 있다. 물론 좋은 면의 패턴이 있을 수도 있지만 여기서는 부정적 상호작용으로 인하여 잘못 형성된 패턴을 생각해 보기 위함이다. 특히 장애인들에게 있어 패턴이란 그가 속한 환경, 즉 가족, 학교, 친구, 사회적 관계 등 무언의 알력으로 작용해서 자신의 의지를 관철시키지 못하고 이미 정형화된 그것을 가지고 살아가는 경우가 많다.

동료상담에서는 이러한 정형화된 패턴을 변화시키기 위해 원인을 찾고 '나는 할 수 없다'는 불가능적인 것에서 '할 수 있다'라는 가능성을 찾을 수 있도록 하며 계속적인 세션을 통해 자신의 잠재력을 발견할 수 있도록 한다.

4. 가족과의 관계 형성

개인적으로는 가족과의 문제, 크게는 사회구성원인 인간관계 정립을 위하여 이 프로그램을 실시한다. 통계적으로 보면 처음에는 좋지 않은 관계 속에서 시설이나 가정을 나오게 되지만 결과적으로 시간이 흐르면 자립생활하는 모습 속에서 모든 문제는 자연스럽게 해결된다.

자립생활을 시작할 때는 부모의 마음을 아프게 했던 것이 결과적으로 부모에게 효도하게 되는 것이다. 부모나 시설의 책임자를 설득시키는 방법, 자신의 입장을 부모와 바꾸어 놓고 생각하면서 역할극을 시도하고 어디에 문제가 있는지 찾아보고 자신에게 문제점이 있다면 수정하고 동료들의 성공적인 경험도 듣기 위하여 선배 장애인 가정을 방문하여 체험담을 듣기도 한다.

이러한 여러 가지 프로그램을 통하여 장애인 당사자들은 가족에 대한 의존심을 배제하고 자신의 생활에 관한 의사결정의 중요성을 배울 수 있다. 장애인의 대부분은 다른 가족구성원과는 달리 독자적인 자아감을 형성하기에 어려운 상황에 처해 있다고 볼 수 있다.

5. 다양한 억압에서의 해방

내 주변의 가까이에서부터 사회적 억압에 이르기까지 장애인들은 다양한 억압을 받으며 생활해 나가고 있다. 만약 장애인이 무능력하고 가치가 없다고 하는 억압이 외부로부터 들어온다면 우리는 그 부당함과 거짓됨을 정확히 파악하고 항의함으로써 문제를 해결할 수도 있다. 그렇지만 주변의 사랑하는 사람에게 위와 비슷한 소리를 듣는 경우 그것은 억압의 강약과는 관계없이 저항할 방법을 잃고 깊은 상처가 되어 가슴속에 남아있게 된다.

또한 억압은 주위의 이웃과 사회에서도 받을 수 있다. 사회에는 다양한 억압이 있을 수 있는데 어떠한 억압이 있고 자기 자신은 어떠한 위치에 존재하고 있는가, 어떤 억압을 받았을 때 가장 가슴이 아팠는가. 인종, 성, 계급에 따라 인간을 차별하는 것처럼, 장애인이거나 그 나이에 대한 차별과는 직접 관계없는 억압이어도 매우 중요하다. 이러한 억압들을 살펴보고 그러한 문제에 처하게 되었을 때 대처할 수 있는 능력을 기르는 것 또한 중요하다.

6. 정부의 지원제도 및 권익옹호

정부에서는 장애인들을 위한 다양한 제도가 있는데 장애인으로서의 권리를 획득하기 위해서는 먼저 장애인 등록을 하여야 한다. 중도에 장애를 입고나면 장애인 등록을 어떻게, 어디에, 어떠한 방법으로 해야 하는지 모르는 경우가 많이 있으며, 특히 장애인에게 지원되고 있는 제도에 대해서는 더욱 모르는 경우가 많이 있다.

장애인에게 지급되는 장애수당, 자립자금 대여, 장애인 보장구 의료보호 · 보험급여 적용, 장애인 자녀교육비 지원, 각종 요금할인 및 면제, 장애인 자동차 면세 및 혜택 등 다양한 제도들이 있는데 이러한 제도들에 대하여 정확히 알고 대처해 나갈 수 있는 능력을 형성하여 장애인으로서의 권익을 옹호할 수 있는 능력을 형성하도록 한다. 이는 장애인이 자신의 생활을 주도하고 선택권을 행사한다는 것은 자신의 신념에 따라 행동하고 이제까지의 전통적 의존적인 규범을 탈피하여 장애인 스스로 소비자로서 권리와 능력을 인정하고 행사함을 의미한다.

7. 활동지원서비스 관리

자립생활을 영위하고자 하는 이들에게 있어서 그들이 원할 때 적절한 서비스를 받을 수 있는 것은 매우 중요한 일이다. 이러한 활동지원서비스의 목적은 자신이 할 수 없는 일들을 타인에게 위임함으로써 자신이 성취할 수 있는 일들에 시간과 에너지와 잠재력을 활용할 수 있게 된다.

활동지원서비스는 자원봉사서비스와는 달리 장애인이 선택권과 결정권을 가지고 서비스를 구매하는 소비자의 입장에서 서비스시간, 용도 등을 결정한다. 실질적으로 활동지원인이 하는 업무는 ① 신변서비스: 목욕, 화장실, 탈 · 착의보조, 식사보조, 휠체어에서 침대로 이동보조, 침실에서의 이동 등 ② 이동보조: 외출, 여가활동, 병원 통원보조, 전차 · 버스 탑승보조 등 ③ 직장에서 업무보조: 대필, 서류정리, 물품정리, 준비작업, 시각장애인을 위한 낭독서비스 등이다. 그 외에 복지기구 수리점을 들 수 있는데 이것은 장애인 당사자가 지역에서 생활하기에 편리한 주택이나 복지기구, 보조구 등을 이용할 때 수리, 부분수리, 교체가 여기에 포함된다.

8. 지원그룹

이것은 서로 좋은 지지를 주기 위한 방법과 상담가로서의 지원을 주고받을 수 있는 관계 형성을 배우는 과정이다. 지원그룹은 장애 이후 자신이 관심 있는 분야의 토론을 통해 다양한 정보를 주고받는 것을 말하며, 다양한 정보의 공유는 앞으로 장애인으로서의 삶의 변화를 일으킬 수 있다. 장애를 입은 후 서로 관심 있는 공통적 분모를 찾게 하는 것도 매우 의미 있는 일이 될 수 있으며, 소그룹 토의를 통해 자신이 알고 싶은 정보를 더욱 다양하게 알게 하는 기회가 된다.

지원그룹의 활동은 매우 다양하며 장애를 입고난 후 겪게 되는 다양한 역할들에 대하여 재현해 볼 수 있으며, 역할극을 통해 상대방의 입장을 생각해 볼 수 있는 기회를 갖게 한다.

9. 자기주장훈련

장애로 인해 억압에서 해방되지 못하고 자기 자신의 의견을 정확하게 개진하지 못하며 미래의 목표를 설정하지 못하는 경우가 많이 있는데 이때 이러한 자기주장훈련을 통하여 현재 자신의 모습과 장래 자신의 희망과 이야기할 수 있는 기회를 갖게 한다. 이 훈련을 통하여 자신감을 형성하게 하고 발표력을 향상시킬 수 있다.

방법은 각자 한 사람씩 앞으로 나와 자신의 삶에 대한 선서를 하게 되는데 이와 같이 선언한다. '지금 이 시간부터 나는 정말 (　)입니다. 그 이유는 (　　)이기 때문입니다.' 이러한 자신의 계획을 동료들 앞에서 자신 있게 이야기함으로써 자신의 삶에 변화를 위해 앞으로 더욱 노력할 것을 다짐하는 기회가 된다. 지역사회에서 많은 사람들과 관계를 형성하다 보면 자신의 주장을 정확하게 개진해야 할 때가 많이 있는데 이러한 앞으로의 삶에 대비하여 좀 더 자신감을 갖고 자신의 의견을 정확하게 개진할 수 있는 훈련이 필요하다.

제4절 동료상담의 실제

1. 동료상담 실제

동료상담은 자립생활운동을 통하여 장애인의 상담기법으로 구체화되었으며, 자립생활센터에서는 필수적인 사업으로 규정하고 있다. 중증장애인이 지역사회에서 자립생활을 하기 위해서는 물리적인 환경의 개선도 필요하지만, 심리적으로 자립할 수 있는 것 또한 매우 중요하다. 이는 자신의 삶에 대한 의지의 회복과 인간관계의 재구축을 의미하고, 사회적 변혁을 통한 사회적 억압으로부터 상처받은 마음을 치료하고, 인간본연의 모습과 인간관계를 회복하는 데 목표를 두고 있다(김재익, 김종인, 2014).

2. 동료상담과정

1) New & Good

참가자들로 하여금 한 주간, 한 달, 한 해 동안 또는 한 평생을 살아오면서 좋았던 기억을 되새겨 보도록 하는 시간으로, 1~2분의 짧은 시간을 통해 자기 자신의 긍정적 사고를 발견할 수 있는 계기를 마련하며, 내면의 부정적인 생각의 배제와 긍정적 사고를 심어줄 수 있는 기회가 된다. 또한 상대방의 이야기를 잘 들어주는 경청과 적절한 시간에 맞추어 자신의 의견을 조리 있게 발표할 수 있는 능력을 향상시키는 것이 된다.

2) 본 세션(session)

New & Good 시간을 통해 상담을 위한 분위기 조성과 대화를 시작한 후 본 세션을 실시한다. 본 세션에서는 장애인 리더에 의한 교육과 동료 간 상담, 자유토론, 역할극 등 다양한 주제 및 형태의 동료상담 개입이 이루어지게 된다. 교육 초기에는 장애인 자립생활에 대한 올바른 이해와 컨슈머의 동기유발을 위해 자립생활과 동료상담에 대한 교육을 중점실시하며, 이후 집단 · 개별상담, 역할극 등 다양한 형태의 동료상담을 실시한다. 「장애 이후 변화된 삶」, 「장애로 인한 억압과 감정의 해방」 등의 주제를 통해 자아인식을 통한 감정의 해소와 내면의 억압을 해소할 수 있도록 유도하며, 역할극 등을 통해 장애 이후 겪게 되는 가족 간의 갈등문제를 표면화시키고 그 해결방안을 모색하도록 돕는다. 또한 「장애인 복지시책」, 「장애인 활동지원인 활용」, 「장애인의 성(性)」 등 유용한 정보를 교류 · 공유하는 시간을 가지며, 「지원집단(support group) 형성」, 「상대방 장점 표현하기」, 「자기주장훈련」 등 장애인 컨슈머의 자조그룹과 대인관계 형성을 위한 프로그램을 실시한다.

3) 느낌 토론(Think & listen)

New & Good과 본 세션을 진행하고 난 후 동료상담을 통해 느꼈던 각자의 다양한 느낌을 토론하면서 동료상담에 대한 효과를 깨닫게 하는 시간을 갖는다. 이러한 느낌토론은 동료상담을 더욱 강화시키는 역할을 하며, 요약 · 정리를 통해 그날의 세션을 마무리하는 시간이기도 하다.

일반적인 동료상담은 다음과 같은 10가지 주제로 진행되고 있으나 본 장에서는 그중 중요한 주제만 제시하고자 한다.

가. 자립생활의 이해	바. 다양한 억압과 감정의 해방
나. 동료상담의 이해	사. 서포트 그룹
다. 자기소개하기	아. 역할놀이(Role Play)
라. 장애 이후 변화된 삶	자. 상대방 장점 표현하기
마. 장애인의 사회활동과 정보관리	차. 자기주장훈련

(1) 자립생활의 이해

단계	세부 내용
1. 목표	• 자립생활의 유래 및 역사 등 이론적 설명을 통해 중증장애인의 자립생활에 대한 이해를 도모한다. • 자립생활에 대한 동기를 유발한다.
2. 실시방법	가. 자립생활 개념 이해(50분) 자립생활에 대한 올바른 이해를 돕기 위해 이론 및 시청각교육을 실시한다. 1) 이론교육 ① 이론적 설명에 앞서 훈련생 서로가 공감대를 형성할 수 있는 자연스러운 분위기를 형성한다. ② 훈련생에게 먼저 자립생활이 무엇인지 물어보고 자유로운 답변을 유도한다. ③ 자료를 이용하여 자립생활의 정의, 자립생활운동의 역사적 변천과정 등 자립생활 이해를 위한 이론교육을 실시한다. 2) 비디오 시청 자립생활 관련 비디오[2] 관람을 통해 일본의 자립생활 현황 소개 등 자립생활에 대한 현실적 이해를 돕는다. 나. 자립생활 자가평가(20분) 훈련생들의 자립생활 실현을 위한 구체적인 추진계획을 수립하기 위해 훈련생 개인의 현 자립생활 수준을 평가한다. ① 자립생활 자기평가지를 나눠주고 작성하게 한다. ② 신체적 · 정신적 · 사회적 자립생활 영역 등 평가지의 각 항목과 기재요령에 대해 설명한다. ③ 설문지 작성 후 결과를 가지고 훈련생 각자의 자립생활 수준에 대해 얘기해보는 시간을 갖는다. 점수가 높고 낮은 항목과 이유 등에 대해 말해본다. ※ 「자립생활 자기평가」는 후에 재측정을 통해 교육을 통한 자립생활기능 향상 정도를 평가함 다. 느낌토론(Think & Listen) (20분) 느낌토론을 통해 session을 정리, 마감하는 시간을 갖는다. ① 자립생활에 대한 이론적 설명을 듣고 서로가 어떤 느낌을 받았는지 토론한다. ② 자신에게 가장 와 닿았던 내용이 무엇인지 이야기 해 본다.
3. 기대효과	• 자립생활에 대한 개념정리를 통해 장애로 인한 의존적인 삶에 대한 고정관념에서 벗어날 수 있는 동기를 부여하며 자립의지와 자신감을 형성할 수 있게 한다.

2) KBS 수요기획, '33살 소년 정만훈의 홀로서기'(2000. 7. 19).

(2) 동료상담의 이해

단계	세부 내용
1. 목표	• 동료상담의 유래 및 역사 등 이론적 설명을 통해 동료상담에 대한 이해를 도모한다. • 자립생활 실현을 위한 장단기 목표를 설정한다.
2. 실시방법	가. 동료상담의 개념 이해(50분) 동료상담에 대한 올바른 이해를 돕기 위해 이론 및 시청각교육을 실시한다. 1) 이론교육 ① 이론교육에 앞서 훈련생들에게 상담이 무엇이고 동료상담이 어떻게 이루어지는지 등에 대해 물어보고 자유로운 답변을 유도한다. ② 자료를 이용하여 동료상담의 정의, 필요성, 규칙, 동료상담가의 자격요건 등 동료상담 이해를 위한 이론교육을 실시한다. ③ 이론교육을 통해 전문가의 개입이 아닌 장애인 당사자로서의 역할을 정립하고 자신의 신뢰회복과 자신감 형성의 중요성을 정립하도록 돕는다. 2) 비디오 시청 동료상담 관련 비디오[3] 관람을 통해 동료상담에 대한 현실적 이해를 돕는다. 나. 장·단기 목표 설정하기(20분) 자립생활을 위한 목표와 구체적 추진전략을 세우기 위해 장애인 개인별로 장단기 목표설정하기를 실시한다. ① 동료상담의 이론적 설명이 이해되었는지 질의해 본다. ② 자립생활을 위한 장단기 목표설정의 목적 및 필요성, 작성요령 등에 대한 이론교육을 실시한다. 다. 느낌토론(Think & Listen)(20분) 느낌토론을 통해 session을 정리, 마감하는 시간을 갖는다. ① 동료상담의 이론적 설명을 듣고 서로가 어떠한 느낌을 받았는지 토론한다. ② 자신에게 가장 와 닿았던 내용이 무엇인지 이야기해 본다.
3. 기대효과	• 대등성, 공감성, 연대성을 기본으로 하는 동료상담의 개념을 이해하고 개인별 프로그램 계획표 작성을 통해 자립생활을 위한 구체적인 장·단기 목표를 세울 수 있다.

3) 정립회관 역(2001). 동료상담의 실제 사례.

(3) 자기소개하기

단계	세부 내용
1. 목표	• New & Good을 통해 자신의 의견을 조리 있게 표현할 수 있도록 한다. • 동료상담을 통해 서로에 대해 알 수 있는 시간을 가지며, 동료상담의 실제를 체험하게 한다.
2. 실시방법	가. New & Good(20분) 한 주 동안의 New & Good 시간을 갖는다. 1) New & Good의 목적, 진행방법 등에 대해 설명한다. 2) 자신의 의견을 동료들 앞에서 조리 있게 표현하는 것의 중요성과 방법에 대해 생각해 본다. 3) '한 주(달, 해) 동안 가장 기억에 남았거나 새로웠던 일'에 대해 이야기하도록 한다. ① 발표하기 전 생각을 정리하는 시간을 준다. ② 부정적인 기억보다는 긍정적인 기억을 발표하게 함으로써 뇌의 기억력을 회복시키고 긍정적인 사고를 갖도록 지도한다. ③ 발표시간은 1~2분이 적당하며 정해진 시간에 맞추어 의견을 발표할 수 있도록 한다. 나. 동료상담(50분): 자기소개하기 동료상담의 실제 체험으로 『자기소개하기』를 실시한다. 다. 상대방 소개하기(20분) ① 전체를 둘러앉게 한 후 한 사람씩 자신의 client였던 상대방을 다른 사람들에게 소개한다. ② 소개가 끝나면 소개받은 컨슈머는 상대방이 자신에게 들은 내용을 근거로 자신을 올바르게 소개했는지, 미처 소개하지 못한 부분은 없는지에 대해 평가해 보고, 부족한 부분에 대해서는 당사자가 부연 설명할 수 있게 한다. ③ 상대방의 말 경청하기와 들은 내용을 올바르게 표현하는 것의 어려움에 대해 토론해 본다. 라. 느낌토론 (Think & Listen) (20분) 느낌토론을 통해 session을 정리, 마감하는 시간을 갖는다. ① 이번 session에 대한 느낌토론 시간을 가진다. ② 실제 1:1 동료상담을 하면서 느꼈던 감정에 대해 얘기해 본다. ③ 동료상담이 잘 이루어졌는지, 상대방 이야기에 대한 경청이 잘 이루어졌는지 이야기해 본다. ④ 다음 시간 과제로 자신의 닉네임을 정해오도록 한다.
3. 기대효과	• 처음으로 객관적인 자기소개를 통해 동료 간의 신뢰와 유대관계를 갖게 하며, 이후 동료상담 시간을 위한 공감대를 형성할 수 있다.

(4) 억압과 감정의 해방

단계	세부 내용
1. 목표	• 자신의 내면에 억압된 것이 무엇인지 깨닫고, 감정해방을 통해 자아를 인식하게 한다. • 자신의 감정을 조절할 수 있는 능력을 기른다.
2. 실시방법	가. New & Good((20분) 한 주 동안의 New & Good 시간을 갖는다. ① 한 주간 생활하면서 좋았던 기억, 긍정적인 부분에 대해 이야기하는 시간을 갖는다. ② 1~2분간의 발표를 통해 간단명료하게 자신의 의견을 전달할 수 있는 능력을 향상시키도록 한다. ③ 자신의 삶의 긍정적인 부분을 기억해 볼 수 있도록 하고 기억한 것을 조리있게 발표하게 함으로써 발표력을 향상시킨다. ④ 상대방의 이야기를 잘 들어주는 훈련을 한다. 나. 동료상담(50분) 동료상담의 실제 체험으로 『장애로 인한 다양한 억압과 감정의 해방』이란 주제로 동료상담을 실시한다. ① 먼저 〈별지 7〉을 이용하여 다양한 억압에 어떤 것들이 있는지 이해를 돕는다. ② 훈련생끼리 1:1로 짝을 지어 동료상담을 실시한다. ③ 역할이 끝나면 client와 worker의 역할을 바꾸어 상담을 계속한다. 다. 느낌토론(Think & Listen)(20분) 이번 session에 대한 느낌토론 시간을 가진다.
3. 기대효과	• 장애인의 다양한 억압과 감정의 해방에 대한 이해를 돕고 동료상담을 통해 억압된 것들에 대해 자신의 삶을 조절할 수 있는 능력을 기른다.

(5) 자기주장훈련

단계	세부 내용
1. 목표	• 미래 삶에 대한 다짐의 시간을 갖는다. • 동료상담 일정을 잘 마무리한다.
2. 실시방법	가. New & Good(20분) 한 주 동안의 New & Good 시간을 갖는다. ① 한 주간 생활하면서 좋았던 기억, 긍정적인 부분에 대해 이야기하는 시간을 갖는다. ② 1~2분간의 발표를 통해 간단명료하게 자신의 의견을 전달할 수 있는 능력을 향상시키도록 한다. ③ 자신의 삶의 긍정적인 부분을 기억해 볼 수 있도록 하고 기억한 것을 조리있게 발표하게 함으로써 발표력을 향상시킨다. ④ 상대방의 이야기를 잘 들어주는 훈련을 한다. 나. 자기주장훈련(40분) ① 자기주장훈련의 목적과 필요성, 방법 등에 대해 설명한다. ② 아래 선서문을 기본으로 지도교사가 먼저 자신의 선서를 함으로써 예를 보여준다. **선서!** **지금 이 순간부터 나는 정말 (　　) 입니다.** **그 이유는 (　　　　) 이기 때문입니다.** ③ 자신의 생각을 먼저 정리한 사람부터 한사람씩 나와 손을 들고 선서를 한다. ④ 선서가 끝나면 서로가 자신의 목표에 따라 실천해 나갈 수 있도록 동료들이 지지, 격려한다. 다. 느낌토론(Think & Listen) (30분) 동료상담을 총 정리, 마감하는 시간을 갖는다. ① 자기주장훈련 후의 느낌에 대해 이야기해 본다. ② 전체 동료상담 시간에 대한 느낌, 효과, 좋았던 점과 미흡한 점 토론 등 총평가의 시간을 갖고 동료상담을 잘 마무리한다.
3. 기대효과	• 자신의 삶에 대한 다짐의 시간을 통해 자립생활에 대한 동기를 강화한다.

요약정리

1. 동료상담(Peer counselling)이란 자립생활의 핵심 서비스로서 장애를 가진 사람에 의한(by), 장애를 가진 사람에의(to) 상담으로 장애를 가진 사람들을 성장시키는(for) 것이다. 이것은 장애의 경험을 가진 동료상담가가 자신의 체험을 바탕으로 장애수용, 법률적인 문제, 재정관리, 진로문제, 지역사회 자원 활용, 곤란한 문제에 대처하는 방법 등에 도움을 주거나 정보를 제공해 주는 동시에 심리적으로 상호 지지해 주는 서비스이다.
2. 동료상담이란 장애를 가진 사람들이 사회의 여러 면에서 억압에 의한 상처를 위로받고 자기신뢰를 회복하는 것, 그리고 사람과 사람의 관계를 인간신뢰의 기본에 두어 재구축하며, 장애를 가진 사람들 자신이 힘 있는 존재가 되어 생생한 롤 모형 역할로 억압적이었던 사회를 변화시켜 가는 것을 말한다. 따라서 동료상담은 장애인 스스로의 자기신뢰 회복, 다른 사람들과의 인간관계 재구축, 지역사회의 변화라는 3가지 목표를 지닌다.
3. 동료상담의 유형은 크게 개별동료상담과 집단동료상담, 2가지로 나누어진다. 개별동료상담은 집단동료상담을 이수한 장애인을 대상으로 권익옹호, 정보 제공, 자립생활 프로그램, 심리적 지원 등을 제공한다. 집단동료상담은 기초과정과 심화과정, 장기강좌, 양성강좌로 나누어진다. 장애 유형별 동료상담은 재가장애인, 시설거주장애인, 중도장애인(후천적 장애인), 발달장애인 등을 들 수 있다.
4. 동료상담이 성공하기 위하여는 동료상담가와 장애인 내담자가 모두 적극적인 자세로 상담에 임하여야 한다. 동료상담가가 취해야 할 자세로는
   - 내담자가 안심할 수 있는 장소에서 상담을 진행하여야 한다.
   - 자신의 표정과 행동 등을 점검하여 내담자가 안심할 수 있는 태도로 임한다.
   - 문제에 맞설 수 있는 힘이 내담자 내부에 있다는 믿음을 가진다.
   - 내담자와 나누었던 일들은 비밀로 한다.
   - 동료상담가는 세션 중에 자신의 생각이나 의견을 말하지 않는다.
5. 동료상담의 주요내용에는 동료상담에 있어서 인간관계, 감정의 해방, 행동패턴, 가족과의 관계 형성, 다양한 억압에서의 해방, 정부의 지원제도 및 권익옹호, 활동지원서비스 관리, 지원그룹 활용, 자기주장훈련 등이 있다.

CHAPTER 12

역량강화상담

길라잡이

1. 재활상담에 있어서 역량강화(empowerment)란 무엇을 의미하는가?
2. 역량강화상담의 3가지 차원은 무엇이며 전문적 관계에 대한 시각은 어떠한가?
3. 장애인을 대상으로 한 역량강화상담 실천방법에서 미시적 실천과 거시적 실천은 어떻게 다른가?
4. 역량강화상담 실천 단계인 대화, 발견, 개발 단계에서 각각 수행하여야 할 과업은 무엇인가?
5. 장애인의 역량을 증대시키기 위한 재활상담사의 역할은 무엇인가?

제1절 역량강화상담의 개념 및 특성

1. 역량강화(empowerment)의 정의

역량강화 관점을 바탕으로 하는 장애인재활상담은 장애인을 서비스 수혜자라는 수동적인 의미로 보는 것이 아니라, 장애인이 지니고 있는 잠재적 능력을 고양하여 주어진 문제해결에 적극적으로 참여하는 능동적 주체로 전환하도록 돕는 것에 있다. 이러한 서비스 이용자의 주체적 참여를 통한 역량강화는 장애인의 개별적 역량강화뿐 아니라 집합적 주체로서의 세력화를 통하여 보다 장애 친화적인 사회적 환경을 조성하는 것이 가능하도록 돕는다는 점에서 실천적 가치를 담고 있다. 역량강화(empowerment)란 개인, 그룹, 조직 그리고 지역사회 등이 각각의 기능을 잘 수행하고 적절한 관계를 형성해 나갈 수 있도록 그 능력과 힘을 잘 통제할 수 있도록 하는 과정을 말한다. 역량강화상담에서 많이 사용되고 있는 주요용어를 살펴보면 다음과 같다.

- power: 타인에 대한 통제 또는 영향력의 소유, 법적이고 공적인 권위, 능력, 권리 또는 실체적인 힘으로 규정하고, 이러한 파워는 개인의 권리, 자원, 기회에 일정한 통제를 가능케 하는 것
- empower: 누군가에게 권한을 주는 것, 혹은 힘을 부여하는 것 그리고 가능하도록 능력을 주는 것, 허락하는 것
- 역량강화적 실천에서 파워
  ① 개인이 원하는 것을 얻을 수 있는 능력,
  ② 타인의 사고, 감정, 행동, 신념에 영향을 미치는 능력,
  ③ 가족, 조직, 지역사회와 같은 사회적 체계 내에서 자원의 배분에 영향을 미치는 능력

대표적으로 역량강화를 정의하고 있는 학자들의 견해에 따르면, 역량강화의 개념은 개인적 변화 수준, 지역사회 변화 수준, 또는 조직적 변화 수준 등으로 다양하게

설명하고 있다(Browne, 1995; Miley, O'Melia, & Dubois, 1995; Parker, Szymanski, & Patterson, 2005; Rappaport, 1985). 개인적 변화를 강조하는 미시적 접근에서 역량강화란 기존의 치료 중심의 실천에서 장애인을 문제가 있는 사람으로 규정하는 것에서 벗어나, 장애인의 강점을 강조함으로써 장애인의 잠재역량 및 자원을 인정하고, 장애인의 삶을 결정할 수 있도록 역량을 부여하고자 하는 것이다. 거시적 맥락에서의 역량강화는 사람, 조직, 지역사회가 자신들의 사건을 통제하는 기제로 지역사회나 고용된 기관의 민주적 과정에 참여함으로써 정치적·법적 영향력을 갖게 되는 과정을 말한다(Rappaport, 1985).

전통적 모형에서 힘(power)은 권리, 자원, 기회의 분배를 결정하는 데 있어 통제력을 갖는다는 것을 의미한다(Browne, 1995). 따라서 역량강화는 다른 사람들에 대한 통제력, 권위, 영향력의 소유일 뿐 아니라 스스로의 삶에 대한 통제력을 얻는 것이라 볼 수 있다. 다양한 개념정의에서 나타나는 공통점은 개인의 변화를 집단이나 사회적 차원으로 연계시키는 과정을 강조하고, 환경의 변화를 강조하고 있다는 점이다.

TIPS! 역량강화 관점의 특성

① 생태체계적 관점을 통합하고 있다.
② 클라이언트의 결함보다는 강점을 지향한다.
③ 문제확인보다 문제해결을 추구한다.
④ 처방에 따른 치료보다는 능력 향상을 추구한다.
⑤ 전문가는 전문가의 능력보다도 장애인의 변화과정의 모든 국면에서 동반자 입장으로 참여한다.
⑥ 환경은 잠재적 자원을 보유하고 있어 장애인 자신을 자원으로 볼 수 있도록 돕는다(장애인의 자원에 대한 접근성을 높인다).
⑦ 역량강화의 과정-각 체계의 적응기능을 향상시킬 수 있는 체계능력을 인식하고 촉진하며, 증진시킨다.

역량강화의 개념을 정리해 보면, 역량강화란 무력함을 경험하는 사람, 집단, 지역사회의 잠재적 능력을 개발하는 일련의 과정으로 규정할 수 있다. 역량강화는 개인의 문제에 영향을 미치는 환경적 요소에 관심을 가진다. 역량강화를 통해 개인들은 내적으로 자기효용감과 통제력이 증가되고, 이렇게 나타난 개인 내적 변화는 사회적 의식을 바꾸게 된다. 그리고 사회의식의 변화는 개인의 사회참여 수준을 높이는 결과를 초래한다. 따라서 역량강화는 개인 내적 변화를 사회정치적 수준으로 연계하는 실천적 접근이라 할 수 있다.

2. 역량강화 모형 실천의 기본가정

역량강화 모형 실천을 위해 재활상담사는 인간체계와 사회 변화에 대해 다음과 같은 가정을 가지고 있어야 한다(Miley, O'Melia, & Dubois, 1995).

1) 인간체계에 대한 가정

① 모든 사람은 수용과 존경을 받을 가치가 있다.
② 장애인이 자신의 상황을 가장 잘 안다.
③ 모든 인간체계는 자신이 처한 상황에 맞추어 행동한다.
④ 모든 인간체계의 행동은 동기가 있다.
⑤ 인간체계가 경험하는 다양한 도전은 클라이언트 자신의 내부에서보다는 인간체계와 그들의 신체적·사회적 환경 간의 상호작용에서 발생한다.
⑥ 인간체계의 강점은 가치, 문화적 자부심, 성공적인 인간관계, 지역사회 내에서의 자원의 상호 의존 등을 포함하여 다양하다.

2) 변화에 대한 가정

① 변화는 가능할 뿐 아니라 명백하다
② 생태체계에서 일부분의 변화는 전체의 변화를 초래한다.
③ 변화에 대한 도전 자체가 많은 해결책을 제시할 수 있다.
④ 문제를 찾아내기 위해 문제를 해결할 필요는 없다.
⑤ 변화를 견디면 강점이 축적된다.
⑥ 성장에 대한 잠재력과 강점이 모든 인간체계의 특성이다.
⑦ 기회가 주어지면 인간체계는 경쟁력을 양산하다.

⑧ 협력적인 관계는 파워감을 자극하고 행동으로 이끈다.
⑨ 문화적 차이는 폭넓은 관점, 다양한 선택과 역동적인 해결책의 가능성을 제공하는 자원이다.

3. 역량강화 모형의 실천원칙

① 협력, 신뢰, 파워의 공유를 원조관계의 기초로 삼는다.
② 집단행동을 활용한다.
③ 문제에 대한 장애인의 정의를 수용한다.
④ 장애인의 강점을 확인하며 그것에 의거한다.
⑤ 계급과 파워에 관한 이슈에 관해서 클라이언트의 의식을 고양시킨다.
⑥ 변화과정에 장애인을 참여시킨다.
⑦ 특정한 기술을 가르친다.
⑧ 상호 지지나 자조의 네트워크나 그룹을 활용한다.
⑨ 역량강화를 지향하는 관계에서 개인이 가지고 있는 파워를 실감케 한다.
⑩ 장애인을 위해 자원을 동원하거나 그의 권리를 옹호한다.

제2절 역량강화 모형의 주요개념

1. 역량강화의 차원

역량강화는 개인적 · 대인관계적 · 구조적 차원 등 사회체계의 모든 수준에 적용 가능하다. 이러한 3개 차원은 서로 복합적으로 연결되어 있어 한 영역에서 자원이 발견되면, 다른 영역의 자원 개발에도 기여를 하게 되는 장점이 있다(Miley 등, 1995). 역량강화의 개념을 재활 및 사회복지 실천에서 적용하는 차원은 크게 세 가지 차원으로 나누어 볼 수 있다. 첫째, 전문가-클라이언트의 차원으로 클라이언트의 파워의 원천을 개선하는 것이다. 둘째, 조직적 차원으로 클라이언트의 욕구에 부합하기 위해 기관의 조직과 파워를 이용하는 것이다. 여기에서는 역량강화적 접근을 수용하기 위한 조직관리의 측면이 포함될 수 있다. 셋째, 정치적 차원으로 정책 형성과 실행에 영향력을 행사하는 것이다. 이는 실제적인 집단행동과 실력행사로 정치 세력화하는 과정을 의미한다.

1) 개인적 차원

개인적 차원의 역량강화란 개인 스스로에 대한 역량감, 지배감, 강점, 변화능력 등을 의미한다. Rappaport(1985)는 개인적 차원의 역량강화를 인성, 인지, 동기에서의 자신의 삶에 대한 통제감이라고 보며, 그 자체가 자기 가치에 대한 생각이나 느낌의 수준, 자신을 둘러싼 외부 세계와 차별화할 수 있는 수준, 보다 영적인 것을 추구하는 수준까지 나타낸다고 한다.

2) 대인관계적 차원

대인관계적 차원의 역량강화란 다른 사람에 대한 영향력을 의미한다. 즉, 대인관계에서 어느 일방에 의해 주거나 받기만 하는 것이 아니라 상호 주고받는 평형관계를 형성하는 것을 의미한다. 따라서 대인관계 차원에서 역량강화를 한다는 것은 다른 사람과의 관계에서 효율적인 상호작용을 한다.

3) 구조적 차원

구조적 차원에서의 역량강화는 사회구조와의 관계를 의미하는데, 사람들은 자기 자신을 변화시킴으로써 힘을 얻기도 하지만, 정치적 · 사회적 상황과 같은 사회구조를 바꿈으로써 보다 큰 힘을 얻고, 새로운 기회를 창출할 수 있다. 사회적 수준에서의 자원 창출은 그 사회의 모든 개인에게 힘을 부여한다.

표 12-1 역량강화의 3가지 차원

개인적 차원	개인 스스로에 대한 역량감, 지배감, 강점, 변화능력으로 클라이언트가 어떤 변화에 영향을 미칠 수 있는지 자신의 능력을 인식하고, 더불어 자신감 그리고 예전에 인식하지 못했던 강점을 인지하고 수용하게 되는 것
대인관계적 차원	다른 사람에게 영향을 미치는 개인의 능력으로 대인관계에서 어느 일방에 의해 주거나 혹은 받기만 하는 것이 아니라 상호 주고받는 평형관계를 형성하는 것
구조적 차원	사회구조와의 관계로 정치적 · 사회적 상황과 같은 사회구조를 바꿈으로써 보다 큰 힘을 얻고, 새로운 기회를 창출할 수 있으며 사회적 수준에서의 자원의 창출은 그 사회의 모든 개인에게 힘을 부여한다.

2. 역량강화 모형

역량강화 모형은 재활서비스의 이용자와 제공자의 관계 설정에 따라 전문가 모형, 이식 모형, 소비자 모형의 3가지로 나누어진다(Cunningham & Davis, 1985; 이경희, 2003: 146-150; 조영길, 2016: 151-153).

1) 전문가 모형(expert model)

전문가는 전문적 지식과 기술을 소유한 존재로 장애인과 그 가족에 대하여 생각에 영향을 미치거나 그들을 대신해서 결정을 내리는 것을 말한다. 그 결과 장애인과 그 가족은 수동적인 위치에 서게 되고 전문가가 장애인재활과 자립에 필요한 정보를 선택하고 요구되는 정보만을 제공하는 결과를 초래한다. 장애인보다는 재활전문가가 서비스 제공과정에서 전체적인 관리와 결정의 주도권을 행사하게 된다.

2) 이식 모형(transplant model)

전문가가 소유한 재활 관련 지식과 기술이 장애인이나 그 가족에게 이식되어 적용되는 것을 말한다. 전문가가 자신을 전문지식 및 기술을 가진 주체라고 인식하는 것은 전문가 모형과 같으나 장애인과 그 가족의 힘을 의식함으로 서비스에 임하는 태도가 달라지게 된다. 훈련교사가 발달장애인 부모에게 일상생활기술을 전달해 주거나 직업훈련방법을 알려주는 경우를 들 수 있다.

3) 소비자 모형(consumer model)

소비자 모형은 전문가가 장애인과 그 가족을 서비스 소비자로 인식하는 것이다. 재활서비스 제공과정에서 중요한 기준이나 방향 등은 장애인이나 그 가족에 의하여 이루어지고, 전문가의 역할은 장애인과 그 가족이 어떤 결정을 내릴 수 있도록 그들에게 가능한 한 많은 정보와 기술을 제공하는 것이다. 이 모형에서 전문가는 장애인과 그 가족을 존중하고 그들의 능력과 전문성을 인정할 것이 요구된다. 여기에서는 전문가와 장애인 당사자 사이에 힘의 균형이 대등해지거나 장애인에게 선택의 우선권이 주어지게 된다.

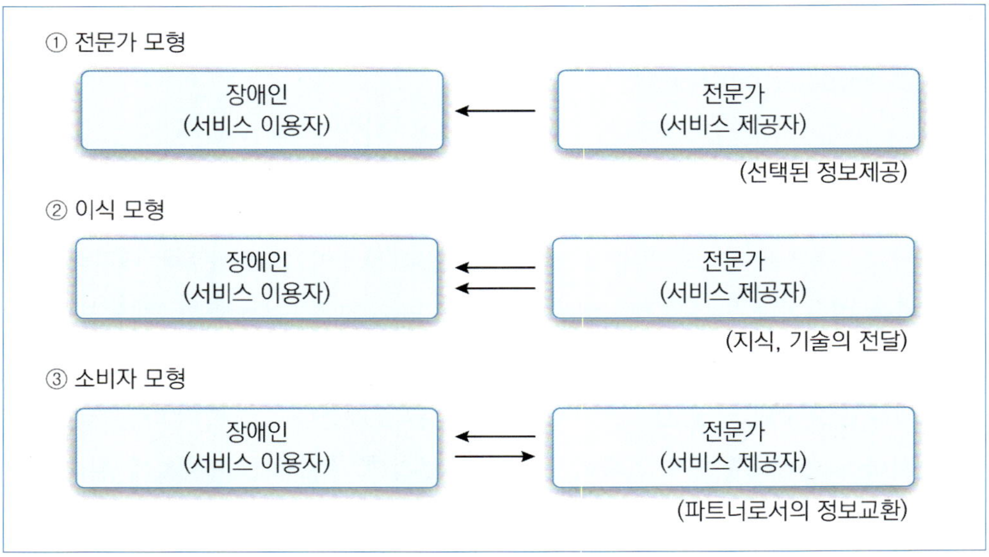

그림 12-1 서비스 이용자와 서비스 제공자와의 관계

출처: 조영길 외(2016). 장애인자립생활개론. p. 152.

3. 전문적 관계에 대한 시각: 협력과 파트너십(collaboration & partnership)

역량강화 모형에서는 장애인 내담자를 경험과 역량을 가진 상담 및 원조과정의 파트너로 본다. 클라이언트를 파트너로 보는 것은 클라이언트를 잠재력을 가진 인간으로 또한 문제해결을 위한 자원으로 인식하여 클라이언트의 참여(participation)를 중시하고 변화노력 모든 과정에서 클라이언트의 자기결정권을 강조한다는 것이다(Miley 등, 1995: Solomon, 1994). 따라서 이 관점에서 클라이언트는 변화과정에 능동적으로 참여하는 파트너이며, 자신이 처한 환경과 능력을 가장 잘 알고 있는 사람으로 간주된다. 이는 재활상담사와 클라이언트 간 상호협력적인 파트너십을 갖게 한다.

협력(collaboration)이란 단순히 돕는 전문가와 클라이언트 사이의 협동관계가 아니라 Bertha Reynolds가 개념화한 재활상담사와 클라이언트간 '동맹(alliance)'과 유사한 개념이다(Solomon, 1994). 이러한 협력이 갖는 장점은 클라이언트와 전문가가 각각의 자원을 상호 협력하여 활용하기 때문에 문제해결을 위한 자원의 범위가 넓어진다는 것이다. 또한 파트너십을 근거로 상호책임에 바탕을 두기 때문에 변화책임에 대한 전문가의 부담을 감소시켜 준다.

4. 클라이언트에 대한 시각: 소비자(consumer)

역량강화 접근은 클라이언트와 재활상담사의 관계를 협력과 파트너쉽을 강조한 수평적인 파트너로 보고 있다. 즉, 클라이언트를 개입의 객체가 아니라 주체로 보기 때문에 자기결정권이 가장 잘 보호되고 반영될 수 있다. 따라서 역량강화 접근에서 클라이언트는 기존의 수혜자, 환자, 도움을 받는 사람들이라는 낙인으로부터 소비자(consumer)라는 개념으로 전환된다(Miley 등, 1995). '소비자'란 용어는 재활상담사와 클라이언트체계의 파트너십 내에서 클라이언트의 자기결정권 보호와 활동적인 역할을 강조하는 것이다(Gummer, 1983). 그러므로 클라이언트를 소비자로 보는 것은 서비스 제공에 대해 수혜가 아닌 하나의 권리로서 이해하는 것이며 또한 클라이언트에게 서비스에 대한 능동적인 선택권을 부여하는 것을 의미한다.

5. 능력(competence)

능력(competence)이란 인간체계의 구성원을 돌보는 기능을 수행할 수 있으며, 다른 체계와 효율적으로 상호작용하고, 사회적 · 물리적 환경의 자원체계에 기여할 수 있는 것을 말한다. 즉, 인간이 주위 환경과 상호작용하는 데 필요한 체계가 소유하고 있는 지식, 기술, 태도로 정의할 수 있다. 능력은 개인적 특성, 대인상호관계, 사회적 · 물리적 환경에서 비롯되는데, 이러한 3차원이 잘 기능할수록 각 개인이 환경에 대처할 수 있는 능력은 더욱 향상되며, 이러한 능력을 키우는 것이 바로 역량강화이다(Miley 등, 1995).

제3절 역량강화상담 실천방법

1. 미시적 실천

다음은 Lee(2001)가 제안한 장애인과 함께 하는 역량강화 실천을 위해 제한한 8가지 원칙들로서, 장애인을 대상으로 역량강화 실천이 이루어질 때 효과적으로 활용이 가능하다.

첫째, 실천과정과 기술을 활용한다. 장애인의 문제에 대처하는 능력을 향상시키고 문제적응능력을 향상시키기 위해서, 그리고 사회 변화에 적응하고 대처하는 능력을 향상시키기 위해 사회복지 실천과정과 기술들을 반영 · 고려하는 일 외에도 문제를 해결하는 일이 포함된다. 장애인을 격려하여 자신의 문제나 욕구를 파악하도록 하며, 뿐만 아니라 억압상태에 빠져 있거나 역량강화가 되어 있지 못한 상황에 대해서도 이해할 수 있도록 한다. 이러한 과정들이 이를 해결하려는 준비 단계에서의 실천방법, 혹은 억압이나 비역량강화를 경험하는 것을 예방하기 위한 방법이 될 것이다.

둘째, 장애인의 기본적인 욕구(의 · 식 · 주 그리고 경제, 정서적 지원)를 해결하기 위해 장애인의 기본적인 욕구가 무엇인지를 확인한다. 역량강화기술을 활용하는 일을 통해 클라이언트의 동기를 강화하는 것이다. 위에서 언급한 바와 같이 클라이언트 자신의 문제에 대한 정의를 인식하고 실천하며, 동기화를 하기 위한 노력 등 여성장애인의 경험의 세계를 공유할 수 있도록 감정이입적인 반응을 취해야 한다. 강점사정을 활용하는 것은 동기화의 도구로서 유용하다.

셋째, 장애인에게 가한 억압의 원천과 자기 자신을 탓하는 내면적인 고통을 외면적으로 끌어냄으로써 정신적인 안정과 자기존중을 유지한다.

넷째, 장애인에게 교육, 기술, 경험적인 기회의 제공 등을 통해 문제해결능력을 강화하고 스스로 자신의 방향을 정할 수 있는 능력을 향상시킨다.

다섯째, 의식을 자각하는 일, 교육, 좋은 태도를 위한 훈련과 같은 재활상담사의 특별한 기술을 활용한다. 역량강화 실천가와 장애인 사이의 평등, 균형 그리고 동격이라는 의식을 만들어 나가는 데 도움이 된다.

여섯째, 사회 변화를 위해서 집단과 지역사회 안에서 역량강화기술을 활용하는 경우 지역 혹은 집단 등 어떠한 환경이 적절한지를 파악해야 한다.

일곱째, 전문적인 입장에서 가정할 때, 장애인이 자신의 정체성을 인식하는 일을 포함해서 억압의 경험을 받아들이는 일 등은 장애인과 함께 일하는 데 반드시 고려해야 할 쟁점들 가운데 하나이다. 억압의 경험 그 자체와 이것이 장애인, 가족구성원 그리고 다른 관련된 사람들에게 영향을 미치게 된다. 이와 같은 내용들 모두는 전 과정을 거쳐 조사되고 사정되어야 할 내용의 일부가 될 것이다.

여덟째, 임상적인 과정과 방법 그리고 정치적인 과정, 즉 장애인을 대상으로 거시적 접근과 미시적 접근과 개입방식 모두를 아는 것은 역량강화상담에서 기본이 된다.

이상 살펴본 바와 같이 미시적 차원에서 역량강화 모형에 의한 접근을 통해 장애인 개인의 독립과 자기성취를 발전시켜 나갈 수 있도록 격려하고, 개인에게 우선적인 것은 가치체계를 지원하는 것인데, 이는 문화적으로 연계를 맺도록 하는 일이다. 역량강화 모형을 활용하기 위해서는 중증장애인에 대한 보호는 반드시 사전에 훈련되어야 한다. 사전훈련은 역량강화 모형이 문화적으로 적절한 모형이라는 판단 때문이다. 문화적으로 적절한 모형은 여성장애인과 같은 특정 대상자들에게 적용시키는 경우 매우 유용하게 된다.

2. 거시적 실천

중간 혹은 거시적인 개입방식인 집단공동체와 함께하는 실천은 장애인과 같은 특수한 집단의 문제를 다루는 데 있어 유용하게 사용되는 모형이다. 이 모형은 지역사회 모형과 흡사한 측면이 있는데 장애의 문제를 개인에게 초점을 맞추는 것이 아니라 다양한 지역사회 혹은 공동체의 문제에 초점을 맞추어 장애문제와 지역공동체의 관심에서 함께 다루게 된다.

장애인들의 공동체조직과 활동의 활성화를 목표로 하는 역량강화 모형은 장애인 개인을 역량강화하기 위한 목적뿐만 아니라 집단, 조직 등 공동체에 있어서도 역량을 강화하기 위한 기반을 만들어 나가기 위해 역량강화 모형을 확대한 것이다. 인간의 존엄성과 존경은 최대한의 기능 수행의 핵심적인 부분이 되고 있으며, 억압이나 분리들은 개인의 자기존중감을 소멸시키게 된다. 이러한 폭넓은 수준에서 역량강화는 집단의 능력 그리고 상호 연관되고, 집단 간 상호 연결되어 있다는 지지적인 감정을 강화하는 것에 초점을 맞추고 있다. 그리고 집단의 구성원 모두를 위한 변화노력을 하기 위하여 집단의 능력을 향상시키는 것에 집단활동의 초점을 맞추고 있다. 집단구성원 각자의 기술, 능력, 개인적인 특성들은 실천목표를 중립적으로 결정하는 것을 성취하고 향상시키기 위해 활용되고 있다.

역량강화집단의 모든 구성원들은 문제해결에서 같은 이해관계를 가지고 있다. 따라서 역량강화집단의 구성원들은 문제에 의해 영향을 받고 있는 개인의 지원 연계망에 속한 개인이나 가족구성원 혹은 구성원들이 특별한 관심을 가지고 있는 사람들이다. 집단의 모든 구성원들이 기본적으로 세력화, 긍정적인 변화를 위한 노력을 하고 있는 것과 같은 감정을 느끼는 것은 아니다. 그 결과를 나타내는 변화노력이 이루어질 때, 각각의 집단 구성원들은 역량강화의 감정을 얻을 수 있게 된다. 따라서 어떤 구성원들의 역량강화는 다른 구성원들에게 역량강화하기 위한 동기화에 힘을 쏟는 것을 시작할 수 있게 된다.

다음은 집단활동이나 조직 등 공동체를 통한 역량강화 모형의 특징을 설명하고 있다. 앞에서 논의한 바와 같이 역량강화 모형은 모든 집단의 구성원들에 의해서 활동적인 참여를 격려하고 있다. 구성원들은 시민으로서 혹은 소비자로서 인식되고 있다. 우리 사회에서는 자연적인 환경을 건설하는 것과 관련하여 혹은 사회적인 태도와 행동, 예를 들어, 억압이나 차별 등과 관련하여 여러 가지 불리한 조건들이 이들 집단구성원들에게 부정적인 영향을 미치고 있는데, 이러한 불리한 조건들은 구성원 자신들이 최대한의 기능을 발휘하는 데 있어서 부정적인 영향을 미치고 있다. 지역사회 시민이며, 집단의 구성원으로서 자신들의 활동과 관련된 관심을 조사하고 집단구성원들이 강조하는 것을 성취하기 위한 계획을 만들어 나가는 것을 격려하고 있다. 집단에 활동적인 참여는 구성원으로서 참여하고, 또한 개인적으로 세력화하는 것으로서 참여하게 된다. 집단활동을 통한 집단구성원의 세력화와 개별활동을 통한 개인의 세력화는 각각 서로가 지지하고 있다. 집단의 규모가 증가하고 있는 것에 비해 개인적인 참여 경향은 줄어들어가고, 구성원들은 자신의 역할과 개인적인 효과가 최소화되는 것을 느끼고 있다. 역량강화집단의 규모가 차츰 커지고 있을 때, 개인구성원들이 집단활동에 효과적으로 참여할 수 있는 기회는 줄어들고 있다. 집단활동 실천가는 하위집단의 구성이나 혹은 하위공동체가 특정한 쟁점이나 문제에 관여하도록 제안하여야 할 것이다. 집단구성원들은 자신들의 관심을 가장 강조하며 자신들의 개인적인 기술과 능력을 활용하기 위해 공동체나 집단을 선발하고 받아들이는 것이다.

3. 강점 관점 실천

1) 강점 관점의 활용

재활서비스의 궁극적인 목적은 장애인이나 그 가족의 자립능력을 향상시켜 자립을 도모하는 데 있다. 이러한 목적을 달성하는 데 효과적인 방법은 '문제 중심의 접근'보다 장애인과 가족의 "강점에 근거"하고 그 "역량을 강화하는 방법"이 선호되고 있다. 장애인을 대상으로 하는 재활서비스 실천에 있어서 기본적인 철학은 긍정적인 인간관에서 출발하며 모든 사람에게 내재되어 있는 잠재력을 지지하면 긍정적인 성장을 할 가능성이 강화된다고 보는데 이는 장애인에 대한 시각을 병리적 관점에서 강점 지향적 관점으로 전환하는 것을 의미한다.

표 12-2 강점 관점의 원리

- 장애인은 문제를 해결할 수 있는 선천적인 능력을 지니고 있다.
- 장애인의 역량강화는 문제를 없애기보다는 문제를 이겨나갈 수 있는 역량을 발견하여 키워나감으로 달성할 수 있다.
- 재활상담사는 장애인이 성공할 긍정적인 행동을 잘 지원함으로써 장애인의 능력을 증진시키고 사회적 자원을 보다 공평하게 분배할 수 있다.

재활 및 복지 분야에서의 강점 관점(strengths perspective)은 최근 재활상담 실천의 흐름을 잘 대변해 준다(양옥경 외, 2016; 한국사례관리학회, 2015: Rubin & Roessler, 2008; Saleebey, 1996). 이 관점은 기존의 병리적 접근과는 달리 서비스 실천과정에서 클라이언트의 역량을 강화하고 그가 가진 강점이나 장점을 적극 활용하고자 한다. 여기서 강점이란 클라이언트가 달성하고자 하는 목적을 성취하는 데 활용할 수 있는 능력과 용기, 의지, 자신감, 가능성, 비전, 가치, 희망, 통합성을 말한다. 장애인재활서비스 제공에 있어서 병리(pathology) 관점에서 강점(strength) 관점으로의 중심 이동은 문제로부터 도전으로, 병리로부터 강점으로, 과거로부터 미래를 지향하는 변화를 의미한다(양옥경 외, 2016). 병리 관점과 강점 관점의 차이는 〈표 12-3〉에 잘 제시되어 있다.

표 12-3 병리 관점과 강점 관점의 비교

병리(pathology) 관점	강점(strength) 관점
개인을 '사례', 즉 진단에 따른 증상을 가진 자로 규정한다.	개인을 독특한 존재, 즉 강점 및 기질, 재능, 자원을 가진 자로 규정한다.
치료의 초점이 문제에 있다.	치료의 초점이 가능성에 있다.
클라이언트의 진술은 전문가에 의해 재해석되어 진단에 활용한다.	클라이언트의 진술은 그 사람을 알아가고 평가하는 중요한 방법 중 하나이다.
재활상담사는 클라이언트의 진술에 회의적이다.	재활상담사는 클라이언트의 진술을 인정한다.
어린 시절 상처는 성인기의 병리를 예측할 수 있는 전조이다.	어린 시절의 상처는 개인을 약하게 할 수도 있고 강하게 할 수도 있다.

병리(pathology) 관점	강점(strength) 관점
치료의 핵심은 실무자에 의해 고안된 치료계획이다.	치료의 핵심은 개인, 가족, 지역사회의 참여이다.
재활상담사는 클라이언트 삶의 전문가이다.	개인, 가족, 지역사회가 클라이언트 삶의 전문가이다.
개인적 발전은 병리에 의해 제한된다.	개인적 발전은 항상 개방되어 있다.
변화를 위한 자원은 전문가의 지식과 기술이다.	변화를 위한 자원은 개인, 가족, 지역사회의 장점, 능력, 적용기술이다.
장애인을 지원하는 목적은 행동, 감정, 사고, 관계의 부정적인 개인적·사회적 결과와 증상의 영향을 감소하는 것이다.	장애인을 지원하는 목적은 그 사람의 삶에 함께 하며 가치를 확고히 하는 것이다.

출처: 양옥경 외(2016). p. 434; Saleebey(1996). pp. 296-306.

2) 강점 관점의 기본원칙

- 초점은 개인의 병리가 아닌 개인의 강점에 있다.
- 지역사회는 자원의 오아시스이다.
- 서비스 개입은 내담자의 자기결정에 기초한다.
- 재활상담사와 클라이언트 관계가 주요하며 필수적이다.
- 내담자를 기다리기보다는 공격적 아웃리치가 선호된다.
- 사람들은 배우고, 성장하고 변화될 수 있다.

첫째, 강점 관점의 가장 중요한 특징은 클라이언트 및 환경을 바라보는 태도가 매우 긍정적이고 낙관적이라는 점이다.

둘째, 강점의 내용과 범위는 다양하지만, 클라이언트에게 꼭 필요한 강점을 선택하고 활용하는 능력은 재활상담사의 몫이다.

셋째, 강점을 발견하여 활용하는 것은 가능한 클라이언트가 살고 있는 생활현장을 기반으로 이루어지는 것이 좋다.

3) 강점 관점에 입각한 개입

강점 관점 개입에서는 재활상담사와 장애인은 개인과 대인관계뿐만 아니라, 보다

거시적인 차원의 지역사회, 사회, 정치적 문제에 관한 요인을 중심으로 재활서비스를 제공하게 된다(정순둘, 김경미, 박선영, 박형원, 최혜지, 이현아, 2007). 이때 재활상담사는 장애인의 강점을 효과적으로 활용하여야 한다. 장애인의 강점은 〈표 12-4〉을 활용하여, 인지, 정서, 동기, 대처, 대인관계적 측면에서 다차원적으로 발견할 수 있다.

표 12-4 강점 사정의 주요사항

구분	내용
인지적 측면	1. 소속 문화 내에서 여느 사람들과 같은 방식으로 세상을 본다. 2. 소속 문화 및 윤리적 시각을 바탕으로 옳고 그름에 대해 이해한다. 3. 통찰력이 있어, 한 사람의 행동이 다른 사람의 행동에 영향을 미친다는 것을 이해한다. 4. 일에 대한 다양한 사고방식에 대해 개방적이다. 5. 논리를 따른다. 6. 문제해결과정에서 대안을 고려하고 경중을 따질 수 있다.
정서적 측면	1. 감정을 느끼고 격려를 받으면 이를 표현할 수 있다. 2. 친밀한 사람들에 대한 사랑과 관심을 표현할 수 있다. 3. 어느 정도의 자기통제를 할 수 있다. 4. 스트레스 받는 상황을 합리적으로 잘 처리할 수 있다. 5. 삶에 대해 긍정적이고 희망을 가지고 있다. 6. 일정 범위의 정서를 가지고 있다. 7. 정서는 상황과 일관적이다.
동기의 측면	1. 문제가 되는 상황에서 숨거나 회피하지 않는다. 2. 기꺼이 도움을 청하고 신뢰할 수 있는 사람들과 문제상황에 대해 이야기한다. 3. 문제상황에서 자신의 역할이나 책임을 기꺼이 수용한다. 4. 현재와 미래의 상황이 향상되기를 원한다. 5. 다른 사람들에게 의존적이지 않다. 6. 더 나은 지식과 교육, 기술을 통해 자신을 향상시키려고 노력한다.
대처의 측면	1. 끈기 있게 가족의 위기를 처리한다. 2. 잘 조직화되어 있다. 3. 결정에 따라 수행한다. 4. 자원이 풍부하고 제한된 자원을 다루는 데에도 창의적이다. 5. 불의에 굴복하기보다 용감하게 맞선다. 6. 재정적 어려움에도 불구하고 빚을 갚으려 한다. 7. 새로운 상황에 대해 준비하고 그 상황을 잘 다룬다. 8. 과거에 관련된 문제들을 성공적으로 처리한 적이 있다.
대인관계적 측면	1. 친한 친구들이 있다. 2. 친구, 가족구성원, 다른 사람들을 이해하려고 한다.

구분	내용
	3. 부모, 자녀, 배우자 등 사회적 역할을 적절히 수행한다. 4. 외향적이고 친근하다. 5. 믿을 만하다. 6. 가족, 친구들과 관계하는 데 협력적이고 융통성이 있다. 7. 다른 사람들과의 관계에서 자신감이 있다. 8. 다른 사람들을 따뜻하게 수용한다. 9. 좋은 경청자이다. 10. 인내심이 있다. 11. 유머 감각이 있다. 12. 언어적으로 유창하다. 13. 용서할 준비가 되어 있다. 14. 야심차고 부지런하다. 15. 활용할 수 있는 자원이 많다.

강점 관점에서는 내담자 중심의 재활서비스를 지향하는데, 이것은 프로그램이나 서비스에 적합한 대상자를 중심으로 제공해 왔던 전통적인 기관 중심의 서비스 제공방식과 구별하여, 내담자의 욕구와 상황에 기초하여 개별화된 서비스를 제공하거나 개발하는 방식이다. 내담자 중심의 접근에서는 내담자를 인격체로서 존중하고, 사회복지 실천과정의 주체자로 참여시키는, 내담자와 전문가 사이의 동반자로서의 인식(partnership)을 기초로 하고 있으며, 이는 사회복지실천의 기본적인 목적이나 원칙과 일치되고 있다. 내담자의 권리와 전문가와의 긴밀한 상호관계를 강조하는 접근은 내담자의 욕구에 보다 반응적인 서비스 전달이 이루어지게 하여 서비스의 적절성을 증가시키며 서비스 이용에 대한 내담자의 심리적 부담이나 낙인을 감소시켜 서비스의 접근성을 증가시키는 중요한 요소가 된다.

제4절 역량강화 모형의 실천과정

다음의 역량강화 모형의 실천과정은 독특한 기술들을 강조하며, 각 과정은 전문가윤리와 클라이언트의 권리를 고려한다. Miley, O'melia와 DuBois(1995)는 대화,

발견, 개발을 단계별로 효과와 효율을 수반하는 실천과정으로 제시하였다. 첫째, 대화 단계에서 재활상담사는 내담자의 현재 상황, 주요욕구, 강점 및 제한점 등을 파악하여야 한다. 이 단계에서 재활상담사는 장애인과의 협력적 동반자관계를 형성하고, 상담의 목적을 명확히 제시하여야 한다. 둘째, 발견 단계에서는 장애인이 보유하고 있는 자원에 대한 정확한 사정을 통하여 재활서비스를 제공하기 위한 계획을 작성하여야 한다. 셋째, 개발 단계에서는 내담자의 재활목표 달성을 위한 구체적 개입활동을 수행하여야 한다(양옥경 외, 2016).

1. 대화 단계(Dialogue Phase)

대화는 재활상담사와 클라이언트체계 간의 상호 신뢰라는 협력적 관계를 확립하고 유지시키면서 재활상담사가 클라이언트의 상황을 이해한 바를 알려주고 클라이언트는 자신의 강점을 드러내 보이게 된다.

① 함께 준비하기: 권한부여 분위기를 활성화하기 위해여 생산적인 준거틀을 만드는 과정이다.

② 파트너십 형성하기: 재활상담사와 클라이언트가 상호 협력적인 관계를 정의하고 개발시킨다.

③ 도전 탐색하기: 도전이란 전통적 접근에서의 문제를 의미한다. 도전을 탐색한다는 것은 클라이언트의 상황에 대하여 클라이언트의 시각에서 이야기하는 과정이다.

④ 강점 구체화하기: 재활상담사는 바람직한 변화를 할 수 있는 클라이언트의 능력을 강조한다.

⑤ 방향 정하기: 클라이언트와 재활상담사는 초기 목적을 설정하고 다음 단계를 준비한다.

2. 발견 단계(Discovery Phase)

발견 단계에서는 재활상담사와 클라이언트가 문제해결을 위한 자원을 발굴하는 방법을 구체적으로 모색한다. 이 자원은 클라이언트체계 내에 있을 수도 있으며 그들의 생태체계 외부에 있을 수도 있으며, 수집된 정보를 분석하고 변화를 위한 전략을 개발한다.

① 자원체계 탐색하기: 개인, 가족, 집단, 조직, 지역사회, 사회적·정치적 체계 내에서 잠재적 자원을 사정한다.

② 자원능력 분석하기: 변화를 위한 표적과 자원을 구체화하기 위해 수집된 정보를 조직하고 합성한다.

③ 해결점 형성하기: 재활상담사와 클라이언트는 구체적인 목표에 합의하고 바람직한 결과를 달성하기 위한 계획을 개발한다.

3. 개발 단계(Development Phase)

개발 단계에서 재활상담사와 클라이언트는 기존의 자원을 활성화하고 클라이언트의 목표를 달성하기 위해 새로운 대안을 형성한다.

① 자원 활성화하기: 이미 가지고 있거나 접근 가능한 자원을 활용할 수 있는 방향을 모색한다.

② 기회 확대하기: 클라이언트체계 내에 현재는 없으나 꼭 필요한 새로운 자원을 구축한다.

③ 성공에 대한 인식: 목표 달성 여부를 평가한다.

④ 결과 통합

표 12-5 역량강화 모형의 개입과정

단계	활동	전략	과업
대화	공유하기	장애인이 기존에 가지고 있는 것으로 알고 있는 역량 및 자원 구체화하기	1. 상호 협력적인 관계 확립하기 2. 기존지식 명확화하기 • 클라이언트의 인지(도전과 강점) • 재활상담사의 인지(클라이언트체계에서의 역할) 3. 장애인이 가지고 있다고 아는 것 다루기 4. 초기방향 설정하기 5. 관계를 위한 계약하기 및 사정에 동의하기

단계	활동	전략	과업
발견	찾기	장애인이 그들이 가지고 있다는 것을 모르는 자원 탐색하기	1. 쉽게 드러나지 않는 장애인이 가지고 있는 것 확인하기 2. 부가적인 정보와 사실에 대한 경험과 사고 연결하기 3. 감정을 사정, 확인, 표현하기 4. 대인 상호적인 정보 연결하기 • 클라이언트 체계로부터 • 다른 사람으로부터 5. 자원체계 탐색하기 6. 그 외 클라이언트체계의 욕구 결정하기(목표설정) 7. 해결로 이끌어주는 계획 개발하기 8. 변화를 위한 계약하기
개발	강화하기	장애인체계가 아직 활용하지 않은 부가적인 자원이나 역량사정 혹은 확립하기	1. 클라이언트욕구 구체화하기 2. 클라이언트가 사용하지 않지만 존재하는 자원 사정 • 개인적/대인 상호 관계적/조직적/지역사회/사회적 3. 새로운 자원과 기회 만들기 4. 결론을 위한 계약으로 이끌어가기 5. 성공을 인식하고 평가하기 6. 개개의 달성한 목표를 통합하기

4. 클라이언트의 역량을 증강시키는 재활상담사의 역할(Lee, 2001)

① 클라이언트의 사고를 촉진시키는 기능: 인간과 환경의 상호작용에 대한 사고와 문제해결을 촉진시킨다.

② 동기화를 지지하는 기능: 클라이언트로 하여금 자신의 문제와 생활에 대해 말로서 표현할 수 있도록 격려하며 또한 그의 경험에 다리를 놓아 변화의 희망을 제공하기 위해 억압상황에 대처하는 적절한 자기폭로의 기능을 활용한다.

③ 정신적 안정과 자존심을 유지하는 기능: 클라이언트로 하여금 억압받는 그룹의 일원으로서 자기비난을 오히려 줄이며 자기를 자랑스러워할 수 있도록 억압의 원천을 객관화한다. 그가 자기비하를 하지 않도록 하기 위해 같은 억압을 경험하는 사람들의 그룹(자조집단)을 활용한다.

④ 문제해결을 너그럽게 하면서 자기지향을 촉진시키는 기능: 개인적인 문제의 해결뿐만 아니라 개인 차원과 정치적 차원에서의 상호 연관된 억압의 문제해결에 대해 생각하며 행동할 수 있도록 클라이언트를 돕는다. 여기에는 비판적

교육, 의식화가 중요하다. 사회적 · 정치적 · 경제적 모순들을 인식하며 억압적인 요소에 대해 행동을 취할 것을 배운다. 나아가 클라이언트가 자신의 현실 파악을 자신의 말로서 확인하며, 그것을 재구성하도록 격려를 받는다.

⑤ 사회 변화를 촉진시키는 기능: 지역사회가 힘을 얻도록 도우며 더욱이 개인적인 문제가 정치적인 문제라는 통합적 시각에서 사회 변화를 촉진시키는 기능이 요구된다. 재활상담사는 클라이언트를 위해 구체적인 자원이나 정보를 수집하며 필요에 따라서는 클라이언트의 권리옹호에 관련한다.

5. 역량강화상담의 활용성과 한계성

1) 역량강화 접근의 활용성

① 자기효능감을 향상시킨다. 자기생활에서 실질적으로 할 수 있는 일을 창출하거나 통제할 수 있는 능력이 자신에게 있다는 신념을 강화시킨다.

② 집단의식을 발달시킨다. 정치적 구조가 개인이나 집단의 체험에 어떻게 영향을 끼치는가를 깨닫게 하며, 사회에 대한 비판적 시각을 가지게 하며, 개인, 집단, 지역사회의 구성원들이 운명을 공유하고 있다는 강점들을 강화시킨다.

③ 자기비난을 감소시킨다. 자신에게 상황을 변화시킬 수 있는 힘이 있다는 소신을 강화시킬 수 있다.

④ 변화에 대한 자기책임을 받아들이게 한다. 자신의 문제에 대해 책임을 느끼지 못하는 클라이언트는 무력한 객체가 아니라 적극적으로 참가하는 주체가 되어야 한다.

2) 역량강화 접근의 한계성(Saleebey, 1996)

① 클라이언트를 변화 가능한 존재로 지속적으로 간주하는 것이 쉬운 일이 아니다.

② 강점 관점이 지나치게 낙관적이어서 클라이언트집단이 얼마나 조작적이고, 위험하고, 파괴적인지를 인정하지 않는 경향을 보인다.

③ 강점 관점은 실제 문제를 무시하거나 경시하는 경향이 있으며, 따라서 실제 실무에서 완전히 강점에 기초한 개입을 하기에는 한계가 있다.

요약정리

1. 재활상담에 있어서 역량강화(empowerment)란 개인(장애인), 집단, 조직 그리고 지역사회 등이 각각의 기능을 잘 수행하고 적절한 관계를 형성해 나갈 수 있도록 그 능력과 힘을 잘 통제할 수 있도록 하는 과정을 말한다. 역량강화는 무력함을 경험하는 사람, 집단, 지역사회의 잠재적 능력을 개발하는 일련의 과정으로서 개인적 변화 수준, 조직적 변화 수준, 또는 지역사회 변화 수준 등으로 나누어진다.
2. 역량강화의 개념을 재활 및 사회복지 실천에서 적용하는 차원은 크게 세 가지 차원으로 나누어 볼 수 있다. 첫째, 전문가-클라이언트의 차원으로 클라이언트의 파워의 원천을 개선하는 것이다. 둘째, 조직적 차원으로 클라이언트의 욕구에 부합하기 위해 기관의 조직과 파워를 이용하는 것이다. 여기에서는 역량강화적 접근을 수용하기 위한 조직관리의 측면이 포함될 수 있다. 셋째, 정치적 차원으로 정책 형성과 실행에 영향력을 행사하는 것으로, 실제적인 집단행동과 실력행사로 정치 세력화하는 과정을 의미한다.
3. 역량강화의 미시적 실천은 Lee(2001)가 제안한 장애인과 함께 하는 역량강화 실천을 위해 제안한 8가지 원칙들이 있으며, 장애인을 대상으로 역량강화 실천이 이루어질 때 활용이 가능하다. 중간 혹은 거시적인 개입방식인 집단공동체와 함께하는 역량강화 실천은 장애인과 같은 특수한 집단의 문제를 다루는 데 있어 유용하게 사용되는 모형으로서 지역사회 모형과 흡사한 측면이 있는데 장애의 문제를 개인에게 초점을 맞추는 것이 아니라 다양한 지역사회 혹은 공동체의 문제에 초점을 맞추어 장애문제와 지역공동체의 관심에서 함께 다루는 것이다.
4. 재활 및 복지 분야에서의 강점 관점(Strengths Perspective)은 최근 실천의 흐름을 잘 대변해 주는데, 이 관점은 기존의 병리적 접근과는 달리 서비스 실천과정에서 클라이언트의 역량을 강화하고 그가 가진 강점이나 장점을 적극 활용하고자 한다. 여기서 강점이란 클라이언트가 달성하고자 하는 목적을 성취하는 데 활용할 수 있는 능력과 용기, 의지, 자신감, 가능성, 비전, 가치, 희망, 통합성을 말한다.
5. 역량강화 모형의 실천과정은 독특한 기술들을 강조하며, 각 과정은 전문가윤리와 클라이언트의 권리를 고려하는데, 대화, 발견, 개발을 단계별로 효과와 효율을 수반하는 실천과정으로 제시하였다. 첫째 대화 단계에서 재활상담사는 내담자의 현재 상황, 주요욕구, 강점 및 제한점 등을 파악하여야 한다. 이 단계에서 재활상담사는 장애인과의 협력적 동반자 관계를 형성하고, 상담의 목적을 명확히 제시하여야 한다. 둘째, 발견 단계에서는 장애인이 보유하고 있는 자원에 대한 정확한 사정을 통하여 재활서비스를 제공하기 위한 계획을 작성하여야 한다. 셋째, 개발 단계에서는 내담자의 재활목표 달성을 위한 구체적 개입활동을 수행하여야 한다.

CHAPTER 13

재활상담과 슈퍼비전

길라잡이

1. 재활상담 영역에서의 슈퍼비전의 목적과 정의는 무엇인가?
2. 슈퍼비전의 유형별로 장 · 단점은 무엇인가?
3. 슈퍼비전의 직접지연방법 IPR(대인과정회상)은 무엇인가?
4. 기관 내 슈퍼바이지 양성교육은 무엇인가?
5. 슈퍼비전의 간접시연방법은 무엇인가?

재활상담에서 슈퍼비전의 목표는 내담자에게 적정한 서비스를 제공하고 있는가, 재활상담사가 적정 수준의 자질을 구비하도록 보장하는 데 있다. 서비스 제공의 효과성을 높이고자 하는 재활상담사에게 있어 임상 슈퍼비전은 이 같은 목표의 달성에 필요한 전문적 활동이라 할 수 있을 것이다. 실제로 유의미하고 지속적인 임상 슈퍼비전이 제공되지 않을 경우, 상담사는 상담기술상의 퇴보를 경험할 수도 있다. 재활서비스에서 임상 슈퍼비전이 차지하는 비중이 높음에도 불구하고 임상 슈퍼비전을 다룬 재활 관련 문헌은 상대적으로 드문 편이다. Stebnicki(1998)는 1998년을 기점으로 하여 그전 10년 동안 임상 슈퍼비전을 주제로 하여 쓰여진 모든 박사학위 논문들 중 겨우 1%만이 재활상담사의 슈퍼비전에 대해 다루고 있다는 사실을 발견했다. 결과적으로, Stebnicki가 지적하였듯이, 재활현장에서 활용되는 임상 슈퍼비전 관련 내용 중 대부분의 임상, 상담, 교육, 학교심리학, 상담교육, 사회복지학 등으로부터 차용된 것이다.

임상 슈퍼비전에 관한 재활 관련 문헌의 부족을 감안하여, 이 장에서는 다양한 재활 영역에 적용할 수 있는 사회복지 실천의 임상 슈퍼비전의 정의를 제시하고, 참고하고자 한다. 전문적 능력의 개발에 활용되는 다양한 형태와 방법의 슈퍼비전 실제에 대한 개관이 슈퍼바이지 발달 수준의 맥락에서 다루어질 것이다.

제1절 슈퍼비전의 개요

1. 임상 슈퍼비전의 정의

여러 학자들은 자신이 몸담고 있는 학문 분야와 교육의 내용에 따라 임상 슈퍼비전을 다르게 정의한다. 가령, 간호학의 경우 Severinsson(1994)은 임상 슈퍼비전은 한 간호사가 다른 간호사의 임상활동을 관찰하고 평가에 대한 대응을 논하는 과정에서 발생한다고 주장했다. 미국작업치료학회(American Occupational Therapy Association, 1998)에서는 슈퍼비전을 "창의력과 혁신을 장려하며 목표 달성 과정에 필요한 존중,

격려, 지지, 교육, 지침을 제공하는 행위"로 규정한 바 있다.

Kadushin(1992)은 사회복지서비스현장에서 필요한 슈퍼비전의 세 가지 기능을 행정(정책과 절차의 준수), 교육(무지로부터의 해방과 기능의 향상), 지지(사기와 직업만족의 향상)로 보았다. 레크리에이션 치료의 경우, Gruver와 Austin(1990)은 임상 슈퍼비전을 치료사의 지식 확장을 통한 내담자 치료의 개선, 내담자와 치료사 상호작용의 증진, 치료사의 정체성 형성, 치료사의 자율성 독려를 위한 계획이라 지적하고 있다. 미국언어청각학회(American Speech-Language- Hearing Association: ASLHA, 1985)는 임상 슈퍼비전을 자기분석, 자기평가 그리고 문제해결을 요하는 활동이라 규정하고 있다.

안정선 등(안정선, 2007)은 사회복지에서 "사회복지 슈퍼비전이란 내담자에 대한 최선의 서비스 제공 및 사회복지사의 전문성 향상을 위해 조직 차원에서 공식적으로 실행되는 기제로 슈퍼바이저와 슈퍼바이지에 의해 이루어지는 상호작용과정"이라고 이야기한 바 있다.

다른 학문 분야에서 사용되는 슈퍼비전 정의의 여러 측면들은 재활상담 슈퍼비전에 관한 기존의 저작에 인용된 바 있다. 재활상담사 슈퍼비전이 유사 관련 분야와 상이한 하나의 고유한 영역인가의 문제는 여전히 논의의 대상으로 남아 있다. Rich(1993)는 임상 슈퍼비전이란 슈퍼바이저가 ① 임상적 기법을 활용하여 슈퍼비전을 제공하며, ② 슈퍼바이지의 전문적·개인적 능력 개발에 집중하고, ③ 자신이 근무하는 재활기관의 목표와 법규에 부합하는 서비스가 제공될 수 있도록 일선 실무자들의 업무를 지도하는 과정을 포함한다고 주장했다.

Stebnicki(1998)는 재활상담사 슈퍼비전은 다음에서 보듯 다양한 슈퍼바이저 스타일과 접근법을 요한다는 점에서 다른 전문 직종들과는 차이가 있다고 주장하였다.

즉, 재활상담사 슈퍼비전은 ① 심리사회적 중재와 관련된 슈퍼비전 대상자의 업무처리기술 향상을 중시한다. ② 슈퍼비전 대상자의 상담 관련 자기효능감과 개인적 성장의 촉진을 중시한다. ③ 장애 관련 현안과 관련하여 슈퍼비전 대상자의 케이스 개념화 기술 발달을 중시한다. Stebnicki는 재활상담에 있어 슈퍼바이저는 상담사, 자문가, 교육자의 역할을 담당해야 한다는 점에서 만성 질환과 장애의 심리사회적 측면은 임상 슈퍼비전의 핵심 영역이라고 주장했다.

다양한 관련 분야에서의 적용이 가능한 슈퍼비전의 정의를 확립하려는 시도에서

Bernard와 Goodyear(1998)는 임상 슈퍼비전을 다음과 같이 정의하고 있다.

"슈퍼비전이란 특정 직종에 종사하는 상급자가 자신과 같은 직장에 근무하는 하급자 혹은 하급자들에게 제공하는 중재를 의미한다. 이 같은 관계는 평가적이고, 시간 경과에 따라 확대되며, 하급자의 전문성 제고, 자신이 담당하는 내담자에게 제공되는 전문적 서비스의 질에 대한 모니터링, 그리고 특정 직종에서 일하기를 희망하는 사람들의 검증이라는 동시적 목표를 가지고 있다."

슈퍼비전이 지닌 평가적 성격으로 인해, Bernard와 Goodyear는 임상 슈퍼비전은 상담, 자문 혹은 교육과는 상이한 중재로 이루어진다고 지적했다.

2. 임상 슈퍼비전의 목적

슈퍼비전의 목적도 슈퍼비전의 정의만큼이나 다양하게 언급되고 있다. 학자에 따라 포괄적인 목적으로 정의되기도 하고 보다 세분화된 목표를 설정하기도 한다. 즉, 슈퍼비전의 기능에 따라 목적을 세분화하거나 슈퍼비전 관련 이해 당사자별로 구분하기도 하고 조직 차원으로 분류하기도 한다. 여기서는 시대의 흐름에 따라 살펴보기로 한다.

Eisikovits 외(1985)는 슈퍼비전의 목적을 사회복지사의 전문적 기능을 향상시키기 위한 것이라면서 슈퍼바이지의 전문적 향상에 초점을 두고 있다. Payne(1989)은 슈퍼비전의 목표를 내담자 차원, 슈퍼바이지 차원 그리고 슈퍼바이저와 조직 차원이라는 슈퍼비전 이해 당사자로 구분하여 그 목표를 각각 설명하고 있다. 즉, 내담자 차원에서는 내담자가 최대한의 이익을 얻도록 직원의 부적절한 실천으로부터 내담자를 보호하는 것을 목적으로 하고 있으며, 슈퍼바이지 차원에서는 사회복지사가 효과적인 실천을 수행하고 자신만의 고유한 개입방법을 고려하도록 전문적 발달을 도모하고 스스로 잘 관리할 수 있도록 하는 것으로 보았다.

또한 슈퍼바이저와 조직 차원에서는 슈퍼바이지의 업무를 관리하고 다양한 규정을 적용하여 서비스 단위의 표준과 개입목표를 유지하는 것을 목적으로 하였다.

Morrison(2001)은 슈퍼비전의 목표를 다음의 8가지로 제시하고 있다.

① 슈퍼바이지가 자신의 역할 및 책무성을 명확히 확보하는 것

② 이용자의 향상에 대한 최상의 관심을 확보하는 것

③ 사회복지사가 기관 목적과 기준 이해를 확보하는 것
④ 적절한 업무량을 확보하는 것
⑤ 실천과 직무를 위한 긍정적이고 지지적인 분위기를 개발하는 것
⑥ 사회복지사의 발달을 강화하는 것
⑦ 업무 요구관리에 있어서 사회복지사를 지지하는 것
⑧ 조직과 사회복지사 사이의 명확한 의사소통을 촉진하는 것

Kadushin과 Harkness(2002)는 슈퍼비전의 목적을 기관의 정책과 절차를 따르면서 내담자에게 양적으로나 질적으로 최선의 서비스를 전달하는 것이라고 정리하고, 이를 다시 교육적 · 행정적 · 지지적 슈퍼비전으로 구분하여 슈퍼비전의 목적을 제시하였다. 즉, 교육적 슈퍼비전은 사회복지사가 전문가로서 성장 · 발전할 수 있도록 실천기술과 지식을 확대해 주는 목적으로, 행정적 슈퍼비전은 효과적인 업무수행에 필요한 내용을 제공하는 것으로, 지지적 슈퍼비전은 사회복지사들의 업무만족을 높이기 위한 것으로 설정하였다. Tsui(2004)는 기존의 문헌과 관련 지침서를 분석하여 슈퍼비전의 목적을 4개 차원으로 분류하였는데, ① 내담자의 복지 증진, ② 슈퍼바이지를 위한 교육, ③ 슈퍼바이지가 전문가협회에 가입하고 자격증을 취득하도록 점검, ④ 슈퍼바이지의 역량강화 등이다.

이 밖에도 조휘일(1999)은 슈퍼비전과 사회복지 실천이 분리될 수 없음을 강조하면서 슈퍼비전의 목적은 내담자에게 최대한 효과적으로 질적인 서비스를 제공하는 전문적 실천과 직원 및 기관의 책무성을 실현하도록 보장하는 것이라 하였다. 즉, 사회정의 증진과 효과적인 사회복지 프로그램 및 서비스를 제공하며 개인 및 가족기능의 강화를 통해 모든 사람의 삶의 질을 높이는 사회복지 실천의 목적을 달성하도록 하는 것이 슈퍼비전의 목적이라는 것이다. 최근에 이루어진 안정선(2007)의 연구는 우리나라 사회복지관에서 일하는 사회복지사가 인식한 슈퍼비전의 목적을 4가지로 보고하고 있다. 213명이 응답한 결과에 따르면 슈퍼비전의 목적은 서비스의 질 향상, 내담자의 문제해결, 슈퍼바이지의 전문적 성장, 슈퍼바이지의 동기부여로 나타났다. 사실 이러한 결과는 이전의 문헌에서 강조된 행정적 · 관리적 측면의 목적이 배제되어 있는 것으로 슈퍼바이지와 내담자에게 초점을 두고 있는 것을 알 수

있다.

이상의 내용을 토대로 슈퍼비전의 목적은 "내담자에게 최상의 서비스를 제공하기 위해 직원의 전문성을 향상시키고 기관의 책무성을 실현하기 위한 것"으로 요약해 볼 수 있다.

3. 슈퍼바이지 발달 수준

Goodyear와 Bernard(1998)는 슈퍼바이지의 발달 수준은 슈퍼비전의 결과와 과정에 중요한 영향을 미친다고 주장했다. 초보적 수준의 상담사에서 유능한 전문가로의 성공적인 전환을 모색하는 슈퍼바이지를 지원하기 위한 슈퍼바이저의 역할과 행동을 포괄하는 여러 가지 발달 모형들이 존재한다. 슈퍼바이지들이 일정한 발달과정을 경험한다는 점에 대해서는 대부분의 학자들이 동의하고 있지만, 이 같은 과정에 대해 알려져 있는 상당 부분의 내용은 상담 혹은 재활상담 석사과정의 실습과 인턴십을 이수한 사람들에 한정된 것이다. 문헌에 근거해 볼 때, 초보 슈퍼바이지들은 상대적으로 경험이 풍부한 슈퍼바이지들에 비해 보다 구조화된 지지와 격려를 선호하는 것으로 보인다. 반면에, 상대적으로 경험이 풍부한 슈퍼바이지들은 내담자와의 상담에 영향을 미칠 수 있는 사적인 고민의 검토를 선호하는 것으로 나타나고 있다. 상담사 훈련에 관한 초기의 연구 결과들을 보면 초보 수준의 슈퍼바이지들은 구조화되고 지지적인 틀 안에서 직접적 내면이 절제된 슈퍼비전을 선호했다. Herbert와 Ward(1990)는 재활상담 실습을 지도하는 슈퍼바이저들은 자신들이 구체적 내용에 초점을 두는 교훈적 스타일보다는 동등한 입장에서 관계를 중시하는 방식을 선호한다고 생각하고 있다는 사실을 발견했다. 상술한 다른 연구 결과들에 비추어 보면, 이 같은 방식은 훈련과정에 있는 예비 재활상담사들에게 별로 도움이 되지 않을 가능성이 있다.

초보 상담사들과는 달리, 상대적으로 풍부한 임상 경험과 능력을 지닌 이들은 보다 큰 자율권을 선호한다. 슈퍼비전에 관한 문헌연구에서 Holloway와 Neufeldt(1995)는 경험이 쌓여 감에 따라 슈퍼바이지들은 역전이, 자기인식, 자기효능감과 같은 개인적 성장에 관한 이슈들을 중시하는 슈퍼바이저를 선호하며, 상담사인 자신에게 불리하게 비칠 수 있는 상담 내용이라 해도 기꺼이 검토하려는 마음가짐을 갖게 된다고 결론지었다. 이 같은 선호는 경험 많은 재활상담사들에게도 유효한 듯 보이지만, 숙련된 재활상담사들의 임상 슈퍼비전 실제에 관한 두 가지의 연구를 제외하면 슈퍼비전에 대한 이들의 선호를 가늠해 볼 수 있는 경험적 연구는 거의 전무한 실정이다. English, Oberle 및 Byme(1979)이 전국의 재활상담사들을 대상으로 실시한 연구에 따르면, 재활상담사들은 그들의 슈퍼바이저들이 행정적 업무보다 케이스 자문에 보다 많은 시간을 할애해 줄 것을 원했다. 연구에 참여한 재활상담사들은 민주적 리더십에 기초한 슈퍼비전 모델에 대한 선호를 드러냈다. 한편, 미국 2개 주의 주립 재활기관에 근무하는 재활상담사들을 대상으로 실시된 최근의 연구에서 Schultz, Ososkie, Fried, Nelson 및 Bardos(2002)는 재활상담사들은 매우 적은 시간의 슈퍼비전만을 받고 있으며, 이들 대부분은 매주 30분 정도밖에는 자신들의 슈퍼바이저를 만나지 못한다고 지적했다. 이 같은 결과를 토대로 이들은 주립재활기관에 근무하는 슈퍼바이저들에 대한 임상 슈퍼비전의 역할과 기능에 관한 교육 제공을 권고하였다.

향후 경험 많고 유능한 전문가로 변화하게 될 초보 상담사의 발달과정에 대한 이해를 돕기 위해 Stoltenberg, McNeil 및 Delworth(1998)는 통합발달 모형(Integrated Development Model: IDM)을 제안했다. 특정 분야를 염두에 두지 않은 일반 모형이기는 하지만, 임상 슈퍼비전에 관한 주요활동들은 재활상담 실제에도 적용이 가능할 것으로 생각된다. 통합발달 모형에 포함된 슈퍼비전 관련 주요활동들을 살펴보면 평가기법(심리검사를 수행할 때 자신감 노출), 내담자 개념화(정확한 진단능력의 구비), 개인차(문화적 · 인종적 영향에 대한 이해), 대인관계 평가 (내담자 대인관계 역동성의 개념화), 중재기술능력(치료적 중재 수행능력과 자신감), 직업윤리(개인적인 윤리의식과 자신이 종사하는 직종의 윤리 규약 및 임상기준과의 조합), 이론적 지향(심리치료이론과 통합적 상담이론에 대한 이해), 치료계획과 목표(내담자의 상담 시 개인적 노력의 조직화) 등이 있다. 통합발달 모형에서 슈퍼바이지는 1단계(대개 한정된 임상 경험만을 지닌 상담사)에서 3단계(전술한 8개 영역을 자유롭게 넘나들 수 있는 '통합적' 상담사)로 성장할 수 있다. 각각의 단계에는 전술한 8개의 영역의 성장 정도에 영향을 미치는 세 가지 기본구조(인식, 동기 수준, 자율성)가 존재한다. 재활상담 슈퍼비전에 대한 이 모형의 적용 가능성을 검토한 Maki와 Delworth(1995)는 이들 구조에 대해 다음과 같이 진술하고 있다.

> "기능적인 측면에서, 이들 세 구조는 슈퍼바이지의 욕구 파악을 위해 슈퍼바이저가 정확히 평가해야 할 구체적인 임상적 지침을 제공해 준다. 첫째, 인식을 통해 슈퍼바이저는 건설적으로 슈퍼바이지들이 관심을 가지고 있는 인지적·정서적 초점을 파악할 수 있다. 이 같은 구조는 상담사의 인식이 내적으로 자기 스스로에 대해 관심을 가지거나 내담자 혹은 양자 모두에 대해 외적으로 주목하는 범위를 나타내는 연속선상에서 기술된다. 둘째, 동기는 상담사의 임상적 에너지 수준을 나타내는 구조와 높은 수준에서 낮은 수준에 걸쳐 있는 연속선상의 범위 내에서 평가를 제공한다. 자율성은 슈퍼바이저에 대한 상담사의 인지적·정서적 의존성 내지 독립성의 정도를 기술한다. 자율성은 상담사의 자기효능감을 반영한다고 할 수 있다. 전체적으로, 이 구조들은 슈퍼바이저들에게 구체적 임상 측면에서 슈퍼바이지들의 발전 정도를 평가하는 틀과 함께 슈퍼비전 중재계획의 수립을 위한 토대를 제공해 준다고 볼 수 있다."

이들 3개의 중요한 구조는 초보 상담사에서 숙련되고 경험이 풍부한 전문가로 발전해 가는 과정에서 보여주는 슈퍼바이지들의 성장과정을 평가하는 데 매우 유용하다. 다시 말해 이들은 임상 슈퍼바이저가 슈퍼바이지의 성장과 내담자의 진전평가에서 사용할 수 있는 벤치마크의 기능을 담당한다. 통합적 발달 슈퍼비전 모형의 효과를 뒷받침해 주는 경험적 연구들이 있기는 하지만, 재활상담현장에서 이 모델의 효용성은 아직 검증되지 않았다. 하지만 이 모델은 다양한 보건 관련 분야에서 일하는 재활상담사 슈퍼바이저들에게 매우 요긴하게 사용되고 있다.

제2절 슈퍼비전의 모형

1. 슈퍼비전의 유형

슈퍼비전을 어떠한 형식으로 진행할 것인가를 의미하는 슈퍼비전의 유형은 매우 다양하다. 자신의 업무에 대해서 스스로 점검하는 자기분석슈퍼비전, 슈퍼바이저가 슈퍼바이지에게 일대일로 슈퍼비전을 제공하는 개별슈퍼비전, 동료 간 일대일로 진행하는 동료 간 개별슈퍼비전, 슈퍼바이저와 여러 명의 슈퍼바이지가 슈퍼비전 관계를 형성하는 집단 슈퍼비전, 동료들이 집단을 구성하여 서로 슈퍼비전을 주고받는 동료집단 슈퍼비전, 마지막으로 한 부서 · 팀이 외부에서 슈퍼바이저를 초빙해서 슈퍼비전을 받는 부서 · 팀슈퍼비전 등이 있다. 이러한 슈퍼비전 유형은 각각 장단점이 있고 상황에 알맞게 활용될 수 있어야 한다(이시연 외, 2003). 특히, 이 중에서도 최근 동료집단 슈퍼비전은 슈퍼바이저와 슈퍼바이지의 협력적이고 상호공유적인 관계의 중요성이 강조되면서 더욱 중요한 슈퍼비전 유형으로 대두되고 있다.

2. 슈퍼비전의 유형 및 장단점

슈퍼비전의 유형에 대해서는 주로 개별, 집단슈퍼비전의 실태와 활용에 대해서 연구되었고(유조안, 1999; 김선화, 2001; 김지은 · 김광웅, 2003) 동료슈퍼비전과 팀슈퍼비전을 포함하여 슈퍼비전 유형의 세부 내용에 대한 연구는 충분하지 못한 상황이므로 차후 더욱 활용과 논의가 필요하다.

1) 개별슈퍼비전

개별슈퍼비전은 슈퍼바이저와 슈퍼바이지가 일대일로 슈퍼비전을 실행하는 것이다. 가장 일반적으로 이루어지며 효과성도 높은 것으로 보고되고 있다. 개별슈퍼비전을 실행하는 슈퍼바이저는 재활상담에 대한 지식, 학습과정, 개인행동에 대한 이해를 할 수 있어야 한다.

개별슈퍼비전은 슈퍼바이저를 개별화하여 지도하며 한 개인에게 보다 많은 시간을 투입할 수 있다는 장점이 있으나 시간과 비용이 많이 소모된다. Carroll(1996)에 따르면 개별슈퍼비전의 장단점은 다음과 같다(이시연 외, 2003).

표 13-1 개별슈퍼비전의 강점 및 약점

강점	약점
• 슈퍼바이지에게 보다 많은 시간 투입 • 개별화된 목표에 초점을 맞출 수 있음 • 강력한 멘토링 관계 형성 • 슈퍼바이지가 다수 내담자의 면담 가능 • 비경쟁적인 환경 • 슈퍼바이지의 향상을 쉽게 모니터할 수 있음	• 모든 초점이 슈퍼바이지의 개인적인 사항에 맞추어질 수 있음 • 단지 한 명(슈퍼바이저)으로부터의 의뢰 • 슈퍼비전의 관계가 깨어지면 어려워짐 • 하나의 관점에서 평가와 피드백 • 슈퍼바이지의 의존심 유발 가능 • 다른 일을 하는 슈퍼바이지들과 비교 불가능

2) 집단슈퍼비전

집단슈퍼비전은 기획회의, 팀회의, 사례회의, 위원회, 소집단 세미나와 집단토론과 같이 다양한 활동에서 활용된다. 집단슈퍼비전은 슈퍼비전의 행정적 · 교육적 · 지지적 기능의 이행을 위해 집단 세팅과 집단의 발달과정들을 이용한다(Brown & Bourne, 1996; Kadushin & Harkness, 2002). 이것은 개별적인 슈퍼비전을 대체하기보다는 대부분 보완적인 것으로서 사용된다. 이러한 소집단의 이용은 집단의 구성원들에게 그들이 혼자서 성취하기 어렵거나 불가능해 보이는 목표를 달성하는 기회를 제공할 수 있다.

집단슈퍼비전은 슈퍼바이저가 집단슈퍼비전의 활용 유무를 결정하기 전에, 다음의 내용들을 고려하면서 최종 활용방법을 결정하고 준비해야 한다.

- 실행구조 검토: 운영방향(집단슈퍼비전, 동료자문, 팀슈퍼비전 등), 주요슈퍼비전 대상 및 인원결정, 구성방법(기준), 일정과 시간, 제안 내용과 제시방법, 집단 내 슈퍼바이저의 수, 전체 집단의 수, 목표(집단목표, 개별슈퍼비전과의 차이점), 집단 내에서의 원칙과 의무, 정체성과 헌신의 논의, 기록의 종류와 분량
- 다루어질 의제(agenda)의 내용 검토: 집단 내에서 논의되기 어려운 문제에 대한 대안, 보완적 방법, 의제의 설정책임, 선정방법
- 집단역동에 따른 대처방법 검토: 구성원 간 경쟁, 배경과 문화와 경험의 차이, 구성원의 성향 차이, 전이 및 역전이문제, 저항과 대처, 기관과 조직에의 영향력 사정

- 활용기술 검토: 집단슈퍼비전의 장점 활용방법, 상호작용방법, 피드백, 주요핵심기술의 선정, 사례 모니터링방법 결정, 작업관계 증진을 위해 집단활용기술, 부족한 발표기술 보완방법, 사례발표기술(슈퍼바이저의 시범발표도 고려함)

Brown과 Bourne(1996)은 슈퍼바이저가 집단슈퍼비전의 활용을 결정하기 전에 다음과 같은 질문들을 해결할 수 있는 답을 가져야 한다고 하였다. 집단슈퍼비전을 실행하기 위해 슈퍼바이저는 기한, 빈도, 규칙성, 회원제 여부, 참가 요건, 비밀보장, 차별성과 같은 집단슈퍼비전의 경계를 분명히 해야 한다. 집단슈퍼비전 회기에서 슈퍼바이저는 그 집단의 리더이다. 슈퍼바이저는 토론의 의제와 내용에 대해 확실히 알고 있어야 한다. 또한 직원들의 참여를 유도하는 적절한 구조와 기제를 마련해야 한다. 예를 들어 집단과정에서 구성원들은 서로 다른 역할들을 부여받아야 한다. 숙련된 재활상담사는 자신의 경험들을 다른 사람들에게 나눌 수 있어야 하고 슈퍼바이저는 이런 기회를 권유하여야 한다. 집단슈퍼비전에서 슈퍼바이저는 강조점을 찾고 시간을 지혜롭게 사용하도록 구조를 설계해야 하고, 토론의 내용을 명확히 해야 하며, 직원들의 참여와 상호작용을 촉진시켜야 한다. 진행과정의 촉진을 위해 누가 무엇에 대해 슈퍼비전을 줄 것인지에 대해 명확히 하는 것이 중요하다.

일반적으로 집단슈퍼비전은 슈퍼바이저에 의한 팀 내 소집단슈퍼비전, 슈퍼바이저에 의한 전체집단슈퍼비전, 구성원들에 의한 집단 또는 팀에 대한 슈퍼비전, 집단 내지 팀에 의한 개별슈퍼비전으로 분류되고 또한 선택할 수 있다.

개별슈퍼비전과 비교해서 집단슈퍼비전은 역할 연기, 소집단토론, 브레인스토밍, 의사결정기법 등과 같은 다양한 방법의 활용이 가능하다. 그러므로 집단슈퍼비전을 실시하는 슈퍼바이저는 집단지도에 대한 상당한 기술을 갖추고 있어야 한다. 집단과정의 기본원칙과 역동성 그리고 학습의 일반적인 원칙은 집단슈퍼비전에 적용될 수 있기 때문이다. 집단 리더로서의 슈퍼바이저는 집단상호작용을 활성화하고 초점을 유지해 가는 기술과 집단에 대한 책임을 집단성원들과 함께 공유하게 된다.

재활슈퍼비전에서 집단슈퍼비전의 활용은 효과적일 것이다. 그러나 집단슈퍼비전은 장단점을 가지고 있다. Brown과 Bourne(1996)은 〈표 13-2〉와 같이 집단슈퍼비전의 장단점을 요약한다.

집단슈퍼비전은 개별슈퍼비전의 활용에 대한 보충적이고 상보적인 형식이다. 그러나 무엇보다 먼저 슈퍼바이저와 슈퍼바이지 모두가 슈퍼비전의 과정에서 혜택을 얻을 수 있기 이전에, 모두 스스로 마음을 열고 집단과정에 참여하는 것이 필요하다. 그렇다면 집단슈퍼비전은 어떤 과정을 통해 진행되는 것이 좋은 것인지, 집단슈퍼비전의 단계를 Corey(2002)가 제시한 집단과정에 적용해 보면 다음과 같다(Haynes et al., 2003).

표 13-2 집단슈퍼비전의 강점 및 약점

강점	단점
• 다양한 학습경험의 이용 • 슈퍼바이지들의 경험들의 공유기회 • 정서적 지지 • 구성원 수로 인한 안전감 • 자신의 경험을 타인과 비교할 수 있음 • 집단의 유대와 정체성 강화 • 슈퍼바이지를 다른 형태의 관계 안에서 바라볼 수 있는 기회 • 다양한 집단구조에서 발생할 수 있는 문제를 인식할 수 있음 • 슈퍼비전 과정에 대한 책임과 역할 공유, 위임의 허용 • 동료의 영향을 통한 행동수정의 용이 • 집단 내에서의 자신감과 기술의 개발을 통한 서비스기술 강화 용이(업무전이) • 슈퍼바이저에 대한 의존성 단계에서 점차 발전함 • 학습과 동료지지를 통한 역량강화	• 구체적이고 긴급성이 있는 토론이 어려움 • 동료 간의 과다한 경쟁으로 인한 장애 • 새로운 구성원의 집단슈퍼비전 적응의 어려움 • 문제해결, 의사결정에 대한 책임감과 개인적 자신감이 부족한 경우, 피드백의 기회 축소 • 슈퍼바이저의 자기노출 확대와 자기확신 요구 • 자율성을 강화시키는 반면, 집단의 생산적인 집중에 어려움 있음 • 슈퍼바이저의 집단역동, 상호작용에 대한 지식 필요 • 개인과 집단 모두에 초점을 두어야 함 • 한 명의 구성원에게만 집중할 경우에 전체집단의 문제가 될 수 있음 • 집단의 생각과 태도에 따르도록 압박과 긴장이 있을 수 있음

(1) 시작 단계

시작 단계의 초점은 집단구조, 집단규칙, 개인의 목적, 기대, 두려움, 안전한 장소로서의 집단발달의 시작에 대한 오리엔테이션과 탐색이다. 슈퍼비전 초기 단계 동안에 슈퍼비전계약을 하고 모든 슈퍼바이지들이 자신에게 기대되는 것을 인식하고 이에 대한 고지된 동의를 얻는다. 이 단계는 목적을 형성하고 집단슈퍼비전을 어떻게 실시할 것인가를 논의하고 슈퍼바이지가 각 회합의 아젠다 형성을 스스로 능동적으로 할 수 있도록 준비시키는 시기이다. 슈퍼바이지가 집단 내에서 자신의 생각과 감정을 공유함으로써 신뢰 할 수 있는 분위기를 형성하도록 진행하는 것이 중요하다. 또한 슈퍼바이저는 이러한 과정을 격려해야 한다.

(2) 과도기 단계

과도기 단계의 특징은 집단에서 불안, 저항, 통제에 대한 투쟁, 갈등, 문제행동이 나타난다는 것이다. 집단슈퍼바이저는 집단이 실행 단계로 진행할 수 있도록 일관성 있게 도와야 한다. 슈퍼바이지는 자신에 대한 다른 사람들의 수용이나 거부에 당황할 수 있고, 성과에 대한 불안이 종종 나타날 수 있다. 이 단계는 슈퍼바이지가 훈련 경험을 통해서 자신의 취약점을 표현하고, 자신의 생각이 노출되며, 집단 내에서 슈퍼비전에서 바라는 것에 대해 질문하는 것과 같은 위험에 처하게 되는 시기이다.

(3) 실행 단계

실행 단계는 집단이 안전함을 느끼고 갈등과 저항을 해결하면서, 능동적으로 문제를 해결하며 슈퍼바이저로부터 배우게 될 때 시작된다. 이 단계는 응집력이 강화되고 동질감이 증가하는 시기이다. 슈퍼바이지는 서로 간에 그리고 슈퍼바이저와 자유롭고 직접적으로 상호작용한다. 만일 집단 내에서 갈등이 나타난다면, 직접적이고 효과적으로 다루어야 한다. 참여자들은 슈퍼비전집단에 기꺼이 그들의 관심사를 가져오고 서로 피드백을 주고 자신의 사례에 대해서 피드백을 요청한다.

(4) 종결 단계

종결 단계에서 집단은 배운 것을 실천에 적용하려는 준비를 시작한다. 종결과 이별의 이슈는 집단이 각 참여자에게 어떤 의미가 있는가를 토론함으로써 다루어져야 한다. 이 시기는 각 슈퍼바이지가 실천현장과 슈퍼비전집단에서 배운 것을 확인하는 단계이다. 집단 슈퍼바이저는 슈퍼바이지가 집단에서 배운 것을 이해하고 통합하고 견고히 하고 기억하도록 도울 개념틀을 개발하도록 돕는다.

3) 동료 슈퍼비전

동료 슈퍼비전은 동료들 간의 슈퍼비전을 의미한다. 즉, 슈퍼바이저의 참여 없이 슈퍼바이지들끼리 주기적으로 만나서 주제를 선정하여 함께 토론하고 배우는 방법이다. 그러나 이러한 동료슈퍼비전을 실시하기 위해서는 참여자들이 각 분야에 충분한 경험과 지식과 기술이 있어야 하고, 필요할 때 도움을 제공할 수 있어야 한다는 전제가 요구된다. 이러한 점은 한편으로 동료슈퍼비전을 실시할 때 나타날 수 있는 한계점을 보여주고 있다. 따라서 동료슈퍼비전 회합은 슈퍼바이지들이 모임을 진행하고 마친 후에 이에 대하여 슈퍼바이저가 점검을 하는 것과 같은 방법을 활용하는 것도 가능하다. 주로 동료 슈퍼비전은 집단슈퍼비전의 형태로 진행되는데, Carroll(1996)에 따르면 동료집단 슈퍼비전의 장단점을 다음과 같이 제시하고 있다(이시연 외, 2003).

표 12-3 동료집단 슈퍼비전의 장점 및 단점

장점	단점
• 사회복지사들 간의 동등한 파워 공유 • 참여자들에 대한 보다 많은 임파워먼트 • 한 명의 리더에 대한 적은 의존 • 성인학습원칙 • 비위계적인 관계 • 시간과 경제에 있어서 효율적 • 집단구성원들 간의 응집력 • 가치 공유 • 상부상조 • 의뢰 네트워크 형성 • 집단과정 학습기능	• 내담자 복지에 대한 최종 책임성 결여 • 개인의 훈련 및 경험의 상이성 • 과도한 경쟁, 비판 • 집단역동성 우세 • 집단과정 및 참여자에 대한 모니터 불가능 • 사적인 문제를 도움받으려 참여할 수 있음 • 슈퍼비전집단보다는 친구관계가 되기 쉬움 • 직면 결여 및 도전에 대한 주저 • 공식적인 평가 결여 • 너무 비공식적인 될 수 있음 • '불평'집단이 될 수 있음

그 외 '외부 자문'의 방법을 활용 할 수 있다. 지역사회나 학계의 전문가에게 기관의 핵심사업이나 팀사업 전반에 관한 자문을 받는 방법도 널리 활용되고 있다. 이러한 자문형태를 외부슈퍼비전이라고 명명하며 활용되고 있기는 하나, 슈퍼비전이 주로 조직적 맥락에서 직무에 대한 공동책임과 협력으로 상급자와 하급자 사이의 슈퍼비전 관계를 통해 이루어지는 것으로 정의되는 것을 볼 때에 외부슈퍼비전보다는

외부자문이라는 용어를 사용하는 것이 적절하다.

다른 슈퍼비전 유형으로 '자기슈퍼비전'이 있다. 좋은 슈퍼비전을 원한다면 이러한 자기슈퍼비전이 가장 좋은 슈퍼비전이라고 할 수 있다. 모든 슈퍼비전의 한 가지 목적은 사회복지사가 그들이 일하는 동안 스스로 효과적으로 접근 할 수 있는 소위, 내적 슈퍼바이저로 발전하도록 돕는 것에 있기 때문이다. 자기슈퍼비전을 위해 필요한 것은 슈퍼바이저에게 충분한 시간을 주고 자신의 업무수행방법에 직면하도록 할 수 있어야 한다. 이러한 자기슈퍼비전을 위한 방법으로 자기 자신의 실천에 대한 반영과정을 제시하고 있다. 반영을 위한 요소에는 자기관찰과 자기사정이 있는데, 자기관찰이란 내담자의 행동과 연계되는 재활상담사 본인의 생각과 행동에 대한 고찰을 의미하고 자기사정이란 관찰 중인 내담자의 반응에 의한 실천과정을 평가하는 것을 의미한다.

자기슈퍼비전을 위해서는 재활상담사 스스로 녹음 및 녹화의 방법을 통해 자신들의 실천에 대해 더욱 발전적인 방법을 활용할 수 있다. 조직 내부에서 자기슈퍼비전의 방법만을 선택하는 데에는 논란의 여지가 있을 것이다. 그러나 전문직으로서 훈련받고 기능해야 하는 재활상담사로서 기본적으로 자기슈퍼비전의 중요성을 인식하고 실천할 수 있는 노력 또한 필요하다.

제3절 슈퍼비전의 실제

보건 관련 전 직종에 걸쳐 임상 슈퍼비전은 전문성 개발과정에서 중요한 비중을 차지하고 있다. 재활상담을 포함한 대부분의 보건 관련 분야의 전문인력 양성교육과정에는 슈퍼바이저의 지도를 받는 인턴십과정이 포함되어 있어야 한다. 이 같은 경험을 통해 특정 직종에 입문하는 신참자들의 업무 수행에 필요한 최소한의 능력을 검증할 수 있는 요인들을 확보할 수 있게 되는 것이다. 가령 재활전문가들이 석사과정의 공식적 교육을 끝마쳤다 해도, 고용에 따른 책무의 일환이라 할 임상 슈퍼비전은 제대로 이해되거나 실천되지 못하는데, 이 같은 현상은 서비스 제공에 필요한 자격이 필요하지 않거나 슈퍼비전에 관심이 없는 사람들에게서 특히 두드러지게 나타난다. 자격증의 경우, 슈퍼비전 경험의 성격은 일반적으로 빈도, 기간, 자격과 슈퍼바이저 훈련 요건 등과 같이 적절한 슈퍼비전을 구성하는 활동의 종류와 범위에 관해 보다 폭넓은 해석을 제공한다. 슈퍼비전이 종종 임상적 업무와 필요보다는 행정적 측면을 강조하는 경우도 있다. 슈퍼비전의 효과는 슈퍼비전의 형태, 임상기술 개발 지원에 사용된 방법, 슈퍼바이지의 발달 수준과 같은 변수들에 달려 있다.

◎ 임상기술 개발 지원방법의 평가

재활전문가들의 임상능력평가에는 내담자-전문가 상호작용의 평가가 필수적이다. 가용기술과 슈퍼바이저 및 슈퍼바이지의 선호에 따라 슈퍼바이지의 발달을 설명하는 네 가지 기본적 방법이 사용되고 있다.

1) 간접지연

간접지연을 통한 평가에는 자기보고와 내담자-상담사 상호작용에 대한 과정-노트(progress-note)의 진술이 포함된다. 자기보고는 슈퍼바이지로 하여금 내담자의 문제, 특히 내담자와 상담사 간의 관계에 관한 문제를 개념화 할 것을 요구한다. 이 방법은 또한 케이스 시연(case presentation) 혹은 케이스 검토(case review)기법으로 불리기도 한다. 다양한 내용의 주제와 형태를 동반한 다수의 사례들이 여러 문헌에서 다루어져 왔다. 이들 간의 차이는 대개 제공된 슈퍼비전(개별 대 집단), 슈퍼바이저 스타일, 그리고 슈퍼바이지의 발달 수준의 결과로 추정된다. 과정 노트는 슈퍼바이지들로 하여금 내담자-상담사 상호작용과 내담자의 진전상황을 체계적인 문건으로 만들 것을 요구한다. 녹취나 녹화 등의 슈퍼비전 형태와 비교해 볼 때, Goldberg(1985)는 과정 노트는 슈퍼바이저에게 치료과정에 대한 슈퍼비전 대상자의 생각, 내담자에 대해 지닌 감정, 내담자의 문제해결에 사용된 중재를 보다 정확히 이해할 수 있는 기회를 제공해 준다고 지적했다. 따라서 이 방법은 상대적으로 경험이 풍부한 재활전문가들에게 보다 적합하다고 할 수 있다.

간접적인 방법은 슈퍼바이저가 내담자 문제들에 관한 슈퍼바이지의 인식을 명료화하고 지지하며 논의하는 데 따르는 독립적인 평가를 어렵게 한다는 점에서 상담 전공과정에 있는 학생들의 교육에는 그다지 바람직하지 않다는 지적을 받아 왔다. 자기보고 방법 또한 상담 내용과 과정에 대한 선입견적 해석을 포함하며 신뢰도가 떨어진다는 점으로 인해 비판을 받고 있다. 끝으로 Worthington(1987)은 슈퍼바이저들은 상담사들의 인식과 행동 변화에 필요한 여러 가지 다양한 관점을 제공한다고 지적했다. 그는 "상담사들은 실제로 자신들이 말하는 대로 상담을 하고 있다고 믿고 있다. 하지만 대부분의 슈퍼바이저들도 알고 있듯이, 상담사들이 자신의 상담방식에 관해 말하는 내용은 실제로 이루어지는 그들의 상담방식과는 다소 차이가 있다."고 주장한 바 있다. 이 같은 이유로 인해 슈퍼바이저와 상담사 간에는 내담자의 문제와 통찰, 변화를 위한 동기, 내담자의 진전 등을 둘러싼 인식의 차이가 존재한다. 케이스 검토와 언어적 시연 등의 간접지연방식은 여전히 재활상담을 공부하는 학생들 사이에서 가장 선호되며 가장 널리 사용되고 있다. 재활상담 슈퍼비전의 선호와 공공 및 민간 재활 분야에서 일하는 경험 많은 상담사들의 임상 실제에 관한 자료는 현재 조사되어 있지 않은 상태이다.

2) 직접지연

간접적 접근법과 비교하여 녹취나 비디오 녹화와 같이 상담사-내담자 상호작용에 대한 보다 직접적인 모니터링 방법은 내담자와 상담사 사이에 일어나는 실체적 상호작용의 문서화에 훨씬 유리하다. 녹취 혹은 비디오 녹화에 의한 직접지연방식은 슈퍼바이저로 하여금 (1) 상담기간 동안 변화할 수 있는 슈퍼바이지와 내담자 사이의 상호작용에 관한 추론, (2) 슈퍼바이지의 내담자 호소문제에 대한 대처방식 검토, (3) 치료 중재의 평가, (4) 슈퍼바이지의 능력 향상을 위해 고안된 슈퍼비전 중재 노력의 평가 등을 가능케 해준다. 여기서 가장 중요한 점은 직접지연방법을 통해 슈퍼바이저는 슈퍼바이지들의 실제적 행동을 바탕으로 그들의 업무 수행에 대한 독립적인 분석이 가능하다는 점이다.

상담사 슈퍼비전과정에서 녹음된 내용을 검토하는 여러 가지 방법 중에서도 대인과정 회상(interpersonal process recall: IPR)방식은 전통적으로 다수의 상담사 교육 슈퍼비전 프로그램에서 널리 교육되고 있다. 이 방법은 슈퍼바이지에게 자신의 개인 내적 역동성과 내담자와의 대인관계 역동성에 대한 검토를 요구한다. 슈퍼바이지들이 내담자의 기저에 깔려 있는 감정과 사고를 끄집어내도록 돕기 위해 슈퍼바이저는 "그때 기분이 어땠는지 말해 줄 수 있나요?", "당신의 기분에 대해 좀 더 자세히 생각해 낼 수 있나요?", "어디서 그런 기분을 느끼셨나요?", "당신의 몸은 어떻게 반응했나요?", "그때 다른 사람들은 당신에 관해 어떻게 생각하고 있다고 느꼈지요?" 등과 같은 질문을 할 수 있다. IPR의 적용에 있어 슈퍼바이저는 슈퍼바이지와 언제 무슨 내용에 관해 논의할지를 신중히 고려해야 한다. Bernard와 Goodyear(1998)는 슈퍼바이저는 결정을 촉진하기 위해 다음과 같은 질문을 활용해야 한다고 제안했다. "내가 보기에 이 대목은 상담의 흐름을 방해하는 것 같군요. 슈퍼비전 훈련생에 대해 내가 알기로 이런 상호작용에 주목하는 것이 그들을 정신보건 전문가로 성장시키는데 도움이 될까요?" 그들은 IPR 슈퍼바이저의 지도는 감정의 탐색을 촉진하고, 언급되지 않은 안건과 기대치에 대한 검토 기회를 제공하며, 내담자 역동성 및 상담과정에 관한 인지적 조사를 독려한다고 주장했다. Bernard와 Goodyear에 따르면, 녹취 혹은 녹화된 내용 중 특정 부분에 대한 검토가 이루어지는 경우 슈퍼바이지는 (1) 상담 내용 중 슈퍼비전을 받고자 하는 특정 부분을 선택한 이유, (2) 검토할 내용이 발생하기 직전까지 진행된 상담 경과, (3) 슈퍼바이지가 시도한 여러 가지 행동, (4) 슈퍼바이저로부터 어떤 도움을 받을 수 있을까 등의 내용을 설명할 준비가 되어 있어야 한다.

IPR과 같은 직접지연방법은 슈퍼바이저로 하여금 내담자-상담사 상호작용에 대한 조사를 가능케 해준다. 뿐만 아니라 이 방법은 효과적인 슈퍼비전기법이라는 사실이 입증되기도 했다(Kagan, 1980). 하지만 이 방법은 슈퍼비전 내담자에 대한 상담이 이루어진 후에야 중재가 제공될 수 있다는 잠재적 한계를 가지고 있다. 내담자와의 상담 내용이 부적합했거나 생산적이지 않았을 경우 혹은 잠재적 위해가 될 경우, 슈퍼바이저가 할 수 있는 최선의 역할은 슈퍼바이지가 내담자와의 다음번 상담을 잘 준비하도록 돕는 것 정도에 지나지 않기 때문이다. 나아가, 경우에 따라서는 바로 직전 상담에서 벌어진 좋지 않은 일로 인해 내담자가 상담관계를 조기에 종결하려 하기도 한다.

지연적 슈퍼비전방법의 여러 측면들 중 아직 조사가 이루어지지 않은 마지막 한 가지 변수는 슈퍼비전의 시기문제이다. 가령, 슈퍼바이저가 슈퍼바이지를 내담자와의 상담이 이루어지기 몇 시간 전에 만나는 것과 상담이 끝난 후 며칠이 지난 다음에 만나는 것과는 어떤 차이가 있을 것인가? 대개의 경우, 슈퍼비전의 시기는 슈퍼바이지의 자질 향상을 위한 주도면밀한 계획보다는 편의성과 개인적 선호에 따라 결정되는 것이 보통이다. Couchon과 Bernard(1984)는 그들의 연구를 통해 상담 4시간 전에 이루어진 슈퍼비전과 하루 전에 이루어진 슈퍼비전의 결과를 비교해 본 결과, 슈퍼바이지들은 전자의 경우에서 슈퍼바이저가 승인한 상담전략들을 보다 적극적으로 실행해 보려는 시도를 한다는 점을 발견했다. 나아가 이들은 상담일보다 이틀 이상 앞서 제공되는 슈퍼바이저의 중재전략은 "어떤 명확한 결과를 이끌어 내기에는 다소 포괄적일 가능성이 높다."고 지적했다. 끝으로, 상담 전날 슈퍼비전이 이루어질 경우, 슈퍼바이저는 내용 중심의 정보 제공에 치중하는 경향을 보였다. 이 같은 결과를 바탕으로 Couchon과 Bernard는 내담자가 지닌 문제의 이해에는 탁월하지만 슈퍼비전에서 제시된 방법의 실행에는 서툰 슈퍼바이지에게는 상담 직전에 슈퍼비전을 제공하는 것이 가장 바람직하다고 결론지었다. 반대로, 실천력은 뛰어나지만 내담자가 지닌 문제에 대한 이해능력이 부족한 슈퍼바이지에게는 상담 하루 전날에 슈퍼비전을 제공하는 것이 훨씬 효과적이다. 이와 같이 지연방법을 활용하고자 할 경우에는 슈퍼비전의 시기에 대한 고려가 선행되어야 할 것이다.

3) 직접시연

슈퍼비전에 대한 보다 직접적인 접근은 슈퍼바이지가 재활서비스를 제공할 때 동시에 슈퍼비전을 제공하는 방식이다. 재활상담현장에서 흔히 활용되지는 않고 있지만, 이 방법은 간호학과 물리치료학 등의 유사 보건 관련 분야에서는 널리 사용되고 있다. 직접시연(direct present)방법은 슈퍼바이저로 하여금 슈퍼바이지의 발전을 모니터하고 필요할 경우, 슈퍼바이지의 원조와 지지를 위한 개입을 가능케 해준다. 그러나 이 '라이브' 접근방식은 재활상담 실습을 가르치는 슈퍼바이저와 실습생들 모두가 가장 이용을 꺼리는 방법이다. 이 접근법의 사용이 보다 강도 높게 권장되지 않는 이유로는 자신의 업무수행평가에 관련된 슈퍼바이지들의 불안을 꼽을 수 있을 것이다. 실제로, 일부 재활상담 실습생들이 밝힌 일화성 증거들을 보면 이들은 라이브 슈퍼비전을 비윤리적 행위의 경계를 넘나드는 것으로 인식하고 있었다(Herbert et al., 1991). 슈퍼바이지들은 또한 슈퍼바이저들을 상담의 통제권을 행사함으로써 자신들에게 무기력감을 가져다주는 존재로 인식할 가능성도 있다. 백인 남성 슈퍼바이저가 유색인종 혹은 여성 재활상담 실습생에게 슈퍼비전을 제공하는 경우, 이 같은 인식이 지니는 문제의 심각성은 더욱 두드러진다(Herbert et al., 1991).

공동상담(co-counseling)과 라이브 슈퍼비전은 직접시연 접근법 중 가장 두드러진 슈퍼비전 유형이다. 공동상담은 내담자에 대한 상담서비스의 제공에 있어 슈퍼바이저와 슈퍼바이지가 공조를 이루는 과정에서 주로 행해진다. 사회학습이론에서 주장하는 바와 같이, 이 접근 방식은 슈퍼바이지가 보다 경험이 풍부한 상담사(슈퍼바이저)를 관찰함으로써 더 많은 것을 배울 수 있다고 주장한다. 이는 또한 슈퍼바이저의 지원을 받을 수 있을 때 실행을 통한 학습기회를 제공한다. 적절히 활용될 경우, 이 같은 직접적이고 능동적인 접근법은 불안을 감소시키고 학습을 촉진시키며 책무성을 배양함으로써 슈퍼바이지의 성장에 필요한 잠재력을 제공해 줄 수 있다. 라이브 슈퍼비전은 공동상담과는 달리 내담자가 지켜보는 가운데 슈퍼바이저가 슈퍼바이지에게 자문을 제공하는 형태를 띤다. 라이브 슈퍼비전의 논리는 이 방법이 내담자에게 자신이 지닌 문제에 대한 통찰력과 "중재방법에 대한 논의를 포함한 모든 정보에 대한 접근권을 가지고 있다."는 믿음을 심어 줄 수 있다는 데에 있다.

4) 간접시연

직접시연 접근법에서처럼 간접시연(indirect present)방법 역시 슈퍼바이지와 내담자 간의 상담에 대한 슈퍼바이저의 접근을 허용한다. 하지만 직접시연에 비해 슈퍼바이저 개입의 정도는 약한 편이다. 일례로, 슈퍼바이지가 소형의 무선 이어폰을 착용하는 'bug-in-the-ear'기법을 들 수 있다. 이 같은 방법을 활용하면 슈퍼바이저는 상담이 진행되는 동안에도 슈퍼바이지에게 자신의 의사를 전달할 수 있다. Bernard

와 Goodyear(1998)에 따르면 이 같은 방식은 ① 슈퍼바이지가 내담자와 슈퍼바이지 간의 상담을 방해하지 않으면서 필요한 조언을 제공할 수 있고, ② 음성에 의한 강화를 통해 긍정적 상담행위를 증가시키며, ③ 내담자가 상담사의 진술이 슈퍼바이저가 지시한 것인지 아니면 상담사 자신이 생각해 낸 것인지를 알지 못한다는 점에서 치료적 관계를 보호해 준다. Bernard와 Goodyear는 bug-in-the-ear 기법은 슈퍼바이지가 슈퍼바이저의 개입에 지나치게 의존하거나 슈퍼바이저의 개입이 슈퍼바이지와 내담자의 주의를 산만하게 만들 경우에는 그다지 효과적이지 않을 수 있다고 경고했다. 사용될 슈퍼비전 기법의 적절성 여부는 슈퍼바이지의 숙련도를 최우선적으로 고려해야 한다는 것이다.

비록 슈퍼비전의 일반적 형태는 아니지만, 전자 온라인 기술의 활용은 임상 슈퍼바이저에게 전술한 모든 유형의 슈퍼비전 방식을 통한 슈퍼비전의 제공을 가능하게 한다. 전자우편의 활용을 통해 슈퍼바이저와 슈퍼바이지 사이에 경제적이고 신속한 의사소통이 가능하게 되었다. 최근 행해진 시범연구에서 Stebnicki와 Glover(2001)는 전자우편과 현장(onsite) 대면방식을 결합한 임상 슈퍼비전은 시기적절한 피드백의 제공, 슈퍼비전 관계의 강화, 참가자들 간의 접근성 증대 등과 같이 슈퍼바이지와 슈퍼바이저 모두에게 여러 가지 이익을 가져다준다고 보고했다. 이 같은 기법은 내담자와 상담사 사이의 상호작용 관찰기회(라이브 혹은 지연 형태)를 제공하지 않는다. 따라서 여러 학자들의 지적대로, 이메일을 포함한 전자 송출방식의 문서화된 메시지의 사용은 임상 슈퍼비전 과정의 보조적 역할로 국한되어야 할 것이다.

상담사와 내담자 사이의 상호작용에 대한 평가효과를 높이기 위한 방안으로는 상담 내용을 녹화하여 상담이 끝난 후 슈퍼바이저에게 전송하거나 슈퍼바이저와 다른 슈퍼바이지들이 상담을 생방송으로 지켜볼 수 있는 영상회의(video-conferencing)를 들 수 있다. 기술의 진보는 실시간 의사소통을 가능하게 만들어 주었지만, 비밀보장(confidentiality)과 고지된 동의(informed consent)와 같이 해결해야 할 윤리적으로 민감한 현안들이 여전히 남아 있다. 암호문(encryption) 소프트웨어를 사용하면 비밀보장에 대한 잠재적 침해 가능성을 줄일 수 있지만, 전자우편을 주고받는 과정에서 생길 수 있는 인간의 실수는 비밀보장의 원칙을 훼손할 수 있는 심각한 위험요인으로 작용할 가능성이 있다. 나아가 내담자들은 슈퍼비전의 성격에 대해 고지받아야 하며, 슈퍼바이저와 슈퍼바이지 사이에 이루어지는 전자우편을 통한 의사소통은 아무리 철저한 보안조치를 취한다 해도 완벽한 보안이 불가능하다는 점을 숙지해야 한다. 이 같은 문제점들에도 불구하고, 온라인 슈퍼비전의 활용은 향후 슈퍼비전 제공방식에 점점 더 커다란 영향을 미칠 것으로 보인다.

제4절 슈퍼바이저의 양성

유능한 임상 슈퍼바이저가 되기 위해서는 상담학 학위과정 중 슈퍼비전 관련 과목들을 이수하거나 직장에서 필요한 연수를 받아야 한다. 임상 슈퍼비전 분야의 공식적인 심화교육을 받고자 한다면 재활행정 및 슈퍼비전 석사학위과정을 이수하는 것을 생각해 볼 수 있다. 하지만 재활상담학 석사과정 내의 재활행정 및 슈퍼비전 과목 개설 현황은 별로 알려져 있지 않다. 재활상담학의 발전에 기여하기 위해서라도 기존의 재활상담학 프로그램들은 임상 슈퍼비전기술훈련을 강화하는 것이 바람직하다고 생각된다. 실습이나 인턴십을 통해 슈퍼바이지의 관점에서 임상 슈퍼비전 능력을 개발하는 것도 하나의 방법이기는 하지만, 재활상담학 석사과정에 슈퍼비전 과목을 정식 개설한다면 초보 상담사들에게 유능한 임상 슈퍼바이저로서 갖춰야 할 체계적인 훈련과 경험을 제공할 수 있을 것이다.

1. 재활상담사 양성훈련과정

일부의 재활상담교육자들은 재활상담을 공부하는 예비 재활상담사들을 유능한 슈퍼바이저로 양성하기 위해 설계된 구체적인 교과목의 주입 혹은 개발에 대해 의문을 제기해 왔다. 이 같은 반대는 철학적 차이("재활상담학은 재활상담사 슈퍼바이저가 아니라 재활상담사를 훈련시킨다.") 혹은 실제적 한계("우리 프로그램은 한정된 가용 자원으로 인해 슈퍼비전 관련 교과목을 추가로 개설할 수 있는 여력이 없다.")에 그 뿌리를 두고 있다. 이 같은 반대논리를 수긍한다 해도, 적지 않은 상담사들이 임용 후 불과 수년 내에 슈퍼바이저의 역할을 담당해야 한다는 현실적 문제 또한 심각하게 고려하지 않을 수 없다(Riggar & Matkin, 1984). 달리 말해 많은 재활상담사들이 그 자신도 석사학위를 받은 지 얼마 되지 않았음에도 슈퍼바이저의 역할을 수행해야 하는 상황에 처하게 된다는 것이다. 한편, 대부분의 재활상담학 박사과정에는 재활상담사 슈퍼바이저로서 갖춰야 할 임상 슈퍼비전 내용이 포함된 교과목이 개설되어 있다(Allen, Stebnicki, & Torkelson-Lynch, 1995). 뿐만 아니라 현존하는 상담 슈퍼바이저 표준(Supervision Interest Network, Association for Counselor Education and Supervision, 1990)에 따르면, "· · · 슈퍼비전교육은 보통 박사과정 혹은 전문 연수교육을 통해 이루어진다. 그렇지만 이것이 예비 상담사 양성과정인 석사 단계에서 슈퍼바이저 훈련이 가질 수 있는 이점을 부정하는 것은 아니다." 재활상담사 중 석사학위 소지자에 비해 박사학위 소지자의 수가 현저히 적다는 점을 감안해 볼 때, 석사학위 과정 동안 슈퍼비전 관련 교육을 받게 하는 편이 보다 현실적으로 주도적인 방안이라 생각된다.

비록 임상 슈퍼비전의 이론과 실제에 관한 교과목 개발에 따르는 현실적 제약이 극복하기 어렵기는 하겠지만, Bernard(1992)가 제시한 석사 수준의 훈련 중재는 재활상담학 교수들이 한 번 눈여겨볼 만하다고 생각된다. 인턴과정 후반부에 있는 석사학생들을 동료 슈퍼바이저로 활용하기 위해, Bernard는 이들 잠재적 슈퍼바이저들을 대상으로 12시간으로 이루어진 주말 워크숍을 제공했다. 그의 워크숍에는 슈퍼바이저의 처신, 임상 슈퍼비전 모델(Bernard가 1979년에 개발한 변별 모형, Discrimination Model) 그리고 슈퍼비전에 관련된 윤리적 · 법적 현안에 대한 개관 등과 관련된 정보가 포함되었다. 학생들은 또한 슈퍼바이지에 대한 평가방법에 대해서도 교육받았다. 담당교수가 보기에 준비가 된 동료 슈퍼바이저에게는 각각 실습학생 한 명씩이 배정되었다. 동료 슈퍼바이저들은 실습생과 내담자 간의 상담 내용이 담긴 테이프를 한 주에 한 개씩 청취해야 했다. 하지만 이들에게는 실습생들의 수행평가에 대한 책임이나 권한이 주어지지 않았다. Bernard의 지적대로, "동료 슈퍼바이저의 역할은 실습담당 교수와 현장 슈퍼바이저가 제공하는 슈퍼비전의 대체가 아니라 보조이다."

Bernard(1979)에 따르면, 동료슈퍼비전 프로그램을 체험한 후 참가자들은 상담 역동성과 슈퍼비전 과정에 대해 보다 심도 있는 이해를 가지게 되었다. 그녀는 자신의 동료 슈퍼바이저 모델이 담당교수의 감독하에 박사과정에 있는 슈퍼바이저가 석사과정의 실습생들에게 임상 슈퍼비전을 제공하는 것을 골자로 하는 기존의 방식에 비해 더 많은 이점을 가지고 있다고 생각했다. Bernard가 지적하였듯이, 박사과정 학생들을 석사과정 실습생들의 슈퍼바이저로 활용하는 방안의 문제점으로는 이들과 이들이 지도하는 슈퍼바이지들이 추구하는 진로상의 차이에서 오는 괴리감을 들 수 있다. 각자가 추구하는 진로상의 목표가 다르고, 같은 상담 분야라 해도 슈퍼바이저와 슈퍼바이지의 세부 전공이 다른 경우가 적지 않다는 점(예: 슈퍼바이저의 세부 전공은 상담심리학이고 슈퍼바이지의 세부전공은 재활상담학인 경우)을 감안해 볼 때, 양자 간의 불일치로 인한 갈등의 가능성이 존재하기 때문이다. Bernard는 박사과정학생들을 슈퍼바이저로 활용하는 기존의 모델은 이 같은 차이를 심도 있게 다루지 못하고 있다고 주장했다. 이 같은 문제는 간호학, 작업치료학, 물리치료학, 사회복지학 등과 같이 임상 슈퍼바이저와 슈퍼바이지의 세부전공이 유사한 다른 보건관련 분야에는 해당되지 않을 수 있다.

2. 기관 내 연수를 통한 슈퍼바이지 교육

임상 슈퍼바이저로서 전문성을 기르는 일은 지속적인 학습을 필요로 한다. 슈퍼바이저로서의 경험이 많은 사람이 그렇지 못한 사람에 비해 반드시 효과적인 슈퍼바이저라고 볼 수는 없기 때문이다(Ellis & Dell, 1986; Marikas, Russell, & Dell, 1985). 불행히도 대부분의 상담 슈퍼바이저들은 경험이 쌓여 가도 슈퍼비전 스타일과 행동을 바꾸려 하지 않으며, 한 가지 스타일만을 고집하는 안정된 패턴을 유지하려는 경향을 보인다. 결국, 비효과적인 슈퍼비전 패턴은 '자기 영속적이며 변화에 저항적인' 비효율적 스타일을 구축할 뿐이다(Watkins, 1997). 성장을 원한다면 임상 슈퍼바이저들은 슈퍼비전 관련 전문학회 세미나, 워크숍 참가와 같은 연수를 통해 이른바 평생학습을 해야 한다. 또한 슈퍼바이저는 자신이 제공한 슈퍼비전의 질에 대한 독립적 평가를 얻기 위해 다른 임상 슈퍼바이저들에게 자신의 직업에 대한 검토를 요청해야 한다. Watkins(1995)에 따르면, 효과적인 임상 슈퍼바이저일수록 자신의 슈퍼비전에 대해 비판적이며 지속적으로 평가하려는 경향을 나타낸다. 이들은 슈퍼비전이 진행되는 동안 무슨 일이 일어났으며 그것이 슈퍼바이지의 발달에 어떤 도움/방해가 되는지 그리고 자신이 제공한 슈퍼비전 중재가 효과적이었는지의 여부 등에 관해 끊임없이 의문을 제기한다. 자신이 제공하는 슈퍼비전이 슈퍼바이지가 유능한 상담사로서 성장해 나가는 데 영향을 미칠 수 있다는 점을 염두에 두는 것은 슈퍼바이지에게 중요한 메시지를 전달한다. 슈퍼바이저들이 자신의 임상 슈퍼비전능력을 평가하여 갈고 닦으려는 노력을 게을리하게 될 때 슈퍼비전은 큰 헌신이 필요치 않다는 잘못된 믿음이 굳어지기 때문이다(Herbert, 1997). 슈퍼바이저가 슈퍼비전을 지속적인 투자가치가 없다고 생각하게 되면 슈퍼바이지 역시 유사한 인식을 지니게 될 가능성이 높아질 것이다.

3. 재활상담사의 임상 슈퍼비전의 중요성

유능한 재활상담사의 양성에 있어 재활상담학 교육자들은 매우 중요한 역할을 담당한다. 예비 재활상담사들에게 필요한 임상적 기술을 갖추게 할 수 있는지 여부는 대개 실습과 인턴십 경험의 질에 달려 있기 때문이다. 이 같은 바탕은 재활상담사로 재직하는 동안 지속적으로 경험하게 될 슈퍼비전의 토대가 된다. 자신의 분야에서 지속적인 성장을 원한다면 꾸준한 직무경험을 통해 자신의 임상적 능력에 대한 평가 기회를 만들어 가야 한다. 재직기간 동안 임상 슈퍼비전의 유지가 갖는 중요성에 관한 의심은 우리 스스로가 아래의 질문에 대해 생각해 보면 답변이 가능하리라 생각한다.

> "내가 수학했던 재활상담학과에 임상 슈퍼비전이 없었다면 나는 어떤 종류의 재활상담사가 되어 있었을까?"
> "나의 현재 임상능력은 더 이상의 임상 슈퍼비전이 필요 없을 만큼 충분히 뛰어난가?"

이 같은 질문들에 대한 대답이 무엇인가에 따라 임상 슈퍼비전이 전문성 개발에 있어 중요한 부분인가의 여부가 결정될 것이다. 요약하면, 이는 개별 재활상담사가 장애인 내담자와의 상담에서 보여주는 전문가로서의 헌신의 지표인 것이다.

요약정리

1. 다양한 영역에서의 슈퍼비전의 정의에 대해서 알아보고, 슈퍼바이지 발달 수준의 맥락에서 슈퍼바이저 형태에 대해서도 알아보았다.
2. 재활상담사 슈퍼비전은 ① 심리사회적 중재와 관련된 슈퍼비전 대상자의 업무처리기술 향상을 중시한다. ② 슈퍼비전 대상자의 상담 관련 자기효능감과 개인적 성장의 촉진을 중시한다. ③ 장애 관련 현안과 관련하여 슈퍼비전 대상자의 케이스 개념화 기술발달을 중시한다.
3. 슈퍼비전의 유형에는 개별슈퍼비전, 집단슈퍼비전, 동료슈퍼비전이 있고, 이에 대한 장단점에 대해서 설명되어 있다.
4. 임상기술 개발 지원방법의 하나로 내담자-전문가 상호작용의 평가가 필수적이며, 가용 기술과 슈퍼바이저 및 슈퍼바이지의 선호에 따라 슈퍼바이지의 발달을 4가지, 즉 간접지연, 직접지연, 직접시연, 간접시연으로 나눈다.
5. 유능한 임상슈퍼바이저의 양성으로 재활상담사 양성훈련과정의 활성화, 직장 내 연수를 통한 슈퍼바이지교육이 필수적이다.

참고문헌

강봉규(1995). 상담이론과 실제. 교육과학사.

강위영, 나운환, 박경순, 류정진, 정명현, 김동주, 정승원, 강윤주(2009). 직업재활개론(개정판). 나눔의 집.

강위영, 조인수, 정대영(1993). 직업재활과 지원고용. 성원사.

강윤주, 공마리아(2011). 실무 중심 직업재활사 양성 교육과정 개발. 재활복지, 15(2), 25-53.

강진령(2011). 집단상담의 실제. 학지사.

국립재활원(2008). 중증장애인 자립생활지원가이드.

권복순(2000). 모자가족의 어머니와 자녀가 지각한 가족기능의 특성. 한국사회복지학, 40, 5-37.

권선진(2009). 장애인복지론(제2판). 청목출판사.

권선진, 윤상용, 김미숙, 조정윤(1998). 재활전문인력의 현황과 자격제도 도입방안. 한국보건사회연구원.

권영희(1995). 재활상담가 양성방안과 제도확립. 제4회 재활심포지움 보고서. 한국장애인재활협회.

금명자, 남향자(2010). 전국 대학신입생의 대학생활 기대 및 정신건강. 인간이해, 31(1), 105-127.

김미옥(2005). 장애인주거시설에서의 사례관리 실제. 나남출판.

김선화(2001). 수퍼비젼의 개선방안에 관한 연구. 서울여자대학교 석사학위 청구논문.

김성희, 황주희, 이민경, 심석순, 김동주, 강민희, 정희경(2013). 장애인의 자립생활 지원방안: 발달장애인을 중심으로. 한국보건사회연구원.

김영혜, 박기환, 서경현, 신희천, 정남운(2011). *Theories of Counseling and Psychotherapy: System, strategies, and skills*(2nd ed.). 상담 및 심리치료의 이론(제2판). 시그마프레스.

김재익, 김종인(2014). 자립생활실천론. 창지사.

김정민(2012). 분석심리학과 기독교(2판). 학지사.

김정희, 이장호 역(1998). 현대심리치료. 중앙적성출판사.

김지은, 김광웅(2003). 놀이치료자가 평가한 가장 만족스러웠던 수퍼비젼 경험과 가장 만족스럽지 못했던 수퍼비젼 경험 비교. 놀이치료연구, 6(2), 14-25.

김춘경, 이수연, 이윤주, 정종진, 최웅용(2016a). 상담의 이론과 실제. 학지사.

김춘경, 이수연, 이윤주, 정종진, 최웅용(2016b). 상담학 사전. 학지사.

김충기 · 김현옥 공역(1997). 상담과 심리치료의 원리와 실제. 성원사.

김혜란, 홍선미, 공계순(2002). 사회복지실천기술론. 나남출판사.

나운환(2000). 직업재활전문요원 양성방안에 관한 연구. 직업재활연구, 10(2), 61-80.

나운환(2008). 재활상담과 사례관리. 집문당.

나운환(2016). 장애학 통합재활적 접근(2판). 나눔의집.
나운환(2016). 장애인재활상담사 자격제도 도입방안 연구. 보건복지부.
나운환(2017). 장애인재활상담사 직무분석 연구. 한국보건의료인국가시험원.
노안영, 강만철, 오익수, 김광윤, 정민(2011). 개인심리학 상담 원리와 적용. 학지사.
노안영, 강영신(2014). 인간이해 및 성장을 위한 성격심리학. 학지사.
노안영(2018). 상담심리학의 이론과 실제(2판). 학지사.
박경순(2009). 직업재활영역의 전문가단체 설립준비와 역할정립에 관한 연구. 재활복지, 13(2), 137-158.
박승희, 우충완, 박지영, 김원영(2016). 장애란 무엇인가: 장애학 입문. 학지사.
박희찬(2003). 우리나라 직업재활사 양성 교육과정 고찰. 직업재활연구, 13(2), 129-155.
반두라(1999). 자기효능감과 인간행동. 교육과학사.
서울대학교 사회복지실천연구회(2004). 사회복지척도집. 나눔의 집.
손병덕, 성문주, 백은령, 이은미, 최인화, 정정호, 송현아(2017). 인간행동과 사회환경. 학지사.
송석재(2002). 반두라(Bandura)의 도덕발달 이론에 관한 연구, 도덕교육학연구, 3, 85-109.
송영혜, 조성재, 이달엽, 김순재, 이경하 옮김, Fong Chan s Norman L. Bervon. Kenneth R. Thomas 편저. 재활전문가를 위한 장애인 상담의 이론과 실제.
신현욱 · 김성진(2013). 직업재활 전문가의 전문지식 분석 연구. 직업재활연구, 23(3), 5-26.
안정선(2007). 사회복지 수퍼비전 표준 체계 개발에 관한 연구-사회복지관 직원 수퍼비전을 중심으로-. 서울여자대학교 대학원 박사학위논문.
안호용, 김홍주(2000). 한국 가족변화의 사회적 의미. 한국사회, 3(1), 89-132.
양명숙 외(2013). 상담의 이론과 실제. 학지사.
양명숙, 한재희, 전지경, 김윤희, 진선애(2017). 집단상담 사례와 프로그램 개발의 실제. 학지사.
양옥경, 김정진, 서미경, 김미옥, 김소희(2016). 사회복지실천론(개정 4판). 나남.
엄명용 외(2005). 사회복지실천기술의 이해. 학지사.
오가와 요시미찌(2003). 이경희 역. 장애인의 역량강화. 시그마프레스.
오길승(1999). 장애인고용 및 재활프로그램의 평가방향: 미국 CARF를 중심으로. 연차학술대회자료집, 6, 1-16.
오혜경(2015). 사회복지사 윤리와 철학. 창지사.
유리향, 선영운, 오익수(2018). 교사를 위한 아들러 심리학. 학지사.
유옥(2014). 가족상담 및 치료의 이론과 실제. 정민사.
유조안(1999). 사회복지 실습 교육의 문제점과 개선 방안. 한국사회복지교육협의회 학술세미나 자료집.
윤관현, 이장호, 최송미(2006). 집단상담의 원리와 실제(제2판). 법문사.
이경숙(2009). 이경숙과 함께하는 전문상담. 동문사.

이국주(2006). 장애인고용촉진 및 직업재활을 위한 전문요원 제도개선방안 연구. 연구개발, 10, 1-196.

이달엽(1998). 재활과학론. 형설출판사.

이민영, 박자경, 남용현, 구인순(2013). 직업재활 전문요원 양성과정 운영방안. 한국장애인고용공단 고용개발원.

이병욱(2012). 정신분석을 통해 본 욕망과 환상의 세계. 학지사.

이상진(2018). 장애와 재활. 학지사.

이성규, 박경수, 조종란(1998). 장애인직업재활 관련기관 전문인력 개발에 관한 연구(1): 직업재활종합센터 교육프로그램을 중심으로. 조사연구(2-I), 1-85.

이성진, 박성수(2008). 교육심리학. 한국방송통신대학교출판부

이시연, 안정선, 김은영, 김영일(2003). 사회복지실습지도. 양서원.

이장호, 김정희(1992). 집단상담의 원리와 실제. 법문사.

이장호, 이동귀(2014). 상담심리학(제5판). 박영story.

이장호, 정남운, 조성호(2006). 상담심리학의 기초. 학지사.

이준우, 이화옥, 임원선(2006). 사회복지실천론(제2판). 인간과 복지.

이현주(1998). 사회복지조직 구성원의 조직간 관계: 장애인복지 관련조직을 중심으로. 서울대학교 대학원 박사학위논문.

이현주, 강혜규, 이윤경(2000). 지역단위 사회복지관련서비스 연계체계 모형개발. 한국보건사회연구원.

이형득, 김성희, 설기문, 김창대, 김정희(2006). 집단상담. 중앙적성출판사.

이혜경(2015). 장애인 직업재활 활성화를 위한 자격기준 연구. 한국장애인개발원.

일본전국자립생활센터협의회(2011). 정립회관 역. 동료상담의 모든 것. 정립회관.

임종호, 이영미, 이은미(2016). 장애인복지론(3판). 학지사.

장애자복지대책위원회(1989). 장애자복지종합대책. 장애자복지대책위원회.

전봉윤(1993). 재활전문가 양성 및 재활훈련과정의 발전방향. 재활 세미나 1993: 재활서비스 질적 향상 방안. 국립재활원.

정립회관 역(2001). 동료상담의 실제 사례. 정립회관.

정순둘(2005). 사례관리실천 이해. 학지사.

정순둘, 김경미, 박선영, 박형원, 최혜지, 이현아(2007). 사회복지와 임파워먼트. 학지사.

정옥분(2008). 전생애 인간발달의 이론. 학지사.

정종화, 김신섭, 노석원, 윤가현, 이경아, 이성미, 조석영, 최웅용(2014). 동료상담의 이론과 실제. 공동체.

정종화, 김지현, 박지현, 백유미, 신정옥, 이경아, 이성미, 정현경, 조성진(2014). 동료상담실습. 공동체.

정종화, 주숙자(2008). 자립생활과 활동보조서비스. 양서원.

조복희(1999). 아동발달. 교육과학사.

조성열(2000). 직업재활인력의 전문화 방안. 장애인고용, 2000년 가을호. 10(3), 38-66.

조성열(2004). 장애인 직업재활 분야의 현황과 과제: 관련 법과 제도를 중심으로. 직업재활연구, 14(1), 247-271.

조성재(2013). 재활상담사(직업재활사) 국가자격제도 도입의 필요성과 내용. 제2회 직업재활사대회 및 직업재활사(재활상담사) 국가자격제도 도입을 위한 공청회 자료집, 1-21.

조영길(2010). 중증장애인의 독립생활. 시그마프레스.

조영길(2014). 재활행정 및 정책. 학지사.

조영길, 김정미, 노경수(2016). 장애인자립생활개론. 학지사.

조현춘, 조현재(1996). 심리상담과 치료의 이론과 실제. 시그마프레스.

조화태 외(2013). 교육의 이해. 한국방송통신대학교 출판부.

조휘일(1999). 사회사업실습교육에 있어서 학습계약개념 적용에 관한 연구. 정진영 교수 정년퇴임기념 논총, 19. 서울여자대학교 사회사업학과.

천성문, 권선중, 김인규, 김장화, 김창대, 신성만, 이동훈, 허재홍 역(2017). 심리상담과 치료의 이론과 실제(제10판). 학지사.

천성문, 이영순, 박명숙, 이동훈, 함경애(2018). 상담심리학의 이론과 실제(3판). 학지사.

천성문, 함경애, 박명숙, 김미옥(2017). 집단상담 이론과 실제. 학지사.

최국환(2008). 직업재활전문인력의 자격연수과정 운영에 대한 연구. 직업재활연구, 18(2), 227-249.

최국환(2016). 장애아 부모상담. 대한.

최국환(2018). 장애학생 부모상담. 학지사.

최영주, 정혜정(2017). 심리재활현장에서의 심리진단 및 평가. 시그마프레스.

한국보건사회연구원(2006). 3단계 장애 범주 확대 방안 연구.

한국사례관리학회(2015). 사례관리론. 학지사.

한국심리학회(2014). 심리학 용어사전.

한국장애인개발원(2013). 성인발달장애인의 자립생활지원방안 연구.

한국장애인고용공단(2012). 장애인직업생활상담원 양성 및 연수 규칙.

한국장애인고용공단(2019). 2019년 기업지원 안내서.

한국장애인자립생활센터총연합회(2015). 동료상담 매뉴얼.

한국장애인재활협회(1990). 재활요원양성에 관한 연구. 한국장애인재활협회.

한국장애인재활협회(1996). 재활상담사 양성방안 및 제도 확립에 관한 연구. 한국장애인재활협회.

한순미(2004). 비고츠키와 교육. 교육과학사.

한재희(2008). 상담패러다임의 이론과 실제. 교육아카데미.

홍경자(2001). 상담의 과정. 학지사.

Adler, A.(1930). *The education of children*. Indiana: Gateway Editions.

Adler, A.(1937). *What life should mean to you*. Boston: Little, Brown, and Company.

Adler, A.(1946). *Understanding human nature*. New York, NY: Greenberg.

Adler, A.(1979). *Superiority and social interest*. New York, NY: Norton & Company.

Ainsworth, M. D. S.(1967). *Infancy in Uganda: Infant care and the growth of attachment*. Baltimore: Johns Hopkins University Press.

Allen, H. A., Stebnicki, M. A., & Torkelson, L. R.(1995). Training clinical supervisors in rehabilitation: A conceptual model for training doctoral-level supervisors. *Rehabilitation Counseling Bulletin, 38*, 307-314.

American Speech-Language-Hearing Association(ASHA), Committee on Supervision in Speech-Language Pathology and Audiology(1985). Clinical supervision in speech-language pathology and audiology. A position statement. *ASHA, 27*, 57-60.

American Occupational Therapy Association(1998). Guide for Supervision of occupational therapy personnel in the delivery of occupational therapy service. *American journal of Occupational Therapy, 53*, 592-594.

Angell, D. L., De Sau, G. T., & Havrilla, A. A.(1969). Rehabilitation counselor versus coordinator: One of rehabilitation's great straw men. *NRCA Professional Bulletin, 9*, 7-8.

Anthony, W. A.(1996). Community support systems: Lessons for managed care. Boston: Boston University, Center for Psychiatric Rehabilitation.

Bailey, D. B. & Wolery, M.(1992). *Assessing infants and preschoolers with handicaps*. Columbus, OH: Merril.

Bandura, A.(1969). *Principles of behavior modification*. New York, NY: Holt, Rinehart & Winston.

Bandura, A.(1977). *Social learning theory*. Englewood Cliffs, NJ: Prentice-Hall.

Barker, R. L.(1986). *The social work dictionary*. Washington, DC: NASW Press.

Barker, R. L.(1994). *The Chrysanthemum and the Sword: Patterns of Japanese Culture*. Boston: Mariner Books.

Barlow, S. H.(2008). Group psychotherapy specialty practice. *Professional Psychology: Research and Practice, 39*(2), 240-244.

Barton, A.(1992). Humanistic contributions to the filed of psychotherapy: Appreciating the human and liberating the therapist. *Humanist Psychologist, 20*, 332-348.

Bateson, G.(1979). *Mind and nature*. New York, NY: E. P. Dutton.

Beardsley, M. & Rubin, S.(1988). Rehabilitation service providers: An investigation of generic job tasks and knowledge. *Rehabilitation Counseling Bulletin, 37*, 122-139.

Beauchamp, T. & Childress, J.(1989). *Principles of Biomedical Ethics*(3rd ed.). New York, NY: Oxford University Press.

Beck, A. T.(1967). *Depression: Clinical, experimental, and theoretical aspects*. New York, NY: Harper & Row .(Republished as Depression: Causes and treatment. Philadelphia: University of Pennsylvania Press, 1972).

Beck, A. T.(1976). *Cognitive Therapy and the Emotional Disorders*. New York, NY: New American Library.

Beck, A. T.(1991). Cognitive Therapy: A 30-year retrospective. *American Psychologist, 4*(4), 368-375.

Beck, A. T., Rush, A., Shaw, B., & Emery, G.(1979). *Cognitive therapy of depression*. New York, NY: Guilford Press.

Bergman, M. M.(2002). The benefits of a cognitive orthotic in brain injury rehabilitation. *Journal of Head Trauma Rehabilitation, 17*, 431-445.

Berk, L. E. & Winsler, A.(1995). *Scaffolding children's learning: Vygotsky and early childhood education*. 홍용희 역(1995). 어린이들의 학습에 비계설정-비고츠키와 유아교육. 창지사.

Bernad, J. M.(1979). Supervisory training: A discrimination model. *Counselor Education and Supervision, 19*, 60-68.

Bernard, J. M. & Goodyear, R. K.(1998). *Fundamentals of clinical supervision*(2nd ed.). Needham Heights, MA: Allyn & Bacon.

Bernard, J. M.(1992). Training master's level counseling students in the fundamentals of clinical supervision. *Clinical Supervisor, 10*, 133-143.

Beutler, L. E.(1983). *Eclectic psychotherapy: A systematic approach*. New York, NY: pergamon.

Bitter, J. R., Sonstegard, M. A., & Pelonis, P.(2004). *Adlerian group counseling and therapy: Step-by-step*. New York, NY: Brunner-Routledge.

Blacher, J.(1984). Sequential stages of parental adjustment to the birth of a child with handicaps: Fact or artifact? *Mental Retardation, 22, 58-68.*

Brabender, V.(2006). The ethical group psychotherapist. *International Journal of Group Psychotherapy, 57*(1), 47-47.

Bradley, V. J., Knoll, J., & Agosta, J. M.(1992). *Emerging issues in family support.*

Washington, DC: American Association on Mental Retardation.

Brantlinger, E.(1991). Home-school partnerships that benefit children with special needs. *Elementary School Journal, 91*, 249-259.

Brown, A. & Bourne, I.(1996). The social Work Supervisor: supervision in community, day care, and residential settings. Buckingham · Philadelphia: Open University Press.

Brown, C.(1995). Empowerment in social work practice with older women. *Social Work, 40*(3), 358-364.

Brubaker, D. R.(1977). Professionalization and rehabilitation counseling. *Journal of Applied Rehabilitation Counseling, 8*, 208-217.

Carson, J. & Englar-Carson, M.(2017). *Adlerian psychotherapy*. American Psychological Association.

Chan, F., Berven, N. L., & Thomas, K. R.(2004). *Counseling Theories & Techniques for Rehabilitation Health Professionals*. 송영혜, 조성재, 이달엽, 김순애, 이경하(2008). 재활전문가를 위한 장애인 상담의 이론과 실제. 시그마프레스.

Choi, G. & Lam, C. S.(2001). Korean students differental attitudes toward people with disabilities: An acculturation perspective. *The international Journal of Rehabilitation Research, 24*, 79-81.

Cochburn, J., Thomas, F., & Cockburn, O.(1997). Solution-focused therapy and psychosocial adjustment to orthopedic rehabilitation in a work hardening program. *Journal of Occupational Rehabilitation, 7*(2), 97-106.

CORE(2010). www.core-rehab.org

Corey, G.(1996). *Theory and practice of counseling and psychotherapy*(5th ed.). Pacific Grove, CA: Brooks/Cole.

Corey, G.(2000). *Theory and practice of group counseling*(5th ed.). Belmont, CA: Wadsworth.

Corey, G.(2001). *Theory and practice of counseling and psychotherapy*(6th ed.). Pacific Grove, CA: Brooks/Cole.

Corey, G.(2012). *Theory and Practice of Group Counseling*. 김명권, 김창대, 방기연, 이동훈, 이영순, 전종국, 천성문 역(2017). 집단상담의 이론과 실제(8판). 학지사.

Corey, G.(2017a). *Theory and Practice of Counseling and Psychotherapy*(10th ed.). 천성문 외 역(2017). 심리상담과 치료의 이론과 실제(제10판). 학지사.

Corey, G.(2017b). *Student manual for theory and practice of counseling and psychotherapy* (10th ed.). Boston, MA: Cengage Learning.

Corrigan, P. W., Rao, D., & Lam, C.(1999). Psychiatric rehabilitation. In F. Chan &

M. Leahy(Eds.), *Health care and disability case management*(pp. 527-564). Lake Zurich, IL: Vocational Consultants Press.

Couchon, W. D. & Bernard, J. M.(1984). Effects of timing of supervision on supervisors and counselor performance. *Clinical Supervisor, 2*, 3-20.

Crain, W.(2000). *Theories of Development: Concepts and application*. Prentice-Hall.

CRCC(2016). https://www.crccertification.com/crc-certification-now.

CRCC(2017). *Code of Professional Ethics for Rehabilitation Counselors(재활상담사를 위한 전문가 윤리 강령)*. Commission on Rehabilitation Counselor Certification.

Creswell, J. W.(2013). *Qualitative inquiry research design: Choosing among five approach*(3rd ed.). SAGE Publication.

Cunningham, C. & Davis, H.(1985). *Working with parents: Frameworks for collaboration*. Buckingham, Open University Press.

Danek, M. & Wright, G. N., Leahy, M. J., & Shapson, P. R.(1987). Introduction to rehabilitation competency studies. *Rehabilitation Counseling Bulletin, 31*, 84-93.

de Shazer, S.(1982). *Patterns of brief family therapy*. New York, NY: Guilford Press.

de Shazer, S.(1985). *Keys to solution in brief therapy*. New York, NY: Norton.

de Shazer, S.(1988). *Clues: Investigating solutions in brief therapy*. New York, NY: Norton.

de Shazer, S.(1990). What is it about brief therapy that works? In J. Zeig & S. Gilligan(Eds.), *Brief therapy: Myths, methods, and metaphors*(pp. 90-99). Philadelphia: Bruner/Mazel.

Dinkmeyer, D., Jr. & Sperry, L.(2000). *Counseling and psychotherapy: An integrated, individual psychology approach*(3rd ed.). Upper Saddle River, NJ: Merrill/Prentice Hall.

Donelsodn, R. F.(2013). *Group Dynamics*(6th ed.). New York, NY: Wadsworth Publishing.

Drake, R, E., Essock, S. G., Shaner, A., Carey, K. B., Minkoff, K., Kola, L., Lynde, D., Osher, F. C., Clark, R. E., & Rickards, L.(2001). Implementing dual diagnosis services for clients with severe mental illness. *Psychiatric Services, 52*, 469-476.

Dunn, M. K.(1975). Psychological intervention in a spinal cord injury center: An introduction. *Rehabilitation Psychology, 22*, 165-178.

Eames, P. & Wood, R.(1985). Rehabilitation after severe brain injury: A follow-up study of a behavior modification approach. *Journal of Neurology, Neurosurgery, and Psychiatry, 48*, 613-619.

Eisikovits, Z. R., Meier, E., Guttman, E., Shurka, E., & Levinstein, A.(1985). Supervision in Ecological Context: The Relationship Between the Quality of Supervision and the work and Treatment Environment. *Journal of Counseling Psychology, 43*(1), 35-50.

Elena, B. & Deborah, J. L.(1996). *Tools of the Mind: The Vygotsk in Approach to Childhood Education*. 김억환, 박은혜 옮김(2003). 정신의 도구: 비고츠키 교육. 이화여자대학교 출판부.

Ellis, A. & Blau, S.(1998). *The Albert Eillis reader*. New York, NY: Kensington.

Ellis, A. & Ellis, D. J.(2011). *Rational emotive behavior therapy*. Washington, DC: American Psychological Association.

Ellis, A. & Harper, R. A.(1997). *A guide to rational Living*(3rd ed.). North Hollywood, CA: Melvin Powers(Wilshire Books).

Ellis, A.(1962). *Reason and emotion in psychotherapy*. Secaucus: The citadel Press.

Ellis, A.(2001a). *Feeling better, getting better, and staying better*. Atascadero, CA: Impact.

Ellis, A.(2001b). *Overcoming destructive beliefs, feelings, and behaviors*. Amherst, NY: Prometheus Books.

Ellis, A.(2004a). *Rational emotional behavior therapy: It works for me-It can work for you*. Amherst, NY: Prometheus.

Ellis, A.(2004b). *The road to tolerance: The philosophy of rational emotive behavior therapy*. Amherst, NY: Prometheus.

Ellis, A.(2010). *All out. An autobiography*. Amherst, NY: Prometheus Books.

Ellis, D. J.(2014). *Rational Emotive Behavior Therapy[DVD]*. Washington, DC: American Psychological Association.

Ellis, M. V. & Dell, D. M.(1986). Dimensionality of supervisor roles: Supervision's perceptions of supervision. *Journal of Counseling Psychology, 33*, 282-291.

Emener, W. & Rubin, S. E.(1980). Rehabilitation counselor role and functions and sources of role strain. *Journal of Applied Rehabilitation Counseling, 11*, 57-59.

English, W. R., Oberle, J. B., & Byrne, A. R.(1979). Rehabilitation counselor supervision: A national perspective. *Rehabilitation Counseling Bulletin, 22*, 625-634.

Epstein, J. L.(1992). School and family partnerships. *Encyclopedia of Educational Research, 6*, 1139-1151.

Erikson, E. H.(1950). *Childhood and society*. New York, NY: Norton,

Erikson, E. H.(1959). *Identity and the life cycle*. New York, NY: International Universities Press.

Erikson, E. H.(1968). *Identity: Youth and crisis*. New York, NY: Norton.

Erikson, E. H.(1968). Life cycle. In *International Encylopedia of the Social Sciences*(Vol. 9, pp. 286-292). New York, NY: Growell Collier & Macmillan.

Erikson, E. H.(1974). *Dimensions of a new identity: The Jefferson pictures in the humanities.* New York, NY: W. W. Norton & Company, Inc.

Erikson, E. H.(1975). *Life history and the historical moment.* New York, NY: Norton.

Erikson, E. H.(1978). *Adulthood.* New York, NY: Norton.

Erikson, E. H.(1980). *Identity and the life cycle.* New York, NY: Norton.

Erikson, E. H.(1982). *The life cycle completed.* New York, NY: Norton.

Fenning, R. M., Baker, J. K., Crnic, K. A.(2007). parenting children with intellectual disabilities. *Infants and Young Children, 17*(1), 17-31.

Ferguson, P. M. & Ferguson, D. L.(2006). The promise of adulthood. In M. Snell & F. Brown(Eds). *Instruction of students with severe disabilities*(6th ed., pp. 610-637). Upper Saddle River, NJ: Merrill/Pearson Education.

Ferguson, P. M.(2001). Mapping the family: Disability studies and the exploration of parental response to disability. In G. Albrecht, K. Seelam, & M. Bury(eds.). *Handbook of disability studies(pp. 373-395).* Thousand Oaks, CA: Sage.

Fletcher, R.(1993). Individual psychotherapy for persons with mental retardation. In R. Fletcher & A. Dosen(Eds.), *Mental health aspects of mental retardation: Progress in assessnent and treatment*(pp. 327-349). New York, NY: Lexington.

Fordyce, W.(1971). Behavioral methods in rehabilitation. In W. S. Neff(Ed.), *Rehabilitation psychology*(pp.74-108). Washington, DC: American Psychological Association.

Fordyce, W.(1976). A behavioral perspective on rehabilitation. In G. L. Albrecht(Ed.), *The sociology of physical disability and rehabilitation*(pp. 73-96). Pittsburgh: University of Pittsburgh Press.

Frank, J. D.(1961). *Persuasion and bealing.* Baltimore: Johns Hopkins University Press

Freud, S.(1920). *A general introduction to psychoanalysis*(J. Riviere, trans.). New York, NY: Washington Square Press, 1965.

Freud, S.(1925). Three contributions to the sexual theory. *Nervous and Mental Disease Monograph Series, No. 7.* New York, NY: Nervous and Mental Disease Publishing Co.

Freud, S.(1933). *New introductory lectures in psychoanalysis.* New York, NY: Norton.

Freud, S.(1949). *An outline of psychoanalysis.* New York, NY: Norton & Company, Inc.

Freud, S.(1961). *The ego and the id*(Standard ed., Vol. 19). London: Hogarth.(Originally published 1923).

Freud, S.(1964). *New introductory lectures on psychoanalysis*(Standard ed., Vol. 22).

London: Hogarth.(Originally published 1933).

Frew, J. E.(1986). The functions and patterns of occurrence of individual contact styles during the development phase of the Gestalt group. *The Gestalt Journal, 9*(1), 55-70.

Gandy, G. L., Martin, Jr. E. D., Hardy, R. E., & Cull, J. G.(1987). *Rehabilitation Counseling and Services: Profession and process*. Springfield, IL: Charles Thomas.

Garner, W. E.(1985). *An identification of competencies critical to practicing rehabilitation counselors: Implications of validating the rehabilitation counselor certification examination.* Unpublished Doctoral Dissertation. Carbondale, IL: Southern Illinois University.

Gestwicki, C.(1996). *Home, school and community relations: A guide to working with parents* (3rd ed.). Albany, NY: Delmar Publishers.

Giles, G. M., Ridley, J. E., Dill, A., & Frye, S.(1997). A consecutive series of adults with brain injury treated a washing and dressing retraining program. *American Journal of Occupational Therapy, 51*, 256-266.

Gingerich, W. & Eisengart, S.(2000). Solution-focused brief therapy: A review of the outcome research. *Family Process, 39*, 477-498.

Glasser, W.(1975). *Reality theory*. New York, NY: Harper & Row.

Glasser, W.(1998). *Choice theory*. New York, NY: Harper Collins.

Glasser, W.(2001). *Counseling with choice theory: The new reality therapy*. New York, NY: Harper Collins.

Glasser, W.(2003). *Warning: Psychiatry can be hazardous to your mental health*. New York, NY: Harper Collins.

Godon, P. A., Feldman, D., & Chiriboga, J.(2005). Helping children with disabilities develop and maintain friendships. *Teacher Education and Special Education, 28*(1), 1-9.

Goldberg, D. A.(1985). Process notes, audio, and videotape: Modes of presentation in psychotherapy training. *Clinical Supervision, 38*, 6-22.

Goldfried M .R. & Safran, J. D.(1986). Future directions in psychotherapy integration. In J. C. Norcross(Ed.). *Handbook of eclectic psychotherapy*(pp. 463-483). New York, NY: Brunner/Mazel.

Goodyear, R. G. & Bernard, J. M.(1998). Clinical supervision: Lessons from the literature. *Counselor Education and Supervision, 38*, 6-22.

Gottman, J.(1994). What perpetrators of violence against women: An attachment theory perspective. *Journal of Applied Psychoanalytic Studies. 1*, 7-27.

Graves, W. H.(1983). Rehabilitation counselor certification: The path toward professional recognition. *Journal of Applied Rehabilitation Counseling, 14*(4), 24-28.

Grigal, M., Nuebert, D. A., Moon, M. S., & Graham, S.(2003). Self-determination for students with disabilities: Views of parents and teachers. *Exceptional Children, 70*(1), 97-112.

Gruver, B. M. & Austin, D. R.(1990). The instructional status of clinical supervision in therapeutic recreation curricula. *Therapeutic Recreation Journal, 24*, 18-24.

Gutierrez, L. M., Parsons, R. J., & Cox E. O.(1998). *Empowerment in Social Work Practice*. 김혜란, 좌현숙, 차유림, 문영주, 김보미 역(2006). 사회복지실천과 역량강화. 나눔의 집.

Hagglund, K. J. & Heinemann, A. W.(2006). *Applied disability and rehabilitation research*. New York, NY: Springer Publishing Company.

Hallahan, D. P. & Kauffman, J. M.(1991). *Exceptional Children*. New Jersey: Englewood Cliffs, New Jersey.

Harley, D. A.(2000). Introduction to the Journal of Applied Rehabilitation Counseling Special Issue on Cultural Diversity. *Journal of applied Rehabilitation Counseling, 31*(1), 3.

Haynes, R., Corey, G., & Moulton, P.(2003). *Clinical Supervision in the Helping Professions: A Practical Guide*. Brooks/Cole-Thomason Learning.

Hays, P.(1996). Culturally responsive assessment with diverse older clients. *Professional Psychology: Research and Practice, 27*, 188-193.

Herbert, J. T. & Ward, T. J.(1990). Supervisory styles among rehabilitation counseling pratica supervisors. *Rehabilitation Education, 4*, 203-212.

Herbert, J. T.(1997). Quality of assurance: Administration and supervision. In D. R. Maki & T. F. Riggar(Eds.). *Rehabilitation counseling: Profession and practice*(pp. 246-258). New York, NY: Springer.

Herbert, J. T., Hemlick, L., & Ward, T. J.(1991). Supervisee perception of rehabilitation counseling practice. *Rehabilitation Education, 5*, 121-129.

Hersey, P. & Blanchard, K. H.(1977). *Management of organizational behavior: Utilizing human resources*(3rd ed.). Englewood Cliffs, NJ: Prentice-Hall.

Hershenson, D.(1988). Along for the ride: The evaluation of rehabilitation counselor education. *Rehabilitation Counseling Bulletin, 31*, 204-217.

Hjelle, L. A. & Ziegler, D. J.(1992). *Personality theories: Basic assumptions, research and applications*(3th ed.). New York, NY: McGraw-Hill.

Hofmann, S. G., Asnaani, A., Vonk, I. J., Sawyer, A. T., & Fang, A.(2012). The efficacy of cognitive behavior therapy: review of meta-analyses. *Cognitive Therapy and Research, 36*, 427-440.

Holloway, E. L. & Neufeldt, S. A.(1995). Supervision: Its contributions to treatment efficacy. *Journal of Consulting and Clinical Psychology, 63*, 207-213.

Horton, A. & Barrett, D.(1988). Neuropsychological assessment and behavior therapy: New directions in head trauma rehabilitation. *Journal of Head Trauma Rehabilitation, 3*, 57-64.

Howard, G. S., Nance, D. W., Ivey, A., & Ivey, M. B.(2003). *Intentional interviewing and counseling: Facilitating client development in a multicultural society*. Belmont, CA: Brooks/Cole.

Hurley, A. D. & Hurley, F. J.(1986). Counseling and psychotherapy with mentally retarded clients: I. The initial interview. *Psychiatric Aspects of Mental Retardation Review, 5*, 22-26.

Ivey, A. E., & Ivery, M. B.(2003). *Intentional interviewing and counseling: Facilitating client development in a multicultural society(5th ed.)*. Pacific Grove, CA: Brooks/Cole.

Ivey, A., Pederson, P., Ivey, A., & Ivey, M. B.(2001). *Intentional group counseling: A microskills approach*. Belmont. CA: Wadsworth.

Jacobson, E.(1938). *Progressive relaxation*. Chicago: University of Chicago Press.

Jean S. P., Delia M. P. K., & Chami. K.(2011). Processes and Outcomes of a mentoring program for Latino college freshmen. *Journal of Social Issues*, 6(3), 599-621.

Jensen, J., Bergin, A., & Greaves, D.(1990). The meaning of eclecticism: New survey and analysis of components. *Professional Psychology: Research and Practice, 21*, 124-130.

Johnson, S.(1996). *Creating connection: the practice of emotionally focused marital therapy*. New York, NY: Brunner/Mazel.

Jung, C. G.(1931). Marriage as a psychological relationship(R. F. C. Hull, trans.). In *The collected works of C. G. Jung*(Vol. XX). *The development of personality*. Princeton: Princeton University Press, 1953.

Jung, C. G.(1945). The relations between the ego and the unconscious(R. F. C. Hull, trans.). In *The collected works of C. G. Jung*(Vol. Ⅶ). *Two essays in analytic psychology*. Princeton: Princeton University Press, 1953.

Jung, C. G.(1954). The psychology of the transference. In The Practice of Psychotherapy. *Collected Works, 16*, 163-194.

Jung, C. G.(1959). The shadow. *In collected works*, Vol. 9, Part Ⅱ. Princeton: Princeton

University Press(First German edition, 1948).

Jung, C. G.(1961). *Memories, dreams, and reflections*. New York, NY: Vintage Books.

Kadushin, A. & Harkness, D.(2002). *Supervision in Social Work*. New York, NY: Colombia University Press.

Kadushin, A.(1992). *Supervision in social work*(3rd ed.). New York, NY: Columbia University Press.

Kagan, N.(1980). Influencing human interaction-Eighteen years with IPR. In A. K. Hess(Ed.), *Psychotherapy supervision: Theory, research and practice*(pp. 262-286). New York, NY: Wiley.

kahn, M.(2002). *Basic Freud: Psychology Thought for the 21st century*. New York, NY: Basic Books.

Kanner, L.(1943). Autistic disturbances of affective contact. *Nervous child, 2*, 217-250.

Klaus, K. & Kennell, J.(1975). The Adaptation of Parents to the Birth of an Infant with a Congenital Malformation: A Hypothetical Model. *Pediatrics, 56*(5), 710-717.

Koch, D. S., Nelipovich, M., & Sneed, Z.(2002). Alcohol and other drug abuse as coexisting disabilities: Considerations for counselor serving individuals who are blind or visually impaired. *RE: view, 33*, 151-159.

Korb, M. P., Gorrell, J., & Van de Riet, V.(1989). *Gestalt therapy: Practice and theory*(2nd ed.). New York, NY: Pergamon.

Kotre, J.(1984). *Outliving the self: Generativity and the interpretation of lives*. Baltimore: The Johns Hopkins University press.

Kress-Shull, M. K. & Leech, L. L.(2000). Effective psychiatric rehabilitation: A collaborative challenge. *Journal of Applied Rehabilitation Counseling, 31*(4), 3.

Kubler-Ross, E.(1969). *Locus of control: Current trends in theory and research*. Hillsdale, NJ: Earlbaum.

Laborde, P. R. & Seligman, M.(1991). Counseling parents with children with disabilities. In M. Seligman(Ed.), *The family with a handicapped child*. Boston, MA: Ally & Bacon.

Lambert, M., Bergin, A., & Garfield, S.(2004). Introduction and overview. In M. Lambert (Ed.), *Bergin and Garfield's handbook of psychotherapy and behavior change*(5th ed., pp. 3-15). New York, NY: Wiley.

Lazarus, A. A.(1995). Multimodal therapy. In R. Corsini & D. Wedding(eds.), *Current psychotherapies*(5th ed. pp. 322-355). Itasca, IL: Peacock,

Lazarus, A. A.(2000). Multimodal therapy. In R. Corsini & D. Wedding(eds.). *Current psychotherapies*(6th ed. pp. 340-374). Belmont, CA: Wadsworth.

Leahy, M., Szymanski, E., & Lindkowski, D.(1993). Knowledge importance in rehabilitation counseling. *Rehabilitation Counseling Bulletin, 37*(2), 130-145.

Lee, J.(2001). *The empowerment approach to social work practice*. New York : Colombia University Press.

Lewis, F. D. & Bitter, C. J.(1991). Applied behavior analysis and work adjustment training. In B. T. McMahon(Ed.), *Work worth doing: Advances in brain injury*(pp. 137-165). Boca Raton, FL: CRC Press-St. Lucie Press.

Lindfoss, L. & Magnusson, D.(1997). Solution focused therapy in prison. *Contemporary Family Therapy, 19*, 89-103.

Lundin, R. W.(1989). *Alfred Adler's basic concepts and implication*. Accelerated Development.

Lynch, R K. & Lynch, R. T.(1998). Rehabilitation counseling in the private sector. In R. M. Parker & E. M. Szymanski(eds.). *Rehabilitation counseling: Basics and beyond* (3rd ed., pp. 71-105). Austin, TX: PRO-ED.

Maddux, C. D. & Cummings, R. E.(1983). Parental home tutoring: Aids and cautions. *Exceptional Parent, 13*(4), 30-33.

Madle, R. A. & Neisworth, J. T.(1990). Mental retardation. In A. S. Bellack & M. Hersen(Eds.). *International handbook of behavior modification and therapy*(2nd ed., pp. 731-762). New York, NY: Plenum.

Mahalik, J. R.(1990). Systematic eclectic models. *The Counseling Psychologist, 18*(4), 655-679.

Maki, D. R. & Delworth, U.(1995). Clinical supervision: A definition and model for the rehabilitation counseling profession. *Rehabilitation Counseling Bulletin, 38*, 282-293.

Marikas, D. A., Russell, R. K., & Dell, D. M.(1985). Effects of supervisor experience level on planning and in-session supervisor verbal behavior. *Journal of Counseling Psychology, 32*, 410-416.

Marr, J. N.(1982). Behavioral analysis of work problems. In B. Bolton(Ed.). *Vocational adjustment of disabled persons*(pp. 127-147). Baltimore: University Park Press.

Marshak, L. E., Seligman, M., & Prezant, F.(1999). *Disability and the Family Life Cycle*. New York, NY: Basic Books.

Maslow, A. H.(1955). Deficiency motivation and growth motivation. In M. R. Jones (Ed.). *Nebraska symposium on motivation*. Licoln, NE: University of Nebraska Press.

Maslow, A. H.(1962). *Toward a psychology of being*. Princeton, NJ: Van Nostrand.

Maslow, A. H.(1968). *Toward a psychology of being*(2nd ed.). New York, NY: Van Nostrand.

Miley, K., O'Melia, M., & DuBois, B.(1995). *Generalist Social Work Practice: An Empowering Approach*. Boston: Allyn and Bacon.

Miller, W. R. & Rollnick, S.(2002). *Motivational interviewing: Preparing people for change* (2nd ed.). New York, NY: Guilford.

Minuchin, S. & Fishman, H. C.(1981). *Family therapy: Concepts and methods*(7th ed.). Boston: Allyn & Bacon.

Minuchin, S.(1974). *Families and family therapy*. Cambridge, MA: Harvard University press.

Moos, D. P.(1992). Cognitive therapy, phenomenology, and the struggle for meaning. *Journal of phenomenological psychology, 23*(1), 87-102.

Morison, T.(2001). *Supervision: Purposes, policies and definitions*. Staff Supervision in Social Care. Pavilion. 13-47.

Murdock, G.(1949). *Social Structure*. New York, NY: Macmillan.

Murpy, N. A. & Elias, E. R.(2006). Sexuality of children and adolescents with developmental disabilities. *Pediatrics, 118*(1), 398-403.

Muthard, J. E. & Salamone, P. R.(1969). The roles and functions of the rehabilitation counselor. *Rehabilitation Counseling Bulletin, 13*, 81-88.

National Council on Rehabilitation Education(2002-2003). *Membership directory*. Logan, UT: Author

Nichols, M. P.(2010). *Family Therapy: Concepts and Methods*(9th ed.). 김영애, 김정택, 송성자, 심혜숙, 정문자, 제석봉 역(2011). 가족치료: 개념과 방법(제9판). 시그마프레스.

Norcross, J. C. & Prochask, J. O.(1988). A study of eclectic(and integrative) views revisited. *Professional Psychology Research and Practice, 19*, 170-174.

Norcross, J. C.(1986). *Handbook of eclectic psychotherapy*. New York, NY: Brunner/Mazel.

Osofsky, J. D.(1994). Introduction. In J. D. Osofsky & E. Fenichel(Eds.). *Caring for infants and toddlers in violent environments: Hurt, healing, and hope*(pp. 3-6). Arlington, VA: Zero to Three.

Overton, T.(2000). *Assessment in special education: An applied approach*. New York, NY: Prentice-Hall, Inc.

Parker, R. M. & Szymanski, E. M.(1998). *Rehabilitation Counseling: Basics and Beyond*. Austin, TX: Pro-Ed.

Parker, R., Szymanski, E., & Patterson, J.(2005). *Rehabilitation Counseling: Basics and*

Beyond(4th ed.). 이승희, 이정자 역(2010). 재활상담: 실제 적용(제4판). 시그마프레스.

Parry, J.(2011). *Equal Employment of persons with disabilities*, American Bar Association.

Patterson, J. B.(1987). Certified rehabilitation counselors(CRC). *Journal of Applied Rehabilitation Counseling, 18*(4), 45-47.

Payne, L. M.(1989). Preventing rehabilitation counselor burnout by balancing the caseload. *Journal of Rehabilitation, 55*, 20-24.

Perls, F.(1969). *Gestalt therapy verbatim*. Lafayette, CA: Real Person Press.

Pervin, L., A. & John, O. P.(2001). *Personality: Theory and research*(8th ed.). New York, NY: John Wiley & Sons.

Poston, D. J.(2002). A qualitative analysis of the conceptualization and domains of family quality of life for families of children with disabilities. Unpublished doctoral dissertation. Lawrence, KS: University of Kansas.

Power, P., Dell Orto, A., & Gibbons, M.(1988). *Family interventions throughout chronic illness and disability*. New York, NY: Springer.

Rappaport, J.(1985). The power of empowerment language. *Social Policy, 17*. 15-21.

Remley, T.(1993). Rehabilitation counseling: A scholarly model for the generic profession of counseling. *Rehabilitation Counseling Bulletin, 37*(2), 182-186.

Rhwan, J.(1980). Awareness, the origin of thought, and the role of conscious self-deception in resistance and repression. *Psychological Reports, 46*, 767-781.

Rich, P.(1993). The form, function, and content of clinical supervision: An integrated model. *Clinical Supervisor, 11*, 137-178.

Riley, S.(1994). *Integrative approaches to family art therapy*. Chicago, IL: Magnolia Street Publishers.

Roessler, R. T. & Rubin, S. E.(1998). *Case Management and Rehabilitation Counseling: Procedures and Techniques*(3rd ed.). Austin, TX: Pro-Ed.

Roessler, R. T. & Rubin, S. E.(2006). *Case management and rehabilitation counseling*(4rd ed.). Austin, TX: PRO-ED.

Rogers, C. R.(1942). *Counseling and Psychotherapy*. Boston: Houghton-Mifflin.

Rogers, C. R.(1951). *Client-centered therapy: It current practice, implications and theory*. Boston: Houghton-Mifflin.

Rogers, C. R.(1961). *On becoming a person*. Boston: Houghton-Mifflin.

Rogers, C. R.(1980). *A way of being*. Boston: Houghton-Mifflin.

Rogers, F.(1996). Behavioral therapy of substance abuse treatment: Bringing science to substance to bear on practice. In F. Rogers, D. S. Keller, & J. Morgenstern

(Eds.), *Treating substance abuse: Therapy and technique*(pp. 174-201). New York, NY: Guilford.

Rubin, S. E. & Roessler, R. T.(1995). *Foundations of the Vocational Rehabilitation Process*. Austin, TX: Pro-Ed.

Rubin, S. E. & Roessler, R. T.(2008). *Foundations of the vocational rehabilitation process*. Austin, TX: Pro-Ed. 조성재, 신태식 역(2008). 직업재활의 기초. 시그마프레스.

Rubin, S. E., Matkin, R. E., Ashley, J., Beardsley, M. M., May, V. R., Onstott, K., & Puckett, F.(1984). Roles and functions of certified rehabilitation counselors. *Rehabilitation Counseling Bulletin, 27*(4), 199-224; 238-245.

Saleebey, D.(1996). The strength perspective in social work practice: Extensions and cautions. *Social Work, 41*, 296-305.

Schultz, D. & Schultz, S. E.(1998). *Theories of Personality*(6th ed.). California: Brooks/Cole Publishing Company.

Schultz, J. C., Ososkie, J. N., Fried, J. H., Nelson, R. E., & Bardos, A. N.(2002). Clinical supervision in public rehabilitation counseling settings. *Rehabilitation Counseling Bulletin, 45*, 213-222.

Schwarz, N.(1990). Feeling as information: Informational and motivational functions of affective states. In E. T. Higgins & R. M. Sorrentino(eds.). *Handbook of motivation and cognition: Foundations of social behavior*(Vol. 2, pp. 527-561). New York, NY: Guilford Press.

Segal, Z. V.(1988). Appraisal of the self-schema construct in cognitive models of depression. *Psychological Bulletin, 103*(2), 147-162.

Seligman, L.(2001). *Systems, strategies and skills of counseling and psychotherapy*. Upper Saddle River, NJ: Prentice-Hall, Inc.

Seligman, M.(2000). *Conducting Effective conferences with parents of children with disabilities*. New York, NY: Guilford Press.

Severinsson, E.(1994). The concept of supervision in psychiatric care-Compared with mentorship and leadership. A review of the literature. *Journal of Nursing Management, 2*, 271-278.

Sharf, R. S.(2000). *Theories of psychotherapy & Counseling*(2nd ed.). Pacific Grove: Brooks/Cole publishing Company.

Shulman, B. H. & Mosak, H. H.(1988). *Manual for life style assessment*. Muncie, In: Accelerated Development.

Sibers, T.(2008). *Disability Theory*. Ann Arbor: University of Michigan Press.

Sigel, I.(1982). The relationship between parental distancing strategies and the child's cognitive behavior. In L. Laosa & I. Sigel(eds.). *Families as learning environments for children*. New York, NY: Plenum.

Simkin, J. S.(1975). An introduction to Gestalt therapy. In F. C. Stephenson(Ed.). *Gestalt therapy primer: Introductory reading in Gestalt therapy*(pp. 3-12). Springfield, IL: C.C. Thomas.

Stebnicki, M. A. & Glover, N. M.(2001). E-supervision as a complementary approach to traditional face-to-face clinical supervision in rehabilitation counseling: Problems and solutions. *Rehabilitation Education, 15*, 283-293.

Stebnicki, M. A.(1998), Clinical supervision in rehabilitation counseling. *Rehabilitation Education, 12*, 137-159.

Stodden, R. A. & Whelley, T.(2004). Postsecondary education and persons with intellectual disabilities: An introduction. *Education and Training in Developmental Disabilities, 39*(1), 6-15.

Stoltenberg, C. D., McNeill, B., & Delworth, U.(1998). *IDM supervision: An integrated developmental model for supervising counselors and therapists*. San Francisco: Jossey-Bass.

Strong, S. R.(1968). Counseling: An interpersonal influence process. *Journal of Counseling Psychology, 15*, 215-224.

Summers, J. A.(1987). *Defining successful family life in families with and without children with disabilities: A qualitative study*. Unpublished doctoral dissertation. Lawrence, KS: University of Kansas.

Supervision Interest Network, Association for Counselor Education and Supervision (1990). Standards for counselor supervisors. *Journal of Counseling and Development, 69*, 30-32.

Szymanski, E, M. & Danek, M. M.(1985). School to work transition for students with disabilities: Historical, current and conceptual issues. *Rehabilitation Counseling Bulletin, 55*(4), 32-36.

Szymanski, E. M.(1984). Rehabilitation counseling: A profession with a vision, an identity, and a future. *Rehabilitation Counseling Bulletin, 29*, 2-5.

Tappan, M. B.(1998). Sociocultural psychology and caring pedagogy: Exploring Vygotsky's "Hidden Curriculum", *Educational Psychologist, 33*, 23-3

Tarvydas, V. M. & Leahy, M. J.(1993). Licensure in rehabilitation counseling: A critical Incident in professionalization. *Rehabilitation Counseling Bulletin, 37*(2), 92-108.

Thomas, R. M.(2000). *Comparing theories of child development*(5th ed.). Wadsworth Publishing

Company.

Thoreson, R. W., Smits, S., Butler, A. J., & Wright, B. A.(1968). Counselor problems associated with client characteristics. In G. N.Wrigt(Ed.), *Wisconsin studies in vocational rehabilitation*(Vol. 3, pp. 1-32). Madison: University of Wisconsin Regional Rehabilitation Research Institute.

Truax, C. B. & Carkhuff, R. R.(1967). *Toward effective counseling and psychotherapy*. Chicage: Aldine-Atherton.

Tsui, M.(2004). Functions of Social Work Supervision in Hong Kong. *Internation social work, 48*(4), 485-493.

Turnbull, A. P. & Ruef, M.(1997). Family perspectives on inclusive lifestyle issues for people with problem behavior. *Exceptional Children, 63*(2), 211-227.

Turnbull, A. P., Pereira, L., & blue-Banning, M.(1999). Parents' facilitation of friendship between their children with a disability and friends without a disability. *Journal of the Association for Persons with Severe Handicaps. 24*(2), 85-99.

Turnbull, A., Turnbull, R., Erwin, E. J., Soodak, L. C., & Shogren, K. A.(2011). *Families, Professionals, and Exceptionally: Positive outcomes through partnerships and trust*(6th ed.). 이미숙, 노진아, 김연하, 김정민, 김태영, 한민경 역(2013). 장애아 가족지원. 학지사.

Ugazio, V.(1999). *The permesses, storie proibite: Polarita semantiche familiari e psicopatologie*. Turin: Bollati Boringhieri.

Vygotsky, L. J.(1962). *Thought and language*. Cambridge, MA: MIT Press.

Vygotsky, L. S.(1981a). The instrumental method in psychology. In J. V. Werstsch (1981). *The Concept of activity in soviet psychology*. Armonk, N.Y: M.E. Sharpe. (Original work published, 1930).

Vygotsky, L. S.(1981b). The genesis of higher mental functions. In J. V. Werstsch (1981). *The Concept of activity in soviet psychology*. Armonk, N.Y: M.E. Sharpe. (Original work published 1960).

Vygotsky, L. S.(1987). Thinking and speech. In psychology(Vol. 1)(N. Minick, Trans.). New York, NY: Plenum. Translation of V. V. Davydov(Ed.)(1982). L. S. Vygotskii: *Sobranie sochinenii* [L. S. Vygotsky: Collected works](Vol.2). Moscow: Pedagogica. (Original work published 1934).

Watkins, C. E., Jr.(1995). Researching psychotherapy supervisor development: Four key considerations. *Clinical Supervisor, 13*, 111-118.

Watkins, C. E., Jr.(1997). The ineffective psychotherapy supervisor. Some reflections about bad behavior, poor process, and offensive outcomes. *Clinical Supervisor,*

16, 163-180.

Weiner, B.(1979). A theory of motivation for some classroom experiences. *Journal of Educational Psychology*, 71, 3-25.

Weiner, B.(1986). *An attributional theory of motivation and emotion*. New York, NY: Springer-Verlag.

Weiner, B.(1990). Attribution in personality psychology. In L. A. Pervin(Ed.). *Handbook of personality: Theory and research*(pp. 465-485). New York, NY: Guilford Press.

Weishaar, M. E.(1993). *Aaron T. Beck*. 권석만 역(2007). 아론 벡. 학지사.

Wertsch, J. V. & Stone, C. A.(1985). The concept of internalization in Vygotsky's account of the genesis of higher mental functions. In Wertsch, J. V.(Ed.). *Culture, communication, and cognition: Vygotskian perspectives*. N.Y.: Cambridge University Press.

Wertsch. J. V. & Tulviste, P.(1992). L. S. Vygotsky and contemporary developmental psychology. *Dvelopmental Psychology, 28*, 548-557.

Whitaker, C. A. & Keith, D. V.(1981). Symbolic-experiential therapy. In A. S. Guerin & D. P. Knisker(Eds.). *Handbook of family therapy*(pp. 187-225). New York, NY: Brunner/Mazel.

White, J. R. & Freeman, A.(2000). *Cognitive-behavioral group therapy for specific problems and populations*. Washington, DC: American Psychological Association.

Whitehouse, F. A.(1975). Rehabilitation clinician. *Journal of Rehabilitation, 41*, 24-26.

Whitman, J. J. P., Strohmer, D. C., & Prout, H. T. (1989). Problems presented by persons of mentally retarded and borderline intellectual functioning in counseling: An exploratory investigation. *Journal of Applied Rehabilitation Counseling, 20*, 8-13.

Wicker, F. W., Brown, G., Wiehe, J. A., Hagen, A. S., & Reed. J. L.(1993). On reconsidering Maslow: An examination of the deprivation/domination proposition. *Journal of Research in Personality, 27, 118-133.*

Wilensky, H. L.(1975). The professionalization of everyone? *American Journal of Sociology, 70*, 137-158.

Wittman,J., Strohmer,D., & Prout, H.(1989). Problems presented by persons of mentally retarded and borderline intellectual functioning in counseling: An exploratory investigation. *Journal of Applied Rehabilitation Counseling, 20*(2), 8-13.

Worthington, E. L., Jr.(1987). Changes in supervision as counselors and supervisors gain experience: A review. *Professional Psychology: Research and Practice, 18*, 189-208.

Wright, B. A.(1960). *Physical disability: A psychological approach*. New York, NY: Harper & Row.

Wright, B. A.(1975). Social-psychological leads to enhance rehabilitation effectiveness. *Rehabilitation Counseling Bulletin, 18*, 214-223.

Wright, B. A.(1983). *Physical disability: A psychological approach(2nd ed.)*. New York, NY: Harper & Row.

Wright, G.(1980). *Total Rehabilitation*. Boston, MA: Little Brown & Co.

Wright, G., Leahy, M., & Shapson, P.(1987). Rehabilitation Skills Inventory: Importance of counselor competencies. *Rehabilitation Counseling Bulletin, 31*(2), 107-118.

Wubbolding, R. E.(1988). *Using reality therapy*. New York, NY: Perennial.

Wubbolding, R. E.(1991). *Understanding reality therapy*. New York, NY: HarperCollins.

Wubbolding, R. E.(2000). *Reality therapy for the 21st century*. Philadelphia, PA: Brunner-Routledge.

Wubbolding, R. E.(2011a). *Reality therapy*. Washington, DC: American Psychological Association.

Wubbolding, R. E.(2011b). Reality therapy/choice theory. In D. Capuzzi & D. R. Gross (Eds.). *Counseling and psychotherapy: Theories and interventions*(5th ed., pp. 263-285). Alexandria, VA: American Counseling Association.

Wubbolding, R. E.(2013). Reality therapy. In J. Frew & M. D. Spiegler(Eds.). *Contemporary psychotherapies for a diverse world*(pp. 339-372). New York, NY: Routledge(Taylor & Francis).

Wubbolding, R. E.(2015). Reality therapy. In E. Neukrug(Ed.). *The sage encyclopedia of theory in counseling and psychotherapy*(Vol. 2, pp. 856-860). Thousand Oaks, CA: Sage.

Yapko, M. D.(1991). An interview with Aaron T. Beck, M. D. *The milton H. Erikson Foundation Newsletter, 11*(2), 1; 8-12.

Young, J. E.(1990). *Cognitive Therapy for Personality Disorders: A Schema-Focused Approach*. Sarasota, FI: Professional Resource Exchange.

Zastrow, C. & Kirst-Ashman, K.(1997). *Understanding human behavior and the social environment*(4th ed.). Chicago, Ill: Nelson-Hall.

부록 1

재활상담 관련 전문용어 목록[1)]

activities of daily living(ADL) 일상생활활동

instrumental activities of daily living(IADL) 도구적 일상생활활동

American Rehabilitation Counselor Association(ARCA) 미국재활상담사협회

National Rehabilitation Counselor Association(NRCA) 전국재활상담사협회

client 내담자/이용인/장애인

Certified Rehabilitation Counselor(CRC) (미국)재활상담사

Commission on Rehabilitation Counselor Certification(CRCC) 재활상담사 자격위원회

Council on Rehabilitation Education(CORE) 재활교육협의회

Commission on Accreditation of Rehabilitation Facilities(CARF) 재활시설인증위원회

Code of Ethics 윤리강령

Code of Professional Ethics for Rehabilitation Counselors 재활상담사 윤리강령

Civil Rights Act 민권법

Americans with Disabilities Act(ADA) 미국장애인법

accessibility 접근성

Affirmative Action 적극적 우대조치

empowerment 역량강화/권한부여

Reasonable Accommodation 합리적(적절한) 배려

Equal Employment Opportunity Commission(EEOC) 균등고용기회위원회

Individuals with Disabilities Education Improvement Act(IDEA) 장애인교육증진법

Office of Special Education & Rehabilitation Service(OSERS) 특수교육재활서비스국

Individualized Education Program(IEP) 개별화교육프로그램

* 전문용어 목록은 재활 현장에서 다양하게 번역되어 혼란스럽게 사용되고 있는 전문용어들를 통일시키고자 하는 의도로 시도되었다. 미흡한 것은 추후에 보완해 가고자 하니 번역어에 대한 의견이 있으면 연락 바란다. 조성열 교수 rehab1010@naver.com

Rehabilitation Act (미국)재활법

Individualized Plan for Employment(IPE) 개별화고용계획서(미국)/개별화재활계획서(한국)

Individualized Written Rehabilitation Plan(IWRP) 개별화성문재활계획서

eligibility 적격성

Quality of Life(QOL) 삶의 질

Independent Living(IL) 자립생활

informed choice 고지된 선택

initial interview 초기면접

Rehabilitation Service Administration(RSA) 재활서비스청

Social Security Act 사회보장법

Medicade 의료부조

Medicare 의료보호

Social Security Disability Insurance(SSDI) 사회보장장애보험

Supplemental Security Income(SSI) 보충보장소득

work incentives 근로유인책

National Council on Disability(NCD) 국가장애위원회

National Rehabilitation Association(NRA) 전국재활협회

Convention on the Rights of Persons with Disabilities(CRPD) (UN)장애인권리협약

Habilitation 득활/가활

Veterans Administration(VA) 재향군인회

Vocational Rehabilitation Counselor 직업재활사

Ticket to Work and Work Incentives Improvement Act(TWWIIA) 취업장려 및 근로인센티브 증진법

Workforce Investment Act(WIA) 노동력투자법

Workforce Innovation & Opportunity Act(WIOA) 노동력혁신기회법

부록 2

미국재활상담사협회 윤리강령

재활상담사를 위한 전문가 윤리강령

(2016년 9월 채택, 2017년 1월부터 시행)

Developed and Administered by the
Commission on Rehabilitation Counselor Certification
(CRCC®)
1699 East Woodfield Road, Suite 300
Schaumburg, Illinois 60173
(847) 944-1325
www.crccertification.com

서 론

목 적

재활상담사 윤리강령은 재활상담사들이 상담을 수행할 때 참고할 수 있는 윤리적인 사항들을 담아 놓은 지침이다. 이 지침의 기본적인 목표는 첫째, 재활상담사로서 수행해야 하는 특정적인 윤리적 행동들을 수행함으로써 공공의 복지를 행하는 것, 둘째, 재활상담사들의 윤리적인 행동들을 안내할 수 있는 사항들을 만드는 것, 셋째, 재활상담사들이 서비스를 수행할 때 전문적으로 행할 수 있는 윤리적인 가이드의 틀을 디자인하는 것, 넷째, 전문적인 자격증을 소지한 재활상담사들이 이러한 윤리강령들을 어기는 것에 대한 기준 및 내용들의 기본을 만드는 것이다.

재활상담 실천 지침

재활상담은 시스템적인 과정으로 신체적·정신적·발달·인지·정서 장애인들이 자신의 개인적·전문적 그리고 독립적인 삶의 목표들을 쟁취할 수 있도록 도와준다. 이는 실제로 복합적인 환경에서 상담과정을 실제로 활용함으로써 가능하게 만들어진다. 상담과정은 커뮤니케이션, 목표 설정, 이익의 증가 또는 자가상담과정을 통한 스스로의 인식개선, 심리적·직업적·사회적·행동적 개입을 통하여 이루어진다. 재활상담과정에 포함되는 특정적인 기술과 양상은 다음과 같은 사항들을 포함한다.

- 평가와 사정
- 진단 그리고 치료계획
- 전문적인 진로상담
- 개인·그룹상담 등 치료적 개입은 장애의 의학적·심리사회적 측면 조정에 집중됨
- 사례관리, 의뢰, 서비스 조정
- 프로그램 사정과 평가
- 환경, 고용, 행동적인 장벽 제거를 위한 개입
- 다수의 사람들과 규제 시스템들에 대한 컨설팅 서비스
- 직무 분석, 직업 개발, 직업 배치 서비스들은 고용과 직업 적응을 도와주는 것
- 재활과 관련된 기술들에 대한 컨설팅과 서비스에 접근할 수 있도록 돕는 것

재활상담사들은 재활상담 실천지침 사이트(www.crccertification.com/scope-of-practice)를 통해 서비스를 제공한다. 이들은 직업적 의식, 행동, 지식 그리고 스킬들을 보여주며 더욱 질

높은 재활상담서비스들을 제공하며 더욱 다양한 그룹의 사람들과 협동적으로 일을 할 수 있도록 한다. 이는 다양한 이용자, 프로그램, 조직들, 고용주들 그리고 서비스를 전달하는 시스템들과 직접적인 제공(카운셀링) 그리고 간접적인 제공(케이스 리뷰, 타당성 평가) 등을 한다. 특정적 과업들, 작업환경, 사용되는 기술들과 상관없이 재활상담사들은 윤리적인 기준들에 의해 세션을 진행하며 이러한 기준들이 지켜질 수 있도록 상당한 노력을 기울인다.

원칙과 가치들

재활상담들은 장애인들이 개인적 · 경제적 · 사회적인 독립을 할 수 있도록 돕는 역할을 한다. 이런 과정에서 재활상담사들은 사회적 · 문화적인 맥락에서 개인의 다양성과 문화적인 차이를 존중하며 그들의 인격에 대한 존중, 고유성을 인정한다. 그들은 윤리적인 사항들을 수행하는 것을 전문적인 행위로 간주하며 매우 신중하게 여긴다.

- 인간 존엄성과 권리를 존중하는 것
- 모든 전문적 관계에서의 진실성 보장
- 개인적인 스트레스와 고통들을 감소하고자 노력하는 것
- 전문지식의 질을 향상하고 이러한 지식을 활용을 통해 전문성을 향상하고 개인에게 미치는 효과성 증가
- 자기주장과 자주적인 결정들을 통한 역량강화
- 인간의 경험을 더욱 다양화시키고 문화에 대한 이해도를 높임
- 이용자의 약점이 아닌 강점을 더욱 강조
- 개인을 전체로 보고 서비스를 제공하는 것
- 공평하고 적당한 서비스를 제공하는 것

이런 가치들은 원칙들을 제공한다. 이들은 일반적으로 윤리적인 행위들을 표현하는 중요한 방법을 원칙으로 규정할 때 더욱 정확하게 정의되며 행위들을 구성할 수 있다. 윤리강령의 케어와 존중에 대한 가장 근본적인 근거들은 아래의 여섯 가지 도덕적인 행동들에 근거한다.

- 자율성(autonomy): 이용자들의 권리를 존중하며 그들이 자신의 사회적 문화적인 틀 안에서 스스로를 통제하고 계획할 수 있게 하는 것
- 수혜성(beneficence): 남에게 호의를 베풀고 이용자들의 안녕을 돕는 것
- 충실성(fidelity): 진실하고, 약속을 지키고, 재활상담사로서의 신의를 가지는 것

- 공정성(justice): 모든 이용자들에게 공평하게 대하고 적당한 서비스를 제공하는 것
- 비해성(nonmaleficence): 다른 사람에게 해를 가하지 않는 것
- 정확성(veracity): 정직하게 행하는 것

문화적 다양성

재활상담사들은 모든 개인들이 다양한 환경에서 살아가는 것에 대하여 잘 알고 있으며 이러한 환경들이 개인들의 행동들에 다양한 영향들을 미치는 것을 잘 알고 있다. 재활상담사들은 분야가 끊임없이 변화하는 것에 대하여 잘 알고 있으며, 사회가 큰 범위에서 변화하는 것도 잘 안다. 개인의 사회적 · 정치적 · 역사적 · 환경적 그리고 경제적으로 다양한 욕구들도 잘 알고 있다. 이러한 개입은 시기적절한 소통과 존중을 보여주는 것 그리고 문화적으로 다양한 욕구들에 대한 적합한 도움을 취하는 것을 포함한다. 다양한 인족, 민족, 성, 국가, 종교, 성적 취향 그리고 문화적인 그룹의 정체성들에 대한 다양한 대응들을 하는 것도 포함된다.

이용자/피평가자

재활상담사들의 가장 중요한 의무는 장애를 가진 사람이 재활상담사로부터 서비스를 받는 이들에 대한 의무를 가진다는 것이다. 재활상담사들은 종종 장애인 외에 다른 다양한 이들에게도 상담서비스를 제공한다. 어떤 환경들에서는 이용자들은 소비자들로 정의될 수도 있다.

재활상담사가 법정에서 의견을 낼 때에는 재활상담사에게 이용자들이 없는 상태이다. 법의학적인 환경에서는 평가대상은 평가를 받는 사람을 뜻한다. 지침의 섹션 또는 기준이 법의학적인 행위와 관련이 없어 보이면 재활상담사들은 지침에 의존해서는 안 된다.

윤리강령의 구조

본 윤리강령은 서문, 12개의 메인 섹션들 그리고 용어사전들을 포함한다. 각각의 섹션들에서 윤리적인 행위들과 의무들에 대한 설명을 해놓고 있으며 이는 재활상담사들이 필히 참고를 해야 한다. 소개는 섹션들에 대한 톤을 소개하며 각각의 섹션 코드들이 담고 있는 기준들을 반영하고 이에 대한 시작을 알린다. 도입부 다음에 나오는 강제적인 기준들은 전문적인 책임들에 대한 아웃라인을 설명하며 이러한 도덕적인 책임들을 어떻게 완전하게 수행하는지에 대한 방향을 제시한다.

강제적인 기준들은 지침에서 매우 정확하고 강제적인 기준들로써의 가이드를 하고 있으며 이는 재활상담사들에 대한 특정적인 상황들과 민원들을 처리하는 가장 기본적인 가이드로 활용되고 있다. 여기에서 제공되는 강제적인 기준들에 대한 위반은 법적인 책임들을 반드시 내포하거나 법을 위반하는 것은 반드시 포함하지 않으며 이러한 행위들은 법적인 해결과정들 속에서 만들어진다.

윤리강령의 활용

개인적으로 집행되는 기준들은 개별적으로 해석되지 않는다. 대신에 강제적인 기준들은 통합적으로 해석되어야 하며 각각의 강제적인 기준들은 다른 사항들과 함께 해석되어야 한다. 연관이 있는 기준들을 코드들을 통해서 해석되어야 한다. 재활상담사들의 행위는 이러한 강제적인 기준들을 정신적으로 그리고 문서적으로도 일정하고 지속적으로 지켜야 한다.

재활상담사들은 윤리적인 이슈들을 해결하는 것을 하나의 과정으로 보고 있다. 재활상담사들이 해결하기 어려운 윤리적인 딜레마에 마주쳤을 때, 그들은 윤리적인 해결과정들로 풀어나갈 수 있다는 기대를 한다. 이는 필요한 컨설팅과 신중한 해결과정들을 제안해 줄 것으로 이용자와 다른 이들은 기대한다. 윤리적인 근거들은 적인 가치들, 전문적인 윤리기준들 그리고 윤리적 기준들을 염두에 둔다.

재활상담사들은 윤리적 결정을 내릴 때 신뢰할 수 있는 모델을 사용할 것으로 기대된다. 이러한 모델은 활용될 때 공공의 조사에서도 타당하다는 평가를 받을 것으로 기대된다. 선택된 윤리적인 결정을 내리는 과정과 평가들은 그 상황에 대한 평가들을 반영하며 재활상담사들은 일어날 수 있는 윤리적인 딜레마들을 해결할 수 있도록 윤리적인 결정을 내린다.

재활상담사들은 세션을 수행할 때 법에 대해 잘 알아야 한다. 법적, 윤리적인 기준들은 다양한 상황들과 마찰을 빚을 수 있고 재활상담사들에게 슈퍼바이저들, 법적 전문가들 다른 적합한 전문가들과 컨설팅하고 결정을 내릴 때 참고한 모델을 꼭 알리도록 권유한다.

실천할 수 있는 윤리적인 행위들

A 영역: 상담관계

개요

재활상담사는 이용자와 협력하여 이용자의 복지를 증진하고 이들이 목표를 이룰 수 있도록 돕는 역할을 한다. 재활상담사는 신뢰가 상담관계에 있어서 가장 핵심이 된다는 것을 안다. 그리고 그들은 이용자의 비밀을 보장할 의무를 가지고 있다. 재활상담사는 이용자가 자신의 삶에 영향을 미칠 수 있는 의사결정을 스스로 내릴 수 있는 권리를 가진 것을 존중한다. 재활상담사는 타당한 노력을 통하여 이용자가 재활상담의 모든 과정에 있어서 충분한 정보를 가지고 선택을 하는지 늘 확인한다. 재활상담사는 이용자가 개별적으로 가진 다양한 문화적인 배경들을 이해하고자 노력하고, 재활상담서비스를 제공함에 있어서 차별하지 않는다. 재활상담사는 자신의 문화적 정체성을 체험하고, 스스로 가치와 신념에 어떤 영향을 주는지 성찰한다.

A.1. 서비스를 받는 이용자의 복지

a. 일차적인 책임

재활상담사의 가장 중요한 책임은 이용자를 존중하고 그들의 복지를 증진하는 것이다. 이용자는 장애로 인해 직·간접적인 영향을 받는 이들이다. 이들은 장애로 인하여 재활상담사에게 도움을 요청하고 장애로 인한 영향을 많이 받는다. 때때로 재활상담서비스는 장애가 없는 사람에게도 제공된다. 법정에 서서 재활상담에 관련된 증언을 해야 할 때, 재활상담사들은 이용자가 없다. 법의학적인 환경에서는 평가대상으로 평가를 받는 이가 되는 것이다(섹션 F 참조).

b. 재활상담계획

재활상담사와 이용자는 함께 일을 하며 더욱 통합적으로 일한다. 수립된 재활상담계획은 타당하고 성공적인 계획이며 이용자의 상황과 잠재적인 능력들에 대해 기록한다. 재활상담사와 이용자는 주기적으로 재활상담계획들을 되돌아보고, 지속적으로 그들의 가능성에 대한 평가를 하고, 재활상담 세션들의 효과성에 대해 되짚어보는 것이 필요하다.

c. 고용의 필요성

재활상담사는 이용자와 상담과정에서 이용자가 가진 전체적인 능력, 기능, 한계, 가능성, 성향, 관심, 사회성, 교육 수준, 다른 자격요건들, 지리적인 조건 등 다른 상황들을 고려하여 직업적인 부분을 항상 다룬다. 재활상담사는 이용자의 관심, 문화, 복지에 대해 함께 고려하며, 이용자들이 적합한 곳에 취업을 하고, 취업 노력을 하도록 끊임없이 노력한다. 재활상담사는 이용자 개인이 자신이 취업과 배치에 있어서 부딪힐 수 있는 잠재적인 장벽들에 대해 스스로 이해할 수 있도록 돕는다. 예를 들면, 조직의 규칙, 외부의 펀딩 자원, 법적 자격요건들 등이다.

d. 직업과 독립적인 삶의 목표들

재활상담사는 이용자들이 직업과 독립적인 삶의 목표가 그들이 가진 능력, 관심, 문화, 욕구, 복지와 일관될 수 있도록 돕는다.

e. 자율성

재활상담사는 이용자가 결정을 내릴 때 스스로 결정할 수 있는 자율성에 대해 존중하고, 이용자의 문화적인 자주성과 신념들을 반영할 수 있도록 돕는다. 이용자의 자주성을 줄어들게 하거나 한계를 정할 때에는 매우 신중해야 하며, 재활상담사는 이용자가 권리를 되찾을 수 있도록 최대한 빨리 대처한다.

A.2. 다양성의 존중

a. 문화 존중

재활상담사는 이용자의 문화적 정체성에 대해 존중하며, 이는 재활·치료계획 수립, 상황적 개입 제공 등을 통하여 이루어진다.

b. 차별하지 않음

재활상담사는 개인 또는 단체들의 성격에 따라 편파적인 대우를 하지 않는다.

A.3. 이용자의 권리

a. 전문적이고 개방적인 설명

재활상담사는 이용자들에 대한 리뷰를 구두로 하기도 하고, 서면으로 하기도 하는데, 이는 재활상담사와 이용자 모두의 책임과 권리에 대한 내용이 포함된다. 이는 이용자의 욕구에 가장 초점을 두고 있으며, 구체적 내용은 아래와 같다.

① 자격요건, 증명, 관련경력
② 목적, 목표, 기술, 한계, 서비스의 잠재적인 리스크와 혜택들
③ 서비스의 빈도와 주기
④ 비밀성과 이에 대한 한계점(슈퍼바이저가 어떻게 개입을 했으며, 치료가 어떤 식으로 행해졌는지)
⑤ 재활상담사의 지속적인 부재 또는 죽음으로 인한 서비스의 지속성에 대한 문제
⑥ 상담료와 지불과 관련된 사항들
⑦ 기록 관리 또는 공개와 관련된 규정
⑧ 온라인 또는 전자장치를 이용한 커뮤니케이션
⑨ 서비스에 영향을 미치는 법적 문제

필요하다면, 재활상담사는 조직과 관련된 정보를 공개하고, 고용주들의 정책 또는 법적 요구사항을 공개하기도 한다. 재활상담사는 이러한 것을 공개하는 것이 전문적인 관계에서 더욱 널리 되풀이되어야 한다고 생각한다.

b. 동의

재활상담사는 이용자가 상담을 지속할지, 종결할지에 대한 결정권을 가지고 있다는 것을 존중한다. 재활상담사는 이용자가 계획을 하고 결정을 내릴 때, 어떤 서비스를 거부하거나 변경할 수 있다는 권리를 가진 것을 존중하며, 이용자에게 이러한 거부권이 있다는 것을 미리 알려준다. 재활상담사는 이용자가 결정을 내릴 수 있도록 정보를 제공해야 한다는 것을 인지하고 있으며, 재활상담과정에서 지속적으로 행해져야 하는 것을 알고 있다. 재활상담사는 전문적인 관계를 통하여 이루어진 논의사항과 정보 제공에 대한 자세한 상황을 모두 기록한다.

c. 개별화된 커뮤니케이션

재활상담사는 상황에 적합한 커뮤니케이션 기법들을 통하여 정보를 제공한다. 재활상담사는 자격을 갖추고 있는 통역 · 번역가를 필요시 섭외하여 이용자에게 총체적인 정보와 도움을 줄 수 있도록 한다. 재활상담사는 서비스 승낙을 받는 과정에서 문화적 요소들을 고려하고, 필요시 상담 세션을 이용자의 문화를 고려하여 진행한다.

d. 동의를 받을 수 없을 시

미성년자 또는 자발적인 동의를 받을 수 없는 이용자를 상담할 때 재활상담사는 이용자의 동의를 구하고 최대한으로 이용자들을 동의과정에 참여시킨다. 재활상담사는 다음

요소들의 균형을 중요하게 생각해야 한다. ① 이용자의 결정에 있어서 윤리적인 권리, ② 이용자가 동의 여부를 알릴 수 있는 인지적·법적 역량, ③ 법적 대리인의 법적인 권리 및 책임. 이는 법적 대리인이 될 수 있는 부모 또는 가족들을 포함하며 이용자를 보호하거나 그의 편에서 결정을 내릴 수 있는 이를 말한다.

e. 지원 네트워크의 참여

재활상담사는 다른 이들의 지원이 얼마나 중요한지 알고 있다. 필요시, 이용자의 동의를 통하여 다른 지원자 또는 단체를 개입시킨다. 여기에는 종교·지역사회의 리더, 친지, 친구들 등 법적 대리인도 모두 포함된다.

A.4. 가치강요의 절제

재활상담사는 자신의 주관적인 가치, 신념, 행동을 최대한 자제한다. 이용자의 다양성을 존중하고 자신의 주관적인 가치를 이용자에게 주입시키는 것을 최대한 절제할 수 있도록 다양한 훈련을 한다. 재활상담사의 가치관이 이용자의 목표와 일치하지 않거나 차별을 할 소지가 있을 때에는 더욱 조심해야 한다.

A.5. 이용자와의 역할 및 관계들

a. 현재 이용자와의 성적 또는 연인관계

재활상담사들은 현재 자신의 이용자와 비대면 또는 직접 대면하여 성적 또는 이성적인 상호작용을 하거나 관계를 맺어서는 안 된다. 이는 이용자, 배우자 또는 이성친구, 직계 가족들을 모두 포함한다.

b. 이전 이용자와의 성적 또는 연인관계

이전에 상담했던 이용자와 비대면 또는 직접 대면하여 성적 또는 이성적인 상호작용을 하거나 관계를 맺어서는 안 된다. 이는 이용자, 배우자 또는 이성친구, 직계 가족들을 모두 포함한다. 5년이 지난 뒤에도 재활상담사는 이들과의 성적 또는 이성적인 관계들의 잠재적인 가능성도 만들지 말아야 한다. 잠재적인 관계도 이용자에게 해가 될 수 있으므로 만들지 말아야 한다.

c. 위기에 처해있는 이용자와의 성적 또는 연인관계

이전에 상담했던 이용자와 비대면 또는 직접 대면하여 성적 또는 이성적인 상호작용을 하거나 관계를 맺어서는 안 된다. 이는 상담이 언제 끝났는지 상관없다. 만약 이용자들이 ① 신체적·정서적·성적 학대를 당했다면, ② 그들이 심리 또는 성격, 인지 또는 어떠한 병적인 판정을 받았다면, ③ 그들의 정신적 건강에 문제가 있어서 지속적인 치료를 받아야 한다면 이들을 상담한 시기가 얼마나 지났건 간에 성적 또는 이성적인 관계를 가지지 말아야 한다.

d. 성적 관계에 있거나 연인관계에 있는 사람에 대한 서비스 제공

재활상담사는 관계를 맺었던 이들에게 서비스를 제공함에 있어서 제한을 받는다.

e. 지인 및 친지에게 서비스 제공

객관적인 서비스를 제공할 수 없는 지인과 가족들에게 재활상담서비스를 제공하는 것을 금지한다.

f. 현재 이용자와의 개인적 관계

재활상담사는 현재 이용자와 개인적인 인간관계를 가질 수 없다(이는 소셜 미디어를 통해서도 금지된다).

g. 전문적 관계의 확장

재활상담사는 현재 또는 과거의 이용자들과의 전문적인 관계 형성을 확장할 때 위험요소와 이점들을 고려해야 한다. 현재 또는 이전 이용자들, 성적 파트너 또는 연인, 가족들과 전문적인 재활상담-이용자 관계를 확장하는 데 있어서 절차를 반드시 거쳐야 한다. 정확한 절차는 이용자의 동의를 얻고, 컨설팅, 슈퍼비전 제공 등 이런 결정들이 해가 되지 않는다는 것에 대해 확인 절차들을 받아야 한다. 현재 이용자들과 상호작용을 주고받는 것은 이용자의 적합한 동의와 시간적 제한, 정확한 배경 등에 대한 제공들을 통하여 이루어진다. 예를 들어 졸업식, 결혼식들과 같은 공식적인 행사, 이용자에게 선물 제공, 친척들의 병문안, 전문적인 협회 또는 모임에서의 멤버십과 지역사회에서의 모임들을 포함한다.

h. 전문적 관계 확산에 대한 기록

재활상담사가 관계를 확장할 때는 그들은 공식적인 문서를 상호작용 전에 반드시 남겨야 한다. 상호작용, 이점, 이용자들에 대한 기대효과들에 대한 문서를 남겨야 한다. 의도치 않은 문제가 생겼을 때 이용자와 재활상담사들은 이러한 문제를 해결하려 노력했다는 것을 반드시 증거로 입증해야 한다.

I. 전문적 관계에서의 역할 변화

재활상담사는 관계가 변화하기 전 이용자들의 리스크, 혜택들을 조심스럽게 평가하고 문서화해야 한다. 재활상담사가 본래 또는 가장 최근 계약한 관계에서 역할을 바꾼다면, 역할 변경에 대한 영향에 대해 이용자와 상의해야 하며, 위험요소, 이점(재정적, 법적, 개인적, 치료적)에 대한 부분을 포함해야 한다. 재활상담사는 새로운 계약서를 이용자와 작성해야 하며, 이용자의 권리에 대해 설명하고, 거부할 수 있는 권리에 대한 설명도 필요하다. 다른 서비스 제공의 여부에 대한 정보도 제공해야 한다. 재활상담사는 가급적이면 잦은 역할 변경에 대해 주의해야 한다. 만약 역할 변경이 1회 이상이 되면 재활상담사는 여러 변화에 대한 위험요소, 이점들을 평가하고 문서화해야 한다. 역할 변화의 예는 다음과 같다.

① 개인에서 그룹관계로 변화. 또는 가족상담 등
② 재활상담사에서 중재자로의 역할 변화
③ 재활상담사에서 연구자로의 역할 변화(이용자를 연구 대상자로 포함시키는 등)
④ 법의학적 평가가 아닌 것을 법의학적으로 변화시켜서 재활 세션을 진행하는 것 등

J. 선물 제공

어떤 문화권에서 작은 선물은 존중과 감사의 의미를 가지고 있다는 것을 재활상담사는 알고 있지만, 이용자로부터 선물을 받는 것에 대해 주의해야 한다는 것을 알고 있어야 한다. 선물을 받을 수 있는지 여부를 결정할 때, 재활상담사는 문화, 지역사회 관행, 치료적 관계, 선물의 가치, 이용자가 선물을 주는 이유, 재활상담사가 선물을 받거나 거절하는 것의 동기 등을 신중하게 고려해야 하며 그들의 고용주가 정한 선물 수용 규정에 따라야 한다.

A.6. 다수의 이용자들

재활상담사가 2명 또는 그 이상의 사람들에게 상담을 제공할 때, 이들이 남편, 부인, 부모, 아이 등과 같은 관계를 가지고 있다면 재활상담사는 이들의 관계들을 처음부터 명확하게 밝히고 그 상담 여부를 결정할 수 있다. 만약 이들이 갈등관계에 있어서 상담이 불가능하다면 재활상담사는 상담을 하지 않을 권리가 있다.

A.7. 집단상담

a. 선별

재활상담사는 집단상담 이용자에 대한 선별을 한다. 재활상담사는 집단의 목표와 일

치하는 상담 구성원을 선택한다. 이들은 집단의 상담과정을 방해하지 않는 이들로, 집단상담을 통해 이용자의 복지 또는 권리가 침해되어서는 안 된다.

b. 이용자 보호

집단상담에서 재활상담사는 이용자들을 위험 또는 트라우마로부터 보호할 책임을 진다.

A.8. 종결 및 서비스 의뢰

a. 종결 및 서비스 의뢰능력

재활상담사 자신이 전문적인 역량이 부족하다고 판단이 되면 전문적 관계를 시작하거나 지속하는 것을 최대한 피해야 한다. 재활상담사는 임상에 대하여 잘 알고 있으며 이용자에게 적합한 자원들과 대안들을 제안할 수 있다. 이용자가 추천 대안들을 거부할 때 재활상담사는 전문적 관계를 종료할 수 있다.

b. 종결과 서비스 의뢰에서의

재활상담사는 현재 또는 미래의 이용자들에게 재활상담사 자신의 가치, 행위, 신념, 행위들을 바탕으로 둔 상담을 하지 않도록 절제한다. 재활상담사는 이용자의 다양성을 존중하며, 다양한 부분에서 자신의 가치관을 자제할 수 있도록 훈련한다. 특히 이용자의 목표와 일치하지 않거나, 처음부터 차별을 할 소지가 있다면 더욱 그러하다.

c. 적합한 종결 또는 서비스 의뢰

재활상담사는 상담관계의 종결할 수 있는데, 이는 이용자가 분명히 더 이상 도움이 필요 없거나, 혜택을 받지 않아도 되거나, 서비스 지속으로 인해 피해를 받을 때 해당한다. 재활상담사는 이용자나 이용자와 관계가 있는 이들이 위험에 처하게 되면 서비스를 종결한다. 재활상담사는 다음과 같은 상황에서 서비스를 종결해야 한다. ① 이용자가 더 이상 서비스를 받는 것이 적합하지 않을 때, ② 서비스 계약기간이 다 되었을 때, ③ 이용자 또는 재정 지원자가 동의한 이용료를 지불하지 못하거나 앞으로 지불하지 못하게 될 때. 재활상담사는 상담을 실시하는 지역사회 내에서 대안이 될 수 있는 자원에 대해 잘 알고 있다. 상담을 조기 종결하고 나서, 임상적·문화적으로 적합하며 접근 가능한 다른 서비스 자원을 필요시 추천할 수 있다. 재활상담사는 타당한 노력을 통해 이용자가 그 서비스에 적합한지 확실히 판단하며, 서비스 제공자와 확인한 다음 서비스 의뢰를 하여 이용자가 적절한 서비스를 받을 수 있도록 한다.

d. 적합한 서비스 전환

재활상담사는 이용자가 적합한 상담서비스를 받을 수 있도록 서비스를 전환하거나, 이용자를 다른 서비스 제공자에게 추천하거나, 기타 행정적인 과정을 통하여 많은 노력을 한다. 이러한 서비스가 제한된 시간 내에서 일어날 수 있도록 커뮤니케이션 과정에서 적합한 정보와 서류가 기록될 수 있도록 하고, 서비스 과정이 원활하게 진행될 수 있도록 한다.

e. 포기 금지

재활상담사는 이용자를 포기하거나 방관해서는 안 된다. 재활상담사는 지속적인 부재 또는 서비스 종결이 필요할 때에는 지속적으로 적합한 서비스 조정을 위해 노력해야 한다.

A.9. 위기에 처한 이용자에 대한 노년 케어

a. 케어의 질

필요시 재활상담사는 이용자가 다음과 같은 서비스를 받을 수 있도록 돕는다. ① 노년의 이용자들이 신체적 · 정서적 · 사회적 · 영적 필요에 맞는 질 높은 케어를 받을 수 있게 한다. ② 스스로 결심하여 최대한 많이 운동할 수 있도록 한다. ③ 적절한 정보 제공을 통해 노년기에 필요한 케어를 스스로 선택할 수 있도록 지원한다. ④ 이용자 스스로 합리적인 결정을 내릴 수 있는 능력에 대한 평가를 정신건강 관련 전문가로부터 받을 수 있도록 한다. 이들 전문가들은 노년 케어를 많이 실시한 사람이다.

B. 비밀보장

노인에게 서비스를 제공하는 재활상담사는 노인 이용자 중에서 자살 또는 치료 거부를 통하여 스스로 생명을 단축하는 이들에 대한 치료과정상의 비밀을 유지해야 한다는 것을 명심한다. 이는 비밀을 유지해야 하며, 다양한 전문가들과 법률전문가들로부터 자문과 슈퍼비전을 받는 것을 의미한다.

B영역: 비밀유지, 특권의 소통과 기밀성

개요

재활상담사는 신뢰가 상담관계에 있어서 가장 핵심이라는 것을 안다. 재활상담사는 현재 또는 미래의 이용자와의 신뢰관계를 형성하는데, 이는 지속적인 파트너십을 통하여 형성되고, 적당한 영역을 형성하고 유지하며 비밀을 유지하는 것이다. 재활상담사는 법적·윤리적인 비밀유지에 대하여 이용자들에게 문화적인 상황들을 고려하여 상담한다.

B.1. 이용자들의 권리 존중

a. 사생활에 대한 존중

재활상담사는 이용자의 사생활을 존중한다. 재활상담사는 개인정보를 기밀로 유지하며, 상담에 있어서 필요한 부분만 활용한다. 재활상담사는 이러한 정보들이 비밀로 유지되고 전달되는 것에 대해 각별히 신경 써야 한다.

b. 녹음·녹화에 대한 동의

재활상담사는 이용자로부터 녹음이나 녹화를 하기 전 동의를 구한다.

c. 열람에 대한 동의

재활상담사는 상담 중 기록된 관찰, 녹음, 녹화에 대해 열람하기 위해 슈퍼바이저, 직원, 동료, 기타 관련자에게 동의를 구해야 한다.

d. 문화적 다양성의 고려

재활상담사는 비밀유지에 있어서 문화적인 사항들을 고려하고 비밀을 유지해야 한다. 이용자에게는 누구에게, 어떻게 정보를 제공하겠다는 것을 알려야 한다.

e. 비밀유지에 대한 존중

재활상담사는 이용자의 동의 없이 비밀에 대한 정보를 제공하지 않는다. 이는 법적·윤리적으로 문제가 없어야 한다. 재활상담사는 기밀문서 또는 기밀사항을 제공해도 된다는 동의 서명 없이는 정보를 제공할 수 없다. 이는 법적, 법원의 결정에 따라서 예외사항이 있을 수 있다.

f. 한계에 대한 설명

상담과정에 있어서 재활상담사는 비밀유지의 제한에 대한 설명을 해야 하며, 비밀이 유지될 수 없는 상황들에 대해 설명해야 한다.

B.2. 예외사항들

a. 심각하거나 예견할 수 있는 피해와 법적인 의무사항들

정보 제공을 통해 이용자를 보호하거나, 타인에게 심각한 피해를 주거나 피해를 줄 것이라고 예상되는 경우에는 재활상담사가 비밀을 유지하지 않을 수도 있다. 또한 법적으로 비밀사항들을 제공해야 한다고 판단될 때에도 비밀유지가 어겨질 수 있다. 재활상담사는 비밀유지에 대한 기준과 법률에 대해 잘 알고 있어야 하며, 정확하지 않을 경우 재활상담사는 다른 전문가들과 상의하여 예외사항들에 대하여 숙지하여야 한다.

b. 전염

이용자가 생명에 위협을 가하는 질병들에 대하여 비밀을 요구할 때, 재활상담사는 타인에게 이러한 사항들을 공개할 수 있는 정당한 이유가 있다. 이러한 질병들이 전염을 통하여 심각한 피해를 야기할 때에는 정보를 공개할 수 있다. 정보 공개 전에 재활상담사는 정확한 평가와 진단을 통하여 타인에게 알리고, 타인에게 유해한 내용은 알려야 한다. 상담사들은 이러한 질병과 관련한 정보공개에 대해 숙지하여야 한다.

c. 법원 요구에 따른 공개

비밀로 유지되어야 하는 정보를 이용자 또는 법적 대리인의 직접적인 동의 없이 공개해야 할 때, 재활상담사는 이용자의 동의를 서면으로 받아야 한다. 이는 정보공개의 절차를 생략하거나 최대한 축소시켜 이용자와 전문적인 관계에 피해가 최대한 적게 갈 수 있게 하기 위함이다. 언제든 필요에 의해 재활상담사는 법원의 소환장에 따라 어떤 문제에 대한 명확한 설명을 하라는 지시를 받을 수 있다. 체계적이지 않지만, 평가에 대한 자료 공개요청이 온다면 G.2.b의 기준을 따라야 한다.

d. 최소한의 정보공개

상황에 따라 정보 공개를 반드시 해야 한다면 재활상담사는 요청된 정보에 대해 이용자에게 설명해야 하고, 꼭 필요한 정보만을 공개하기 위해 타당한 노력을 해야 한다.

B.3. 제3자와의 정보 공유

a. 업무 환경

재활상담사는 업무 환경에서 이용자에 대한 대화를 피하고, 직원, 슈퍼바이저, 예비재활상담사, 사무보조원, 자원봉사자들이 이용자의 정보나 기록에 대해 비밀을 유지할 수 있도록 적절히 노력해야 한다.

b. 팀

이용자에게 제공되는 서비스에 대한 정보를 팀 구성원간에 공유하는 경우, 이용자에게 정보가 공유된다는 사실, 팀의 존재, 팀의 구성에 대해 알려야 한다.

c. 기타 서비스 제공기관

재활상담사는 이용자가 다른 재활상담사나 치료전문가와 지속적인 전문관계를 맺고 있음을 알게 되었을 때, 다른 전문가에게 정보를 공개하기 전에 이용자의 서명을 받아야 한다. 차트 검토, 이차 진료 소견 및 기타 간접 서비스는 지속적인 전문관계로 간주하지 않는다.

d. 이용자 지원

이용자는 자신을 도와줄 보조인(예: 통역사, 활동보조인, 옹호자)을 선택할 권리가 있으며, 이때 재활상담사는 보조인으로 인해 이용자의 비밀이 보장되지 않을 수도 있음을 미리 공지해야 한다. 또한 재활상담사는 보조인에게 비밀보장의 중요성을 강조하여야 하며, 만약 보조인의 존재가 서비스의 질을 저해시킬 우려가 있다면 이용자와 상의 후 보조인을 해고하거나 기타 서비스 의뢰를 고려할 수 있다.

e. 장소 설정

재활상담사는 서비스의 제공 유형과 개인정보에 대해 논의할 때 주의해야 하며 적절한 장소를 선택해야 한다. 비밀보장이 어려운 지역사회 또는 기타 환경의 경우에는 서비스 제공 전 이용자와 충분히 논의해야 한다.

f. 제3자

재활상담사는 법에서 별도로 규정하지 않는 한 이용자의 개인정보를 본인의 동의하에 제3자에게 공개할 수 있다.

g. 이용자 사망 시

재활상담사는 사망한 이용자의 개인정보를 법률과 기관의 규정에 따라 보호해야 할 의무가 있다.

B.4. 집단과 가족

a. 집단상담(group work)

집단상담 시 재활상담사는 직접 또는 전자형식으로 각 구성원의 역할과 책임을 명확하게 설명해야 하며, 모든 구성원이 비밀을 유지할 수 있도록 노력해야 한다. 또한 재활상담사는 구성원에게 비밀의 범위에 대해 설명해야 하며, 다른 집단 구성원의 비밀 역시 보장할 수 있도록 노력해야 한다.

b. 부부와 가족상담

부부와 가족상담에서 재활상담사는 이용자가 누구인지 명확히 해야 하며 비밀의 범위에 대해 논의해야 한다. 또한 재활상담사는 비밀보장의 원칙을 추구하여야 하며, 당사자들의 동의를 서면으로 문서화하여야 한다.

B.5. 결정권이 없는 이용자에 대한 책임

a. 이용자에 대한 책임

미성년자 또는 자발적인 동의를 할 수 없는 이용자의 경우 재활상담사는 법률, 문서화된 규정 및 적용 가능한 윤리적 기준에 명시된 대로 정보의 비밀성을 보호해야 한다.

b. 법적 대리인 및 부모에 대한 책임

재활상담사는 부모를 포함한 법적 보호자에게 재활상담사의 역할과 서비스 제공 내용에 대해 설명해야 하며, 서비스의 질을 향상시키기 위해 법적 보호자와 긴밀한 협력관계를 수립해야 한다.

c. 정보의 유출

재활상담사는 미성년자 또는 자발적으로 정보 유출에 대해 동의할 수 없는 이용자의 경우 법적 대리인 또는 변호사의 서면 허가를 얻어 정보 공개를 요청할 수 있다. 법적 후견인 또는 법적 대리인이 없는 경우 재활상담사는 적절한 조치를 취하기 위해 윤리적 의사결정과정에 참여할 수 있으며, 이러한 경우 재활상담사는 이용자의 인지 수준에 맞는 조치를 취해야 한다.

B.6. 기록 및 문서

a. 기록 및 문서의 요구

재활상담사는 서비스의 지속과 제공을 용이하게 하기 위해서 이용자의 정보를 문서화할 수 있다. 또한 재활상담사는 이용자에게 제공되는 서비스와 진행과정을 문서에 반영할 수 있도록 노력해야 하며, 기록에 오류가 있는 경우 기관의 규정에 따라 올바른 조치를 취해야 한다.

b. 기록 및 문서의 기밀 유지

재활상담사는 모든 형태의 기록 및 문서가 안전한 장소에서 보관되고 있는지 확인해야 하며, 인가받은 사람만 기록에 접근할 수 있도록 노력해야 한다.

c. 본인에 의한 정보공개

재활상담사는 법이 허용하는 선에서 이용자나 법적 대리인이 정보공개를 요청할 때 기록 및 사본을 제공해야 한다. 또한 다수의 이용자가 포함되어 있는 정보의 경우 해당되는 이용자와 관련된 정보만 공개해야 하며, 다른 이용자와 관련된 기밀정보는 제공해서는 안 된다. 이런 정보들이 이용자를 민감하게 하거나, 혼란을 주거나, 피해를 줄 경우 재활상담사는 정보 공개시기와 방법에 대해 교육해야 할 책임이 있다.

d. 공개 또는 양도

비밀보장에 대한 예외가 존재하지 않는 한, 재활상담사는 인가받은 타인에게 기록을 공개하거나 전달할 수 있도록 이용자의 동의를 얻어야 한다. 또한 재활상담사는 정보를 받은 자가 비밀을 보장할 수 있도록 합리적인 노력을 기울여야 한다.

e. 정보의 보관 및 처분

재활상담사는 서비스 종료 후 기관의 규정 및 법률에 따라 이용자의 기록을 보관·유지해야 한다. 또한 재활상담사는 이용자의 정보를 보호하기 위하여 특정 정보를 파기할 수 있지만 법원에서 필요로 하는 정보(예: 아동학대, 자살, 성희롱 또는 폭력에 관한 전과)를 파기하기 전에는 엄격한 심의과정을 거친 후 파기해야 한다.

f. 주의사항

재해, 실습종료, 재활상담사의 무능 또는 사망의 경우 이용자의 비밀을 보장하기 위하여 합당한 예방조치를 취해야 하며, 적절한 시기에 재활상담사는 정보관리인을 지명해야 한다.

B.7. 사례 자문

a. 기밀정보의 공개

재활상담사는 자문과정에서 개인이나 조직의 서면 동의를 얻지 못한 경우 신원 미상의 개인, 기관에게 정보를 공개해서는 안 되며, 정보를 공개해야 하는 경우 목적을 달성하는 데 필요한 범위 내에서 정보를 공개해야 한다.

b. 사생활에 대한 존중

재활상담사는 사례와 직접적인 관계가 있는 사람에게만 정보를 공유할 수 있다. 재활상담사는 서면 및 구두보고서에 상담 목적과 관련된 자료만 포함하여야 하며, 이용자의 신원을 보호하고 부당한 사생활 침해를 방지하기 위해 모든 노력을 기울여야 한다.

c. 자문 간 기밀

재활상담사는 자문 간에 각 개인의 기밀을 보장할 권리, 보존할 의무, 다른 사람이 공유하는 정보를 제한할 수 있다.

C 영역: 옹호와 접근성

개요

재활상담사는 장애인의 욕구를 파악하고 대처해야 한다. 또한 재활상담사는 개인, 집단, 기관 및 지역사회 수준에서 ① 기회와 접근을 촉진, ② 장애인의 삶의 질 향상, ③ 서비스 제공 또는 서비스 진입에 대한 잠재적 장벽 제거를 위해 옹호활동을 할 수 있으며, 장애가 다른 사회의 개념정의문제(예: 빈곤, 노숙자, 외상)와 함께 발생한다는 것을 인식해야 한다.

C.1. 옹호

a. 물리적 장벽

재활상담사는 고정관념과 차별을 포함하여 이용자의 성장과 발달을 방해하는 물리적 장벽을 다루어야 한다.

b. 역량강화

재활상담사는 이용자 당사자, 부모, 법적 대리인이 자기옹호 행동을 조장할 수 있도록 적절한 정보를 제공해야 하며, 이용자, 부모, 법적 대리인이 자신의 권리와 책임을 이해하고 스스로 주장할 수 있도록, 또 정보에 입각한 결정을 내릴 수 있도록 도와야 한다. 또한 이용자, 부모, 법적 대리인의 동의를 얻은 경우 재활상담사는 이용자를 대신하여 지역사회, 국가차원에서 변호인 역할을 수행할 수 있다.

c. 조직적 옹호

재활상담사는 이용자를 대신하여 이용자 스스로 또는 협력단체가 취한 조치에 대해 알고 있어야 하며, 가능하면 효과적인 서비스를 제공하기 위하여 스스로를 옹호할 수 없는 이용자를 옹호하는 역할을 수행해야 한다.

d. 옹호와 동의

재활상담사는 서비스의 질을 개선하기 위하여 이용자의 접근성, 이용자의 성장과 발달을 방해하는 장애물이나 시스템적 장벽을 제거하기 위하여 이용자를 대신해 옹호활동에 참여하기 전 이용자의 동의를 얻어야 한다.

e. 옹호와 비밀보장

상황에 따라 비밀정보를 공개해야 하는 경우 재활상담사는 이용자의 동의를 얻고 문서화하여 최소한의 정보만 공개해야 한다.

f. 지식과 역량의 영역

재활상담사는 시스템과 법률뿐만 아니라 기관의 규정, 장애인의 고용문제, 교육, 교통, 주택, 시민권, 경제적 혜택, 의료서비스, 정신건강서비스와 관련된 지식을 가지고 있어야 하며, 이용자를 효과적으로 옹호하거나 자기옹호를 촉진하기 위하여 최신정보들을 수집·제공해야 한다.

g. 혜택(급여)에 대한 지식

재활상담사는 장애와 관련된 혜택(급여)이 이용자의 삶의 질에 직접적인 영향을 미친다는 것을 잘 알고 있어야 하며, 혜택(급여)에 대하여 전문적 지식이 있는 자원 및 정보를 제공해야 한다.

C.2. 접근성

a. 편의 제공

재활상담사는 장애인이 직면하는 장벽들을 제거하기 위하여 신체적·유니버셜 디자인, 서비스, 기술적 지원을 포함한 합리적 편의를 제공해야 한다.

b. 접근성 위탁

재활상담사는 이용자를 접근성이 좋은 프로그램, 시설, 고용환경으로 위탁하기 위하여 합리적인 노력을 해야 한다.

c. 서비스 장벽

재활상담사는 이용자 및 다른 사람들과 협력하여 서비스에 대한 물리적 또는 시스템적 장벽을 해결할 수 있도록 계획을 구상하고 개발해야 한다.

D영역: 전문적인 책임

개 요

재활상담사는 다른 전문가 및 일반대중을 상대할 때, 개방적이고 정직하며 의사소통을 하고자 노력한다. 재활상담사는 재활상담서비스에 대한 접근을 용이하게 하고, 직업적·개인적 능력의 범위 내에서 차별 없이 행동하며, 행동 강령을 준수할 책임이 있다. 재활상담사는 장애인의 삶의 질을 향상시키기 위해 전문성의 발전과 개선을 지향하는 전문가협회 및 단체활동에 적극적으로 참여한다. 재활상담사는 일반대중이 받아들이는 연구방법론과 증거에 기반한 실천을 행할 책임이 있다. 재활상담사는 경제적인 이익이 거의 없거나, 공익을 위한 서비스(pro bono publico)에 전문적인 활동을 함으로써 사회에 기여해야 한다. 또한 재활상담사는 자신의 전문적인 책임을 가장 잘 수행할 수 있도록 자신의 정서적·육체적·정신적·영적 복지를 유지하고 증진하기 위해 자기관리를 해야 한다. 또한 재활상담사는 자격을 갖춘 공인 재활상담사를 고용하는 것을 지지한다.

D.1. 전문적 능력

a. 능력의 범위

재활상담사는 교육, 훈련, 슈퍼비전된 현장경험, 전문자격 및 적절한 전문적 경험을 토대로 자신의 역량 범위 내에서 실천한다. 재활상담사는 이용자나 다른 사람들에게 자신의 능력에 대해 허위로 광고하지 않는다.

b. 새로운 전문 분야의 실무

새로운 핵심 역량이 필요한 전문 분야로 전환하고자 하는 재활상담사는 적절한 상담, 교육, 훈련 및 슈퍼비전을 받은 수련경험을 쌓은 후에만 실무를 시작할 수 있다. 재활상담사는 전문 분야의 기술을 개발하는 한편, 자신의 업무능력을 함양하고, 이용자를 위험으로부터 보호하기 위해 적절한 노력을 기울인다.

c. 취업 자격요건

재활상담사는 교육, 훈련, 슈퍼비전을 받은 수련경험을 쌓아 자격을 갖춘 후에만 취업할 수 있다. 재활상담사는 자격을 갖추어야 하며, 해당 직무에 대해 유능한 능력을 갖춘 사람만 고용될 수 있다.

d. 위험 예방

재활상담사는 이용자, 학생, 직원, 예비재활상담사, 연구 참여자에게 위험을 끼치는 것을 예방하고, 부득이하게 발생하는 피해를 최소화하기 위해 적절한 행동을 취해야 한다.

e. 효과 모니터링

재활상담사는 전문가로서 서비스 효과를 지속적으로 모니터링하고, 필요에 따라 감독, 상담, 동료 감독 및 다른 자원으로부터의 도움을 받아 성과를 향상시키기 위한 조치를 취해야 한다.

b. 지속적인 교육

재활상담사는 지속적인 교육을 통해 자신의 활동 분야와 관련하여 가장 최신의 과학적·전문적 정보에 대해 적절한 수준의 지식을 습득하고 이를 유지할 필요가 있음을 인식해야 한다. 재활상담사는 자신이 이용하는 기술에 대한 역량을 유지하고, 새로운 절차에 대해 개방적으로 받아들이며, 자신의 업무 분야의 이용자 집단에 대한 전문성과 지역사회로부터 받을 수 있는 자원을 항상 최신 상태로 유지해야 한다.

D.2. 문화적 역량/다양성

a. 문화적 역량

재활상담사는 지식, 개인적 인식, 감수성 및 기술을 개발·유지하고, 다양한 이용자 집단을 포용할 수 있는 문화적으로 유능한 재활상담사임을 스스로 입증한다.

b. 개입

재활상담사는 이용자의 문화적 관점에 대해 고려하고, 효과적인 재활서비스 효과를 달성하는 데 방해가 될 수 있는 장벽에 대해 종합적으로 인식하기 위하여 개입 및 서비스방법을 개발하고 이를 적용한다.

c. 차별금지

재활상담사는 특정 집단, 계층 또는 범주에 속하는 개인 또는 집단에 대해 편파적으로 대우하거나 이를 용인하지 않는다.

D.3. 기능적 역량

a. 장애

재활상담사는 자신의 건강문제나 개인적인 사정으로 인해서 발생될 장애의 징후에 대해 주의를 기울여야 하고, 이용자나 다른 사람들에게 피해를 줄 수 있는 경우 전문적인 서비스를 제공해서는 안 된다. 재활상담사는 장애에 대한 전문적인 지원을 요청해야 하며, 필요하다면 업무를 안전하게 재개할 수 있을 때까지 전문가로서의 책임을 제한·정지·종료할 수 있다. 재활상담사는 동료 또는 상사가 자신의 장애에 대해 전문가로서 인식하고, 동료 또는 상사가 장애 징후를 보일 때 상담 및 지원을 제공해야 하며, 이용자에게 피해를 주지 않도록 적절히 개입하여 도와야 한다.

b. 재난 준비 및 대응

재활상담사는 폭력, 테러, 자연재해 등의 재난으로 인해 재활상담서비스가 중단된 경우에도 지속적인으로 이용자에게 서비스를 제공하기 위해 합리적인 노력을 해야 한다.

D.4. 전문적인 평가기준

a. 정확한 진술(표현)

재활상담사는 실제로 취득한 전문 자격에 대해서만 가지고 있음을 알릴 수 있으며, 다른 사람이 자신의 자격에 대해 잘못 알렸을 때에는 시정해야 한다. 재활상담사는 자신과 동료가 가진 전문 자격에 대해 정직하게 알려야 한다. 재활상담사는 그들의 교육 프로그램 이수에 대해 정확히 제시(진술)하며, 그들이 지속적이며 전문적인 교육을 받았음을 명확하게 설명한다.

b. 자격

재활상담사는 현재 시행되고 있는 자격 및 인증만을 요구한다.

c. 교육 수준

재활상담사는 실제 학위와 명예 학위를 명확히 구분한다.

d. 박사 학위 능력의 명시

재활상담사는 자신이 취득한 박사 학위가 재활상담과정 또는 공인된 대학에서 밀접하게 관련이 있는 분야에서만 자신을 "박사"로 지칭할 수 있다. 재활상담과 무관한 분야에서 박사 학위를 취득한 경우, 박사 학위를 취득한 분야를 명확히 밝혀야 한다.

D.5. 공적 및 기타 전문적 책임

a. 괴롭힘

재활상담사는 성희롱을 포함하여 어떤 형태이든 괴롭힘을 용인하거나 이에 참여하지 않는다.

b. 제3자에 대한 보고

재활상담사는 자신의 전문적인 활동과 판단을 공인된 제3자(예: 법원, 보험사, 평가보고서 수신자)에게 보고하는 데 있어서 정확하고 정직하며 객관적이어야 한다.

c. 공개 발표

재활상담사가 공개강의, 시연, 라디오 또는 TV 프로그램, 음반, 기술 기반 애플리케이션, 인쇄된 기사, 우편물 또는 기타 매체를 통해 조언이나 주석을 제공할 때에는 다음 내용을 보장하기 위해 노력해야 한다. ① 적절한 전문 문헌과 실천을 기반으로 한다. ② 진술은 다른 Code와 일치해야 한다. ③ 전문적인 상담관계가 존재하지 않는다는 것이 분명해야 한다.

d. 전문적 보고서

재활상담사는 언론이나 포럼에 관계없이 공적으로 보고서를 발표할 때, 보고서가 개별적인 견해나 전문가 또는 소속 직업단체의 지위를 나타내는지의 여부를 분명히 밝혀야 한다.

e. 타인의 착취

재활상담사는 정당하지 않은 개인적 이익, 성적 호감, 불공정한 이익 또는 일하지 않고 얻은 재화나 서비스를 요구하거나 받기 위하여 전문적인 직업관계에 있는 타인을 착취하지 않는다.

f. 이해 상충

재활상담사는 자신의 개인적 또는 전문적 관계가 윤리적·전문적으로 실무능력을 방해할 수 있다는 점을 인정한다. 이러한 상황에서, 재활상담사는 전문가의 의무에 합당한 방식으로 참여를 거부하거나 지원을 제한할 의무가 있다. 재활상담사는 대중의 신뢰와 믿음을 유지하고, 전문적인 의무를 다하고, 공평성과 책임감을 유지하기 위해 이해 상충이 실제로 발생하거나 발생할 것으로 예상되는 상황을 확인하고 인식하여 이를 해결하기 위하여 노력한다.

g. 진실성

재활상담사는 자신의 전문적인 활동을 수행함에 있어서 정직하지 않거나, 기만하거나, 부실한 행동을 하거나 태만하지 않는다.

h. 폄하 발언

재활상담사는 개인이나 집단을 폄하하지 않는다.

D.6. 개입에 있어서 과학적 기반

a. 수용 가능한 기법 · 절차 · 양식

재활상담사는 이론적으로 근거가 있고, 경험적 또는 과학적 근거를 가진 기법 · 절차 · 양식을 사용한다.

b. 새롭거나 참신한 실천기법

재활상담사는 새롭고 참신한 기법 · 절차 · 양식을 사용했을 때, 이와 관련된 잠재적인 위험요소, 이익 및 윤리적인 고려사항에 대해 설명해야 한다. 재활상담사는 이러한 기법 · 절차 · 양식을 사용할 때 발생할 수 있는 위험이나 피해를 최소화하기 위해 노력해야 한다.

c. 유해한 실천

재활상담사는 어떠한 서비스가 요청되었더라도, 그것이 유해할 가능성이 있다는 근거가 있다면 기법 · 절차 · 양식을 사용하지 않는다.

d. 신뢰할 수 있는 자원

재활상담사는 재활상담 과정에서 사용되거나 연계 가능한 자원(인터넷 사이트, 모바일 애플리케이션, 도서 등)이 신뢰할 수 있고 유효한지 확인하기 위해 합당한 노력을 한다.

E영역: 다른 전문가 및 고용주와의 관계

개요

재활상담사는 동료와의 상호작용이 이용자에게 제공되는 서비스의 질에 영향을 미칠 수 있음을 인지한다. 그들은 직업 내외의 다른 전문가들의 역할을 잘 파악하는 것을 지향한다. 재활상담사는 그들 자신과 그들의 전통 및 실제, 다른 상담적 접근과 함께 일하는 다른 전문가집단도 존중한다. 재활상담사는 이용자의 서비스 향상을 위해 동료와 긍정적인 업무관계를 형성하고 의사전달체계를 개발한다. 재활상담사는 모든 사람에게 평등 대우를 실시한다. 재활상담사는 윤리강령에 명시된 윤리적 기준을 지지하고 이행하는 환경에서 고용을 보장한다. 그들은 이용자의 성장과 발전에 도움이 되는 고용주의 정책에서의 이용자 관리와 전문적 이행의 수용적 기준에 관해 고용주와의 합의를 도출하고자 노력한다.

E.1. 동료, 고용주, 및 피고용인과의 관계

a. 다른 전문적 접근

재활상담사는 이론적·경험적·과학적 근거가 있지만, 재활상담사 본인과 다른 접근 방식을 존중한다. 재활상담사는 다른 전문집단의 전문지식을 인정하며, 그들의 실천을 존중한다.

b. 부정적인 고용조건

기관에서의 고용은 재활상담사가 일반적인 정책과 원칙에 동의함을 내포한다. 재활상담사는 고용주에게 비윤리적인 정책과 관행이 있었을 때 이를 알려야 한다. 그들은 조직 내에서 긍정적인 행동을 통해 부당한 정책이나 절차를 개선하기 위해 노력한다. 그러한 정책이 윤리강령에 부합하지 않거나 이용자에게 잠재적인 위험요소가 되거나 손상을 주며 서비스의 효과를 제한하는 경우, 재활상담사는 개선이 일어나지 않았을 경우에 대비하여 필요한 조치를 취한다. 이러한 조치에는 적절한 인증, 인가, 면허기관에 의뢰가 포함될 수 있다. 궁극적으로는, 고용의 자발적 종료가 필요한 조치할 수도 있다.

c. 징벌적 행위 및 보복에 대한 보호

재활상담사는 피고용자나 수퍼바이저의 역할 여부에 상관없이 부적절한 고용주의 명령이나 관행, 윤리강령의 위반 또는 윤리강령을 위반했다는 의심에 대해 책임감과 윤리를 가지고 알린 피고용자에 대해 해고, 협박 또는 다른 보복이 가해지지 않도록 주의를 기울인다.

d. 직원 선발과 배정

재활상담사는 유능하고 적절한 자격을 갖춘 직원을 선발하고 교육하며, 기술 및 경험을 제공하고, 조화로운 책임을 부여한다.

e. 고용 실제(practices)

재활상담사는 고용, 승진, 훈련에 관하여 고용주와 피고용인 모두에게 공정한 고용 practice를 이행한다.

E.2. 조직과 팀 관계

a. 팀워크

다방면의 서비스를 이용자에게 제공하는 다학제적 팀의 구성원으로서 재활상담사는 이용자에게 어떻게 최상의 서비스를 제공할지에 대해 중점을 두어야 한다. 그들은 직업의 관점, 가치 그리고 경험과 다른 분야 동료들의 경험을 바탕으로 이용자의 복지에 영향을 미치는 결정에 참여하고 기여한다. 재활상담사는 모든 팀원이 이용자의 재활과정에 협력하도록 하여 재활계획에 대해 상호적으로 이해를 촉진한다.

b. 팀 의사결정

재활상담사는 팀의 결정이 윤리강령을 위반하지 않는 한, 그러한 결정에 개인적으로 동의하지 않을 경우에도 재활계획 및 절차에 대한 팀의 결정을 이행한다. 팀의 결정이 윤리적으로 우려될 때, 재활상담사는 먼저 팀 내의 문제를 해결하기 위한 시도를 한다. 팀 구성원들 사이에 해결책을 마련할 수 없다면 재활상담사는 이런 결정을 스스로 기각하고, 이용자의 복지에 일치하는 다른 방법의 문제해결 접근법을 고려한다.

c. 문서

재활상담사는 재활계획 및 서비스 제공에 필수적인 다른 전문가로부터의 보고서가 존재할 경우, 그들로부터 적절한 보고 및 평가를 구하기 위한 시도를 한다.

d. 팀 구성원으로서의 이용자

재활상담사는 이용자 또는 법적 대리인이 자신이 받는 서비스와 관련된 결정에 전적으로 참여할 수 있는 기회를 제공할 수 있도록 합당한 노력을 기울인다. 이용자의 정보에 대해 알아야 할 필요가 있는 사람들의 경우에만 정보 접근이 허용되며, 정보요청이 적절하게 실행되거나 법원의 명령에 따라서만 정보에 대한 접근이 가능하다.

E.3. 자문 서비스의 제공

a. 자문

자문가로서, 재활상담사는 자문의 목적을 달성하는 데 필요한 정보만을 다룬다. 공식적・비공식적 자문에 참여하는 재활상담사는 이용자의 동의를 얻지 못했거나 정보의 공개가 불가피한 경우에는 이용자의 신원을 확인할 수 있는 비밀정보에 대해서는 논의하지 않는다. 재활상담사는 이용자에게 효율적인 도움을 제공하는 능력을 저해하는 개인적・전문적 역할에 종사하는 경우 자문을 제공하는 것을 금한다.

b. 자문 역량

재활상담사는 능력을 갖춘 영역에 대해서만 자문을 제공한다. 그들은 적절한 자원과 역량을 갖추기 위한 합당한 노력을 기울인다. 재활상담사는 요청이 있거나 필요할 때에 적절한 의뢰 자원(referral resource)을 제공한다.

c. 공식적 자문에 대한 동의

공식적 자문을 제공할 때, 재활상담사는 서면 또는 구두로 자신과 자문 의뢰인 모두의 권리, 의무, 역할을 검토할 의무가 있다. 재활상담사는 서비스 제공의 목적, 비용, 잠재적인 위험과 이익, 비밀유지의 한계에 대해 알려야 하는데, 모든 당사자들에게 명확하고 이해하기 쉬운 언어를 사용한다. 재활상담사는 자문 의뢰자의 요구에 문화적으로 대응해야 하며 적절한 방식으로 문제에 대한 명확한 정의, 변화 목표, 예상되는 개입 결과를 밝히도록 노력해야 한다.

F영역: 법의학서비스(FORENSIC SERVICES)

개요

"법의학 재활상담사"라고 불리는 법의학 분야에서 일하는 재활상담사는 성과 및 평가에 대해 검토를 하고, 사례 상담 또는 증언을 통해 공정하고 객관적인 전문가 의견을 제공하기 위해 조사를 실시한다. 법의학 재활상담사는 평가 대상자를 만날 수 있지만, 직접적인 재활상담서비스를 제공하지는 않는다. 법의학 재활상담사는 검토와 평가에 적합한 연구방법이나 관련 자료들을 통해 공정하고 객관적인 의견을 제공하기 위해 주의를 기울인다. 법의학 재활상담사는 서비스계약을 통해 달성되는 수수료, 비용 환급, 서비스조건, 해지조건 및 비용 징수정책을 명확히 설명해야 한다는 것을 유의해야 한다.

F.1. 평가 대상자의 권리

a. 일차적 의무

법의학 재활상담사는 서비스 제공에 적합한 자료나 연구방법을 통해 공정하고 객관적인 의견을 제시한다. 서비스 제공에는 평가, 조사기록 검토가 포함될 수 있다. 법의학 상담사는 그들의 전문지식과 전문성을 토대로 의견을 구성한다. 특히 평가 대상자와 직접적으로 만나지 않을 경우, 법의학 재활상담사는 자신의 의견과 증언에 한계가 있을 수 있음을 인정한다. 상담사 또는 전문가로서 활동하는 법정 재활상담사는 케이스에 개입한 것에 대한 문서를 작성하거나 작성하지 않을 수 있다.

b. 사전 동의

평가가 수행될 때, 평가 대상자는 평가의 목적과 결과를 통보받을 수 있다. 평가 대상자가 사망하거나 법원에서 평가 대상자의 서면 동의 없이 평가를 실시하도록 명령하지 않는 한, 평가 대상자 또는 평가 대상자의 법적 대리인으로부터 서면으로 동의를 얻어야 한다. 만약 서면 동의를 얻지 못할 경우, 법의학 재활상담사는 구두 동의를 한 것과 서면 동의를 얻지 못한 이유에 대해 문서화한다. 미성년자나 자발적 동의를 할 수 없는 사람이 평가를 받을 경우, 평가 대상자의 법적 대리인으로부터 동의를 얻는다.

c. 역할 변경

법의학 재활상담사는 역할 변경을 시작하기 전에 평가 대상자에게 미칠 이점과 위험을 주의 깊게 평가하고 문서화한다. 법정 재활상담사는 기존 또는 가장 최근의 계약 관계에서 역할을 바꿀 때 위험과 이익을 포함하여 평가 대상자와 역할 변화의 결과에 대해 논의한다(예: 금융, 법률, 개인적 또는 치료상). 그들은 평가 대상자와 함께 새로운 전문 공개 양식을 작성하고, 변경과 관련된 서비스를 거부할 권리는 물론 대체서비스 공급자의 가용성을 설명한다. 법의학 재활상담사는 빈번하고 무의미한 역할 변경을 자제해야 한다. 역할을 한 번 이상 변경할 때, 법정 재활상담사는 여러 변경사항의 위험 및 이점을 평가하고 이를 문서화해야 한다.

d. 상담

법의학 재활상담사는 사례 컨설턴트로 활동할 수 있다. 사례 컨설턴트로서의 역할은 다른 관련 당사자에게 공개할 수도 있다. 법의학 재활상담사가 개인적 또는 다른 형태의 의사소통 방법을 사용하는 것을 통해 평가 대상자와 직접적으로 만날 의사가 없을 때, 법의학 재활상담사에 의한 전문적인 진술은 공개될 필요가 없다.

F.2. 법정에서의 역량 및 행동

a. 객관성

법의학 재활상담사는 법정 서비스를 수행하는 데 있어, 자신의 역할을 관리하는 기준에 대해서 알고 있다. 법의학 재활상담사는 이와 같은 기준과 법률 시스템의 요구사항에 의한 상충되는 요구사항을 알고 있다. 법의학 재활상담사들은 이러한 갈등을 행동강령이나 규약에 정해진 방식에 의해 해결하여야 한다.

b. 전문 증언(testimony)을 제공하기 위한 자격

법의학 재활상담사는 자신 능력의 한계에 대한 사실과, 전문가로서의 자질에 대한 사실적 근거(지식, 기술, 경험, 훈련, 교육)와 특정 문제에 대한 전문가로서의 자질에 대한 사실적 근거의 관련성을 이용자에게 제공할 의무가 있다.

c. 잠재적으로 유해한 관계의 회피

법의학 평가를 제공하는 법정 재활상담사는 최근에 평가를 받은 사람 또는 그들의 가족, 연인, 가까운 친구들과 잠재적으로 유해한 직업적·개인적 관계를 형성하지 않는다. 재활상담사는 이전에 평가를 받았던 사람들과의 성적 또는 연인관계가 미칠 수 있는 잠재적인 영향을 신중히 고려해야 한다. 이전에 평가를 받았던 사람이 잠재적으로 착취(부당한 이용) 또는 피해를 입을 위험이 있는 경우, 재활상담사는 이러한 상호작용이나 관계를 형성하는 것을 피한다.

d. 이해의 상충

법의학 재활상담사는 소송절차에 있어 합법적 절차에 따른 정당(단체)과의 개인적 또는 전문적 관계가 윤리적으로나 전문적으로 방해가 될 수 있음을 인식한다. 이러한 상황에서, 법의학 재활상담사는 전문가의 의무에 합당한 방식으로 참여를 거부하거나 지원을 제한할 의무가 있다. 법의학 재활상담사는 대중의 신뢰와 공신력을 유지하고, 전문적인 의무를 이행하며 객관성, 공정성 및 책임성을 유지하기 위해 실제로 또는 명백히 발생하는 이해 상충에 대해 확인하고 이를 알리며 해결하기 위해 노력한다.

e. 자원상담의 유효성

법의학 재활상담사는 의견을 뒷받침하는 데 사용되는 자원을 확보하기 위해 타당한 노력을 기울인다.

f. 지식의 기초

법의학 재활상담사는 자신의 전문 분야에 대한 과학적 · 전문적 · 법적 지식을 최신 수준으로 유지할 의무가 있다. 그들은 공인된 임상 및 과학적 표준에 합당한 지식을 사용하고, 허가된 자료 수집방법에 의한 평가, 치료, 상담 또는 학술적 · 경험적 연구결과를 사용한다.

g. 정보 확인의 의무

상황이 합리적으로 허용하는 경우, 법의학 재활상담사는 법원 또는 소송절차 당사자에 대한 전문적 서비스의 일환으로 이용하는 자료에 대하여 독립적인 검증을 하고자 노력한다.

h. 다른 업무에 대한 검토 및 비판

법적 절차에 관련된 다른 전문가의 업무나 자격을 평가하거나 지적할 때, 법의학 재활상담사는 자신의 견해 차이를 전문적이고 정중한 태도로 표현하고, 다른 전문가 또는 전문적 데이터, 이론, 표준 및 의견에 대한 객관적인 자료를 바탕으로 해야 한다.

F.3. 법적 관행

a. 사례 수용 및 독립적 견해

법의학 재활상담사는 자신의 전문 분야 내에서 어떠한 의뢰를 수락할 권리가 있다. 그들은 이미 결정된 상태에 대해 지원하도록 요청을 받거나, 잘못된 사실을 제시하거나, 근거가 없거나 분명한 이유 없이 방법이나 과정을 변경하거나, 요청된 업무가 본질적으로 윤리적 문제를 가지고 있는 경우에는 관련 케이스를 거절한다.

b. 해지 및 양도

진행 중인 케이스를 부득이하게 철회할 필요가 있는 경우, 법의학 재활상담사는 다른 법의학 재활상담사가 이용자를 돕거나 임무를 수행할 수 있도록 합리적인 노력을 한다.

F.4. 법적인 사업 관행

a. 지불 및 성과

법의학 재활상담사는 서비스의 질을 저하시키거나, 그들의 신용에 대한 의문을 제기할만한 재정적인 계약을 체결하지 않는다. 법의학 재활상담사는 케이스를 수락하거나 전문서비스에 대한 의뢰를 받을 때 수수료, 리베이트, 성사 사례금 또는 소개료, 선물 또는 다른 형태의 보수를 제공받아서는 안 된다. 서비스에 대한 비용 지불은 소송이나 재판 승소에 따른 보상금의 조건에 해당하지 않는다.

b. 비용 분쟁

케이스를 평가하는 과정에서 비용 분쟁이 발생하는 경우, 법의학 재활상담사들은 개입을 중단할 권리가 있다.

G영역: 사정과 평가

개요

재활상담사는 종합적인 사정과정을 통해 이용자에게 개별화된 재활상담서비스를 제공한다. 또한 사정은 사정도구를 통한 정량적 데이터를 수집하는 것보다 훨씬 광범위한 과정이다. 이는 또한 다른 정성적 데이터 및 정보의 수집을 수반한다. 사정이라는 용어와 평가라는 용어는 전문가들 사이에서 상호 교환적으로 사용될 수 있다. 평가는 보통 개인의 생활, 학습 또는 근무환경의 맥락에서 개인을 평가하기 위한 보다 구체적인 과정이라고 한다. 재활상담사는 이용자의 개인적·문화적 배경을 고려한 사정 및 평가방법을 개발하고 사용함으로써 이용자 개인 및 이용자집단의 복지를 증진한다. 재활상담사는 다른 사람들이 사용하는 한물간 방식이나 데이터의 오용을 방지하기 위해 모든 노력을 기울인다.

G.1. 고지된 동의

a. 이용자에게 설명

재활상담사는 이용자에게 사정 또는 평과과정의 본질과 목적을 설명하고, 평가를 시작하기 전에 결과의 잠재적인 사용에 대해 설명한다. 이 설명은 이용자(또는 이용자를 대신하여 법적으로 권한을 부여받은 다른 사람)의 언어와 인지 수준에 따라 제공된다. 재활상담사는 이용자의 개인적 및 문화적 특성과 이것이 이용자에게 미치는 영향을 고려한다. 재활상담사, 보조자 또는 컴퓨터 또는 기타 외부서비스에 의해 평가의 채점 및 해석이 완료되었는지 여부에 관계없이 재활상담사는 이용자에게 적절한 설명이 제공되도록 합당한 노력을 한다.

b. 결과의 수령인

재활상담사는 이용자의 복지, 명시적 이해, 사정 또는 평가 결과를 수령할 사람을 결정하는 사전 합의를 고려한다. 재활상담사는 개인 및 집단 사정·평가결과를 발표할 때 정확하고 적절하게 해석해야 한다. 문화적 다양성 문제는 평가 해석과 정보 제공 시 고려되어야 한다.

G.2. 사정 또는 평가정보 공개

a. 결과의 오용

재활상담사는 테스트 결과와 해석을 포함하여 사정 또는 평가의 결과를 오용하지 않고, 다른 사람의 오용을 예방하기 위한 합리적 조치를 취해야 한다.

b. 공인된 전문가에게 원자료 공개

재활상담사는 이용자의 동의나 법적 대리인 또는 법원 명령이 확인된 경우에만 원자료를 공개한다. 이러한 원자료는 자료 해석 자격이 있다고 인정된 전문가에게만 공개된다.

G.3. 정신장애의 적절한 진단

a. 적절한 진단

전문적이고 개인적인 범위 내에서, 재활상담사는 최신의 진단기준을 사용하여 정신장애를 적절히 진단하기 위해 특별히 주의해야 한다. 이용자의 진료를 결정하는 데 사용되는 (개인면담을 포함한) 사정기법(예: 치료의 초점, 치료 유형 또는 권장되는 추적 관찰)은 신중하게 선택하여 적절히 사용한다.

b. 문화적 민감성

재활상담사는 이용자의 증상을 정의하고 이용자가 경험하는 방식에 문화가 영향을 미친다는 것을 인식한다. 정신질환을 진단할 때에는 이용자의 사회경제적 및 문화적 경험을 고려해야 한다.

c. 병리학 진단에 있어서 역사적이고 사회적인 편견

재활상담사는 병리학 및 개인 및 특정 그룹에 대한 진단에 있어서 역사적·사회적 편견으로 인해 오진의 가능성이 있음을 인식하고, 자신이나 타인의 편견을 인식하고 해결하기 위해 노력한다.

d. 진단의 거부

재활상담사는 이용자나 다른 사람들에게 해를 입힐 것이라고 생각되면 진단을 하지 않거나 신고할 수 있다. 재활상담사는 진단의 긍정적 및 부정적 영향을 신중하게 고려한다.

G.4. 검사/도구의 사용 및 해석의 권한

a. 능력의 한계

재활상담사는 적절하며 관리되고 있는 검사/도구만을 활용한다. 재활상담사는 슈퍼비전을 받는 사람들이 평가기법을 적절하게 사용하도록 적절하게 노력한다. 도구의 적격성을 개발하기 위한 요구사항은 관리방법에 상관없이 적용된다.

b. 적절한 사용

재활상담사는 검사/도구 자체에 점수를 부여하고 해석하거나, 기술 또는 기타 서비스를 이용하는 이용자의 욕구에 적합한 검사/도구의 적절한 적용, 채점, 해석 및 이용에 대하여 책임을 진다. 재활상담사가 구 버전이 이용자에게 더 적합하다는 적절한 사유를 문서화하지 않는 한, 일반적으로 새로운 검사/도구는 출간 후 1년 이내에 사용할 수 있다.

c. 결과에 근거한 결정

재활상담사는 심리검사를 철저히 이해하고 있으며, 검사 결과에 근거한 권고를 내린다.

d. 정확한 정보

재활상담사는 검사/도구 또는 검사기술에 관한 진술을 할 때 정확한 정보를 제공하고 거짓 주장이나 허위 진술을 하지 않는다.

G.5. 검사/도구 선택

a. 검사/도구의 적합성

검사/도구를 선택할 때, 재활상담사는 도구의 적합성, 타당성, 신뢰성 및 심리검사상의 제한을 주의 깊게 고려한다. 가능하다면, 여러 가지 데이터를 통하여 결론, 진단 및 권장사항을 작성한다.

b. 참고정보

이용자가 평가를 위해 제3자에게 위탁된 경우, 재활상담사는 구체적인 의뢰 질문을 하고, 객관적인 이용자 데이터를 충분히 제공하며, 적절한 검사/도구를 활용할 수 있도록 합당한 노력을 기울인다.

c. 문화 다양성 인구

재활상담사는 문화적으로 다양한 집단의 이용자에게 함께 사용할 수 있는 검사/도구를 선택할 때 주의를 기울여 이용자의 인구학적 특성에 적합하지 않은 검사도구를 피한다.

G.6. 검사/도구 관리조건

a. 표준조건

재활상담사는 출판사 매뉴얼에 설명된 조건에 따라 검사/도구를 관리한다. 검사/도구가 표준조건에 따라 관리되지 않으면, 장애인이 이용하거나, 비정상적인 행동이나 불규칙성이 발생하는 경우 해당 조건이 해석에 명시되며, 정부에 의해 그 결과가 유효하지 않은 것으로 지정될 수 있다.

b. 기술적 관리

재활상담사는 기술적으로 관리되는 검사/도구가 접근 가능하고, 적절하게 기능하며, 정확한 결과를 제공할 수 있도록 합당한 노력을 한다.

c. 검증되지 않은 행정

재활상담사는 자기행정이나 및 채점을 위해 자체적으로 관리되고 유효성이 확인된 경우를 제외하고, 관리되지 않거나 부적절하게 관리된 검사/도구 사용을 허용하지 않는다.

G.7. 검사/도구 점수 및 해석

a. 심리학적 제한

재활상담사는 의심스러운 타당성 또는 신뢰성을 가진 검사/도구를 기반으로 내린 결론, 진단 또는 권장사항에 대해 주의를 기울이고 자격을 부여한다.

b. 평가의 다양성 문제

재활상담사는 이용자 이외의 인구집단에 대한 결과를 해석할 때 주의해야 한다. 재활상담사는 잠재적인 편견이나 데이터의 편향 해석을 일으킬 수 있는 장애, 문화 또는 기타 요인의 잠재적 영향을 인식한다.

c. 표준화점수 보고

재활상담사는 특정 도구의 결과를 보고할 때 표준점수를 포함한다.

d. 검사/도구의 결과를 이용자에게 해석

재활상담사는 검사결과를 이용자에게 해석할 때 이용자의 개인적 · 문화적 배경과 이용자의 이해 수준을 고려한다. 재활상담사는 정보가 이용자에게 미치는 영향에 대해 민감하게 반응한다.

G.8. 검사/도구 보안

재활상담사는 법률 및 계약에 따라 의무사항에 부합하는 검사/도구의 무결성 및 보안을 유지한다. 재활상담사는 출판사의 승인과 허가 없이 검사/도구의 전체 또는 일부를 복제 · 수정하지 않는다.

G.9. 낡은 검사/도구와 구시대적인 결과

재활상담사는 현재의 목적을 위해 쓸모없거나 구식인 검사/도구의 데이터나 결과에 의존하지 않는다. 재활상담사는 구체적인 필요에 따라 필요한 경우에만 구 버전을 사용할 수 있다(예: 업데이트 버전에는 특정 인구집단에 대한 적절한 기준이 없는 경우).

G.10. 검사/도구 활용

재활상담사는 검사도구기술의 개발 · 출판 및 활용에 있어 입증된 과학적 절차, 관련 표준 및 검사/도구 디자인에 대하여 최신의 전문지식을 활용한다.

H영역: 슈퍼비전, 훈련, 교육

개요

슈퍼비전 및 교육은 학업 및 근무환경에서 이루어지며, 대면, 온라인 또는 복합적 형식으로 이루어질 수 있다. 고용환경에서 슈퍼비전은 임상상담 이외의 분야에서 종사자의 업무 수행에 대한 임상감독 및 관리·감독을 포함할 수 있다. 이 섹션의 표준은 임상 슈퍼비전과 관련이 있지만, 이 표준은 성과 평가와 같은 다른 슈퍼비전 기능을 수행하는 데 유용한 지침을 제공할 수도 있다. 윤리적 행동을 촉진하고 이용자의 복지를 보호하기 위하여, 재활상담 슈퍼바이저와 교수요원은 의미 있고 존경받는 전문적 관계를 양성하고, 예비재활상담사 및 학생과의 적절한 경계를 유지하기 위해 노력한다. 교수요원들은 업무에 대한 이론 및 교육학적 기초를 가지고 있다. 슈퍼비전 모델에 대한 지식을 가지고 있고, 예비재활상담사와 학생들의 평가에 있어 공정하고 정확하며 정직한 목표를 세운다. 재활상담 교수요원과 슈퍼바이저는 상담 지식과 기술을 개발하고, 전문성 있는 실습에 대한 장벽을 해소하기 위해 노력한다. 또한 예비재활상담사가 전문 상담 업무를 맡기 전에 최소한의 역량을 함양할 수 있도록 중요한 문지기 역할을 한다.

H.1. 임상 슈퍼바이저의 책임

a. 이용자 복지

재활상담 슈퍼바이저의 주요 의무는 예비재활상담사의 성과와 전문성 개발을 감독함으로써 이용자의 복지를 모니터링하는 것이다. 이러한 의무를 이행하기 위하여 재활상담 슈퍼바이저는 예비재활상담사와 정기적으로 만나거나 의사소통을 함으로써 예비재활상담사의 업무를 검토하고, 다양한 이용자를 위해 봉사할 준비를 할 수 있도록 돕는다.

b. 재활상담사 자격증

재활상담 슈퍼바이저는 예비재활상담사가 이용자에게 서비스를 제공하기 위한 자격을 갖출 수 있도록 합당한 노력을 기울인다.

c. 이용자 권리 및 정보에 대한 동의

재활상담 슈퍼바이저는 예비재활상담사가 상담관계에서 사생활 및 비밀보장 권리를 비롯하여 이용자의 권리를 보호하기 위한 정책 및 절차를 알 수 있도록 한다. 슈퍼바이저는 예비재활상담사에게 윤리강령에 따른 윤리적 책임을 통보한다.

d. 예비재활상담사 권리 및 슈퍼비전을 위한 고지된 동의

재활상담 슈퍼바이저는 슈퍼바이저와 예비재활상담사 모두의 권리와 의무에 대하여 서면 및 구두를 통해 검토할 권리가 있다. 슈퍼바이저가 개별 감독 시 조직의 규정과 절차에 따라 이를 준수한다는 것을 재활상담 슈퍼바이저가 예비재활상담사에게 알려주어야 한다. 여기에는 원거리 슈퍼비전의 허용과 관련된 문제가 포함되어 있다.

e. 비상상황 및 결근

재활상담 슈퍼바이저는 예비재활상담사와의 연락을 취하기 위한 절차를 수립하고 이에 대해 의사소통하며, 부재 시 위기 대응에 도움을 줄 수 있는 대체 감독자를 임명한다.

f. 슈퍼비전 관계의 종결

슈퍼바이저 또는 예비재활상담사는 적절한 통지를 통해 슈퍼비전 관계를 종결할 수 있는 권리가 있다. 종결을 고려하는 이유에 대해 논의하고, 양 당사자는 차이점을 해소하기 위해 노력한다. 종결이 정당한 경우, 슈퍼바이저는 다른 대안 슈퍼바이저에게 적절하게 추천을 한다.

H.2. 임상 슈퍼바이저 자격

a. 슈퍼바이저 준비

슈퍼비전 서비스를 제공하기 전에 재활상담 슈퍼바이저는 슈퍼비전 방법 및 기법에 대해 교육을 받는다. 감독 서비스를 제공하는 재활상담 슈퍼바이저 및 예비재활상담사는 재활상담 및 슈퍼비전 주제와 기술을 포함하여 지속적인 교육활동을 정기적으로 실시한다.

b. 재활상담 슈퍼비전의 문화적 다양성

재활상담 슈퍼바이저는 예비재활상담사와의 관계에 있어서 문화적 다양성에 민감하게 반응한다. 재활상담 슈퍼바이저는 문화적으로 민감하고 유능한 슈퍼비전 업무를 이해하고 사용한다. 슈퍼바이저는 예비재활상담사가 다양한 이용자집단과 함께 일하는, 문화적으로 유능한 재활상담사로 성장하기 위해 필요한 지식, 개인적 인식, 감수성, 기질 및 기술 습득을 위해 슈퍼비전을 실시한다.

c. 기술 지원 슈퍼비전

슈퍼비전 기술을 사용할 때, 재활상담 슈퍼바이저는 해당 기술을 능숙하게 사용할 수 있다. 재활상담 슈퍼바이저는 모든 전자 수단을 통해 전송되는 모든 정보의 비밀보호를 위해 필요한 예방조치를 취한다.

H.3. 임상적 슈퍼바이저와 예비재활상담사의 역할과 관계

a. 예비재활상담사와의 관계 경계선

재활상담 슈퍼바이저는 예비재활상담사와의 관계에서 권력의 차이가 있음을 인식한다. 그들은 고의적으로 슈퍼비전 관계를 손상시키는 전자(electronic) 또는 인간관계에 관여하지 않는다. 재활상담 슈퍼바이저는 예비재활상담사와의 관계에 있어서 경계를 확장할 때에 발생할 위험과 이점을 고려하여 명확히 논의하고, 예비재활상담사에게 해를 끼칠 위험을 최소화하기 위해 적절하고 전문적인 예방조치를 취한다.

b. 현재 예비재활상담사와의 성적 또는 이성관계

재활상담 슈퍼바이저는 전자(electronic) 또는 직접적인 성적·이성적으로 상호작용을 하거나 관계 형성을 해서는 안 된다.

c. 부당한 관계

재활상담 슈퍼바이저와 예비재활상담사는 부당한 관계를 형성하지 않는다.

d. 괴롭힘

재활상담 슈퍼비전은 성희롱을 포함하여 어떤 형태이든 괴롭힘을 용인하거나 참여하지 않는다.

e. 이전 예비재활상담사와의 관계

재활상담 슈퍼바이저는 이전 예비재활상담사와의 관계에서 권력의 차이가 있음을 인식한다. 재활상담 슈퍼바이저는 이전의 예비재활상담사와 성적 관계, 이성관계, 기타 친밀한 관계를 형성할 때 잠재적 위험에 대해 논의해야 한다.

f. 친척 및 지인의 슈퍼비전

재활상담 슈퍼바이저는 가까운 친척, 연인 또는 지인을 예비재활상담사로 받아들이지 않도록 모든 노력을 기울인다. 이러한 상황을 피할 수 없을 경우에는 재활상담 슈퍼바이저는 공식적인 검토방법을 활용한다.

H.4. 슈퍼비전 평가, 개선 및 추천

a. 슈퍼바이저의 평가

재활상담 슈퍼바이저는 예비재활상담사의 성과에 대한 지속적인 피드백을 문서화하여 제공하고, 슈퍼비전 관계 전반에 걸쳐 공식 평가 세션을 정기적으로 계획하여야 한다.

b. 예비재활상담사의 통제 및 개선

초기평가 및 지속적 평가를 통해 재활상담 슈퍼바이저는 예비재활상담사의 성과를 저해할 수 있는 한계를 인식하고, 이에 대해 설명한다. 개선조치가 예비재활상담사의 성과에 대한 문제를 해결하지 못하고, 예비재활상담사가 여러 이용자에게 유능한 전문서비스를 제공하지 못하는 것으로 나타났다면, 재활상담 슈퍼바이저는 훈련 프로그램이나 슈퍼비전 과정에서 실습 종료를 권고할 수 있다. 재활상담 슈퍼바이저는 자문을 얻고, 실습 종료 결정을 문서로 기록한다. 슈퍼바이저는 예비재활상담사가 실습 종료 결정에 있어 선택사항을 알 수 있도록 합당한 노력을 기울인다.

c. 예비재활상담사의 상담 요청

예비재활상담사가 상담을 요청하거나, 교육 과정의 일환으로 상담서비스가 제안된 경우, 재활상담 슈퍼바이저는 예비재활상담사가 적절한 서비스를 찾을 수 있도록 도와주어야 한다. 재활상담 슈퍼바이저는 예비재활상담사에게 상담서비스를 제공하지는 않지만, 슈퍼비전 관계, 전문적인 기능 및 이용자 문제 영역에 있어서 대인관계 역량을 다룰 수 있다.

d. 추천

재활상담 슈퍼바이저는 슈퍼비전 또는 훈련 중에 만족스러운 진전이 관찰되면 이를 바탕으로 자격증, 고용, 학업 또는 훈련 프로그램을 수료할 수 있도록 추천한다. 자격요건에 관계없이, 재활상담 슈퍼바이저는 문제가 있다고 생각되는 예비재활상담사를 추천하지 않으며, 이는 추천과 관련된 업무 수행을 방해할 수 있다.

H.5. 재활상담 교수요원의 책임

a. 프로그램 정보와 오리엔테이션

재활상담 교수요원은 오리엔테이션이 학생의 교육 및 임상적 훈련을 통해 계속되는 발달적 과정임을 인지한다. 재활상담 교수요원은 예비 학생 또는 재학생들이 프로그램에 참여하고 지속하는 것에 대해 정보에 입각한 결정을 내릴 수 있도록 필요한 프로그램 기대에 충분한 정보를 제공할 윤리적 책임이 있다.

b. 학생경력 조언

재활상담 교수요원은 그들의 학생에게 경력에 대한 조언을 제공하고, 그들이 가지는 현장에서의 기회를 인식할 수 있도록 한다.

c. 자기-성장 경험

재활상담 교수요원은 학생들로 하여금 자기-성장 경험에 참여하도록 할 때, 윤리적 원칙을 유념한다. 재활상담 교수요원은 다른 학생들이 있을 때 어떤 정보를 공유하거나 알리지 않을지에 대해 결정할 권리가 있음을 알린다.

d. 학생 개인정보의 공개

재활상담 교수요원은 교육과정 또는 프로그램과 관련된 활동에서 학생들에게 구두 또는 서면 형태로 상당한 개인적 · 사적 정보를 공개하도록 요구하지 않는다(예: 성적 이력(sexual history), 학대나 방임 이력, 의학적 처치, 부모, 동료, 배우자 또는 중요한 타인과의 관계).

e. 충원과 인력 유지의 다양성

재활상담 교수요원은 다양한 교수진과 학생 총원의 모집과 유지를 위해 적극적으로 노력한다. 재활상담 교수요원은 교수진과 학생이 교육 경험에 가져오는 문화적 다양성과 능력의 유형을 인정하고 존중함으로써 문화적 다양성의 역량에 대한 책임을 보여주어야 한다. 재활상담 교수요원은 학생들의 복지와 수행능력을 향상시키고 지원하는 데 필요한 적절한 배려(appropriate accommodation)를 제공한다.

f. 문화적 다양성 교육

재활상담 교수요원은 전문 재활상담사의 발전을 위한 모든 과정과 훈련에 문화적 다양성과 관련된 내용을 주지시킨다.

g. 윤리교육

재활상담 교수요원은 교육과정 전반에서 윤리적 고려사항을 주지시키고, 학생들이 직업에 대한 윤리적 책임과 기준을 인식할 수 있도록 한다.

h. 연구와 실제의 통합

재활상담 교수요원은 학술적 연구와 관리 감독된 실제를 통합하는 교육과 훈련 프로그램을 수립한다.

i. 사례 예시의 활용

강의 또는 수업 상황에서의 사례 예시 목적을 위한 이용자, 학생 또는 수련생의 정보 활용은 다음의 경우에만 허용된다. ① 이용자, 학생 또는 수련생이 자료를 확인하고 공개를 허용한 경우 또는 ② 정보의 신원이 불명확해지도록 충분히 수정된 경우.

j. 학생 간 슈퍼비전과 지도

재활상담 교수요원은 학생들 간에 동료가 전통적인 방식 또는 온라인이나 혼합적 양식(예: 상담집단, 기술교육반(skill classes), 임상슈퍼비전)의 체험적 상담활동을 이끌어 갈 때, 학생의 권리가 손상되지 않도록 하는 합당한 노력을 기울인다. 재활상담 교수요원은 학생들 역시 교수요원과 동일한 윤리적 의무를 지니고 있다는 것을 학생들이 이해하도록 하는 합당한 노력을 기울인다.

k. 혁신적 기법 · 절차 · 양식

재활상담 교수요원은 이론적 근거 안에서 또는 경험적이거나 과학적인 기초에 따라 기법 · 절차 · 양식을 활용하는 것을 장려한다. 재활상담 교수요원이 혁신적이고 발전적인 기법 · 절차 · 양식에 대해 논의할 때에는, 그러한 기법 · 절차 · 양식을 사용하는 것에 따르는 잠재적 위험, 이익, 윤리적 고려사항을 설명한다.

l. 현장 배치

재활상담 교수요원은 현장 배치 및 기타 임상적 경험에 관한 훈련 프로그램에서 명확한 정책을 설정한다. 재활상담 교수요원은 학생, 현장 슈퍼바이저 그리고 프로그램 슈퍼바이저에게 명확하게 명시된 역할과 책임을 알려주어야 한다. 그들은 현장 슈퍼바이저가 슈퍼비전을 제시할 자격이 있다는 것을 확인하고, 현장 슈퍼바이저들이 이 역할에 대한 그들의 전문적이고 윤리적인 책임이 있다는 것을 알린다.

m. 학생상태 공개

재활상담 교수요원은 현장 배치를 앞둔 이용자에게 제공되는 서비스와 그 서비스를 제공하는 학생의 자격을 인지할 수 있도록 합당한 노력을 기울인다. 재활상담 교수요원은 학생의 상태를 공개하는 것에 대한 요구와, 이러한 상태가 비밀유지에 대한 제한에 어떻게 영향을 미치는지를 공고히 한다.

H.6. 재활상담 교수요원의 자격

a. 교수요원의 지식과 기술

교육 프로그램의 개발, 이행 및 관리감독의 책임을 가진 재활상담 교수요원은 직업에 대한 윤리적 · 법적 · 규제적 측면에 대해 알고 있고, 그러한 지식을 적용하는 데 숙련되어 있어야 하며, 학생들이 그들의 책임을 인식할 수 있도록 한다. 재활상담 교수요원은 상담교육과 훈련 프로그램을 윤리적인 방식으로 실시한다.

b. 기술공학(Technology)-보조 교육

기술공학을 사용할 때, 재활상담 교수요원은 해당 기술공학의 사용에 능숙해야 한다. 재활상담 교수요원은 모든 전자 수단을 통해 전파되는 비밀성의 학생 정보를 보호하기 위해 필요한 예방조치를 취한다.

c. 재활상담사 교육의 문화적 다양성

재활상담 교수요원은 학생들과의 관계에서 문화적 다양성의 역할에 민감해야 한다. 재활상담 교수요원은 문화적으로 민감하고 유능한 교수법을 이해하고 사용한다. 그들은 학생들이 다양한 이용자집단과 작업할 수 있는 문화적으로 유능한 재활상담사가 되기 위해 필요한 지식, 개인적 인식, 민감성 그리고 기술을 습득하도록 돕는다.

H.7. 교수요원과 학생 간의 역할과 관계

a. 학생과의 관계 한계

재활상담 교수요원은 학생과의 관계에서 권력의 차이가 있음을 인식한다. 그들은 학술적 관계를 고의적으로 손상시키는 비대면 또는 직접적인 상호작용이나 관계를 갖지 않는다. 재활상담 교수요원은 학생과의 관계 한계를 확장하는 데 따르는 위험과 이점을 고려하고 이를 명백하게 논의하며, 학생들에게 해악적인 위험을 최소화하기 위한 적절한 전문적 예방조치를 취한다.

b. 현재 학생과의 성적 또는 애정적 관계

재활상담 교수요원은 현재 학생들과 비대면 또는 직접적으로 성적 또는 이성적 상호작용을 갖는 것을 금한다.

c. 착취적 관계

재활상담 교수요원은 학생들과 착취적 관계를 갖지 않는다.

d. 희롱

재활상담 교수요원은 성희롱을 포함하여 어떠한 형태로든 희롱을 용인하거나 참여하지 않는다.

e. 이전 학생과의 관계

재활상담 교수요원은 이전 학생과의 관계에서 권력의 차이를 인식한다. 재활상담 교수요원은 이전 학생과 애정적·성적 또는 기타 친밀한 관계를 갖는 것을 고려할 때에 이러한 관계가 갖는 잠재적 위험에 대해 이전 학생과 논의한다.

f. 친척 및 친구와의 학술적 관계

재활상담 교수요원은 가까운 친척, 애인 또는 친구를 학생으로 받아들이는 것을 피하기 위한 모든 노력을 다한다. 이러한 상황을 피할 수 없는 경우에, 재활상담 교수요원은 공식적인 확인 절차를 활용한다.

H.8. 교육의 평가, 개선 및 보증

a. 학생 평가

재활상담 교수요원은 훈련 프로그램을 시작하기 전과 훈련 프로그램의 과정 중에 학생들에게 이론 및 실제 능력에 대한 기대하는 능력의 수준, 평가방법 그리고 평가시기를 분명하게 명시한다. 재활상담 교수요원은 학생들에게 훈련 프로그램 전반에 걸친 학생들의 성과에 대해 지속적인 피드백을 제공한다.

b. 학생 관리와 구제

재활상담 교수요원은 지속적인 평가를 통해 학업적 성취와 개인적 문제로 필요한 능력을 갖추지 못하는 학생을 인식하고 이에 대응한다. 재활상담 교수요원은 다음과 같은 일을 수행한다. ① 필요한 때에, 상담과 같은 구체적 도움을 받을 수 있도록 돕는다. ② 전문적 자문을 구하고, 학생이 도움을 요청하거나 중단하는 것을 권고하는 것에 대한 결정을 문서화한다. ③ 학생이 기관의 정책 및 절차에 따라 적절한 시기에 도움을 구하는 요청이나 중단의 결정에 대응하도록 합당한 노력을 기울이고 정당한 절차를 제공한다.

c. 학생상담 의뢰

만약 학생들이 상담을 요청하거나 구제 철차의 일환으로 상담서비스가 제안되었다면, 재활상담 교수요원은 학생들이 적절한 서비스를 찾도록 돕는다. 재활상담 교수요원은 현재 등록된 학생을 대상으로 상담서비스를 제공하지는 않지만, 이러한 문제가 학업적 수행, 전문적 기능 또는 이용자에게 미치는 영향에 대한 대인관계능력을 다룰 수는 있다.

d. 보증

재활상담 교수요원은 슈퍼비전 또는 훈련 중 만족스러운 진전이나 관찰 내용을 기반으로 학생의 자격, 면허, 고용 또는 학업 및 훈련 프로그램의 이수를 승인한다. 자격 요건에 관계없이, 재활상담 교수요원은 어떠한 방식으로든 보증된 능력과 관련된 책임을 수행하는 데 방해가 된다고 믿는 학생을 추천하지 않는다.

I영역: 연구와 출판

개　요

연구를 수행하는 재활상담사는 직업의 기반이 되는 지식에 기여하여야 한다. 그들은 장애를 가진 사람의 복지를 증진할 뿐만 아니라, 건강하고 더 정의로운 사회로 나아가는 환경에 대한 명확한 이해를 장려한다. 재활상담사는 가능한 때에는 연구에 완전하게 기꺼이 참여함으로써 연구자들의 노력을 지원한다. 재활상담사는 연구의 설계와 이행에서 다양성을 존중하고 편향을 최소화시킨다. 재활상담사는 장애를 가진 사람들과 다른 소수의 집단을 포함한 다양한 사람들에 대한 연구의 필요성을 이해한다.

I.1. 연구 책임

a. 연구에서의 문화와 다양성

재활상담사는 문화적 민감성을 반영한 방식으로 연구를 계획, 설계, 시행 및 보고한다. 가능한 때에는, 재활상담사는 다양한 표본 집단을 포함시킬 수 있는 조치를 취한다.

b. 인적 대상의 활용

재활상담사는 타당한 윤리적 원칙과 관련 법률, 주관 기관의 규정, 조직 및 과학 표준과 일치하는 방식으로 연구를 계획, 설계, 시행 및 보고한다. 적절한 경우에는 자문을 구할 수도 있다.

c. 연구 비밀유지

재활상담사는 연구 수행에서의 비밀유지에 대한 관련 법률 및 조직 정책이나 관련 지침을 이해하고 이를 준수해야 할 책임이 있다.

d. 기관 승인

기관검토위원회의 승인이 필요할 때, 재활상담사는 연구 제안에 대한 정확한 정보를 제공하고 연구를 수행하기 전에 승인을 얻는다. 그들은 승인된 연구 절차에 따라 연구를 수행한다.

e. 독립적인 연구자

재활상담사가 독립적인 연구를 수행하고, 기관 검토위원회와 접촉할 수 없는 경우, 그들은 연구의 계획, 설계, 수행 및 보고에서 관련된 동일한 윤리적 원칙 및 법률을 준수한다. 기관 검토위원회의 표준에 익숙하지 않은 독립적 연구자는 적절한 자문을 구한다.

f. 표준 실제로부터의 이탈

재활상담사는 연구 관련 문제로 인해 표준 또는 수용 가능한 실제의 범위를 벗어날 필요가 있는 경우, 연구 대상의 권리를 보호하기 위해 자문을 구하고 엄격한 보호 조항을 준수한다.

g. 위해를 피하기 위한 예방책

개인적 대상과 함께 연구를 수행하는 재활상담사는 연구 과정의 전반에 걸쳐 참가자들의 복지를 책임지고 참가자들에게 심리적 · 정서적 · 신체적 또는 사회적 위해를 끼치지 않도록 합당한 예방책을 강구한다.

h. 연구 책임 원칙

윤리적인 연구 실제의 궁극적인 책임은 주연구자(들)에게 있다. 연구활동에 참여한 다른 모든 사람들은 그들의 행동에 대한 윤리적 의무와 책임을 공유한다.

i. 최소한의 간섭

재활상담사는 연구 참가자의 삶이나 연구가 진행되는 환경에 혼란을 야기하지 않도록 경계해야 한다.

I.2. 연구 참가자의 권리

a. 연구에 관한 동의서

개인은 연구 참가자가 되는 것에 대한 요청에 동의하거나 거부할 수 있는 권리가 있다. 재활상담사는 연구를 시작하기 전에 참가자로부터 동의를 얻는다. 동의를 구할 때 재활상담사는 다음 사항을 준수한다:

① 따라야 할 목적과 절차를 정확하게 설명한다.
② 실험적이거나 상대적으로 시도가 되지 않은 어떤 절차라도 명확히 밝힌다.
③ 참가자의 불편이나 위험에 대해 설명한다.
④ 합리적으로 개인이나 단체의 이익이나 변화를 설명한다.
⑤ 참가자에게 더 좋을 수 있는 적절한 대안적 절차를 밝힌다.
⑥ 절차에 관한 모든 문의에 답변을 제공한다.
⑦ 모든 비밀유지에 대한 제한사항을 설명한다.
⑧ 연구의 발견을 보급하기 위한 형식과 잠재적 대상을 설명한다.
⑨ 참가자들이 자유롭게 동의를 철회하고 불리한 조건 없이 언제든지 프로젝트 참여를 중단할 수 있다는 것을 알린다.

b. 기만

재활상담사는 대안적 절차가 없는 경우를 제외하고, 기만과 관련된 연구를 수행하지 않는다. 이러한 기만이 연구 참가자에게 신체적 또는 정서적인 위해를 일으킬 가능성이 있는 경우, 예견되는 연구의 가치와 상관없이 연구를 수행하지 않는다. 연구방법론적 요구사항에 은폐 또는 기만이 필요한 경우, 연구자는 결과보고 동안 이러한 행위의 이유를 가능한 빨리 설명한다.

c. 학생/수련생 참가

연구에 학생이나 수련생을 참가시키는 재활상담사는 연구활동 참가에 대한 결정이 학문적 위치나 슈퍼비전 관계에 영향을 미치지 않는 다는 것을 분명히 밝힌다. 연구에 참여하지 않기로 결정한 학생이나 수련생은 그들의 학문적 또는 임상적 요구사항을 충족시키기 위한 적절한 대안을 제공받는다.

d. 이용자 참여

이용자와 관련된 연구를 실시하는 재활상담사는 이용자가 자유롭게 연구활동 참가를 선택할 수 있으며, 불리한 결과 없이 연구과제에서 물러날 수 있다는 점에 대한 동의 절차를 명확히 한다.

e. 정보의 기밀 유지

연구과정에서 연구 참가자에 대해 얻은 비밀유지성 정보는 비밀로 유지된다. 다른 사람들이 이러한 정보에 대해 접근할 가능성이 있을 때, 윤리적인 연구 실제에서는, 동의를 구하는 절차의 일부로서, 비밀유지를 보호하기 위한 계획과 함께, 참가자에게 이러한 가능성에 대해 설명해야 한다.

f. 연구 참가자가 동의서를 제출할 수 없는 경우

연구 참가자가 동의서를 제출할 수 없는 경우에는, 재활상담사는 법적으로 승인된 대표자로부터 동의를 얻어야 한다.

g. 참가자들에 대한 약속

재활상담사는 연구 참가자들에 대한 모든 약속을 존중하기 위한 합리적인 조치를 취한다.

h. 기여자의 동의

공동 연구를 수행하는 재활상담사는 과제의 할당, 출판 업적 및 이에 대한 확인서의 유형에 관해서 사전에 협의하고 동의 한대로 협조할 의무가 있다.

i. 후원자 알림

재활상담사는 연구 절차와 결과에 대해 후원자, 기관 및 출판 영역에 알린다. 재활상담사는 적절한 단체나 권위기관에 타당한 정보와 승인을 제공할 수 있도록 합당한 노력을 기울인다.

j. 연구기록 관리

적절하다면, 재활상담사는 능력 박탈, 은퇴 또는 사망과 같은 경우에 연구자료를 이전하기 위한 계획을 확인된 동료 또는 기록 보관인에게 전달할 계획을 준비하여 보급한다.

I.3. 결과 보고

a. 명확한 결과

재활상담사는 명확하게 연구를 계획하고 실시하며, 보고한다. 그들은 연구자료의 제한점과 대안적 가설에 대해 철저한 논의를 제공한다. 재활상담사는 오해의 소지가 있거나 부정한 연구, 자료의 왜곡, 허위자료 또는 의도적으로 편향된 연구결과에 동조하지 않는다. 그들은 연구자가 자료의 연구결과나 해석자료에 영향을 줄 수 있는 모든 변수와 조건을 명시적으로 언급한다. 그들은 결과가 다양한 집단에 적용될 수 있는 정도에 대해 설명한다.

b. 부적합한 결과를 보고할 의무

재활상담사는 결과에 관계없이 모든 전문적 가치에 대한 연구의 결과를 보고한다. 기관이나 프로그램, 서비스, 우세 의견 또는 기득권에 불리하게 반영되는 결과를 보류하지 않는다.

c. 보고 오류

만약 재활상담원이 발표된 그들의 연구에서 중대한 오류를 발견하였다면, 정오표나 다른 적절한 발표 수단을 통해 그러한 오류를 정정하기 위한 합리적인 조치를 취한다.

d. 참가자의 신원

자료를 제공하거나 다른 연구자의 연구에 도움을 제공하며, 결과를 보고하거나 원자료를 활용하고자 하는 재활상담사는 참가자가 각자의 신원을 위장하는 것을 금지하는 특별한 강제력이 있는 경우가 아니라면, 이들의 신원을 위장하는 것에 상당한 주의를 기울여야 한다. 참가자가 연구과제에서 자신의 개입을 스스로 확인하는 경우에, 연구자는 모든 당사자들의 신원과 복지의 보호를 위해 자료를 수정하거나 변화시키도록 합리적인 노력을 기울이며, 결과 논의가 참가자에게 해를 끼치지 않도록 한다.

e. 연구의 반복

재활상담사는 연구를 반복하고자 하는 자격을 갖춘 전문가에게 충분한 원본 연구의 정보를 제공할 수 있도록 하는 합당한 노력을 기울인다.

I.4. 연구 출판과 발표

a. 표절

재활상담사는 표절을 하지 않는다.

b. 사례연구의 활용

사례 예시 목적을 위한 참가자, 이용자, 학생 또는 수련생 정보의 활용은 다음의 경우에만 허용된다. ① 참가자, 이용자, 학생 또는 수련생이 자료를 검토하고 발표나 출판에 동의한 경우 또는 ② 정보가 충분히 수정되어 신원이 불명확하게 된 경우.

c. 선행연구의 명시

반복연구를 포함하여, 연구 보고를 수행할 때에, 재활상담사는 해당 주제에 대한 선행연구에 친숙하고, 이를 인식하여야 하며, 저작권법을 준수하고, 공적을 쌓은 사람의 업적을 완전히 인정하여야 한다.

d. 기여자(들)

재활상담사는 공동 투고, 선행연구 명시, 각주 진술 또는 다른 적절한 수단을 통해 연구에 중요하게 기여하고, 이를 통해 연구 개념 개발에 기여한 사람의 업적을 인정하여야 한다. 주요한 기여자는 첫 번째로 나열되고, 보다 적은 기술 또는 전문적 기여를 한 경우에는 주나 소개글에 표시한다.

e. 학생연구

사실상 학생의 과정 논문, 연구 계획, 졸업논문 또는 학위논문은 학생의 허가기 있을 때에만 사용할 수 있으며, 학생을 주저자로 기재한다.

f. 이중 투고

재활상담사는 투고를 고려 중인 원고를 한 번에 하나의 저널에 제출한다. 원고가 다른 저널 또는 출판된 저작물에 전체 또는 상당한 부분이 게재된 원고는 원본 발행인의 승인이나 허가 없이 이차 발행을 위해 제출하지 않는다.

g. 전문적 검토

출판, 연구 또는 기타 학술적 목적으로 제출된 내용을 검토하는 재활상담사는 ① 제출한 사람의 비밀유지와 독점적 권리를 존중한다. ② 개인적 편향을 피한다. ③ 유요하며 방어 가능한 기준에 기초하여 출판 결정을 내린다. ④ 능력의 범위 내의 자료만을 검토한다.

I.5. 한계의 관리와 유지.

a. 연구에서의 한계점 고려

재활상담사는 기존의 변수를 뛰어 넘는 현재 연구의 관계성을 확장함으로써 얻을 수 있는 위험과 이익을 고려한다. 연구자와 연구 참가자 간의 비연구적 상호작용이 잠재적으로 도움이 될 수 있는 경우에, 연구자는 (가능한 경우) 상호작용 전에 그러한 상호작용의 근거, 잠재적 이익 그리고 기대되는 결과를 연구 참여자에게 문서화해서 설명해야 한다. 이러한 상호작용은 논의될 필요가 있으며, 연구 참가자의 적절한 동의에 따라 실시되어야 한다. 연구 참가자에게 의도하지 않은 피해가 발생하는 경우, 연구자는 그러한 위해를 개선하기 위한 시도를 명백하게 보여야 한다.

b. 연구 참가자와의 성적 또는 애정적 관계

재활상담사는 현재의 연구 참여자와 전자(electronic) 또는 대인관계에서 성적 또는 애정적 상호작용이나 관계를 갖는 것을 금한다.

c. 희롱

재활상담사는 연구 참가자에게 성희롱을 포함한 어떤 형태의 희롱도 용인하거나 묵과하지 않는다.

J영역: 기술공학, 소셜 미디어 그리고 원거리 상담

개요

재활상담사는 서비스의 전달이 대인(in-person)상황에서의 직접적인 상호작용에 국한되지 않는다는 것을 인식한다. 재활상담사는 기술공학, 소셜 미디어 및 원거리 상담으로 진보하는 특성을 이해하고, 이러한 자원을 활용하여 이용자에게 더 나은 서비스를 제공하는 방식을 적극적으로 시도한다. 재활상담사는 기술공학, 소셜 미디어 또는 원거리 상담을 활용할 때 합법적이고 윤리적인 실제의 관계를 염두에 두며, 특히 비밀보장과 접근성 그리고 온라인 행동과 관련된 문제를 고려한다.

J.1. 능력과 법적인 고려사항

a. 능력

기술공학이 상담관계에 활용될 때, 재활상담사는 사용된 기술공학이나 그 응용과 상관없이 윤리강령에 정의된 것과 동일한 행동과 능력의 기대 수준을 유지한다.

b. 법적인 고려사항

기술공학, 소셜 미디어 및 원거리 상담을 그들의 실제에서 활용하고자 하는 재활상담사는 재활상담사가 활동하는 위치와 이용자가 거주하는 공간 양쪽 모두에서 법률을 적용받는다는 것을 이해한다. 재활상담사는 주(state)의 경계나 국제적 경계를 넘어 상담 실제를 규제하는 법을 인식하고 준수한다. 재활상담사는 필요할 때에 사업적·법률적 그리고 기술공학적 도움을 구하고 기술공학이 적절하게 활용되고 이용자의 권리가 보호되도록 합당한 노력을 기울인다.

J.2. 접근성

a. 기술공학의 습득과 활용

기술공학 지원서비스를 제공할 때에, 재활상담사는 이용자를 위해 기술공학과 장비의 활용, 구매 또는 추천이 법에 의해 제정된 현재의 접근성 기준을 충족하도록 합당한 노력을 기울인다. 또한 재활상담사는 기술공학이 이용자의 요구에 적합한지, 언어 기본 설정을 포함한 개별 기능에 따라 접근성이 있는지에 대해 판단한다. 언어 번역 소프트웨어를 추천할 때에, 그 제한점은 이용자와 함께 검토되어야 한다.

b. 기술공학 접근성

재활상담사는 이용자가 기술공학 지원서비스를 제공할 때에 이용자가 적합한 응용 프로그램에 합리적으로 접근할 수 있도록 안내한다.

J.3. 비밀유지, 동의(informed consent) 및 보안

a. 동의와 공개

이용자는 재활상담의 과정에서 기술공학 기반의 원거리 상담을 활용할지에 대한 여부를 자유롭게 선택할 수 있다. 재활상담사와 이용자 간에 대면 상담에 대한 일반적이고 통상적인 동의 절차 외에도, 기술공학 기반의 원거리 상담의 활용에 대한 다음과 같은 쟁점이 동의 절차에서 다루어진다:

① 기술공학-기반 원거리 상담의 활용에 따른 위험과 이익
② 기술공학의 유형, 기술 실패의 가능성 및 서비스 전달의 대체방법
③ 예상 응답시간
④ 재활상담사가 부재중일 때에 따라야 할 절차
⑤ 이용자의 비상 상황에 대한 추천 정보
⑥ 시간대 차이
⑦ 서비스 제공에 영향을 줄 수 있는 문화적·언어적 차이
⑧ 보험 청구 및 급여 거부의 가능성

⑨ 서비스 관할에 따라 제공되는 서비스로 인한 모든 제한사항
⑩ 소셜 미디어 사용과 관련된 모든 정책

b. 기밀 정보 전송

재활상담사는 기술공학을 사용하여 기밀성 정보를 전송할 때에 내재하는 위험에 대해 이용자에게 알린다. 재활상담사는 특정한 기술공학(예: 문자 메시지, 이메일)의 한계를 설명하고 기술공학을 사용하여 기밀정보를 전달할 때에 이용자의 주의가 필요하다는 점을 상기시킨다.

c. 보안

재활상담사는 모든 전자 수단을 통해 전송되거나 저장되는 기밀정보의 보안을 보장하기 위해 합당한 노력을 취한다. 재활상담사는 이용자의 기밀정보를 보호하기 위해 모든 기술공학 기반 통신에 암호화와 암호보호기술을 활용한다.

d. 이용자 확인

기술공학 기반 원거리 상담을 활용하여 이용자와 상호작용하는 재활상담사는 재활상담의 시작과 그 과정에서 이용자의 신원을 확인하기 위한 조치를 취한다. 신원 확인에는 코드 단어, 숫자, 그래픽 또는 기타 불특정적 식별자를 사용할 수 있지만, 여기에 국한되지는 않는다.

J.4. 소셜 미디어

a. 전문적 전자 계정

재활상담사가 소셜 미디어 사용을 위해 전문적 또는 개인적 계정 모두를 유지하는 경우에는, 두 가지 유형의 전자 계정을 명확하게 구별하기 위해 페이지와 프로필을 전문적인 것과 개인적인 것으로 따로 구분한다.

b. 소셜 미디어 모니터링

재활상담사는 소셜 미디어 사이트에 게시된 정보가 대부분 영구적이며, 쉽게 특정 사이트의 개인정보 보호설정을 넘어서 공유될 수 있다는 사실을 인지한다. 재활상담사는 전문적 계정을 위해 설립한 사이트에서 공유하는 잠재적으로 유해한 정보를 모니터링하고 제거하거나 수정하기 위한 합당한 조치를 취한다.

c. 소셜 미디어와 동의서

재활상담사는 정보 제공에 대한 동의 절차의 일환으로 이용자에게 서비스 제공 시에 소셜 미디어 사용의 이점과 한계 그리고 경계를 명확하게 설명한다. 또한 재활상담사는 조직 내에서 소셜 미디어 정책을 개발하고 이를 명확하게 전달하여, 소셜 미디어를 통한 실제가 투명하고 일관되며, 이용자가 쉽게 이해할 수 있도록 한다.

d. 소셜 미디어에서의 개인정보

재활상담사는 소셜 미디어에서 이용자의 개인정보를 존중하며, 재활상담과정과 관련이 없는 이용자의 가상 계정을 찾아보는 것을 피한다. 재활상담사는 이용자의 가상 계정을 검색하게 되는 경우, 사전에 이를 공개한다. 재활상담사는 소셜 미디어의 사용이 상담관계에 미칠 수 있는 잠재적인 영향에 대해 이용자에게 경고하고, 재활상담과정에서 소셜 미디어의 사용이 갖는 이점과 위험을 논의한다.

e. 소셜 미디어의 비밀유지

재활상담사는 이용자가 서면 동의서를 제공하지 않는 한, 개인의 식별적 정보를 게시하지 않음으로서 이용자 비밀유지를 보호한다. 어떠한 상황에서도, 소셜 미디어 플랫폼을 통해 보호되고 있거나 매우 민감한 정보를 공유해서는 안 된다.

K영역: 사업 실제

개요

재활상담사는 이용자, 평가자, 기타 전문가나 일반대중과 함께 작업할 때에 개방적이고 정직하며 정확한 사업 실제를 갖기를 원한다. 재활상담사는 전문적 능력의 경계 안에서 차별 없는 방식으로 재활상담서비스 및 실제에 대한 접근을 촉진한다.

K.1. 광고 및 이용자 청원

a. 정확한 광고

어떠한 형태의 매체든, 대중에게 그들의 서비스를 나타내는 광고 등을 할 때에, 재활상담사는 허위, 오도, 기만 또는 사기성의 표현이 아닌 정확한 방식으로 그들의 신뢰성을 나타낸다.

b. 증명서와 추천서

증명서를 활용하고자 하는 재활상담사는 현재 또는 이전의 이용자나 평가자 또는 부적절한 영향에 취약한 다른 사람들로부터 이를 구하지 않는다. 재활상담사는 이용자 또는 평가에서 얻은 자발적인 추천을 활용하고자 고려하고 있을 때, 그 의미를 논의하고 추천의 사용에 대한 허가를 얻는다. 현재 또는 이전의 이용자나 평가(예: 파트너 조직, 배치 작업장)가 아닌 경우, 그들의 추천은 사용할 수 있다. 추천서의 출처와 상관없이, 재활상담사는 가능한 한 언제든지 그들 스스로나 직업에 관한 다른 사람들의 진술이 정확한지 확인하기 위한 합당한 노력을 기울인다.

c. 의뢰(self-referral)를 통한 모집

재활상담서비스를 제공하는 기관에서 근무하는 재활상담사는 특정 기관의 자기의뢰에 대한 정책을 명시적으로 제공하지 않는 한 이용자를 개인적 의견으로 의뢰하지 않는다. 그러한 경우, 이용자는 서비스에 대한 다른 활용 가능한 선택지에 대한 설명을 들을 수 있어야 한다.

d. 제품이나 훈련에 대한 홍보

직업과 관련된 제품을 개발하거나 워크숍이나 교육행사를 수행하는 재활상담사는, 이러한 제품이나 이벤트에 관한 광고가 정확하고 적절한 정보를 공개할 수 있도록 해야 하며, 이용자는 소비자가 정보에 따른 선택을 할 수 있도록 합당한 노력을 기울인다. 재활상담사는 사기성 또는 취약한 개인에게 부당한 영향을 미치는 방식으로 제품이나 교육행사를 홍보하여 상담, 교육, 훈련, 슈퍼비전 관계로 활용하지 않는다. 재활상담사는 적절한 교육적 목적으로 저술된 교과서를 채택할 수 있다.

K.2. 이용자 기록

a. 기록과 문서

형식에 관계없이, 재활상담사는 전문적 서비스를 제공하는 데 있어 필요한 문서를 작성하고 보호하며, 유지한다. 재활상담사는 서비스의 제공과 연속성을 촉진하는 충분하고도 시의적절한 문서를 보유한다. 재활상담사는 서비스를 누가 제공했는지를 포함하여, 이용자의 진도와 제공된 서비스를 정확하게 반영할 수 있도록 합당한 노력을 기울인다. 만약 기록이나 문서를 변경할 필요가 있는 경우에는, 이는 기관의 정책에 따라야 하며, 원본정보를 보존하는 방식으로 수행한다. 정보의 변경은 변경일, 변경한 사람의 신원 그리고 변경의 근거가 수반되어야 한다.

b. 개인정보

재활상담사가 작성한 문서는 가능한 범위 내에서 이용자의 개인정보를 보호하도록 하며, 오직 관련된 정보 또는 적절한 정보만을 포함시키도록 한다.

c. 기록 유지

재활상담사는 관련 법률 및 기관정책에 따라 이용자에게 전문적 서비스를 제공하는 데 필요한 기록을 안전하게 보관한다. 기록의 종결 또는 서비스 종료 후, 기록은 안전한 방식으로 저장되어 기록의 검색을 위해 적절한 차후의 접근성을 보장할 수 있도록 한다. 기록은 비밀유지를 보장하는 방식으로 파괴된다. 재활상담사는 법원에서 필요로 할 수 있는 기록을 파기하기 전에 신중한 판단과 협의를 거친다.

d. 비상계획

재활상담사는 그들의 능력박탈, 사망 또는 실습의 종료 시에, 확인된 동료 또는 기록관리인에게 이용자와 사례기록자료를 이전하는 계획을 준비하고 이행한다.

K.3. 수수료, 물물교환, 지불

a. 수수료 및 수수료의 미지급 합의

재활상담서비스를 제공하기 전에 전문 서비스와 관련된 모든 금전적 협의를 이용자 또는 이용자 및/또는 책임자에게 명확하게 설명합니다. 제3자가 서비스를 위해 지불하는 경우, 재활상담사는 이용자 또는 evaluee 및/또는 책임 당사자에 대한 협정을 설명한다. 재활상담 또는 그 고용주가 합의한 대로 지불이 접수되지 않은 경우 회수기관을 사용하거나 법적 조치를 취할 예정의 경우는 그 정보를 전문 공개 성명 또는 보유자 계약에 포함한다. 회수조치가 고려되는 경우, 재활상담원은 먼저 이용자 평가자 또는 책임자에게 의도된 조치를 적시에 통지한다(수집활동을 고려하면, 재활상담사는 먼저 이용자에게 적절한 조치를 취해야 하며, 의도된 행동에 대해 책임을 진다).

b. 수수료를 설정한다

재활상담원의 정상적인 수수료가 이용자에게 과도한 고난을 초래하는 경우, 재활상담사는 법적으로 허용되는 경우에 수수료를 조정하고 이용자가 동일한 저렴한 서비스를 찾는 데 도움이 된다.

c. 용인될 수 없는 수수료 합의

재활상담사는 수수료 분쟁에 참여하지 않고, 외부 의뢰를 수락하거나, 이용자가 추가적인 전문서비스를 요청했을 때 수수료, 리베이트, 기타 형태의 보수를 제공하거나 받아서는 안 된다.

d. 관계 및 결과에 따른 비용 지불

관계 및 결과에 따른 비용 지불은 특정한 실천환경 내에서 표준적인 관행으로 이어진 경우 허용된다. 법적으로, 서비스에 대한 비용 지불은 절대로 사건이나 판정의 결과에 좌우되지 않는다.

e. 물물교환 불가

재활상담사는 일반적으로 재활상담서비스에 대한 대가로 이용자로부터 제품이나 서비스를 제공받아서는 안 된다. 이러한 계약은 전문직 관계의 갈등, 착취 및 왜곡을 잠재할 수 있기 때문이다. 재활상담사는 이러한 계약이 사회적으로 허용된 관행이고, 물물교환을 통해 착취나 손해를 입히지 않았을 때, 이용자가 요청한 경우에만 이러한 물물교환을 할 수 있다. 재활상담사는 물물교환의 문화적 함의를 고려하고, 이용자와 관련된 우려사항을 논의해야 하며, 서면으로 이러한 계약을 문서화하여야 한다.

f. 미납자에 대한 기록

재활상담사는 이용자가 비용을 지불하지 않았다는 이유로 이용자가 응급의료 또는 정신과 치료를 위해 필요한 기록을 제공하는 것을 보류할 수 없다.

g. 회계장부 기록 및 청구서

재활상담사는 어떤 정보를 제공하였는지, 누가 서비스를 제공했는지 정확하게 식별하여 요금에 반영하여야 한다. 청구서에는 제공된 서비스를 정확하게 반영한다.

K.4. 종결 및 의뢰

유료 서비스 관계에 있는 재활상담사는 수수료를 지불하지 않는 이용자에 대해 다음과 같은 조건에서 서비스를 종결할 수 있다. ① 이용자 또는 제3자에게 비용을 지불할 책임이 있음과 미납에 따른 결과에 대해 통보한다. ② 이용자가 자신 또는 타인에게 갑작스러운 위협을 주지 않는다. 적절한 경우, 재활상담사는 종결 시 해결되지 않은 문제를 마무리하기 위해 자격을 갖춘 전문가에게 이용자를 안내한다.

L 영역: 윤리적 쟁점의 해결

개요

재활상담사는 윤리적이고 합법적인 방식으로 행동한다. 그들은 이용자의 복지와 직업에 대한 신뢰가 높은 수준의 전문적 이행에 달려있다는 것을 알고 있다. 그들은 다른 재활상담사가 동일한 기준을 유지하고 이러한 기준이 지켜지도록 하기 위한 합리적인 노력을 기꺼이 기울인다. 재활상담사는 관련된 모든 당사자 간의 직접적이고 공개적인 의사소통을 통해 윤리적 딜레마를 해결하고, 필요한 경우 동료 및 슈퍼바이저에게 자문을 구한다. 재활상담사는 일상적인 전문적 작업에서 윤리적인 절차에 협조하며, 상담의 윤리적이고 법적인 쟁점에 대한 현재의 주제에서 지속적인 전문성 개발에 참여한다. 재활상담사는 CRCC의 지침과 민원처리 절차를 숙지하고 윤리강령의 시행을 지원하기 위한 참고자료로 활용한다.

L.1. 윤리적 기준과 법률에 관한 지식

a. 윤리지침에 관한 지식

재활상담사는 윤리강령을 읽고 이해하고 준수하며, 이해되지 않는 기준을 명확히 하고자 한다. 지식의 부족이나 윤리적 책임에 대한 오해는 비윤리적 행위에 대한 책임을 방어하지 않는다.

b. 윤리지침 관련 지식

재활상담사는 다른 전문조직 또는 그들이 가입한 인증 및 면허단체의 적용 가능한 윤리강령을 이해한다. 재활상담사는 윤리지침이 CRCC 징계조치의 기초가 된다는 것을 알고 있으며, 윤리지침 간의 차이가 있을 경우에는 CRCC의 기준을 준사한다는 것을 이해한다.

c. 윤리와 법의 갈등

재활상담사는 윤리지침과 상충되지 않는 한 법과 그들이 실제를 이행하는 관할 지역의 법률을 준수한다. 윤리적 책임이 법률과 상충하는 경우, 재활상담사는 그들이 이행해야 하는 윤리지침에 대해 설명하고, 갈등 해소를 위한 조치를 취한다. 그러한 방법으로 갈등을 해결할 수 없는 경우 재활상담사는 법의 요구사항을 준수한다.

L.2. 위법 의심 대처

a. 윤리적 의사결정 모델과 기술

재활상담사는 경쟁적 이해관계들 사이에서 근본적인 윤리적 원칙과 갈등을 인식한다. 그들은 딜레마를 해결하고 윤리적으로 행동하기 위해 적절한 의사결정 모델과 기술을 적용한다.

b. 자문

특정 상황이나 행위들이 윤리지침을 위반하였는지에 대한 여부가 불확실한 경우, 재활상담사는 슈퍼바이저, 동료 또는 CRCC나 자격위원회, 법률 고문과 같은 적절한 권위기관에서 윤리에 대해 잘 알고 있는 다른 전문가에게 자문을 구한다.

c. 비공식적 해결

재활상담사는 다른 재활상담사가 윤리적 기준을 위반하거나 위반했다고 믿을 만한 사유가 있는 경우에, 비공식적 문제 해결의 제공이 관련되는 비밀유지의 권리를 침해하지 않는다면 그들과 직접적으로 의사소통함으로써 문제를 비공식적으로 해결하려고 시도할 수 있다.

d. 윤리적 위반의 보고

비공식적 해결이 적절하거나 실현 가능하지 않고, 해결이 불가능하거나 명백한 위반이 사람 또는 조직에 실제적으로 위해를 끼치거나 실제적 위해를 가할 것으로 보여 질 때, 재활상담사는 상황에 적절한 추가조치를 취한다. 그러한 행동에는 관련 윤리전문위원회(예: 자발적 인증단체, 자격위원회, 조직적 권위기관)에 문제를 의뢰하는 것이 포함될 수 있다. 보고가 비밀유지의 권리를 침해(예: 이용자의 정보 또는 진술 제공을 거부하는 경우)하거나 재활상담사가 전문적 수행에 의문이 있다고 판단되는 다른 재활상담사의 작업을 검토하는 것을 보류하는 경우(예: 자문, 전문가 증언)에는 이러한 의뢰가 부적절할 수 있다.

e. 자기-보고

재활상담사는 모든 관련 상담 자격, 인증 또는 등록기관, 다른 정신건강 자격위원회나 등록기관, 독자적 국가자격위원회 또는 전문적 협회의 윤리강령을 위반한 경우 이를 즉시 CRCC에 알려야 한다. 재활상담사는 그들이 다른 조직의 윤리강령을 위반하거나 그들이 재활상담 실제를 제공하고 있는 것과 관련해서 법을 위반했을 때 또는 윤리강령 위반에 해당하는 범죄로 유죄 판결을 받을 경우 이를 CRCC에 알려야 한다.

f. 조직 갈등

만약 재활상담사가 소속된 조직의 요구가 윤리강령과 상충하는 경우, 재활상담사는 그러한 갈등의 본질을 특정하고 적절한 공식 책임자에게 윤리강령 이행의 의지를 표명한다. 가능한 경우에, 재활상담사는 조직 내에서 윤리강령을 철저히 준수할 수 있도록 조직을 변화시키도록 노력한다. 만약 갈등을 해결할 수 없는 경우, 재활상담사는 조직과의 지속적인 관련을 갖는 것에 대한 위험과 이익을 평가하도록 한다.

L.3. 윤리적 쟁점 대처행동

a. 윤리위원회와의 협력

재활상담사는 윤리지침에 대한 실무적 지식을 가지고 있으며, 윤리지침을 이행하는 과정을 지원한다. 재활상담사는 CRCC 윤리위원회의 조사, 요청, 진행 및 요구사항 또는 위반 협의자에 대한 관할권을 가진 정식으로 구성된 기타 협의회 또는 위원회의 윤리위원회와 협력한다.

b. 비밀유지

윤리지침의 위반에 대해 알고 있거나 소송에 가담한 재활상담사는 정당하게 발부된 소환 영장이나 법과 관련 법정의 명령에 따른 다른 방법으로 정보를 공개하도록 강요당하지 않는 한, 이의 제기와 관련된 모든 정보의 비밀유지를 준수한다.

c. 부당한 소송

재활상담사는 이용자나 대중을 보호하고자 하는 것에 반해, 보복적인 방식으로 윤리 소송을 제기하거나, 주장에 대해 반박하는 사실에 대한 무시 또는 의도적으로 재활상담사에게 위해를 가하고자 하는 윤리 소송을 착수하거나 가담하거나 권장하지 않는다.

d. 불공정한 차별에 대한 원고와 피고

재활상담사는 서비스 취업, 진급, 학업 또는 기타 프로그램의 입학, 재직 또는 승진에서 윤리적 이의를 제기하였거나 또는 윤리적 이의 제기를 대상자가 되었다는 이유만으로 거부함에 따라서 개인을 비방하거나 보복하지 않는다. 이는 재활상담사가 윤리적 기준을 위반한 것으로 판명되었을 때에 그러한 절차의 결과에 따른 조치를 취하는 것을 막지는 못한다.

찾아보기

ㄱ

가변 비율 강화시간표 ······ 192
가변 시간간격 강화시간표 ······ 192
가족 ······ 316
가족경제 ······ 328
가족구도 ······ 156
가족생활주기 ······ 326
가족의 자존감 ······ 327
가족의 특성 ······ 317
가족의 하위체계 ······ 353
간접시연 ······ 424
간접실천의 기술 ······ 39
간접지연 ······ 420
갈등상황 ······ 170
감각 ······ 274
감정의 해방 ······ 370
강점 관점 ······ 395, 396
강화 ······ 191
개방집단 ······ 291
개별슈퍼비전 ······ 413
개별화 ······ 46
개인무의식 ······ 160, 161
개인화 ······ 255
개체화 ······ 166
거세 불안 ······ 143
격려와 지지 ······ 306
경계 ······ 354
경계선 ······ 325
경직된 경계 ······ 354
경청 ······ 40, 307
경험 되돌아보기 ······ 309
계획 ······ 236
고등정신기능 ······ 259
고전적 소거 ······ 187
고전적 조건 형성 ······ 187
고전적 조건화 ······ 185
고정간격 시간표 ······ 192
고정비율 시간표 ······ 192
고착 ······ 141
곤경층 또는 난국층 ······ 229
공감 ······ 217, 218
공감적 반응 ······ 307
공감적 이해 ······ 24
공동상담 ······ 424
공동체 의식 ······ 149
공포층 ······ 229
과잉교정 정적 연습 ······ 210
과잉보호 ······ 153
과잉일반화 ······ 255
과제부여 ······ 204
관계 형성 ······ 158
관리자의 역할 ······ 295
관심 기울이기 ······ 307
교수적 관계 ······ 260
교육 ······ 330
구강기 ······ 141
구조적 모형 ······ 139
구조적 상담 ······ 352
구조적 체계 ······ 131
구조화 ······ 41, 305
권익옹호 ······ 365, 373
귀인 ······ 243
균형 ······ 227
균형원리 ······ 163
그림자(shadow) ······ 159
극대화 혹은 극소화 ······ 255

근면성 대 열등감 ········ 176
근접발달 ········ 260
긍정적 변별자극 ········ 193
기관열등감 ········ 153
기본욕구 ········ 234
기본적 덕목 ········ 179
기생형 ········ 151, 152
기호매개 ········ 264
기호체계 ········ 258
꿈 분석 ········ 145

ㄴ

남근기 ········ 143
내담자 사정 ········ 30
내담자 자기결정 ········ 49
내면화 ········ 259, 260
내면화과정 ········ 260
내사 ········ 230
내재적 행동 ········ 184
내파 치료법 ········ 189
내파층 ········ 229
내향성(introversion) ········ 161, 168
눈 맞추기 ········ 40
능력/성취(power)의 욕구 ········ 234

ㄷ

단어연상검사 ········ 167
당위주의 ········ 245
대리학습 ········ 196
대립원리 ········ 163
대인과정 회상(IPR) ········ 422
도덕 불안 ········ 140
도덕원리 ········ 138
도식 ········ 242
동기과정 ········ 196
동료 슈퍼비전 ········ 418
동료상담 ········ 360
동일시 ········ 141, 143
동질집단 ········ 291
등가원리 ········ 163

ㄹ

라이브 슈퍼비전 ········ 424
라포(rapport) ········ 33
리비도(libido) ········ 135, 162

ㅁ

말 단계 ········ 265
말의 기능 ········ 264
매개 ········ 258
명료화 ········ 43
명료화하기 ········ 37
명명과 잘못된 명명 ········ 256
모델링 ········ 196, 197, 201, 204
모호한 또는 산만한 경계 ········ 354
목적 ········ 175, 179
무의식(unconscious) ········ 133
무조건 반응 ········ 185
무조건 자극 ········ 185
무조건적 긍정적인 존중 ········ 217, 218
무조건적 존중 ········ 23
미국 장애인법 ········ 18
미국 재활상담사 윤리강령 ········ 87
미국재활상담사자격위원회 ········ 20
미국재활상담사협회 ········ 80
미국정신의학협회 ········ 118
미해결과제 ········ 231
미해결문제 ········ 309
밀착 ········ 354

ㅂ

반동 형성 ········ 140
반영 ········ 42
반응하기 ········ 37

반전(retroflection) ······ 230
발달장애 ······ 116
발달장애인 권리보장 및 지원에 관한 법률 ·· 18
방어기제 ······ 140
배려 ······ 178, 180
배변훈련 ······ 206
병리 관점 ······ 396
보상 ······ 141
보조공학 ······ 104
복합적 사고 ······ 265
부부갈등 ······ 343
부적 강화 ······ 208
부정 ······ 141
분노 수용하기 ······ 146
분리 ······ 354
분리감정 다루기 ······ 309
분명한 경계 ······ 354
분위기 조성 ······ 305
불안 ······ 23
불완전한 존재 ······ 148
비개념적 언어 ······ 266
비계 ······ 262
비밀보장 ······ 27, 50
비심판적 태도 ······ 49
비언어적 사고 ······ 266
비언어적 행동 ······ 37
비장애인 ······ 329
비해성 ······ 85

ㅅ

사고발달 ······ 265
사고발달관계 ······ 266
사랑 ······ 177, 179
사랑(love)과 소속감의 욕구 ······ 234
사례관리 ······ 59
사이버네틱스체계 ······ 321
사회구성주의 ······ 322
사회적 강화 ······ 204
사회적 관심 ······ 149
사회적 도식 ······ 242
사회적 유용형 ······ 151, 152
사회학습 ······ 196
상담 중기 ······ 29, 37
상담 초기 ······ 29, 30
상담 후기 ······ 29, 39
상담관계 ······ 22, 32, 33, 108
상담에서의 보완성 ······ 353
상담자의 역할 ······ 217
상보성 ······ 324
상위욕구 ······ 221
생산성 대 침체성 ······ 177
생식기 ······ 144
생애주기 ······ 331
생존(survival)의 욕구 ······ 234
생활양식 ······ 150
서비스 쇼핑 ······ 342
서비스 접근 촉진 ······ 350
선택적 추상 또는 정신적 여과 ······ 256
성인기 ······ 334
성적 본능 ······ 134
소거 폭발 ······ 192
소비자 ······ 391
소비자 모형 ······ 390
수용 ······ 44, 48
수혜권 ······ 18
수혜성 ······ 83
순환적 인과관계 ······ 324
스키마 ······ 253
스트레스 ······ 336
스트레스 요인 ······ 337
슬픔의 주기 ······ 331
승화 ······ 141
시민권 ······ 18
시작 단계 ······ 297

시작 단계의 역할 298
신경증 불안 139
신뢰감 대 불신감 174
심리사회적 발달이론 173
심리성적 발달 단계 145
심리적 단계 101
심상 274
심신장애자복지법 16

ㅇ

아니마(anima) 159, 165, 164
아니무스(animus) 159, 164, 165
안내자 57
알코올중독자 금주모임 19
애도과정 339
애정 326
애착 323
애착이론 323
애착행동 323
약물/생리 275
양성 165
양성증상 106
양육태만 154
억압(repression) 130, 140
언어발달 264
언어와 사고 264
언어적 행동 37
에로스(eros) 134
여가 330
역동적 체계 130
역량강화 384
역량강화 모형 389
연속적 체계 131
열등감 147, 152
열등감 콤플렉스 147, 148, 153
옹호자 58
외파층 229
외향성(extraversion) 161, 168
요약 44, 308
욕구 221, 235
욕구의 위계 222
욕구의 특성 223
우월성(superiority) 155
우월성 추구 147, 148, 155
우정전략 329
원초아 136
원형(archetypes) 159, 162
위계이론 223
위기 173
유능감 176
유능성 179
유아기 332
윤리강령 82
윤리적 딜레마 90
융합(confluence) 230
음성증상 106
음영(shadow) 164, 165
의도적인 감정표현 47
의사소통방식 345
의사소통의 촉진기법 307
의식(conscious) 132
의역하기 37
의지(will) 175, 179
이분법적 사고 255
이식 모형 389
이식증 206
이완훈련 202
이중관계 92
이질집단 291
인지 274
인지기법 249
인지적 수준 253
인지적 왜곡 254
인지치료 251

일 중심의 복지 ········ 67
일상적 보호 ········ 328
일치성 ········ 217
임의적 추론 ········ 255

ㅈ

자각 수준 ········ 139
자극일반화 ········ 193
자기(self) ········ 159, 164, 166
자기강화 ········ 205
자기계약 ········ 205
자기관리기법 ········ 204
자기도식 ········ 243
자기실현 ········ 221
자기조절 ········ 198
자기주장훈련 ········ 374, 381
자기통제 ········ 208
자기효능 ········ 199
자동적 사고 ········ 253, 254
자립생활 ········ 18, 360
자립생활서비스 ········ 360
자립생활운동 ········ 18
자아(ego) ········ 136, 161
자아실현의 특징 ········ 223
자아심리학 ········ 172
자아통합감 대 절망감 ········ 178
자유/독립(freedom)의 욕구 ········ 234
자유연상 ········ 145
자율성 ········ 83
자율성 대 수치심과 회의감 ········ 174
자조모임 ········ 19
자치성 ········ 83
자폐성 장애 ········ 117
작업 단계 ········ 301
잠복기 ········ 144
장 이론(field theory) ········ 227
장애부모 ········ 319
장애인 고용촉진 및 직업재활법 ········ 17
장애인 등에 대한 특수교육법 ········ 17
장애인 직업생활상담원 ········ 74
장애인교육법 ········ 117
장애인복지(정책)발전 5개년계획 ········ 14
장애인복지법 ········ 54
장애인재활상담사 ········ 14, 55, 67
장애인정책 5개년계획 ········ 14
장애인차별금지 및 권리구제 등에 관한 법률 ········ 17
장애자녀 ········ 329
재미/즐거움(fun)의 욕구 ········ 234
재정향 ········ 158
재현과정(=행동재생) ········ 196
재활 ········ 54
재활교육협의회(CORE) ········ 76, 79
재활법 ········ 18
재활상담 ········ 21
재활상담사(CRC) ········ 76
재활상담사자격위원회(CRCC) ········ 80
재활시설인증위원회(CARF) ········ 81
저항 ········ 37, 130
전경-배경 ········ 228
전국재활상담사협회(NRCA) ········ 81
전문가 모형 ········ 389
전문가의 역할 ········ 351
전위 ········ 141
전의식 ········ 132
전체성 ········ 227
전체행동 ········ 235
절충주의 ········ 272
점성설 ········ 172
접촉 ········ 229
접촉방해 ········ 230
접촉저항 ········ 228, 229
정당성 ········ 84
정서 ········ 274

정서기법 250
정신에너지 134
정신장애 106
정의적 상담 58, 60
정적 강화 209
정체감 대 정체감 혼미 176
조정자 56
조현병 109
종결 단계 302
종결을 돕는 기법 308
주도성 대 죄책감 175
주의과정 196
주장훈련 203
중재자 57
중재적 신념 253
중재학습경험 261
중지 307
즉시성 308
증상분석 167
지금-여기 228, 306
지배형 151, 152
지시 204
지시와 행동 235
지역사회의 역할 349
지적장애 117
지체장애 100
지형학적 모델 131
지혜(wisdom) 178, 180
직면 43
직면하기 37
직업배치 61
직업재활사 73
직업재활사 윤리강령 89
직업평가사 73
직접시연 423
직접실천의 기술 38
직접지연 421
진단 341
진솔성 26
진실성 86
질문 42, 308
질문하기 37
집단무의식 161, 162
집단상담 290
집단상담의 목적 289
집단상담자의 윤리 294
집단상담자의 자세 296
집단슈퍼비전 414
집단의 구조화 293
집단의 유형 290
집단지도 290
집단참가자 권리 294
집단치료 290

ㅊ

차별적 강화 194
참여촉진 305
창조적 자기 149
처벌 191, 208
척추장애 101
청소년기 333
체계적 둔감법 202
체계적 둔감화 188
초기 집단의 기법 304
초기면접 34, 56
초등정신기능 259
초자아 137
초점 맞추기 306
촉진자의 역할 295
촉진적 개념 217
출생순위 156
충동성 208
충실(fidelity) 177
충실성 84, 179

치료자 ···· 58
치료자의 역할 ···· 295
친밀감 대 고립감 ···· 177
침묵하기 ···· 37

ㅋ
쾌락원리 ···· 136

ㅌ
타임아웃 ···· 208, 210
토큰경제 ···· 194, 208
통제된 정서적 관여 ···· 48
통합성 ···· 227
퇴행 ···· 141
투사(projection) ···· 141, 230
특례시험 ···· 71

ㅍ
파국화(재앙화) ···· 255
파지과정 ···· 196
페르소나 ···· 159, 164
편향(deflection) ···· 23
평가 ···· 236, 309
평가 및 분석 ···· 158
폐쇄집단 ···· 291
피드백 ···· 204, 306

ㅎ
하위욕구 ···· 221
학령기 아동 ···· 332
한국직업재활학회 ···· 73
합리적 정서행동치료 ···· 244
합리화 ···· 141
항문기 ···· 142
해석 ···· 45, 158
핵심적 신념 ···· 253
행동 ···· 274
행동기법 ···· 250
행동연습 ···· 204
행동조성 ···· 194, 208
허위층 ···· 229
현실 불안 ···· 139
현실원리 ···· 137
혐오치료 ···· 189
형성 단계 ···· 299
홍수법(flooding) ···· 189
확증적 진술 ···· 37
활동지원서비스 ···· 373
회피형 ···· 151, 152
훈련자 ···· 57
희망 ···· 179
희망(hope) ···· 174

기타
4차 산업혁명 ···· 14
ABC 모형 ···· 246
BASIC-ID ···· 274
DSM-5 ···· 118
MBTI ···· 169
REBT 원리 ···· 247
UN 장애인권리협약 ···· 17
WDEP 체계 ···· 235

저자 약력

조성열(趙誠烈)

나사렛대학교 재활학과 교수
미국 Southern Illinois University 재활학 박사
한국직업재활학회 수석 부회장, 한국장애인재활상담사협회 부회장
장애인재활상담사 국가시험 출제위원, 국민연금공단 장애심사위원
rehab1010@naver.com

김정임(金貞任)

고신대학교 재활상담학과 교수
대구대학교 재활과학과 이학박사
장애인재활상담사 국가시험 출제위원
창원지방법원 화해권고 위원
ijk0305@hanmail.net

조경은(曺敬恩)

한국장애인고용공단 서울지역본부 선임평가사
대구대학교 직업재활학과 박사
장애인재활상담사 국가시험 출제위원
jkeshalom@kead.or.kr

재활상담

1판 1쇄 인쇄 2020년 1월 25일
1판 1쇄 발행 2020년 1월 30일

저 자 조성열, 김정임, 조경은
발 행 인 회장 박철용 · 대표 박세원
발 행 처 정민사
출 판 등 록 1979년 1월 22일 No. 406-2004-000130호
주 소 경기도 파주시 직지길 522 파주출판도시
전 화 031-955-8030
팩 스 031-955-8025
홈 페 이 지 http://www.jmpub.co.kr
이 메 일 jmpub@chol.com

I S B N 978-89-5809-795-2
정 가 27,000원